The Best TV Programmes
in the UK and the US:
a Taste of Western TV Culture

英美好节目

品味西方电视文化

王大为 / 著

新 华 出 版 社

图书在版编目（CIP）数据

英美好节目：品味西方电视文化 / 王大为著.
——北京：新华出版社，2015.4

ISBN 978-7-5166-1174-6

Ⅰ.①英… Ⅱ.①王… Ⅲ.①电视节目—电视文化—研究—西方国家
Ⅳ.①G222.3

中国版本图书馆CIP数据核字（2014）第195149号

英美好节目：品味西方电视文化
作　　者：王大为

出 版 人：张百新	选题策划：黄春峰
责任编辑：沈文娟	责任校对：刘保利
责任印制：廖成华	封面设计：图鸦文化

出版发行：新华出版社

地　　址：北京石景山区京原路8号	邮　　编：100040
网　　址：http://www.xinhuapub.com	http://press.xinhuanet.com
经　　销：新华书店	
购书热线：010－63077122	中国新闻书店购书热线：010－63072012

照　　排：图鸦文化	
印　　刷：北京凯达印务有限公司	

成品尺寸：180mm×250mm　1/16	
印　　张：39.5	字　　数：680千字
版　　次：2015年4月第一版	印　　次：2015年4月第一次印刷

书　　号：ISBN 978-7-5166-1174-6
定　　价：168.00元

图书如有印装问题请与出版社联系调换：010-63077101

目录
CONTENTS

XUANXIULEIZHENRENXIU

选秀类真人秀

美国好声音

英国达人秀

最美和声

欢乐合唱团计划

舞林争霸

与星共舞

X 音素

The Voice

《美国好声音》
——耳朵的战场，声音的独秀

基本信息

- 原　　名：The Voice
- 译　　名：美国好声音 / 美国之声
- 标　　识：

图 1

- 播出国家：美国
- 播出频道：美国全国广播公司
- 首播时间：2011 年 4 月 26 日
- 播出时间：由于播出时间随电视台的节目安排而变动，因此不同季、不同集的播出时间存在差异。

  第一季：美国时间周二 21:00（第一—二，七—九，十一集），周二 22:00（第三—六集），周三 20:15（第十集），周三 20:00（最终集）；第二季：美国时间周日 22:21，周一 20:00，周二 21:00，每日一集；第三季：美国时间周一 20:00，周二 20:00，每日一集；周三 20:00（第三、十九集），周四 20:00（第二十集）。第四季：美国时间周一 20:00，周二 20:00，每日一集。

- 节目时长：44—104 分钟
- 节目类型：音乐真人秀节目
- 播出形式：录播、直播
- 制作公司：

  第一、二季：Mark Burnett Productions 公司

  第 三 季：Warner Horizon Television 公司及 Mark Burnett's One Three Media 公司

  第 四 季：Warner Horizon Television 公司，Mark Burnett's One Three Media 公司及 Talpa Content USA，Inc. 公司

- 官方网站：http://www.nbc.com/the-voice/

　　《美国好声音》是一档在美国全国广播公司（NBC）播出的音乐真人秀节目，起源于音乐真人秀《荷兰之声》(The Voice of Holland)。该节目推翻了传统选秀节目对参赛者的评判标准，确立了"声音决定去留"的淘汰方式。在这个偶像歌手风靡的时代，这样一个强者云集的音乐实力甄选平台无疑成为了媒体和观众关注的焦点，美国多元的音乐文化更是促成了这档节目的高收视率。节目前三季由亚当·莱文（Adam Levine）、科罗·格林（Ceelo Green）、布莱克·谢尔顿（Blake Shelton）、克里斯蒂娜·阿吉莱拉（Christina Aguilera）担纲导师兼评委，第四季还获得了亚瑟小子（Usher）和沙基拉（Shakira）的加盟。每季将有数位拥有高超歌唱才华的选手参赛，参赛者在四位导师的带领下进行排练，通过盲眼海选、擂台赛、淘汰赛、直播赛的层层选拔，最终胜者将被冠以"好声音"（The Voice）的称号，并获得10万美金的奖金和环球唱片的唱片合约，获胜者的导师也将成为当季的"最优导师"。

历史演变

　　《美国好声音》起源于荷兰音乐真人秀《荷兰之声》。《荷兰之声》是由传媒大亨约翰·德·摩尔（John De Mol）和荷兰著名音乐人罗尔·万·费尔岑（Roel van Velzen）开创的，于2010年9月17日在RTL4首播，一经播出便积累了超高人气，在这个拥有1650万人口的国家里吸引了300万观众的观看，收视率超过了《荷兰偶像》《X元素》《荷兰达人》等荷兰制作的元老级选秀节目，这些节目都获得了世界广泛关注，且版权销量屡创佳绩。《荷兰之声》则再为荷兰制作的电视节目在全球的傲人销量纪录添上了一笔。

　　《荷兰之声》带来的收视狂潮引起了美国全国广播公司的兴趣，美国全国广播公司于2010年12月中旬宣布正计划购买《荷兰之声》版权，将《荷兰之声》引入美国。购入版权之初，NBC将美国版的《荷兰之声》命名为《美国好声音》（The Voice of America），后被缩短为The Voice。

　　2011年2月下旬，美国全国广播公司开始陆续宣布节目导师的人选。先后签约了亚当·莱文，科罗·格林，布莱克·谢尔顿，克里斯蒂娜·阿吉莱拉。卡森·达利（Carson

Daly）成为节目主持人。

第一季《美国好声音》于美国时间2011年4月26日首次亮相，与《卧底老板》(Undercover Boss) 同样在"超级碗 (Super Bowl，美国国家美式足球联盟年度冠军赛)"后亮相，它继《卧底老板》之后获得在美国主流电视台首播节目的最高收视率。自此之后，《美国好声音》的收视率居高不下。鉴于《美国好声音》热烈反响，美国全国广播公司在正常录播赛事结束后又推出2个小时的直播赛，并在美国王牌选秀节目《美国偶像》后播出。此外，美国全国广播公司还增加了结果秀，强势邀请各路大牌明星担任表演嘉宾，使节目更具观赏价值。

第二季《美国好声音》于美国时间2012年2月5日播出，由于第一季盲眼海选环节的超高人气，节目赛制有所变更，将初选晋级人数从每队8人增加到12人，以便延长盲眼海选的播出时间，满足观众需求。在第一季中，直播赛里导师没有淘汰权，只有拯救权，然而，第二季中，在直播赛里增加了瞬时淘汰环节，即由导师直接淘汰一名选手，这个环节的添加使直播赛不再是完全由观众决定，导师也不得不紧张起来，"一选定乾坤"，大大增加了比赛的悬念。

第三季《美国好声音》于美国时间2012年9月10日播出，这一季的赛制更是大幅变动，不仅将初选人数增加到16人，更在擂台赛中增加"抢人 (Steal)"环节，即在名额限制内，且在选手同意的情况下，将其他导师淘汰的选手纳入自己的麾下，以加强自己队伍的实力。"抢人"环节极为戏剧化，导师你争我夺的场景也很吸引眼球，成为增加收视的一大法宝。

第四季《美国好声音》于美国时间2013年3月25日播出，在这一季，导师阵容有所更替，新加入的人气歌手亚瑟小子和沙基拉代替了科罗·格林和克里斯蒂娜·阿吉莱拉，与另外两位导师展开"声音争夺战"。

除以上演变之外，《美国好声音》的超高收视率吸引了大批明星的参与，其嘉宾阵容越来越豪华，进一步增加了节目的关注度。

获奖情况

2011年，美国青少年选择奖、最佳突破剧集；2012年，美国评论家选择奖、最佳真人秀节目—竞赛类；美国公告牌音乐奖、最佳音乐真人秀；克里斯蒂娜·阿吉莱拉凭借《美国好声音》获美国拉丁媒体艺术奖、最受观众喜爱的电视真人秀节目演员；2013年，制片人工会奖电视真人秀节目杰出作品。

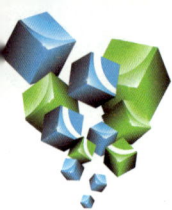

节目模式分析

音乐真人秀节目《美国好声音》节目模式简洁分明，选手们全部要经过4轮比赛的层层淘汰才能独占鳌头。每轮比赛都存在着相似的模式，即每位选手先排练，再演唱，后接受点评，不同之处在于前两轮比赛逐一宣布选手淘汰与否，而后两轮是在全部表演结束后确定选手去留。此外，在盲眼海选环节，选手演唱过程中即可通过导师转身情况决定选手命运，这一"声音决定命运"的赛制成为了节目的核心特色。除盲眼海选外，在每一轮赛前，选手都要经过导师的指导，与导师和顾问有一定的交流时间，这一接受巨星辅导的机会也是节目吸引优秀歌者的因素之一。《美国好声音》全程强调"声音至上"，选手的外形并不被关注，选手的歌声与故事、导师的点评以及其与选手的互动才是节目的制胜王牌。

节目直播中的一些关键时刻，例如获得权利反转的选手确定自己的导师时、揭晓投票名次时、导师决定选手去留时，主持人延长宣布时间或是插播广告时，都给观众留下悬念，有效地引起了观众的好奇心，提起了观众的兴趣。

板块设置

表1　板块设置
一、盲眼海选
1. 导师介绍（仅每季第一集），上集回顾及本集精彩集锦。
2. 主持人开场。
3. 导师开场秀（仅每季第一集）。
4. 选手介绍及亲友采访。"盲眼海选"的选手采访环节是最能调动观众感情的环节，主持人以聊天的形式向选手发问，并对个别问题幽默调侃，在将选手故事展现出来的同时，拉近与观众的距离，体现节目的"励志"及"平民化"风格。
5. 主持人亲自递送邀请函（偶尔穿插）。主持人开车将节目邀请函递送到选手住所或工作地点，正式祝贺其通过选拔，进入盲眼海选。
6. 选手演唱、导师点评、选手选择。
7. 选手与家人重逢。选手比赛结束后回到后台，与观看现场情况的家人重逢，为晋级而庆祝或为落选而彼此安慰。

8. 下部分预告。

9. 幕后花絮（偶尔穿插）。

10. 导师团队情况总结及下集预告。在节目最后通过图示整理宣布本集导师团队招募情况。

二、擂台赛

1. 盲眼海选回顾（仅第一场擂台赛）、上集回顾及本集精彩集锦。

2. 当组选手比赛经历回顾。

3. 导师辅导及彩排。导师辅导的环节贯穿除"盲眼海选"之外的每一个板块。这一环节是体现选手与导师的交流以及团队形式的重要部分，可以让观众们见证选手的成长，体验导师的亲和力。特别要提到的是导师顾问的辅导，选手们第一眼见到导师顾问时的惊讶表情以及采访中流露的仰慕之情使观众也不禁感同身受，使节目"平民化"的特点更加突出。

4. 选手表演，导师点评及淘汰。这是每个板块都会出现的环节，是充分表达导师内心的时刻。导师们不仅传播了许多音乐的专业知识，他们的纠结与不舍也将节目推向高潮，带来悬念。例如，科罗曾经在选择淘汰选手时流下眼泪，不知所措，充分体现比赛的残酷和导师的情感之细腻，让观众也不禁为之动容。

5. 偷人。在"盲眼海选"及第三季的"抢人"环节中，当多位导师选择某一选手时，权力反转，选择权转移到选手手上，选手的纠结、犹豫、迷茫甚至反问都成为节目的一大看点。另外，此时导师还会费尽"九牛二虎之力"说服选手加入自己的魔下，激烈的争辩，幽默的讥讽都给紧张而残酷的海选增加了不少乐趣。

6. 下部分预告。

7. 本期导师队伍状况整理，下期预告。

三、淘汰赛

1. 主持人开场。

2. 盲眼海选、擂台赛回顾（仅第一场淘汰赛）、上集回顾及本集精彩集锦。

3. 导师现场选出下一组 PK 选手，阐述选择原因。

4. 当组选手比赛经历回顾。

5. 导师辅导。

6. 该组选手依次演唱。

7. 导师点评及淘汰。

8. 下部分预告。

9. 主持人介绍赛后导师队伍状况，导师发表感想。

四、直播终极淘汰赛（仅第三、四季）

1. 主持人开场，介绍导师和规则。

2. 前期比赛回顾，本集预告，规则介绍。

3. 主持人采访导师。

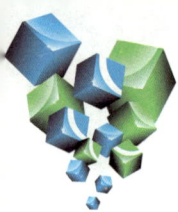

4. 选手比赛经历回顾。

5. 导师指导。

6. 选手表演，导师点评。

7. 社交平台媒体中心 Twitter 互动及采访（不规律穿插）。这是节目直播过程中的互动环节，建立起表达观众心声的平台，使观众们可以向选手发问，也给了选手向观众表达感情的机会。

五、直播淘汰赛结果秀（仅第三、四季）

1. 主持人开场。

2. 两队合作表演。

3. 一队直播淘汰赛表演回顾。

4. 公布结果，导师点评及拯救。

5. 社交平台媒体中心 Twitter 互动及采访。

6. 嘉宾与选手合作表演。

六、直播表演秀

1. 嘉宾表演。嘉宾表演环节是带动现场气氛和收视的关键，嘉宾们利用自己的人气为选手们拉票，能吸引大量粉丝对节目的关注，增加比赛的可看性。

2. 主持人采访导师。

3. 选手回乡探亲过程再现。

4. 选手演唱，导师点评。

5. 社交平台媒体中心 Twitter 互动及采访（不规律穿插）。

6. 团队演出。这是体现各个团队温馨团结的环节，也可以展现团队的整体实力。导师和选手们一起演唱的场景像一个有爱的大家庭，使观众感到真正走进了明星的世界，温馨的氛围弥漫开来。

7. 选手当场表演回顾。

七、直播结果秀

1. 主持人开场。

2. 上一场选手表演回顾。

3. 嘉宾表演。

4. 主持人采访导师。

5. 选手和朋友表演。

6. 宣布结果。

赛程规则

《美国好声音》赛程分为 5 个部分。盲眼海选中，4 名导师在所有优秀的参赛选手中选择各自的队员（第一季每队 8 人，第二、四季每队 12 人，第三季每队 16 人）。每位参赛者现场进行 1 分钟左右的演唱以展示自己的演唱功力，4 位导师坐在旋转椅上背对舞台，在歌曲结束前，凭听觉决定是否选择该名参赛者加入自己的队伍。若参赛者没有被任何一名导师选中，则落选；若参赛者仅被一名导师选中，则直接加入该导师的队伍；若参赛者被一名以上的导师选中，则权力反转，由参赛者选择加入哪位导师的队伍，由导师辩论和自荐。导师选到规定人数即停止选拔；若海选结束队员人数仍不够，则由 4 名导师投票选出若干名优秀歌手进行"盲眼加选"，直到选够名额为止。

擂台赛中，每轮比赛，导师选择两名队员合唱一首指定歌曲进行 PK，赛前由导师和导师顾问共同对两位选手进行辅导。赛后，由本队导师从二者中选择一名队员晋级下一轮，另外一名队员淘汰。（第一季每队淘汰 4 名；第二季每队淘汰 6 名；第三季每队淘汰 8 名，加入 2 名；第四季每队淘汰 6 名，加入 2 名）。从第三季起，擂台赛增加了"抢人"环节。每位导师被分配 2 个"抢人"名额。在两位选手 PK 结束后，由两位选手的导师选择留下一名选手在自己的队伍中，另外一名淘汰。这时，其他三位导师如果希望这名被淘汰选手加入自己的队伍，可以在被淘汰选手未离场的时间里立即按动按钮。若只有一名导师选择，则该选手自动进入这名导师的队伍；若有两名或三名导师选择，则权力反转，由参赛者选择加入哪位导师的队伍，导师辩论和自荐；如果没有导师按动按钮，则这名选手直接淘汰。

淘汰赛（仅第三、四季）中，比赛规则与第一、二季的擂台赛大致相同。区别在于，淘汰赛中由选手自己选歌，并且指导过程没有导师顾问的参与，由导师自行指导。最终每队将有一半选手进入下一轮。

直播终极淘汰赛（仅第三、四季）与直播表演秀都分别包括比赛和结果秀两部分。

直播终极淘汰赛（仅第三、四季）与直播表演秀中，都将在观众投票晋级选手后由导师在剩下的选手中拯救或淘汰一名。几轮比赛后，最终剩下 4 名选手晋级决赛。（第三季的直播表演秀与前两季不同，选手的票数位次是按照 12 位选手的共同排名决定，并无队伍的界线，可称为"混战"，即最终并不能保证每个队都有一名选手参加决赛。最终剩下 3 名选手晋级决赛。）决赛中，在选手表演后，完全由观众投票在 4 名选手中选

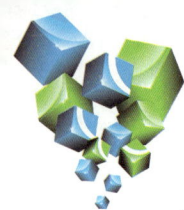

出冠军选手。投票结果将在直播结果秀中揭晓。

直播淘汰赛结果秀和直播结果秀中，嘉宾和选手奉献精彩的表演，并最终揭晓观众投票结果，冠军诞生。

人物角色

表 2　主持人简介

主持人	简介
卡森·达利 （赛场主持）	美国著名制片人及演员，曾多次获得美国青少年选择奖提名，并于 1998 年、2000 年、2001 年获得多个奖项。
艾利森·海斯利普 （社交平台媒体中心主持—— 第一季）	美国演员，曾任美国 G4 频道 Attack of the "Show!" 节目的通讯记者。
克里斯蒂娜·米兰 （社交平台媒体中心主持—— 第二、三季）	美国歌手及演员。2001 年推出的首张同名创作专辑突破白金销售。后踏足电影和电视领域，陆续演出了多部影片，给观众留下深刻印象。

由于节目有两个现场，一个是比赛现场，另一个是社交平台媒体中心现场，故分别在两个现场设有两名主持人。赛场主持卡森·达利有极强的亲和力和现场控制能力。在场外，他负责盲眼海选的后台采访以及海选前的部分邀请函的发送。他往往能巧妙地挖掘选手背后的故事，使"励志"主题得以传达。而绝大多数的线上交流活动是由社交平

图 2　卡森·达利　　　　图 3　艾利森　　　　图 4　克里斯蒂娜

台媒体中心主持完成，她们被称为《美国好声音》的"节目在线记者"。

导师们无疑是节目的主角之一，他们专业的点评，激烈的辩论和争夺成为节目的一大看点。4位导师都是美国乃至全球乐坛的风云人物，然而节目表现的更多是他们身为导师平易近人、严谨敬业的一面，不仅使选手们获益匪浅，也给观众们留下崭新的印象。

每位导师均代表着不同的音乐风格，前三季中，亚当代表摇滚乐，布莱克代表乡村音乐，科罗代表嘻哈音乐，克里斯蒂娜代表流行音乐。第四季新加入的沙基拉代表拉丁音乐，亚瑟小子代表节奏布鲁斯（R&B）音乐。实际上，虽然他们各自代表风格不同，但都是多元化的歌手，有能力培养各种类型的选手。

《美国好声音》的导师顾问可谓众星云集，每一位都是响当当的人物，导师们运用人脉邀请帮手，不仅可以使自己的队员接受更全面的辅导，也可以吸引潜在的粉丝观众群，扩大节目影响力。

节目嘉宾可谓一季比一季耀眼。他们并非单纯地想借此机会为自己争取上镜的时间，更多的是想帮助选手进步，利用自己的影响力为他们积累人气。抱着这样的目标，他们卖力的演出在吸引粉丝观看的同时，也深深打动了普通观众，给节目带来了巨大的正能量。

表3　导师简介

导师	简介
亚当·莱文	美国新灵魂摇滚乐队魔力红乐队（Maroon 5）主唱，吉他手。拥有2座全美音乐奖奖杯，3项格莱美大奖。
布莱克·谢尔顿	著名乡村音乐人。曾登顶乡村音乐年度艺人宝座，三获乡村音乐奖最佳男歌手，二获美国乡村音乐奖最佳男歌手。曾获得美国青少年选择奖，格莱美奖。
科罗·格林	奈斯·巴克利（Gnarls Barkley）前任成员，新近重建的美国著名的老牌嘻哈团体 Goodie Mob 元老之一，五获格莱美奖。
克里斯蒂娜·阿吉莱拉	美国著名流行歌手及作词人。音乐奇才，五获格莱美奖，在全球拥有5000万唱片销量，还曾获 Billboard 录影带榜3次冠军，MTV 音乐大奖，公告牌单曲榜冠军等。
沙基拉	身兼歌手、词曲创作人、制作人数职，在全球拥有高达6000万张的销售记录，曾拿下8座格莱美奖奖杯。
亚瑟小子	美国音乐史上的最佳艺人之一，坐拥8座格莱美奖奖杯，8项全美音乐奖，一手培养出流行巨星贾斯汀·比伯。

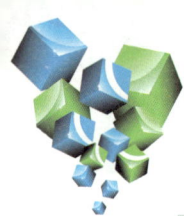

图 5 左起分别为科罗、克里斯蒂娜、亚当、布莱克

如第一季嘉宾中的瑞安·特德，是共和时代（One Republic）乐队主唱，著名的音乐家、作曲家、唱片制作人。第二季嘉宾中的贾斯汀·比伯，是欧美乐坛流行音乐王子。第三季嘉宾中的杀手乐团（The Killers），是美国著名摇滚乐队。还有第四季嘉宾中的战前女神（Lady Antebellum），是美国著名乡村音乐组合，曾获 7 项格莱美大奖。

图 6 左起分别为亚当、沙基拉、布莱克、亚瑟小子、主持人卡森

表4　导师顾问简介

季数	导师	导师顾问	导师顾问简介
第一季	亚当·莱文	亚当·布莱克斯通	魔力红音乐制作人。
	布莱克·谢尔顿	里芭·麦肯泰尔	乡村音乐中最成功、最受欢迎的女歌星。
	科罗·格林	莫妮卡	具有浑厚而铿锵有力嗓音的美国著名女歌手。
	克里斯蒂娜·阿吉莱拉	西亚	澳大利亚著名女歌手，原零乐队（Zero）成员。
第二季	亚当·莱文	阿拉尼斯·莫里塞特	加拿大女子摇滚乐的超级明星。
		罗宾·西克	来自加州的全方位创作歌手。
	布莱克·谢尔顿	凯利·克拉克森	美国流行音乐歌手，第一位《美国偶像》冠军。
		米兰达·兰伯特	著名乡村女歌手，布莱克·谢尔顿的妻子。
	科罗·格林	肯尼·埃德蒙兹	集超级金曲词曲作者、制作人与歌手三种身份的巨星。
		尼欧	美国流行音乐及著名饶舌歌手，也是录音师、舞者、演员。
	克里斯蒂娜·阿吉莱拉	朱厄尔	美国著名女歌手。
		莱昂内尔·里奇	80年代美国摇滚乐坛最耀眼的歌星之一。
第三季	亚当·莱文	玛丽·布莱格	美国节奏布鲁斯天后。
	布莱克·谢尔顿	迈克尔·布勃莱	加拿大著名流行爵士乐歌手，影视演员。
	科罗·格林	罗布·托马斯	著名男歌手。
	克里斯蒂娜·阿吉莱拉	比利·乔·阿姆斯特朗	绿日（Green day）主唱、吉他手。
第四季	亚当·莱文	希拉里·斯科特	战前女神（Lady Antebellum）组合主唱，7项格莱美得主。
	布莱克·谢尔顿	谢里尔·克罗	20世纪90年代以来最受欢迎的摇滚乐女歌手之一，曾获9项格莱美大奖。
	沙基拉	乔尔·马登	白金唱片乐队狂野夏洛特主唱，《澳洲之声》导师。
	亚瑟小子	法尔莱尔·威廉斯	3项格莱美奖得主。

图 7 盲眼海选时的亲友现场

图 8 擂台赛时坐在亲友席的选手亲友

参赛选手大部分都是具有独特声线的人，除此之外，他们还有着令人感动或怜惜的经历。他们带着自己的声音和故事初次登台，往往真诚、朴实，突出了《美国好声音》是为有好声音的平民打造的舞台这一特点。

选手亲友在节目中也有大量镜头，尤其是"盲眼海选"和擂台赛中。盲眼海选中，节目专门为选手亲友提供观看比赛的房间，还会有主持人陪同观看。擂台赛中，节目则特意在观众席的第一排最佳位置设立了亲友席，使亲友可以近距离欣赏到选手的表演。亲友们对选手们的感情最深，对选手的关切之情也表现得最为真实和明显，使得选手的一举一动都被赋予情感和内涵，让观众们深刻体会到这位选手站在舞台上对于他及家庭的意义。

外部包装

《美国好声音》外部包装简约，大气。贯穿节目的有两个现场，即舞台与社交平台媒体中心，这样的设计使其彻底打破了除观众投票外完全自娱自乐音乐真人秀节目的局限，兼具了视听享受和互动交流，全方位满足了观众的观看需求。此外，在每个阶段的比赛中，由于不同阶段比赛环节的不同，节目又会分别添加本阶段的环节固定场景，这令每一个阶段的比赛都将丰富度展现得淋漓尽致，场景的分环节切换也让节目分分钟保持紧张和新鲜。

《美国好声音》的舞台设计是随着比赛的进行而变换的，绚丽却不花哨，完美体现每一阶段的比赛特点的同时也巧妙避免了观众的审美疲劳。在必要的节点，通过多样的舞台设计从根本上将观众带入比赛的"新篇章"。

"盲眼海选"中，舞台设计重点突出：场中是菱形的舞台，它是节目的焦点之一；其中后方是倒梯形的巨型屏幕，在选手表演过程中起点缀作用；左右两侧是实物的"剪

刀手"标识，宣示着节目主题；舞台外的入退场楼梯也会依表演需要发生明暗变化，化为舞台的一部分。舞台前方是评委的经典红色转椅，评委席与舞台相独立，这是节目另一最受关注的区域。这样简单的设计正是为了体现节目主旨，即这是声音的战场，与外表的靓丽或舞台的华丽与否没有关联。节目通过并不"抢眼"的舞台设计，提醒导师与观众们关注选手的声音，更多用耳朵感受节目。

图 9 "盲眼海选"舞台实景

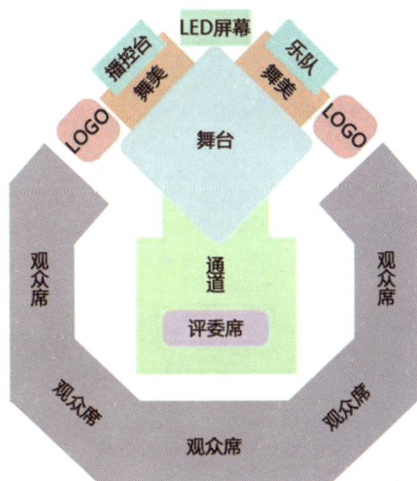

图 10 盲眼海选舞台设计图

在盲眼海选中，后台和候场大厅分别是选手赛前接受采访和做准备的地方。后台的阴暗环境烘托了选手在赛前的紧张感。候场大厅休闲自由的环境为采访提供了良好的氛围。

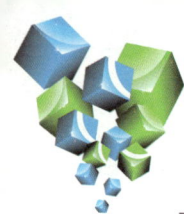

图 11 "盲眼海选"后台实景

图 12 "盲眼海选"候场大厅实景

擂台赛中，舞台设计目的明确：为照应"擂台"的比赛性质，舞台被设计为类似体育比赛中的竞技擂台的外观，擂台的四个支柱可以自由变换颜色；演播厅四周布满了灯光设备，舞台的观感在朴素中带有激情和活力；顶端的三个显示屏起到提示作用，其摆放位置也沿袭了体育擂台中计分屏的摆放模式。擂台赛的舞台设计，每一部分都有其明确的作用，尽管看起来比盲眼海选有些许复杂，但从功用角度看依然维持了简约的风格，并适当提升了舞台的现场效果与比赛的紧张气氛。

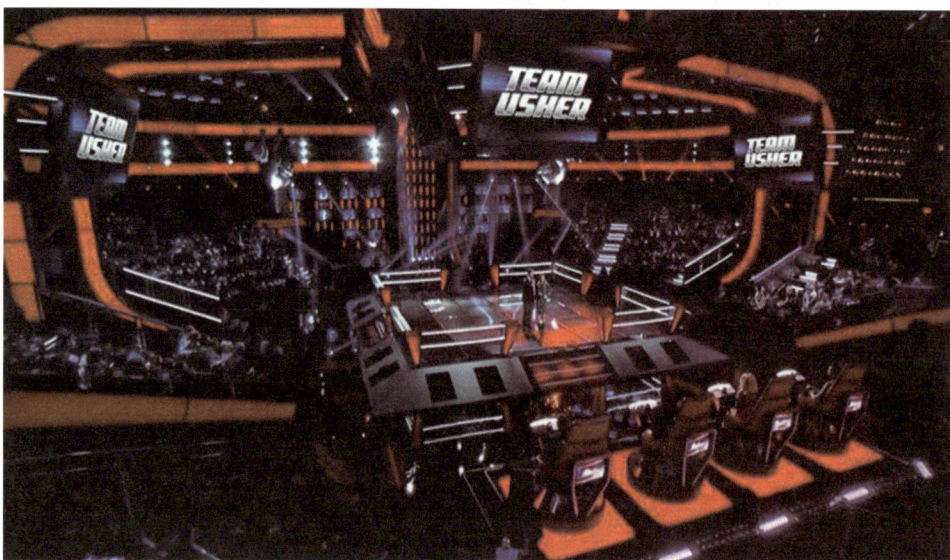

图 13 擂台赛舞台实景

在擂台赛中，排练室是导师和导师顾问为选手初步辅导的地方，彩排室是赛前导师跟随乐队为选手排练的地方，后台是选手赛前准备的地方。排练室只有几把椅子和一架钢琴，简单的布置让选手更专注于接受教导，也让观众更加全神贯注，突出了此时的重点在于用声音为房间增添色彩。彩排室即擂台赛的现场，但没有观众，且乐队及现场设

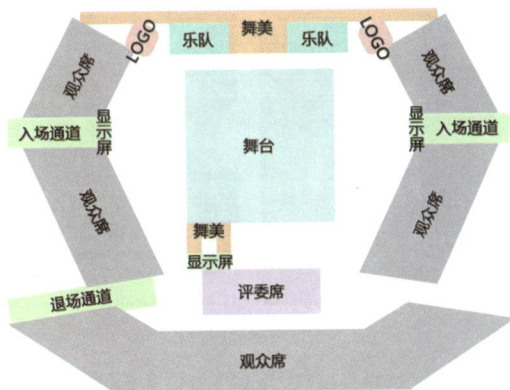

图 14 擂台赛舞台设计图

图 15 擂台赛辅导实景

图 16 擂台赛谈心实景

备布置较为密集。此外，对于部分选手，比赛之前，导师和导师顾问会与其谈心，谈心的地点即一个类似家庭客厅的地方，沙发、茶几等摆设给人一种温馨之感，易于拉近导师和选手的距离，使选手摆脱压力。

每组选手都会由一辆比亚迪汽车送到演播厅前的红地毯，选手下车后会从红地毯入场，这样转中的入场方式使比赛的严肃程度大幅提升；阴暗的后台完美烘托出选手在做赛前最后准备时的紧张感。淘汰赛维持了擂台赛的舞台设计。

直播赛中，舞台设计美轮美奂：直播赛开始前，主持人会强调舞台设计一切从简。的确，直播赛除了灯光华丽许多外并没有夺目的特别设计，大部分特殊效果都用于表演嘉宾。对于选手来说，保持简单的

图 17 擂台赛彩排实景

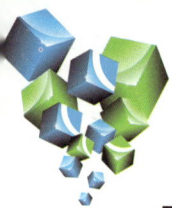

图 18 擂台赛红地毯实景

图 19 擂台赛后台实景

舞台效果，才能使观众专注于声音，这成功地使节目主旨贯穿节目始终。另外，由于直播赛现场火爆，很大一部分观众都是站在舞台周围与选手互动而没有在观众席就座的，且节目制作方并没有进行管制，而是让观众们尽情享受现场的激情。在图 21 中已特别描边标出观众席和观众的区别。另外，结果秀也维持了直播赛的舞台设计。

节目舞台设计很恰当地体现了比赛主旨，不仅体现清新务实的风格，更有助于观众和导师集中精力，还可以时刻提醒选手赢得比赛的核心竞争力在于什么，可谓一举多得。

在视觉要素方面，从整体的舞台设计来看，节目把握了两个视觉要素，即节目标识和转椅。

图 20 直播赛舞台实景

首先，作为贯穿节目始终的巨型标识，节目标识无疑是《美国好声音》最重要的视觉元素。标识采用"手"的元素，手表现出"V"的造型，代表着"声音"和"胜利"；手握话筒，表现出即将歌唱的状态，意味着选手们将要开始展现自己的好声音。

该标识不仅在片头片尾及片中过渡出现，实物标识更是从头至尾在舞台上占有一席之地。该标识外形简单易懂，且能直接表现主题，再加上反复出现在节目中，使其已被

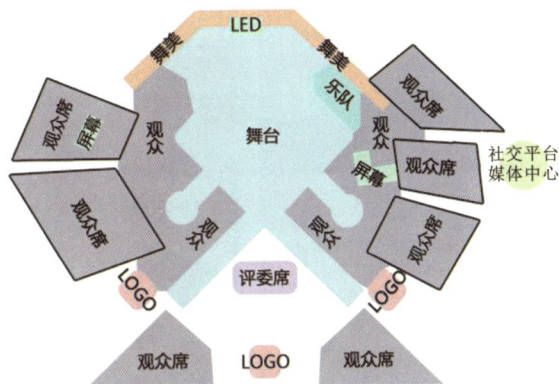

图 21 直播赛舞台设计图

符号化，成为《美国好声音》的代表标识。此外，由于《美国好声音》的国际化，"剪刀手"标识在全世界广为流传，家喻户晓。

此外，同样作为《美国好声音》系列的独特元素，转椅的出镜率也是相当之高。《美国好声音》中的转椅是按照《荷兰之声》中的转椅定制的，外形相似。它有着高于人头的红色椅背，其中，红色是节目的主题色，而椅背高于人头则是为了使导师无法回头看到选手的外貌，达到"声音决定命运"的效果。椅子前有一个倒塔形的桌子，桌子上安装了一个大型按钮，这就是导师、选手、观众关注的焦点，这个按钮控制着椅子的旋转，在背对选手时按动它即可将转椅旋转过来面向选手，使选手获得晋级的机会。带动椅子旋转的是下方的圆形托，圆形托的正前方是由内置灯照射在白字上显现出的"我想要你"（I WANT YOU）字样，代表着四位导师将椅子旋转过来的意义，即"需要你加入我的队伍！"

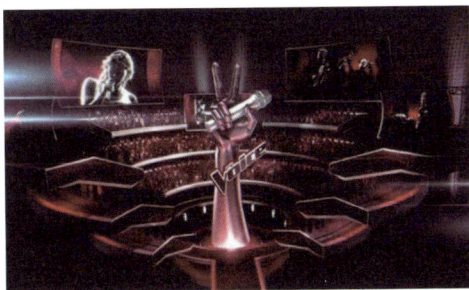

图 22 节目转场标识

图 23 实物标识

从以上舞台设计的分析中可以看出，在简约的舞台设计之下，能达到带动现场气氛、体现激情与活力目的的就是灯光。在《美国好声音》的舞台上，可谓纯粹的"物尽其用"。

图 24　红色转椅

图 25　红色转椅前后设计图

每一个楼梯或是看台把手都会发出光芒，融入比赛的气氛当中，充分发挥自己的实际作用和装饰作用。节目以红色为主色调，导师的红色座椅就对主色调做了直观定位。表演过程中，舞台灯光会随着表演进程和风格而不断变换颜色和外形，而表演一结束，整个舞台的灯光就都会恢复红色，稳稳抓住节目主色调不偏离。

盲眼海选中，选手表演的舞台灯光主要以各种色彩的光束为主，每一个表演，光束的颜色会基本保持不变，其以多角度的移动达到增强舞台动感的作用。此外，花样灯光也为舞台添色不少，它们不仅可以在舞台上呈现各种各样的形状，还可以通过有节奏的闪动给舞台带来更强烈的视觉冲击。

节目还运用灯光增加悬念气氛，如比赛中，每一位选手登台时都是黑场，带来神秘

图 26　恢复红色的盲眼海选舞台

图 27 盲眼海选舞台光束

图 28 盲眼海选花样灯光

感，待到表演拉开序幕，灯光才从选手脚下缓缓亮起，选手露出其庐山真面目，将观众和评委的激情点燃。

擂台赛的舞台灯光相比盲选丰富许多，因为此时的比赛所考量的不仅是声音，还有

图 29 盲眼海选黑场实景

图 30 盲眼海选亮灯实景

舞台表现力。整个演播厅布满了灯光，变色、摇摆、闪动，每一个角落都会有灯光与表演积极呼应，这样的设计使观众、导师、选手、演播室设施一同融入到表演中，不论其本身是否有生命，在音乐的滋润下，一切都显示出生机与活力。另外要强调的是"抢人"环节时，导师按动按钮的瞬间，整个演播厅都会闪动耀眼的黄光，激发全场的惊喜与热情。

直播秀的舞台设计更为复杂，灯光也丰富许多，且善于构造舞台场景烘托歌曲氛围，将舞台的热度与张力展现到了极限。

图 31 擂台赛舞台灯光（1）

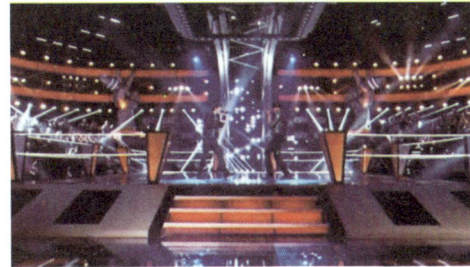

图 32 擂台赛舞台灯光（2）

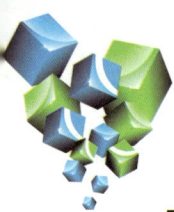

图 33 直播秀舞台灯光（1）

图 34 直播秀舞台灯光（2）

节目案例详解

截至目前，《美国好声音》已完整播出四季 93 集，第四季已于美国时间 2013 年 3 月 25 日播出，结束于 2013 年 6 月 18 日。

每一季的《美国好声音》都会有所变化，其中第三、四两季较为相似。在规则设计方面，

表 5　各季比赛集数分配

季数	总集数	比赛阶段	集数
第一季	12	盲眼海选	2
		擂台赛	3
		直播赛	6
		结果秀	1
第二季	21	盲眼海选	5
		擂台赛	4
		直播赛	11
		结果秀	1
第三季	32	盲眼海选	9
		擂台赛	6
		淘汰赛	2
		直播赛	14
		结果秀	1
第四季	28	盲眼海选	6
		擂台赛	4
		淘汰赛	3
		直播赛	14
		结果秀	1

盲眼海选的晋级人数四季各不相同，从 8 人到 12 人到 16 人，第四季又回到 12 人。由于各队人数不同，每季的集数也不同，各比赛阶段的集数分配更不尽相同（详见表 5）。第二季比第一季多了直播秀中的瞬时淘汰环节；第三季又取消了此环节，而在擂台赛中增加"抢人"环节，还添加了淘汰赛、直播赛。第四季则保持了第三季的规则设置，没有大幅变动。

本集是美国时间 2012 年 9 月 11 日播出的《美国好声音》第三季第二集，是"盲眼海选"的第二场。由于"盲眼海选"是《美国好声音》的特色板块，故特挑选本集进行案例分析。本集延续了传统的"盲眼海选"模式，出现了极具特色的好声音，导师之间的争夺也相当激烈，是《美国好声音》较为典型的一集。

表 6　2012 年第三季第二集板块分析

板块	时长	内容	形式
前期回顾	21 秒	介绍导师，回顾上一场导师的表演片段	字幕、旁白、同期声音响、音乐
	1 分 54 秒	1. 回顾上一场比赛情况，选手表现及导师点评快速剪辑 2. 回顾各位导师招募选手情况，穿插导师采访：科罗招募了 2 名，克里斯蒂娜招募 2 名，插入两名选手选择克里斯蒂娜时的片段，布莱克招募 2 名，亚当招募 2 名。克里斯蒂娜说："16 位队员，这太令人兴奋了，新的歌手，新的才华，这将会很棒！" 3. 本场比赛预告及导师、选手采访。布莱克说："越来越多的优秀歌手和艺术家来参加《美国好声音》的海选。"科罗说："盲选很刺激，因为只能通过声音来判定。"	现场同期声、旁白、音乐、采访
第一位选手	1 分 19 秒	1. 导师准备入场，选手 1 阿德里安娜·路易斯（Adriana Louise）进入休息大厅 2. 选手在房间内单独接受采访。介绍自己的生活现况为一直在酒吧及各处演出维持生计	字幕、旁白、现场同期声、音乐、采访

续表

板块	时长	内容	形式
		3. 主持人到休息大厅向第一位选手阿德里安娜及她的亲友问好，询问音乐对她的意义 4. 穿插选手的房间内单独采访。阿德里安娜在单独采访中介绍自己9岁时全家被劫持的经历，说当时唯一能使自己振作的就是音乐 5. 在休息大厅主持人关切询问当时情况，对她的遭遇表示同情	
	31秒	1. 阿德里安娜独自紧张地来到后台，紧张地做赛前准备 2. 背景音为她在房间内单独接受采访中表示对这一天期待已久 3. 阿德里安娜走出后台，走上舞台 4. 亲友在后台从电视中看到阿德里安娜走上台，很激动	字幕、现场同期声、音乐、采访
	1分32秒	1. 阿德里安娜上台后开始演唱，科罗和亚当先后转身 2. 插入亲友在另一房间看到导师转身后手舞足蹈的镜头 3. 克里斯蒂娜听了一会儿后转身，布莱克听了一会儿也果断转身 4. 插入表现亲友在另一房间的反应的镜头	字幕、现场同期声、音响
	1分51秒	1. 演唱结束，导师们起立鼓掌 2. 导师点评。克里斯蒂娜表示阿德里安娜应该加入自己的队伍，布莱克嘲讽克里斯蒂娜 3. 选手自我介绍 4. 科罗夸赞阿德里安娜，亚当夸赞阿德里安娜声音独特，求阿德里安娜选择自己；布莱克评价阿德里安娜演唱独特。克里斯蒂娜表示自己比布莱克更喜欢她 5. 阿德里安娜说："这太不可思议了！"	现场同期声、音乐
	1分22秒	1. 阿德里安娜开始做艰难抉择，4位评委通过语言和动作争取被选。克里斯蒂娜说："我需要你！"	

续表

板块	时长	内容	形式
		2. 阿德里安娜最终选择克里斯蒂娜，因为她9岁时买的第一张唱片是她的 3. 克里斯蒂娜起身与选手拥抱，二人互相赞美 4. 插入妈妈在另一房间落泪的镜头 5. 克里斯蒂娜跟随音乐起舞狂欢	现场同期声、音乐
	23秒	1. 主持人带领阿德里安娜进入亲友所在房间，阿德里安娜和亲友欢呼拥抱 2. 主持人夸奖阿德里安娜在台上很有巨星范，阿德里安娜与亲友再次欢呼 3. 镜头转回现场，阿德里安娜说自己很开心	现场同期声、音乐
下节预告	40秒	1. 即将出场的选手采访与现场表现剪辑 2. 导师点评剪辑及选手看到导师争辩的反应 3. 《美国好声音》文字画面转场 4. 《美国好声音》主题音乐和标识转场	现场同期声、音乐、音响、旁白、采访
第二位选手	30秒	1. 选手2凯西·米西格曼和亲友准备进入休息大厅，旁白介绍凯西 2. 凯西在房间内单独接受采访，介绍自己特殊的姓氏。插入凯西在休息大厅与亲友练摔跤的镜头 3. 凯西在房间内单独接受采访，介绍自己的爱好，表示摔跤使他成为一名好歌手，让他挑战自己的音乐极限	现场同期声、音乐、旁白、采访
	1分	1. 主持人到休息大厅采访凯西及亲友 2. 主持人询问凯西在学校情况，凯西给主持人看自己摔跤时的照片，介绍自己在大学受伤的经历 3. 凯西在房间内单独接受采访，介绍自己受伤时的具体情况 4. 凯西向主持人介绍受伤时的情况 5. 插入凯西肥胖时的照片，凯西和亲友拥抱，接受亲友鼓励。背景音为凯西介绍受伤后的情况，他感谢老天给他力量重回音乐的世界 6. 凯西在房间内单独接受采访，表示他因音乐	现场同期声、音乐、采访

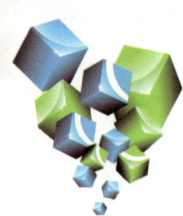

板块	时长	内容	形式
		走到现在，很满足	
	14秒	1. 凯西走进后台，紧张做着准备 2. 凯西走出后台	现场同期声、音乐、采访
	1分50秒	1. 凯西走上舞台 2. 插入亲友在另一个房间的紧张表现 3. 凯西开始演唱布莱克的歌 4. 评委仔细聆听，布莱克第一个转身 5. 插入亲友和主持人在另一房间鼓掌欢呼 6. 科罗转身，布莱克对科罗表示不满，科罗和布莱克看着凯西的小动作大笑 7. 插入亲友和主持人在另一房间看着凯西的表演微笑点头 8. 凯西演唱完毕，全场欢呼，导师们为他鼓掌，选手笑中带泪	字幕、现场同期声、音响、音乐
	1分44秒	1. 导师点评。亚当让布莱克直接把凯西带走，布莱克大笑 2. 克里斯蒂娜询问凯西姓名，凯西自我介绍 3. 科罗评价凯西演唱有多元性 4. 布莱克评价凯西唱歌有力道，喜欢他的小动作，请他自己做选择	现场同期声、音响
	53秒	1. 凯西开始艰难抉择 2. 凯西表示来参加比赛的目的只有一个，就是和布莱克一起做乡村音乐，选择布莱克 3. 布莱克起身拥抱凯西，凯西离场 4. 布莱克接受采访表示每次听到乡村音乐响起都会心跳加速，凯西很不错，希望和他一起做乡村音乐	现场同期声、音乐、采访
	14秒	凯西来到另一房间和家人会合，表示这份经历很重要，很感谢家人的支持，与家人拥抱，激动落泪	现场同期声、音乐、采访
下节预告	17秒	1. 即将出场的选手演唱片段剪辑 2. 《美国好声音》文字画面转场 3. 《美国好声音》主题音乐和标识转场	音乐、音响、旁白

续表

板块	时长	内容	形式
第三位选手	38秒	1. 选手3阿奎莱（Aquile）入场，旁白介绍阿奎莱借助音乐渡过逆境 2. 阿奎莱在房间内单独接受采访，介绍自己的职业 3. 插入阿奎莱在家中弹吉他的片段及多张阿奎莱家人及演出的照片，采访中阿奎莱自我介绍家乡、家境以及人们对他的不理解促进他成长	现场同期声、音乐、采访、旁白
	28秒	1. 主持人在候场大厅采访阿奎莱 2. 插入阿奎莱下颌骨折时的照片，阿奎莱在采访中介绍自己下颌骨折的经历 3. 主持人觉得阿奎莱的经历就是美国著名说唱歌手坎耶·韦斯特（Kanye West）的故事，并夸他是一名斗士	现场同期声、音乐、采访
	19秒	1. 阿奎莱进入后台，紧张地做着准备，背景音为他在房间内单独接受采访时表示很希望和评委们合作，希望自己也能有他们的成就，那么之前经受的苦难都值得了 2. 阿奎莱走上舞台	现场同期声、音乐、采访
	1分52秒	1. 亲友们在另一个房间里表示自己很激动 2. 阿奎莱开始演唱 3. 阿奎莱一开口即引起尖叫，亚当和克里斯蒂娜几乎同时转身 4. 插入亲友在另一个房间里欢呼尖叫 5. 演唱完毕的时候，科罗转身，全场沸腾	字幕、现场同期声、音响
	2分20秒	1. 阿奎莱开心大笑，全场热烈欢呼鼓掌，亚当说应该让激动的女士们冷静下来 2. 亚当询问阿奎莱姓名，阿奎莱自我介绍 3. 亚当评价阿奎莱嗓音独特，希望他加入自己的队伍。克里斯蒂娜夸赞阿奎莱，希望他加入自己的队伍 4. 科罗询问阿奎莱在这样大的机会下想得到什么，阿奎莱回答想接受挑战，尝试各种风格，	现场同期声、音乐

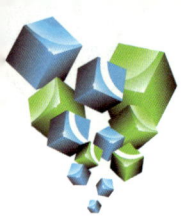

板块	时长	内容	形式
		也尊重自己的艺术。科罗夸赞阿奎莱，请他自由地选一位导师	
	30 秒	1. 阿奎莱表示感谢导师的转身 2. 阿奎莱即将说出选择时插入《美国好声音》文字画面转场 3. 插入《美国好声音》主题音乐和标识转场	现场同期声、音乐
	1分23秒	1. 回顾阿奎莱演唱片段，评委反应及评价 2. 阿奎莱表示这是他做过的最艰难的选择，最终选择了克里斯蒂娜，克里斯蒂娜起身拥抱他，并鼓励他一起加油，阿奎莱离场 3. 克里斯蒂娜接受采访表示阿奎莱的演唱令她折服 4. 布莱克祝贺克里斯蒂娜，表示她得到了潜力股	现场同期声、音乐、采访、旁白
第四位选手	1分05秒	1. 选手4瑞安·福格蒂（Ryan Fogarty）走在通往休息大厅的路上，旁白介绍选手 2. 插入瑞安和利恩·里莫斯（Leann Rimes）工作的镜头，瑞安在独自接受采访时介绍自己的职业和经历，是利恩·里莫斯的助理 3. 插入利恩·里莫斯演唱会的镜头，瑞安介绍自己被利恩·里莫斯发现演唱天赋的经历 4. 利恩·里莫斯独自接受采访，讲述自己发现瑞安歌唱天赋的经历，以及对其的赞美 5. 插入瑞安在化妆室准备的镜头，再插入利恩·里莫斯独自接受采访时的镜头，她表示对瑞安的喜爱 6. 插入利恩·里莫斯演唱会的镜头，以及瑞安接受采访的镜头，他表示感谢利恩·里莫斯的认同，并期待4位导师的认同	字幕、现场同期声、音乐、采访、旁白
	16 秒	1. 瑞安在后台紧张地准备着，背景音为他在房间内单独接受采访时表示这次参赛的重要性 2. 瑞安走出后台，走上舞台，背景音为他在房间内单独接受采访时表达赢的决心	现场同期声、音乐、采访

续表

板块	时长	内容	形式
	1分11秒	1.瑞安开始演唱 2.选手演唱完毕，没有导师转身	字幕、现场同期声、音响
	1分11秒	1.导师自动转身后，科罗询问瑞安的名字，瑞安进行自我介绍 2.4位导师分别讲解他们不转身的原因 3.瑞安离场 4.布莱克接受采访说，要想让导师按下按钮，就必须有超群的实力，瑞安以后会越来越好，但还需提升自己	现场同期声、音响、采访
	13秒	1.瑞安来到后台与亲友会合，亲友和主持人一起鼓励他，瑞安接受采访表示相信利恩会一直相信他 2.瑞安和亲友离开	现场同期声、音乐、采访
下节预告	24秒	1.即将出场的选手采访及现场表演剪辑。选手接受采访时叙述自己的经历，他曾感染一种病毒会导致心脏衰竭 2.《美国好声音》文字画面转场 3.《美国好声音》主题音乐和标识转场	现场同期声、音乐、采访
未晋级选手表演集锦	43秒	部分未能晋级的选手的演唱及导师评价剪辑	字幕、现场同期声、音乐、音响、旁白
第五位选手	1分36秒	1.选手5麦肯齐·布尔格在休息大厅，旁白介绍麦肯齐 2.主持人来休息大厅采访麦肯齐，选手介绍他得病的情况 3.选手在房间内单独接受采访，介绍生病的经历，病症为病毒性心肌炎 4.麦肯齐的父亲动情讲述看到儿子生病的感受及如何看到海选日期并决定参加比赛的 5.麦肯齐在房间内单独接受采访表示现在已好转 6.主持人听麦肯齐讲述这段时间音乐对他的帮助	字幕、现场同期声、音乐、采访
	31秒	1.麦肯齐和父母拥抱后走入后台，背景音为其接受采访时表示他认为要珍惜每一天的生命	现场同期声、音乐、采访

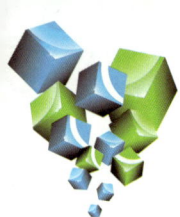

板块	时长	内容	形式
		2. 麦肯齐在后台紧张准备，插入他独自接受采访时表示如果有导师转身，说明他为音乐付出的一切都是值得的	
		3. 麦肯齐走上舞台，背景音为他在采访中表示他爱唱歌，会尽全力	
	1分37秒	1. 麦肯齐开始演唱 2. 插入亲友和主持人在另一房间看麦肯齐演唱，呼叫导师快转身 3. 科罗转身，插入亲友激动欢呼拥抱的镜头 4. 插入亲友在另一房间一同打拍子的镜头 5. 麦肯齐演唱完毕，全场欢呼	字幕、现场同期声、音响
	1分24秒	1. 克里斯蒂娜与麦肯齐打招呼，麦肯齐自我介绍 2. 导师点评。克里斯蒂娜表示自己很喜爱麦肯齐，麦肯齐表示感谢，并讲述自己报名的经历。布莱克表示喜欢麦肯齐的哈利·波特造型，克里斯蒂娜觉得麦肯齐像贾斯汀·比伯，麦肯齐表示更希望像哈利·波特。亚当表示麦肯齐有特殊的腔调，和科罗一起是不错的选择。科罗表示对麦肯齐的喜爱 3. 科罗和麦肯齐拥抱，并互相鼓励，麦肯齐离场 4. 插入亲友在另一房间欢呼的镜头，父亲激动，母亲落泪	现场同期声、音乐
	16秒	1. 科罗接受采访 2. 亚当觉得麦肯齐是哈利·波特和贾斯汀·比伯的合体，魔法师大歌星，克里斯蒂娜大笑	现场同期声、音乐、采访
	13秒	主持人带领麦肯齐到后台与亲友会合，亲友激动欢呼，与麦肯齐拥抱，母亲说很为他高兴	现场同期声、音乐
下节预告	17秒	1. 即将出场的选手采访及现场表演剪辑。旁白介绍将出现《美国好声音》史上第一位全程用西班牙语演唱的选手 2.《美国好声音》文字画面转场 3.《美国好声音》主题音乐和标识转场	现场同期声、音乐、音响、旁白

续表

板块	时长	内容	形式
后台花絮	17秒	导师在后台休息讨论	现场同期声、音乐、旁白
第六位选手	1分09秒	1.选手6朱利奥·西泽·卡蒂洛（Julio Cesar Catillo）走在通往休息大厅的路上，旁白介绍朱利奥 2.选手接受采访，用西班牙语自我介绍，用英语介绍自己的经历，自己6岁爱上墨西哥街头音乐 3.插入朱利奥小时候演唱的镜头，接着朱利奥介绍自己喜欢这种音乐的原因，再插入他长大后表演的镜头，朱利奥介绍自己的街头乐队的情况 4.朱利奥接受主持人采访，介绍自己家庭状况艰难 5.一家人接受主持人采访，父亲表示家庭一直很艰难，但他希望儿子成为这一代人的榜样	字幕、现场同期声、音乐、旁白、采访
	27秒	1.朱利奥与家人拥抱后进入后台 2.朱利奥在后台紧张准备，背景音为他在房间内单独接受采访时表示希望自己的梦想可以成真 3.朱利奥走出后台	音乐、采访
	1分18秒	1.插入亲友在另一房间专注地看着电视的镜头 2.朱利奥走上舞台开始演唱 3.布莱克转身 4.亲友在另一房间激动拥抱 5.最后一刻，科罗转身，全场沸腾 6.选手演唱结束，布莱克骂科罗	字幕、现场同期声、音响
	2分11秒	1.科罗表示很喜欢朱利奥 2.朱利奥向大家问好，评委齐说好听并夸赞他 3.评委点评。布莱克询问姓名，朱利奥自我介绍。克里斯蒂娜表示很享受，布莱克表达对选手的赞美和喜爱。科罗夸赞朱利奥唱得很棒，亚当赞美朱利奥他很出色	现场同期声、音响

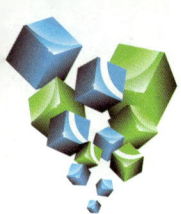

板块	时长	内容	形式
		4. 科罗请朱利奥唱两句墨西哥街头乐，朱利奥开唱 5. 插入父母在另一房间看到儿子清唱西班牙语歌曲时激动落泪 6. 朱利奥清唱完毕，导师们激烈争取选手进入自己的队伍 7. 亚当和克里斯蒂娜询问他选择谁	
	1分05秒	1. 朱利奥开始艰难选择，最终选择布莱克 2. 布莱克起身与朱利奥拥抱 3. 布莱克嘲笑科罗 4. 朱利奥离场 5. 布莱克接受采访表达对朱利奥的喜爱 6. 亚当嘲讽布莱克，克里斯蒂娜和布莱克大笑	字幕、现场同期声、音乐、采访
	22秒	1. 朱利奥到后台与亲友会合并拥抱 2. 朱利奥一家人接受采访，朱利奥表示自己发挥了水平，感谢导师的转身	现场同期声、音乐、采访
本场回顾	44秒	回顾两场"盲眼海选"后导师队伍阵容，出现图片表格，旁白分别介绍每队选手姓名	字幕、音乐、旁白

节目特色点评

　　《美国好声音》强调声音的重要性，属于真正意义上的音乐真人秀，"音乐"是最直接的主题。鉴于其独特的选拔形式，"以声取人"成为其艺术宗旨。节目第一次抛开选手的外貌，仅从声音的角度判断选手的去留，这种海选比赛方式使许多拥有好声音、却其貌不扬的音乐人们可以有机会追求自己的梦想。它通过内容表述、舞台设计、评选办法等各方面的设置体现主旨，尽可能地将观众的视线从选手外形及舞台表现上转移，专注于他们的歌声。这种方式真正诠释了音乐的真谛，将"外貌协会"完全封杀，用"声音"说话。这样的价值导向也在无形中给了当今偶像泛滥的娱乐圈当头一棒。如今，许多明星都是依靠出众的外貌在娱乐圈获得一席之地，然而，演员没有演技，歌手没有唱功，主持人没有口才的现象屡见不鲜，也让大众扼腕叹息，倍感无奈。《美国好声音》

从音乐入手，大力普及声音之于音乐的重要地位，给流行音乐界带来一道曙光。

《美国好声音》的参赛选手往往有着独特的经历，有的令人怜惜，有的令人无奈，让观众对选手的比赛加入个人情感，不仅希望其能胜出，更希望他们可以通过比赛解决家庭或个人困难，渡过难关，这鲜明体现出节目的"励志"主题。

图 35 盲眼海选中选手因个人经历落泪

图 36 导师们争抢选手激烈争论

此外，评委的交流也是这档节目的一大看点。由于美国开放的文化特点，评委为了获得自己想要的选手，会无所不用其极。他们尽其所能说服选手，与其他评委争辩，甚至"贬低"他人，抬高自己，极力赞美选手的美妙嗓音和高超唱功。这一切的努力都是为了充实自己的队伍，提高自己的胜算，同时也是为了挖掘更多的草根明星，为音乐界增添更多的人才。四位评委有着各自独特的风格，克里斯蒂娜有超高人气，音域广阔，人气无与伦比；亚当外形俊朗，多首歌曲红遍全球，说话刁钻，思维活跃，口才极佳；科罗风格多元化，性格敏感，幽默风趣，思维独特，也有许多慕名而来的参赛者；布莱克代表了乡村音乐，专门培养乡村歌手，也偶尔换一下风格，他有超强的亲和力，和每一位队员都像亲人一般；亚瑟小子指导方式极具特色，一颦一笑都显示其个性与帅气；沙基拉魅力四射，为人谦和，其经历也鼓舞了很多参赛者。评委们强强联手，使本节目的收视群无限扩大。

节目制作

节目画面紧凑，衔接流畅，且变换频繁。构图方面，选手、舞台、评审占比安排恰当，还在直播赛中运用分屏的方式展现各个主体的现场状况。在选手安静演唱、评委点评时，采用固定画面，并用特写捕捉人物的表情变化；在歌曲欢快、演出达到高潮、观众气氛热烈、评委也随音乐起舞时，采用运动画面，推拉摇移频繁运用，体现画面张力，与现场气氛相呼应。另外，画面善于捕捉光的变换，色彩丰富，给人以视觉享受。

节目的摄影角度多样且变化多端，几乎随时都在切换，仅在捕捉选手及评委表情时

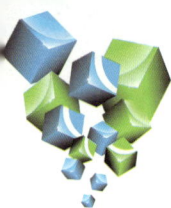

出现的固定画面角度也有所不同。例如，在"擂台赛"中，需要多次表现擂台的画面，摄像师充分运用各种拍摄手法及拍摄角度，几乎没有镜头拍摄的是重复的画面，右上方俯拍，正前方水平拍摄，左前方的后拉镜头和前推镜头，选手身后的移动镜头，以及导师座椅后从左到右的移动镜头等，数不胜数。下图即表现了一组选手表演时的正前方、斜右上方、斜左上方、正左方的多角度拍摄。这样的拍摄技术不仅完整地表现了现场状态，更充分展示出赛场恢宏的气势以及火爆的气氛，可见摄影师深厚的技术功底。

图 37 擂台赛中同一组选手表演时的多角度拍摄

《美国好声音》作为音乐真人秀节目，音乐无疑是节目的一大亮点。除去选手、导师和嘉宾的精彩演唱，不同情感和气氛下的配乐都成功地使当时的情感得以升华。如等待票数揭晓时的紧张音乐，选手讲述故事时的温婉音乐，片头的激昂音乐，以及选手成功晋级时的欢快音乐和失败离场时的悲伤音乐，都用得恰到好处。

值得一提的是节目的主题音乐，也就是在节目开始和中间广告后节目再次开始时搭配"剪刀手"标识的出现所配音乐：This is The Voice! 欢快且富有激情的曲调加上直接体现主题的歌词可以将观众一下子带入节目氛围中。

由于《美国好声音》前期都是录播，可以说，它是高剪辑的节目，剪辑痕迹随处可见。仅从"盲眼海选"看，选手和亲友进入赛场的镜头就是多角度的拼接，选手自述故事时的部分镜头也是在经过慢速和快速处理后拼接而成，选手后台准备的镜头剪辑更为明显。

由于选手上台演唱时要捕捉导师、亲友、选手及观众的表情和反应，镜头的拼接和角度变换更是频繁。另外，节目还会对部分未晋级选手及表现或故事并不具话题性的晋级选手的表现进行删减拼接，合理控制了节目的叙事节奏。尽管播出的节目是经过大量剪辑的，但我们并没有杂乱无章之感，反倒因其多变的镜头控制了节目的运行速度而觉得舒服，也不会有呆板镜头带来的审美疲劳。可见，高剪辑并不是坏事，将蒙太奇的手法运用得恰当才是真功夫。

商业模式

作为《美国好声音》的唯一音乐平台合作伙伴，媒体播放器的应用程序 iTunes 独家发布所有《美国好声音》的相关音乐，每一期节目的比赛曲目下载量都会在榜单上名列前茅。在第三季中，节目将 iTunes 歌曲下载量计入选手票数，开创了极具创造性的合作方式。

节目植入性广告添加巧妙。星巴克咖啡公司（Starbucks Coffee Company），起亚汽车（Kia Motors）是最明显的植入性广告。星巴克咖啡公司的咖啡是导师和选手们的赞助饮品。从第三季开始，节目还组织观众和选手参与星巴克的公益活动。第三季中，在世界艾滋病日，主持人动员观众参与星巴克和红十字会合作的活动，即"每买一杯星巴克咖啡，就有 5 美分捐给抗艾滋事业"；第四季中，全体晋级选手一同参与"星巴克全球服务月"。起亚汽车是盲眼海选中主持人递送邀请函的专属座驾，也是擂台赛中将选手送往红地毯的专用车。

图 38　盲眼海选候场大厅的星巴克专卖柜台　　图 39　"星巴克全球服务月"选手服务实景

节目道具大多源于赞助。Sprint 公司为《美国好声音》提供 Pad 服务，罗兰公司（国际乐器生产经销集团）全程提供乐器，联合百货（Macy's Inc）则提供必备的现场道具。美卡芬艾——国际专业彩妆品牌（MAKE UP FOREVER）为节目提供化妆品服务。

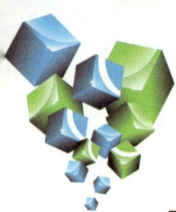

图40 主持人递送邀请函专用车路上特写

图41 红地毯专用车车标特写

图42 盲眼海选选手用赞助 Pad 讲述经历

图43 直播赛选手投票方式即时提示

　　节目互动模式丰富。首先，节目与 Sprint 公司设立社交平台媒体中心，并将此作为独立环节贯穿整季节目。节目在社交网站 Twitter 上开通了 @NBCTheVoice 账号，观众在 Twitter 中 @NBCTheVoice 或加入 #The Voice 话题即可参与互动。第二现场主持人会在此环节在固定的房间内与导师轻松交流，直播中还会采访比赛结束的选手和嘉宾，并邀请选手回答观众在 Twitter 上提出的问题，此时的屏幕下方还会滚动观众的即时在 Twitter 上的更新。其次，节目还与 Sprint 公司共同设立短信投票平台，并在社交网站 Facebook 和官网上设立官方投票主页，从第三季开始，iTunes 的歌曲下载也成为投票方式。再次，录播节目中，在每个选手的表演结束之后，屏幕上会即时出现由导师或主持人发布的以

图44 盲选亚瑟小子抢人成功后的推特显示

图45 社交平台媒体中心与观众即时微博

#The Voice 为话题的推特评论，第一时间发表导师和主持人的感想，增加节目信息量。此外，节目还会在官网，社交网站 Twitter 及 Facebook 主页上发布节目幕后花絮。

节目后期延伸方式多样。节目开设网上商店，网页上陈列各式各样的节目相关产品。这是《美国好声音》的独特营销方式，也是选秀节目产业链下游的重要一环——衍生品销售。节目将自己的官网与电子商务完美结合，免去了与承销商的合作费，也使节目相关资源的整合更加集中。选手和导师的新专辑也在此发售，使得选手和导师的受关注时限也有所延长。这样，就全方位地提升了节目的后期影响力，还能获得销售利润。另外，节目奖励——与环球音乐的一纸唱片合约，也在节目结束后实现，冠军的唱片不仅如期发布，而且反响强烈。对未能问鼎的歌手来说，巡回演唱会的举办使他们长期保持影响力。这样好的未来发展，将在下一季吸引更多的"好声音"慕名前来，又为以后的节目营销奠定了基础。正如同当今的《美国偶像》之所以如此火爆，就是因为它捧红了凯利·克拉克森、单向乐队等当红明星。有成功的先例作保障，才能使选秀节目更平稳地运营下去。

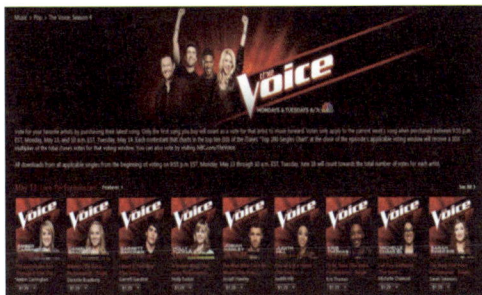

图 46　《美国好声音》在 iTunes 的主页

图 47　网上商店网页页面

图 48　第三季冠军卡萨迪·波普的个人专辑

除以上商业模式外，《美国好声音》还在每阶段的直播比赛之后都会加入一场"结果秀"。在第一季和第二季，仅仅只有宣布冠军需要"结果秀"，然而进入第三季，从

淘汰赛起就开始举行"结果秀"，总共举办了6场。可见运营商从"结果秀"中尝到了甜头。增加这样的演出，不仅能提高选手人气，还可以增加各个营销方式的盈利。节目录制及直播门票的销售也是节目的赢利方式之一。

在节目模式全球化发展及版权贸易方面，由于《荷兰之声》的超高人气，其版权一下子成了抢手货。在美国抢先买下荷兰的版权之后，英国、法国、德国、韩国、泰国、巴西、西班牙纷纷陆续购入好声音的版权，都获得了巨大的成功。截至目前，全球已有约54个国家拥有好声音的版权，并且在国内播出后造成轰动。

随着好声音系列在全球范围的升温，这个强势品牌受到越来越多的关注，举办"好声音"世界总决赛的呼声也越来越高。

同类对比

提到国外音乐真人秀节目，无疑会最先想到被誉为"美国真人秀之王"的《美国偶像》，这档由福克斯（FOX）广播公司耗资7000万美元买下英国《流行偶像》版权，于2002年起在美国播出的真人秀节目，曾连续11季位列收视榜前列，发掘多位优质偶像，在美国当之无愧地成为《美国好声音》的最强对手。

表7 同类节目对比

节目名称	电视台	参赛选手	节目内容及形态	节目优势
美国好声音	NBC	海选报名、人才推荐后经节目组筛选才可参加电视海选。选手无限制。	音乐真人秀节目，以"以声取人"为宗旨，拥有歌唱才华的选手通过层层闯关获得冠军。"盲眼海选"是特色。	1.声音决定去留，无关外貌。 2.评委为主角之一，互动成看点。 3.选手权利反转是创新。 4.评委与选手关系密切，评委评价专业、和善。
美国偶像	FOX	全国各地海选现场报名即进入演播厅参赛。选手有年龄限制。	音乐真人秀节目，选拔年轻的优质偶像，身怀歌唱才艺的选手通过与音乐有关的多方面测试、集训、比赛脱颖而出。	1.选手个性迥异，制造话题。 2.年轻，具有偶像特质。 3.集训生活展现，满足窥视欲。 4.评委点评辛辣引争议。

　　大型励志专业音乐评论节目《中国好声音》于 2012 年 7 月 13 日在浙江卫视开播，自此，国人们对好声音系列的魅力就不再是有所耳闻，而是得以亲身体验。《中国好声音》的中国版权是由星空传媒旗下的灿星制作公司以 350 万元三季的价格购买并担纲制作的，卖方是注册在英国的版权代理公司 IPCN。

　　事实证明，好声音的实力都是毋庸置疑的，首播后即在国内掀起"好声音"热潮。《中国好声音》共 13 期，除第一期的收视率在全国排名第二外，其他 12 期均牢牢占据全国收视第一的宝座，成为了各方关注的焦点。

　　由于《中国好声音》在引进版权后进行了本土化改造，因此，二者存在一些不同之处。例如，对于盲眼海选参赛选手的选拔，《中国好声音》将选手个人经历和故事的话题性也作为评价标准之一，并非仅关注声音。

　　在节目运作方面，《中国好声音》则有不少创新之举，开创了电视选秀节目产业化运作的先河。首先，《中国好声音》制作商与中国移动合作成立专属经纪公司，包揽选手的赛后签约、商演、开发等一切项目，创造性地实现了选秀节目音乐产业链的整合。其次，与《美国好声音》高薪聘请导师不同，《中国好声音》的导师们无底薪，而是在学员成名后获取利润报酬，节目还参照《美国好声音》与 iTunes 的音乐下载合作方式，结合我国国情，与中国移动进行彩铃付费下载分成合作，至此，节目的资本运作引发业界的广泛赞誉。最后，节目开设了两档衍生节目，《酷我真声音》和《舞动好声音》，大幅增强了原节目的影响力。

Britain's Got Talent

《英国达人秀》
——老牌强国的达人秀场

基本信息 ▷▷

· 原　　名：Britain's Got Talent
· 译　　名：英国达人秀或是英国星光
　　　　　大道
· 标　　识：

图1

· 播出国家：英国、爱尔兰、苏格兰
· 播出频道：英国 ITV、爱尔兰 UTV、苏
　　　　　格兰 STV
· 首播时间：2007 年 6 月 9 日首次在频道
　　　　　上播出，每年一季，2013 年是
　　　　　第七季。
· 集　　数：第一季有 10 集，第二季有
　　　　　14 集，第三季有 13 集，第
　　　　　四季有 18 集，第五季有 19
　　　　　集，第六季有 20 集。
· 播出时间：半决赛之前从周一到周五
　　　　　19:30—21:00 播出；

半决赛结果秀周一至周五
21:30—22:00 播出；
决赛周六 19:30—21:00 播出。

· 节目时长：纯节目时长一般是 60 分钟左
　　　　　右，但半决赛和总决赛通常有
　　　　　一个结果秀时长在 20 分钟到
　　　　　30 分钟之间。
· 节目类型：综合类竞技真人秀
· 播出形式：海选是录播的，半决赛和决赛
　　　　　是直播
· 官方网站：http://talent.itv.com
· 分 销 商：Fremantle Media 公司

图 2 Fremantle Media 的标志

· 制作公司：Talkback Thames 公司
　　　　　（2007—2011，隶属于
　　　　　Fremantle Media 公司）、
　　　　　Thames 公司（2012—至今）

·节目概况速览 ⊗

　　《英国达人秀》是于 2007 年在英国首播的大型真人秀节目，由英国独立电视台制作，属于季播节目，每季节目持续时间是 8 天到两个月不等。该节目旨在发掘英国业余表演人才，因此存在着许多令人意想不到的节目和技能，让观众大开眼界。在发展历程中，节目规则不断完善，逐渐系统化和标准化，使得节目模式日趋成熟。目前，这档节目的版权和模式已经行销海外，是全球版权售卖次数最多、版权收入最多的节目。

历史演变

　　作为一个存活近十年的真人秀节目，能够在不断推陈出新的电视节目市场经久不衰，一定是有过人之处，下面将从演变历史来求解它不败的秘诀。下面是历季《英国达人秀》的比赛时间一览表，通过观察可知，达人秀的比赛时间逐渐稳定下来，维持在 1 个月 20 天左右，这也从侧面说明达人秀的赛程设置和模式逐渐稳定下来。

表 1　《英国达人秀》比赛时间一览表

季数	开始时间	结束时间
第一季（2007）	6 月 9 日	6 月 17 日
第二季（2008）	4 月 12 日	5 月 31 日
第三季（2009）	4 月 11 日	5 月 30 日
第四季（2010）	4 月 11 日	6 月 5 日
第五季（2011）	4 月 16 日	6 月 4 日
第六季（2012）	3 月 24 日	5 月 12 日

收视反响

　　《英国达人秀》的收视情况无论是在观众总数的绝对数还是观众占有率的相对数上都取得了良好的表现，这一点可以从表 2：2012 年度的收视状况和表 3：2011 年度的收视状况中体现出来，尽管在播出时可能存在着收视排名的偶然下降，但是从整体上，随着赛程日益前推和选手竞争的激烈化，达人秀的节目收视率是逐渐上升的。

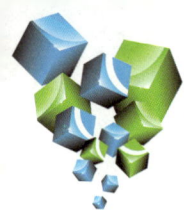

表2 2012年度的收视状况

期数	播出日期	占有率 (%)	观众数（百万）	周排名
1	3.24	39.2	10.871	3
2	3.31	41.3	11.539	1
3	4.7	38.7	11.341	1
4	4.14	39.5	11.590	1
5	4.21	38.2	9.820	1
6	4.28	41.8	11.426	1
7	5.5	38.9	10.903	1
半决赛1	5.6	35.5	10.468	2
半决赛2	5.7	35.6	10.362	2
半决赛2结果秀	5.7	32.4	9.55	9
半决赛3	5.8	33.5	8.727	12
半决赛3结果秀	5.8	27.8	7.540	15
半决赛4	5.9	37.6	9.908	3
半决赛4结果秀	5.9	27.3	6.940	14
半决赛5	5.10	36.6	9.628	7
半决赛5结果秀	5.10	30.2	8.535	13
决赛	5.12	46.4	12.564	1
平均	2013	36.5	10.179	N/A

表3 2011年度的收视状况

期数	日期	占有率（%）	观众数（百万）	周排名
1	4.16	40.5	10.850	3
2	4.23	41.5	10.047	3
3	4.30	39.9	10.222	1
4	5.7	42.2	11.212	1
5	5.14	32.0	9.445	3
6	5.21	42.2	10.769	1
7	5.29	40.4	11.065	1
半决赛1	5.30	41.9	11.862	4
半决赛1结果秀	5.30	38.2	10.923	6
半决赛2	5.31	40.5	10.311	10
半决赛2结果秀	5.31	35.8	8.970	15
半决赛3	6.1	41.8	9.990	16

续表

期数	日期	占有率（%）	观众数（百万）	周排名
半决赛 3 结果秀	6.1	28.9	7.470	17
半决赛 4	6.2	43.2	10.203	12
半决赛 4 结果秀	6.2	39.1	9.230	11
半决赛 5	6.3	43.3	10.012	14
半决赛 5 结果秀	6.3	42.3	10.336	9
决赛	6.4	47.0	12.223	2
决赛结果秀	6.4	49.3	12.622	1
平均	2011	40.5	10.409	N/A

节目模式分析

赛程规则

选手首先在制作者面前做初次表演，之后才能得到在评委面前表演的许可。在未来 2—6 周内，选手将会被告知能否进入评委选秀环节。

通过预选的选手将在评委面前表演，他们仅有 1 分钟的时间向评委展示。评委可以在演出的任何时间按下按钮叫停。若三个评委都按下按钮，选手必须停止表演。表演结束后，评委的评论将决定选手是否可以进入半决赛。其中，选手如果赢得两个评委的同意即可过关，并且现场观众的意见也会对评委的决定产生影响。

随后，选手将会被召集至伦敦，分成小组同评委会面，并由评委决定他们是否能够晋级半决赛。

半决赛为现场直播，评委可以在表演中途按下按钮终止表演。评委在表演完成后给予评论，这也将对观众的投票产生影响。

每场比赛得票最高的选手自动晋级决赛，排在第二、三位的选手将面临评委的选择。评委将会选出他们喜欢的选手进入决赛。

在决赛中，评委同样可以按下按钮终止表演，并做出评论。最后的胜出者由观众投票决定。

人物角色

图3 主持人（左：德克兰·唐纳利，右：安东尼·麦克帕特林）

《英国达人秀》涉及的主要角色有主持人、评委、选手和观众等。主持人是 Ant & Dec 组合，两人是广受英国观众喜欢的主持人，同时也是演员，特点是语速偏快，有幽默感和喜剧色彩。他们曾在 2012 年获得国家电视奖中的最具娱乐性主持人奖和真人秀节目奖，2011 年获得国家电视奖中的最具娱乐性主持人奖和皇家电视社会奖项中的最具娱乐性主持人奖，2010 年获得国家电视奖中的最受欢迎的娱乐主持人奖和电视选择奖中的最佳娱乐秀奖，2009 年获得电视选择奖中的杰出电视贡献奖、最佳达人秀奖、最佳娱乐秀奖等诸多奖项。

节目的评委人选充满变化。第一至四季为西蒙·考威尔（Simon Cowell）、阿曼达·霍尔顿（Amanda Holden）、皮尔斯·摩根（Piers Morgan）。其中，西蒙是英国现代流行音乐先河的开创者，著名的电视制片人，是专注于音乐、电视、电影和数字内容的制作与开发的新全球性公司 Syco 的所有者，也是以"毒舌"著称的电视选秀节目的评委，参与评审过《流行偶像》（Pop Idol），《X 音素》（The X-Factor），《英国达人秀》和《美国偶像》（American Idol）等节目，在英国和美国均享有超高人气。阿曼达，英国著名的演员，有 18 年的演艺生涯，参加了十几部剧集和电影电视的演出，是一个经验丰富的演员，对选手的表演会有独到的评价。皮尔斯，著名的节目主持人和评论员，现任美国有线电视新闻网 CNN 晚间访谈节目的主持人。他的社论和随笔以机智、犀利著称，而作为电视选秀节目的评委，他的口味也最刁钻，评判相当严格。虽然有人认为他过于主观激进，但是他的存在确实提升了比赛的紧张程度。

图4 评委合照（左：皮尔斯，中：阿曼达，右：西蒙）

　　《英国达人秀》第五季改换了两名新评委，原本的西蒙·考威尔和皮尔斯·摩根都因特殊情况暂时退出了评委行列，形成了新评委三人组——迈克尔·麦金泰尔（Michael McIntyre）、阿曼达·霍尔顿（Amanda Holden）、戴维·哈塞尔霍夫（David Hasselhoff）。其中迈克尔，是英国著名的喜剧演员，现在在 BBC1 主持迈克尔·麦金泰尔喜剧秀（*Michael McIntyre's Comedy Roadshow*），是英国最受欢迎的男性喜剧演员之一，还担任过 2010 年皇家汇演主持人，深受观众喜欢。戴维·哈塞尔霍夫，是美国当代著名的电影电视演员及歌手，其曾出演过电影电视 39 部，代表作有《霹雳游侠》《海岸救生队》等剧集。

图 5　（左：迈克尔，中：阿曼达，右：戴维）

　　到了第六季，达人秀的评委再次升级，并且将评委首次增加到四人。迈克尔·麦金泰尔和戴维·哈塞尔霍夫退出了评委行列，取而代之的是阿丽莎·迪克逊（Alesha Dixon）、戴维·威廉斯（David Walliams），同时，西蒙·考威尔将再度加盟评委席，伴随广大观众整整一季。其中戴维·威廉斯，英国著名喜剧明星，喜剧作家和演员，成名作是与马特·卢卡斯搭档编写演出的电视连续剧《小不列颠》（*Little Britain*）及其前传《摇滚档案》（*Rock Profile*）。2006 年 11 月 6 日被评为"英国最具有影响力的公众人物"，获得《镜报》的"不列颠的骄傲"（Pride of Britain）称号。阿丽莎是英国节奏布鲁斯三人女子组合 Mis-Teeq 的前主唱。阿丽莎·迪克逊曾是英国的"舞林大赛"的前主持人，许多单曲荣登畅销单曲榜首。

图 6　（左 1：戴维·威廉斯，左 2：阿丽莎·迪克逊，右 2：阿曼达，右 1：西蒙·考威尔）

《英国达人秀》的选手都是具有一技之长的普通人。他们既想展示自己的才能，又害怕失败或被嘲笑。在节目中，选手会紧张到语无伦次，这也是一种本能的状态，因为他们可能是我们的亲戚朋友或是邻里乡亲。例如经过达人秀的推广而一炮走红的苏珊大妈和保罗叔叔，他们原本是普普通通的英国市民，如果没有达人秀这个平台他们将永远默默无闻，但他们现在却因为梦想，因为参与了达人秀而闻名世界。

最后是观众，观众虽然不起主要的作用，但是观众却能够活跃现场的气氛，同时他们的反应或是尖叫或是唏嘘，表达他们对于评委或是选手的支持喜欢或同情，一方面能够给评委施加压力，另一方面，能够带动电视机前的观众融入节目中，增添观看欲望。

演播室

图 7　演播室现场

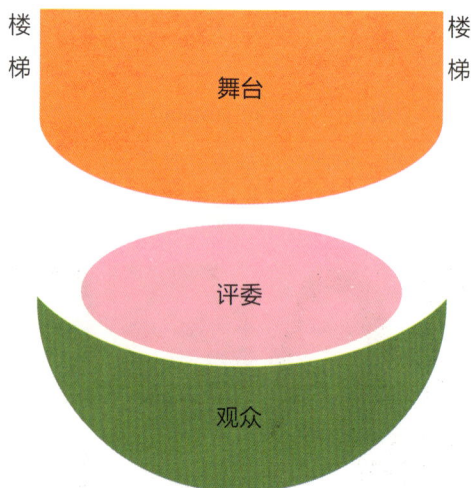

图 8　演播室简略图

在演播室的空间设计方面，该节目的 LED 大屏幕同时也是通往后台的大门，是评委入场的通道，关闭后就是一个大屏幕，在选手表演时会为选手的背景变换着需要的色彩格调或是播放 VCR 短片。而如果只是主持人在上面串场，屏幕后面就是 "Britain's Got Talent" 的节目名称。屏幕旁边的楼梯是主持人入场的通道和选手上下场的通道，这样的设计无疑增加了演播室的空间范围。选手表演的舞台延伸至评委席前呈波浪状，这样的设计象征着 "评委是观众意志的体现，评委是观众的代表" 的节目理念。舞台上有四五个通道为评委、主持人、选手上下场提供了方便，同时有利于多机位拍摄和画面调度。

在演播室的视觉元素方面，《英国达人秀》节目综合运用了大屏幕、烟花、灯柱、自动大门、干冰、小彩花等各种制造特殊效果的道具，极大地丰富了舞台的表现力和画面的视觉冲击。节目的主要背景色呈蓝紫色，但会根据选手表演的风格或者节目类型选择不同的色调，以求最大程度地辅助选手的表演。节目中最为醒目的特征是舞台上方的四个 × 状的显示屏，即蜂鸣器，代表了评委的喜好，且具有叫停的功能。

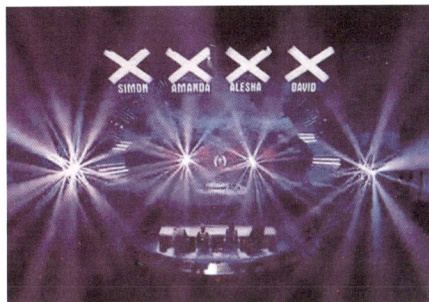

图 9 蜂鸣器

《英国达人秀》的演播室的灯光布局是全方位的。最值得一说的是在大屏幕背后的灯光，主要采用了射灯形式，光线较强，既能营造出星光璀璨的效果，也能营造出神秘诡谲的气氛。如图 13 体现出欧美典型的灯光色彩，虽然这个画面比较静态，但是背后灯光和干冰交织成菱形，营造了一种瑰丽和浪漫，使得莫莉犹如一只美人鱼站在舞台的中心。

图 10 大门后的射灯，360 度摇摄全场图

图 11 呈现七彩的颜色的空中射灯

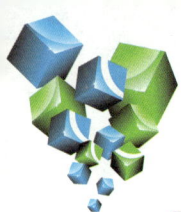

图 12 射灯映衬下的干冰效果

图 13 被分割的屏幕后面的射灯

节目案例详解

以第六季半决赛中的第三场为例，这也是该季最后一场录播。这场半决赛由展示秀和结果秀两部分组成，前部分主要是选手的表演，后部分是公布留下选手的方向。

表4　2012年第六季半决赛第三场的首轮秀分析

板块	时长	内容	形式
导视片播放	1分28秒	1. 上期精彩回顾 2. 逐一介绍本期九组选手的基本情形：本期选手以往表现回顾、彩排和访谈等画面交织，讲述对本次比赛的期待和心情 3. 节目标识呈现	采访选手的VCR、解说词、音乐、字幕、标识
赛制说明和评委入席	58秒	1. 画外音邀请主持人上场 2. 主持人跳跃上场，相互寒暄并与观众打招呼 3. 介绍今晚比赛的基本情况及现场感受，强调观众选票的重要性 4. 邀请评委	画外音、音乐、灯光、舞美
主持人现场主持、观众尖叫的同期声	27秒	1. 评委牵手上场、主持人一一介绍 2. 评委向观众打招呼后入座	观众尖叫的同期声、灯光、舞美特效、音响
	17秒	画面切向主持人，主持人串场采访评委	主持人现场、动感音乐
	2分32秒	访问评委对于本季达人秀的感受和期待	评委采访、音乐
	49秒	1. 主持人介绍场外观众的投票方式以及注意事项 2. 串场报幕，以幽默的语气介绍第一组选手	主持人现场、音乐、字幕

板块	时长	内容	形式
第一位选手	56 秒	播放短片（内容：选手往期表现、排练情景、采访几位选手的心情感受和关于本次表演的意义）	VCR、主持人主持、同期声
	1 分 56 秒	老年人组合 the Zimmers 表演，边跳边唱歌曲 *Sexy and I Know It*，同时这个节目是作为开场秀 ·一名代表首先咏唱缓慢悠长的抒情歌，然后陡然改变节奏 ·所有老人脱装，身着彩色，相当具有青春气息	音乐、观众欢呼同期声、舞美特效、灯光效果
	2 分 18 秒	评委逐一点评，表达喜爱或是指出缺点，如戴维鼓动电视机前的观众为之投票，而西蒙则是指出存在忘词或是跳错拍子等问题	采访评委、观众喝彩和唏嘘同期声、
	44 秒	1. 主持人与选手代表寒暄 2. 申明投票方式和注意事项 3. 报幕，休息时间到 4. 再次开始的节目标志呈现	字幕、采访选手、音乐、喝彩同期声、标识
第二位选手	10 秒	主持人转换场地串场：介绍第二位选手的基本情况和内部组合	主持人现场、转场特效
	53 秒	播放短片（内容：选手往期情况回顾和精彩表现，彩排状况以及对本期节目的预期，由于这个小组是高科技小组，所有的表演都是"只此一家"的，但是也可能存在着重大的缺陷和纰漏。）	VCR（穿插选手采访）、配乐
	1 分 37 秒	1. 主持人邀请选手 Area 51 上台 2. 选手表演 ·一群女生身穿发光衣服跳舞 ·外星人用干冰制造烟雾 ·机器人升天喷烟火	主持人现场、灯光效果、舞美特效、音乐
	2 分 08 秒	评委点评，技术上很炫但是音乐、呈现场合似乎不适合为女皇表现，而西蒙一反常态最喜欢这个节目	主持人采访、观众唏嘘喝彩声
	1 分 08 秒	1. 主持人与选手代表寒暄，选手代表认为最重要的是他们很享受这个过程 2. 申明投票方式和注意事项 3. 报幕，休息时间到 4. 再次开始的节目标识呈现（2 秒）	采访选手、主持人主持、观众同期声、字幕、标识

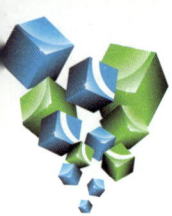

板块	时长	内容	形式
第三位选手	1分19秒	主持人转换场地串场：介绍第三位选手阿什利·埃利奥特（Ashley Elliott）的基本情况和最近发生的一件趣事	主持人主持、观众同期声
	1分01秒	播放短片（内容：选手往期情况回顾、在演奏木琴时的全神贯注的表现和表情、介绍自己的家庭环境、采访父母表达支持）	VCR（有采访）、音乐、
	1分46秒	1.主持人邀请选手阿什利·埃利奥特上台 2.选手在木琴前投入表演，是一种轻快活泼的曲调，戴维的"友情伴舞"	音响、灯光效果、观众同期声
	1分46秒	1.主持人与选手拥抱和打趣 2.评委点评，戴维最喜欢这个节目，其他评委对这个节目呈现场合、音乐品位、木琴演奏予以了否定的态度	评委采访、观众同期声
	48秒	1.主持人与选手互动，询问选手对于点评的看法，表达对木琴的喜爱 2.申明投票方式和注意事项 3.报幕，介绍下一位即将登台的选手莫莉·雷恩福德（Molly Rainford）爱唱歌的天性	采访选手、主持人现场、观众同期声、字幕
第四位选手	56秒	播放短片（内容：选手的海选经历、家人的支持、平时的努力和练习、彩排状况）	VCR（有采访）、音乐
	2分18秒	1.主持人邀请选手上台表演 2.莫莉·雷恩福德动情地演唱，如天籁般纯净的声音有很强的感染力和抒情的味道	配乐、舞美特效、灯光特效
	1分57秒	评委点评，四个评委都很喜欢这个小童星，感觉她的声音很纯粹、干净并且表现镇静	评委采访、观众同期声
	51秒	1.询问莫莉·雷恩福德的感受 2.讲述投票方式和规则以及注意事项	主持人现场、采访选手、字幕、观众同期声
第五位选手	18秒	主持人串场：简要介绍奇软无比的选手 Lucky 的情况	主持人现场、观众同期声
	55秒	播放短片（内容：童年的经历、海选时的表现、参加节目的意义）	VCR（有采访）、配乐
	1分43	1.主持人邀请 Lucky 上场表演	主持人现场、观众

板块	时长	内容	形式
	秒	2.Lucky 的表演时间，由两部分组成，一段是轻音乐（mad world），一段是悠扬略带神秘感的音乐 (sweet dreams)，形成对比和反差，加上 Lucky 柔软的身体，引得观众惊叫连连	同期声、伴舞、灯光特效
	1 分 51 秒	评委的评价，认为表演诡异又好看有趣有新意，总体上是一致叫好	主持人采访、观众尖叫、灯光效果
广告时间和电视竞答环节	37 秒	1.介绍后面的选手，增强观众的期待感 2.进广告 3.节目标识重现	观众同期声、主持人现场、标识
	1 分 07 秒	1.有奖知识竞答，回答问题赢奖金，并介绍注意事项 2.节目标识重现	同期声、字幕、标识
第六位选手	16 秒	主持人换场地，串场介绍一个年轻的乐队组合 Loveable Rogues 以及他们的特点	主持人现场、观众同期声
	1 分 57 秒	播放事先录好的短片（内容：介绍平时练歌以及父母不理解的态度；提出对今晚表演的期待）	VCR（有采访）、配乐、同期声
	1 分 53 秒	三人演唱原创歌曲，自己伴奏，略带动感的音乐引爆全场的气氛	主持人现场、灯光特效、音乐伴奏、观众现场声
	1 分 57 秒	主持人点评：幽默、性感、快乐、顺应潮流、混搭、英伦风等，总之各位评委大爱他们的表现	采访评委、观众同期声
	1 分 11 秒	1.主持人询问他们的感觉 2.申明他们的投票号码 3.介绍下组选手进广告 4.重新开始前呈现节目标识	主持人现场、采访选手、观众同期声、字幕、配乐、标识
第七位选手	34 秒	主持人幽默串场，介绍霍尼·沙扎德（Honey Shazad）	主持人主持、配乐
	54 秒	播放短片（内容：往期精彩表现、相当复杂的人生阅历、想要表演的梦想和激情）	VCR（有采访）、配乐
	1 分 49 秒	1.主持人邀请霍尼·沙扎德上场 2.霍尼·沙扎德静静地站在台上深情演唱	主持人现场、伴奏
	1 分 54 秒	主持人的点评，选歌不错，但是稍微有点紧张，没亮点，不足以晋级。西蒙建议跟团表演提升经验	采访评委、观众同期声

板块	时长	内容	形式
	54 秒	1. 主持人询问霍尼·沙扎德的紧张感受，并安慰 2. 报告选手的号码以及投票的注意事项 3. 选手离场	主持人现场、字幕、配乐
第八位选手	1 分 10 秒	主持人串场介绍即将登台的舞团 Twist and pulse 以及他们的"老板"	主持人现场、观众同期声
	1 分 06 秒	播放短片（内容：以前的精彩表演、主要成员的访谈、刻苦训练的情景呈现）	VCR（有采访）、配乐、转场特技
	59 秒	大舞团 Twist and pluse 选择几段动感很强的音乐，并随着音乐不断变换着舞蹈风格，具有青春活泼的气息，整齐划一的表演让观众惊叫连连	舞台效果、灯光效果、音乐、观众同期声、
	2 分 42 秒	聆听评委的评价，富有表现力、创造力和想象力，是最好的舞团，有吃苦的精神是"好榜样"，但是选歌过多	采访评委、观众同期声
	49 秒	1. 主持人询问小代表的感受 2. 与台下"老板"的互动 3. 主持人宣布他们的投票号以及投票注意事项	主持人现场、观众同期声、采访选手、字幕、配乐
第九位选手	11 秒	1. 介绍最后一位选手的简况 2. 宣布广告时间到 3. 节目标识呈现 2 秒	主持人现场、同期声、标识
	19 秒	主持人串场介绍德国选手丹尼斯·埃热尔 (Dennis Egel) 的基本情况以及令人印象深刻的造型	主持人现场
	1 分 01 秒	播放短片（内容：往期表现回顾，并与生活场景交织描述，表达丹尼斯·埃热尔对梦想的追求）	VCR（有采访）、配乐
	1 分 47 秒	1. 邀请选手上场 2. 选手表演悠扬的歌曲，随着巨型翅膀的张开，丹尼斯·埃热尔一跃而起，将全场的气氛带到最高点	主持人现场、配乐、观众现场声、舞台特效、道具变化、灯光特效
	1 分 38 秒	主持人点评：服装很疯狂，有趣的原创活动，对于他的身份夸赞了他的勇气	评委采访、观众同期声
	46 秒	主持人与丹尼斯·埃热尔的简单互动	主持人现场、采访选手、字幕、配乐
主持人串场	1 分 01 秒	1. 主持人主持：重申各位选手的投票编号 2. 介绍有关投票的资费问题	字幕、主持人现场、观众同期声、配乐、

续表

板块	时长	内容	形式
		3. 本场淘汰的规则 4. 出现节目标识	标识
选手表现集锦	2分35秒	节目精彩片段回顾，选取九位选手的表演的精华呈现给观众，并在画面上显示投票号码	VCR、字幕
鼓动观众投票	33秒	1. 主持人串场，鼓励观众投票 2. 预告结果秀的时间以及邀请的嘉宾	主持人现场、配乐、同期声
片尾	5秒	片尾显示幕后制作等信息	配乐、字幕、同期声

表5　2012年第六季半决赛第三场的结果秀分析

板块	时长	内容	形式
主持人宣布结果秀开始	14秒	主持人站台主持，背后播放选手的精彩表现，欢迎观众回到结果秀	VCR、解说词、动感很强的音乐
片头呈现	8秒	节目的片花和标识呈现	标识
本期精彩回顾	2分54秒	1. 主持人主持 2. 回顾选手的表现和选手的编号	主持人现场、字幕、转场特效
介绍投票事项	30秒	1. 主持人介绍投票资费 2. 投票的注意事项 3. 投票收入的使用	主持人主持、配乐
采访主持人	1分40秒	1. 主持人近距离采访评委询问今晚的感受和与之前半决赛的区别（感觉活在幻觉中，这是最疯狂、最有趣的一场） 2. 浓墨重彩地介绍邀请到的嘉宾	主持人现场、采访评委、现场声
嘉宾LMFAO登场	4分01秒	1. 小短片对演唱者做出介绍 2. 音乐欣赏，是获得多项格莱美提名的单曲，由多次登顶榜单的歌手Lmfao演唱，这是一个动感十足的音乐，具有很强的现代感，很容易调动情绪 3. 镜头多次切到音响师十分投入的表情	伴舞、灯光效果、舞台效果、音响、同期声
嘉宾倾情现场	1分16秒	1. 主持人与嘉宾Lmfao互动寒暄 2. 访问嘉宾，询问他最喜欢的选手，他最喜欢the Zimmers 3. 嘉宾离场	主持人现场、采访嘉宾、观众同期声、配乐

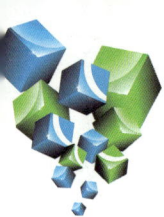

板块	时长	内容	形式
宣布投票系统关闭	16 秒	1. 主持人宣布投票热线的结束，投票将不再统计 2. 主持人串场揭示下面播放短片	主持人现场、字幕、配乐
选手采访短片播放	1 分 19 秒	播放 VCR 讲述这次成功晋级对于他们的影响以及他们的期待，毫无疑问每个选手都期待成功	VCR、字幕
后台现场采访选手	1 分 12 秒	1. 主持人到后台，现场访问选手的心情，主持人随机挑选个别选手（Loveable Rogues、Twist and Pulse dance company、丹尼斯·埃热尔）进行互动也是在公布结果之前调试大家的心情 2. 主持人宣布即将揭晓结果，节目标志呈现	主持人采访、配乐、同期声、标识
揭晓结果	7 分 19 秒	1. 主持人就位主持 2. 请选手上场，介绍九组选手 3. 主持人申明本次淘汰的程序 4. 公布未能晋级的选手和在前三名内的选手：哈尼·沙扎德（败），Area 51（败），莫莉（三甲），阿什利（败），Loveable Rogues（三甲），the Zimmers（败），Lucky（败），剩余两位选手丹尼斯·埃热尔和 Twist and Pulse dance company 之间只有一人在三甲以内，增强了悬念和紧张感；特写表情，公布后者胜出 5. 主持人询问评委态度，评价两位选手，失败者顶灯熄灭 6. 失败选手离场，剩下不知道票数高低的三组选手 7. 主持人公布直接晋级决赛的是 Loveable Rogues，加表情特写，简单采访他们此时的心情 8. 评委投票决定两组选手的去留，否则由公众投票数决定 9. 每位评委在极度挣扎中，做出选择（戴维选莫莉，阿丽莎选 Pulse dance company，阿曼达选 Pulse dance company，西蒙选莫莉），配合紧张的音乐，让人感到由衷的紧张	主持人采访、灯光特效、音响、同期声、字幕、采访评委、采访选手

续表

板块	时长	内容	形式
		10. 主持人公布莫莉胜出 11. 采访 Pulse dance company，并离场 12. 采访莫莉此时的心情和想对观众说的话 13. Loveable Rogues 上场，主持人简要采访 14. 主持人结束语	
下期预告	1 分 33 秒	下期预告片的片花和选手	字幕、预告片、配音
片尾	10 秒	片尾显示幕后制作等信息	字幕、音乐、同期声

图 14　电视竞答的环节图　　　　图 15　投票的界面

注释：

1. 选手的顺序是：老年人组合 the Zimmers、机器人组合 Area 51、木鱼表演阿什利、11 岁音乐小天才莫莉、软体女郎 Lucky、原创三人组 Loveable Rogues、完美嗓音的哈尼·沙扎德、舞团表演 Twist and Pulse dance company、大鹏展翅的丹尼斯·埃热尔。

2. 附电视竞答的环节和投票的界面给人以直观印象。

3. 淘汰规则：观众投票的第一名能够直接晋级，观众投票的第二、三名将由评委决定，如果评委的投票结果是 4 : 0 或是 3 : 1，多者取胜，如果结果是 2 : 2，则获观众投票多者为胜。

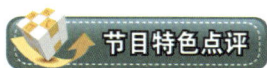

🎖 **节目特色点评**

　　《英国达人秀》节目坚信"人民是历史的创造者"，在民间有许许多多的无名英雄，所以节目也应"从人民中来到人民中去"，把有梦想的人集聚在一个平台，展示给英国的观众甚至是全世界的观众，宣传英国积极向上的精神状态。节目只为寻找达人，所以

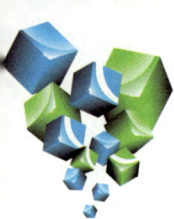

不管你是会音乐舞蹈等，还是玩杂耍，只要你有绝技你就能打动评委。这是对各种才能的认可，也降低了节目的准入门槛，使得参与者热情响应。

"小人物能够实现大梦想"是达人秀传递出的第二个理念，现实生活中的人包括现场的选手和电视荧屏前的观众就是曾经满怀梦想的人。在节目中，许多的选手背后都有励志感人的故事。观众在聆听着选手的故事时，自然而然地产生"带入"的心理，从而与选手、与节目产生共鸣，引发心理的认同感，逐渐形成与节目的约会意识。《英国达人秀》向社会向观众传递出"小人物能够实现大梦想"的正能量，传递出只要有梦想就会有奇迹的理念。

节目形式

节目的语言设计幽默、讽刺而又不失严肃。拥有全国最受欢迎和最佳娱乐节目的主持人，幽默与讽刺经常充斥节目中，尤其是主持人和戴维、西蒙两人的调侃，使得节目整体上比较轻松和欢乐。作为评委，他们给予选手比较中肯的评价的言语时经常会掺杂一些"冷笑话"，再加上评委之间相互调侃和取笑，使得评委的点评成为除了观看表演的另一大看点。虽然评委点评时不时爆发笑点，但是评委的点评确实非常认真和切合实际情况。

总体上，该节目的叙事风格比较简洁，把节目看完之后就能比较清楚地了解节目的流程和特色。但对于投票等事项主持人还是会再三提醒，且伴有精彩表演的回放。

节目制作

作为一档制作精美的电视节目，必须具备多彩多姿的画面，各个景别各种角度相互交错，注重音乐和解说词同期声的搭配，同时不断地完善接触渠道使得节目广为传阅。

《英国达人秀》采用多机位拍摄，使得节目的视角和景别多样。炫目多彩的灯光和舞美，丰富了画面，加之后期剪辑时注重画面的有效衔接，使得节目呈现出轻松明快的气息。

以拍摄角度为例，一般而言，拍摄角度只有三种——仰拍、平视、俯拍。而《英国达人秀》为了保证后期剪辑的流畅，坚持了各种视角，例如选手和评委上场的全方位视角甚至垂直视角的拍摄，俯拍观众的大全景；平视仍然占主要部分，比如选手和主持人在舞台上表演或主持，大多是平视的视角，这种视角营造了主持人、选手和观众的平等

对话，也体现了节目"广泛平等"的观念。仰视拍摄一般是为了增加节目的观众的视角和画面的信息量，保证画面角度的多样性，当然有助于选手高大的形象，其频率远低于平视和仰拍的角度。

在剪辑上，《英国达人秀》开始前的节目导视的剪辑是高剪辑频率的，采用快切的手法，直接切换，没有过渡镜头，没有注重画面的承接性，但是交叉剪辑选手或悲或喜或张口或沉默的表情有内在的逻辑性，配以特技（如放大、定格）使得节目的动感很强，一种紧张感随之而生。导视结束后，配之以全场的全景镜头交代观众与舞台的位置关系。当主持人、评委、选手上场后采用分镜头组接详细交代了他们各自的情况。还包括由主持人发问到评委回答，再由评委回答看主持人反应的镜头组接，使用三机位交代双方谈话的状态。上场的选手一般是先使用推镜头，交代了选手表演时整个演播厅的氛围，然后到这组选手的精彩表演，接着就是中近景交代选手的投入状态；选手与评委、选手与观众的反应镜头；中近景和大全景（还有两级镜头的使用）的交叉剪辑，保证了画面"不跳"。尤其是《英国达人秀》到了半决赛部分都变成现场直播的，但是我们仍看不到节目在剪辑上的多余镜头，这足以说明现场的机位调动是统一和高效的。

达人秀的所有声音，包括观众的尖叫，主持人和评委的同期声，导视里包含的介绍词，以及选手离场淘汰的配乐，都是经过精细设计的。两个老牌主持人，他们声音抑扬顿挫，可快可慢，富有节奏感和变化性，增强了感染力。敢于表现的外国观众无疑是很好的看客，他们发自内心的欢呼声，敢于为自己喜欢的选手喝彩，一次次热切的呼唤，无疑增加了现场的热度，也增加了对电视机前观众的感染力。而导视片的同期解说声音，一种浑厚、严肃的声音暗示我们本期节目竞争的残酷和精彩，它所配置的音乐由紧张动感到突然缓慢的鼓点的转变，无疑营造紧张氛围。此外像公布结果或是裁判给出决断时的紧张音乐或是突然静默，营造了一种令人窒息的气氛。部分表演者的表演是无声表演，比如，第六季的冠军 Ashleigh & Pudsey 组合，鼓点和节奏会越来越快，到了尾声戛然而止无疑令人产生"余音绕梁不绝于缕"的感受。

商业模式

《英国达人秀》采用的是"广告＋版权＋冠名"三位一体的盈利模式。广告收入主要是根据节目的收视率和综合排名来确定，从前面的分析中可以看到该节目的插播广告

费收入数以千万计。版权收入，虽然英国的达人秀本身是从美国购买的节目版权样式，但是大多数人提到达人秀系列节目时，首当其冲是英国，可以想见《英国达人秀》的版权已经广泛地传播到众多国家，产生了深刻的品牌效应。冠名收入，观众在看《中国达人秀》的时候，一定会记得海飞丝的蓝色标志闪闪夺目，其实是因为宝洁公司与节目版权方在最初播出时达成了协议，所以宝洁公司要为每一个购买节目版权的播出机构提供冠名费。

而达人秀盈利模式的成功是建立在综合运用多种营销手段的基础之上的。

第一，品牌营销。凭借着节目系列效应和已有的成功范例——美国版达人秀的成功，无疑为英国版增添了必胜的砝码。而且这档节目是由金牌评委西蒙带到英国的，其制作公司制作的许多节目纷纷成功，必然产生品牌的积累，使得观众产生期待感。

第二，概念营销。节目打造一个"零门槛"低准入标准，非常人性化和平民化，必然引起了观众的关注。

第三，明星效应。明星主持人和评委，他们对于收视率的号召力量和贡献是不可小觑的。以第六季为例，西蒙作为选秀节目之父无疑是收视率的号召，还有两大美女坐镇；广受欢迎的主持人的幽默风格也为广大观众所喜欢。

第四，网络、电视、广播、平面媒体、手机五大媒体相结合，随时报道节目的播出信息和选手状况。这使得观众难逃众多媒介资源的轰炸，以网络媒体为例，视频网站除了最快速地播出节目，同时还提供了一些鲜为人知的选手的采访，满足了观众的好奇感，而社交网站的口口相传的病毒式传播，使得节目的影响力呈几何级数的爆炸性增长；官方网站随时载入最新的节目内容，保持了节目的连续性；主持人、现场观众、评委、选手上的微博营销的作用也日益凸显。

第五，衍生品营销。每一季节目播出后，通常会制作成录像带出售。一些脱颖而出的选手（主要是歌手）会发布一些专辑或是深度采访，无形之中提高节目的知名度。

第六，事件营销。例如之前电视和纸媒上大肆渲染评委西蒙因为点评过于辛辣而导致一些观众的反感和抗议，此后西蒙的回归无疑增加了节目的看点，喜爱西蒙这种辛辣风格的人和翩翩风度的人一定会穷追不舍；再如第六季首先引入了四位主持人也是一个改版，也是一个不可多得的营销点，无形中增加了观众对节目的关注度。

在版权售卖方面，《英国达人秀》最初是由《美国达人秀》演变而来的，全球共有48个国家有达人秀。其中包括中国、阿根廷、澳大利亚、比利时、巴西、智利、丹麦、法国、

德国、希腊、匈牙利、印度、印度尼西亚、以色列、意大利、墨西哥、荷兰、新西兰、挪威、菲律宾、波兰、葡萄牙、俄罗斯、韩国、西班牙、瑞典、瑞士、土耳其等。《英国达人秀》是目前全球知名度最高、售卖版权最多的节目。

以中国为例，《中国达人秀》的版权售价为 200 万元。中国"达人秀"的受欢迎程度，主要是从节目的广告费用和冠名费用来看，以收视黑马之姿傲视国内其他众多选秀节目，第二季未播先热，深受广告商青睐。第二季《中国达人秀》共有 11 期，插播广告收益每期在 1000 万元左右，11 期超过 2 亿元。此外此次冠名费达到 8000 余万元，远远超过了同期热门节目的冠名费，例如江苏卫视 26 期的《非诚勿扰》冠名费是 4000 多万元，湖南卫视《快乐大本营》一年的冠名费总额为 1.3 亿元，刷新了国内电视节目单集冠名费纪录，因此第二季《中国达人秀》的广告收入总和达 3 亿元。众所周知，广告商为了实现广告投放效益的最大化，都会选择收视率高的电视台或是电视节目，所以可以反观一个电视节目取得了高额的广告收入，一定是具备高收视率的特征，所以可以看出达人秀在中国受欢迎的程度。

图 16 《中国达人秀》标识

同类对比

同类型的强势节目，《美国偶像》当仁不让。两者同时作为选秀节目的高峰，在节目类型和形式上有着一定的相似度。但是二者的区别也相当明显：首先是目的不同，《美国偶像》主要是为了寻找歌手，这点与好声音系列类似，歌手的音质和嗓音是决定性因素；而《英国达人秀》不局限于歌手或是歌手组合，接受面更广，目的是选择"达人"，面向有一技之长的人。其次是选秀规则不一样，《美国偶像》的选秀过程更为复杂，选手开始是以集体小组的方式，进行整批的淘汰，更加强调一组的整体实力。此外，《美国偶像》增加了等候室的环节和对选手的采访，将选手对于其他组员的态度呈献给观众，

增强了节目的戏剧性。再次是面向的受众群不一样，达人秀由于其选手的包罗万象，有更强的故事性和戏剧性，基本上是老少皆宜。最后是关于节目自身的变动和改版，《美国偶像》几乎每季都在修订节目的规则，已解决相对拖沓的问题，而相比较而言达人秀已经基本定型，并且版权被广泛售卖。

中国版对比

近年来，各种真人秀节目充斥荧屏，同质化严重，《中国达人秀》却异军突起，这档引自海外并经过本土化改造的真人秀节目得到了观众的认可和喜爱。

《中国达人秀》吸收了原版节目《英国达人秀》的长处，同时融入了本土创意，充分把握了节目的整体风格，让《中国达人秀》接"地气"。在表演内容上，《英国达人秀》更多地展现其戏剧性，而《中国达人秀》则更多地结合中国的传统文化；在理念上，《中国达人秀》试图引领中国主流价值观和文化精神，同时又能做到雅俗共赏，符合中国观众的审美需求。

总之，《中国达人秀》不论在表现内容还是呈现方式上都很好地进行了本土化改造，这一点值得其他引进节目的借鉴。

Duets

《最美和声》
——真人秀的视听冲击波

● 节目概况速览 ⊗

  《最美和声》是美国广播公司（ABC）电视台在 2012 年度推出的一档全新歌唱类真人秀。与其他同类型节目最大的不同就是将明星评委从评委席推上了舞台。第一季集结了凯莉·克莱森（Kelly Clarkson）、约翰·莱金德（John Legend）、罗宾·西克（Robin Thicke）和珍妮弗·奈特斯（Jennifer Nettles）来担任评委。他们将会在全国范围搜寻能

基本信息 》》

- 原名：Duets
- 译名：最美和声
- 标识：

图 1

- 播出国家：美国、加拿大
- 播出频道：美国广播公司（ABC），加拿大 Global TV
- 首播时间：2012 年 5 月 24 日
- 集 数：第一季共九期节目。

- 播出时间：前三期为周四 20:00—22:00 播出；第四、第五期为周三 9:30—11:00 播出；后四期为周四 20:00—21:00 播出。
- 节目时长：第一季前三期为 120 分钟；第四、第五期为 90 分钟；后四期为 60 分钟。
- 节目类型：歌唱类竞技真人秀
- 播出形式：前五集为录播；后四集为直播。
- 制作公司：Keep Calm and Carry On Productions

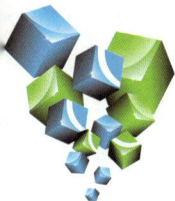

和自己产生共鸣的和声歌手，并把他们带到节目上参与比赛。四个歌星每人带两个徒弟参赛（形成本节目标题所指的"二重唱"——Duets），最终获胜的一对组合将赢得好莱坞唱片公司的巨额唱片合同。

历史演变

《最美和声》第一季在 2012 年 5 月 24 日于 ABC 电视台首播，第一集时长两小时。在 2012 年 6 月 7 日以前（包括当天播出的第三期），都在周四晚间八点播出。由于 NBA 总决赛的缘故，这档节目从 6 月 13 日起被调整至周三晚间九点半播出，并将时长改为了 90 分钟。6 月 28 日，该节目又回到了原来的播出时间，时长改为 60 分钟。全季于 2012 年 7 月 19 日节目结束。

节目模式分析

《最美和声》是由美国广播公司（ABC）于 2012 年夏新推出的一档歌唱类竞技真人秀，其模式与近年来的大热节目《美国好声音》有异曲同工之处。在同样设置四位导师的前提下，给予了导师们更大的表演空间。《最美和声》愈发显示出明星嘉宾对一档选秀类真人秀的启发性与重要作用，其趋势也具有一定的预见性。但是，在加强导师作用的同时，可以明显发现参赛选手的影响力也随之弱化。因而，在这档和声节目中，选手的经历与个人表现并不是节目强调的重点，超强的视听盛宴成了观众选择收视的重要理由。

板块设置

表 1　板块设置（以 2012 年第一季为例）

一、录播阶段包含 4 个板块（第一到五期）

1. 开场秀。由四位明星导师组成和声拍档，进行演唱。每期节目的导师组合各有不同。第一期、第六期（直播形式的第一期）与第八期均由四名导师共同演绎开场歌曲。

2. 幕后环节。每位选手在出场前都会有一段幕后 VCR，包含其在导师寻觅和声伙伴时脱颖而出的过程，彩排过程以及对导师和选手个人的访问。期间还不时会有家人探班，演出客串等内容的出现。

3. 台前环节。与导师进行和唱表演，表演完毕后会有对选手表现的采访与点评。没有参与表演的导师对选手表演及陈述进行打分，并在其后的"和声榜"中公布排名情况。

4. 一对一 PK。得分排名最末的两位选手将会进行一对一的清唱对决，最后再由四位导师选出自己看好的选手，得票多者安全胜出，而得票少者则正式淘汰出该节目。

二、直播阶段包含 6 个板块（第六到七期）

1. 上期回顾。包括对上一期淘汰选手的采访，以及其他选手的回顾片花。

2. 开场秀。

3. 宣布观众得票最少的选手遭到淘汰。

4. 幕后环节。随着比赛进程的发展，导师和选手们会更加细致认真地准备下一首参赛曲目。会加入他们对上期表现的分析过程。

5. 台前环节。选手表演完毕后直接进入导师点评环节，之后主持人会公布该选手的短信投票通道。

6. 本期选手表现全程回顾，公示短信投票通道。

三、半决赛包含 7 个板块（第八期，直播）

1. 上期回顾。

2. 开场秀。四名导师共同表演。

3. 淘汰上一期观众得票数最低的选手，剩下的三位选手即进入总决赛。

4. 幕后环节。

5. 台前常规和声环节。（4、5 循环三次）

6. 独唱表演。三位候选选手可以选择自己最拿手的一首曲目进行全赛程唯一的一次有伴奏独唱表演。其后评委进行点评。

7. 本期选手表现全程回顾，公示短信投票通道。

四、总决赛包含 6 个板块（第九期，直播）

1. 整季回顾与梳理。

2. 开场秀。由最后争夺前三的两位导师进行和声表演。（不淘汰选手）

3. 没有选手进入决赛的导师携排名较前的选手进行和声表演。

4. 幕后环节。

5. 台前环节。（4、5 循环三次）

6. 最后根据短信投票数，宣布冠亚季军归属。

赛程规则

《最美和声》在赛制方面较为清晰明确。节目设有四位导师，每位导师自发寻找两位选手与自己进行对唱参加节目的录制。前两期为表演期，四位导师携八位选手进行两周的非淘汰表演。其后，每期将有一位选手被淘汰出局。

第三至第五期，由四位导师根据其表演进行打分给出选手排名，导师本人对自己的

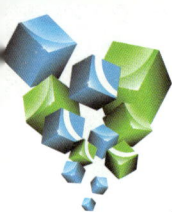

选手不进行打分。得分最末的两位选手将进行一对一的清唱PK。最后由导师给出选择，得票少的选手即被淘汰出局。截止至该阶段结束，共剩下五名参赛选手。

第六至第九期结束，都采用直播的方式播出。导师在该阶段只参与表演，不进行打分。选手排名由观众通过短信或网络投票给出。比赛当天不公布最后投票结果，淘汰情况将于下一期的节目开头揭晓。第八期（半决赛）除了进行常规的对唱表演外，还有额外的独唱（Solo）环节。第九期（总决赛）节目开头不淘汰上一期得票最少的选手，而是进行最后三强的对战。节目最后根据观众投票情况，分别揭晓冠亚季军的归属。

人物角色

· 主持人：库杜斯（Quddus），曾主持MTV频道音乐节目 *TRL*（*Total Request Live*）。
· 导师（兼任评委）：

表2　导师简介

导师	简介
凯莉·克莱森 Kelly Clarkson	专辑销量超过2亿的美国著名流行音乐歌手及演员，《美国偶像》第一位冠军。曾获得格莱美奖最佳流行女歌手、青少年选择奖最佳女艺人以及人民选择奖最佳女歌手的殊荣。
约翰·莱金德 John Legend	身兼9座格莱美奖奖杯的美国著名新灵魂乐歌手。
罗宾·西克 Robin Thicke	全美"最黑的白人"——全方位的创作型白人歌手，却拥有黑人附体般的感性灵韵与细腻情感表现。R&B及灵歌天王，格莱美奖获得者。
珍妮弗·奈特斯 Jennifer Nettles	Sugarland乐队主唱，美国乡村音乐艺术家，创作型歌手。2007年与邦·乔维(Bon Jovi)合作演唱的歌曲 *Who Says You Can't Go Home* 获得格莱美最佳乡村合唱奖。

图2　左起分别为约翰、凯莉、主持人库杜斯、珍妮弗和罗宾

表3　选手介绍

选手	年龄	家乡	名次	导师
约翰尼·格雷（Johnny Gray）	37	华盛顿州	退赛	约翰
亚历克西斯·福斯特（Alexis Foster）	21	康纳西州	第8名	罗宾
梅莱纳·布朗（Meleana Brown）	不详	夏威夷州	第7名	约翰
乔丹·梅雷迪思（Jordan Meredith）	21	威斯康辛州	第6名	凯莉
奥利维娅·奇泽姆（Olivia Chisholm）	21	北卡罗来纳州	第5名	罗宾
布里奇特·卡林顿（Bridget Carrington）	34	弗吉尼亚州	第4名	约翰
贾森·法罗（Jason Farol）	23	加利福尼亚州	季军	凯莉
约翰·格罗森（John Glosson）	32	乔治亚州	亚军	珍妮弗
杰·罗姆·韦恩（J Rome Wayne）	29	马里兰州	冠军	珍妮弗

外部包装

　　《最美和声》的整体包装色调以冷色系的蓝、绿、紫为主，配以白色与银色的灯光光线与道具。演播室的观众席外还设有以上几种颜色的点光背景。整体节目风格具有梦幻感、现代感与时尚感相融合的特质。

　　该节目的舞台设计内外场分明，空间利用明确。在主舞台两侧有两个小舞台，可以看作其主舞台的延展。两位表演者可以分别走向两侧小舞台，与两侧观众进行更好的互动。评委席也作为舞台呈现的一部分，在节目中起到重要作用，因而几乎处于整个演播室的中央位置。

图3　演播室实景

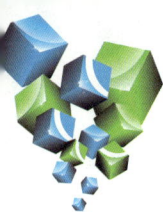

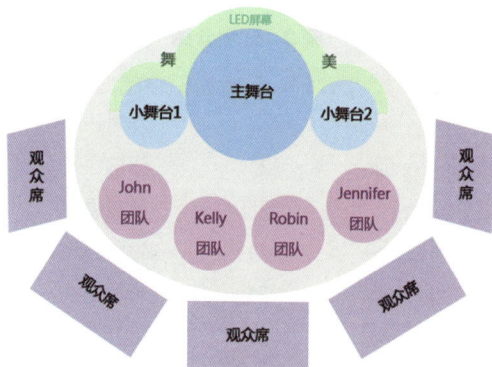

图 4　舞台设计图

值得一提的是《最美和声》的舞台灯光。其不仅具有舞台的效果呈现作用，同时也参与到了节目的叙事过程中。如宣布选手得分时（见图 5、图 6），圆形外围灯光 180 度从外侧向内旋转至场中，形成多束圆形灯光效果，增加悬念气氛。

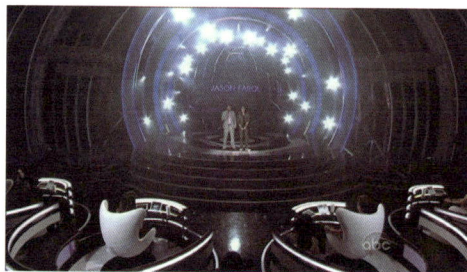

图 5　灯光旋转过程

图 6　灯光最后落入舞台中央

多层次的 LED 环形舞美不仅能制造出梦幻的视觉效果，还可以有效利用灯光的造型组接，形成不同的空间特效。舞台正中心的圆形 LED 是主要显示屏，承担着播放 VCR 与公布"和声榜"排名情况的任务。另外，根据舞台表现需要，背景 LED 还是关键的舞美元素。如图 7 中，背景 LED 展现出了纽约时代广场车水马龙的景象。

图 7　背景呈现出纽约时代广场景象

图 8　多层次 LED 环形舞美

而在图 8 中，多重的环形 LED 加以背景屏幕，多层次地加强了舞台的动感元素与舞台气氛。

《最美和声》的舞美光源面积非常大，并不局限于演出舞台本身。从舞台延伸至评委席，再到观众席外围，无不充斥着变化莫测、富有动感元素的灯光效果。富有层次的 LED 屏幕包裹着整个演播室，使每首歌的舞美呈现都相当独特而具有整体感。这样的灯光设置，可以提供表演者更大的舞台活动空间，做到与全场观众的互动，将气氛推到更高。全景式的灯光布置保证了节目效果的 360 度无死角。

图 9　外围 LED 展现动态灯光视效

图 10　全场灯光全开效果

节目案例详解

以下分析将以 2012 年 5 月 24 日第一季第一期为例。该期主题为"巨星精选集"——Superstars' Greatest Hits。作为表演周，本期将不淘汰任何选手，重点展现了 8 位参赛选手被导师们挖掘发现的过程。（该集节目不含广告时间，总时长为 1 小时 23 分 13 秒）

表 4　2012 年第一季第一期板块分析

板块	时长	内容	形式
开场秀	3 分 17 秒	1. 节目片头 2. 明星导师和声开场秀。该期为四位导师一起表演，演唱曲目为 *Let Me Entertain You*	舞美特效、音响、伴舞
赛制说明	1 分 10 秒	1. 主持人上场，分别介绍四位导师身份，并说明节目赛制 2. 串场带入选手是如何产生的	主持人现场
	2 分 43 秒	1. 选手在外场时的初选演唱集锦快速剪辑 2. 四位导师分别阐释自己选择选手的要求与期	VCR、解说词、导师采访、同期声

板块	时长	内容	形式
		望。如约翰·莱金德说："这世界上有七十亿种声音。但是有特色的寥寥无几，而这正是我们要去发掘的。" 3. 导师在场外选择时面临艰难抉择时的纠结场面集锦 4. 导师场外选择选手的赛制说明。"没有试演，没有评审团。只有一个艺术家搜寻另一个艺术家的美好时刻。" 5. 四位导师的人物介绍 6. 导师语录集中剪辑	
第一位选手	25秒	1. 回到现场，主持人串场询问第一个出场的导师珍妮弗·奈特斯 2. 选择选手的难度，珍妮弗做答 3. 主持人串场，强调赛制	主持人现场、导师采访
	3分38秒	1. 珍妮弗·奈特斯首先选择了拉斯韦加斯作为自己的第一个海选地 2. 选手分别进行试唱，珍妮弗选择了初步人选布兰登（Brandon） 3. 对布兰登进行采访，表示"这是最后一个能证明我靠唱歌就能养活全家的机会"。 4. 其后，珍妮弗选择了纽约作为她的海选第二站 5. 选手分别进行试唱，珍妮弗表示杰·罗姆的歌声十分打动她 6. 杰·罗姆讲述了自己的家庭故事 7. 以导师采访结束这一段落，各自阐述两位选手的优点，表示选择艰难	VCR、解说词、导师采访、选手采访、音响、同期声
	3分19秒	1. 主持人现场揭晓最后选择结果 2. 导师珍妮弗与选手杰·罗姆从后台出现至舞台，开始演唱和声曲目 *Tonight*	主持人现场、舞美特效、音响
	2分42秒	1. 其余三位导师用座椅前的平板电脑对现场表演进行打分 2. 主持人对选手进行采访，并说明打分规则 3. 导师们发表各自评论	主持人现场、采访、灯光效果、音响

续表

板块	时长	内容	形式
		4. 揭晓"和声榜"，公布排名	
		5. 主持人串场，杰·罗姆与珍妮弗拥抱庆祝完美呈现第一场演出	
		6. 镜头扫拍导师与观众席	
第二位选手	21 秒	1. 节目标识转场片段	转场、音响、主持人现场
		2. 主持人串场，引入导师约翰·莱金德与他的第一位选手	
	3 分 38 秒	1. 约翰·莱金德带着镜头进入排演室，并阐释自己选择选手的要求与期待	VCR、导师采访、选手采访、音响、同期声
		2. 选手分别进行试唱，约翰尼成了约翰的初步意向的选择对象	
		3. 约翰对其进行了第二轮考核，最终确定选择约翰尼作为他团队的一员	
		4. 对约翰尼进行了简要的采访	
	2 分 50 秒	1. 主持人串场	主持人现场、舞美特效、同期声
		2. 选手约翰尼·格雷与导师约翰·莱金德共同演唱了歌曲 *Ordinary People*	
	2 分钟	1. 其余三位导师用座椅前的平板电脑对现场表演进行打分	主持人现场、采访、灯光效果、音响
		2. 主持人帮约翰尼擦汗并串场	
		3. 导师们分别进行评价	
		4. 揭晓"和声榜"，公布排名	
		5. 主持人串场，宣布今晚没人会被淘汰，选手有 2 周时间证明自己	
第三位选手	20 秒	1. 节目标识转场片段	转场、音响、主持人现场
		2. 主持人串场，引入罗宾·西克与他的第一位选手	
	4 分 23 秒	1. 罗宾·西克选择洛杉矶作为自己第一个海选地	VCR、导师采访、选手采访、同期声
		2. 选手分别进行试唱，穿插剪辑罗宾对于选手的要求与期望	
		3. 罗宾初步选择了两位选手，并进行下一步的考核	
		4. 对丹蒂（Dante）进行采访，他是一位海军	

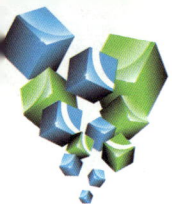

板块	时长	内容	形式
		陆战队的军人，刚从阿富汗回来。他表示"唱歌是我的满腔热情所在"。罗宾对丹蒂的试唱结果进行评价 5. 对奥利维娅进行采访，罗宾对奥利维娅的试唱结果进行评价 6. 罗宾对丹蒂表示抱歉 7. 对离去的丹蒂进行简要采访 8. 罗宾对奥利维娅表示选择了她 9. 对奥利维娅进行简要采访	
	3分钟	1. 主持人坐在观众中进行串场 2. 导师罗宾·西克与选手奥利维娅·奇泽姆共同演唱了歌曲 Lost Without You	主持人现场、舞美特效、音响
	1分48秒	1. 其余三位导师用座椅前的平板电脑对现场表演进行打分 2. 主持人对奥利维娅进行采访 3. 导师们对表演进行评价 4. 揭晓"和声榜"，公布排名 5. 主持人串场	主持人现场、采访、灯光效果、音响
第四位选手	22秒	1. 节目标识转场片段 2. 主持人串场，引入凯莉·克莱森与她的第一位选手	转场、音响、主持人现场
	6分07秒	1. 对凯莉·克莱森进行采访，由于过于密集的活动，她选择在她的巡演路上寻找她的和声拍档 2. 第一海选站是圣地亚哥，初步选择了朱丽安娜(Juliana)和贾森 3. 凯莉带两位选手去到了她的巡回演唱会现场，进行试唱互动 4. 采访贾森。他的父亲也是一位歌手，最终放弃了梦想去养活孩子 5. 采访朱丽安娜。她17岁时妈妈被诊出了4期肺癌，8个月后离世 6. 凯莉进行评价，指出二者缺点	VCR、导师采访、选手采访、音响、同期声

续表

板块	时长	内容	形式
		7. 宣布最终选择了贾森·法罗，并向朱丽安娜表示了抱歉 8. 朱丽安娜与贾森告别，并接受简要采访	
	2分35秒	1. 主持人串场 2. 节目标识转场片段 3. 主持人串场 4. 导师凯莉·克莱森与选手贾森·法罗共同演唱歌曲 *Breaking Your Own Heart*	转场、主持人现场、舞美特效、音响
	1分50秒	1. 其余三位导师用座椅前的平板电脑对现场表演进行打分 2. 主持人对贾森进行采访 3. 导师们对表演进行评价 4. 揭晓"和声榜"，公布排名 5. 主持人串场	主持人现场、采访、灯光效果、音响
第五位选手	22秒	1. 节目标识转场片段 2. 主持人串场，引入约翰·莱金德与他的第二位选手	转场、音响、主持人现场
	3分32秒	1. 约翰·莱金德阐述自己的理念 2. 伊丽莎白（Elizabeth）进行试唱 3. 对伊丽莎白进行采访，她是一个梦想成为专业音乐家的哈佛生物学学生 4. 布里特妮（Britney）进行试唱 5. 对布里特妮进行采访，她很紧张 6. 布里奇特进行试唱 7. 对布里奇特进行采访，她是个34岁的老歌手 8. 约翰·莱金德阐明了观点 9. 约翰最终选择了布里奇特 10. 对布里奇特进行简要采访 11. 对导师约翰·莱金德进行采访	VCR、导师采访、选手采访、音响、同期声
	2分56秒	1. 主持人串场 2. 导师约翰·莱金德与选手布里奇特·卡林顿共同演唱歌曲 *Tonight*	主持人现场、舞美特效、音响
	1分54秒	1. 其余三位导师用座椅前的平板电脑对现场表	主持人现场、采访、

板块	时长	内容	形式
		演进行打分 2. 主持人对布里奇特进行采访 3. 导师们对表演进行评价 4. 揭晓"和声榜",公布排名 5. 主持人串场	灯光效果、音响
第六位选手	22秒	1. 节目标识转场片段 2. 主持人串场,引入珍妮弗与她的第二位选手	转场、音响、主持人现场
	4分钟	1. 由"4-H"基金年会引入,珍妮弗介绍了这个组织与自己的经历 2. 年轻的"4-H"成员进行试音 3. 对约翰进行采访 4. 两人进行了进一步的互动,珍妮弗最终选择了约翰 5. 对约翰进行简要采访	VCR、导师采访、选手采访、音响、同期声
	3分21秒	1. 主持人串场 2. 导师珍妮弗·奈特斯与选手约翰·格罗森共同演唱歌曲 *Stay*	主持人现场、舞美特效、音响
	1分52秒	1. 其余三位导师用座椅前的平板电脑对现场表演进行打分 2. 主持人对约翰进行采访 3. 导师们对表演进行评价 4. 揭晓"和声榜",公布排名 5. 主持人串场	主持人现场、采访、灯光效果、音响
第七位选手	22秒	1. 节目标识转场片段 2. 主持人串场,引入罗宾·西克与他的第二位选手	转场、音响、主持人现场
	2分52秒	1. 导师罗宾观看了上百位灵魂歌手的试镜录像,但没有最终做出选择,只对两人有了初步意向 2. 亚历克西斯进行了试唱与采访 3. 贾丝明(Jasmine)进行了试唱与采访 4. 罗宾表示很难选择	VCR、导师采访、选手采访、音响、同期声
	2分32秒	1. 主持人串词,并揭晓最后的选择结果 2. 导师罗宾·西克与亚历克西斯·福斯特共同演唱歌曲 *Magic*	主持人现场、舞美特效、音响

板块	时长	内容	形式
	1 分 20 秒	1. 其余三位导师用座椅前的平板电脑对现场表演进行打分 2. 主持人对亚历克西斯进行采访 3. 导师们对表演进行评价 4. 揭晓"和声榜"，公布排名 5. 主持人串场	主持人现场、采访、灯光效果、音响
第八位选手	20 秒	1. 节目标识转场片段 2. 主持人串场，引入凯莉与她的第二位选手	转场、音响、主持人现场
	5 分 15 秒	1. 凯莉·克莱森结束巡演，回到故乡纳什维尔。一些选手前来试音，她将从中选出搭档 2. 选手进行试音 3. 对阿什莉（Ashley）进行采访 4. 对乔丹进行采访，她是凯莉的超级粉丝 5. 在小型歌友会上，凯莉再次让选手跟她一起演唱了和声歌曲 6. 凯莉开始艰难抉择 7. 凯莉宣布选择了乔丹 8. 对乔丹进行采访 9. 凯莉对阿什莉表示了抱歉 10. 对阿什莉进行采访 11. 乔丹哭着在电话里告诉妈妈她可以和凯莉一起唱歌了	VCR、导师采访、选手采访、音响、同期声
	2 分 53 秒	1. 主持人串场 2. 导师凯莉·克莱森与选手乔丹·梅雷迪思共同演唱凯莉的冠军单曲 Stronger	主持人现场、舞美特效、音响
	2 分 52 秒	1. 其余三位导师用座椅前的平板电脑对现场表演进行打分 2. 主持人对乔丹进行采访 3. 导师们对表演进行评价 4. 节目标识转场片段 5. 揭晓"和声榜"，公布排名 6. 凯莉对选手排名进行评价 7. 主持人串场，并向观众道别 8. 镜头扫遍全场	主持人现场、采访、转场、灯光效果、音响

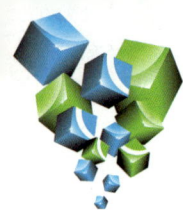

节目特色点评

单纯的和声比赛除了追求最高级别的视听享受以外，还需要一些别出心裁的单期主题去支撑每一期的演出曲目与排演。就第一季而言，第一期直接唱起了导师们的最热歌曲，烘托出了人气。而其中的第五期"电影之夜"专场则颇令人印象深刻。经典影片《泰坦尼克号》与《保镖》的主题歌重新响彻耳畔时，全场气氛被歌声点燃。

表5 2012年第一季各单期主题

期数	主题
1	巨星精选集 Superstars' Greatest Hits
2	经典和唱 Classic Duets
3	励志歌曲 Songs That Inspire
4	派对之歌 Party Songs
5	电影之夜 Movie Night
6	21世纪初经典歌曲 Songs from the 2000's
7	最佳水准 Favorite Standards
8	巨星选择 Superstars Choice
9	最后乐章 The Finale

《最美和声》的选歌较为自由，但必须符合该场的主题定位。决策者通常是导师本人，再根据选手自身契合度进行调整。而当进入半决赛以后的独唱环节后，选手就可以自主选择演唱喜欢的歌曲。

对于和声比赛的参赛选手来说，这是一场无论胜负都可以微笑面对的比赛。有幸被导师亲自选中，脱颖而出地站在舞台上，本身已经是人生中的一次巨大成功，也是对自己歌唱能力的一次承认。如若赢得冠军，还可以获得一纸价值不菲的唱片公司合约，可以说是一次圆梦的历练。节目中各位导师也反复强调，纵使被淘汰，也只是一场和声比赛，对于选手个人的演唱能力与舞台潜力并不存在任何的影响。

纵观《最美和声》第一季的四位导师，从个人履历上而言最大的共同点就是都获得过格莱美奖的承认。对于美国的音乐节目而言，这是一项重要的权威指标。两男两女的导师配置也起到了一定的性别平衡作用。

其次从差异化而言，凯莉·克莱森是全球知名的流行天后。作为《美国偶像》的第

一届冠军，其个人的人生履历就有着非常强的标杆性与励志性。同时，超高的人气也可以带动节目的收视；约翰·莱金德是四位导师中唯一的一位黑人，但也是在这其中获得格莱美奖项承认最多的一位歌手。除了从权威角度发挥作用外，其新灵魂乐的曲风也为节目添色不少；罗宾·西克作为全美"最黑的白人"，代表了R&B与灵歌的曲风选择。其个人也可以视作为一种跨越种族文化的旗帜性标志，这对于美国电视文化的多元性而言，至关重要；而珍妮弗·奈特斯则是美国的乡村音乐的代表。她也是导师中，唯一在合唱单项上获得过格莱美认可的一位歌手。（2007年与Bon Jovi合作演唱的"*Who Says You Can't Go Home*"获得格莱美最佳乡村合唱奖）总而言之，四位导师分别代表了四派不同的音乐曲风，差异化的经历丰富了节目的整体内容层次。

从参赛选手的资料上，我们可以显而易见地看到9位选手（包括退赛的约翰尼·格雷）分别来自美国的各大州，没有任何两位选手带有重复性。通常来说，作为地域性的代表参赛，其个人的关注度在当地会自然而然地提高。因而这样的选手选择规律，在很多真人秀节目中被普遍应用。

图11 凯莉·克莱森与选手贾森·法罗

从年龄与种族角度来说，《最美和声》都体现了其丰富的多样性。黑人歌手占了八个人中一半的名额，另含两位亚裔选手及两位白人选手。值得一提的是，比赛中唯一包含的两位白人选手也并非传统意义上金发碧眼的俊男美女，而都是具有肥胖特征的典型美国普通青年形象。而真人秀的魅力就在于闪现每个人与众不同的光彩。

从个人经历角度而言，八位选手也有着各自的故事。冠军杰·罗姆是由他的母亲一个人养大的，父亲在他6岁时就告诉他以后要照顾好妈妈和妹妹。因而为了能让母亲安享晚年，他要为之奋斗。选手乔丹·梅雷迪思的全家都是导师凯莉·克莱森的铁杆歌迷。作为粉丝，能和偶像一起共同完成一档和唱节目，其过程本身已经是一次圆梦的旅程。另外，她的朋克造型也是其他选手所没有的特质。在最终没有被选上的候选人中，还有一位从海军陆战队刚退伍归来的军人。无论选手们身份如何迥异，都有一个拥有演唱舞台的梦想。从这一角度来说，增添了节目的可看性。

爱听故事是人与生俱来的天性。但本节目却在故事性上没有大行其道。只是在选手

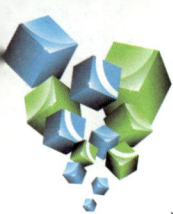

初登场时，有所涉及。且就公允而言，实力以及与导师之间的契合度是评判选手价值的最大标准，其个人的故事性只占据着点缀的丰富作用，而不占有主导地位。在当下清一色的"故事片真人秀"横行霸道之时，该节目反其道而行倒让观众感受到几分清新的气质。本节目的总体叙事风格较为质朴，将节目的核心关注点放到音乐本身。台前幕后的轮番演绎，也让观众了解到了各方面参与者的心理活动。

节目制作

图 12　斯坦尼康环形围绕拍的独唱表演

该节目画面上唯美精致，现代感与梦幻感兼具。除了拥有强大的舞美效果以外，还采用 3D 环形立体声的高保真音效。全景式多机位呈现，舞台左右两侧各有一只大摇臂，并有效运用斯坦尼康对舞台进行 360 度的整体呈现。

商业模式

作为最初吸引选手报名的重要原因之一，2012 年第一季《最美和声》的首位冠军杰·罗姆的最新单曲已由好莱坞唱片公司于 2012 年 12 月 11 日出版发行，iTunes 数字音乐商店反响热烈。

该节目还有效利用社交网络平台进行话题讨论与炒作。《最美和声》的社交网站 Facebook 公共主页拥有着类似网络俱乐部的功能，聚拢了不少人气。从节目开办之初，一直到第一季结束，随时随地更新着最新动态。该主页拥有几十万的好评点击，直播期间的评论数十分火爆。另外，在直播过程中，社交网站 Twitter 的即时评论将出现在节目下方，发送以"#duets#"为标志的话题即可；可通过社交网站 Facebook 公

图 13　在数字音乐商店售卖的杰·罗姆单曲

共主页进行选手投票。节目组开通了"@DuetsABC"的社交网站 Twitter 账号，和观众进行交流与互动。

从第 7 期的直播节目结束开始，另一位主持人会对《最美和声》的现场主持人与几位超级嘉宾进行网络访谈环节。由于 ABC 电视台的网站是第一个播放完整电视节目内容的电视网官方网站，因而从某种意义上来说，在网络上播出的 Duets After Party 就相当于该真人秀的后续节目。这也符合了年轻网络收视群体的收视需求。

图 14 节目中出现的社交网站 Twitter 评论

"After–Show"是一档专门在网络中播出的评论节目，主要针对一些电视节目、电影以及各类事件。许多粉丝在看完节目后，会选择收听该节目对本期秀的评论。这档节目在《最美和声》第一季播

图 15 Duets After Party 网页页面

出时期做了一整季的专题节目，其存在本身就是一种话题事件。

每周一次的高曝光真人秀是明星导师新歌的打歌平台。导师在该节目中有着充分的发挥空间，在选歌与演唱的数量上都是其他明星参与的歌唱类真人秀所不能企及的。一方面演唱自己的歌曲由于本身的熟悉度可以降低难度，减少排练的时间，另一方面则可以为自己的新歌造势，两全其美。作为一档面向全国播出晚间黄金档真人秀，其宣传力度不可小视。

与此同时，四位导师也都是拥有强大人气的资深艺人。明星与明星之间的特别合作也成为了节目的一大卖点。其号召力已经为节目的受众数量奠定了坚实的基础。可以说，

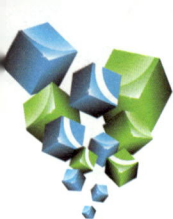

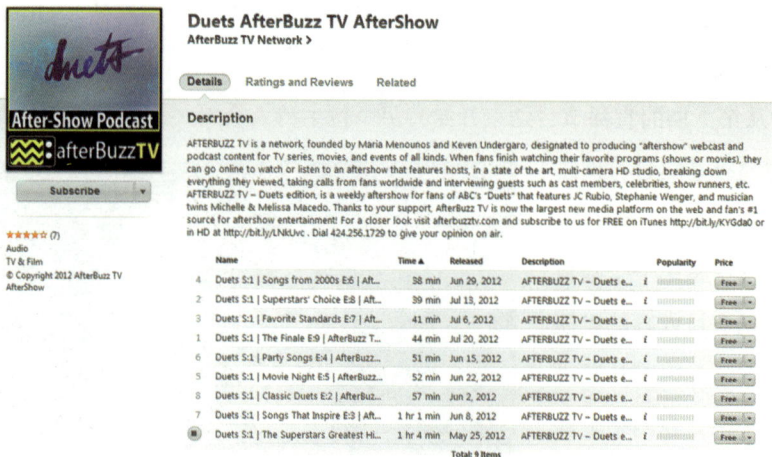

图 16　iTunes 商店中的 After-Show 节目

节目本身与明星是互利互惠的关系。

目前，《最美和声》的中国版已经播出，于 2013 年在北京卫视播映。该节目以中国流行歌坛一线歌星与他们寻找的歌手学员，组成二人和声演唱组，通过共同演绎经典歌曲，以比赛的形式最终选拔出年度"最美和声"。目前，北京卫视对于该节目广告时段刊例价为 30 秒 6 万元人民币，15 秒 3.6 万元人民币，5 秒 1.8 万元人民币。

同类对比

《最美和声》的初期战略即为挑战《美国好声音》的超高收视率。因而有着类似的导师设置，同时也在更大层面上提高了导师的分量。虽然同样有着四个"华丽的座椅"，但并没有旋转的功能。选手的选择权也全部来自导师。可以这么说，四位明星导师既是该节目最劳苦功高的表演者，也是最默默无闻的编导。这是一场关于导师的真人秀。

与韩国节目《我是歌手》相比，本节目又减少了残酷性。同样是职业歌手参加的歌唱真人秀，和声是一种较为缓和的比拼方式。无论是对于导师还是选手，纵使在该形式上遭到淘汰也并不意味着对个人能力的否定。而《我是歌手》则是一场职业歌手之间真刀真枪的巅峰对决，特别是在推陈出新速度极快的韩国娱乐界环境之下。

而与众多其他的大合唱类节目相比，《最美和声》中两个人的组合则恰到好处地保持了两个歌手之间本真的音色互动，并可以在演唱中加入舞蹈元素。一场编排得当的和声演出，也可以成为一次《与星共舞》。

The Glee Project

《欢乐合唱团计划》

——唱到心欢乐

 **节目概况速览** ⌄

　　福克斯（Fox）电视网的歌舞类电视剧《欢乐合唱团》（*Glee*）在完成了两季的拍摄后，几个重要的主角在剧中都面临毕业，为了补充新人角色，《欢乐合唱团》举行海选，挑选新演员进入剧组，这个挑选的过程便是明星养成类真人选秀节目《欢乐合唱团计划》。第一季节目从几万多报名人选中最终挑选出 12 位进入终选，第二季则有 14 人进入终选。经过长达十多周的比赛，最终的获胜者得以在《欢乐合唱团》电视剧中客串 7 集。

基本信息 》》

· 原名：The Glee Project
· 译名：欢乐合唱团计划
· 标识：

the
glee
project

图 1

· 播出国家：美国（首播）、加拿大、英国
· 播出频道：Oxygen（美国）、Slice（加拿大）、Sky One（英国）
· 首播时间：2011 年 6 月 12 日（美国）、2011 年 6 月 26 日（加拿大）、

2011 年 6 月 14 日（英国）
· 集　　数：第一季十期，第二季十一期。
· 播出时间：每周日晚 9 点
· 节目时长：44 分钟
· 节目类型：明星养成类真人选秀
· 播出形式：录播、周播
· 制作公司：Ryan Murphy Production & Oxygen Original Production
· 官方网站：http://thegleeproject.oxygen.com

历史演变

截止到 2012 年，《欢乐合唱团计划》已播出两季，第一季美国播出时间为 2011 年 6 月 12 日—8 月 21 日；第二季美国播出时间为 2012 年 6 月 5 日—8 月 14 日。电视剧《欢乐合唱团》已经播出到第四季，其播出平台福克斯（Fox）电视台也于 2013 年 4 月 20 日正式续订了第五、第六季。

收视反响

虽然第一季首播获得好评，但总共只有 45.5 万的收视人次，这是由于第一季首播集的竞争来自同时段的"托尼奖颁奖典礼"和"美国职业篮球季终"。然而在这之后，收视率每周都比上周多 22%—28% 的比例增长，终于在第六集时达到了 127 万的收视人次，在全美的收视率达到 1.3%。但由于播出频道 Oxygen 是一个额外收费的有线私人频道，所以更多人应该是通过 DVRing 或者 Hulu 视频网站了解或观看这个节目的。

表 1 《欢乐合唱团计划》第一季部分收视情况统计

期数	收视率（18—49 岁）	观众数（万）
1	0.2	45.5
2	0.2	52.7
3	0.3	59.1
6	0.6	127
8	0.4	91
10	0.5	124

节目模式分析

作为每周一集的真人秀，该节目都会以一个词来命名这一周，这个词既是这一集的主题，同时也是参选者的任务，该周的所有事情都围绕着这个词展开。每集都会展现参选者的各种声、台、形、表的训练，如家庭作业展示、舞蹈排练、录音，然后制作 MV，再通过每个人在本周各个环节的表现决定下周可以继续参赛的名单。而每集均会由排名

最低的三人通过演唱决一胜负，淘汰这三个人之中的一个。

板块设置

表 2　板块设置详情

一、上集回顾	二、布置家庭作业与作业展示
1. 已淘汰选手一览； 2. 上集精彩看点； 3. 剩余选手一览。	1. "家庭作业"曲目揭晓，参赛者排练此首歌曲； 2. 参赛者在一位来自《欢乐合唱团》里的神秘嘉宾（每一集的客座导师）面前表演"家庭作业"，然后由导师评选出一名表现最好的选手； 3. 导师宣布本周主题歌。
三、MV 准备与拍摄以及完成版放送	四、宣布待定三人
1. MV 舞蹈排练与进棚录音； 2. MV 拍摄； 3. MV 成品放送。	1. 评委根据表现选出本周表现最欠佳的三位选手进入"殊死一搏"； 2. 三名待定选手分别被指定演唱一首歌曲； 3. 选手各自准备，评委交换意见。
五、殊死一搏，赢得制作人的欢心	六、结果揭晓
1. 三名选手分别在评委面前演唱指定曲目； 2. 制作人与每个选手简短交流。	1. 淘汰名单被张贴在公告栏，三名选手自行去公告栏查看结果； 2. 画外音中出局选手讲最想说的话； 3. 出局选手领唱艾薇儿·拉芙尼的歌曲 *Keep Holding on* 的主旋律部分，其他晋级选手将为出局选手伴唱。
七、片尾	
1. 下集预告； 2. 演职人员表。	

赛程规则

　　《欢乐合唱团计划》在赛制方面非常简单清晰。晋级赛部分的每集都由选角导演与编舞老师（在第二季中增加了声音指导）根据本周与之前的表现选出三位待定选手，三位选手表演后由制作人瑞恩·墨菲（Ryan Murphy）淘汰一名选手，其余人进入下一周的竞争。

　　决赛在最后留下的三名选手中展开（第一季由于评委太难取舍，所以留下了四位选

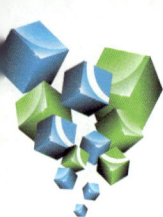

手），决赛集的流程和晋级集相同，但最后只有一名选手成为冠军（第一季有两位冠军）。在"殊死一搏"环节中，电视剧《欢乐合唱团》的主要演员、制作团队都会来到现场观看表演，他们会根据表演给出自己的想法供制作人瑞恩·墨菲参考。

人物角色

·主持人：罗伯特·乌尔里希（Robert Ulrich），《欢乐合唱团》选角导演

·评委：

表3　评委简介

评委	简介
罗伯特·乌尔里希 Robert Ulrich	《欢乐合唱团》选角导演
扎克·乌迪 Zach Woodlee	《欢乐合唱团》编舞师
尼基·安德斯 Nikki Anders	《欢乐合唱团》声音指导
瑞恩·墨菲 Ryan Murphy	《欢乐合唱团》《欢乐合唱团计划》《美国恐怖故事》《整容室》制片人、编剧；《美食、祈祷与恋爱》导演

图2　左上为选角导演（兼主持人），左下为编舞师，右上为声音指导，右下为制作人

·选手：

表 4　第一季选手介绍

选手	年龄	家乡	赛果
小达米安·麦金蒂 （Damian McGinty, Jr.）	18	德里，北爱尔兰	获胜
塞缪尔·拉森 （Samuel Larsen）	19	洛杉矶，加利福尼亚州	获胜
林赛·皮尔斯 （Lindsay Pearce）	19	莫德斯托，加利福尼亚州	亚军
艾利克斯·内维尔 （Alex Newell）	18	林恩，马萨诸塞州	亚军
汉娜·米可维恩 （Hannah Mclalwain）	19	阿什维尔，北卡罗来纳州	第八集出局
卡梅伦·米切尔 （Cameron Mitchell）	21	沃斯堡，得克萨斯州	第七集出局
玛丽萨·沃恩·布莱肯 （Marissa von Bleicken）	19	纽约市，纽约州	第六集出局
马瑟斯·费尔南德斯 （Matheus Fernandes）	19	亚特兰大，佐治亚州	第五集出局
麦金利·亚伯拉罕 （McKynleigh Abraham）	19	帕杜卡，肯塔基州	第四集出局
艾米丽·巴斯克斯 (Emily Vásquez)	22	纽约市，纽约州	第三集出局
爱丽丝·威利 （Ellis Wylie）	18	格蕾丝雷克，伊利诺伊州	第二集出局
布莱斯·罗斯·约翰逊 （Bryce Ross-Johnson）	19	韦斯特雷克，加利福尼亚州	第一集出局

表 5　第二季选手介绍

选手	年龄	家乡	赛果
布莱克·詹纳 （Blake Jenner）	19	迈阿密，佛罗里达州	获胜
阿丽·施特勒克 （Ali Stroker）	24	纽约市，纽约州	亚军
艾琳·拜拉莫奥卢 （Aylin Bayramoglu）	19	芝加哥，伊利诺伊州	亚军

续表

选手	年龄	家乡	赛果
莉莉·梅·哈林顿（Lily Mae Harrington）	19	丹尼斯，马萨诸塞州	第十集出局
迈克尔·韦斯曼（Michael Weisman）	18	芝加哥，伊利诺伊州	第十集出局
尚南·亨德森（Shanna Henderson）	21	奥尔本，亚拉巴马州	第九集出局
亚伯拉罕·利姆（Abraham Lim）	24	圣地亚哥，加利福尼亚州	第八集出局
内莉·维特恩黑米尔（Nellie Veitenheimer）	19	塔科马，华盛顿州	第七集出局
查利·吕贝克（Charlie Lubeck）	22	芝加哥，伊利诺伊州	第六集出局
马里奥·邦兹（Mario Bonds）	24	兰汉姆，马里兰州	第五集出局
泰勒·福特（Tyler Ford）	21	博卡兰顿，佛罗里达州	第四集出局
达尼·谢伊（Dani Shay）	23	奥兰多，佛罗里达州	第三集出局
塔赖恩·道格拉斯（Taryn Douglas）	22	底特律，密歇根州	第二集出局
马克斯菲尔德·坎普（Maxfield Camp）	22	纳什维尔，田纳西州	第一集出局

外部包装

由于该节目是电视剧的衍生选秀节目，所以其空间设置与其他选秀节目有较大不同。《欢乐合唱团计划》有多达9个叙事空间：公共休息室、音乐教室、宿舍、舞蹈教室、录音棚、MV拍摄地、待定候机室、礼堂、单人采访空间。由于该节目是半纪录式的才艺真人秀，所以与其说是几个不同的演播室，不如说是几个不同场景所承担的不同叙事空间，下面以4个较为典型的空间为例来介绍节目的视觉形态与包装风格。

·公共休息室

此空间中，选角导演、主持人罗伯特·乌尔里希会为大家布置每周一次的家庭作业，

或者以节目组直接将本周的主题词写在黑板上，把歌单放在休息室的桌子上的形式揭晓家庭作业，随后学员们会在这里进行家庭作业的自行排练。当节目进行到最后，待定三名在礼堂表演时，其他学员会在休息室等候他们的归来。在这里，大家会聊天、说心里话、交流裁判的评价、彼此之间的看法，在这里会发生矛盾口角，也有像家人一样的玩笑游戏。

图3　选角导演宣布家庭作业

图4　选手在休息室排练，黑板上为本周主题

这个空间所承担的叙事功能与人物性格塑造功能，都要求了此空间从视觉上必须像一个"家"。所以，可拼接可折叠可组合的沙发、雪泥机、餐桌、飞镖盘、抱枕、毛毯、茶几、台灯、组合家具等在真实的家庭中会出现的家具都会以靓丽的色彩、活泼的搭配、前卫的造型出现在公共休息室，让这个空间充满家的温馨与青春的活力。

图5　选手在休息室聊天

图6　选角导演到休息室宣布结果揭晓

图7　青春活泼的布置

图8　吧台、零食间

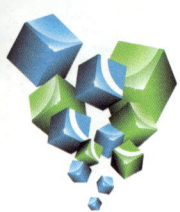

·音乐教室

排练教室的场景设置完全仿照《欢乐合唱团》原剧中合唱团的音乐教室，红色壁纸、红色塑料椅、钢琴、架子鼓等乐器、书柜等储物柜、音箱、木质地板、小黑板、马克笔、公告栏、台阶等。对于《欢乐合唱团》原剧粉丝来说，这就是《欢乐合唱团》的翻版，对于非原剧粉丝来说，这个场景就好像他们的高中教室。这样的视觉元素充满着浓浓的校园风与亲切感。

图9　模仿原剧当中的音乐教室

节目组也充分利用了教室的空间。由于教室用品都是可移动的，所以不同的物品组合，不同的景别、镜头角度就可以在这样单一的教室中制造出多样的视觉效果。在这里，学员们向客座导师"汇报"家庭作业，导师"评选"出最优秀的学生并且一对一进行声乐、舞蹈、表演方面的指导。在这里，被淘汰的选手与朋友们告别，这里涵盖了所有的难以言说的情感与记忆。

·汇报礼堂

礼堂是另一个与《欢乐合唱团》原剧场景类似的地方，礼堂是秀出真功夫，展现自己实力的地方，也是决定人物命运的地方。在《欢乐合唱团计划》中，评审在礼堂宣布待定名单，待定三人站在礼堂的舞台上面对台下黑暗与四位评审进行"殊死一搏"，制作人与其他评审在这里决定选手的去留，伙伴们为被淘汰的同伴伴唱，被淘汰的学员孤独地面对话筒与空荡的礼堂最后一次在节目中歌唱，然后离开。

汇报礼堂的摄影用到了非常典型的舞台光，选手与评审的打光充足，而其他因素，如钢琴、乐队、观众席等都相对较暗，这样的用光与视觉效果加强了画面的景深，使空间的纵深感更为明显，表现出礼堂的肃穆感，烘托出此时较为紧张严肃的气氛。而舞台光的运用辅助了选手的表演，他们像大明星一样的演唱与最后被淘汰时走出光柱的背影形成对比，渲染了戏剧效果。

图 10　多景别、多角度拍摄

图 11　客座导师单独指导

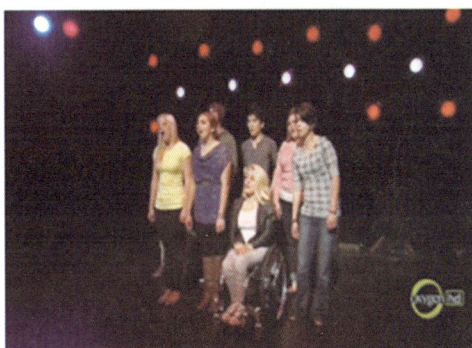

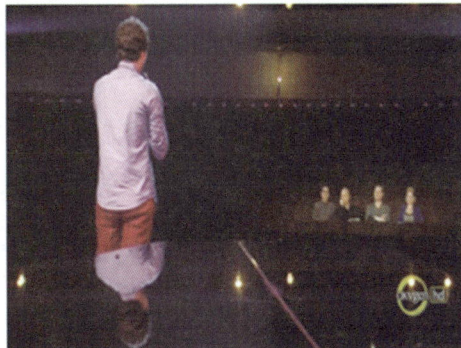

图 12　晋级选手为淘汰选手伴唱

图 13　舞台用光、空间纵深感

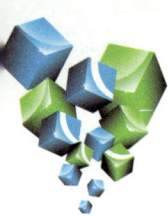

·采访室

采访室的视觉要素非常特别，当评审对选手进行评价时，统一用蓝色的背景，意在衬托评审的理性、冷静与明智；而在选手进行个人阐述时，背景颜色以橙色、柠檬黄为主，意在烘托选手们的青春活力。

图 14　采访室具有辨识度的用光

总体来说，《欢乐合唱团计划》的"演播室"设计既简单又复杂，简单是因为它所用到的道具、灯光相较于其他真人秀节目而言成本较低，复杂在于它充分地利用了这些简单的元素，形成了叙事空间多样，功能多样，表现手法多样的视觉效果。

节目案例详解

第一季共分为 10 集，每一集的主题如下：个性、戏剧风格、弱点、舞技、协作能力、坚韧不屈、性感、信任、慷慨大方、欢乐时刻；第二季共 11 集，每一集主题词如下：个性、舞技、弱点、性感、适应能力、无所畏惧、戏剧风格、坚韧不屈、浪漫主义、动作化、欢乐时刻。从主题词的安排上可以看出，第二季在第一季的基础上做了一些修改，留下了作为《欢乐合唱团》演员候选人最必需的几项技能：如个性、舞技、弱点、性感、戏剧风格、坚韧不屈、欢乐时刻。下面以第一季第六集"坚韧不屈"为例进行具体分析：

表6　2011年第一季第六集板块分析

板块	时长	内容	形式
上集回顾	41秒	1. 上集内容回顾 2. 被淘汰选手的名单 3. 剩余选手名单 4. 节目标识	VCR、节目标识、极快速的解说词
布置家庭作业	1分24秒	1. 本周主题揭晓：坚韧（Tenacity） 2. 家庭作业歌曲揭晓：乐队 LA Roux 的歌曲 *Bulletproof* 3. 选手们的排练状况 4. 几位选手对本周主题的看法、计划、目标：卡梅伦觉得因为上周有些迷失自我，所以这周要焕然一新；汉娜本周充满自信，燃烧起一种从未有过的获胜信心；玛丽萨认为大多数选手并不明确这周的主题到底需要他们具备什么、做什么；林赛对本周主题做出了自己的解释——好像一个无处容身的孤儿，只有通过坚韧才能找到归属感；艾利克斯觉得自己要不择手段地表现自己的坚韧	单人采访 VCR、同期声、后期音效、固定模式的转场镜头
家庭作业展示	10秒	1. 选手对于客座导师身份的猜测：塞缪尔表示大家都很想知道到底是什么角色的导师才能真正判断选手们的 "坚韧" 2. 导师与导演罗伯特·乌尔里希一起走进教室中，导师身份揭晓——马克思·阿德勒（Max Adler），在剧中扮演戴维·卡洛夫斯基：同志、壮实的橄榄球队员、校园恶霸、人称"雪泥熊"，专门向合唱团成员泼雪泥；曾因不敢正视自己的性取向自杀未遂，最终改邪归正 3. 选手反应热烈，导演罗伯特·乌尔里希向选手们介绍导师，导师与选手简单打招呼；马克思·阿德勒与选手们互动，把手中的橄榄球抛向他们，卡梅伦接住，但采访中他表示导师在剧中角色有些吓人	VCR、同期声、后期音效

板块	时长	内容	形式
		4. 导演罗伯特再次重复本周主题"坚韧",马克思为大家的表演给出建议:克服排斥和阻碍,百折不挠。导演再次用马克思的例子鼓励大家:从一个二线演员成长为主角;马克思告诉大家3个"P":激情(passion)、坚持(persistence)、忍耐(patience);导演告诉大家被马克思认为最优秀的选手会得到他的一对一辅导,并且在 MV 中领衔主演;马克思宣布表演开始	
	4分54秒	1. 家庭作业展示中,导师马克思前所未有地打断了学员们的表演,这让学员感到意外;马克思现场要求他们"重新来一次,不要忘了这周的主题是'坚韧'。做些你们从未做过的事情,让我震撼、让我惊讶,把你们全部的能耐都拿出来"。	同期声、固定模式的转场镜头
		2. 学员们重新酝酿状态,真正展现个性中从未展现出的韧性与冲劲。比如玛丽萨第一个踢倒了凳子;卡梅伦用肢体语言展现自己的暴躁;汉娜表现出了愤怒与不服输的状态	
		3. 导师对学员的表现表示赞赏,并从缺点与优点以及建议的方面给出评价;最终让玛丽萨成为本周家庭作业的优胜者	
		4. 塞缪尔在采访中表示自己非常想成为 MV 的主角;卡梅伦虽然为玛丽萨高兴,但是他觉得她已经赢过两次了,总得让别人有些赢的机会	
		5. 导演告诉玛丽萨,这意味着她将得到马克思的一对一指导和 MV 领衔主演机会;马克思顺势向大家揭示了 MV 的任务:完成大卫·鲍伊和皇后乐队的乐曲 *Under Pressure* 与乐曲 *Vanilla Ice* 的歌曲 *Ice Ice Baby* 混搭歌曲,并且在随时随地都可能被"泼雪泥"的情况下,坚持在镜头前保持良好的状态演	

板块	时长	内容	形式
		唱；同时完成非常费力的舞蹈动作	
		6. 汉娜表示"我等的就是这个！"；林赛表示这个必经的过程终于到来；艾利克斯表示他一点都不希望被泼雪泥；其他人要么皱眉、要么挠头	
MV 舞蹈练习	1分54秒	1. 在舞蹈学习的过程中，汉娜因为太胖难以完成既定动作，艾利克斯则在编舞老师离开之后开始偷懒，不愿意做这么大幅度的舞蹈动作 2. 相比之下汉娜一直在乐观努力地练习	单人采访 VCR、同期声、后期音效、固定模式的转场镜头
MV 录音	2分42秒	1. 声乐指导尼基给不同的学员提出不同的要求，指出他们的问题和优点 2. 塞缪尔虽然达到了要求但歌声中没有感情，于是一遍又一遍地录制，采访中塞缪尔表达出自己希望速战速决；玛丽萨虽然演唱得很有力度，但听不出里面的故事，并且她当场表示她并没有做多少练习；汉娜也在盛压之下崩溃，无法顺利地念出自己的说唱（Rap）部分，但她不断寻找方法，耐心地进行录制	同期声、VCR、固定模式的转场镜头
MV 拍摄与成品放送	6分48秒	1. MV 拍摄中酷男塞缪尔堪称"愈挫愈勇"的 MV 表现，即使在眼睛里满是雪泥已经红肿的情况下，不断地与镜头交流，"坚韧"二字在他的表现中被彻彻底底地诠释出来，让所有人大呼"太好了"；怕冷的宅男卡梅伦在 MV 拍摄中迫使导演停止拍摄 2. 达米安和林赛在被泼雪泥的过程中依然保持良好镜头感，达到了导演的期待；艾利克斯漫不经心，尽一切可能偷懒、逃避；得到马克思一对一家庭作业指导的金发美女玛丽萨，虽然挺过了 MV 拍摄中的种种困难，并且没有结巴也没有忘词，顺利地完成了拍摄，但失去了镜头感，显得不再迷人	同期声、采访 VCR、固定模式的转场镜头
	2分50秒	1. MV 完成版放映 2. 导演对 MV 拍摄的总结，表示很难决定应该	采访 VCR、固定模式的转场镜头、

板块	时长	内容	形式
		让哪三个人进入待定	后期音效
宣布待定三人	7分14秒	1. 导演和编舞老师先宣布安全召回的名单，被安全召回的人走下礼堂舞台；紧接着，待定三人组揭晓：玛丽萨因为本星期的状态大不如前并且没有复审歌词进入待定；艾利克斯因为自己过于散漫自大的态度，也进入了待定三人组；缺乏表演感并打断 MV 拍摄的卡梅伦进入了待定 2. 导演和编舞老师将待定三人的歌曲布置下去，这首歌有可能是他们会唱的，也有可能是从没听过的。布置完后，三人分候机室进行最后表演前的准备，准备的过程中，录音指导会到每个人的候机室说一些鼓励安慰的话	同期声、固定模式的转场镜头、后期音效
殊死一搏，赢得制作人的欢心	10分25秒	1. 三个人分别进行表演，每个人表演之前，导演和编舞都会向瑞恩·墨菲解释为什么是他进入待定 2. 每个人表演完之后，瑞恩·墨菲会与选手进行交流，从交流中获取信息，判断这个人到底能不能激发他的创作灵感，越是有个性有特征的选手越能获得瑞恩·墨菲的"欢心" 3. 三个人表演完后换下演出服，回到休息室中与其他伙伴们会合，在那里，他们互相倾诉，互相安慰，互相祈祷 4. 导演、编舞对瑞恩·墨菲的决定感到难受，表情纠结，但不得不忍痛割爱	单人采访 VCR、同期声、后期音效
结果揭晓	2分41秒	1. 导演手中拿着最终的名单走向教室的公告板，把名单钉在公告板上 2. 导演到休息室中向大家宣布"虽然这一刻很难受，我们不想迎来，但是最后的结果已经出来了，去看看吧" 3. 待定三人组与朋友们拥抱告别，大家说着祝福安慰的话，目送着待定三人不舍地走出休息室	同期声、采访 VCR、后期音效、主题歌

板块	时长	内容	形式
		4. 三个人分别走向教室的公告板处查看结果，最终玛丽萨被淘汰	
		5. 艾利克斯为玛丽萨的离开感到难受，艾利克斯开始哽咽哭泣；卡梅伦有些开心，但很意外；玛丽萨虽然有泪在眼眶，但没有流出来，这一刻她非常坚强	
		6. 朋友们知道结果后纷纷来到教室与失落的坐在钢琴凳上的玛丽萨拥抱，安慰	
		7. 玛丽萨在大家的目送之下孤独地走出教室	
		8. 同伴为玛丽萨伴唱，玛丽萨在礼堂孤独地独唱，大家同唱一首歌：艾薇儿的歌曲 *Keep Holding on*	
片尾	1分10秒	1. 下期节目预告，下期主题词的揭晓和大家看到主题词的反应，给出最具悬念的画面 2.《欢乐合唱团》官网网址，制作公司标识和宣传板	同期声、旁白、后期音效、VCR

节目特色点评

　　《欢乐合唱团》剧集的宗旨是不论你外貌如何，是什么信仰，什么取向，什么种族，都可以成为音乐的主角，生活的主角。《欢乐合唱团计划》亦秉承这一主题，于是我们可以看到被挑选出来的十二强（以第一季为例），有肥妹、侏儒、同性恋、让人感觉虚伪的女孩、宅男、严格但非常怪异的基督徒、性感却曾经被利用的女孩、说话有爱尔兰口音的交换生、长相稚嫩可内心渴望成熟的小个子女孩、黑白混血、曾患有厌食症的金发美女、外表浪荡的男孩；而在第二季中，有曾经的校园恶霸肥姐、有半个犹太血统的变性人（女变男）、有再也站不起来的残疾女孩、有吸毒妈妈的女儿、有懦弱被欺负的大男孩等，不论这些故事与身份是否由剧组刻意安排，当这些人聚在一起，第一感觉便是一群生活的"失败者"，一群"怪咖帮"，然而这便是"Glee"的精神——最普通、最失败的人也有资格营造和追求梦想。

　　于是在第一季第一集的第一回合中，侏儒马瑟斯凭借自信的表演与令人惊讶的歌喉

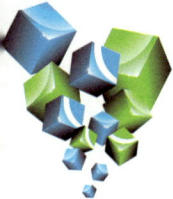

成为家庭作业的优胜者；我们亦可以看到，肥妹汉娜因为其乐观善良的为人与优秀的唱功备受嘉奖；而又肥又黑有异装癖但极富镜头感和特别嗓音的同性恋艾利克斯一次又一次地从垫底中挺进到决赛。当然还有人缘极好有爱尔兰口音的正太达米安，有长发戴鼻环的基督徒塞缪尔等。这些人个性迥异、习惯信仰上迥然不同，他们在一起排练一起生活的过程中难免发生口角，但是音乐与合唱总能把他们聚在一起，为了同一个目标，共同克服重重困难。

《欢乐合唱团》绝不仅仅是现实版的《歌舞青春》，它颠覆了传统的对偶像的定义，更加现实励志，每一位选手都有明显的缺憾与烦恼，但只要歌声响起，歌曲里的每个人都可以闪亮到不容忽视。在那些好或者不好的事情发生时，他们都在一起，相濡以沫或者彼此和解。这是一个充满着青春旅途上的坎坷与失落的选秀节目，但是发自人心的正能量带领着这些人一次又一次地从"失败者"成长为"赢家"，每个淘汰者在离开节目的时候都会无比坚定而发自内心地说："这个节目让我成长，让我更坚韧，我不再是以前那个我了，这绝不会是终点。"每个人都能在《欢乐合唱团》中看到自己，或者是他们想成为的自己。

节目形式

作为一档诉求简单——为剧集选角的才艺技能节目，《欢乐合唱团计划》实现这一诉求的过程比较复杂，共分为以下几个阶段：家庭作业、导师一对一教学、舞蹈声乐练习、MV拍摄、待定三人背水一战、结果揭晓。这些过程是纪录式的，而在这些纪录式的片段中会穿插着导演、导师、学员的采访，导演、导师对特定学员的表现做出评价，这些被评价的学员大多数有两种情况：表现得非常好和表现得非常不好。而学员会说出本周自己的期待，怎样实现这种期待，并且最后会对自己与其他特定选手表达想法。所以在这样的环节设置下，每一集节目是多条人物线线性叙事的，每一集都会有几个重点的叙事对象，针对这几个对象的叙事都是完整的，充分塑造了他们的人物性格。

节目制作

《欢乐合唱团计划》的制作非常格式化。比如每一集开篇的本期预告均以每位选手把右手大拇指和食指摆成"L"状放在额头——Glee的标志性动作、解说词"And that's all you need to know so far on…"结束，紧随其后的是人声齐唱的一句"The Glee

Project"。转场画面全部用有"The Glee Project"的标识文稿纸写明本节内容，以此画面作为转场镜头快速出画入画和一个小节的人声哼唱完成，比如录音室环节的转场画面就是一只涂了指甲油的女人的手把写有"本节目由尼基·安德斯提供声音指导"（Vocals with Nikki）的文稿纸拍在墙上，纸上画有卡通版五线谱。

再比如，每一集客座导师出现的过程：画面上遵循几组除开面部特征的特写表现导师在剧中的身份，比如点名册与行走中的高跟鞋、雪泥杯与壮实的手臂、橄榄球帽与关上的储物柜、吹响口哨与橄榄球、穿校服与摆正校徽……观众会通过这几组特写与教室中迫切等待的学员一同猜测"导师是谁"，这个时候会先给出学员们欢呼雀跃与惊讶的表情动作，再给出导师走进来的画面；或者导师位于景深虚焦处，而学员位于前景实焦处，随着学员们的反应，导师走向教室中心，画面揭晓导师的身份。

片尾结果揭晓的过程也十分典型，流水化的机位，镜头摇移的顺序、后期剪辑组接的顺序、镜头何时虚焦何时推进何时固定，都十分规范工整。这里以2011年第一季第六集的结尾为例：首先是淘汰名单的标识特写，接下来导演在画面中由虚变实，落在导演正面特写上，紧接着是导演钉名单的过肩镜头与名单被钉上后的固定镜头；接下来转向休息室内的过肩镜头，导演在过肩镜头的视线中心处；然后接上待定三人组走出休息室的背影，再然后是玛丽萨正面开教室门，从画面的景深处走来，卡梅伦从画面左侧的虚焦处走来，短暂黑场叠画，艾利克斯从构图中心走向公告板，出全景变中景的镜头组接；之后卡梅伦出中景到近景靠近公告板，玛丽萨出中景到近景靠近公告板，艾利克斯近景，抬头看公告板，表情惊讶；在这之后是艾利克斯的背影，又接上艾利克斯的正面近景，玛丽萨继续走向公告板，固定镜头看到结果，卡梅伦继续走向公告板，固定镜头看到结果；这一连串铺垫后开始揭晓结果，通过三个人不同的表情和反应引出"未被召回"（Not called-back）的移镜头，出现玛丽萨的名字。结果揭晓后给出被淘汰者玛丽萨特写，再接另外几位的反应，均以近景为主；之后是玛丽萨的采访，与朋友们拥抱互相加油；最后是留下的朋友们在亮起的礼堂里为玛丽萨伴唱的从右至左的移镜头；玛丽萨独唱的过程通过由远及近的推镜头、从左至右的仰拍移镜头、最后镜头微微拉远、玛丽萨离开麦克风，画面停在麦克风的固定镜头来呈现。

总体来说，《欢乐合唱团计划》的节目制作做到了模式化、风格化。

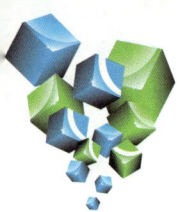

商业模式

节目的官网（http://thegleeproject.oxygen.com）有设计也与节目的画面设计类似，以橙、柠檬黄、蓝、绿等鲜亮明快的色彩为主，节目的 MV、最终结果、每个学员的介绍、节目概况、相关新闻、粉丝的支持率等板块相得益彰。

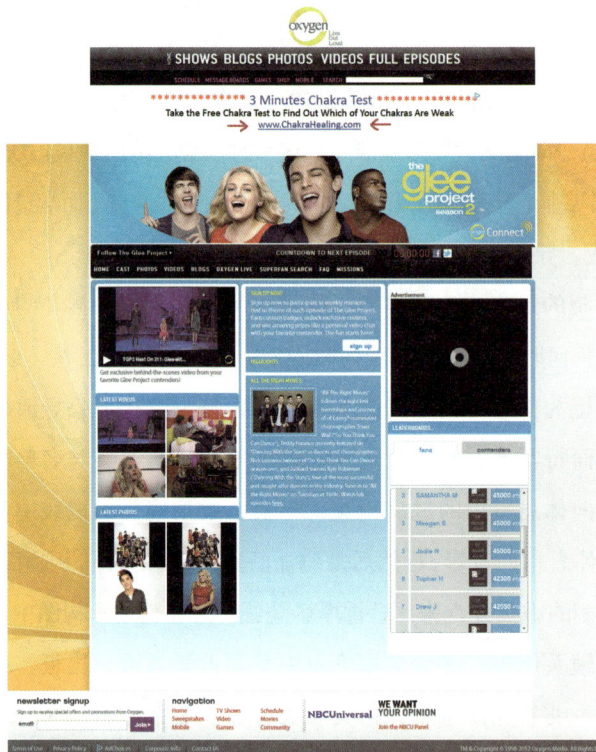

图 15　设计风格明快的官网

So You Think You Can Dance

《舞林争霸》
——寻找美国最受欢迎舞者

● 节目概况速览 ⌄

　　《舞林争霸》是美国福克斯电视网制作的竞技类真人秀节目，号称"美国偶像舞蹈版"，是《美国偶像》的姊妹篇。节目于 2005 年 7 月 20 日展开全美选拔赛，由全美各地评选出前 20 强（男女各 10 人）的参赛选手，在节目中角逐"全美最受欢迎舞者"的头衔。节目中，无名小卒与世界舞王都要努力通过每轮的竞赛，适应各种舞蹈类型，更要与其

基本信息 ≫≫

· 原名：So You Think You Can Dance
· 译名：舞林争霸
· 标识：

SO YOU THINK YOU CAN
DANCE

图 1

· 播出国家：美国
· 播出频道：福克斯广播公司
· 首播时间：2005 年 7 月 20 日
· 播出时间：美国于周三晚上中部时间 7 点播出，当比赛进行到前 20 强时，于周三、周四晚上中部时间 7 点接连两天播出
· 节目时长：海选及成果表演秀为 1 小时 30 分钟，淘汰秀为 43 分钟
· 节目类型：舞蹈比赛真人秀
· 播出形式：海选以及拉斯韦加斯周为录播，前 20 强为直播
· 制作公司：19 Entertainment 公司，迪克克拉克制作公司（Dick Clark Productions）
· 官方网站 :http://www.fox.com/dance/

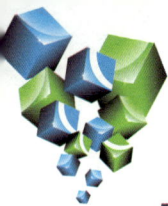

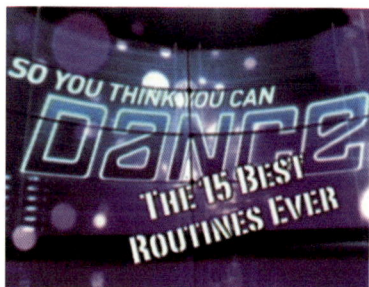

图2 《舞林争霸》宣传图片

他选手合作来提升自己的能力以获得观众和评委的青睐。参赛的每位舞者都有机会赢得冠军头衔，获胜者除了25万美元的奖励外还可能获得额外奖励。

历史演变

《舞林争霸》是继《美国偶像》后的又一轰动美国的才艺比拼类节目，制作人和制作公司都和《美国偶像》如出一辙。2005年7月20日首播，现已播出了十一季。自开播至今，《舞林争霸》的奖品、主持、编舞、评委、规则都有了一定的改变。

第一季的主持人是劳伦·桑切斯（Lauren Sánchez），冠军得到了10万美元的奖金，以及拥有纽约中央公园绝佳视野的一套公寓一年的使用权。

从第二季至今，主持人换为卡特·迪利（Cat Deeley）。与第一季相比，本季加入了更多的舞蹈类型，冠军的奖品除了10万美元之外，还增加一辆轿车，以及参加席琳·狄翁的拉斯韦加斯秀一年的合约。

从第三季开始，玛丽·墨菲（Mary Murphy）成为评委席的常客，并且冠军奖金增加至25万美元。

第四季加入了新的舞蹈类型：宝莱坞舞蹈，编舞也加入了新人：嘻哈舞指导塔比莎（TabithaD'Umo）和拿破仑（NapoleonD'Umo）夫妇，这一季的冠军奖品除了25万美元外，还获得在电影《舞力全开3D》的表演机会，除此之外，虽然不是冠军，但是作为女舞者的第一名也获得了额外的5万美元奖金。

第五季新加入的编舞包括社交舞指导路易·万·阿姆斯特（Louis van Amstel）和古典芭蕾指导托德·克里斯坦森（Thordal Christensen），而古典芭蕾双人舞也首次出现在本节目的舞台上，群舞中首度出现了非洲舞蹈。嘻哈舞编舞沙恩·斯帕克斯（Shane Sparks）也离开了《全美街舞大赛》（*America's Best Dance Crew*）重归《舞林争霸》。

在第五季与第六季之间，于2009年9月2日播放了一期特别节目，是从过去五季中精选出来的15支舞蹈。在节目的最后，制作者和常任评委奈杰尔·利思戈（Nigel Lythgoe）公布了他个人的最爱，一支由蒂斯·迪奥里（Tyce Diorio）编舞，梅利莎·桑德维克（Melissa Sandvig）和埃德·奥巴约米（Ade Obayomi）表演的现代舞，舞蹈表现了乳腺癌患者们与病魔抗争的历程。

第六季与第五季是在同一年内播放的，也是本节目第一次出现秋季档，亚当·山克曼（Adam Shankman）从此季开始成为常任评委。最受欢迎的编舞之一米娅·迈克尔斯（Mia Michaels）则离开了编舞行列。

第七季中规则出现改变，只有10名选手出现在电视节目中（入围的有11名），而不是像以往的20名，每期节目选手将抽签与往季的明星选手配对完成表演，赛后依据观众投票淘汰一人。

第八季、第九季和第十季，又回归于前20强的规则。

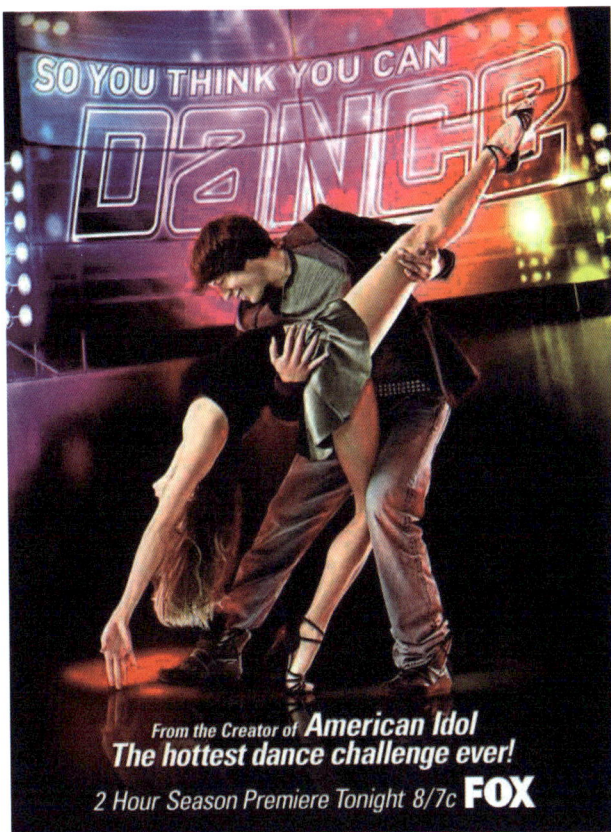

图3 《舞林争霸》海报

收视反响

《舞林争霸》于2005年首播时拥有超过1000万的观众，播出第一季就成为了美国夏季电视节目的收视率第一名。然而，2006年NBC电视台的《美国达人秀》一播出，就夺走了"夏季第一电视节目"的称号，并且从那之后的几年里，《舞林争霸》都没有夺回这一头衔。在2009年第五季首播中，《舞林争霸》强势拿下3.4%的收视率之后，便渐渐流失观众，到第五季结束时平均收视观众下跌到800万。福克斯之后将第六季《舞林争霸》移至2009年秋季播出，但收视仍旧下跌，2009年9月2日播出的特别版更是达到了自播出以来的最低谷，仅有460万观众收看。这个秋季播出的策略并没有持续很长时间，在第六季收视跌至600万观众后，福克斯2010年又将《舞林争霸》移回夏季播出，当米娅·迈克尔斯代替玛丽·墨菲成为评委以及往届的明星选手回归与当季参赛者搭配参赛后，在2010年7月15日收视观众跌至560万。第七季中，平均收视观众仅有500万。

在第七季的最终场，宣布玛丽·墨菲将会代替米娅·迈克尔斯重归评委席后，收视略有好转，2011年第八季收视观众都保持在每集500多万的水平上。第九集在早期有一个轻微的收视上涨，前五集回升至每集600万至700万观众，但是到了2012年8月29日，收视又跌回了播出史以来的新低，仅有416万观众。

获奖情况

《舞林争霸》及其主创人员自开播开始就被提名并获得了多个奖项，包括艾美奖、全美青少年选择奖、美国电视评论家协会奖，具体奖项如下。

2007年：韦德·罗布森（Wade Robson）——"Ramalama（Bang Bang）"获得"最佳编舞奖"；米娅·迈克尔斯——"Calling You"获得"最佳编舞奖"。2008年：韦德·罗布森——"The Chairman's Waltz"获得"最佳编舞奖"。2009年：蒂斯·迪奥里奥——"Silence"获得"最佳编舞奖"；索扬·安（Soyon An）获得"音乐节目/特别节目最佳服装奖"。2010年：米娅·迈克尔斯——"Koop Island Blues""Gravity""One"三支舞蹈获得"最佳编舞奖"；索扬·安、格雷纳（Graine）、奥沙利文（O'Sullivan）获得"综艺/音乐节目/特别节目最佳服装奖"。2011年：塔比莎和拿破仑夫妇——"Scars""Fallin""Outta Your Mind"（District 78 Mix）三支舞蹈获得"最佳编舞奖"；米娅·迈克尔斯——"Every Little Thing She Does Is Magic""When We Dance""This Bitter Earth/On the Nature of Twilight"三支舞蹈获得"最佳编舞奖"；罗伯特·巴恩哈特（Robert Barnhart）、彼得·拉迪塞（Peter Radice）、帕特里克·布泽（Patrick Boozer）、马特·费尔斯通（Matt Firestone）获得"最佳灯光设计/综艺，音乐，喜剧特别节目最佳灯光指导奖"；卡特·迪利被提名"真人竞技类节目最佳主持人"；《舞林争霸》被提名为"最佳竞技类真人秀"。2012年：罗伯特·巴恩哈特、马特·费尔斯通、彼得·拉迪塞、帕特里克·布泽获得"最佳灯光设计/综艺，音乐，喜剧特别节目最佳灯光指导奖"；卡特·迪利被提名"真人竞技类节目最佳主持人"；《舞林争霸》被提名为"最佳竞技类真人秀"。2006年：获得"选择电视：突破表演"；获得"选择夏季系列"。2007年：被提名"选择夏季电视节目"。2008年：被提名"选择夏季电视节目"，被提名"选择电视：真人舞蹈秀"。2010年：被提名"选择个性：卡特·迪利"，被提名"选择夏季电视节目"。2012年：最佳真人秀节目。

节目模式分析

　　《舞林争霸》在美国主要的各大城市进行海选，寻找各个领域（社交舞、嘻哈舞、街舞、现代舞、芭蕾等）的潜力舞者，而十分难得的是，节目寻找的是最全能的舞者，并不是仅在某一领域顶尖的霸主。比赛采取了高强度、高密度训练的比赛模式，舞者需要在短时间内训练并完成一个他们可能从未接触过的舞种，每一周都有新的挑战。而节目在电视直播环节分为成果表演秀及淘汰秀，也使观众能够在好好欣赏完舞蹈之后回味一段时间，再为选手捏一把汗。

板块设置

　　节目共分为三个板块来进行，海选、拉斯韦加斯周以及电视直播环节。在所有环节中，最先进行的是海选环节。

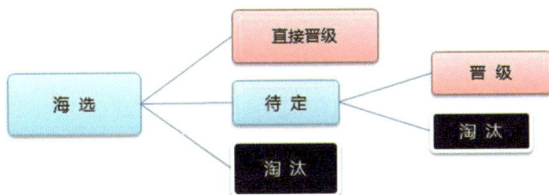

图 4　海选流程

　　海选的地点每一季都不相同，一般情况下一季会在美国 5—6 个知名的大城市中展开海选，海选面向全社会，不论年龄、舞种、人种，只要热爱跳舞，都可以来参加比赛，比赛时每一个选手跳一个拿手舞蹈，评委有可能给出三种结果。

　　第一种，直接晋级。这意味着可以拿到去往拉斯韦加斯的机票，直接进入下一环节拉斯韦加斯周比赛。第二种，待定。这意味着评委还想再观察选手一段时间。当所有选手初次亮相完成后，会有编舞老师用很短的时间教给所有待定舞者一段舞蹈，舞者要用最快的速度学会并演绎出自己的风格，最后分成小组依次跳给评委观看，评委会在所有选手跳完之后宣布晋级以及淘汰的名单。第三种，淘汰。意味着选手还不够好，不能再参加接下来的比赛。

　　海选结束后，就是训练选拔强度非常大的拉斯韦加斯周环节。

　　通过第一环节考验的选手全部去往拉斯韦加斯进行第二环节的考验。在拉斯韦加斯

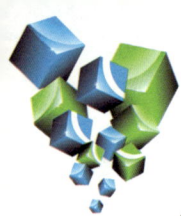

共有 4 天的时间，不同的编舞老师会依次训练选手们跳不同舞种的舞蹈，选手们要尽量快地学会，每排练好一个舞蹈就要跳给评委老师评价，评委老师将决定谁通过考验谁淘汰，接着通过考验的舞者又要接受下一个编舞老师的教导。用这种高强度的训练评委将决出男女各 16 强，如果某位选手让评委犹豫是否要淘汰，评委可以要求选手进行"生死一舞"，也就是跳一段独舞为自己争取最后的机会，也让评委确定是否要淘汰。最后，这 32 名舞者依次独舞，评委将决定哪些舞者可以进入 20 强（十男十女）参加接下来在好莱坞的比赛。

图 5　拉斯韦加斯周比赛流程

最后是观众最喜爱的电视直播环节。从这一环节开始，节目进入每周播两天的时段，分为结果表演秀以及淘汰秀播出。在周三的结果表演秀结束后的两个小时内，观众电话投票决定最终票选最低的一男一女被淘汰，结果在周四淘汰秀中公布。直播环节的大体流程可以用下图概括。

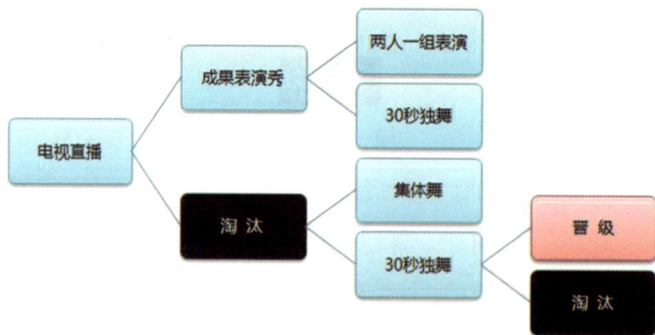

图 6　电视直播比赛流程

成果表演秀中，从前 20 强进阶到前 12 强，前 12 强进阶到前 10 强，前 10 强进前 6 强、前 6 强进前 4 强以及最终总决赛，每一阶段的流程都有细微的改变。

前 20 强晋级前 12 强时，每一期一男一女组成固定的组合，一星期时间准备一个随机挑选出来的舞蹈，由非常专业的编舞老师进行教学，表演结束后的两个小时内，是观众投票时间，观众投票给一组选手，而不是投给个人。第二天的淘汰秀，主持人宣布票选出来的最后三组选手，6 名选手每人有 30 秒独舞的时间，独舞后评委会决定淘汰一男一女。淘汰的选手的搭档自动组成新的一组，其他人的搭档不变。

前 12 强晋级前 10 强时，每一组要表演两个舞蹈，其他不变。

前 10 强进入前 6 强开始，每个人的搭档开始随机选择，但一定是一男一女的组合，由女舞者随机从帽子中抽出男搭档的名字，同时，舞蹈也是随机选择的。在结果表演秀中，不仅每人与搭档表演一个舞蹈，还有男女各一个集体舞，以及每人一段 30 秒的独舞，评委只做评价，并不最终决定淘汰谁，但是会对观众投票起导向作用。结束后的观众投票不再投给一组，而是投给选手个人。在第二天的淘汰秀上，主持人宣布处于男女排名最后的两男两女，四个人有 30 秒独舞的时间，但独舞已经不能改变结果，只是再给选手一个在舞台上表演的机会，中间还会穿插嘉宾表演。前一天的投票就已经决定了谁会被淘汰。

前 6 强进前 4 强时，表演秀中每人要表演一次集体舞，一次 30 秒独舞以及两次与搭档一起表演。第二天淘汰赛中主持人先宣布一男一女安全进入决赛，另外两男两女要表演 30 秒独舞，同样的，独舞已经不能改变结果，淘汰秀中会穿插曾经获得艾美奖最佳编舞的舞蹈，由往届选手表演。

总决赛时，四强亮相后开始集体舞，之后，每个选手都要与其他选手搭档一次，也就是说，这一次会出现男男搭档、男女搭档以及女女搭档。另外，每人还会有 30 秒独舞时间。第二天，前 20 强选手全部回归，由评委选出他们个人的本季最爱舞蹈，由前 20 强的选手重现。最终，主持人宣布结果。比赛结束。

人物角色

《舞林争霸》的人物角色多元，大致可以分为主持人、评委、舞蹈指导及选手。首先，主持人是一个节目必不可少的重要人物，她不仅要向观众解释节目的规则流程，还要负责调动现场气氛，与嘉宾互动。《舞林争霸》一路以来拥有过两位优秀的主持人。

第一季的主持人为劳伦·桑切斯。1969 年 12 月 19 日，她出生于美国新墨西哥州阿尔伯克基，是美国一流的新闻主播，娱乐记者，获得过艾美奖。她曾经是电视系列节目 *Extra* 的周末主播和特派记者，她也是 KTTV Fox 公司第十一季电视节目 *Good Day LA* 的

图 7　劳伦·桑切斯

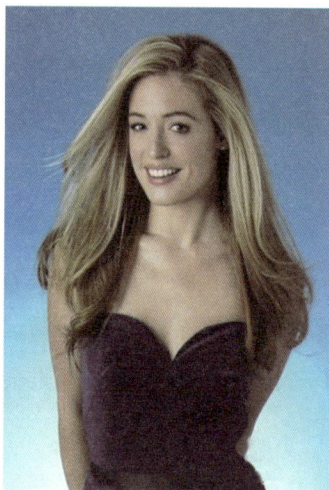

图8 卡特·迪利

主持。她是《舞林争霸》的第一位主持人，之后因为怀了第二个孩子而离开节目。她出演过多部电影，包括：*Fantastic Four*，*The Longest Yard*，*The Day After Tomorrow*，*Akeelah and the Bee*，*Batman Begins*，以及 *Fight Club*.

从第二季开始，卡特·迪利成为主持人并主持至今。她是英国顶级的电视节目主持人之一，曾获得过两次英国电影电视学院奖，并凭借一些黄金时段节目获得过多个其他奖项。迪利在非常成功地主持了一季《舞林争霸》之后，成为美国电视屏幕上最受欢迎的新面孔之一。自那以后，迪利成为杰·莱诺（Jay Leno）《今夜脱口秀》与《早安美国》中的固定娱乐记者。

作为一个真人秀比赛，评委无疑是最重要的，他们是整个比赛的质量保证，也是指出选手不足，带给选手信心，鼓励他们不断提高的领导级人物。《舞林争霸》的评委都是在舞蹈方面非常专业的人士。

奈杰尔·利思戈是《舞林争霸》的制片人兼舞指与评审。他是英国最受尊敬的电视天才之一，十岁就作为舞蹈演员出道，参加了"年轻一代"舞蹈团并在世界五百多个电视节目中进行舞台表演。奈杰尔在英国 *Popstar* 节目中严厉的评委形象，让其家喻户晓，观众称他为"凶恶的奈杰尔"。他制作了很多节目，包括《美国角斗士》（*Gladiator*）、

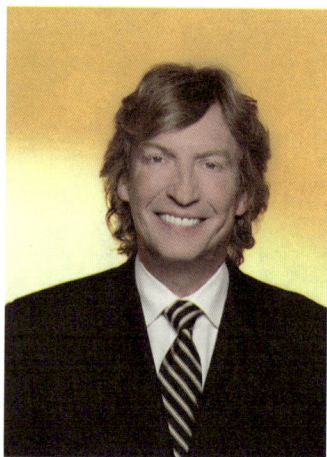

图9 奈杰尔·利思戈

图10 玛丽·墨菲

图11 米娅·迈克尔斯

《风行偶像》（*Pop Idol*）、英国版《生存者》，以及《美国偶像》。

玛丽·墨菲是非常受欢迎的电影电视舞蹈指导，是全美重大舞蹈比赛的评委，也是技术舞蹈的世界级指导。作为一个舞蹈选手，她赢得了很多奖项，包括享有盛誉的美国舞场冠军奖和澳大利亚国家标准和十项全能舞蹈冠军奖。在 2007 年，她荣获杰出舞蹈终身成就奖。

没有精美的编舞就不会有好看的节目，舞蹈指导也是本节目重要的人员组成部分。而这些优秀的舞蹈指导们也会偶尔担任评委职务：米娅·迈克尔斯在《舞林争霸》中的编舞已经多次提名并获得了艾美奖。她是总部在纽约的 RAW 舞蹈公司的创始

图 12　拿破仑和塔比莎

人、艺术总监和舞蹈指导。迈克尔斯也是即兴舞蹈大会的艺术总监，并在一些著名的舞蹈机构中担任职位。拿破仑和塔比莎是一对夫妻舞蹈指导，曾获得过艾美奖"最佳编舞奖"。

外部包装

《舞林争霸》的演播室随着海选、拉斯韦加斯周、电视直播以及最终总决赛换了多次。其中海选、拉斯韦加斯周和几大赛区的演播室在风格上大同小异。

图 13　海选节目实景图

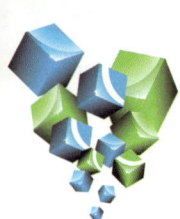

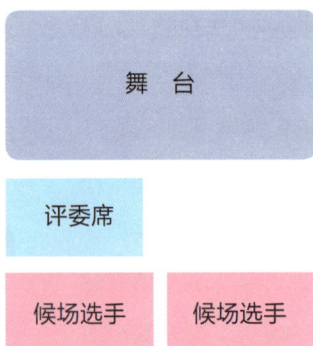

图 14　海选节目舞台设计

相比之下，节目的电视直播演播室显得豪华了许多。而进入总决赛时，演播厅则换到了好莱坞著名的柯达剧院。

图 15　20 强进 4 强舞台实景

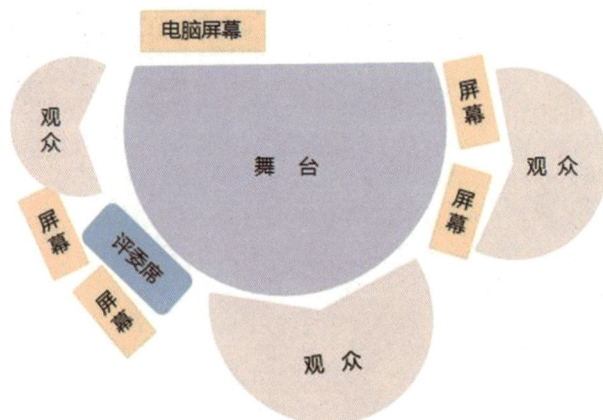

图 16　20 强进 4 强舞台设计图

图 17　决赛舞台实景

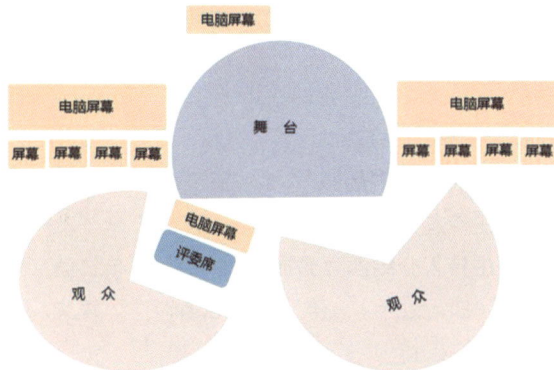

图 18　决赛舞台设计图

　　《舞林争霸》的视觉要素包括灯光、歌曲、舞蹈以及提前摄制好的短片回放。《舞林争霸》是一个全能型舞者选拔赛，因此节目中包括了各种不同风格的舞蹈，或热辣，或浪漫，或奔放，或欢乐，风格各异的舞蹈再加上灯光的气氛衬托，给观众带来一场全方位的视觉盛宴。

　　《舞林争霸》在海选以及拉斯韦加斯周时，由于是录播，现场并没有观众，而且仅在前五集紧密播出，因此舞台并不华丽。真正开始电视直播时到了好莱坞，才用了绚丽的舞台。在 20 强进 4 强的舞台上，舞台正前方设计了大的 LED 电脑屏幕，舞台两旁建起高架，可供主持人站在上方串场主持以及选手等候，舞台两边观众席前也设计了电脑屏幕，可供观众清晰地观看到舞台上舞者的每一个美丽的瞬间。而到了决赛，柯达剧院更是将绚丽做到极致，大舞台呈半圆形，背景超大的 LED 屏围绕半个舞台。而台下供观众坐的三层座位设计更是气势恢宏。

　　《舞林争霸》的主色调灯光呈蓝色和紫色，因此这两种灯光最常出现在节目中，但

由于舞蹈的风格多元化，灯光会伴随着舞蹈的气氛，要表达的故事以及选手的衣着服饰而呈现出不同的变化，时而闪烁冷艳，时而柔和温暖。

节目案例详解

本案例是第五季的最后一集，选手已在前一天表演了成果秀，在这一集中评委评判本季中他们最喜欢的舞蹈，并邀请前20强进行重现，最后主持人宣布，到底谁得到了"全美最受欢迎舞者"的称号并拿到25万美金奖励。

表1　2009年第五季第二十三集板块分析

板块	时长	内容	形式
开场秀	2分56秒	1. 主持人开场白 2. 节目片头播放 3. 20强集体开场舞	主持人现场、VCR、旁白、舞者表演、音响
赛制说明	11分17秒	1. 主持人卡特·迪利进场 2. 主持人介绍四强凯拉（Kayla）、布兰登（Brandon）、雅尼娜（Jeanine）、埃文（Evan） 3. 主持人介绍昨晚投票情况以及今晚流程 4. 介绍评委 5. 本季看点回顾 6. 主持人串场 7. 主持人再次介绍昨晚的投票达到了《舞林争霸》的投票新高 8. 昨晚成果表演秀的精彩回放	旁白、主持人现场、VCR
第一段舞蹈展示	2分34秒	1. 主持人现场访问评委亚当·山克曼，本季最爱舞蹈是哪个？他回答，由塔比莎和拿破仑编舞由菲利浦·齐比（Phillip Cheebe）和雅尼娜表演的嘻哈舞 Mad 2. 菲利浦·齐比和雅尼娜重现舞蹈	主持人现场、评委现场、舞者表演、音响
第二段舞蹈展示	3分03秒	1. 主持人串场，感谢两位舞者 2. 主持人采访奈杰尔·利思戈最爱的舞蹈，他回答由米里亚姆·拉里奇（Miriam Larici）和里昂那多·巴里奥努埃沃（Leonardo	主持人现场、评委现场、舞者表演、音响

续表

板块	时长	内容	形式
		Barrionuevo）编舞由珍妮特（Janette）和布兰登演绎的阿根廷探戈 3. 珍妮特和布兰登上台重现舞蹈 4. 主持人串场，感谢两位舞者，并对节目之后内容做简要概述	
第三段舞蹈展示	4分02秒	1. 主持人访问黛比·艾伦（Debbie Allen）最爱的舞蹈，她挑选了路易·万·阿姆斯特编舞由阿苏卡（Asuka）和维托里欧（Vitolio）表演的华尔兹，因为它很高贵优雅，表现出两位舞者的默契 2. 阿苏卡和维托里欧重现华尔兹	主持人现场、评委现场、舞者表演、音响
第四段舞蹈展示	3分53秒	1. 主持人上场感谢两位舞者 2. 采访玛丽·墨菲她最喜爱的舞蹈，她回答喜欢特拉维斯·沃尔（Travis Wall）编舞由雅尼娜和贾森（Jason）表演的舞蹈 *If It Kills Me* 3. 雅尼娜和贾森重现舞蹈 4. 主持人感谢两位舞者 5. 主持人对之后节目内容做概述	主持人现场、评委现场、舞者表演、音响
第五段舞蹈展示	3分20秒	1. 主持人宣传这一季选手的巡回表演赛 2. 主持人采访米娅这一季最喜爱的舞蹈，她最喜欢由路易·万·阿姆斯特编舞凯拉和麦克斯（Max）表演的桑巴，认为它好得不可思议 3. 凯拉和麦克斯重现舞蹈	主持人现场、评委现场、舞者表演、音响
惊喜环节	3分18秒	1. 主持人介绍这一周四位选手都十分紧张，因此节目组为他们准备了惊喜 2. 播放VCR记录惊喜全过程 3. 宣传电影《名声大噪》（*Fame*），介绍科林顿（Kherington） 4. 介绍黛比·艾伦也参与了影片拍摄，访问她的感想	主持人现场、VCR、评委现场
第六段舞蹈展示	3分41秒	1. 询问黛比·艾伦本季最爱舞蹈，她喜爱融合了嘻哈和桑巴，由德米特里（Dmitry），塔比莎和拿破仑编排由16强表演的集体舞	舞者表演、主持人现场、音响

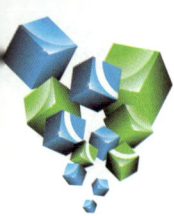

板块	时长	内容	形式
		2. 16 强表演舞蹈 3. 主持人感谢舞者，介绍稍后的精彩内容	
嘉宾表演	3 分 49 秒	1. 主持人串场 2. 由奈杰尔介绍即将登台的嘉宾，澳大利亚《舞林争霸》冠军塔莉娅·福勒（Talia Fowler） 3. 塔莉娅·福勒表演 4. 主持人感谢嘉宾	主持人现场、评委现场、舞者表演、音响
第七段舞蹈展示	3 分 03 秒	1. 主持人采访选手 Li'C 最爱的舞蹈，他选择了由卡特林（Catlin）和贾森表演的宝莱坞舞蹈 Jai Ho 2. 卡特林和贾森重现舞蹈 3. 主持人感谢舞者	主持人现场、评委现场、舞者表演、音响
宣布名次	3 分 48 秒	1. 四强上台 2. 宣布获得第四名的是凯拉，回放凯拉的比赛历程，采访她觉得最难忘的是什么，她说是与所有编舞的合作，尤其是米娅。问她最会想念谁，她说会想念这里的所有人	主持人现场、VCR
第八段舞蹈展示	3 分 19 秒	1. 主持人询问亚当最爱的舞蹈，他挑选了米娅编舞由兰迪（Randi）和埃文表演的"屁股舞" 2. 兰迪和埃文重现舞蹈 3. 主持人感谢舞者	主持人现场、评委现场、舞者表演、音响
第九段舞蹈展示	2 分 41 秒	1. 主持人询问玛丽·墨菲她最喜爱的舞蹈，她喜欢路易·万·阿姆斯特编的雅尼娜和布兰登表演的斗牛舞 2. 雅尼娜和布兰登重现舞蹈	主持人现场、评委现场、舞者表演、音响
宣布名次	3 分 58 秒	1. 三强上台 2. 宣布获得第三名的是埃文 3. 回放埃文的比赛历程 4. 采访埃文的感受	主持人现场、VCR
第十段舞蹈展示	3 分 03 秒	1. 主持人采访奈杰尔最爱的舞蹈，他选了米娅·迈克尔斯编舞由凯拉和库珀诺（Kupono）表演的"瘾"。 2. 凯拉和库珀诺重现舞蹈	主持人现场、评委现场、舞者表演、音响

续表

板块	时长	内容	形式
嘉宾表演	2 分 26 秒	3. 主持人上台感谢舞者 1. 主持人介绍应观众要求再次登台的由蒂凡尼·伯顿（Tiffany Burton）编舞的 Rage Boyz Crew 组合 2. 嘉宾表演	嘉宾表演、音响、主持人现场
第十一段舞蹈展示	4 分 26 秒	1. 主持人登台感谢嘉宾 2. 主持人采访蒂斯最爱的舞蹈，他喜欢多莉安娜·桑谢斯（Doriana Sanchez）编舞由布兰登和珍妮特表演的迪斯科舞蹈 3. 布兰登和珍妮特表演舞蹈 4. 主持人上台感谢舞者	主持人现场、评委现场、舞者表演、音响
第十二段舞蹈展示	4 分 32 秒	1. 采访米娅最爱的舞蹈，她最爱的是由蒂斯编排由梅利莎和埃德表演的关于乳腺癌的舞蹈 2. 梅利莎和埃德重现舞蹈 3. 主持人感谢舞者 4. 主持人介绍下一个特殊的表演	主持人现场、评委现场、舞者表演、音响
惊喜表演	2 分 48 秒	8 位评委表演舞蹈	评委表演、音响
宣布名次	8 分钟	1. 争夺冠军的两人上场，回顾两人比赛历程 2. 评委点评两人 3. 宣布冠军得主是雅尼娜 4. 采访雅尼娜 5. 主持人结束语	主持人现场、VCR

节目特色点评

　　《舞林争霸》的主题旨在寻找"全美最受欢迎的舞者"，整个节目并不单一地针对某一舞种，而是尽可能地结合各种风格的舞蹈，通过知名的编舞老师从各个方面训练选手，最终在节目中脱颖而出的选手一定是可以驾驭各种舞蹈的全方位舞蹈人才。

　　《舞林争霸》作为一个竞技真人秀，层层紧扣的晋级环节是必不可少的。就像之前已经介绍过的，在拉斯韦加斯周 4 天的时间舞者要经过五六个编舞老师的训练，训练力度强大，时间密集，只有非常厉害的舞者才能够脱颖而出进入电视直播环节。而电视直

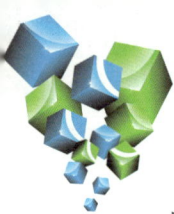

播环节中从前 20 强进阶到前 12 强，前 12 强进阶到前 10 强，前 10 强进前 6 强，前 6 强进前 4 强以及最终总决赛，每一阶段的流程都有细微的改变，一直带给观众惊喜，丝丝紧扣，最终宣布结果的一刻将气氛推向最高点。同时，节目还会请当时最红的歌手或舞者作为嘉宾表演，大大增强节目的可看性。

本节目的语言非常风趣，主持人是一个欧洲美女，主持风格潇洒而风趣，与评委、选手、观众的互动都非常自然。而评委的点评更是时而毒舌，时而风趣，极其有看点，评委毒舌时甚至曾经出现过选手受不了而顶撞的时刻，风趣时，评委甚至会拿自己"打肉毒杆菌"这种事情自嘲，评委们都非常直性情，从不掩饰自己的情绪，当舞者表演得非常好时，他们甚至从凳子上跳起来喝彩。

节目也会讲述选手的故事，也会抒情，但是只是作为穿插在 VCR 中播出，简洁而生动，舞蹈永远都是占主要地位，在以舞蹈作为主轴线的前提下恰到好处地点缀选手故事。

节目制作

该节目无疑是一档质量极高制作精美的节目。从内容呈现来说，邀请了世界上数一数二的编舞老师进行教导，保证了节目质量；而从视觉表现来说，LED 大屏幕，绚丽的灯光，精良的舞美设计，都为观众呈现了美轮美奂的视觉盛宴。不仅如此，在音乐方面，编舞老师都尽量使用风格各异的，最近很红的歌曲作为自己的舞蹈音乐，紧跟潮流，十分受大众欢迎。

《舞林争霸》官网站制作得非常巧妙细致，上面拥有每一季从海选到总决赛的资料、选手的照片、视频以及幕后的花絮。网站上还有可以直接链接到社交网站 Facebook，

图 19 《舞林争霸》网站

Twitter 和 Pinterest 的快捷按钮。同时，网站上还有与本节目相关的衍生节目，比如全国巡回演出的日程安排等内容。

商业模式

《舞林争霸》虽然靠观众投票来选择最终的赢家，但是美国的固定电话投票免费，本节目的最大商业利益来源于两部分。第一部分是售卖版权，《舞林争霸》至今已经向24 个国家和地区售卖了版权，制作了超过 65 季节目。这是一个相当可观的数字。另一部分是选手巡回表演秀。每季前十名选手会参加这个巡回表演秀，在全美国超过 40 个城市举办，巡演所到之处，门票都被一抢而空。《舞林争霸》是一档十分成功的电视真人秀竞技节目，虽然在美国，真人秀节目已经非常火热，但是在《舞林争霸》之前，竞赛真人秀节目都是全能型才艺比拼，并没有一个针对于专业的舞蹈比拼节目。

表 2　各国《舞林争霸》节目概况

国家 / 地区	语言	频道	首播时间	季数
亚美尼亚	亚美尼亚语	Shant TV	2011	3
澳大利亚	英语	Network Ten	2008.2.8	3
比荷卢经济联盟	荷兰语、英语	VTM、RTL5	（荷）2008.9.8 （德）2009.9.1	5
加拿大	英语、法语	CTV	2008.9.11	4
丹麦	丹麦语	TV3	2006.7.2	2
芬兰	芬兰语	Nelonen	2010.8.29	2
法国	法语	NTI	2012.2.16	1
德国	德语	Sat.1	2010	1
希腊	希腊语	Mega Channel	2007.2.1	2
以色列	希伯来语	Channel2	2005.12.2	3
立陶宛	立陶宛语	TV3	2010.4.11	2
马来西亚	英语、马来西亚语	8TV	2007.4.5	2
新西兰	英语	TV3	2006	1
挪威	挪威语	TVNorge	2006	2
波兰	波兰语	TVN	2007.9.10	7
葡萄牙	葡萄牙语	SIC	2010.5.30	1
斯堪的纳维亚	瑞典语	Kanal5	2008.2.28	1

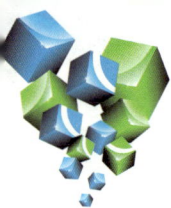

续表

国家 / 地区	语言	频道	首播时间	季数
	挪威语	TVNorge	2008.3.13	—
	丹麦语	Kanal5	2008.3.13	—
南非	英语	SABC1	2009.2.7	3
土耳其	土耳其语	KanalD (Seasons 1–3) FOX(Season 4) aTV(Season 5) ShowTV(Season 6)	2007	6
乌克兰	乌克兰语	STB	2008.9.12	5
英国	英语	BBC One	2010.1.2	2
美国	英语	Fox	2005.7.20	10
越南	越南语	HTV7	2012.9.15	1
中国	中文	东方卫视	2013.2.16	1

节目营销

《舞林争霸》的节目营销十分巧妙。

第一，它从一开始就打着《美国偶像》姊妹版的称号，并且拥有相同的制作人，因此使观众群很顺利地从《美国偶像》上延续下来，将目光投向了《舞林争霸》。

第二，每一季的《舞林争霸》都会为下一季的《舞林争霸》做宣传，当前一季的《舞林争霸》前十强在美国巡回表演时，下一季的已经启动，使得观众一直处于观看节目的状态，很好地抓住观众的情绪。

第三，利用强大的新媒体宣传，利用社交网站Facebook、Twitter和博客发布即时信息，与关注者进行互动，轰炸式营销取得了卓越的成效。左图为本节目网站上呈现的社交网站Twitter上有关于《舞林争霸》的消息或者是评审、主持人近期发布的消息。

图20 《舞林争霸》Twitter 消息

同类对比

美国有关跳舞的节目还有许多，现将《舞林争霸》和《与星共舞》做对比，可以看出还是有很多不同之处。

首先，参赛选手不同。《舞林争霸》的参赛者皆是热爱舞蹈，有舞蹈基础的普通人，而《与星共舞》的参赛者是明星，将一位明星与一位编舞老师搭配成一组来比赛。

其次，舞种不同。《舞林争霸》注重的是全能型舞蹈人才，力求培养选手可以驾驭任何一种舞蹈，而《与星共舞》是针对国标舞设计的舞蹈比赛。

最后，环节和淘汰方式不同。《舞林争霸》是通过海选、拉斯韦加斯周以及电视直播三个环节最终选出的冠军，而从十强开始，评委就担任了只评价不参与投票不决定淘汰者是哪位选手的角色，完全由观众投票来决定，也就真正印证了寻找"全美最受欢迎舞者"的宗旨，由观众投票，选出他们最爱的舞者。而《与星共舞》并没有海选，直接由明星与编舞老师构成一组参加比赛，每周也是两场，最终淘汰一组。淘汰的方式是第一天成果表演秀评委打分与当天晚上的观众投票分数总和加起来倒数的两组进入第二天的待定席位，两个组合同时用同一个音乐跳一段舞蹈，最终由评委决定淘汰的组合。

Dancing with the Stars

《与星共舞》

——看明星学跳交谊舞

● 节目概况速览

　　《与星共舞》是美国广播公司电视台（ABC）购买英国广播公司商业分支（BBC Worldwide）的《舞动奇迹》（*Strictly Come Dancing*）版权而制作的一档舞蹈比赛类真人秀。每季选6—16位数量不等的二线明星（电视、电影、体育、政客等）和相同数量的专业舞蹈演员组成搭档共同参加舞蹈比赛。参赛选手每周展现一种崭新的舞姿，内容包

基本信息 》》

· 原　　名：Dancing with the Stars
· 译　　名：与星共舞 / 星随舞伴
· 标　　识：

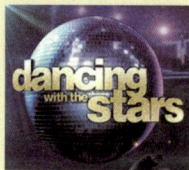

图1 节目标识

· 播出国家：美国
· 播出频道：美国广播公司（ABC）和加拿大电视台（CTV）同时播出
· 首播时间：2005年6月1日

· 播出时间：美国西部时间周一晚8点表演秀，周二晚8点结果秀
· 节目时长：表演秀80分钟，结果秀40分钟（不含广告时长）
· 节目类型：舞蹈类竞技真人秀
· 播出形式：现场直播
· 制作公司：英国广播公司商业分支（BBC Worldwide）
· 官方网站:http://beta.abc.go.com/shows/dancing-with-the-stars/index

括拉丁风格的恰恰和古典风格的华尔兹，由专业舞蹈演员负责舞蹈的教授工作。比赛中，三位专业评委参与评分，同时观众可以通过电话、短信、网络进行投票，从而决出名次，每周淘汰得分最低的一对选手。此外，其伴舞音乐由一支名为"15件套"的乐队现场演奏。节目的亮点除了优美的舞步、亮丽的服装，还有其幕后那些二线明星们的现场比拼以及伴随而来的明星八卦、幕后曝光等，这些幕后的元素展现了明星生活的另一面。该节目平均收视率在1700万人左右。

历史演变

《与星共舞》从2005年6月1日播出第一季以来，每半年播出一季，截至目前，已完整播出16季。下表从嘉宾数量、播出周数和主持人变换方面列出了节目历史及演变。

表1 嘉宾数、播出周数、主持人演变

季	播出时间	嘉宾数	播出周数	每季开播日—终结日	主持人
1	2005 夏	6	6	6/1/05 — 7/6/05	汤姆·鲍格朗和丽莎·坎宁（Lisa Canning）
2	2006 春	10	8	1/5/06 — 2/24/06	汤姆·鲍格朗和萨曼莎·哈里斯（Samantha Harris）
3	2006 秋	11	10	9/12/06 — 11/15/06	汤姆·鲍格朗和萨曼莎·哈里斯
4	2007 春	11	10	3/19/07 — 5/22/07	汤姆·鲍格朗和萨曼莎·哈里斯
5	2007 秋	12	10	9/24/07 — 11/27/07	汤姆·鲍格朗和萨曼莎·哈里斯
6	2008 春	12	10	3/17/08 — 5/20/08	汤姆·鲍格朗和萨曼莎·哈里斯
7	2008 秋	13	10	9/22/08 — 11/25/08	汤姆·鲍格朗和萨曼莎·哈里斯
8	2009 春	13	11	3/9/09 — 5/19/09	汤姆·鲍格朗和萨曼莎·哈里斯
9	2009 秋	16	10	9/21/09 — 11/24/09	汤姆·鲍格朗和萨曼莎·哈里斯
10	2010 春	11	10	3/22/10 — 5/25/10	汤姆·鲍格朗和布鲁克·博克
11	2010 秋	12	10	9/20/10 — 11/23/10	汤姆·鲍格朗和布鲁克·博克
12	2011 春	11	10	3/21/11 — 5/24/11	汤姆·鲍格朗和布鲁克·博克
13	2011 秋	12	10	9/19/11 — 11/22/11	汤姆·鲍格朗和布鲁克·博克
14	2012 春	12	10	3/19/12 — 5/22/12	汤姆·鲍格朗和布鲁克·博克
15	2012 秋	13	10	9/24/12 — 11/27/12	汤姆·鲍格朗和布鲁克·博克
16	2013 春	12	10	3/18/13 — 5/21/13	汤姆·鲍格朗和布鲁克·博克

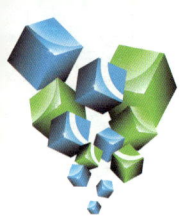

节目历史及演变的另一方面体现在规则板块的设置上。打分方面，在第一、二季，只有评委和观众打分影响选手之间的得分排名；在第三季和随后的几季中，得分系统已经做出的准确分数也和选手的得分相关。在第十五季中，由于选手们表现更加出色，1分的分差已经不能满足需要，于是评委打分的区间由原来的1分为一档变成0.5分为一档。在节目环节方面，从第十二季开始在结果秀中加入专业舞蹈团表演的环节。在前8季，结果秀直接淘汰得分最低的组合，但是从第九季开始，得分最低的两组将进行同台对决，由评委决定去留。

节目模式分析

《与星共舞》每周有两集节目，一集是"表演秀"又叫"竞赛秀"（competition show），在周一晚上播出，参赛组合表演并由评委打分；另一集是"结果秀"（result show），在周二晚上播出，是由表演秀中评委打分加上比赛后观众投票算出总得分后排名，得出本周淘汰的组合，现场会邀请嘉宾来表演节目。

表2　板块设置

表演秀	
一、开场	1. 片头
	2. 开场舞
	3. 参赛组合入场
	4. 主持人介绍节目开始
二、比赛	1. 参赛组合上场表演
	2. 表演结束和评委点评
	3. 表演者进入休息区接受女主持的简单访问
	4. 公布评委打分，下一组入场
三、结束	1. 主持人请观众在第二天结果秀开始前给自己喜欢的组合投票
	2. 主持人宣布节目结束
	3. 片尾
结果秀	
一、开场	1. 片头（前一天表演秀中的精彩片段）
	2. 主持人开场，宣读前一天评委给分排名
	3. 评委选出前一天表演组合中的一组再现昨日精彩
	4. 被选中组合重现昨日舞姿

二、第一轮揭晓	1. 将要揭晓组合的昨日花絮、感言
	2. 将要揭晓组合上台，一次揭晓"安全"还是进入"舞蹈对决"环节
三、嘉宾表演	1. 邀请来的嘉宾演唱，舞者伴舞
	2. "Stars of Dance"环节，专业舞蹈家表演
四、第二轮揭晓	1. 将要揭晓组合的昨日花絮、感言
	2. 将要揭晓组合上台，一次揭晓"安全"还是进入"舞蹈对决"环节
五、第三轮揭晓	1. 将要揭晓组合的昨日花絮、感言
	2. 将要揭晓组合上台，一次揭晓"安全"还是进入"舞蹈对决"环节
六、舞蹈对决	1. 进入"舞蹈对决"的两组昨晚表演结束后对今日对决的准备花絮
	2. 同台同时进行"舞蹈对决"
	3. 嘉宾点评，并宣布获胜组合和淘汰组合
七、结束	1. 众人和淘汰组合告别
	2. 主持人宣布节目结束
	3. 片尾

赛程规则

评委的打分是整个得分的基础。每个评委在现场给出 1—10 之间的一个分数，所以评委的总分是在 3—30 之间。（从第十五季开始评委给分的区间是 0.5—10，即总分为 1.5—30）。当给综合表演评分时，记录累加分数。每组参赛选手的"评委分比例"是由评委给出的分数比上评委给全场各组打分的总额（如：A 组得到 25 分，评委当晚给出的全场分数的和为 200 分，那么 A 组的"评委分比例"是 25%）。这一比例将乘以接下来全美投票的总额，算作最终的"评委分"。该组合的"评委分"加上大众给该小组的投票总数构成该小组的总分。总分最低的两个小组将进行"舞蹈对决"，由评委决定淘汰哪一组（前 8 季中直接淘汰得分最低的组合）。

人物角色

汤姆·鲍格朗（Tom Bergeron）从 2006 年至 2010 年连续 5 年获得艾美奖最佳真人秀节目主持人提名，在 2012 年终于将艾美奖"最佳真人秀节目主持人奖"收入囊中。鲍格朗在波士顿 WBZ–TV 电台工作了十余年，主持一些颇受欢迎的娱乐节目。鲍格朗在 1997 年成为《早安美国》（*Good Morning America*）节目的临时主持人，这项工作他

图2 主持人汤姆·鲍格朗

图3 主持人布鲁克·博克

一直持续了1年。1998年，他去了好莱坞广场（Hollywood Squares）。在担任好莱坞广场主持期间，鲍格朗另外又增加了哥伦比亚广播公司（CBS）一档名为 The Early Show 的节目，以及美国广播公司（ABC）一档美国家庭诙谐广播（America's Funniest Home Videos）的节目。2005年，他为 ABC 广播公司和众多明星客串主持《与星共舞》节目。他不仅擅长主持各种广播电视节目，还喜欢拿自己开玩笑来逗大家乐。

布鲁克·博克（Brooke Burke）在《与星共舞》中和她的舞伴德里克·霍夫（Derek Hough）在第七季中斩获冠军之后，受到了大家的喜爱，在第十季被选为《与星共舞》的女主持。近来，布鲁克成为一档热播的竞赛类真人秀节目 She's Got the Look 的新主持。作为四个孩子的母亲，布鲁克开了一间属于她自己的儿童网店，用来分享一些她用过的产品和她在产后保持身形的秘诀。她多次登上时尚杂志的封面，而且经常在男性杂志中被评选为世界上最性感的女性之一。拥有170万社交网站 Twitter 粉丝的布鲁克成功地被大家评为妈咪界和社交网络中值得信赖的人，她现在是网站 ModernMom.com 的 CEO。

莱恩（Len Goodman）看起来是一个憨厚的英国大叔，但是却拥有举世无双的舞蹈

图4 裁判莱恩

图5 裁判凯莉安

图6 裁判布鲁诺

天赋，他曾是《舞动奇迹》的首席评委，一位职业舞蹈家和舞蹈老师，现在他在居住的英国肯特开办了一家舞蹈学校。他将一生都投入到舞蹈事业，特别是一种叫作表演舞（Exhibition Dancing）的交谊舞，他曾在表演舞锦标赛中获过 4 次大奖。古德曼还获得了英国新星奖、卡尔艾伦奖、终身成就奖，是一位学识渊博的，可以为拉丁舞、交谊舞世界锦标赛和英国锦标赛担任评审的专业比赛评委。

凯莉安（Carrie Ann Inaba）是一个热辣的夏威夷女孩。早在 90 年代的时候，她就和詹妮弗·洛佩兹、麦当娜跳舞。她总是那么惊人，批评时直言不讳，还能讲两种语言。作为一个资深的舞蹈家和编舞，她参加过一些最受欢迎的电视比赛，像《美国偶像》《舞林争霸》。2007 年，凯莉安和《与星共舞》的另一位评委布鲁诺担任美国广播公司的一档电视舞蹈真人秀《舞斗》（*Dance War*）的教练和编舞。

1990 年，福克斯出品的广受欢迎的戏剧小品《生动的颜色》（*In Living Color*）中，她成功地扮演了飞翔的女孩，她还是麦当娜的"艳情秀世界巡演"的主要舞者。在一些音乐视频中，包括瑞奇·马丁的音乐录影 *Shake Your Bon Bon* 中都可以看到凯莉安的舞蹈。她还曾在《美国小姐选美比赛》连续工作四年，在迪拜的时尚电视台的《世界超模大赛》中工作过。她在两部奥斯汀·鲍尔斯的影片中担当主演，还出演过《舞女》和其他几部电影。

布鲁诺（Bruno Tonioli）在每期节目录制前都像是打了鸡血一样，在点评中分外激动。他和莱恩一样，也是英国原版节目《舞动奇迹》中很受欢迎的评委，在澳大利亚版本中也担任特约嘉宾。与音乐名家艾尔顿·约翰、迈克尔·杰克逊、弗雷迪·摩克瑞、蒂娜·特纳和保罗·麦卡特尼合作编排过无数的电影、戏剧、音乐视频、广告、音乐会和电视节目。布鲁诺先是一个舞蹈演员，之后转做编舞，他曾在《魔法灰姑娘》《一个女孩想要的》《小嗓门》等电影中担任舞蹈指导。

选手方面，每组参赛选手由两人组成。其中一人为专业舞蹈演员，专业舞蹈演员作为节目的签约艺人，固定地出现在几季节目中，但不一定是每季。从第一季到第十五季中出现过的舞蹈演员有：柯祺·巴利亚斯（Corky Ballas）、马克·巴利亚斯（Mark Ballas）、因娜·布雷耶（Inna Brayer）、谢里尔·伯克（Cheryl Burke）、德米特里·查普林（Dmitry Chaplin）、马克西姆·切莫科夫斯基（Maksim Chmerkovskiy）、瓦连京·切莫科夫斯基（Valentin Chmerkovskiy）、阿什琳·德尔格罗索－科斯塔（Ashly DelGrosso-Costa）、安娜·德米多娃（Anna Demidova）、杰西·德索托（Jesse DeSoto）、托尼·杜

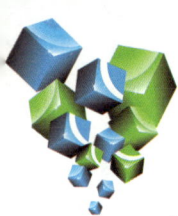

瓦拉尼（Tony Dovolani）、布赖恩·福图纳（Brian Fortuna）、埃琳娜·格里年科（Elena Grinenko）、安德鲁·黑尔（Andrea Hale）、切尔西·海托华（Chelsie Hightower）、德里克·霍夫、朱莉安娜·霍夫（Julianne Hough）、许姆·乔纳森（Kym Johnson）、夏洛特·约根森（Charlotte Jørgensen）、尼克·科索维奇（Nick Kosovich）、特里斯坦·麦克马纳斯（Tristan MacManus）、亚历克·梅佐（Alec Mazo）、贝塔·玛尔加特洛伊德（Peta Murgatroyd）、乔纳森·罗伯特（Jonathan Roberts）、法比安·桑切斯（Fabian Sanchez）、莱西·斯基莫尔（Lacey Schwimmer）、卡琳娜·丝摩娜芙（Karina Smirnoff）、安娜·特瑞斯本盖娅（Anna Trebunskaya）、路易·万·阿姆斯特（Louis van Amstel）、达米安·怀特伍德（Damian Whitewood）。

组合中的另一个是受邀参加的二线明星，他们拥有一定的粉丝而且没有那么满的档期。如第十四季中的嘉宾阵容：《草原小木屋》中劳拉·英格尔斯的扮演者梅丽莎·吉尔伯特（Melissa Gilbert），《凡人琐事》中斯蒂文·乌克尔的扮演者贾里尔·怀特（Jaleel White），《综合医院》中弗里斯科·琼斯的扮演者杰克·瓦格纳（Jack Wagner），《舞动芝加哥》中的明星罗宋·费根（Roshon Fegan），澳洲性感男模威廉·利维（William Levy），美国广播公司的主持人谢里·谢泼德（Sherri Shepherd），网球冠军马丁娜·纳夫拉蒂洛娃（Martina Navratilova）、唐纳德·德赖弗（Donald Driver），搭档主持玛丽亚·曼努诺斯（Maria Menounos），三名歌手格拉迪丝·奈特（Gladys Knight）、凯瑟琳·詹金斯（Katherine Jenkins）和加文·德格劳（Gavin Degraw）。

外部包装

图 7 演播室实景

　　《与星共舞》的演播室从整体造型上看像一个古典的剧院，共有三层，中空。一层中央是舞台，一侧有评委席。评委席右侧是乐队和道具楼梯，在选手出场的时候，两个梯子合在中间，选手自梯子下到蓝色表演区。表演开始后，梯子分开到乐队两侧，乐队区就座的是"15件套"乐队的成员。评委席左侧是通往二层、三层的实用楼梯。二层有一个包厢是选手休息区，表演过后的选手来到休息区首先要接受主持人布鲁克的采访。两位主持人会在开场的时候站在二层，而开场后布鲁克在二层采访选手，汤姆在一层主持节目。

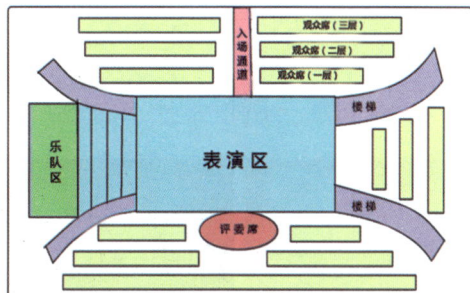

图 8　演播室平面图

　　作为舞蹈类节目，《与星共舞》对灯光的运用是非常丰富和讲究的。在选手表演的时候，场灯都被熄灭，只留一盏追光灯和围绕表演区的地灯向上发出汇聚性良好的光线。同时还通过对地面投影的使用烘托了整体的色调，一般根据舞蹈音乐的风格而定。如：优雅的华尔兹搭配明亮欢快的黄色，热情的桑巴则搭配浓烈的红色等。光线的变幻也与音乐舞蹈的节奏相配合。

图 9　舞美灯光

　　《与星共舞》的道具分为固定道具和非固定道具。固定形式的舞台道具主要有"与星共舞"的标识和楼梯，非固定形式的道具则依据表演的内容而定，如：选手表演酒吧

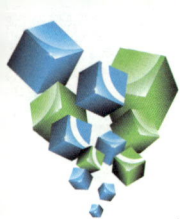

里的场景时出现的桌子，表演海滩场景时出现的船和吊床。

图 10 固定道具：标识、楼梯

图 11 非固定道具：桌子

图 12 非固定道具：船、吊床

节目案例详解

　　由于表演秀的节目形态较为单一，除主持人开场结束外，每组都是"表演＋点评＋打分＋感言"模式，所以案例分析以形态较为多样的结果秀为例分析。当然并不是说表演秀不重要，表演秀的收视率往往都会高过结果秀，表演秀是观众投票的重要依据。本文将以《与星共舞》第十四季第九集为例分析其板块。

　　《与星共舞》第十四季第九集是周二播出的"9进8"结果秀，在周一播出的第八集表演秀中，9组选手已经分别表演了自己的舞姿，评委也打出了现场得分。经过了一天的观众投票，结果将要揭晓谁将要离开舞台。本集主要是依次揭晓每组的去留，中间穿插有嘉宾表演，最后得分最低的两组将进行"舞蹈对决"，最终由评委淘汰其中一组。

表3　《与星共舞》第十四季第九集板块分析

板块	时长	内容	形式
开场	50秒	片头（剪辑昨日表演秀中的精彩片段、旁白介绍表演秀的情况）	现场同期声、旁白、音乐
	1分05秒	1. 主持人开场 2. 主持人布鲁克回顾昨日得分榜 3. 主持人汤姆和评委莱恩互动，选出昨日表演中"再演一次"的组合	现场同期声、主持人现场
	2分05秒	玛丽亚和德里克再现昨日精彩舞蹈	现场同期声、音乐
第一轮揭晓	22秒	主持人由表演串场到昨日的格拉迪丝和崔斯坦（Tristam）组合台前幕后的表演花絮	现场同期声、主持人现场
	2分39秒	格拉迪丝和崔斯坦、梅丽莎和马克西姆（Maks）、玛丽亚和德里克三组的花絮、感言	VCR、音乐
	2秒	节目标识	音乐
	35秒	主持人介绍"广告后揭晓刚才三组的去留"，并介绍即将演唱的乐队	现场同期声、音乐、主持人现场
	2秒	节目标识	音乐
	6秒	主持人依次揭晓台上三组选手是"安全"还是进入"舞蹈对决"，三组选手全部过关	现场同期声、音响、主持人现场
嘉宾表演	1分22秒	评委介绍"舞蹈对决"的规则、历史和作用	音乐、现场同期声、VCR
	20秒	主持人介绍下面出场的嘉宾是罗宾乐队，他们带来的最新单曲是 *Drive away*	现场同期声、主持人现场
	2分55秒	罗宾乐队演唱；同时有一对专业拉丁舞者伴舞	现场同期声
	33秒	主持人介绍广告之后将由塞琳娜（Selina）来演唱最新单曲	现场同期声、主持人现场
	2秒	节目标识	音乐
	1分41秒	主持人采访下面将揭晓去留的三组选手并介绍表演嘉宾	现场同期声、主持人现场
	2分40秒	"Stars of Dance"环节，表演嘉宾跳舞	现场同期声、音乐
	2秒	节目标识	音乐
	36秒	主持人介绍表演嘉宾塞琳娜演唱单曲	现场同期声、主持人现场

板块	时长	内容	形式
	2分40秒	塞琳娜演唱，并有拉丁舞者伴舞	现场同期声
第二轮揭晓	21秒	主持人介绍下面回放昨天得分最高的三组台前幕后的花絮	现场同期声、主持人现场
	2分44秒	唐纳德和贝塔、凯瑟琳和马克、威廉和谢里尔三组的花絮、感言	VCR、音乐
	2秒	节目标识	音乐
	1分48秒	主持人依次揭晓台上三组选手是"安全"还是进入"舞蹈对决"，三组选手全部过关	现场同期声、音响、主持人现场
	37秒	"舞蹈对决"的介绍视频	VCR
	28秒	主持人介绍广告之后揭晓剩下三组中哪一组"安全"，剩下两组PK	现场同期声、主持人现场
	2秒	节目标识	音乐
第三轮揭晓	19秒	主持人介绍下面播放剩下三组昨天台前幕后的花絮	VCR
	2分41秒	贾里尔和许姆、罗宋和切尔西、加文和卡琳娜三组的花絮、感言	VCR、音乐
	2秒	节目标识	音乐
舞蹈对决	2分26秒	主持人宣布罗宋和切尔西"安全"，贾里尔和许姆、加文和卡琳娜进入"舞蹈对决"环节	现场同期声、音响、主持人现场
	1分28秒	贾里尔和许姆、加文和卡琳娜昨晚表演过后对"舞蹈对决"的准备	VCR
	2秒	节目标识	音乐
	1分23秒	主持人宣布"舞蹈对决"开始	主持人现场
	58秒	贾里尔和许姆、加文和卡琳娜进行"舞蹈对决"	现场同期声、音乐、主持人现场
	3分40秒	评委点评，贾里尔和许姆获胜继续参加比赛，加文和卡琳娜遗憾出局，主持人与加文和卡琳娜告别	现场同期声、音乐、主持人现场结束
	56秒	众人与加文和卡琳娜告别，片尾	音乐、字幕

节目特色点评

　　《与星共舞》是一档明星类节目，由专业交谊舞舞者教明星跳舞，明星们每周要学会一套新舞姿并进行比拼。节目中展示的主要内容即优美的舞蹈，此外还有精致的布景、绚丽的灯光以及华美的服饰，加上明星幕后的学习情况和八卦，构成节目呈现给观众的主要元素。《与星共舞》用明星们刻苦学习舞蹈的精神来鼓励人们坚持努力，不断超越自我，同时体现出团队合作精神，这些都符合这个时代对"正能量"的追求。

节目形式

　　作为一档竞赛类真人秀，《与星共舞》主要有表演环节、淘汰环节。表演环节在表演秀集中体现，每个参赛组合都在表演秀中展示自己的舞姿；在结果秀中也有表演，是由不参赛的客座嘉宾负责；淘汰环节就是结果秀主要呈现的内容，通过淘汰来推进赛程。

　　《与星共舞》节目中所涉及的主要人物有4种，主持人、评委、专业舞蹈演员和明星。男主持人幽默风趣而不失沉稳，女主持人曾是该节目的冠军得主，也是美国著名的性感女神。这对男女组合的主持人在节目中的出彩表现是节目成功的一大原因。3位评委都是舞蹈界的达人，他们性格各异，凯莉安专业而柔情，莱恩较为严苛在三人中给分最低，布鲁诺因其夸张的情感表达而被大众所喜爱，观众甚至帮布鲁诺总结了"布鲁诺语录"（Bruno Quote），如"真是超出想象！你今晚一定装上了曲速引擎"之类形象生动有点夸张又不做作的点评均被观众传为佳话。他们也无疑是收视的一大保证。舞蹈演员们固定地出现在节目当中，由于他们的出色表现，也都小有名气，他们作为节目不可或缺的元素支撑着整个节目的发展。明星对于节目来说，是节目的核心支撑，一方面利用名人效应，吸引粉丝群观看投票，另一方面许多明星也借着节目的高收视率来提升自己的人气。

　　虽然整个节目的风格是华丽而唯美的，但这并不影响节目的客观真实性。节目以客观的视角记录下明星们学习舞蹈及展现舞蹈的时刻，更增加了节目的真实可看性。

节目制作

　　《与星共舞》节目整体色调偏暗，用灯光造型，营造出一种端庄大气的舞会气氛。

舞蹈的配乐是由一支乐队现场演奏，不同于其他节目在演播室外的调音台配乐，《与星共舞》的乐队不仅是听觉元素，还作为视觉元素安排于演播室中评委席的右侧，导播经常会给到乐队镜头。演播室现场除固定机位和游动机外，还有一台摇臂，能够更好地跟拍舞步的运动，为舞蹈表演中拍摄大量的运动镜头提供了保障。作为一档现场直播节目，《与星共舞》的后期技术可谓是高水准，舞蹈和音乐的旋律和剪辑的节奏相契合，流畅和谐。由于结果秀会重现表演秀中的画面，所以在素材采集的过程中就十分注重一拍两用，在再次播放的时候以不同的角度呈现不同的效果，而不是完全照搬原视频。

除了演播室制作外，《与星共舞》通过观众投票得分的设置，成功地将舞台空间延伸到了演播室外，通过官方网站进一步增强节目的互动性。网站的整体风格和节目完全一致，色调也非常统一。提供每一集节目在线观看和为喜爱的选手投票是官网的主要职能。通过官方网站的链接，还可以看到关于选手、嘉宾及主持人的相关信息和社交网站 Twitter，一些关于交谊舞的小知识和以节目为依托衍生出的小游戏等。

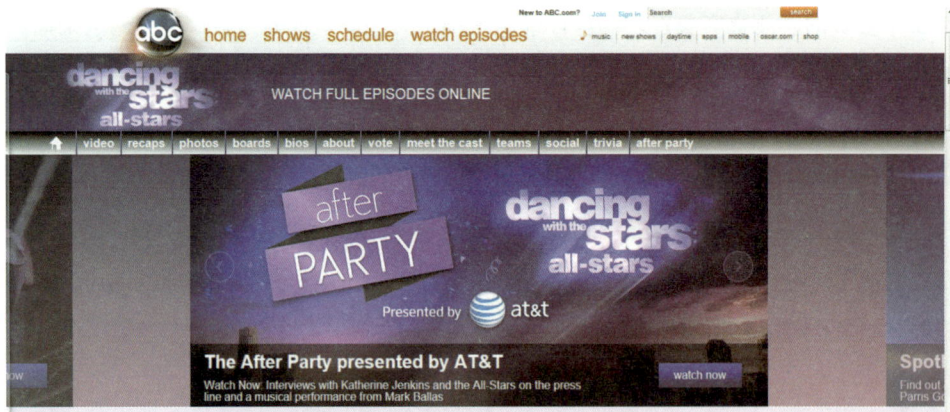

图 13　《与星共舞》官方网站

商业模式

美国广播公司属于迪斯尼公司，是迪斯尼—ABC 电视集团（Disney–ABC Television Group）的一个部门。所以迪斯尼强大的营销理念也自然地运用到美国广播公司的营销活动之中，为《与星共舞》的营销助力。

《与星共舞》通过观众投票巧妙地将商业利益融合于节目之中。在节目中除电视台插播的广告外，没有其他形式的广告来影响受众的收视体验。AT&T 是其唯一的合作商，节目利用手机短信、电话平台给选手投票，同时赚取通信费和平台商分成。这样，既延

伸了节目的互动性，让观众有参与感，又获得了额外的经济收入。

《与星共舞》成功地让粉丝每周都坐在电视机前并为选手们投票，为此他们的营销团队在官网上和大众媒体上做出了惊人的努力，从而使受众能够随时得到《与星共舞》相关的最新消息。他们有非常强的社交意识，能够让粉丝热议每一集的节目。营销总监所创造的社交讨论和留言板也是这个节目互动营销的一大亮点。《与星共舞》在社交网站 Facebook 的主页上有超过 370 万的关注量，在社交网站 Twitter 上有 241547 的关注量。而且，在不同社交网站上的更新内容是不同的。通过对这些社交媒介的运用使得粉丝能够即时地掌握发生在每一季节目中的点点滴滴。

《与星共舞》还有许多衍生品，包括节目 DVD、图书，以及其中两位评委凯莉安和布鲁诺所做的一档新节目《舞斗》，此外还有《与星共滑雪》等节目形态类似的节目。

同类对比

同样作为舞蹈竞赛类节目，《舞林争霸》由美国 Fox 电视台制作，与《与星共舞》同年推出。

表 4　《与星共舞》同类节目对比

	《与星共舞》	《舞林争霸》
选手	邀请明星	海选平民
评委	专业评委，重技术	选秀评委，重噱头
打分	评委打分和观众投票同时作用	完全由观众打分决定
舞种	交谊舞	所有舞种
编舞	同时也是选手的搭档	教选手舞姿，选手自己表演
制播	全程在演播室直播	海选在各大城市录播，决赛在好莱坞柯达剧院直播
版权	购买英国版权	自主版权

《与星共舞》2005 年席卷北美后，2007 年湖南电视台也买下了英国 BBC 电视台的 *Strictly Come Dancing* 版权，本土化改造后制作了《舞动奇迹》。

《舞动奇迹》和《与星共舞》因为都源自节目 *Strictly Come Dancing*，所以叙事结构方面完全一样，甚至连评委举的分数牌的造型、主旋律、舞台设计都是完全一样的。下面只介绍它们之间的不同点。

《舞动奇迹》和《与星共舞》在内容方面的区别在于组合里的两个人都是明星，没

有职业的舞蹈演员，专业编舞只负责教授他们舞蹈，这也意味着他们舞蹈的表演并没有《与星共舞》的水准高。而且他们的舞姿是以交谊舞为核心，但不拘泥于标准的交谊舞，还有爵士舞等较为活泼的舞姿。所以在表演的时候，《与星共舞》只有明星和专业舞伴，而《舞动奇迹》还有一些伴舞人员参与表演。

从播出方面看，《与星共舞》每周一集，没有分成表演秀和结果秀。场外观众的打分时间就是节目直播的两个小时，从节目开始到公布成绩之前。每集节目将进行两轮表演，两次得分均为最低的组合直接淘汰，若两次最低的不是同一组合则进行 PK。PK 不再进行表演，而是计算两轮评委的平均分加观众评分的平均分的综合，得分低的选手被淘汰。

此外，《舞动奇迹》还增加了公益环节，每对组合资助一个贫困儿童，为他 / 她筹募资金。每场比赛所赢得的资金进行累加，最后捐赠给所资助的贫困儿童。

The X-Factor

《X音素》
——美利坚音乐达人秀

● 节目概况速览 ⌄

美版《X音素》是一档歌唱类大型选秀节目，由著名音乐制作人西蒙·考威尔（Simon Cowell）创办。该节目的前身，热门选秀节目《X音素》在英国取得空前成功后，西蒙将其引入美国。它的比赛内容有别于西蒙早期参与的《美国偶像》，节目从9月底持续到12月，最后的冠军将会获得500万美金大奖，其激烈程度开创了歌唱选秀类节目的新一轮高潮。

基本信息 》》

· 原　　名：The X-Factor (U.S.)
· 译　　名：X音素
· 标　　识：

图1

· 播出国家：美国
· 播出频道：福克斯电视网（FOX）

· 首播时间：2011年9月21日
· 播出时间：周三 20:00—22:00，周四 20:00—21:00 结果秀
· 节目时长：65分钟或150分钟
· 节目类型：歌唱类选秀节目
· 播出形式：海选为录播，从16强阶段开始为直播
· 制作公司：弗里曼特尔传媒（北美）公司——SYCOTV
· 官方网站：http://www.thexfactorusa.com

在 500 万美元的唱片合同的吸引下，怀着雄心壮志的歌手们向节目冠军发起了冲击。

历史演变

2004 年，英国选秀节目《流行偶像》（*Pop Idol*）因反响平平而停止制作，该节目评委西蒙·考威尔开始着手制作一部新的选秀节目《X 音素》。英版《X 音素》在英国取得了惊人的收视率。而在大洋彼岸的美国，另一档由西蒙·考威尔担任评委并参与制作的选秀节目《美国偶像》也横扫电视荧屏。

2010 年 1 月，福克斯广播公司正式宣布西蒙·考威尔离开《美国偶像》，转而投身于《X 音素》引进美国的工作。2011 年 9 月 21 日，美版《X 音素》开始在北美大部分地区首映，第一季的收视率始终稳定在同时段排名的前两位，可以说是一次完美地引进。

节目模式分析

《X 音素》的创意来自西蒙·考威尔，他曾登上《时代周刊》"全球最具影响力人物"榜单，他参与评审的《美国偶像》造成了全球轰动。新升级的《X 音素》一推出，就以高水准的制作水平、强实力的选手、高热情的观众成为全英、全世界关注的焦点。此外，《X 音素》的评委名单也空前强大，均为顶级音乐制作人或当红巨星，这一点是其他任何选秀节目都不能企及的。

《X 音素》在节目赛制的设置上也有了新的创意。在《X 音素》中，评委们不再只是坐在台下评判的身份，而是以导师的身份悉心指导三组选手的比赛。除了演唱方面的技巧之外，评委们同时还在为期 3 个月的比赛期间对选手的选歌、台风、造型等方面给出宝贵的意见，让选手直接接受导师们的指导和培训，也有机会和最出色的音乐创作团队进行密切的合作。

板块设置

表 1　板块设置（以 2011 年第一季为例）
一、节目组甄选阶段 将由节目组甄选哪些选手能进入正式的海选环节并在评委和现场观众面前表演。
二、海选阶段

续表

海选在美国几个大城市巡回开展，通过甄选的海选选手将在评委和现场观众面前表演，由四位评委投票，四位评委观看选手的演唱并对其进行评判，每位选手必须得到至少三名评委的认可才能进入训练营。

三、训练营阶段

1. 训练营中，已通过海选的选手先分为几个大组进行规定曲目的排演与选拔，剩余的一部分选手有机会通过单人展示再选拔。相当一部分选手会在这一阶段被淘汰，最终的32名（组）选手将被分为12岁至30岁女生组、12岁至30岁男生组、30岁以上组和歌唱组合组（第二季中的分组方式是组合组、25岁以上组、少年组、青少年组）进入"评委之家"环节。

2. 部分被个人赛淘汰的选手将有机会被评委组成团队进入团队赛。

四、评委之家阶段

在"评委之家"阶段，四位评委将变身导师，分别指导四组选手的演唱技术、舞台表现等，经过各组内部的竞争，每位导师在这一阶段结束时会选出四名弟子，进入最终的直播赛。

五、直播赛阶段

1. 16位选手随着直播赛的进行会逐渐被淘汰，总决赛将在最终的三强之间进行。最终的冠军将获得索尼唱片公司提供的500万美元的唱片合同。

2. 评委不仅要负责自己组选手的选歌、造型和舞美，同时还有负责评判包括自己所指导的队在内的全部选手。

赛程规则

《X音素》采用淘汰赛制的比赛规则。首先是海选，当然这之前节目组会做大致的筛选工作。海选是由西蒙等四位评委进行评判，获得3个肯定（yes）及以上的选手都可以晋级到下一轮的比赛即"训练营阶段"。

训练营中，已通过海选的选手先分为几大组进行规定曲目的排演与选拔，剩余的一部分选手有机会通过单人展示再选拔。相当一部分选手会在这一阶段被淘汰，最终的32名（组）选手将被分为12岁至30岁女生组、12岁至30岁男生组、30岁以上组和歌唱组合组（第二季中的分组方式是组合组、25岁以上组、少年组、青少年组）进入"评委之家"环节。

在"评委之家"阶段，四位评委将变身导师，分别指导四组选手的演唱技术、舞台表现等，经过各组内部的竞争，每位导师在这一阶段结束时会选出四名弟子，进入最终的直播赛。

16位选手随着直播赛的进行会逐渐被淘汰，总决赛将在最终的三强之间进行。最终

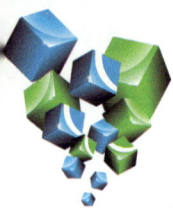

的冠军将获得索尼唱片公司提供的 500 万美元的唱片合同和参演百事广告的机会。

人物角色

第一季主持人是史蒂夫·琼斯（Steve Jones），第二季主持人更换为马力欧·洛佩兹（Mario Lopez）和科勒·卡戴珊（Khloe Kardashian）。

《X 音素》的评委都有着鲜明的个性，西蒙·考威尔无疑是其中的招牌人物，他不仅点评犀利甚至有时尖酸刻薄，而且专业知识丰富，能准确地洞察选手潜力并为他们提供帮助。L.A. 瑞德（L.A.Reid）、妮可·舒辛格（Nicole Scherzinger）、小甜甜布兰妮等也深受观众喜爱，评委之间时常互相调侃甚至爆发矛盾，这样的情节也表现出了评委真实的一面，吸引了不少观众。而更加有个性的是选手们，无论其水平高低、表现是否得体，海选阶段各色选手的真实状态一直是选秀节目的重要乐趣所在。

表 2 评委简介

评委	近照	简介
西蒙·考威尔 Simon Cowell		选秀节目之父。他是英国选秀《流行偶像》的创始人之一，也是《美国偶像》节目的三大评委之一，他以尖刻严厉的评论著称。在《X 音素》第一季中负责女生组，第二季中负责组合组。
宝拉·阿巴杜 Paula Julie Abdul		曾是一名出色的舞蹈编排家，为迈克尔·杰克逊（Michael Jackson)兄弟和珍妮·杰克逊（Janet Jackson）做过舞蹈设计，《美国偶像》评委。负责组合组。（第二季中不再担任评委）
妮可·舒辛格 Nicole Scherzinger		美国流行女子组合小野猫的主唱和舞蹈员。负责 30 岁以上组。（第二季中不再担任评委）
L.A. 瑞德 L.A. Reid		格莱美奖最佳唱片制作、词曲作者、唱片制作人。第一季中负责男生组。第二季中负责 25 岁以上组。

续表

评委	近照	简介
布兰妮·斯皮尔斯 Britney Spears		格莱美最佳舞曲、格莱美最佳新人。负责少年组。（第二季新增评委）
黛米·洛瓦托 Demi Lovato		现为迪斯尼公司重点培养的三位少女明星之一。负责青少年组。（第二季新增评委）

表3　获奖选手介绍

	选手	名次	简介
第一季	梅拉尼·阿莫洛 （Melanie Amaro）	冠军	一个来自佛罗里达的天才女歌手，海选上，她演唱了碧昂斯（Beyoncé Knowles）原唱的歌曲 *Listen*，进而成为了 32 强。
	乔希·克拉伊奇克 （Josh Krajcik）	亚军	30 岁的乔希·克拉伊奇克以个人名义参加《X音素》美国版第一季，以其扎实的唱功和无与伦比的魅力赢得歌迷的喜爱。美国当地时间 2011 年 12 月 22 日，乔希获得《X音素》第一季亚军。
	克里斯·雷尼 （Chris Rene）	季军	克里斯·雷尼曾经染上毒瘾并且被强制戒毒，上节目的时候他坦承已经 70 天没碰毒品。在《X音素》以歌曲 *Young Homie* 赢得了评委和观众的起立致敬。
第二季	泰特·史蒂文斯 （Tate Stevens）	冠军	一
	卡莉·塞尼克莱尔 （Carly Sonenclar）	亚军	一
	五美 （Fifth Harmony）	季军	一

外部包装

在第一季中，《X音素》的舞台主要是以蓝色为主，搭配巨大的彩色的"X"十分吸引眼球。绚丽的灯光效果和高级的音响设备，使舞台颇具现代感和动感。节目的演播室直接与舞台相连，选手需经过演播室抵达演唱的舞台。这里的演播室指的是后台，即

图2 舞台图片

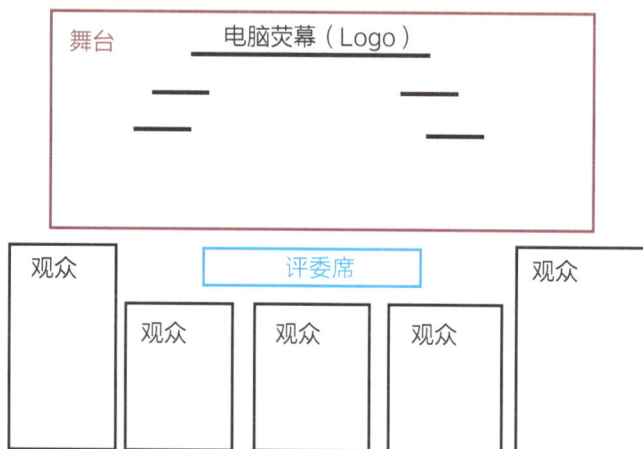

图3 舞台平面示意图

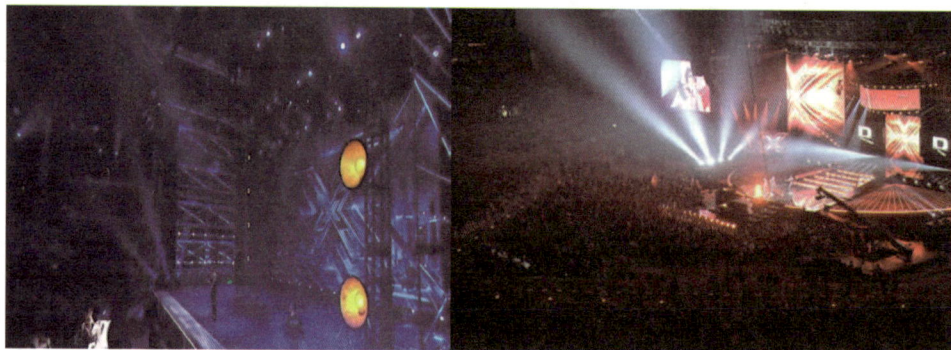

图4 舞台灯光

Backstage。选手的家人和主持人都会在后台观看舞台上选手的表演。

舞台设计得十分宽敞，选手正对观众表演，选手背后是巨大的"X 音素"的标志，两侧分出三层，每层都是字母 X 的延伸，呈现出一种庞大的选秀气势。

此外，该节目的舞台灯光也是一大特色。为了营造氛围和气氛，仅仅给舞台上的选手以灯光，当评委做评论的时候也会给评委灯光。观众席上是没有灯光的。

节目案例详解

以下将以第一季第一集为例对海选节目进行分析。这一集是《X 音素》的第一集，在这一集中评委们一起进行海选，挑选出优秀的、具有潜力的歌手参与之后的晋级赛。

表 4　2010 年第一季第一集板块分析

板块	时长	内容	形式
节目简介	40 秒	旁白解说节目的基本内容	音乐、解说词
评委介绍	50 秒	依次介绍了节目的五位评委西蒙、L.A. 瑞德、切尔里、宝拉和妮可	特效、音乐、现场同期声
集锦	1 分 08 秒	精彩集锦和评委的特色点评	音乐、音响、特效同期声
片头	17 秒	音乐之后出现《X 音素》的标识	音乐、特效
节目信息介绍	1 分 55 秒	1. 主持人出场，宣布洛杉矶场的《X 音素》开始和宣布比赛冠军可以获得和索尼的 500 万美金的合约 2. 穿插录制大厅外的盛况，采访了一些报名参加比赛的选手的感受	音乐、采访、主持人解说词
评委介绍	1 分 38 秒	主持人介绍四位评委	同期声、音乐
节目规则介绍	20 秒	1. 节目规则介绍比赛分为男生组、女生组、30 岁以上组和组合组 2. 导师们分别指导一个组进行对抗，选出晋级直播赛选手，在圣诞的结果秀之前	主持人解说、音乐、现场同期声
比赛开始	48 秒	评委出场穿插比赛现场的热烈气氛	主持人解说、舞美特效、评委对话
第一位选手上场	1 分 20 秒	1. 介绍第一位进入比赛的选手 13 岁的蕾切尔·克罗（Rachel Crow） 2. 对她的采访和她在后台的紧张准备	舞美特效、采访、主持人现场、音乐、评委对话

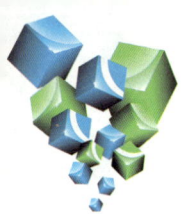

板块	时长	内容	形式
蕾切尔·克罗演唱环节	5分48秒	1. 蕾切尔·克罗演唱了歌曲 *Mercy* 获得评委全票通过，顺利晋级 2. 穿插她的家人在后台欣喜激动的场面	现场表演、同期声、评委点评、音乐
3位选手表演	4分07秒	特雷尔·卡特（Terrell Carte），R. 艾洛（R.Ellon）和约翰·林达尔（John Lindahl）的表演	现场表演、同期声、评委点评、音乐
塞梅兹（Siameze）表演	4分20秒	塞梅兹的疯狂表演在舞台上的表现让评委很是惊讶，但最后还是3票通过顺利晋级，穿插对他的访问和后台采访	现场表演、同期声、评委点评、音乐
海选第二天	6分32秒	1. 海选第二天一对来自内华达州的80岁老夫妇丹（Dan）和妮塔（Venita）在台上卖力表演，但因为各种跑调最终被淘汰 2. 穿插在他们内华达州的家中的采访和现场的欢乐表演	现场表演、同期声、评委点评、音乐
选手表演集锦	2分10秒	3位表现雷人的选手的表演片段和评委的否定评论"潇洒走一回"组合，老太太琳达（linda）还有米兰达(Miranda)	现场表演、同期声、评委点评、音乐
西蒙·巴特尔(Simon Battle)的演唱	6分	西蒙·巴特尔的表演引起评委争议，但最终还是以3票晋级	主持人解说、现场同期声、评委点评、音乐
评委的点评集锦	1分39秒	1. 西蒙和L.A.瑞德的在演播室的访谈，二人互相点评 2. 西蒙和L.A.瑞德各种相反点评的视频集锦	同期声、采访、音乐
斯泰茜·弗朗西斯（Stacy Francis）的精彩表演	8分11秒	1. 一开始简单地采访了几位选手对比赛的期待 2. 单亲妈妈斯泰茜·弗朗西斯的精彩表演赢得了一致好评，西蒙称这是他听过的最好的海选歌曲 3. 斯泰茜·弗朗西斯激动地流泪，回到后台和母亲相拥而泣 4. 4人离开演播室的跟拍	主持人解说、评委点评、现场同期声、音乐、音响
西雅图海选	2分56秒	1. 西雅图海选开始，介绍了比赛的奖金和评委 2. 妮可替代切尔里成为新的评委。穿插选手	主持人解说、音乐、现场采访

续表

板块	时长	内容	形式
		的比赛期望	
杰奥·戈德利（Geo Godley）表演意外	4 分 52 秒	1. 杰奥·戈德利在演唱的时候裤子掉了下来，现场嘘声一片 2. 宝拉恶心地离开舞台 3. 评委评论他的演唱"恶心、没品" 4. 穿插宝拉在后台呕吐 5. 宝拉回到舞台，和西蒙对话	主持人解说、音乐、现场同期声、对话
马库斯·坎蒂（Marcus Canty）演唱	8 分 01 秒	1. 马库斯·坎蒂（Marcus Canty）演播室的采访，述说他的经历，母亲给的期限 2. 马库斯·坎蒂的演唱赢得了评委全票通过，他激动地坐在台上不发一声，穿插之前对他的采访还有后台他家人的激动心情 3. 评委评价他唱歌有亚瑟（Usher）的风范，他很激动 4. 马库斯·坎蒂回到后台十分激动	采访、现场同期声、对话、音乐
妮可生日插曲	1 分 30 秒	1. 主持人介绍今天是妮可的生日，穿插在现场唱生日歌的画面 2. 西蒙等人在后台为她送上蛋糕，现场观众、选手都祝福她生日快乐 3. 西蒙和妮可的俏皮对话	主持人解说、音乐、音响、评委对话
男子组合 The Anser 的表演	3 分 59 秒	1. 男子组合 The Anser 的表演 2. 一开始为妮可演唱了生日快乐歌曲，后来的表演赢得评委全票通过 3. 穿插了之前的采访和后期的激动表现	现场同期声、音乐、音响、评委点评
糟糕表演集锦	5 分 10 秒	1. 23 岁的尼齐（Nici），一对母女，达伦·迈克尔斯（Darren Michales）还有一群家庭姐妹组合的糟糕表演，都获得 4 票全否 2. 穿插尼齐的自我标榜和对评委的不满	主持人解说、现场同期声、对话、音乐
尼齐的质问	21 秒	1. 比赛休息时段，评委去休息的途中尼齐拦住了他们 2. 她质问西蒙为什么否决她并表示要去视频网站 youtube 上发泄一番	对话、音效、主持人解说

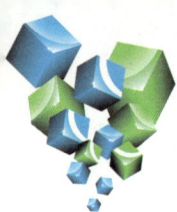

板块	时长	内容	形式
"毒男"克里斯·雷尼的演唱	9分01秒	1. 一个女歌手获得晋级 2. 然后重点播放了"毒男"克里斯·雷尼的演唱。叙述了他的经历和故事，并创作了演唱的曲目 *Young Houmie*，获得评委 4 票全过的好成绩，十分励志 3. 赛后跟拍了他和哥哥在后台的互动，录制了他今天的感想	主持人旁白、对话、音乐、解说词
片尾	50 秒	1. 下期精彩预告和评委的精彩点评 2. 伴随着片尾出现	字幕、对话、音乐、解说

节目特色点评

《X音素》的主创西蒙·考威尔表示：制作此节目一大初衷就是发掘出真正具有歌唱潜力的歌手，打造新一代歌唱巨星。本节目主题上也瞄准这一方向，评委不但对选手的发挥进行点评，对于其中相对优秀的选手还会进行专业的指导。不仅能为冠军提供良好的发展机会，对其他选手的长远发展也很有帮助。

本节目以 500 万美金吸引了全美各地爱好音乐、渴望成名的人。然而，从节目中可以看出，《X音素》更加强调和鼓励的是对梦想的追求。参加比赛的选手都有着不同的人生故事和奋斗经历。第一季三强之一的克里斯·雷尼之前曾深陷毒瘾，参赛选手斯泰茜是一名单身妈妈，而 50 岁以上的选手也不在少数。

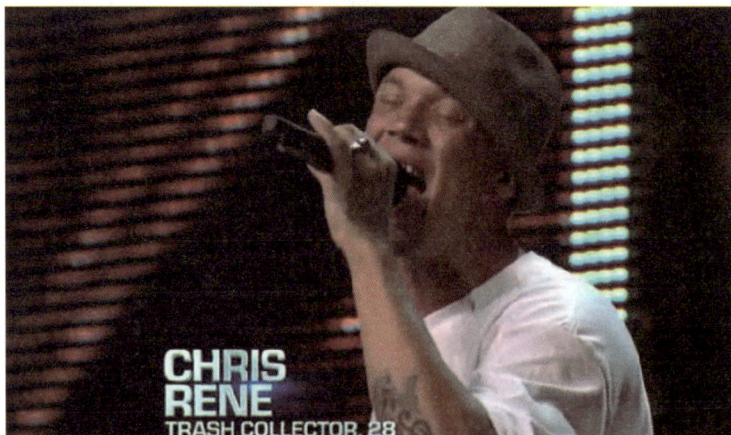

人生需要梦想，需要信念，《X音素》给了他们一个向梦想冲刺的机会。直

CHRIS RENE
TRASH COLLECTOR, 28

图 5 "毒男"克里斯·雷尼

播赛中的"感恩主题夜""迈克尔·杰克逊纪念主题夜"都让观众的心灵为之激荡，这是一部让有着相同经历、心怀梦想的人感动的电视节目。

节目制作

《X 音素》的制作十分精美，相对于《美国偶像》是有过之而无不及的。从舞台设计、灯光舞美到音响音效的设计都是最佳的。节目在录制的时候也是采用了最佳的方式力图给观众呈现不一样的精彩的比赛现场。本节目画面性极强，有广角镜头，有特写镜头。在表现海选现场人山人海的时候通常采用空中拍摄的广角镜头，有时候也会采用特写表现观众的热情和见到评委们的欣喜若狂。对于选手，有时候摄影机会对准选手的脸部表情，有时候则会以一个旁观者的角度拍摄选手与家人朋友的互动，很细腻动人。

另外，由于节目制作的时间限制，海选的时间虽然很长，但是节目组在后期剪辑的时候只会将比较有特色的以及能突显追求梦想主题的人物保留下来，其余的都剪掉或者略过。当然晋级选手的表演是不会被剪掉的。

图 6　选手在台上的精彩表演

商业模式

《X 音素》在世界范围内都获得了巨大成功：整整 7 年它都是英国收视的长跑冠军。其版权先后售卖到俄罗斯、荷兰、西班牙、希腊等 22 个国家，拿下 17 国电视节目"收视之冠"。此外，《X 音素》还产生了一大批优秀的世界级的当红歌星。

2011 年 1 月 7 日，福克斯广播公司、SYCO 娱乐公司和弗里曼特尔传媒（北美）公司共同宣布百事可乐为第一季美国版《X 音素》官方赞助商。赞助计划还包括一个广泛的多平台无线营销合作关系。6 月 9 日，雪佛兰被宣布成为该节目的第二个官方赞助商。赞助计划中同样包括一个广泛的多平台无线营销合作关系。索尼是第三个被确认的官方赞助商，合作计划同样包括无线营销内容。威讯则是本节目在移动通信方面的官方合作

图7　由百事可乐组成的巨大的"X"

伙伴。《X音素》两个最重要的赞助商——索尼音乐和百事可乐的植入广告在节目里无处不在。第一季中直播赛选手拍照时，摄影师明确介绍了自己所使用的索尼微单相机，而且节目中多次提到获奖选手将得到主演百事可乐广告片的机会，第二季中还加入了百事可乐新产品的品尝活动。

同类对比

表5　同类节目对比

节目名称	频道	参赛选手	节目内容及形态	奖项结果
X音素	福克斯（Fox）	全国具有歌唱天赋的人。	采用选秀的形式和淘汰赛。评委决定海选结果。	获得索尼公司的500万的唱片合同。
美国好声音（The Voice）	美国全国广播公司（NBC）	5个合唱团分别代表各自家乡进入演播厅比赛。	采用盲眼海选。	为家乡赢得25万美元的慈善基金。

中国版的《X音素》叫作《激情唱响》，由辽宁卫视引进，基本上节目的形态等都没有很大的改变，其评委阵容也是邀请的华人音乐界比较有影响力的人物。而晋级训练营的选手数量和淘汰赛阶段的选手数量都跟美国版有很大的区别。比如《激情唱响》的决赛阶段有5个选手或组合。而本文介绍的《X音素》只有3个选手或组合。另外中国版有所创新的是《激情唱响》分成很多个唱区，由何洁、刘惜君、马天宇、王筝等作为招募大使。《激情唱响》区别于当今中国其他选秀节目，在于实现了真正意义上的不限年龄、性别、职业、国籍。参赛选手被分为18—25岁组、25岁以上组、组合选手组，挖掘更多出色的音乐人才，以更合理的方式全力寻找真正会唱歌的音乐人。

JINGSAILEIZHENRENXIU

竞赛类真人秀

极速前进

全美超模大赛

天桥骄子

特效化妆师

学　徒

The Amazing Race

《极速前进》
——户外真人秀的典范

● 节目概况速览

　　《极速前进》是美国 CBS 电视台从 2001 年开始按季播出的户外真人秀节目，该节目记录选手们在一个月中进行的环球竞赛。该节目的出品人为埃利斯·多哥聂瑞（Elise Doganieri）和伯特·范·蒙斯特（Bert Van Munster），他们与乔纳森·利特曼（Jonathan Littman）共同作为节目的制片人，节目主持人是菲尔·基欧汉（Phil Keoghan）。

基本信息 》》

· 原　　名：The Amazing Race
· 译　　名：极速前进 / 惊险大挑战 / 夺宝奇秀
· 标　　识：在前十三季，节目沿用图 2 的标识，从第十四季开始，节目标识变更为图 1 所示。

图 1

图 2

· 播出国家：美国
· 播出频道：哥伦比亚广播公司 CBS 电视台
· 首播时间：第一季播出时间为 2001 年 9 月 5 日
· 节目时长：一季约 11 集，一集约 45 分钟
· 节目类型：真人实境秀
· 播出形式：录播
· 制作公司：迪斯尼公司投资出品
· 官方网站：http://www.cbs.com/shows/amazing_race/

每季比赛由 11 队选手组成，每组两人，组员可以是家人、情侣、同事或者好友。在节目中，选手们将以美国为起点展开一段令他们终生难忘的环球旅行。在饱览异国风光、体验民俗风情的同时，选手需要完成考验他们智慧以及体力的各种挑战。节目分为多个赛段进行，非淘汰赛段不淘汰选手；而在淘汰赛段中，排名最后一队选手将直接出局。最后剩下的三队选手将完成最后的对决，最终的冠军将获得 100 万美元作为奖金。

收视反响

从 2003 年到 2009 年，《极速前进》连续 7 届被评为黄金时段艾美奖最佳真人竞技节目，击败了《幸存者》及《美国偶像》等极具影响力的真人秀节目。在 2010 年 Bravo 电视台的《高厨》（*Top Chef*）夺走了最佳真人竞技节目，但在一年后，《极速前进》再次取回这一头衔。

节目模式分析

在《极速前进》的节目规则中，不同的团队在通往节目指定的目的地的路途中进行完成任务能力的比较，根据队伍到达目的地的顺序进行筛选。

节目围绕这项游戏规则进行制作，在制作过程中，摄影组记录选手完成比赛的过程，这些过程包括选手游戏过程中的具体表现和不同选手之间的交流，还包括对一些选手的访谈。此外，由于比赛地点遍布全球，在比赛进行的时候，节目旁白会介绍一些途经地的旅游特色。

板块设置

具体而言，《极速前进》的板块设置是根据不同的赛程划分的。

赛段遍布全球范围内不同的城市，每一个赛段的任务有不同的板块，每一个板块则有不同的任务与规则。需要提及的板块相关元素如下：

表 1 节目板块设置分析

板块内容介绍	图片展示

赛程标识

赛程标识是参赛队伍的指引，队员必须找到带有标识的旗帜线索，以找到前往下一个目的地的信息。该标识多出现在线索盒上，也有的会出现在队伍必须完成任务的地方。

在第一季的展示中，基本使用与赛程本地特色相关的物品作为线索指引，这些指引上都贴有这种标识。该标识开始时是黄白相间，但后来更换成了红黄相间，以方便识别。

该标识的颜色偶尔会有一些变化。在第八季中，使用的是黄黑白相间的旗帜。

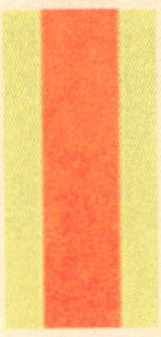

图 3 红黄旗帜

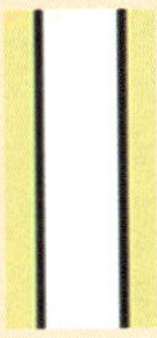

图 4 黄黑白旗帜

线索信封

线索信封是给参赛队员的路线指引，以及任务指引，参赛选手必须按照线索信封的要求执行任务，以确保赛段的顺利完成。

信封涵盖了基本的路线信息，同时也会介绍路障、绕道、回转、让路、快进、联合等诸多指示。

图 5 信封线索

路线（Route Info）

路线信息是对参赛选手的方向指引，它告诉参赛选手前往的目的地。路线信息一般直接给出地图，不排除一些只给出提示性文字或图片的情形。在路线信息中，有的还涉及了具体交通方式，并且选手必须按照规定方式前行。在赛段的关键阶段，路线信息会提示选手最后到达的参赛队伍有可能被淘汰。

图 6 路线

绕道（Detour）

一般而言，每个赛段都存在一个绕道。"绕道"要求队伍必须从两个任务中选出一件完成，只有完成后，才能拿到下一目的地的线索。

两个任务中有一个耗时长，但相对简单，另一个耗时短，但相对较难。在第一赛段中，往往没有绕道任务。如果有队伍面临被回转（U-Turn），则他们必须完成所有的绕道任务才可以继续比赛。

图 7 绕道

路障（Road Block）

路障是一项需要队员完成的具体任务，通常只能由一名队员来独自完成，队伍的两个人可以先了解任务描述，然后决定谁来参加后，才可以看详

板块内容介绍	图片展示

细的任务介绍。

从第六季开始，规定每一位选手在一季中不得完成多过 6 次路障。通常一个赛段只有一个路障。如果一个赛段出现 2 个路障则要不同的人完成。

图 8 路障

快进 (Fast Forward)

快进是一项可以跳过本轮所有剩余赛程的通行证。第一个顺利完成快进任务的队伍方可获得，拿到了快进通行证可以直接去中继站报到，赢得一个相对较高的名次。

在快进争夺赛中失败的队伍必须回去再执行普通任务。

图 9 快进

让路（Yield）

让路指示可以让一个队伍具有停止另一个队伍的权力，通常被让路的是实力强劲的队伍。队伍使用让路时，只需在让路标示处放上被让路队伍的标志（通常为照片）即可。

从第十二季起，让路被回转（U-turn）取代。

图 10 让路

回转 (U-Turn)

回转指示由让路转变而来，在某一队伍完成绕道环节后，使用回转，可以使另一个队伍去完成他们另一个未完成的绕道项目，即被回转的队伍需要完成两项绕道的任务方可得到下一个目的地的线索。

图 11 回转

板块内容介绍	图片展示

减速带（Speed Bump）

减速带出现于第十二季，该指示要求在上一个非淘汰赛段最后到达的队伍需要完成一个额外的环节。

这个环节其他队伍不用完成，该队伍只有顺利完成该环节才可获得下一条线索，以此作为对上一赛段最后一名的惩罚。

图 12 减速带

风险（Hazard）

风险环节是从第十九季中新添的一种惩罚形式，一般用于惩罚最后一名完成起点任务的队伍。该惩罚要求这支队伍完成一项其他队伍不需要完成的任务后，方可获得线索。

图 13 风险

联合（Intersection）

联合是指队伍之间可以自由选择队友与其他一支队伍组成一对，共同做出决定并完成相关任务。当有信息说明可以停止联合时即解散。联合曾在第十季、第十一季、第十六季出现过。

图 14 联合

通行卡（Express Pass）

通行卡引入于第十七季，是一项新奖励方法。第一个到达中继站的队伍可以获得通行卡。使用通行卡可以在某一固定赛段中跳过某项任务，直接拿到下一条线索。

图 15 通行卡

中继站（Pit Stop）

中间站是每个赛段的终点，参赛队伍最终必须前往中继站，最后到达中继站的队伍很可能会面临淘汰。在大部分赛段，最先到达的队伍会获得额外的奖励。中继站给选手提供食物和住宿，队员们可以在中继站阶段休息，以准备应对下一赛段。

节目组在中继站会对队伍进行采访，采访主要是关于比赛中的一些经历。后期节目剪辑的时候会加入采访，以更好地营造真人秀节目的气氛。

图 16 中继站
（地毯图）

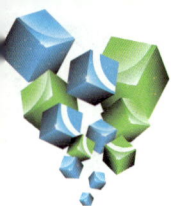

赛程规则

按照节目的规则，比赛分为不同的赛段，一般为十个以上，每一个赛段都在世界上的不同城市。选手在每一个赛段根据指示完成任务，每一个赛段可能会有选手遭到淘汰。当只剩下三对选手时，便开始总决赛的赛段，在这个赛段中，第一个到达的团队将获得百万美元奖励。

人物角色

·主持人介绍

图17　主持人菲尔·基欧汉

《极速前进》的主持人菲尔·基欧汉（Phil Keoghan），出生于新西兰。由于参与节目的拍摄，他的足迹遍布全球。菲尔是一位著名的节目主持人、制作人、编剧和摄影师，他19岁涉足电视圈，主持过上千台节目。

目前，作为《极速前进》的金牌主持人，菲尔具有十足的人格魅力。他在节目中负责把队伍带领到不同的赛段，并做出相应提醒和预测。此外，他对赛段的文化背景与景色介绍也十分出色。

·选手

每季比赛通常会有11支队伍（第三季、第四季、第十季和第十五季是12支），每个队伍由2名具有特定关系的队员组成。队员间的关系不尽相同，有夫妻、情侣、朋友、父女、双胞胎或同学等。按照要求，每对成员应该具备三年以上的关系，并且不同的队伍之间不能提前认识。

节目规定队员不能单独比赛，如果有队伍中其中一名队员受伤或者遗失了护照则将遭到淘汰。在第五季中，马歇尔（Marshall）和兰斯（Lance）队伍两名成员必须同时到达中继站才可记录到达次序。在第十九季中，凯兰妮和莉萨队伍在出发时遗失了护照（后被好心人找到并物归原主），险些丢掉了参赛资格。

外部包装

· **舞台设计（站位）**

在节目的开始，主持人一般站位是面朝选手，向选手布置任务，选手按照视频片花介绍的顺序从右到左站位。（如图18）

图18 第十九季选手在起点处准备出发

在不同的赛段，当选手完成任务前往主持人所在的中继站时，站位也有一定讲究。一般来说主持人在中继站前站立，旁边会伴有一位可以体现赛段当地文化特色的人物陪同站立。该人物负责对到达的选手说："欢迎来到某某赛段（例如：Welcome to Indonesia Borneo，欢迎来到印度尼西亚婆罗洲）。"而选手会一个个赶来，站在中继站地毯上。

图19 第十九季印度尼西亚婆罗洲赛段中继站

图20 第十九季冠军赛段中继站

当终点赛段即冠军赛段结束时，率先到达中继站的选手将站上红地毯，主持人菲尔会迎接他们，两边站开的是之前赛段被淘汰的选手。

节目案例详解

该节目每季各有特色，本次案例详解选用第十九季第一集为范例。

在该集中，选手从美国西部洛杉矶出发，首先他们将面临出发任务的考验，任务要求在挂满雨伞的架子上找到印有第一站地点名字的雨伞。只有完成起点任务后才可以前往机场，最后完成起点任务的一对选手将接受风险（Hazard）任务的惩罚。选手莉萨和凯兰妮在出发任务中位列最后。

按照提示，选手们前往的第一站是台北。在竞赛过程中，队员依次前往台北孔庙、大佳河滨公园进行竞赛比拼。莉萨和凯兰妮需要额外前往京华城接受风险任务的惩罚。完成所有任务后，队员跑向中继站。主持人再对最后一对到达的选手宣布此赛段为非淘汰赛段。

表2　第十九季第一集板块分析

板块	时长	内容	形式
选手出场	4分24秒	1. 十一组选手介绍出场，配合 VCR 2. 主持人旁白补充 3. 介绍完毕后，选手进入出发地点	VCR、选手采访、解说词、旁白、音响、音乐、主持人
完成起点任务	6分30秒	1. 选手进入出发任务比赛场地，排开而站 2. 主持人菲尔出场介绍游戏总规则 3. 主持人布置起点任务和相应规则 4. 选手紧张寻找任务线索，主持人此时扮演裁判 5. 完成起点任务后，选手得到路线信息，将从洛杉矶前往台北，其中，前八位到达机场的队伍将搭乘中华航空前往台北，后3支队伍只能搭乘晚起飞20分钟的长荣航空 6. 莉萨和凯兰妮最后一个完成任务，根据规则，将接受风险任务的惩罚	音乐、音响、旁白、字幕、解说词
选手赶到机场	5分59秒	1. 选手完成出发任务驱车前往机场 2. 莉萨和凯兰妮在加油站遗失了护照 3. 前八名到达机场的选手在中华航空的柜台前办理登机手续 4. 莉萨和凯兰妮因遗失护照可能失去资格而发	字幕、旁白、音响、音乐、选手采访

续表

板块	时长	内容	形式
		生争执	
		5. 办理过登机的队伍在候机时聊天得知对手伊桑（Ethan）和詹纳（Jenna）都曾赢得过《幸存者》（另一档成功的真人秀）的冠军	
		6. 场外热心观众找到了莉萨和凯兰妮的护照并送往机场，莉萨和凯兰妮幸遇免遭淘汰	
选手到达第一赛段	1分40秒	1. 画面显示选手搭乘航班从洛杉矶到台北，短片介绍目的地台北的一些景观 2. 第一趟航班降落，前八位搭乘中华航空的队伍陆续冲出，寻找机场巴士，前往西门町 3. 第二趟航班降落，后三位搭乘长荣航空的队伍出发寻找机场大巴，前往西门町 4. 老人队伍比尔（Bill）和卡蒂（Cathy）位列最后，只能独自搭乘机场巴士前往	字幕、VCR、选手采访、主持人、旁白、音乐
寻找路线信息	3分55秒	1. 第一批队员到达西门町，根据指示寻找路线线索 2. 线索要求队员抬头寻找，贾斯廷（Justin）发现LED屏上的红黄气球与赛程标识旗帜相似，并且屏幕上还有中文 3. 路人帮队员翻译中文，得知路线信息为台北孔庙 4. 第二批队员到达西门町，根据指示寻找路线信息 5. 比尔和卡蒂到达西门町 6. 在询问路人后，先找到线索的队伍搭乘地铁前往台北孔庙	字幕、VCR、音乐、选手采访、解说词
准备完成路障任务	3分26秒	1. 先赶到的五支队伍到达孔庙，画面随即播出孔庙的景观 2. 杰里米（Jeremy）和桑迪（Sandy）暂时排第一位，他们先到达孔庙找到了装有路障任务的信封，任务要求每个队伍决定一个人完成打电话的游戏 3. 主持人VCR介绍孔庙的文化和具体的游戏	字幕、VCR、主持人、音乐、旁白、解说词、选手采访

板块	时长	内容	形式
		规则	
		4. 先到达的队员做出决定，开始进行游戏	
		5. 排在后面的队员陆续得到孔庙的路线信息，搭乘地铁前往	
		6. 第二批队伍积极寻找线索，比尔和卡蒂却走错了方向	
		7. 路障任务要求参与队员听电话，背诵孔夫子名句，队员不断出错，不断重复	
完成路障任务	2分35秒	1. 厄尼 (Ernie) 和辛迪（Cindy）队第一个完成路障任务，拿到信封线索，按照指示，他们将乘出租车赶往大佳河滨公园	字幕、音乐、选手采访、VCR
		2. 贾斯廷和珍妮弗 (Jennifer) 顺利完成任务，拿到线索，此时，安迪和汤米刚到达孔庙，决定谁来完成路障任务	
		3. 杰里米和桑迪第三个完成了任务，得到了线索	
		4. 第二批到达西门町的队伍发现了 LED 屏幕上的孔庙线索，并乘坐地铁前往	
		5. 比尔和卡蒂理解失误，继续前往错误的地点	
		6. 伊桑和延纳完成路障任务	
		7. 厄尼和辛迪到达大佳河滨公园	
寻找路线信息完成划龙舟任务	4分24秒	1. 厄尼和辛迪到达大佳河滨公园并找到路线线索，线索要求划龙舟	字幕、VCR、主持人、解说词、旁白、音乐
		2. VCR 主持人出场介绍游戏规则	
		3. 厄尼和辛迪登上龙舟，厄尼划桨，辛迪击鼓打节奏	
		4. 阿马尼（Amani）和马库斯（Marcus）完成路障任务	
		5. 劳伦斯（Laurence）和扎克（Zac）父子、罗恩（Ron）和比尔、安迪和汤米依次完成路障任务	
		6. 莉萨和凯兰妮、利兹（Liz）和玛丽（Marie）赶达孔庙，开始路障任务	

板块	时长	内容	形式
		7.贾斯廷和珍妮弗、杰里米和桑迪到达大佳河滨公园 8.厄尼和辛迪龙舟任务完成，拿到下一条线索，路线线索指示前往位于神祠的中继站 9.主持人出场介绍神祠的景观以及文化并宣布最后一支到达的队伍可能被淘汰 10.杰里米和桑迪、贾斯廷和珍妮弗陆续完成划龙舟任务 11.莉萨和凯兰妮完成路障任务，由于她们在起点任务位列最后，根据线索要求，她们必须前往京华城完成风险任务 12.比尔和卡蒂依旧没能找到正确的路线线索，在西门町附近徘徊	
风险任务	2分12秒 3405	1.莉萨和凯兰妮赶到京华城，找到风险任务的线索 2.画面出现主持人菲尔介绍风险任务内容 3.风险任务要求在京华城完成蹦极，凯兰妮完成了该任务 4.利兹和玛丽依旧未完成路障任务	字幕、主持人、解说词、VCR、音乐、选手采访
选手相继赶到中继站	7分15秒 4122	1.主持人菲尔和神祠中转站当地军人站在中继站地毯前 2.厄尼和辛迪第一个到达，军人对他们说"欢迎来到台北（Welcome To Taipei）" 3.持人菲尔宣布厄尼和辛迪本赛段位列第一，并授予他们通行卡，画面接着插入对他们的采访 4.杰里米和桑迪第二个赶到中继站，贾斯廷和珍妮弗第三个赶到中继站 5.安迪和汤米、劳伦斯和扎克父子赶到了大佳河滨公园，准备开始划龙舟任务 6.伊桑和延纳完成了龙舟任务 7.阿马尼和马库斯到达大佳河滨公园 8.安迪和汤米、劳伦斯和扎克父子、阿马尼和	字幕、旁白、VCR、主持人、音乐、选手采访

板块	时长	内容	形式
		马库斯完成龙舟任务	
		9. 比尔和卡蒂终于找到 LED 屏幕上的线索	
		10. 利兹和玛丽终于完成了路障任务	
		11. 比尔和卡蒂赶到了孔庙	
		12. 罗恩和比尔赶到了大佳河滨公园	
		13. 莉萨和凯兰妮赶到了大佳河滨公园	
		14. 卡蒂记忆力超群，很快完成路障任务，拿到线索	
		15. 伊桑和延纳第四个到达中继站	
		16. 罗恩和比尔、莉萨和凯兰妮依次完成了划龙舟任务	
		17. 阿马尼和马库斯第五个到达中继站	
		18. 利兹和玛丽到达大佳河滨公园	
		19. 劳伦斯和扎克父子、安迪和汤米相继到达中继站，利兹和玛丽完成龙舟任务	
		20. 罗恩和比尔、莉萨和凯兰妮依次赶到中继站，随即播出莉萨和凯兰妮的事后采访视频	
		21. 利兹和玛丽第十个赶到中继站	
		22. 比尔和卡蒂完成龙舟任务，心态良好	
最后达到	1 分 10 秒	1. 比尔和卡蒂最后一个到达中转站 2. 菲尔宣布此赛段为非淘汰赛段，并告知比尔和卡蒂将在下一赛段有减速任务 3. 主持人宣布《极速前进》将首次引入双淘汰赛段，并宣布下赛段为此赛段 4. 引入对比尔和卡蒂的事后采访 5. 本集结束	字幕、主持人、音乐、选手采访
下集预告	1 分钟	介绍下集精彩内容	VCR、旁白、字幕、音乐

节目特色点评

《极速前进》这档节目属于户外真人实境秀，节目录制了参赛队伍完成每个赛段的过程，并最终据此剪辑而成。优良的制作、逼真的场景使得该档节目非常受欢迎。

主题分析

《极速前进》宣扬了一种超越自我、坚持不懈的精神文化，而这也是美国文化的核心所在。节目组通过面向大众征集参与者进行竞赛，而最终把这种理念传递给普通电视观众。

该节目的录制遍布全球，参赛队伍将在不同的国家完成不同的竞赛任务，因而节目的旅游元素和文化元素也是不容忽视的部分。节目会在比拼之余宣传当地的人文或自然景观信息，介绍当地的基本文化，以此带领观众领略不同地域的魅力，来宣扬一种跟着节目畅游世界的积极理念。

文化与价值导向分析

《极速前进》的规则是先到达者最强，是速度的较量。从这个意义上说，《极速前进》宣传了一种效率至上的理念。在高速运转的社会，唯有做到更快才能占领高地，最后一个到达的可能会遭到社会的淘汰，这种思想时时刻刻提醒着人们对待事物要专注与持续，跟上大部队的步伐。

此外，《极速前进》中每个队伍面临着多种任务的考验，这些任务有的可以很简单，但是大多数任务都需要一番努力来完成。

这些努力包括与自然环境、个人内心的斗争。比如不敢下水的队员要完成游泳的比赛，吃惯普通菜的队员要咽下恶心的食物。这些事实告诉我们如果我们想赢得胜利，必须战胜自己。而在最后，那些到达了终点的人们也告诉了我们，其实战胜自己并非不可能。

人物分析

《极速前进》的人物选取十分有特点。筛选出来的队伍成员都是具有亲密关系的，有情侣、亲人、挚友、伙伴等。成员有男女组、女女组、男男组，也有老年组、青年组、老年青年组等。

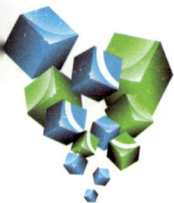

节目组在挑选组合时，尽可能地去覆盖到不同的种族和不同的性取向，以求打造一个多元的展示平台。节目开始时，对成员的介绍十分有特点，这些都是节目的卖点。在第十六季，母子组合 Margie 和 Luke 中儿子是聋哑者，儿子与母亲交流基本靠手语，但母亲最终却带领儿子冲进了前三。

商业模式

在《极速前进》中，商业化运作无处不在，在节目播出时段的广告收入十分可观，节目录制中穿插的软广告也比比皆是。在案例中我们就发现，赞助商提供了选手汽车和机票，涉及的企业包括福特汽车、中华航空和长荣航空。这些软广告的植入为节目的运转提供了有力的支持。

语言设计

节目语言生活化、常规化。大部分的语言对话来自每对选手之间的交流，同时也包括对参赛队伍的采访。选手之间的对话会被紧凑地剪辑在一起，共同拼凑出整个节目的框架。特别是为了营造竞赛的氛围，赛段结束后的一些对选手心理活动的采访也可能被收录进节目的进程中。这些都使得节目更加真实和平易近人，符合真人秀的基本特质。

除此之外主持人菲尔的介绍和旁白简明易懂，菲尔自身的语言魅力可以制造出紧张的竞赛氛围。大多数情况下，菲尔负责介绍游戏的规则和路线的指引，当要开展一项新的任务时，他便会出现。此外，菲尔还身兼旁白的工作，负责介绍赛段当地的景观、文化。

摄影角度

《极速前进》的摄影角度十分丰富。一般来说，不同的队伍会配有不同的摄影组，这些摄制组跟随选手搭车、坐飞机、奔跑、比赛……负责近距离跟拍记录选手的表现和对话。这种情况下，大部分是对固定队伍的特写拍摄，比如对话的特写、奔跑的特写等。在集体竞赛时，会有不同的机位从不同的角度对选手进行摄制。

但是在游戏过程中，摄制组不允许介入选手的竞赛。在第十九季中，凯兰妮遗失护照的过程被随行的摄制组拍下，摄制组却不能提醒她们。

在表现赛段的景色以及文化上面，会出现仰拍俯拍以及全景记录等摄影角度来全方位展示地域特色。

图21 俯拍展示

图22 全景拍摄

除此之外，在主持人出场与选手接应时，摄影角度也比较丰富，有对选手、主持人近距离拍摄的机位，也有对整个中继站全景拍摄的机位。而在队伍接受采访时，拍摄角度相对单一。

图23 选手赶往中继站

图24 选手接受采访

网站设计

网站设计版式较新颖，色彩清新，图片文字配合协调。网页版式带有一定生活化的气息，与节目活泼的氛围相契合。

网页选择了带有蓝色背景的照片作为底版，照片内容是背包客的左肩侧和全球地图的轮廓。这些都直接地

图25 网页首页

图26　内容栏目

反映了《极速前进》的节目主题和竞赛形式。

在首页中，链接字体为淡蓝色，通常版头以选手竞赛时的图片为底，以此彰显紧凑逼真的节目特色。在首页版头下方是内容栏目，在这项栏目中会把最新一季的亮点事件做针对性报道，并提供节选片段的观看。

同类节目对比

作为真人实境秀的优秀代表，《幸存者》经常被拿来和《极速前进》做对比。它们作为户外真人秀的节目，有许多相似之处。

表3　同类节目对比

相似	不同
1. 二者都在 CBS 电视台播出	1.《极速前进》的规则相对《幸存者》而言简单直白
2.《幸存者》和《极速前进》都会前往不同的国家进行比赛	2.《极速前进》的板块设置更为复杂
3. 获胜者的奖金都是 100 万美元	3. 主持人和评委的特色不同
4. 在角色的选取上都会采取覆盖面广的、有卖点的选择思路	4.《极速前进》更关注选手完成赛段任务本身
5. 主持人是节目的一大特色和亮点	5.《极速前进》前往的国家多，旅游文化元素丰富
6. 节目的节奏紧凑、氛围激烈	
7. 节目的规则明确	
8. 节目都受到广泛好评、收视率高	
9. 节目模式全球发展的程度高	

板块设置

《幸存者》可以分为竞赛、生存、投票三个板块，每个具体的板块有与之相对应的

规则。对于《幸存者》而言，竞赛主要是完成游戏任务，这些任务多为体力、身体反应的考验。生存则指在营地面对恶劣的生存条件如何满足最基本的欲求。投票既是对人性差异的考验，同时也是对人社交能力的考验。

《极速前进》的板块是根据不同的赛程划分的，整个比赛面临不同的赛段，每一个赛段位于世界上不同的城市。每一个赛段上有不同的任务，每一个任务可以分为不同的板块，每一个板块有不同的规则。

总而言之，《极速前进》的板块设置更为复杂。

主持人和评委的特色

两个节目的主持人都是节目叫座儿的原因。《幸存者》的主持人是杰夫·普罗布斯特（Jeff Probst），《极速前进》的主持人是菲尔·基欧汉。两者都很好地引导了节目的发展与走势。

杰夫在《幸存者》中，更擅长挖掘人与人之间的矛盾，并能看穿参赛者内心所想，以此引导形势的发展，他在参赛者进行游戏竞争时的解说十分有吸引力。菲尔负责把队伍带领到不同的赛段，对每个赛段上的不同任务做具体规则的解说，并对赛段的文化背景与景色做出相应的介绍，这种解释性的旁白效果非常好。

环节设置

《极速前进》的节目叙述更多的是赛段的特点以及任务的完成情况，《幸存者》则更多地以人与人之间的矛盾为卖点，营造一种压力的氛围。同时，《极速前进》前往的国家多，《幸存者》基本只会前往一个固定的地方。

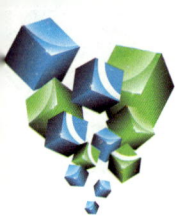

America's Next Top Model

《全美超模大赛》

——倾城佳人无国界

●节目概况速览

　　由知名模特蒂拉·班克斯（Tyra Banks）任主持和监制的美国超级模特真人秀节目，比赛内容包括残酷的模特挑战赛和摄影照片赛。每一集都会有一位选手被淘汰，

基本信息 ▶▶

· 原　　名：America's Next Top Model
· 译　　名：全美超模大赛
· 标　　识：

图 1　　　　　　图 2

· 播出国家：美国
· 播出频道：首播平台联合派拉蒙电视网
　　　　　　（UPN）（2003—2006）、
　　　　　　CW 电视台（2006 至今）
· 首播时间：（美国）2003 年 5 月 20 日
　　　　　　至今

（中国）从 2011 年 2 月 18 日起，每周六日中央电视台第二频道（CCTV2）10:30/11:00 播出第十五季。从 2009 年 9 月 9 日起每周六日晚上 9:00 在 CNTV 播放第十七季。
· 播出时间：2012.2.29—2012.5.30，每周一至周五播出
· 节目时长：42 分钟
· 节目类型：真人秀节目
· 播出形式：现场录制、后期制作合成
· 制作公司：CW 电视台
· 官方网站：http://www.cwtv.com/shows/americas-next-top-model

直到选出最后冠军。获胜者可获得与 IMG 模特经纪公司的合约、封面女郎彩妆品牌
（COVERGIRL）的广告合约、时尚杂志 *VOGUE* 意大利版的拍摄以及时尚杂志 *VOGUE Beauty* 的封面拍摄终极大奖。

历史演变

《全美超模大赛》每季有十至十四名的参赛者，共有九至十三集。从第三季开始，第一集为预赛，播放入围者的入围过程，每集由评判决定淘汰一人。

《全美超模大赛》演变中增加了主题赛和挑战赛。每集参赛者都有关于摆姿势、拍照、化妆、国家文化等内容的学习。学习之后将会进行小的比赛，胜出者能够自己享用奖品或挑选队友一同享受奖品。之后她们会和杰伊·曼纽尔（Jay Manuel）一同拍摄硬照。拍照主题多样，例如泳装照、大头照、裸照、与动物拍照、与男模特拍照等。创新之处在于，第一季是根据以往的照片和参赛者本人的潜质做评审；第二季与第九季则要求她们拍摄音乐录像带做评审。

评审过后，蒂拉会根据该周表现由好到差依次叫名，被第一个叫到的女孩（First Call，以下简写为 FC）拍摄出了当周最好的作品，她便成为本周硬照冠军，所拍摄的照片会被悬挂在大屋中一周；而没被叫到名字的倒数两人为末位二人 (Bottom Two，以下简写为 B2)，最后淘汰一人，留下一人。

针对不同的参赛者情况，节目组会不断创新淘汰方法，安排弃权、双淘汰、不淘汰等特殊规则。例如第三、四、十、十一、十三、十五季皆有十四名参赛者，都会有双淘汰的情况，当中以第三、十一、十三、十五季有一名参赛者于评审室之外被淘汰；第十七季第五集无淘汰，而第七集则淘汰两人，即决赛集一名参赛者违反比赛条约而被取消参赛资格，因此决赛只有两人参与对决。

收视反响

随着电视节目的多样化，可以看出，《全美超模大赛》的收视观众在不断下降，但是收视排名却在上升（见图 3）。这说明，尽管《全美超模大赛》的观众群体被其他节目分散，但是其仍然在收视率上有过人表现，在 2006—2009 和 2010—2011 赛季更是成为 CW 电视台的收视冠军。

表 1　收视率

赛季	播出网络	时间	排名	观众（单位：百万）
1	UPN	2003	N/A	—
2		4 月 3 日	122	6.13
3		5 月 4 日	108	5
4			106	5.1
5		6 月 5 日	113	5
6			113	5
7	CW	7 月 6 日	112	5.4
8			112	5.4
9		8 月 7 日	148	5.12
10			168	4.23
11		9 月 8 日	140	4.43
12			142	4.35
13		10 月 9 日	122	3.28
14			121	3.29
15		11 月 10 日	126	3.46
16			133	2.52
17		12 月 11 日	142	2.42
18			151	1.52
19				1.22

2003 年收视率变动图

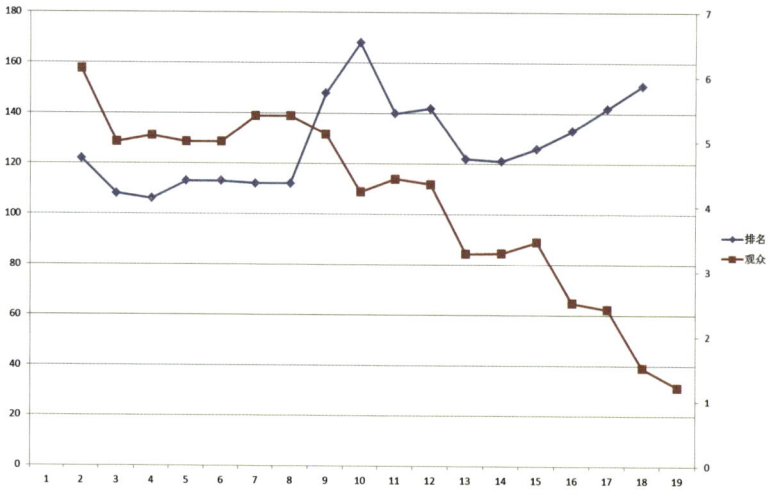

图 3

节目模式分析

《全美超模大赛》通过打造模特形象来引领时尚潮流，影响大众审美。

主办方给选手设置了一个挑战赛，旨在给评委做出淘汰参考，在基本固定的节目流程下以每集特定的主题照片为淘汰依据的模式。节目中穿插着加拿大（第五集）、澳门（第九集）、香港（第十集）的外景和人文的介绍，由选手们的内心活动和相互的评判、彼此的关系来作为纽带，由"比赛—情感—关系—悬念"四条主线构成的节目模式。

板块设置

《全美超模大赛》的节目板块设置主要包括以下6个部分：上集精彩片段回顾、挑战赛、拍照主题及评审准则、宣布本周硬照冠军及冠军礼品、宣布末位两人及淘汰者、下集精彩片段预告。

表2　板块设置详情

一、上集精彩片段回顾	二、挑战赛
1. 上集挑战赛及淘汰赛回顾	1. 该集拍摄地的自然、人文介绍
2. 选手相互评价及矛盾冲突	2. 由该集嘉宾表演及宣布挑战赛规则
3. 本集精彩片段展示	3. 进行挑战赛并宣布最佳表现者
三、拍照主题及评审准则	四、宣布 FC 及冠军礼品
1. 蒂拉来信	1. 宣布冠军奖品及评审准则
2. 拍摄硬照	2. 宣布本周硬照冠军
3. 评委商议	
五、宣布 B2 及淘汰者	六、下集精彩片段预告
1. 留下末位两人	1. 研制人员表
2. 宣布淘汰者	2. 精彩花絮、比赛精彩片段
	3. 下集介绍

赛程规则

第十八季的《全美超模大赛》采用逐集末位淘汰制。首先，每集都有不同的主题挑战赛，这些主题赛为优胜者所在的队伍提供奖品，只为最终的淘汰提供依据而没有淘汰任何选手。其次，进入每集的硬照的正式比拼，具体形式有：泳装照、大头照、与动物合影、与男模合影、内衣品牌广告或者各种主题照（如第五集的枫叶装比赛、第八集的"Hello kitty"主题装、第九集的丝绸装主题赛），获得 FC 的选手的硬照在选手共同居住的房子里展示一周，而 B2 其中的一人被淘汰。最终，在终极对决中留下的选手成为冠军，获取丰厚奖励。

人物角色

图 4   图 5   图 6   图 7

由蒂拉·班克斯（图4）、克利·卡特龙（Kelly Cutrone）（图5）、奈杰尔·巴克（Nigel Barker）（图6）三人和每集一名嘉宾评委（第十集为谢霆锋，图7）组成评委团，淘汰名单由4人综合挑战赛、照片拍摄情况共同商议决定。其中，嘉宾评委还时常给予选手指导、帮助，或者参与到选手的比赛当中。

蒂拉·班克斯：《全美超模大赛》的主持、监制、评委，被誉为"超模之母"。1994年和1996年两度被评为"世界上最美丽的50名女人"之一。2007年更是进入了《时代》（TIME）前100名的人物榜单。

克利·卡特龙：隐形的女超人，被认为是世界上最冷酷的评委，但拥有令人敬畏的专业水准、品位和绝不废话的坦白，是最知名时尚公关 People's Revolution 的老板，办过 The Hill、The City 等时尚秀场，是个传奇的时尚人力资源师。

奈杰尔·巴克：《全美超模大赛》最"长寿"和受欢迎的评审。前男超模、现任专业摄影师。他的摄影作品出现在诸如《绅士季刊》（GQ）、《人物杂志》（People）、Interview、Paper、Lucky 众多时尚杂志上，他还为必富达·金（Beefeater Gin）、肖恩·约翰（Sean John）等拍摄过平面广告。

谢霆锋（Nicholas Tse）：谢霆锋作为80后歌手在华语乐坛名声大噪，被誉为"亚洲天王巨星""中国首席偶像""新生代领军人物""80后首位金像影帝"等。

由蒂拉·班克斯在英国和美国的模特中各千挑万选出七名从身材够好、长相美丽、

图 8　冠军索菲（Sophie）

图 9　亚军劳拉（Laura）

拥有完美的人格、强大的个人魅力的模特。观众能够见到各行各业、不同形象、不同风格、不同年龄、不同体型的参赛模特，她们风格迥异，各具特色。

　　具体来看，从地区来看，七名美国姑娘中有来自威斯康星州密尔沃基的阿兹玛瑞（Azmarie），有来自得克萨斯州木兰镇的小镇姑娘凯尔(Kyle)，有来自达科他州保留地的玛丽亚(Mariah)，来自纽约的劳拉（见图 9）；七名英国姑娘也来自不同的地区：有唯一来自苏格兰的阿什莉(Ashley)，来自牛津的索菲（见图 8），来自伦敦的阿莉莎（Alisha）。从年龄来看，有小到 18 岁的耶波尼（Eboni），有大到 24 岁的阿兹玛瑞，模特们的年龄都在 18—25 岁之间波动。从职业和学识来看，耶波尼是集美丽与智慧于一身的华盛顿大学全额奖学金得主，阿什莉却是 2 个孩子的妈妈现在在做专职主妇，也有打过工当过女佣的索菲，有电台主持人和模特的双职业者安娜丽丝（Annaliese）。从个性来看，阿兹玛瑞是典型的中性风、个性张狂；安娜丽丝拥有极好的个性；冠军索菲的个性天真可爱，博得大家和众多秀和品牌的老板的喜爱。

外部包装

·演播室

　　外景演播室随着比赛进程的推移不断变换，有的在澳门、加拿大、好莱坞等地方拍摄。演播室的布局采取选手和评委相对而站的模式的"工"字形布局。（详见图 10）

·视觉要素

　　因为《全美超模大赛》主打青年阶层，因此节目的色彩的视觉冲击力强，例如采取强烈的冲撞色给选手上妆。（详见图 11）

· 舞台设计

舞台大致为"工"字布局，选手站在评委和嘉宾对面，以国家为单位站成两队，嘉宾评委一字坐在选手对面。（详见图10、图12）

· 舞美灯光

灯光绚烂，总体上灯光配合着比赛的场景进程而变换。

· 舞台道具

道具较少，主要就是蒂拉用于宣布 FC、B2 时候选手的照片。

舞台实景

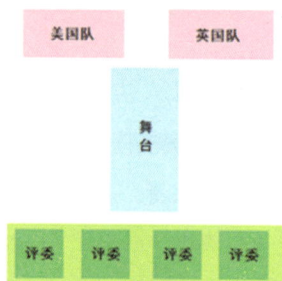

舞台设计图

图 10

图 11　挑战赛外景

图 12　演播室评委席

节目案例详解

《全美超模大赛》第十八季可谓特色季，创新性地加入了英国超模，然后在英美超模的对抗中选出冠军。而在第十集，《全美超模大赛》在澳门取景时，邀请了中国明星

谢霆锋作为嘉宾更是赢得了大量中国观众。

以下针对《全美超模大赛》第十八季第十集的每一个板块展开分析，该集不含广告一共 41 分 11 秒。

表3　第十八季第十集板块分析

板块	时长	内容	形式
上集精彩片段回顾	40 秒	1. 前情提要 2. 上集淘汰选手凯瑟琳（Catherine）的回顾 3. 介绍其余 3 个英国选手、2 个美国选手前往澳门继续比赛 4. 节目标识展示	VCR、旁白、现场同期声、音乐、开场及过场动画、标识
挑战赛	16 分 50 秒	1. 简单展示本期比赛片段，简要交代香港挑战赛的自由落体测验 2. 选手感言，英美选手相互吐槽 3. 选手们录制的 MV 小样，各个选手的风采展示 4. 选手阿莉莎坦言自己害怕成为 B2 5. 回顾阿莉莎的参赛过程中的成功或者失败的瞬间，阿莉莎吐槽其他选手 6. 蒂拉来信，告知本周挑战赛是表演主题 7. 选手感言穿插香港风景以及选手的香港印象 8. 选手见到 T 台的训练师（Runway Trainer）杰·亚历山大（J. Alexander），并由他介绍本集的嘉宾是谢霆锋及他所获荣誉 9. 谢霆锋表演中国武术及选手观后感 10. 谢霆锋告知挑战赛的内容是出演一小段武术以及获胜者将可以出演他的 MV 及劳拉感言 11. 选手们进行武术训练穿插选手感言 12. 选手正式进行武术表演，谢霆锋依次进行挑战并宣布挑战赛冠军是美国队的劳拉，选手阿莉莎表达不满 13. 选手之间的冲突	演播室主持、VCR、选手感言、音乐、声音特效

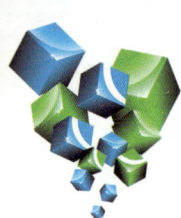

板块	时长	内容	形式
拍照主题及评审准则	10分40秒	1. 蒂拉来信——告知本周硬照将在澳门拍摄 2. 选手前往澳门 3. 选手间的矛盾继续并且激化 4. 澳门风景、人文展示，并穿插选手感言 5. 选手到达拍摄地——澳门塔 6. 主持人介绍摄影师奈杰尔·巴克以及选手们将在细雨中站在澳门塔的外部系着安全绳进行拍摄 7. 由于有的选手恐高，因此大部分选手都在抱怨，但是也有胆大的选手劳拉坦言这对自己是个机会 8. 节目标识展示 9. 巴克告知选手拍摄的要点是要展示出澳门的力量，并要求选手要融入城市背景，为自己的硬照增加城市特性 10. 索菲被巴克挑中第一个拍，但是由于她恐高而婉言推脱，巴克不满 11. 由于索菲想赢得比赛，她既不想让友谊阻挡胜利，更不想让评委兼摄影师的巴克不满而影响比赛 12. 索菲的拍摄过程历经恐惧，在拍摄完之后她泪流不止，不仅是因为恐高，更为比赛激烈释放紧张的情绪 13. 选手安娜丽丝的拍摄过程 14. 选手劳拉的拍摄过程，以及视觉督导杰伊对她表现力的感叹 15. 选手耶波尼的拍摄过程，穿插选手自己和其他选手的感言 16. 选手阿莉莎的拍摄过程 17. 巴克坦言尽管阿莉莎尽力想克服恐惧表现好，但是事与愿违 18. 澳门风景展示 19. 选手感言比赛的激烈程度以及评价自己的表现 20. 标识展示	现场主持、VCR、采访、旁白、现场同期声、音乐、声音特效、动画特效、过场动画、选手感言

板块	时长	内容	形式
宣布FC及冠军礼品	8分50秒	1. 蒂拉介绍评委、嘉宾以及冠军奖品 2. 蒂拉叫出安娜丽丝并对硬照进行点评，其他评委也进行了点评 3. 蒂拉叫出阿莉莎进行硬照点评，评委褒贬不一，克利·卡特龙直言自己不喜欢 4. 索菲的硬照点评也同样褒贬不一，仍然是克利·卡特龙表示不满意 5. 耶波尼的硬照遭到除了谢霆锋外所有评委的批评 6. 劳拉的硬照得到评委的一致好评 7. 评委商议 8. 节目标识 9. 评委激烈讨论B2、FC 10. 蒂拉告知选手五人中只有四个人能够继续比赛 11. 劳拉获得本周最佳硬照	演播室主持、VCR、现场主持、采访、旁白、现场同期声、音乐、声音特效、动画特效、过场动画、字幕
宣布B2及淘汰者	3分50秒	1. 蒂拉宣布索菲、安娜丽丝紧随其后 2. 蒂拉告知B2只有一人可以晋级，另一人即将被淘汰，并对两人成为B2的原因进行解释 3. 最终的结果是阿莉莎获胜，但是她情绪失控也主动退出了，本集同时淘汰了两名选手 4. 播放淘汰的两名选手耶波尼、阿莉莎的比赛照片和视频	演播室主持、现场主持、旁白、现场同期声、音乐、声音特效、动画特效、过场动画
下集精彩片段预告	1分24秒	1. 选手集体照中，被淘汰的选手的身影消失 2. 播放演职人员表 3. 播放下集预告，选手将在一个大玻璃瓶中拍摄硬照	演播室主持、VCR、现场主持、采访、旁白、现场同期声、音乐、声音特效、动画特效、过场动画、字幕

参赛的女孩们来自美国不同的地方和阶层、年龄介于 18—25 岁，她们怀揣梦想，希望自己有朝一日能登上 *VOGUE* 和 *Elle* 等时尚杂志封面。这档通过世界顶级摄像师和造型师的共同打造，亲自传授时装界的理论知识以及表演技能，由知名模特蒂拉·班克斯任主持、监制、评委，让最初满怀梦想的女孩悄然华丽地变身为新一代超模的节目——《全美超模大赛》为此应运而生。

节目内容

《全美超模大赛》倡导美国梦想的价值导向，节目给予女孩们一个通过自身努力来追寻梦想的机会，打消了种族、宗教界限，打开了她们模特职业生涯的大门。节目组旨在通过此节目推出平等、自由、美丽无国界，只要有梦，舞台就在脚下的价值导向。

《全美超模大赛》选手们身份迥异、个性鲜明、特点突出。从参赛选手来看，大赛的显著特点之一就是对前来参赛的选手没有硬性的要求。选手的长相或者体型都不是考量因素，无论美丑高矮胖瘦，只要你对时尚的理解达到一定层次，就有资格通过比赛来成为红透美国的超模。节目的这一原则赢得了美国众多女性的认同，她们纷纷前来报名参赛。最终，节目呈现出了各类女性的风采，无论何种肤色或行业，她们带着自信前来展示个人魅力，为了自己曾经有过的梦想在比赛中努力前行。

节目形式

在环节设置上，18 季的主线基本贯彻"上集回顾——本集精彩片段导入——上周最佳硬照神秘奖励揭秘——选手实时感言及当下局势分析——挑战赛——硬照——评审硬照——FC、B2——淘汰及淘汰者感言——下集预告"的思路。通过基本一致的环节和每集别出心裁安排的挑战赛，穿插介绍拍摄地人文、自然和令人惊艳的硬照，层层推进，环环紧扣，引人入胜。

大赛不仅仅局限于模特的外貌与身材，而是全方位考核选手。每一个参赛选手都会接受 T 台时装走秀、高强度体能训练、各种硬照拍摄和宣传技巧、沟通能力和广告拍摄，

以及舞蹈等各方面的综合测试。比赛过程中，选手会受到二十四小时的严密监察。每集都有几名固定或客席嘉宾评判参与评审工作，每周淘汰一名参赛者。

为了丰富节目内容，节目组创新地设计了很多任务，并且以蒂拉邮件的形式将任务给出，就像特工接到总部来函一样，引发选手的好奇。

在没有任务的时候，女孩们生活在被 24 小时严密监控的宿舍里，她们的相处方式也成了节目中的一个亮点。这些细节反映了模特们的心理、"策略"以及她们的情商。排斥，争吵甚至是打架，观众好像越来越喜欢窥探那些高高在上的超模们私下里不拘小节的样子。每个参赛者都力争做好自己，不像很多选秀节目包装出来的"完美偶像"一样乏味。此节目不通过"煽情""短信投票""PK"等噱头来吸引观众的注意力，而是依靠选题新颖，制作精良来吸引观众从而提高收视率。

在语言设计上，无论评委、选手还是摄影师，语言直接明确、语速都较快、时尚感较强、同时不时会有令人会心一笑的美国式冷笑话出现。

评委语言犀利，通过直接的语言反映自己的喜好。每逢选手遭淘汰之时，评委都会坦诚地将选手的缺点告知对方，指明选手未来需要努力进行增强的方面。这些犀利的点评并非安抚选手的温柔话语，对选手长远的发展具有十分积极的意义，是评委对选手负责的表现。选手则通过自由采访的形式直抒胸臆，直接说出自己对其他选手的好恶。让观众在语言线索的指引下，跟紧赛程。视觉督导杰伊会在电脑前对每一个模特进行最直接的点评，同时也会对选手或者同伴进行采访，通过他们的语言受众能够极为明确地感受到选手的内心世界。

在叙事风格上，叙事简洁不累赘，评委的评论短小到位、阐述明晰、直击要害，是典型的美国式叙事风格。同时，按照固定的主线模式进行叙事，在相同的模式下以惊喜制胜，不增加叙事负担又能吸引观众。

节目制作

《全美超模大赛》的画面简洁清晰、适景而设。外景设置既有简约的枫叶主题照，也有构图复杂的回归孩童时代的主题照。在时尚大片展示的环节里，观众们总会受到震撼，那些高端时尚的写真着实给人眼前一亮的感觉。因此这档节目环环相扣，吸引了大批观众。

而《全美超模大赛》的音效，从来都是适当渲染烘托气氛、不喧宾夺主，音响效果

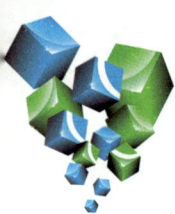

以增强节奏感为主要目的，音乐配合场景而不同、以具有冲撞力的音乐为主。原音重现非常真实，爆粗口、互相吐槽都时有发生，节目组除了将脏字消音处理外会完全地把参赛者的原话展示出来。观众也因为这些具有冲击力的语言而更加喜欢这个节目。

《全美超模大赛》的摄影角度采用多维视角、多元视点、多彩视图。俯拍、仰拍、平角度、45 度角拍摄变换使用；水中拍摄、高楼拍摄、摄影棚拍摄交替使用；彩色、正常色调、简约色调轮换使用。

《全美超模大赛》在采用交叉剪辑、巧妙安插，突出"以主题带动情节"的剪辑精髓，转场衔接紧凑，节目的立体感较强、可看性很高。观众可以欣赏到女孩们拍摄任务的精彩画面，同时也直观地体会到了模特们幕后的辛苦与付出。这种将花絮与节目环节融合在一起的剪辑方式既丰富又节省了时间。美国的很多节目节奏感都很快，因此想要观众记住并了解每一个选手是有一定难度的，《全美超模大赛》的节目组独具匠心地将选手材料穿插剪辑在采访和现场报道里面，引起观众的兴趣，以便快速消化大量信息。

《全美超模大赛》的主题音乐在凸显模特个性、展现模特特质上有画龙点睛的作用。第十八季主题曲 *Wanna Be on Top* 充满活力、激情四射。

商业制作

《全美超模大赛》贯彻"国际化视点、商业化运作"的宗旨。

《全美超模大赛》基本没有硬广告的植入，其商业化模式比较成熟。在主打节目的

消费者 (Consumer)	· 主打 18—28 岁的年轻阶层消费者喜爱的"节奏、韵律、刺激多元"元素 · 主打收视盈利，同时推出相关游戏盈利
成本 (Cost)	· 高成本、高投入 · 以高质量的节目效果、场景搭建、多元化拍摄手法获得收视率和好评
便利 (Convenience)	· 情节上：每集都有上集回顾，便于观众思路的连贯性 · 线索上：以基本一致的节目模式方便观众理解，无需大规模思维跳跃
沟通 (Communication)	· 及时进行市场反馈和信息搜集，并根据所得到的结论进行修正 · 定期进行观众调查，及时跟进观众需求

图 13　4C 营销分析

同时，推出相关游戏——《全美超模大赛》获得市场和利润，该游戏是美国游戏制造商DTP Entertainment 根据著名的参赛者争夺模特儿及化妆品合约的美国真人秀改编的一款模拟游戏。在游戏中，玩家要扮演的女主人公，是知名模特泰雅·宾丝任主持及监制下的节目的模特冠军。相比之下，国内很多节目都会提供赞助商的产品或者只考虑自身收视率这一个因素，而《全美超模大赛》的经营模式更赢得观众的喜爱。

而在节目营销上，《全美超模大赛》通过 4C 营销从而长期占据全美收视排行的前列。（详见图 13）

同类对比

《超模就是我》（*Make Me Super Model*）同样是一档来自美国的模特真人秀节目，在赛制上也是采用淘汰赛的形式，拍摄场地也采用内外场结合的形式，选手的选择也遵循多样化并且也通过同处一室展现矛盾冲突，在价值观上亦是宣扬美国梦想和自由主义，也将模特选秀真人秀节目推向新高点。

表 4　同类型节目对比

节目名称	电视台	节目形态及内容	成功因素	产业链
全美超模大赛	CW	选秀类真人秀节目，完全由评委和嘉宾通过硬照比拼决定最后冠军	每集硬照之前有个小竞赛多维展现选手特性；所有女性选手共住一室，选手间的矛盾冲突增加可看性	衍生电子游戏
超模就是我	ABC	选秀类真人秀节目，评委选择加上观众投票选出最后冠军	男女混住，增加了不同性别之间的矛盾冲突，增加了节目的可看性	—

《美丽模坊》是中国四川电视台的模特真人秀节目。《美丽模坊》与前几季的《全美超模大赛》节目形态相类似，均为用大部分时间选出前 14 强，宣判结果也是以获得照片者晋级，末位被淘汰的方式。主持人李艾自身也是资深超模。

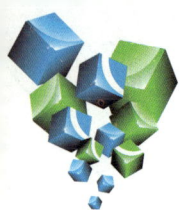

Project Runway

《天桥骄子》
——成就顶级设计师梦想

基本信息 ≫

· 原　　名：Project Runway

· 译　　名：天桥骄子 / 决战时装伸展台 / 天桥风云

· 标　　识：《天桥骄子》开播至今，节目标志主体元素改动不大，从第一季到目前的第十一季大致上都是由名模主持人海蒂和代表节目内容的针线或剪刀为元素（如图1）。在保持主体形象不变的情况下，也会加上参赛选手状态表现节目的竞技性（如图2）。此外，在一些季度里还加入了节目顾问提姆·冈恩的形象（如图3）。

· 播出国家：美国

· 播出频道：第一季到第五季在 NBC 环球（NBC Universal）旗下的 Bravo 电视台播出，从第六季开始转至 Lifetime 电视台。

· 首播时间：2004 年 12 月 1 日播出第一季，节目延续至今。

· 节目时长：第一季到第七季为 40 分钟，第八季到第九季为 60 分钟。

· 节目类型：竞技类真人秀

· 播出形式：录播形式

· 制作公司：美国电影公司——温斯坦影业（The Weinstein Company LLC）

· 官方网站：http://www.mylifetime.com/shows/project-runway

图 1　　　　图 2　　　　图 3

●节目概况速览

　　《天桥骄子》是一档时装类真人秀节目，节目为设计师们提供了一个能够展示设计才华和独特审美的非凡舞台。在节目中，选手将享有璀璨的秀台、美艳的服装，同时也要面对尔虞我诈以及各种挑战，而这一切只为让自己有机会在纽约时装周上笑傲 T 台。节目主持人以及超模海蒂·克鲁姆（Heidi Klum）、顶级服装设计师迈克尔·科斯（Michael Kors）、时尚达人尼娜·加西亚（Nina Garcia）将共同决定选手们的去留。在节目中，首席设计师提姆·冈恩（Tim Gunn）负责为选手提供各方面的帮助。比赛的奖励十分丰厚，最后胜出者的奖品包括将自己的时装设计刊登于《嘉人》（*Marie Claire*）杂志（前五季为时尚杂志 *Elle*）、入选 INC（Inter-National Concepts）Design 设计公司的学徒计划、Designers Management Agency 设计师管理机构的一年合约、一辆全新敞篷跑车、由专业发型品牌彩丝美（TRESemmé）赞助的 10 万美元奖金。

历史演变

　　《天桥骄子》第一季首播于 2004 年 12 月 1 日，一推出即受到观众喜爱，并且获得艾美奖最佳实况电视系列剧提名。戏剧化的大结局使本节目得到出人意料的成功。随后 Bravo 再接再厉，又相继推出了 4 季《天桥骄子》。2008 年，由于节目制作方温斯坦（Weinstein）与 NBC 环球旗下的 Bravo 电视台产生合作纠纷，节目从第六季开始改在 Lifetime 电视台播出。新的《天桥骄子》仍由超模海蒂·克鲁姆担任主持人，并由设计师迈克尔·科斯和时装编辑尼娜·加西亚担任评委。节目的官方杂志赞助商为《嘉人》。截至目前，《天桥骄子》已播出第十三季，并分别于 2012 年 1 月 5 日和 2012 年 10 月 25 日推出了全明星赛第一季和全明星赛第二季。

收视反响

　　《天桥骄子》自 2004 年 12 月在美国播出以来，广受好评，并且获得了"时装精进阶完全教程"的赞誉。而在中国，《天桥骄子》经土豆网独家正版引进后，广受国内综艺迷和型格潮人的追捧，历期节目在优酷土豆的平台上总点播量近 700 万，遥遥领先于其他引进的海外综艺节目。

获奖情况

2009 年第 61 届艾美奖，获得真人秀最佳剪辑奖；

2012 年第 64 届艾美奖，获非剧情类节目最佳导演、真人秀最佳摄影导演、真人秀最佳剪辑、最佳竞技类真人秀的奖项提名。

节目模式分析

每集节目中，设计师将接受不同的考验。比如使用非传统材料制作服饰、为选定人物设计服饰、为服饰公司设计产品以及制作专题服饰等。在每次的挑战中，选手都会得到一定的金钱，在限定时间下制做出精美服装。通常情况下，每位选手都是独立工作，偶尔也会需要团队协作。设计制作完成后，选手要为模特换上服装以及进行造型设计。模特出场走天桥的同时，评审小组会对服装进行打分。评委将会询问选手设计的理念以及分组工作。最后，节目将选出一名胜出设计师并淘汰一名落败设计师。

在决赛当天的纽约最终挑战结束后，有三到四位选手有资格进入决赛。晋级选手还需设计出一系列时装供时尚周展出。晋级者将会有 12 周的设计时间和 8000 美元的设计预算。决赛中的评判将会决定谁能够成为最后的胜出者，有时候还会给予选手一些额外的挑战。

板块设置

《天桥骄子》的板块设置主要包括：主持人布置任务——选手采购材料设计挑战——完成任务——进入 T 台展示——评委点评——评委宣布比赛结果——选手被淘汰。在各板块内部是选手制作服装的场面和选手之间相互的摩擦以及内心独白。

人物角色

·主持人：海蒂·克鲁姆

34 岁的海蒂·克鲁姆（如图 4）是时尚界的明星，同时她也是一位超级名模。克鲁姆经常是各种流行文化杂志的封面人物。克鲁姆并不只是一名模特，她的发展方向是多栖的。

| 图4 | 图5 | 图6 | 图7 |

· 评委：迈克尔·科斯

迈克尔·科斯（如图5）从19岁便开始了他的时尚生涯。1981年迈克尔·科斯品牌正式成立，其第一个女装品牌在波道夫·古德曼（Bergdorf Goodman）和塞克斯（Saks）第五大道之间的商店开业。品牌成立至今，从未偏离过创立的初衷，即"别致却不失奢华的美国运动服饰"。

· 评委：尼娜·加西亚

《嘉人》杂志的时尚总监尼娜·加西亚（如图6）在《天桥骄子》中的角色刚好和她的全职工作相符。她领导着时尚杂志 Elle 的时尚部门并且在时尚杂志 Elle 上她还有个新的时尚专栏——"时尚尼娜（Fashionina）"。她与顶尖的设计师们有密切的合作并掌握本季的流行趋势。全世界的追求时髦的女性们都关注她以及她的杂志。她还在为杂志构思新的前沿趋势，购物和配饰板块。

加西亚领导着一支拥有20名编辑和助手的团队。他们负责版面设计和文字并在时尚和配饰的新流行趋势的发展中起到重要作用。加西亚经常采访世界各地不同的时尚设计师，包括纽约、米兰、巴黎等。因此她被认为是时尚界的权威，最近她经常在如"观点"或"今天"这样的节目中担任流行趋势专家。

加西亚在90年代早期踏入时尚圈。开始在公共关系部门为佩里·埃利斯（Perry Ellis）和后来的杂志的首席设计师马克·雅各布斯（Marc Jacobs）工作。之后她跳槽到蜜拉贝拉（Mirabella）杂志社，在那里，她担任设计师助手和市场编辑的工作并最终在时尚杂志 Elle 达到她事业的巅峰且在2000年提升为时尚总监。

· 指导顾问：提姆·冈恩

提姆·冈恩（如图7）是《天桥骄子》的顾问，同时又是 Bravo 的节目《提姆·冈恩时尚指南》（*Tim Gunn's Guide to Style*）的主持人。节目中他引导时尚又具有挑战性

的女性们在她们的情感征途中挖掘其个人风格。杂志 *Advocate* 在 2006 年 3 月称冈恩为"实境电视节目中头脑最清楚的人"。《娱乐周刊》称他为"时尚界的重量级仲裁者"。在《天桥骄子》中，他以睿智、温和又绅士的风格受到观众的喜爱。

·嘉宾：节目在每集都会邀请一位特邀嘉宾作为客座评委。（如表1）

表 1　第十季各集嘉宾

集数	嘉宾名称	简介
第一集	洛朗·格雷厄姆（Lauren Graham）	女演员
	帕特里夏·菲尔德（Patricia Field）	服装造型和设计师
第二集	迪伦·洛朗（Dylan Lauren）	Dylan 糖果屋的创始人及总裁
第三集	克里斯滕·丽特（Krysten Ritter）	ABC 台《23 号公寓的坏女孩》主演
第四集	海顿·潘妮蒂（Hayden Panettier）	演员、歌星双栖明星，ABC 台即将开播的喜剧《那什维尔》（*Nashville*）的主演
第五集	乔安娜·科尔斯（Joanna Coles）	《嘉人》杂志总编
第六集	爱丽丝·坦波丽（Alice Temperley）	坦波丽·伦敦（Temperley London）的创始人兼时尚设计师
第七集	邦尼·布鲁克斯（Bonnie Brooks）	罗德与泰勒（Lord&Taylor）的董事长
第八集	安娜·苏（Anna Sui）	"安娜苏"的创始人兼时尚设计师
第九集	蒙多·格拉（Mondo Guerra）	《天桥骄子》全明星赛第一季冠军
	艾杨琪（Anya Ayoung-Chee）	《天桥骄子》第九季冠军
第十集	德布拉·梅辛（Debra Messing）	艾美奖最佳女演员
第十一集	希拉里·达芙（Hilary Duff）	演员
第十二集	佐薇·萨尔达纳（Zoe Saldana）	Myfdb.com 时尚网站的联合创始人
第十三集	无	
第十四集	珍妮弗·赫德森（Jennifer Hudson）	女演员

外部包装

·演播室：由 T 台构成的演播室（如图 8）。两边分别坐有选手和评委。演播室的天桥投影画面做得很出色，让观众能先看见投影并在脑海幻想和期待影子的真实面孔。灯光深刻地打出了演播室幕帘的深蓝色，没有花花绿绿的道具，演播室的布置风格突出了节目的定位是比较高档简洁的真人秀节目。

·视觉要素：演播室设计简洁清爽，根据节目的特性和节目剧情需要，模仿了时装

图8　演播室实景

秀场的设计风格。视觉上给人一种大气、简洁的风格。

·舞台设计：舞台设计相对简单，模仿了时装秀场的风格（如图9）。演播室中间是一条 T 台，也就是所谓的"天桥"。天桥的一端是一个白色灯光板，灯光板上打着《天桥骄子》的标识。当人站在灯光板后面，灯光板上可以看到人的影子。选手、主持人、模特进入舞台时都是从灯光板后面走上天桥然后再进入演播室。天桥的左侧和右侧分别是几把椅子，左侧的椅子是评委们坐的，右侧的则坐着选手。

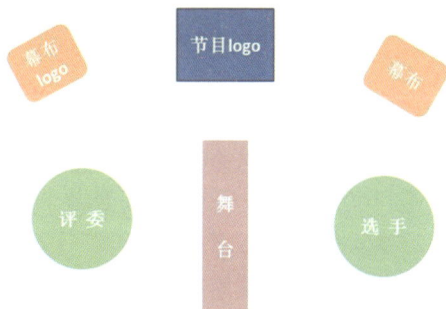

图9　舞台设计图

·舞美灯光：演播室的色彩主要以深色调为主。在选手和评委背景处打蓝光，强调了选手淘汰的残酷性。在 T 台起始处为黑色幕布和蓝色灯光，T 台为银色，增添舞台时尚感。模特走秀时灯光为普通白光，使得模特身上的衣服颜色保有最初的色彩，也不会抢走模特展示的耀眼光芒。

在灯光上，天桥一端的灯光板呈白光，任何人站在后面都会在灯光板上出现他的轮廓。灯体形成的光环都成为摄像机捕捉的画面内容，照明灯光与舞美设计相辅相成。

节目案例详解

　　以下分析将以 2012 年 7 月 19 日首播的《天桥骄子》第十季第三集为例。该集中原本单打独斗的设计师们首次被要求分为两人一组，为参加艾美奖的模特设计红毯造型。节目除了展现选手们和以往一样激烈的竞赛状态，还充斥着两人组中发生的种种矛盾和摩擦，看点十足。（该集节目不含广告时间总长为 62 分 37 秒）

表 2　第十季第三集板块介绍

板块	时长	内容	形式
前情回顾	30 秒	1. 片头标识展示 2. 回顾了上一集节目以糖果为主题设计衣服的非常规材料挑战赛 3. 交代第二集获得冠军的选手文（Ven）和被淘汰的选手兰提（Lantie）	标识、现场同期声、音乐
节目片头和赞助介绍	57 秒	1. 播放第十季的宣传短片作为片头，由主持人海蒂连贯整个短片，每一位参赛选手都有一句话进行自我展示，宣告第十季回归 2. 介绍最终胜出的参赛选手获得的奖励，即赞助商奖品	VCR、音乐
比赛前的选手交流	30 秒	1. 选手对上一场比赛冠军文的赞美 2. 几位选手对本场比赛的主题猜测和讨论，戏称有可能以面条做设计，留下悬念 3. 选手间相互加油打气并离开公寓来到演播室	现场同期声、音乐
规则介绍	36 秒	1. 主持人海蒂·克鲁姆与选手打招呼，宣布上场比赛的冠军文在本场比赛不会被淘汰 2. 宣布本场比赛的主题——红毯造型 3. 选手对本次主题的想法反应	现场同期声、音响、采访、主持人现场
主题宣布	3 分 43 秒	1. 选手来到外场，顾问提姆·冈恩告诉选手本次比赛是为要参加艾美奖红毯的明星设计，大家纷纷惊叹 2. 提姆规定选手的造型设计颜色要与分配到的车搭调，说明选手有一天的时间进行设计 3. 选手对为艾美奖设计衣服的想法，表示很兴奋	现场同期声、选手采访、背景音乐

续表

板块	时长	内容	形式
		4. 请布雷恩（Brain）介绍雷克萨斯车（植入广告） 5. 顾问提姆·冈恩宣布本场比赛将进行两人分组比赛 6. 选手对分组比赛的看法，大部分表示有些抵触和反感 7. 选手通过抽签车钥匙进行随机分组 8. 分组完成后对各自搭档的想法，有的选手很高兴分组，但有的组内成员对彼此不够满意	
设计主题确定	3分58秒	1. 每组选手在车上讨论会遇到哪位明星为其设计 2. 播放每组选手遇到对应的设计对象 3. 选手采访，选手对设计对象发表看法 4. 选手与设计对象讨论符合设计对象的衣服，包括风格、面料、材质等方面 5. 每组选手开始画设计图	现场同期声、音乐、选手采访
挑选布料	1分36秒	1. 有限的10分钟内，选手在穆德材料商场（Mood）挑选布料 2. 采访各设计师们对布料的设计和想法 3. 向提姆阐述设计理念 4. 展现穆德材料商场的标识，植入赞助商广告	现场同期声、采访、标识
工作室设计	2分02秒	1. 设计师进入工作室开始设计 2. 穿插采访选手对设计同伴的想法和对衣服的要求，冈纳（Gunnar）担心同伴科安（Kooan）拖后腿	现场同期声、采访、背景音乐
下节精彩预告	10秒	广告过后，播放下节精彩预告	现场同期声
初期工作室设计	3分42秒	1. 选手对衣服开始制作，每组选手相互讨论，过程十分紧张 2. 选手采访，介绍自己的设计理念，并展示设计图 3. 顾问提姆·冈恩提醒设计师本次比赛的截止时间，告诉选手们第二天会把各自的客户带来看他们的设计，并宣布获奖的设计师可以	现场同期声、采访、背景音乐、动画特效

板块	时长	内容	形式
		与他们的客户一同参加艾美奖，选手情绪激昂 4. 每组选手采访，克里斯（Chris）和安德烈亚（Andrea）在此时合作很默契，克里斯在采访中说要向安德烈亚学习 5. 科安认为设计礼服不是自己的长项，只有完全相信冈纳	
设计白热化阶段	2分34秒	1. 合作选手间的矛盾开始凸显，布菲（Buffi）与同伴埃琳娜（Elena）发生口角，布菲觉得自己没有参与到衣服的设计 2. 文认为无法和法比奥（Fabio）合作，抱怨同伴拖慢了进度 3. 高压下各位选手状态紧张，讨论激烈，设计进入白热化阶段。尤其是埃琳娜几乎崩溃	现场同期声、采访、背景音乐
客户视察选手设计	2分21秒	1. 提姆·冈恩带客户来看设计师设计的裙子 2. 一部分客户对裙子提出不满。冈纳的设计不被顾客欣赏，在采访中与客户针锋相对 3. 劳尔（Raul）的设计面料被客户看作泳装，但劳尔告诉顾客自己不会更改面料，气氛凝重	现场同期声、采访、背景音乐、动画特效
下节精彩预告	10秒	广告过后，播放下节选手矛盾升级的精彩预告	现场同期声
客户视察选手设计	8分03秒	1. 客户要求克里斯和安德烈亚的设计进行调整，二人沟通不畅产生矛盾 2. 布菲和埃琳娜的设计过于复杂导致时间不够，埃琳娜感到害怕而情绪失控 3. 埃琳娜情绪崩溃，离开设计室。同伴布菲受到大家同情 4. 在制作时埃琳娜举动疯狂，选手采访纷纷对其发表看法 5. 埃琳娜在采访时表达出个人观点，认为布菲制作不好，只能依靠自己，自己必须坚强 6. 克里斯对安德烈亚的动作过慢表示不满，俩人矛盾重重	现场同期声、采访、背景音乐

板块	时长	内容	形式
		7. 模特试穿初成品	
选手继续设计，矛盾激化	2分07秒	1. 克里斯开始对大家抱怨安德烈亚的动作过慢，戏剧冲突再次激化 2. 劳尔再次表示自己不擅长做红毯造型 3. 一天的设计时间结束	现场同期声、采访、背景音乐
回到公寓	35秒	1. 选手回到公寓，表示一天的设计激烈而劳累 2. 克里斯和大家讨论安德烈亚一整天都在剪裁布料，一个小时前才开始缝制 3. 画面切到街景，一天结束	现场同期声、采访、背景音乐
设计完成	2分20秒	1. 提姆介绍选手们有两个小时送他们的客户即他们的模特去化妆造型 2. 安德烈亚开始裁缝，克里斯再次不满 3. 模特试穿晚礼服 4. 选手们相互讨论彼此的设计，布菲和德米特里（Dmitry）觉得冈纳的裙子设计很糟糕 5. 安德烈亚没有按时完成任务，克里斯很崩溃	现场同期声、采访、背景音乐
模特进行化妆和整体造型	2分01秒	1. 选手告诉造型师模特需要什么样的造型，造型师进行设计 2. 设计师对模特的衣服进行调整。伊里娜（Irina）不满意冈纳的裙子，对他们抱怨连连	现场同期声、采访、背景音乐
下节精彩预告	10秒	广告过后，播放下节评委辛辣点评的精彩预告	现场同期声
演播室展示	5分10秒	1. 选手回到演播室，主持人海蒂特写介绍规则。再次强调节目主题词，"在时尚行业，今天的潮流引领者到了明天就可能变成老古董（As in the fashion industry, one day you are in, and the next day you are out）。" 2. 海蒂宣布开始展示 3. 介绍评委和特邀嘉宾克里斯滕·丽特，ABC台《23号公寓的坏女孩》主演 4. 每一位模特走入天桥展示选手礼服，穿插选手对自己裙子的自白。穿插选手和评委的表情特写	现场同期声、音响、采访、主持人现场

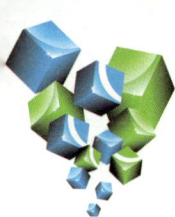

英美好节目
品味西方电视文化

板块	时长	内容	形式
主持人宣布比赛结果	14分06秒	1. 主持人海蒂宣布安全的选手名单 2. 安全的选手离开天桥，对晋级名单发表看法 3. 埃琳娜觉得如果能和技术更好的人搭档就能赢得本次比赛 4. 海蒂宣布剩下四组选手，有两组是得分最高的，剩下两组得分最低 5. 得分最高的两组选手冈纳和科安、文和法比奥留在天桥与评委交流讨论，得分较低的组则先离开天桥 6. 镜头跟随两组选手来到休息的地方 7. 在休息室里克里斯和安德烈亚发生口角 8. 场景切回天桥，得分高的前两名设计师们向评委阐述此次设计的理念和自己应该获得冠军的理由 9. 每一位评委根据不同的作品分别进行点评，两件作品都得到了很高的评价 10. 得分最低的两个组接受评委点评。评委调侃言辞激烈，颇具看点 11. 每组选手要说明如果淘汰应该淘汰组里的谁。克里斯和安德烈亚互相抱怨攻击，激烈争吵 12. 克里斯情绪崩溃，在天桥上痛哭流涕 13. 选手离开天桥	现场同期声、采访、音乐、声音特效
评委讨论	3分35秒	1. 评委讨论喜欢和不喜欢的设计作品 2. 在谈到每一件作品时，镜头会切换给对应作品的设计师在休息室等待的画面 3. 评委言语风趣，比喻生动 4. 侧面全景镜头，交代四组选手重回天桥 5. 在主持人海蒂说话的同时给予每位选手特写镜头 6. 宣布胜利选手文，切换模特画面展示其作品。在作品展示的镜头中颜色改动，表明是之前的镜头	现场同期声、采访、

板块	时长	内容	形式
		7. 文和其他晋级选手相继离开天桥	
		8. 主持人宣布劳尔被淘汰	
淘汰感言	1分01秒	淘汰选手劳尔的感想	现场同期声、采访、背景音乐

节目特色点评

节目主题和时尚紧密相关。节目本身由超模海蒂·克鲁姆担任主持，节目评委都是时尚界重量级人士，这意味着节目能为选手提供强大而丰富的资源平台帮助他们实现自己的设计梦想。从草根到知名设计师，只要你有梦想有天赋，《天桥骄子》就是你的舞台。节目的主题围绕着时尚与梦想，契合当下环境。

节目内容

·主题分析

《天桥骄子》为天才设计师提供了一个展示自己精湛设计才华和独特审美的机会。从设计师到主持人、评委都是顶尖级的人才，这些时尚界的宠儿使节目传达出丰富的时尚理念，加深了观众对时尚的理解与认识。把服装制作的全程搬到幕前，展示了舞台耀眼灯光之下的残酷竞争，揭开了红地毯上高贵晚礼服的神秘面纱，也成为服装设计者不可多得的学习平台。

·价值导向分析

时尚导向：从身兼主持人与评委的超级名模到时装设计师及时装杂志总监，加上有着时尚触觉的高水准参赛设计师，每一个人都走在时尚前沿，节目整体充满时尚元素，播出后掀起了全民时尚的潮流。

实力导向：节目的比赛相对单纯许多，参赛者们靠作品说话，这是真正的实力较量，手上功夫远比嘴皮子功夫要来得重要很多。最后赢得胜利的人都是有着高抗压能力和非凡设计能力的选手，节目传达出积极的正能量。

真实导向：不矫情、不做作的真实感是该栏目一大亮点。节目中所有选手之间矛盾激化非常的真实，选手都把自己的真实想法说了出来，他们会在节目中直接表达或者直接流露出自己对他人的不满或者喜爱。同时，选手在失意和得意面前尽情展现着自己的

情绪，人性的真实表露无遗。

· 人物分析

主持人海蒂·克鲁姆是时尚界的超级名模，同时有着时尚的嗅觉，着装魅力大胆，在点评时直接而犀利。评委迈克尔·科斯和尼娜·加西亚都是走在时尚前沿的老道专家，评论有时也十分尖酸刻薄。他们都是一针见血地表明自己态度的"毒舌派"。"毒舌"评价虽然会打击参赛者的自信，但也正是节目吸引人的地方之一，它使得观众领略到了时尚界背后的冷酷无情和变化多端。顾问提姆·冈恩是一个拥有多元化时尚背景的明星人物，在节目中扮演着督促选手并且给予意见的角色，与评委和主持人的犀利形成鲜明对比。使得节目更具可看性。

由于节目主题的限定，《天桥骄子》不能像《美国偶像》《老大哥》那样进行全民海选，但这并不影响参赛者的多样性。初选阶段，评委会依据报名者的作品集选出参赛选手。在这些入选者中，有的是设计院校高才生，有的是跟时装设计没有任何关系的其他领域人才，有的是刚刚毕业的大学生，有的是拥有独立品牌的设计师。他们有着不同肤色，不同背景，不同的人生故事，有的甚至是 HIV 病毒的携带者。这些带着强烈非主流色彩的选手组成了《天桥骄子》多样的参赛者。

节目形式

· 环节设置

主持人布置任务——选手采购材料设计挑战——评委点评——评委宣布结果——有一名选手被淘汰，并且在每个环节中，选手都必须在规定的时间内顶住高压完成任务，使得节目更具有紧张刺激的感觉，增强节目的可看性。

· 语言设计

节目里有一句非常上口易记的主持词："在时尚行业，今天的潮流引领者到了明天就可能变成老古董（As in the fashion industry, one day you are in, and the next day you are out.）"，精辟地总结了时尚圈光影流离背后残酷的竞争现实。

节目制作

· 画面

画面构图十分巧妙，节目的拍摄中涉及很多既需要展示选手也需要展示选手模特的

场景，所以在构图上要求画面包含足够多的信息量。节目画面洋溢着时尚和专业的气息，色彩斑斓的服装使节目画面饱满丰富。

· 声音

节目大量采用同期声，给人真实感。无论是宣传语还是主持人的声音，都充满了活力，让人感觉到节目的青春时尚。

节目的音乐风格分为截然不同的两种。设计师们在设计衣服时的背景音乐紧张刺激，节奏明显加快，旨在体现时间的紧迫和竞争的激烈。但在天桥上表演时则时尚感十足。

· 摄影角度

选手在户外选取布料时的情形中，多次可以看出后方有摄影机出现。在主持人出场并介绍比赛时，镜头从主持人和选手两方角度对换拍摄。评委在点评时两个机位的不停转换表现出评委评论时和选手间的互动，在细节上给选手制作的成品特写，灯光从演播室两边打出突出人物关系，同时也使现场照明更为清晰。摄影角度变化多端，使得画面更具可看性。

· 后期剪辑

选手制作衣服的情景与当时心情的内心独白相结合，使得观众更容易融入他们的心理氛围，有看点。

镜头拍到哪个选手，下一个镜头就是有关此选手的情况和他的内心独白，这样使内容有一定的连贯性。这显示出比赛的残酷性，选手间的不理解以及比赛中冲突的铺垫。

T台走秀阶段镜头第一个就是模特出场的银幕投影，此后镜头的设置都是按照模特的投影、选手的表情、评委的表情、模特的走秀穿插剪辑，这样既有新鲜感又使节目节奏十分活泼。

在评委宣布结果时在还没知道结果时镜头在两个待定选手间来回切换，节目气氛变得更加紧张。

· 网站设计

官方网站富有时尚感，有每一季的获胜者介绍和下一季的预告。

官方网站：http://www.mylifetime.com/shows/project-runway

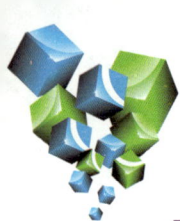

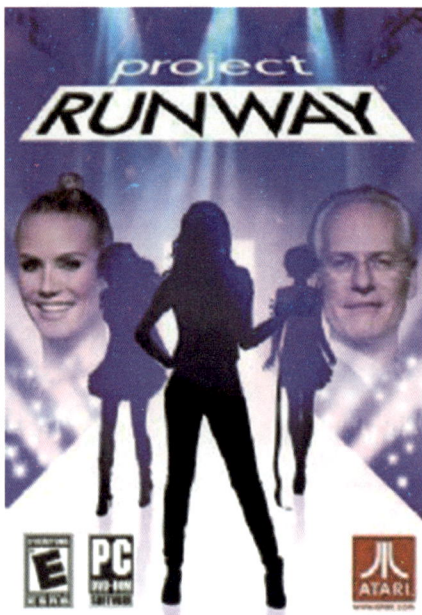

图10

商业模式

《天桥骄子》将商业利益巧妙融合在节目内容中。每集开头都会播放合作商的广告，并且在节目过程中会穿插合作商的产品，如选手用惠普电脑进行设计图创造、开雷克萨斯的车出行、用巴黎欧莱雅彩妆为模特打造妆容等，这些品牌都会在每一集节目中反复出现。赞助商的合作使得节目经费充足，同时借助赞助商的名气也提升了节目的品牌效应。节目的赞助商共有：惠普、英特尔、《嘉人》杂志、雷克萨斯、欧莱雅、罗德与泰勒等。

节目研发移动客户端软件 APP（如图10）。同名游戏的下载，增加了节目的关注度也拓展了盈利途径。

Face Off

《特效化妆师》
——幕后马良

●节目概况速览

　　《特效化妆师》是一档由 Syfy（美国 NBC 的一个有线电视频道）制作的真人秀节目，参赛者通过比拼特效化妆技术来决出最后的获胜者，最终的获胜者获得 10 万美元奖金，由 Alcone 化妆品品牌提供的一整年用量的免费化妆品等奖励。同时，该节目的评委均为

基本信息 ▶▶

· 原　　名：Face off
· 译　　名：特效化妆师
· 标　　识：《特效化妆师》开播至今，共有三组宣传海报，主体内容一致，即在一张脸上展现特效化妆的神奇。第一期（如图 1）为阿凡达特效装扮，第二期（如

图 1　　　图 2　　　图 3

图 2）为绿色禽鸟装扮，第三期（如图 3）为粉色冰激凌装扮。

· 播出国家：美国
· 播出频道：美国 NBC 电视台 14 频道
· 首播时间：2011 年 1 月 26 日
· 播出时间：每周四晚 22:00—23:00
· 节目时长：45 分钟
· 节目类型：真人秀
· 播出形式：录播
· 制作公司：Syfy
· 官方网站：http://www.syfy.com/Face off

世界顶尖的影视特效设计师和化妆师。

节目模式分析

作为一档特效化妆类的真人秀节目，《特效化妆师》在节目板块设置方面有较突出的特点。节目共分为两个模块，分别是基础挑战赛和聚光灯挑战赛，其中聚光灯挑战赛为每一集的重点。节目每一集淘汰一名选手，留到最后的一名选手为该比赛的获胜者，可以获得 10 万美元奖金和 Alcone 品牌提供的一整年用量的免费化妆品。

板块设置

基础挑战赛通常是在选手不知情的情况下邀请所有选手，临时提出一个主题由选手们现场进行特效化妆的创作，限时两小时。每次基础挑战赛选出一名在该环节表现最为优秀的选手获得"聚光灯挑战赛豁免权"，即在聚光灯挑战赛可以避免淘汰。

聚光灯挑战赛则是将选手带到一个提前设定好的大主题环境中，进行两人一队的分组，给予每支队伍一个主题让其进行创作，每期限定的时间都有所不同。最后在演播厅内进行展示，并由 3 位专业评委选出一支表现较好的队伍和一支表现较差的队伍，最后从表现较差队伍的两人之中选其中一人淘汰。

主持人与裁判介绍

主持人

图 4

麦肯兹·怀斯摩尔（McKenzie Westmore）：来自怀斯摩尔家族，怀斯摩尔家族代表化妆特效界的金字招牌。麦肯兹在特效化妆方面有很深的家族渊源。其曾祖父乔治（George）一辈中，怀斯摩尔家族为当时的影视化妆设立标杆，是该领域的先驱。她的父

亲迈克尔·怀斯摩尔（Michael Westmore）是名作《星际迷航》的幕后化妆师。怀斯摩尔家族先后参与 2000 多部影视剧作，更在 2008 年因其特殊的贡献在好莱坞星光大道留名。麦肯兹自 3 岁登台，先后在《星际迷航》《愤怒的公牛》等知名影视剧中出演小角色，之后她成为了一名真人秀主持人，并且获得艾美奖提名。2011 年因主持《特效化妆师》而出名。

裁判

图 5

格伦·赫特里克（Glenn Hetrick）：著名演员和特效化妆师，来自美国宾夕法尼亚州。赫特里克曾在多部电影与电视作品中担任特效化妆师。例如《饥饿游戏》《致命魔术》和《基督再临》等著名电影。他的公司——"视觉神经工作室"曾获得艾美奖以及其他九项大奖。与此同时，赫特里克也曾经为嘎嘎小姐（Lady Gaga）等人做过形象设计。（见图 5）

图 6

韦·尼尔（Ve Neill）：八次获奥斯卡提名，三次获奖。尼尔是美国电影化妆界名副其实的大师级人物。1977 年进入电影化妆行业，八次被提名奥斯卡最佳化妆，三届奥斯卡、两届艾美奖、两届土星奖最佳化妆得主。尼尔在 60 多部电影中担任过化妆师。其代表作有《加勒比海盗》（Ⅰ、Ⅱ、Ⅲ）《剪刀手爱德华》《蝙蝠侠归来》《阴间大法师》《王牌大贱谍》《人工智能》《理发师陶德》《窈窕奶爸》等。（见图 6）

内维尔·佩奇（Neville Page）：著名的生物概念设计大师，曾在《阿凡达》《星际迷航》《创战纪》等作品中有非常出色的表现。（见图 7）

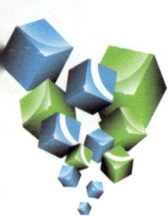

图 7

外部包装

·演播室：中型实景演播室

图 8 演播室场景展示

·视觉要素：蓝色的背景设计加上低调的光线是《特效化妆师》舞台设计的主要风格，通过这种蓝绿色设计能给观众一种强烈的神秘感。以此突出节目的独特性和强烈的设计感。

·舞台设计：舞台共设两个展示区（如图 8），化好妆的模特与评委相对，以便评委可以更直观地对成果进行观察。选手并列站在舞台的另一侧，及时向评委介绍自己的作品。在展示区中间还设有一个圆形展示台，以便单个模特上前进行展示，以达到更好

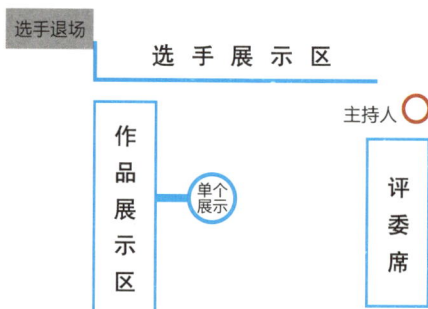

图 9

的观赏和舞台效果。

·舞美与灯光：《特效化妆师》中，一共有四束主光，分别是打向选手展示区、作品展示区、评委席和单个展示区。其中以单个展示区的光亮最为明显，剩下的区域均以暗处为主。这种低调的灯光设计在一定程度上突出了节目的神秘感，且蓝色与绿色给人一种金属质感，更突出了《特效化妆师》的特效对决的主题，突出了技术性。

另外，每一期的灯光会跟随不同的主题而进行部分颜色设置的改变，例如中国龙的主题就会在舞台上放置一些灯笼，LED 屏幕的灯光也会略有变化（如图 10）。但是整体的风格仍然是以蓝绿的神秘金属质感为主。

·舞台道具：在所有的选手将自己作品带出来一一介绍之后，会有一个作品情节集体展示环节（如图 11）。这个环节中所有的作品在一个既定的环境里进行小范围的展示，并且会用到一定的舞台道具，例如凳子、酒杯、台灯、吧台、椅子等。由于每一集节目的主题都不一样，因此每一集都会使用不同的道具。

图 10

图 11　集体展示环节

节目案例详解

该节目主题丰富多彩，例如第三季的主题如下。

表 1　第三季主题

集数	比赛内容
第一集	外星怪物挑战赛
第二集	海盗妆容挑战赛
第三集	中国风舞狮挑战赛
第四集	爱丽丝梦游仙境僵尸版挑战赛
第五集	荧幕超级英雄挑战赛
第六集	游戏人物挑战赛
第七集	按图构思设计挑战赛
第八集	苏斯博士构思角色挑战赛
第九集	半机械人角色挑战赛
第十集	超自然生物犯罪嫌疑人挑战赛

以下以第三季第一集为例进行分析。在这一集中，节目组先介绍了来参加的 12 位选手，他们都是来自全美不同地方的化妆师，有着不同的肤色和文化背景，但都对特效化妆充满了热爱。在这一集中，节目组选取《星球大战》作为他们比赛的主题，并在这一集中淘汰一名选手。

其中基础挑战赛为 1—7 部分，总时长为 15 分 25 秒。聚光灯挑战赛为 8—23 部分，总时长为 49 分 03 秒。

表 2　第三季第一集板块分析

板块	时长	内容	形式
节目导视	2 分 09 秒	1. 主持人介绍参赛评委、节目规则、冠军奖励和参赛选手的目标以及宣言 2. 穿插本期节目一系列选手的精彩片段和评委的热辣点评 3. 介绍本期节目的各种比赛视频以及精彩瞬间，为第三期节目做一个整体的精彩导视	标识、VCR、现场同期声、旁白、音响、音乐、主持人

续表

板块	时长	内容	形式
节目片头曲	32 秒	1. 以定格的方式介绍 12 位参赛选手的姓名 2. 穿插一些他们在参赛时的精彩瞬间，以一动一静相结合的叙事方法来进行介绍	VCR、音乐、音响
选手入场	4 分 01 秒	1. 十二名选手被秘密邀请去洛杉矶中心参加私人派对。他们被专车送往目的地。当选手在车上的时候，节目系统全面地介绍了每个参赛选手的身份 2. 在实景录制的同时，节目组会穿插在摄影棚内后期录制好的选手当时的心理活动，然后进行平行剪辑拼接在一起	字幕、现场同期声、VCR、音响、音乐、主持人
规则介绍	1 分 57 秒	1. 主持人从派对中出场，所有的选手都非常惊讶和兴奋 2. 主持人介绍本期任务和评委，任务是必须利用派对出现的所有东西作为材料来设计一个形象，这一次的获胜者将获得"聚光灯挑战赛豁免权"。比赛时间为两小时 3. 介绍的同时穿插提前在摄影棚录制好的每个选手的心理活动和对于当时比赛的看法	字幕、现场同期声、VCR、旁白、音响、音乐、主持人
开始基础挑战赛	3 分 53 秒	1. 基础挑战赛正式开始，选手们开始借助派对上出现的各种可利用的东西进行创作。例如：树叶、草、西瓜皮等 2. 轮流播放每个选手的创作过程，其中穿插选手之前录好的关于创作过程的一些理念和想法做解释 3. 继续更加详细地介绍每一位选手的来历和过去的特效化妆经历	字幕、现场同期声、VCR、旁白、音响、音乐、主持人
评委点评	1 分 22 秒	1. 比赛时间结束，每个选手介绍自己的作品和理念 2. 评委对选手的作品进行点评 3. 穿插了后期录制好的部分选手的心理活动，即他们认为哪一组的作品比较出色，以及从他们的视角看每个作品	字幕、现场同期声、VCR、旁白、音响、音乐、主持人
宣布获奖	1 分 12 秒	1. 评委公布今天的获奖选手以及获奖原因	字幕、现场同期声、

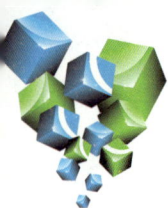

板块	时长	内容	形式
选手		2. 公布结果之前穿插一段对《特效化妆师》的广告宣传，以及本季精彩预告和精彩片段 3. 穿插获奖选手后期录制好的获奖感言	VCR、旁白、音响、音乐、主持人
介绍选手新家	42秒	1. 选手们来到他们即将参加聚光灯挑战赛时住的房子，非常兴奋与激动 2. 穿插选手在后期录制好的当时当地的心情	字幕、现场同期声、VCR、旁白、音响、音乐、主持人
聚光灯挑战赛规则介绍	1分09秒	1. 介绍本次聚光灯挑战赛的主题是《星球大战》，选手们为电影设计一个形象 2. 介绍本次邀请来的特邀嘉宾——马修·伍德（Matthew Wood）。他是卢卡斯电影公司的长期合作人，同时也是《星球大战》格里弗斯（Grievous）的配音者	字幕、现场同期声、VCR、旁白、音响、音乐、主持人
分组及额外奖励	1分03秒	1. 主持人念出十二人随机两两一组的分组名单 2. 特邀嘉宾介绍此次基础挑战赛为获胜队伍准备的额外奖励——胜出组的作品会放置在《星球大战》的官网上。不仅展出原创作品，《克隆战争》的动画版本也会一一呈现	字幕、现场同期声、VCR、旁白、音响、音乐、主持人
比赛进入选脸模阶段	41秒	1. 选手们被带入工作室，看到满满的器材和工具时他们非常兴奋 2. 选手们进入制作的第一个阶段——选脸模。每组选手根据自己的需要选择自己的脸模，脸模和最后上台展示的模特的脸型是一致的，选手在自己选择的模型上进行设计 3. 每个选手在工厂内搜寻自己需要的素材并进行初步尝试，第一天结束。选手每天在公寓和工厂间两点一线，每天参与设计制作的时间从四小时到六小时不等	字幕、现场同期声、VCR、旁白、音响、音乐、主持人
造型设计	1分32秒	1. 在选好自己的脸模之后，选手们在图纸上进行造型的设计。设计出的造型作为每组的模板来进行实际的创作 2. 这个阶段是每组选手的第一次合作与互动。这一部分每组的两个选手有一系列的沟通与	字幕、现场同期声、VCR、旁白、音响、音乐、主持人

板块	时长	内容	形式
		交流，有的出现合作愉快的情形，而有的则会为后面意见不合埋下伏笔 3. 中间穿插后期录制好的选手们对于这一环节的简单介绍以及当时当地的心情	
陶土雕刻	3分27秒	1. 初步的设计和实践后，选手开始大规模地陶土雕刻，以此用来做假体 2. 在这一个阶段，有一组的内部开始出现意见不合与分裂的情况 3. 中间穿插后期录制好的选手们对于这一环节的简单介绍以及当时当地的心情	字幕、现场同期声、VCR、旁白、音响、音乐、主持人
制模阶段	10分30秒	1. 选手们为雕刻做一层外壳，接着打开，放上泡沫乳胶烘干，这一阶段完成后，脸模就与演员脸部完美契合，体现出新脸的轮廓 2. 有专业的常驻评委过来考察他们的进程，并及时对他们的作品提出一些观点和改进方法 3. 有矛盾的一组矛盾继续激化 4. 中间穿插后期录制好的选手们对于这一环节的简单介绍以及当时当地的心情	字幕、现场同期声、VCR、旁白、音响、音乐、主持人
选手休息时间	54秒	1. 经过几天的劳累后，播放一些选手"回家"时休息的场景 2. 选手们互吐心声，谈一些关于比赛的担忧和焦虑等，以及他们之间的互相鼓励和支持 3. 中间穿插后期录制好的选手们对于这一环节的简单介绍以及当时当地的心情	字幕、现场同期声、VCR、旁白、音响、音乐、主持人
上妆阶段	4分52秒	1. 选手们有四小时的上色时间和一小时的造型处理，然后就进行最后的展示 2. 由于时间非常短，每一组都遇到不同的时间上的问题 3. 中间穿插后期录制好的选手们对于这一环节的简单介绍以及当时当地的心情	字幕、现场同期声、VCR、旁白、音响、音乐、主持人
台前准备	1分31秒	1. 每位选手有一小时的准备时间，一小时过后他们去舞台进行最后的展示 2. 中间穿插后期录制好的选手们对于这一环节	字幕、现场同期声、VCR、旁白、音响、音乐、主持人

板块	时长	内容	形式
		的简单介绍以及当时当地的心情	
舞台展示介绍评委	1分25秒	1. 所有的选手上台，由主持人介绍本次的评委 2. 介绍评委时穿插评委曾经参与过的代表影片	字幕、现场同期声、VCR、旁白、音响、音乐、主持人
作品展示	6分07秒	1. 每个模特从幕后走到大屏幕前做展示，其中大屏幕会跟随每个作品不同的风格变换场景 2. 展示每个作品从无到有的一个惊人的变化过程 3. 中间穿插评委的表情以及观察 4. 中间穿插后期录制好的选手们对于这一环节的简单介绍以及当时当地的心情	字幕、现场同期声、VCR、旁白、音响、音乐、主持人
主题展示	2分45秒	1. 节目组在舞台上设置了星际酒馆的场景，在这个场景中，所有的模特聚集在一起进行一个整体展示 2. 所有的评委亲自走上前去仔细观察和触摸每一个模特并且即时给予评论 3. 每当一个评委对一个作品做出评论时，就会切换该作品主人的表情以及插播后期录制好的选手们当时当地的心情	字幕、现场同期声、VCR、旁白、音响、音乐、主持人
评委点评	8分42秒	1. 评委对每一组的作品一个个地进行点评，对表现较好的作品给予表扬和赞赏，对表现较差的作品提出质疑，同时与每一组选手进行单独交流 2. 穿插后期录制好的选手们在这一环节时的心情	字幕、现场同期声、VCR、旁白、音响、音乐、主持人
评委讨论	4分04秒	1. 选手们在换衣间等待结果，评委们在舞台进行现场讨论 2. 评委们在做决定时，在换衣间的一位选手（在上文提到一直和队友有矛盾的一位）失踪并退赛 3. 中间穿插后期录制好的选手们在这一环节的内心独白	字幕、现场同期声、VCR、旁白、音响、音乐、主持人
结果宣布	2分44秒	1. 评委评选出本轮比赛表现最好的一组和表现最差的一组，并给予点评 2. 从表现最差的一组中选出一个选手淘汰，但	字幕、现场同期声、VCR、旁白、音响、音乐、主持人

续表

板块	时长	内容	形式
		是由于本次比赛有选手退赛，所以在这一集中不再淘汰任何选手 3. 从表现最好的一组中选出一名冠军给予之前承诺过的额外奖励 4. 选手们开心激动地互相拥抱，互相给予鼓励 5. 穿插后期录制好的获胜者和险被淘汰者此时的心情	

节目特色点评

《特效化妆师》新颖独特的取材，通俗易懂的语言，精湛的制作技巧使其成为一档非常优秀的真人秀节目。

主题分析

《特效化妆师》的主题取材于特效化妆师这一独特群体，由于近年来科幻电影和3D动画的盛行，使得人们对于特效造型的制作越来越好奇。一年前，央视探索频道曾播出的特效造型大师系列节目的收视率一度创下探索频道新高就可为证。《特效化妆师》正是抓住了这一能吸引观众的新颖的主题使之获得受众较高的喜爱。

文化与价值导向分析

和多数真人秀的价值导向相同，《特效化妆师》倡导每个有梦想，执着的人都可以借着这个平台，通过自己的努力实现梦想。

同时，在每一季的节目中都会设置不同的场景来考验选手，这些场景涉及世界各地的各种文化。例如第三季的第三集中，聚光灯挑战赛被设置在了唐人街的天后宫，选手们的任务是设计一条龙的造型，但是要包含十二生肖的形象。这无疑为中国的传统文化起到了宣传作用，并在一定程度上丰富了节目内容。

图 12　中国龙形象

人物分析

· 主持人

《特效化妆师》的女主持人是特效化妆界小有名气的一位，她的外表与气质都十分的出众。有意思的是，不同于国内很多娱乐节目采用年轻的主持人，《特效化妆师》的这位主持人明显年龄已不小。但正是因为如此，她积累了很多的经验，谈吐优雅，打扮得体，在一定程度上能够更多地给人一种可以信赖的感觉，并且因为其阅历的丰富，她也一直是众多《特效化妆师》迷心中的偶像。

· 评委

正如上文所提到的，《特效化妆师》所有的评委都是美国特效化妆界的顶级评委，评委自身在业界的知名度和声誉足以支撑起他们在节目中充当评委的信服度。并且评委的点评十分简短而到位，没有过多夸张的言语和动作，所有的点评能够做到言简意赅。

· 参赛选手

《特效化妆师》在选手的选取上充分考虑到了多样性，他们均来自不同的社会背景和社会阶层。有的是白人学生，有的是无名化妆师，有的是知名的特效演员等。并且选手之间也有一些特殊的关系。例如第三季中有一个参赛选手的男朋友是上一季的决赛选手，例如有一对来参赛的选手是亲兄弟等。同时，每个选手都有一个属于自己的关于特效化妆师的故事。例如有的想证明给自己过世的爸爸自己是最优秀的，有的想通过这个比赛见一下自己仰慕已久的评委等。

商业模式分析

在第三季中，获奖选手不仅可以获得高达 10 万美金的奖金，还可以获得一辆 2012 新款丰田（TOYOTA）普锐斯 V 汽车，同时成为玫珂菲造型学院的客座教授。这无疑在激励选手努力的同时也为学校和汽车做了广告宣传。

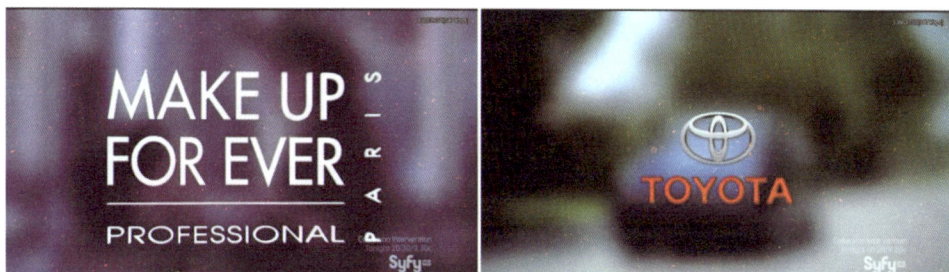

图 13 片头广告

环节设置分析

· 每期不同的精彩主题

每集节目，节目组都设置不同的主题来考验参赛者，有时是以某部知名电影为主要场景，为某部电影创作新的角色。例如第三季第一集和第四集，分别是为《星球大战》设计新角色，为《爱丽丝梦游仙境》设计僵尸版；有时是以某一国的特色文化为主题，例如第三季的第二集，主题为中国舞狮子；有时是为某电影游戏人物设置角色，例如第三季的第五集和第六集，分别是为超级英雄和游戏人生设计角色等。不同的主题元素结合了绚丽的色彩，让观众能够在欣赏比赛的同时感受不同的文化氛围与演出场景。

图 14 不同元素的场景

· 炫丽奇妙的化妆过程

"特效化妆师"这一职业对于普通大众来说是一个神秘而不可思议的职业，而《特效化妆师》这个节目正是抓住了观众这一好奇的心理，它在每一集中都会全面地展示每个模特的化妆过程，向观众展示他们是如何从最初的样子变成变装后的恐怖造型，特效化妆后强烈的视觉冲击也正是节目最吸引人的部分。

图 15 变脸过程

语言设计

·专业知识通俗易懂

尽管特效化妆师是一个专业领域，但主持人和旁白总是可以用最通俗简单的语言向观众解释出一些复杂的过程和专业内容。例如对"制模阶段"的解释：为雕刻做一层外壳，接着打开，放上泡沫乳胶烘干，脸模就能与脸部完美契合以体现出新脸的轮廓。

·评委点评直接

不同于以往的真人秀节目评委或尖锐或犀利的点评风格，在《特效化妆师》节目中，评委的点评十分简洁且直接，没有过多的炒作和作秀，用简单易懂的大众化语言完成比赛环节的每一次点评，使观众能够对比赛结果清晰明了。

画面制作

由于拍摄内容涉及大量的"双面展示"，即既需要展示选手也需要展示选手的模特，所以在构图上要求画面包含足够多的信息量，《特效化妆师》的画面构图十分讲究，基本上每个镜头都能从中既看到节目想要强调和突出的内容，又能看到画面里的其他内容。

图 16 不同景别进行环节介绍

《特效化妆师》中对一个内容有多角度多景别的画面拍摄，使观众对每一个制作过程有 360 度全方位的了解，让观众能够身临其境从不同的角度和距离去感受选手每一步的制作。

·特殊环节的音效处理

《特效化妆师》的音效处理非常有特点，里面有大量的具有金属质感的音效，例如在每一集最后的上妆阶段，模特脸上的妆容每变换一轮就会出现类似于刀子摩擦的金属声，制造恐怖和灵异感，能够很好地符合《特效化妆师》每期恐怖的特效造型。

《特效化妆师》在一些特殊的环节中会加上一些特殊的音效来扩大紧张感或是冲突

感。例如在评委宣布本轮比赛的获奖选手时，背景音乐变成逐渐加大加响的单一音；例如在第三季的第一集中，有一对选手因为配合问题而出现了争吵时，背景音乐变成一声类似于"停止（stop）"的持续嘀声等。

摄影角度

·选手视角

除了普通的观众视角，《特效化妆师》在摄影角度中运用了大量的"选手视角"，即主观视角，从参赛选手的角度去看待比赛和每一个过程。通过"选手视角"的拍摄，使观众能够更好地融入环境中。

图 17　选手视角

·上帝视角

在《特效化妆师》中运用得非常多的一种摄影角度便是"上帝视角"，即采用航拍或借用大摇臂来从上进行全景拍摄。通过"上帝视角"观众能够对整体环境有一个很好的把握，同时也能够以一个巨人的姿态去俯视整场比赛，给予观众一种居高临下的俯视感。

图 18　上帝视角

后期剪辑

·快节奏的剪辑方式

《特效化妆师》全部采用碎片化的快剪辑方式，除了介绍阶段，每个静止镜头的持续时间通常不超过 2 秒，且每个镜头的信息量都非常大。大量的移动摄影使整个节目保持在一个较紧张的氛围中，以此给予观众更强的心理刺激，使观众能够随时提高注意力和保持关注度。

· 内心独白与现场表现进行平行剪辑

正如上文在案例分析中提到的，《特效化妆师》每部分选手的表现都穿插该选手在后期录制好的内心独白短片。例如当他与队友意见不合时，节目会同时加入他对队友的不满与自己矛盾的心情的独白；当他听到评委对自己作品的赞扬时他激动与自豪的心情等。通过这种方式让观众不仅能够观察选手的表现，还能够窥视选手内心。

网站设计

· 主页色彩简洁而明亮

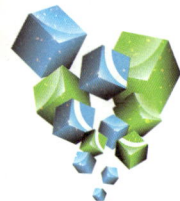

图 19　网站设计

与《特效化妆师》整体带有金属质感的风格类似，《特效化妆师》官网的设计也同样是充满着质感。网站底色为银灰色，是一个充满了现代感与造型感的颜色，同时穿插一些颜色艳丽的海报，使整个网站设计和色彩格调看起来简约而不简单，让人一目了然。

· 互动参与性较好

网站中设置了很多与网友互动的环节，例如"创造你自己的《特效化妆师》"模块，在这个模块里张贴对某个特效部分的具体流程，教你制作一些或恐怖的或吓人的特效妆容，通过这个板块，网友们可以上传自己做的特效设计，与其他网友们一起分享有意思的瞬间。

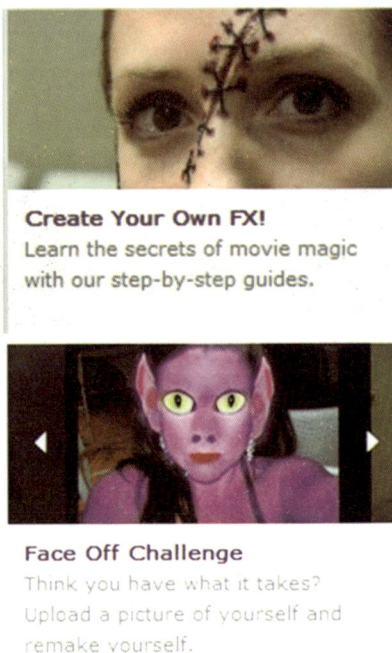

Create Your Own FX!
Learn the secrets of movie magic with our step-by-step guides.

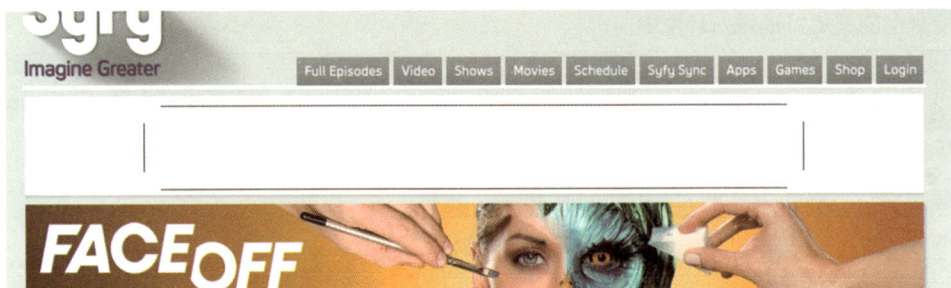

Face Off Challenge
Think you have what it takes? Upload a picture of yourself and remake yourself.

图 20　网站互动游戏

图 21　网站衍生品

· **衍生品的售卖**

《特效化妆师》的官网上可以点击玩各种与节目相关的小游戏，同时还售卖相关的 App 应用和一些相关的纪念品，例如特效模型或是印有标识的 T 恤等，能够扩大其销售额延长节目产业链，以此拥有多元化的盈利方式来达到最大利益化。

The Apprentice

《学徒》

——永不被 Fired 的美国梦

基本信息

- 原　　名：The Apprentice
- 译　　名：学徒，又译为飞黄腾达
- 标　　识：普通季《学徒》（如图1、图2）
　　　　　与名人季《学徒》配有不同的
　　　　　标识。相较于普通季《学徒》，
　　　　　名人季《学徒》会在原有标识
　　　　　上添加了 CELEBRITY（即
　　　　　"名人"），以示区别（如图
　　　　　3、图4）。

图1　　　　　　　　图2

图3　　　　　　　　图4

- 播出国家：美国、英国、中国等世界80
　　　　　多个国家和地区
- 播出频道：美国全国广播公司（NBC）等
- 首播时间：2004年1月8日
- 播出时间：每周四21:00黄金时间段播出

以下为美国 NBC 播放的日期：

表1 不同的播出时间的对比

季数	类型	播出时间
1	普通版	2004 年 1 月 8 日至 4 月 15 日
2	普通版	2004 年 9 月 9 日至 12 月 16 日
3	普通版	2005 年 1 月 20 日至 5 月 19 日
4	普通版	2005 年 9 月 22 日至 12 月 15 日
5	普通版	2006 年 2 月 27 日至 6 月 5 日
6	普通版	2007 年 1 月 3 日至 4 月 22 日
7	名人版	2008 年 1 月 3 日至 3 月 27 日
8	名人版	2009 年 3 月 1 日至 5 月 10 日
9	名人版	2010 年
10	普通版	2010 年 12 月
11	名人版	2011 年
12	名人版	2012 年

- 节目时长：45 分钟
- 节目类型：职场创业型真人秀节目
- 播出形式：实况转播
- 制作公司：Mark Burnett Productions、
　　　　　Trump Productions LLC
- 官方网站：http://www.nbc.com/the-
　　　　　apprentice/

● 节目概况速览 ⌄

《学徒》是美国 NBC 广播公司于 2004 年推出的一档商业类真人秀节目，以对抗哥伦比亚广播公司的热门节目《幸存者》。《学徒》由著名的地产大亨唐纳德·特朗普（Donald Trump）主持并由他旗下公司参与制作，在为期 13 周的时间内，通过各种不同的商业任务淘汰十六名雄心勃勃参与者中的十五名，最终获胜者可以在唐纳德·特朗普的地产王国中得到一份年薪二十五万美元的工作。《学徒》将纽约街头的生存术竞赛搬到全国电视观众面前，并成功获取了极高的关注度。

历史演变

《学徒》刚刚推出时，由于全新的制作理念和超逼真的商业规则，扣人心弦的剧情推进，很快吸引了美国上班一族，成为 NBC 电视台中唯一能与《幸存者》对抗的真人秀节目。但在播出 6 季之后，《学徒》也逐渐走入了瓶颈，收视率每况愈下，节目也险些被 NBC 电视台拿掉。

为了拯救收视率，《学徒》在第七季推出了全新改版的"名人篇"。这些选手不再是无名小卒，而是来自体育、娱乐、商业等多个行业的顶尖精英，他们将会在纽约的商业舞台上群雄逐鹿。

在名人版《学徒》中，14 位选手分头行动，每人进入一家慈善机构，在限定时间内为自己的机构募集到 100 万美元善款。募捐过程不能借助外力援助，全程都在观众监督下完成，他们将完全依靠自己的影响力来完成任务。优胜选手将获得 25 万美元的丰厚奖励，而这笔奖金最终需要捐给慈善机构。

收视反响

· 节目报名参与程度

据数据统计，《学徒》招募报名的时候，第一季 21.5 万人，第二季就增长到 100 万人，到第五季更是达到 300 万人。[1]美国著名房地产开发商马蒂·科蒂斯表示"很多商业人士

---

[1] 舒畅：《商业类真人秀节目研究—〈学徒〉到〈赢在中国〉》，湖北：华中师范大学，2010 年。

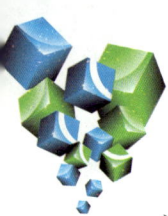

认为从中能学到很多好点子，就好像得到了一个免费顾问"。哈佛商学院和沃顿商学院则明确指定学生必须定期观看该节目，因为节目中的各种比赛环节同学生需要掌握的案例课程具有很多相似之处，这不仅体现了团队合作、个人贡献、领导才能和销售技巧等商业人士必须面对的话题，而且比书本上的案例更生动真实。

· 奖励

2004 年

荣获：第 56 届黄金时段艾美奖（The 56th Primetime Emmy Awards）

提名：艾美奖其他和技术类奖项——非剧情类节目最佳摄影导演（单镜头/多镜头）

艾美奖其他和技术类奖项——非剧情类节目最佳剪辑（单镜头/多镜头）

艾美奖其他和技术类奖项——非剧情类节目最佳音效（单镜头/多镜头）

真人秀、竞技类——最佳竞技类真人秀

2005 年

荣获：第 57 届黄金时段艾美奖（The 57th Primetime Emmy Awards）

提名：艾美奖其他和技术类奖项——非剧情类节目最佳导演

艾美奖其他和技术类奖项——非剧情类节目最佳剪辑（单镜头/多镜头）

真人秀、竞技类——最佳竞技类真人秀

2006 年

荣获：第 58 届黄金时段艾美奖（The 58th Primetime Emmy Awards）

提名：艾美奖其他和技术类奖项——非剧情类节目最佳摄影导演（多镜头作品）

2009 年

荣获：第 61 届黄金时段艾美奖（The 61th Primetime Emmy Awards）

提名：艾美奖其他和技术类奖项——真人秀最佳剪辑

节目模式分析

《学徒》作为商业类真人秀节目，其节目模式的设置也是独具匠心的，从开场设置到布置任务和执行任务，直至最终的评判任务，经过用心的设计后一气呵成，并环环相扣。《学徒》从开场便营造出商业任务特有的紧张感，整个节目的氛围在最后一个环节达到巅峰，最终用特朗普的"你被解雇了（You're fired）"做收尾，可谓节目的一大看点。

板块设置

以第十季第九集为例对《学徒》的编排情况和内容样式进行介绍，《学徒》的节目遵循的基本模式分为四个部分：

第一部分是必要开场：首先要让观众回忆起上一集的精彩内容，因为观众希望对之前的情节、人物、片段都非常的熟悉以便最大限度理解当下播出的内容，之后要让观众通过片头和主题曲 *For the Love of Money* 增强对选手的识别度和对节目自身的识别度。

第二部分是下达任务：每周特朗普会与参赛选手会面，会面地点多为特朗普的地产房产、大型金融交易机构或者与本次任务相关的场所（有可能由赞助商提供），分为两组，布置任务，小组成员推选出项目经理（之前的《学徒》项目经理是在布置完任务了解任务后推选出的，之后的《学徒》省略了推选项目经理的时间，基本上默认为项目之前的毛遂自荐，然后向特朗普汇报）。

第三部分是执行任务：各小组成员在项目经理的带领下完成特朗普布置的任务（会得到一定数目的活动资金），在此期间摄像师全程跟踪拍摄，后期剪辑后会把问题、矛盾凸显，尤其在选手的个人独白部分。

第四部分是评判任务：在专业人士的协助下，特朗普和他的评审团队（共 3 人）针对选手的项目作品或者结果进行评价，评选出胜负小组。获胜小组得到奖励，而失败的小组会再次进入会议室和特朗普助手会谈，分析失败的原因。失败方负责人会挑选出队员中的一到两个人和他共同承担失败的后果。特朗普一般会在这三个人中解雇一个，但有时候也会根据表现解雇更多的选手。

表 2　不同时段内容简介

时间	内容	结构
01:43	上集回顾	第一部分：必要开场
00:27	主题曲 + 片头	
01:26	宣布任务	第二部分：下达任务
16:50	执行任务	第三部分：执行任务
12:44	总结、决定胜负	第四部分：评判任务
02:23	被淘汰者车上受访	

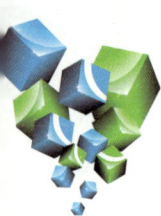

人物角色

· 主持人

现年 57 岁的唐纳德·特朗普，一生大起大落，是美国地产界与大西洋赌城的风云人物。毕业于宾夕法尼亚大学沃顿商学院的他，据说刚会走路就懂得捡空瓶子挣钱，20 岁出头已经成为拥有 20 亿美元的年轻巨富，20 世纪 80 年代更是权倾一时。但到了 90 年代初期，特朗普又一度濒临破产边缘，个人债务高达 9 亿美元，穷困潦倒到连午餐标准都不能超过 10 美元的境地。不过到了 90 年代后期，他又渐渐恢复过来，传奇的个人经历造就了他的个人魅力。作为美国最大地产开发

图 5

商和富豪之一，特朗普一直是美国社会关注的焦点，也是许多美国人心目中成功的象征，极高的曝光率使他具有知名度、亲和力和收视号召力，这样的人物以主持人和裁判的双重身份在电视中出现，自然会十分吸引观众。再加之特朗普具有出色的口才，对节目游刃有余的把握度和对自身生活的高曝光度，可以说是特朗普造就了《学徒》，这是为他量身打造的节目，特朗普就是《学徒》的金字招牌。在电视节目中出任主持人不仅可以满足特朗普热爱"炫耀"的虚荣心，更可以使他获得高额的收视回报，可谓一举多得。

· 裁判

《学徒》每集会对选手下达命令，全程会有特朗普的得力助手——他的女儿伊万

图 6

图 7

图 8

卡·特朗普(Ivanka Trump)和儿子小唐纳德·特朗普(Donald Trump Jr.)实时监控，向他汇报两队的情况，并提供自己的评价和意见。而在前五季的节目中，主要是由他的执行副总裁兼高级顾问乔治·罗斯(George Ross)和首席执行官卡罗琳·凯彻(Carolyn Kepcher)担任特朗普的左右手。但无论左右手由谁担当，最终仍是由特朗普在办公室中公布被解雇的选手。

伊万卡·特朗普(如图7)，美国商人，毕业于沃顿商学院管理学本科，世界超级名模。她是纽约地产大王唐纳德·特朗普的女儿，美国纽约房地产"特朗普集团"副总裁，连续两年登上美国《福布斯》杂志。

小唐纳德·特朗普(如图8)，美国商人，微笑行动大使，房地产开发商唐纳德·特朗普的第一个儿子。与他的姐姐和弟弟在纽约房地产"特朗普集团"任执行副总裁。

· 选手

主持人具有鲜明的个性，要成为他的学徒，也必须是各领域的佼佼者。《学徒》对于选手的选拔是极其严格的，节目的收视率高低，一定程度上取决于选手的素质。"成功"是必不可少的要素，但本季中对选手选拔的要求变为"曾经很成功"。本季所选拔的参赛选手，都曾经拥有高薪、高学历，但无奈在经济危机面前都低下了高贵的头颅：有的靠领救济金度日，有的开始买二手的衣服，有的甚至失业、待业。选手们对于最终年薪25万美元的职位都有着很高的渴求，并且每个人都独具特色。在《学徒》中选手之

图9

间的矛盾冲突都是一大亮点，像在第十季第一集中男队的戴维（David）就是一个极不好控制的选手，制造了很大的麻烦，但是往往这种角色不容易很快出局，因为正是他们制造了收视率，这可以算是一种小小的"黑幕"。但最终折服观众的还是选手们出色的素质，这也是《学徒》常胜的原因之一。

外部包装

表3　名人学徒选手简介

选手	简介	选手	简介
	戴维·卡西迪（David Kassidy），歌手兼喜剧演员		迪翁·沃里克（Dionne Warwick），格莱美歌手大奖得主
	加里·布西（Gary Busey），格莱美歌手大奖得主		理查德·阿奇（Richard Hatch），第一季幸存者冠军
	奥普·多拉齐克（Hope Dworaczyk），《花花公子》的 2010 年最佳兔女郎		利尔·乔恩（Lil Jon），格莱美最佳说唱乐歌手
	乔斯·坎塞科（Jose Canseco），棒球先生		拉·托亚·杰克逊（La Toya Jackson），歌手兼作曲家
	马莉·马特林（Marlee Matlin），奥斯卡最佳女主角，出演《罪恶都市》《宋飞正传》《绝望主妇》等		马克·麦格拉思（Mark Mcgrath），摇滚歌手，乐队 Sugar Ray 的成员

续表

选手	简介	选手	简介
	肉块乐队（Meat Loaf），摇滚歌手，格莱美最佳摇滚歌手		内妮·利克斯（Nene Leakes），主持人
	妮基·泰勒（Niki Taylor），超模，主持过 *Make Me a Super Model*		约翰·里奇（John Rich），乡村歌手
	莉萨·林娜（Lisa Rinna），演员		斯塔尔·琼斯（Star Jones），节目 *The View* 的前主持

· 演播室

整场节目的演播室，即唐纳德·特朗普的会议室（boardroom），主要出现在最后评论任务环节中，演播室的布置给人一种紧张、严肃的感觉，这点恰恰迎合了节目环节的需要。通过紧张的问答，最终会有至少一名选手被宣布离开，以暗色系为主的演播室则往往是选手们最不愿意去的地方。

一般情况下，首先选手们会根据分组情况分开就座，长桌的对面就是三位评委。在选手们进入演播室前，除特朗普以外的两名评委已经就座，待大家都准备好后，特朗普

图 10 办公室背面

图 11 办公室左侧

215

作为主持人兼主要评委，进入演播室并落座于评委席正中间的位置，随后便是选手与评委之间的问答。房间中还配有电视以便在有需要时对选手的作品进行展示。房间的平面设计见图12。

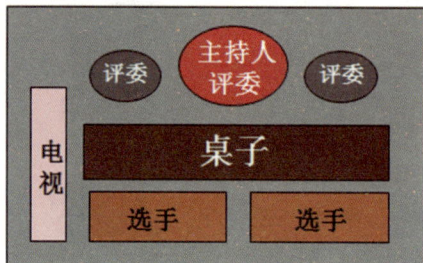

图12 办公室设计图

版权贸易

《学徒》是少有的由美国波及英国乃至世界的商业气息浓厚的美国本土化电视栏目。在全世界，《学徒》正在被疯狂地复制。

非洲版：举办地在拉各斯（尼日利亚的首都），主持人为著名广告界巨头 Biodun Shobanjo。

巴西版：2004年10月播放，由市场商界奇才罗伯托·贾斯特斯（Roberto Justus）主持。

中国版：2006年东方卫视播放"创智赢家"，主持人为袁鸣。

南非版：经典口号为"请你离开（You're dismissed）！"，主持人为矿业巨头托基奥·塞克斯威尔（Tokyo Sexwale）。

比利时：VT4电视台播放，16人里选奇才的故事。

芬兰版：又名"Diili（交易）"，主持人为电影界大王 Jari Sarasvuo。

爱沙尼亚版：又名 Mantlipärija，主持人为奥林匹克文娱顾问 Armin Karu。

丹麦版：主持人为 Klaus Riskaer Pedersen，他的经典口号是"你被解雇了（Du er fyret，丹麦话）"。

德国版：主持人为莱内尔·卡尔蒙德（Reiner Calmund），他是一位前足球经理人。

印度版：主持人为 Cyrus Sahukar，其人被称为"商界将军"。

印度尼西亚版：主持人为 Peter Gontha，印度尼西亚是第一个做《学徒》亚洲版的国家。

英国版：主持人为艾伦·休格爵士（Sir Alan Sugar），他是阿姆斯特拉德电子公司（Amstrad）的创始人。

节目案例详解

以下分析将以 2012 年第十季第一集为例。该集主要介绍了本季的主题并依次详细介绍了本季的选手，第一集中选手们被分为男女两队进行竞赛，最终一名选手被淘汰。

板块分析

表 4 第十季第一集板块分析

板块	时长	内容	形式
每季第一集专有介绍	2 分 25 秒	1. 主持人对本季主题进行背景介绍：金融危机，让观众对本季《学徒》有一个整体上把握 2. 主持人对《学徒》播出目的进行介绍：在美国选拔出 16 名候选人，选出最优秀的一名成为特朗普集团的高级员工。观众初步了解《学徒》基本的流程 3. 部分选手自我介绍 VCR：7 名选手进行自我介绍，共同特点：参赛之前是各自领域的佼佼者，但均因为金融危机、自身情况而改变了命运。此处与本季主题相呼应 4. 主持人旁白：定位《学徒》为面试选拔类比赛，强调其困难性，很好地为观众定位了《学徒》的高端性 5. 部分选手挑战宣言：5 名选手进行比赛宣言，共同特点：自信会成为下一个"学徒"。这一环节增强观众对《学徒》的识别度，具有积极的宣传效果，烘托出了激烈的比赛氛围 6. 主持人宣布比赛开始	字幕、现场同期声、VCR、旁白、音乐
片头	1 分 08 秒	1. 片头（1）：特朗普以及其专属房产、飞机特写 2. 男队介绍：男队成员动态特写和名字。增强观众对选手的识别度 3. 主持人以及主要评委画面：主持人特朗普以	字幕、音乐

板块	时长	内容	形式
		及主要评委（特朗普儿子唐、女儿伊万卡） 4. 女队介绍：女队成员动态特写和名字。增强 　观众对选手的识别度 5. 片头（2）	
基本比赛 信息介绍	5分10秒	1. 制作方介绍：马克·伯内特 2. 部分选手内心独白：部分选手自我介绍和对 　其他对手的评价。渲染激烈的比赛气氛 3. 选手被"宣召"进入办公室 4. 主持人兼比赛最终决策者旁白 5. 主持人引导性旁白和选手自我介绍：5名选 　手在主持人引导下首次在竞争对手面前做自 　我介绍，下一个发言者，提前给镜头作为提示 6. 主持人旁白 7. 主持人介绍比赛规则及相关信息、要求：主 　持人确定男女分队、要求确定各自队伍的队 　名以及项目经理、说明了下次见面地点。必 　要性说明，使得观众可以更了解比赛规则， 　选手更加明确自己的任务	字幕、现场同期声、 旁白、音乐、主持 人现场
确定队名以 及本次任务 的项目经理	4分44秒	1. 男队回到休息室，选择队名并推选出项目经 　理：男队队名辛烷队（Octane），因无人 　主动请缨，最终推选出吉恩（Gene） 2. 女队回到休息室，选择出队名并推选出项目 　经理：女队队名刚毅队（Fortitude），妮科尔 　(Nicole) 主动请缨，担任项目经理	字幕、现场同期声、 音乐
宣布比赛任 务以及评比 标准	2分16秒	1. 两队选手排成两列依次进入华尔街40号特 　朗普大厦前空地，站好后各自分为两排站立。 　每次特朗普面对全部选手讲话，固定的队形， 　使得观众具有较强识别感 2. 主持人旁白：介绍选手所处地点，再次强调 　特朗普集团的经济实力，强化观众对特朗普 　集团的认知度 3. 两支队伍自我介绍 4. 主持人介绍两位评委：唐、伊万卡（特朗普	字幕、现场同期声、 音乐、主持人现场

板块	时长	内容	形式
		的儿女）	
		5. 伊万卡介绍比赛任务：设计并建造一个超现代化办公室，将从执行过程、功能设计以及原创性等方面进行打分	
		6. 主持人介绍比赛结果评价标准：主持人即特朗普为最终决定者，获胜方会获得奖励，失败一方将有人被开除	
		7. 选手依次撤离	
比赛、任务完成阶段	36分28秒	1. 下节预告（1）：帮助观众提前预览精彩内容、留下悬念	字幕、现场同期声、音乐、个人独白
		2. 刚毅队到达工作室。开始讨论办公室建筑，队员对于建筑的看法冲突初步凸显	
		3. 辛烷队到达工作室。着手讨论办公室设计理念，队长提出绿色办公室理念，但执行力不够。设计师到场，队长并没有很好利用设计师到场的有限时间，队员不满 外景：列车	
		4. 刚毅队设计师到场，然后着手买涂料	
		5. 辛烷队着手讨论涂料、布局等问题	
		6. 下节预告（2）：帮助观众提前预览精彩内容、留下悬念 外景：桥	
		7. 刚毅队购买了涂料、食物，着手涂漆，队长带队购买电器。但是在进行涂漆、擦窗工作时，队员间发生冲突 外景：花店	
		8. 辛烷队成员克林特（Clint）和戴维发生正面冲突，项目经理吉恩管理松散无力 外景：打出租车的手势	
		9. 辛烷队开始进行涂漆工作。同时，伊万卡作为"耳目"来到辛烷队工作室视察情况，做出了自己的评价 外景：夕阳、夜景。提醒观众比赛时间一天	

板块	时长	内容	形式
		即将结束	
		10. 刚毅队项目经理选购完电子设备，房间内的主要涂漆工作已经完成。然后前往家具商店挑选所需办公室用品 外景：夜幕下美国交通	
		11. 辛烷队项目经理开始发挥领导作用，戴维不受控制 外景：朝阳、日景	
		12. 刚毅队决定一部分人前往物品店，购买装修物品 外景：地铁	
		13. 辛烷队在新的一天获得了强有力的领导。戴维跑到工作室外被迫接受两周一次的失业电话核实。此处强化本季主题 外景：施工场景。节奏加快进入最后冲刺阶段	
		14. 辛烷队进入施工状态 外景：时钟。提示时间的流逝和时间的紧迫	
		15. 刚毅队家具刚刚运到，一片混乱	
		16. 唐来到刚毅队进行视察 外景：建筑物外观（楼层）	
		17. 辛烷队家具未能准时送到，装饰设计过于复杂，时间紧迫 外景：飞速闪过的云、车流、人流。提示所剩时间不多，且时间飞逝	
		18. 刚毅队家具、电器到位，进行装饰工作 外景：人群流动	
		19. 辛烷队电器及时送到，在规定时间内完成任务。辛烷队作品展示	
		20. 特朗普到达刚毅队进行检查 外景：俯拍高楼	
		21. 特朗普到达辛烷队进行检查，摄影师因为	

板块	时长	内容	形式
		地毯未固定牢而摔倒 外景：夜色。任务结束，进入最终评比阶段	
比赛最后总结，颁布结果	22 分 26 秒	1. 选手依次进入会议室 2. 主持人做出初步比赛评价：特朗普对两队设计成果都不满意 3. 主持人引导选手对比赛过程做出总结：两队先后做出总结，揭露问题。制造冲突点，增强观赏性 4. 男队作品介绍。女队作品介绍 5. 两位辅助评委对两队进行评价：一致认同男队的作品 6. 主持人宣布比赛结果以及获胜方奖励：男队获胜，获得奖励，男队回到自己的休息室，女队留下来，其中一个人将会被解雇，男队可以在休息室里观看会议室里的情景 7. 落败方阐述问题、发现问题，项目经理选择两个危险选手，争论后项目经理选择两个人留下，其中一个被解雇，其他人安全回到休息室，同时男队不可以继续收看	字幕、现场同期声、音乐、评委现场
尾声	9 分钟	1. 会议室中主持人参考两名辅助评委的意见 2. 最后三名危险选手中，妮科尔因为被队员排挤并且需要承担整个队伍的失败，因而被特朗普解雇 3. 妮科尔乘电梯离开特朗普大厦，之后乘出租车离开并在出租车上接受采访 4. 本集安全的两名选手回到休息室 5. 妮科尔坐在出租车中独白 6. 罗克波特（Rockport）本季最后会介绍选手的去向。这是本季的一大特色，呼应主题，体现了本季设立该主题的初衷	字幕、现场同期声、旁白、音乐、评委现场

节目特色点评

《学徒》最大的特色在于其独特的节目定位，夸张式地宣扬"美国梦"、金钱至上，给人一种追求向上的感官体验。节目中的每位选手都渴求成功，彼此之间的钩心斗角往往就成为了观众们最喜闻乐见的部分。节目紧张的节奏、新颖的选材和贴近生活的商业活动，不仅吸引了普通观众的目光，也令很多具有专业背景的相关人士观看。

内容分析

· 主题分析

就第十季来讲，该季的特色之处在于开头部分的介绍，本季的主题是在经济危机的背景下通过招收学徒来展示真实的职场竞争，西方真人秀节目非常推崇以巨额奖金吸引参赛者，博彩元素很抢眼，这也是这些节目最引人注意的地方之一。然而《学徒》很好地化解了这一棘手的问题，获胜者得到的不仅仅是金钱，还是一份象征着能力和实力的高薪工作，它更像是真实生活中的奋斗历程。与《幸存者》相比，要赢得"头彩"不能仅仅依靠运气或者强悍的体魄，与《老大哥》相比，又不能仅仅依靠与他人的钩心斗角或者搭帮结派，在《学徒》中依靠的是在真实商战环境的个人拼搏。本季中的创新之处在于，在每一集的最后会就每位选手的去向做出表态，每位参赛者在参加《学徒》之后都可以获得令人满意的工作，这与选手们参赛前的窘迫景象大相径庭。就特朗普每集设置的奖励来说也是各有不同，但相同的是宣扬了同一种追求物质与金钱的价值观，并宣传了"特朗普"这个品牌。比如，特朗普带领优胜者乘坐私人直升机，享受豪华套房、游艇、晚宴等，最繁华的商业区和最奢华的消费场所，无不体现了对物质和金钱的追求和享受。同时观众对富豪的生活的窥视心理得到了满足，特朗普也为自己免费打了广告。本季中大多安排的奖励是与成功的商业人士进行会面以学习经验，在金融危机的背景下，人们更关注的是如何从失败中站起来重获成功。

· 价值导向分析

《学徒》并不单纯只是一档娱乐性节目，更是可以让观众从中学到创业经验、仿真的商业案例，还可以了解真实商业界的各种成功与失败背后的真相，及时地汲取经验，《学徒》更是典型地传递了"美国梦"的商业节目，只要努力，你就有可能成为下一个"学徒"。

在此可以总结出《学徒》为观众带来的三个主要的价值导向：

价值导向之一：只要你聪明勤奋，某天你一定会成功。

价值导向之二：具备团队合作和领导才能，心理素质强过外部压力。

价值导向之三：只有抓住机遇才能获得成功和财富。

《学徒》在美国已成为一种文化现象，"你被解雇了"这句节目中的经典台词已经家喻户晓。特朗普先生甚至为这句话申请了专利。《学徒》热不是偶然，这表明它成功地掌握了美国观众的普遍价值观念，它创建了一个新的职场环境，但观众可以从中找到自己的身影，看到日常普通的商业竞争和隐藏在其中的阴谋。

· **商业模式**

作为商业真人秀，世界 500 强企业也会有要求的"任务"，这些任务会被设计在节目中。《学徒》的第一季获得成功后便吸引了诸如宝洁（P&G）、百事、李维斯（Levi's）等大型公司的加盟，他们为《学徒》的第二季节目提供场地，而且赞助的费用也相当可观。

节目制作

《学徒》善于利用画面环境提升观众的识别度，首先是每当出现大片空地并且选手鱼贯而入，这意味着他们即将接受特朗普下达的任务；每当大家出现在会议室，这便意味着将要评选出比赛结果或者要进行最后一搏；每当出现选手乘坐电梯拉着旅行箱（后来的节目中没有出现旅行箱，大多是多穿了一件大衣，象征着远行）走向街边的出租车，意味着这名选手被淘汰了；每当选手充满气势地通过一条蜿蜒狭长的走廊走向公寓大门的时候，这意味着这名选手还幸存着。

《学徒》中充分使用了"大远景"，它在节目中起到了衔接情节的作用。在第十季第一集中，这种外景拍摄大多在 5 秒左右，从远自四分之一英里的距离拍摄，有摩天大楼、急速行驶的列车、车水马龙的街头，还有纽约的暮色和夜景，在节目中它们是为了连续剧情、转换场景、提示时间，总之是不可忽略的部分。

《学徒》中一个不可或缺的摄影角度是"特写镜头"，一种特写类似于《老大哥》里面的"忏悔室"，选手身处密闭空间，有的时候会根据需要选择在室外或者选手的比赛场地，通过选手自述，暴露自己的真实想法；而为了配合选手的自述，这时候就需要另外一种特写，这种特写源自拍摄中捕捉到的紧张、兴奋、失落、愤怒，每个人的表情和心理活动都会通过这些画面语言暴露在观众面前。

图 13

在后期剪辑中，《学徒》会保留对最终结果有直接影响的画面，并巧妙地穿插在比赛过程中，刻意为观众留下伏笔，使得观众可以更好地从各个方面了解选手的一举一动，并且可以顺利地理解最后办公室中选手们争辩的内容。在比赛过程中，观众可能没有在意选手此时的行为会造成怎样的后果，但是在最终回合的较量中，后期剪辑中保留的画面就起到了重要的提示作用。

音乐作为一种表现形式，相当抽象，但是正是因为音乐的表达，使得原本激动的时刻更加热烈，原本紧张的时间更加让人屏住呼吸，每次在选手进入会议室的时候都会响起相同的音乐，传递给观众的信号正如特朗普自己所说"这不是一个你愿意来的地方"。在节目的一开始播放主题曲 *For the Love of Money* 是众多美剧中的经典主题曲，歌曲由一大串的 "Money, Money, Money, Money..." 开头，具有极强的韵律以及动感。同时，歌词内容与特朗普和学徒们自信的表情相配合，直白地表达着对金钱的渴望、一切金钱至上，这恰恰与《学徒》的商业氛围相契合，充斥着金钱味道的竞争更加让观众着迷。

节目营销

商业广告：《学徒》收视高峰时会吸引 4000 万观众，广告收入每 30 秒达 20 万美元以上，首播的毛收入可达 600 万美元，而《学徒》每一集节目制作成本则低于 200 万美元。

特朗普品牌推广：特朗普在《学徒》中为自己的产品免费打广告。例如，他极力推

销自己品牌的桶装水、在他旗下的酒店组织高尔夫球赛，并且推出了"特朗普信用卡"。同时，他把主持《学徒》的心得写成《如何致富》（*How to Get Rich*）、《特朗普：像亿万富豪般思考》（*Trump: Think Like a Billionaire*），这些都成为了市场中的畅销书。

名人效应：特朗普推出的《名人学徒》带来了不小的收益，不仅是大笔的善款，更是名人效应和正面宣传效果。

结合热门话题：特朗普时刻不忘炒作，他永远紧跟热门话题。例如，涉及股市不法交易的家政女王玛莎·斯图瓦特刚刚出狱，就被特朗普邀请来加盟《学徒》，这属于一种品牌营销策略。

贴近生活：由于《学徒》贴近生活、凸现人性，"学徒"受到了各阶层观众的喜爱。除了原本的成人版"学徒"之外，2010 年 BBC 还和休格联手推出了新的少年版"学徒"系列。

周边产品热销：《学徒》官方网站上的内容包括：在线申请、节目介绍、主持人制片人介绍、节目跟踪、选手动态、比赛照片、精彩预告，还有与节目相关的商业课程、衍生产品等。

同类对比

表 5 《卧底老板》和《学徒》对比分析

节目名称	频道	参赛选手	节目内容及形态	奖项结果
学徒	NBC	从报名参加节目的候选人中选择 16 位参赛选手	1. 选手分为两队，每期节目完成一个比赛任务 2. 选手要为了赢得比赛团结协作，获取最高利润或者最高评分 3. 最终由特朗普宣布比赛结果，有一支获胜队伍，另一支落败队伍中会有一个人被解雇。一直坚持到最后一轮的选手为最终的"学徒" 4. 采用真人秀的方式，还原选手比赛过程中的钩心斗角、还原最真实的商业竞争、还原最激烈的面试场景	1. 获得 25 万美元的工作（普通季学徒）。或获得 25 万美元的慈善捐款（名人季学徒） 2. 成为特朗普的学徒
卧底老板（*Undercover Boss*）	CBS	参加节目的公司老板	1. 每期节目选择一家公司的老板，完成卧底任务 2. 卧底老板要在自身身份不被揭	1. 卧底老板发现公司存在的问题，和成功经营的秘诀

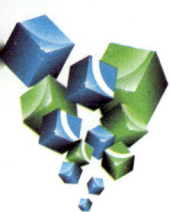

续表

节目名称	频道	参赛选手	节目内容及形态	奖项结果
			穿的情况下，了解公司和员工的真实状况 3. 卧底老板最终目的是获取公司最真实的情报，解决在卧底期间发现的问题，汲取成功经验并分享。在节目最后，卧底老板会向他卧底期间的同事表明身份 4. 采用真人秀的形式，记录卧底老板的活动，节目的最后一般会以温情款款的画面结束，老板卧底期间的优秀员工会得到惊喜	2. 卧底期间发现的优秀员工将得到奖励

表6 《赢在中国》和《学徒》对比分析

节目名称	频道	参赛选手	节目内容及形态	奖项结果
学徒	NBC	从报名参加节目的候选人中选择16位参赛选手	1. 选手分为两队每期节目完成一个比赛任务。节目通过真人秀的形式展现 2.《学徒》充满了竞争性，但同时凸显着美国梦的精神 3. 比赛过程不仅局限在办公室中，外景颇多，使节目更具观赏性。并且结合近景、远景和特写等多种拍摄角度为观众还原比赛的整体过程，真实感很强 4. 特朗普作为节目主持人兼任评委，个人魅力无限	1. 获得25万美元的工作（普通季学徒）。或获得25万美元的慈善捐款（名人季学徒） 2. 成为特朗普的学徒
赢在中国（*Win in China*）	中央电视台经济频道	经过海选、面试、初赛、复赛，最终会有12强进入决赛真人秀阶段，七场比赛后，	1. 每一场比赛选手都要接受一项实际的商业任务，参赛选手被分为两队按商业任务的提供者设置的要求分别完成任务 2. 整个节目不仅在比赛竞争性方面设置悬念吸引观众，并且通	1. 每届比赛共产生6名优胜选手。冠军将会获得一家注册资本大于1000万元的企业经营权；亚军则是获得大于700万元

续表

节目名称	频道	参赛选手	节目内容及形态	奖项结果
		最后 5 人晋级总决赛。	过节目鼓励创业，优秀的选手有可能获得风险投资 3. 更多地选取特写镜头来表现选手的心理活动，并且主要的拍摄场地在演播厅，拍摄的画面受到局限 4. 王利芬是《对话》主持人，《赢在中国》秉承了她大气冷静的主持风格，她可以掌控现场，具有知性气质。评委由中国经济界的翘楚担任，他们丰富的人生经历和精辟的点评都成为节目的看点	的企业经营权；3 至 5 名将各获得大于人民币 500 万元的企业经营权 2. 节目为每位获胜选手抽出 150 位原始股东，将共同占有高达 15% 的企业的股份

227

XIESHILEIZHENRENXIU

写实类真人秀

执子之手

老大哥

真心话大冒险

你被隔绝了

明星大整蛊

荒野求生

Take Me Out

《执子之手》
——带我去约会

　　《执子之手》（Take Me Out）的每期节目中由 30 位单身女嘉宾对出场的单身男嘉宾进行挑选。前三轮环节，女嘉宾通过第一印象、视频介绍、现场才艺等来决定是否留灯。经过三轮后如果场上仍有女嘉宾留灯则权利翻转，如果前三轮女嘉宾的灯全部灭掉，男嘉宾则遗憾离场。本剧由福克斯台在美国时间每周四晚的"夏季浪漫夜"与另一档相亲节目 The Choice 同时播出。第一季《执子之手》共有八集。

基本信息 》》

· 原　　名：Take Me Out
· 译　　名：执子之手
· 标　　识：

图 1

· 播出国家：美国

· 播出频道：福克斯电视台
· 首播时间：2012 年 6 月 7 日
· 播出时间：周四晚间档 8 点
· 节目时长：41 分钟
· 节目类型：真人秀节目
· 播出形式：录制播出、周播
· 制作公司：福克斯电视台
· 官方网站：http://www.fox.com/
　　programming/shows/?
　　sh=take-me-out

历史演变

1965 年美国开播的 *The Dating Game* 才是相亲交友类节目的鼻祖。美国版的《执子之手》起源于澳大利亚的 *Take Out*，它从 2008 年 9 月 1 日开始在澳大利亚播出，受到了澳大利亚观众的喜爱。在此之后，英国 ITV 公司在 2010 年 1 月 2 日播出了一档与 *Take Out* 类似的节目 *Take Me Out*。其实，*Take Me Out* 和 *Take Out* 都是由英国 Fremantle Media 公司制作，所以节目形态以及环节设置上大同小异：场上的 20—30 名女嘉宾选出如意的约会对象，节目环节分为"选择"和"约会"两部分，并且为季播模式。在这之后，美国福克斯公司对两节目进行本土化改造，在自己的平台播出美国版《执子之手》。美国版《执子之手》在形式与内容方面并无太大变化，但在嘉宾选择上更具美国特色，主持人的幽默风趣也为美国版的《执子之手》增色不少。

节目模式分析

在《执子之手》节目中，每位单身女嘉宾前都有一盏灯，灯的亮灭与否代表着她是否对男嘉宾还有兴趣，如果对男嘉宾不满意，则灭掉面前的灯。女嘉宾可以在节目进行的任何环节灭灯。单身男嘉宾展示共分两个环节：自我介绍，朋友采访或才艺展示等。若在三轮过后，还有单身女嘉宾为男嘉宾留灯，则选择权转移。如果有不止两盏灯为该单身男嘉宾所留，则需要灭掉其中的灯直至最后两盏。在经过单身男嘉宾提问，单身女嘉宾回答后，单身男嘉宾可以牵走其中一位单身女嘉宾。成功牵手的男女情侣可以免费获得"执子之手浪漫圣地"度假机会。

节目每一集由 4 个男嘉宾登场，每两个男嘉宾之间都有上一集单身男女嘉宾成功牵手后的约会情况展现。

人物角色

节目主持人乔治·洛佩斯（George Lopez）是美国一位富有才气和幽默气质的演员、导演、制片人及编剧，他在主持节目时言语幽默、亲和力强，擅长和男女嘉宾进行互动。

节目中男女嘉宾的选择有一贯风格。节目组在选择嘉宾时会非常注意他们／她们各自的特性、种族等一系列问题，这是节目的精细之处。现场嘉宾往往既有黑人也有白人，既有拉美裔也有亚裔，节目组设置不同种族的嘉宾，造成不同文化的碰撞，使得节目更具看点。

外部包装

节目在演播室上有着独特风格的设计，现场舞台造型如图2。

图中，1是主持人和男嘉宾出场的升降电梯，2是女嘉宾的站位，3是1到5之间的舞台，4是主持人站位和男嘉宾上台及进行展示的站位，5是通往幸福的阶梯也是女嘉宾出场的地方。

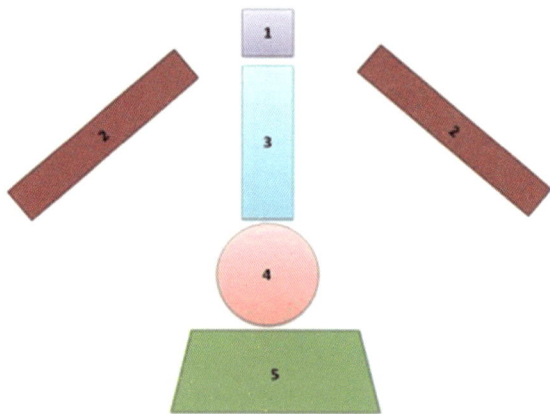

图2 舞台

如图所示，舞台的设计非常重要，会影响到节目的播出效果。根据男女出场的人数不同，男嘉宾从单人的升降电梯中下来，而女嘉宾则从宽大的幸福阶梯中走出，男女嘉宾在过道中充分展示了自己，让观众有时间记下他们。女嘉宾站位角度的设计使得每个女嘉宾看到男嘉宾的视线距离是相同的，更易于男女嘉宾的交流。最后，如果男女嘉宾牵手成功则共同走过舞台，登上幸福的阶梯，一起离场，其中寓意丰富。在演播室中，女嘉宾站位后方的两个大屏幕不断播放节目的主题开场画面。在男嘉宾展示环节，女嘉宾后方会出现大屏幕向观众播放 VCR 内容。

演播室以紫粉色和蓝色调为主。在男女嘉宾相互交流的过程中，大屏幕会变成紫粉色并且不断闪现象征爱情的心形。当男女嘉宾牵手成功，演播室的屏幕中则会变成大红色，音乐响起，男女嘉宾走向幸福阶梯。当男嘉宾失败，演播室的屏幕中也会变成大红色，但是背景音乐却会是完全不一样的风格。

节目案例详解

下面以美国版《执子之手》的第一季第三集为例，进行剧集的具体分析。该集有4

位男嘉宾登台，分别是夏威夷的乐队主唱、英格兰裔 IT 从业者、爱美肤的放射科医生、非裔的黑人帅哥。他们通过展示自我来获得在场 30 位女嘉宾的青睐并和其中一位约会。

表1　剧集分析

板块	时长	内容	形式
开场画面	3 分 43 秒	1. 节目开场音乐 2. 主持人乘升降梯入场，进行开场白 3. 女嘉宾入场 4. 主持人介绍规则、新成员及采访女嘉宾	字幕、现场同期声、音响、音乐、采访、主持人现场
第一位男嘉宾	9 分 51 秒	1. 第一位男嘉宾出场女嘉宾第一印象选择 2. 主持人对灭灯女嘉宾及留灯女嘉宾的采访 3. 男嘉宾 VCR 展示，女嘉宾同时进行选择 4. 主持人对灭灯女嘉宾及留灯女嘉宾的采访 5. 男嘉宾选择才艺展示 6. 主持人对灭灯女嘉宾及留灯女嘉宾的采访 7. 进入广告时间的音乐 8. 男嘉宾灭灯至 2 位女嘉宾 9. 男嘉宾问女嘉宾一个问题，女嘉宾回答 10. 男嘉宾选择约会女嘉宾 11. 男女嘉宾牵手成功采访，伴音乐下场，场下分别采访男女嘉宾	字幕、现场同期声、VCR、旁白、音响、音乐、采访、主持人现场
约会成果介绍	1 分 28 秒	上期成功牵手的男女嘉宾的约会采访	字幕、VCR、采访
第二位男嘉宾	6 分 16 秒	1. 主持人介绍新出场女嘉宾 2. 第二位男嘉宾出场女嘉宾第一印象选择 3. 主持人对灭灯女嘉宾及留灯女嘉宾的采访 4. 男嘉宾 VCR 展示，女嘉宾同时进行选择 5. 主持人对灭灯女嘉宾及留灯女嘉宾的采访 6. 进入广告时间音乐 7. 男嘉宾 VCR 展示，女嘉宾同时进行选择 8. 主持人对最后灭灯女嘉宾的采访 9. 男嘉宾失败离场，场下失败采访	字幕、现场同期声、VCR、旁白、音响、音乐、采访、主持人现场
约会成果介绍	1 分 20 秒	上期成功牵手的男女嘉宾的约会采访	字幕、VCR、采访

续表

板块	时长	内容	形式
第三位男嘉宾	5分24秒	1. 第三位男嘉宾出场女嘉宾第一印象选择 2. 主持人对灭灯女嘉宾及留灯女嘉宾的采访 3. 男嘉宾VCR展示，女嘉宾同时进行选择 4. 主持人对灭灯女嘉宾及留灯女嘉宾的采访 5. 进入广告时间音乐 6. 男嘉宾VCR展示，女嘉宾同时进行选择 7. 主持人对最后灭灯女嘉宾的采访 8. 男嘉宾失败离场，场下失败采访	字幕、现场同期声、VCR、旁白、音响、音乐、采访、主持人现场
约会成果介绍	1分44秒	上期成功牵手的男女嘉宾的约会采访	字幕、VCR、采访
第四位男嘉宾	9分04秒	1. 第四位男嘉宾出场女嘉宾第一印象选择 2. 主持人对灭灯女嘉宾及留灯女嘉宾的采访 3. 进入广告时间音乐 4. 男嘉宾VCR展示，女嘉宾同时进行选择 5. 主持人对灭灯女嘉宾及留灯女嘉宾的采访 6. 男嘉宾VCR展示，女嘉宾同时进行选择 7. 主持人对灭灯女嘉宾及留灯女嘉宾的采访 8. 男嘉宾灭灯至2位女嘉宾 9. 男嘉宾问女嘉宾一个问题，女嘉宾回答 10. 进入广告时间音乐 11. 男嘉宾选择约会女嘉宾 12. 男女嘉宾牵手成功采访，伴音乐下场，场下采访男女嘉宾	字幕、现场同期声、VCR、旁白、音响、音乐、采访、主持人现场
片尾	1分10秒	主持人回顾这期节目成功牵手男女嘉宾，进行结束语，华丽退场	字幕、现场同期声、音响、音乐、主持人现场

节目特色点评

　　作为一档相亲交友类的真人秀节目，"人"是节目的核心与根本所在。《执子之手》的主题是男女嘉宾展示自我、交流互动。男嘉宾将自己的魅力展示在女嘉宾和观众面前获取女嘉宾的好感，而女嘉宾通过自己的评论和台上的表现来向男嘉宾示意自己是否中

意。这样的主题关乎社会生活实际，很容易引起观众的共鸣与反响；此外，节目制作方在环节设计方面都做了巧妙的设计，使得这档节目很受观众喜爱。

相亲交友是社会生活交际中的重要部分，电视节目将此类话题搬上荧屏必然会对人们的价值观产生一定的影响。《执子之手》中可以反映出一些美国社会的男女价值观，比如说美国女嘉宾会直截了当地摆出自己对男人的要求"我希望我的男人像一部质量优良的汽车，外表光鲜亮丽，内在性能优越"、"我希望他要有绅士风度，能在约会时给我拉椅子，并且为我埋单"。面对仅有一面之缘的男嘉宾，她们也常常用充满暗示意味的话语挑逗，比如"他满 18 岁了吗？我可不想坐牢"、"我喜欢他，因为他脚很大，脚大的男人都很有实力"等。这些言论，虽然有人认为只是笑料，但也可能会在观众心中产生价值的导向，从而影响了整个社会的主流价值观。

节目形式

节目形式模式是《执子之手》最大的特点。30 名女嘉宾对 1 名男嘉宾进行选择。男嘉宾要经历出场印象、VCR 介绍、才艺展示或 VCR 展示等环节，如果环节结束还有三盏以上的灯亮着，进入男选女的环节，选到剩余两名女嘉宾为止，男嘉宾再在这两名女嘉宾中选一个约会对象，如果环节还没结束灯已全灭，男嘉宾则失败离场。每场节目都在这样的节目形式下进行，规则性很强。

电视节目的模式制作，通俗表达就是把一个个特点元素不断有创新、有规则地重复使用。这使得节目制作易于操作并且可以形成区别于其他同类节目的闪光点，模式地成功运用使得美国版《执子之手》在各国版本中有着自己鲜明的特点与魅力。

节目语言的设计包括主持人和现场女嘉宾两个部分，这两方面都带有很明显的模式的印记。"女生们先生们，爱无处不在"是每场开始的固定台词，是婚恋交友节目的典型代表台词。主持人每次欢迎男嘉宾上场的时候都喜欢用两种食物来代表男女嘉宾见面，这也是主持人模式的幽默方式。再比如说主持人告诉女嘉宾在看 VCR 的时候，如果不喜欢就可以灭灯的模式台词会出现在每段 VCR 播出的开始。如果男嘉宾成功牵手女嘉宾，主持人和现场的女嘉宾及观众会一起大声喊"去一个想不恋爱都难的地方"；而男嘉宾如果失败离场，主持人则会站在 30 位女嘉宾的中间，遗憾地对他耸耸肩"错不在你，在她们"。

看过《执子之手》的观众多数会不由自主被热烈的现场氛围感染。包括现场音乐、

女嘉宾随音乐而起的舞姿、现场所有人一起说的一句台词、缤纷的舞台灯光效果、主持人风趣幽默的主持风格等，这些元素将现场渲染得热烈非凡，而不虚假。《执子之手》运用每一个可以使现场变得热烈幸福的元素，营造出了不想恋爱都难的氛围。不仅台上的女嘉宾在积极寻找自己的约会对象，就连观众们也被这种爱发酵后的醇香所感染。

快节奏是《执子之手》带给观众直观的感受。初次观看《执子之手》的观众可能会被紧张的节奏弄得瞠目结舌：男嘉宾上台不用选心动女嘉宾，男女双方都只通过主持人采访了解对方的性格特点；嘉宾甚至没有年龄职业，没有情感嘉宾的评论，只要男女嘉宾相互喜欢即可。同时，《执子之手》的 41 分钟出场 4 位或 5 位男嘉宾，每人几乎连 10 分钟的上场时间都不到，这可能让观众联想到国内《非诚勿扰》则用了一个半小时。时间的精准控制是这个节目变得很紧凑的原因之一。

节目制作

画面设计的模式，是大部分在摄影棚完成的电视节目采用的方式，固定的舞美设计突出反映节目的主体氛围，固定的色调也是体现节目特征的主要方式。

开场画面以红色色调为主，白色人形代表女嘉宾，黑色人形代表男嘉宾。首先一道白光射出，代表节目开始，30 位女嘉宾开始上场，男嘉宾从空中跳下，代表在节目中从升降机中出场。在开场画面中展现了男嘉宾遭到女嘉宾的拒绝后的沮丧情形，而与女嘉宾牵手成功则会欣喜异常。这也间接地说明了节目的规则和流程。

节目所使用的音乐也有其固有套路。每个环节为了烘托环境氛围带动观众情绪都会设定一些固定的音乐，让观众形成一个印象，每当此类音乐响起，嘉宾的命运将会有所改变。

表 2　音乐列表

场景	音乐
女嘉宾上场音乐	克利·克拉克森（Kelly Clarkson）——*Stronger*
男嘉宾上场音乐	自选
男女嘉宾牵手成功音乐	埃迪·莫尼（Eddie Money）——*Two Tickets to Paradise*
男嘉宾失败离场音乐	塞莉纳·狄翁（Celine Dion）——*All by Myself*

女嘉宾出场时播放的是克利·克拉克森的 *Stronger*，成功牵手则会播放 *Two Tickets to Paradise*，如果失败则会播放 *All by Myself*。唯一的不同之处在于，男嘉宾上场的时候是自选歌曲来作为展现自己的一部分。

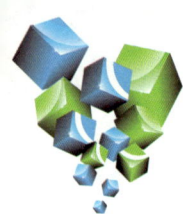

主持人和嘉宾的动作模式比较明显。女嘉宾上场时的舞姿及最后两个女嘉宾拉主持人上场都是每场女嘉宾的模式环节。在男女嘉宾成功牵手时候，全场女嘉宾伴着音乐开始做出心形手势动作；失败时，女嘉宾挥手告别男嘉宾也都是统一动作；当男嘉宾进入反选权利时，则会与主持人一起做拳击放飞等一系列模式动作。

电视摄影的角度包括摄影高度、方向、距离三个部分，不同的拍摄角度可以得到不同的效果。在《执子之手》节目中，摄影师为了增加男嘉宾与女嘉宾的活动细节一般使用的是平角度拍摄高度、正面或斜侧面拍摄方向、中近景的拍摄距离。摄影师采用平角度的拍摄高度是观众平时观察事物的高度，符合人们的心理习惯和观察习惯，让人的感官十分舒适，观众更容易融入现场温馨快乐的氛围中，这就是摄影师大部分镜头都使用平角度拍摄的原因。《执子之手》作为一档男女互动型的相亲类节目，为了体现男女嘉宾活动场景，大部分采用的镜头都是正面或是斜侧面。正面的拍摄方向能更好地呈现男女嘉宾单方面在展现自己时的细节场景；而侧面的拍摄方向则展示了男女嘉宾互动时的场景。中近景的拍摄距离是为了表现男女嘉宾互动时的人物的姿态、手势动作、人物表情和人物间的情感交流，能够在现场特定的环境中展现男女嘉宾的具体特点和细节。

除了这些具体拍摄人物的镜头外，大场景的摇推镜头也是必不可少的。为了烘托场内幸福快乐的氛围，展现摄影棚内全景的镜头在节目中也有很多。

同类节目对比

随着相亲交友类节目在世界的流行，在中国大陆，同类型节目也开始在各大卫视播出。在这些节目中，影响最大、最受观众喜爱的是江苏卫视的《非诚勿扰》。

《执子之手》主持人乔治·洛佩斯是美国著名的喜剧演员，他的喜剧天赋给这档节目添色不少。当他看到VCR中两位约会后并没有在一起时会有些懊恼地说"不，我赌他们俩还能成"，让人们看到他孩子气的一面；在形容男女嘉宾时他常常使用或惹人遐想的食物或直白大胆的情话，这也总在不经意间让人捧腹大笑。同时，他还能照顾男女嘉宾的情绪，当男嘉宾失败离场时，他会安慰男嘉宾说："不是你的错，错在她们"。乔治·洛佩斯擅长抓住女嘉宾的特点，调侃又不会让女嘉宾觉得难堪。相比之下，《非诚勿扰》主持人孟非则比较侧重帮助男女嘉宾互相理解对方，主持风格更加成熟，同时也具有中国式的幽默。

《执子之手》男嘉宾失败离场的过程和《非诚勿扰》一样，总会伴随着各种各样的

态度，但无论什么样的表示方式，都体现出"没有选择我是你们的损失"。比如《执子之手》第一季第三集里失败的两个男嘉宾的失败感言 "说真的，一个有全职工作的人，她们居然不接受，这是闹哪样？""女嘉宾失去了和我在一起的机会"。这反映出美国文化中的一种自信：不管别人怎么理解我，我总是相信自己的。

美国女嘉宾在节目上大都表现得十分奔放大胆，喜欢用言辞来挑逗男嘉宾展现自己的性格，她们在对男嘉宾的选择上都十分的感性，而且有着很多共性可寻。比如，摇滚、性感、健康等，都是女嘉宾喜欢的元素。女嘉宾对待喜欢的男嘉宾从不吝啬自己的溢美之词，比如"神啊，上帝的鬼斧神工把你造得如此诱人"，直白得把男嘉宾吓到对主持人说"吓死我了"。当然，这只是美国女嘉宾性感、奔放、开朗的一面。女嘉宾在节目中不会在意男嘉宾对其他女嘉宾的态度，男嘉宾在场上对其他女嘉宾暧昧的赞美并不会太多影响她们的选择，这是国内《非诚勿扰》中女嘉宾所没有的态度。

商业模式

《执子之手》最先起源于澳大利亚的电视剧 *Taken Out*，2009 年试播并于 2010 年 1 月 2 日正式在英国的 ITV1 和爱尔兰的 TV3 频道播出。2012 年福克斯公司把《执子之手》带到了美国，首播于 2012 年 6 月 7 日晚 8 点并在美国和加拿大的收视率达到了 330 万。中国热播的《非诚勿扰》《我们约会吧》等节目皆以《执子之手》为原型，由此可见相亲类节目正朝着全球化的方向发展。

《执子之手》作为一档相亲类真人秀节目，沿袭了各国相亲节目的传统模式，又采用了很多美国式的幽默和节目创造形式，并将美国梦融入其中：世界各地的人来到美国，不同的人种、不同的民族在这个舞台荟萃。《执子之手》模式的制作方式是美国很多节目都普遍采用的制作方式。模式制作方式看似成了节目可持续制作的一种保障，但是，在模式中不断推陈出新才应该是节目制作方重点考虑的事情。

Big Brother

《老大哥》
——真人秀中的"老大哥"

基本信息

- 原　　名：Big Brother
- 译　　名：老大哥
- 标　　识：《老大哥》在哥伦比亚广播公司（CBS）播出至今，节目标识的主体形象保持不变，均以节目名、房子图形和眼睛为主要构成部分，以其涵盖了节目的主要内容——在一所房子中监视着你。第一季的标识制作相对简单（如图1）。以后的节目根据其内容也做出了相应的调整，如第七季全明星赛（如图2）。随着图片制作技术的发展，《老大哥》也更新换代，在基本架构不变的基础上，标识的造型质量有所上升，经过几次的更新换代，目前的标识更具科技感和时尚感，如第

十三季（如图3）。没有特殊主题的时候，一般只是标识的背景颜色发生变化。

图1　　　图2　　　图3

- 播出国家：美国
- 播出频道：哥伦比亚广播公司
- 首播时间：2000年7月5日
- 播出时间：周三晚20:00—21:00
- 节目时长：40分钟
- 节目类型：游戏类真人秀节目（Game Show）
- 播出形式：录制播出、季播
- 制作公司：哥伦比亚广播公司
- 官方网站：http://www.cbs.com/shows/big_brother/

● 节目概况速览

《老大哥》（*Big Brother*）是一档经典的真人秀节目。在节目中，一群陌生人被安排住进一间布满摄像机和麦克风的屋子，他们在接下来的三个月中所有的一举一动都将被记录下来并为观众呈现。按照规则，参加真人秀的选手在比赛中将会互相投票以决定对方的去留，最终留下的选手将赢得节目提供的大奖。

历史演变

《老大哥》起源于荷兰，荷兰的《老大哥》被认为是真人秀节目的鼻祖。节目的名字出自乔治·奥威尔（George Orwell）的小说《1984》中的一句话："老大哥在看着你呢。"1999 年 9 月 16 日，《老大哥》节目在荷兰首播。从 2000 年开始，《老大哥》相继被澳大利亚、美国等十八个国家引进并进行本土化改造。此后，美国各电视台开始对该类型节目进行大规模地改造尝试：哥伦比亚广播公司的《幸存者》，福克斯电视台的《诱惑岛》，美国全国广播公司的《学徒》等类似节目都成功取得了较高收视率。随后，该节目被亚非国家纷纷引进。如今，全球共有 70 多个国家有自己版本的《老大哥》。

本书介绍的是美国版的《老大哥》，在众多的版本中，它的收视较为稳定，持续时间也较长。根据观众的喜好，节目内容也随之做出相应调整，受到了世界各地观众的喜爱。

收视反响

《老大哥》自从在美国播出以来，一直是哥伦比亚广播公司的收视保证。其第一季初期以 2200 万的收视傲视群雄，但随着节目的进行收视率逐渐下降，但最后仍以平均910 万的收视成为整个《老大哥》系列之中收视效果最好的一季。经历了十几年的演变，虽然《老大哥》收视率并不像《美国达人》《美国偶像》那么突出，但是每周播出的三集节目非常有收视黏性，收视率仍然较为稳定。

节目模式分析

《老大哥》既是游戏类真人秀，也是社交类的真人秀。节目以社交手段为主，游戏

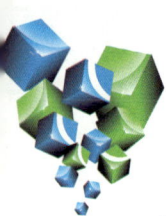

环节为辅，全方位地展现了参赛选手外在表现和内心活动。虽然总体上规则有些复杂，但仔细看下来，每个环节环环相扣。采访直播和录播、场内与场外相结合的模式，也带给观众一次不同的观看体验。

板块设置

由于《老大哥》节目每期之间都具有连贯性，所以每期节目的板块顺序会有所不同，但大体内容固定在以下几个方面。

表1　板块设置详情

一、上期节目回顾	二、游戏环节
1. 主持人简单陈述	1. 游戏规则介绍
2. 上期精彩集锦	2. 游戏过程
	3. 游戏结果
	4. 对比赛进程的影响
三、房内明争暗斗	**四、投票环节**
1. 选手密室访谈	1. 选手和主持人的互动
2. 选手室内活动	2. 选手自我陈述
	3. 选手密室投票
	4. 结果公布
	5. 被淘汰选手访谈
五、片尾	
主持人陈词	

赛程规则

《老大哥》的赛程规则比较清晰。每季将持续80天左右，每周淘汰一名选手（偶尔节目组会安排一周淘汰两名选手的情况），直到最后剩下两名选手。这时被淘汰的其他部分选手会被再次请到特殊的演播室，通过投票决定最后谁是胜者。

表2　周赛程规则

环节	规则
房主（HOH）	·房主每一周通过游戏环节角逐一次，游戏中胜者成为房主。房主在下一周的时间里享有特殊的权利，一是丰盛的食物和舒适的独立房间，二是提名被淘汰者的权利

环节	规则
	·成为房主就意味着，在接下来的一周确定不会被淘汰，而且还可以直接提名自己的"敌人"
提名（Nomination）	·提名每周进行一次，由房主决定提名人选 ·房主每次提名两人，两人可以通过争夺否决权为自己争取确定留下来的机会，否则将有可能被投票淘汰
否决权（POV）	·否决权也是通过游戏环节争夺，游戏中的胜者获得否决权 ·参加游戏的人由房主，两名被提名者和随机抽取的若干名其他房客组成 ·获得否决权的人可以选择是否使用否决权，如果使用，还可以选择使用对象 ·如果被提名者没有使用或被使用否决权，他将会进入投票环节，面临被淘汰的风险
投票（Vote）	·投票在每周周末进行 ·被提名者在投票之前可以为自己进行最终辩护，以获得留下来的选票 ·主持人在演播室将与选手们通过摄像机进行交流。除了房主之外的选手将逐一在密室之中投票决定谁将离开。获得票数多的人将离开《老大哥》房间 ·被淘汰的选手将直接离开房子，进入演播室，主持人对其进行简短的采访

人物角色

　　《老大哥》的选手由网络报名、电话报名等方式产生，节目组会在众多的报名者中进行筛选，以保证每一季的节目中都有不同形象、不同风格、不同年龄、不同职业的参赛选手，以保证节目的可看性。但又不能出现信仰或观念太过冲突的情况，以免在之后的节目中发生激烈冲撞。（如图4，2010年第十二季选手）

　　整个比赛的过程中，《老大哥》房间内不会出现主持人，一切介绍比赛规则，集会的支持工作都由当周的房主担任，《老大哥》房间外即演播室内设有一名主持人陈茱莉（Chen Julie）。

　　陈茱莉（如图5）出生在纽约的华人家庭，1991年获得南加州大学广播新闻以及英文双学士学位。1999年，陈茱莉在哥伦比亚广播公司创办的《早间秀》节目中担任主持，

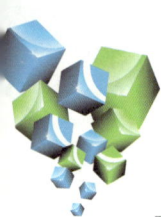

图4 第十二季参赛选手图

图5 主持人陈茱莉

并获得了观众的认可，公司随后邀请她主持《老大哥》。同时在严肃新闻和娱乐节目中应付自如，陈茱莉显示了多元化的主持风格。经过多年打拼，她成为美国屈指可数的华裔女主播。

外部包装

《老大哥》作为真人秀的开山之作，以两个叙事空间为特点，即演播室与现场。演

图6 演播室场景展示

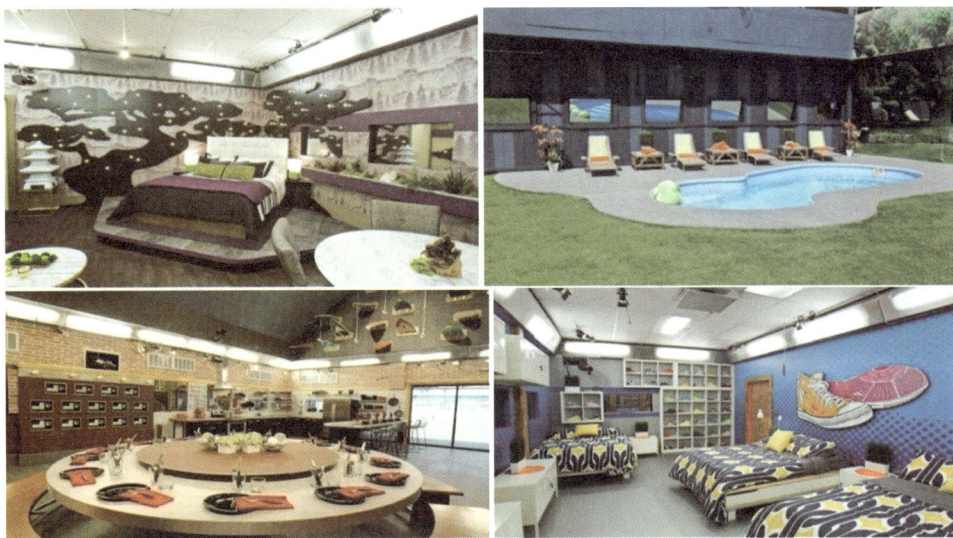

图 7 真人秀内景

播室理清故事线索，现场策略与冲突充满看点。

演播室的设计十分巧妙，主持人在演播室与房间内选手的交流都是通过摄像机和屏幕实现的。演播室的观众所看到的房间内发生的情节与之也只有一墙之隔。而房间内的

图 8 游戏场景展示

图 9　密室场景

选手一旦被淘汰，就会在一分钟之内拿好行囊，推门从房间走出来，直接走进演播室，接受主持人的现场采访。

　　在真人秀环境内，充足的供应和完备的娱乐设施也为房客们提供了良好的生存环境。平民生存条件的恶劣与房主生活环境的豪华所产生的强烈对比更为游戏增加可看性。

　　《老大哥》的另一大看点就是游戏环节中各位选手的较量。《老大哥》在游戏场景和游戏内容上也是下足了功夫，游戏场景不断变化，都十分逼真，游戏结果也直接却微妙地影响着整个比赛的发展。而为了保证公平，游戏又分为耐力型、体力型、智力型，

图 10　服装、道具、化妆展示

不同类型的游戏不断交替进行，为整个比赛增色不少。

在《老大哥》中，还有一个不得不说的角落就是密室。密室有两个功能，一个是平时选手倾吐真实心声的独白室，一个是为了淘汰某位选手而投票的投票室。在这两个密室中，选手可以畅所欲言地说出自己想说的话，房间里没有其他人会知道。这也是整个比赛中体现人性的重要部分。选手往往会在密室之中说出与其行为天差地别的想法来，观众通过密室来了解选手的真实想法和各种人际策略，这是选手展示其头脑的地方，也是选手互相攻击的地方，总之它为观众展现了无限可能。（如图9）

服装、道具以及化妆方面，选手们平时可以随意着装，女选手有时会故意用自己的身材作为策略工具从而选择较为出位的着装，游戏环节中，选手们会依据游戏内容统一着装，很多时候选手们都穿着很有趣的服装进行游戏比拼。（如图10）

节目案例详解

截至目前，《老大哥》已经推出了十四季，除了节目规则的不断完善，每一季推出的不同主题也一直是节目的亮点。

表3　规则演变与主题更迭

赛季	主题	规则
第一季（2000年）	无主题	没有房主争夺赛，也没有食物赛。每周所有房客投票提名，获票最多的两个人被提名，然后由观众电话投票决定淘汰谁
第二季（2001年）	无主题	加入了房主争夺赛和食物争夺赛，形成了美版《老大哥》的规则雏形
第三季（2002年）	无主题	否决权规则出现，但是这时的否决权是所有房客都参加的
第四季（2003年）	前任危机（X-factor），房客并不是由完全陌生的人组成，其中几位房客遭遇了他们的前男（女）友	评委制度真正成熟，有了评委屋的存在，使得游戏更加公平
第五季（2004年）	基因计划－别想当然（Project DNA－Do Not Assume）	否决权的比赛不再由所有房客参加，而是由房主和提名人和他们选择的房客共六人参加

续表

赛季	主题	规则
第六季 （2005 年）	仲夏夜之谜（Summer of Secrets），每一个房客都有一个秘密搭档，如果他们能同时坚持到两强，冠军就可以得到 100 万美元，亚军可以得到 25 万美元	规则基本固定
第七季 （2006 年）	全明星（All-Star），前六季的风云人物悉数登场	规则基本固定
第八季 （2007 年）	美国玩家（America's Player），有一位秘密房客全程接受观众投票指示行动	规则基本固定
第九季 （2008 年）	第一款冬季版，这一季度的主题是至死不渝（Till Death Do Your Part），这一季度《老大哥》牵线搭桥做起了红娘，在节目的开始将所有选手强行配对，并且成对当房主，成对赢得否决权，成对被淘汰	规则基本固定
第十季 （2008 年）	重回经典（Back To Basics），本季在近乎完美的游戏规则下开始了一场原汁原味的游戏，剧中出现了足以载入史册的强大策略规型选手	规则基本固定
第十一季 （2009 年）	高中再现（High School Revival），在节目的开始将房客划分了派别，分为了体力派、脑力派、人气派、另类派四个派别。只要小组中的一人获得房主，整个小组就可以安全	规则基本固定
第十二季 （2010 年）	破坏者（Saboteur）和潘多拉魔盒，破坏者的宗旨是根据观众的要求每周完成三件破坏任务，最后取得金钱奖励 潘多拉魔盒要求房主在少量信息的情况下做出选择，在带给自己好处或坏处的同时给其他房客带来好处／坏处	规则基本固定

续表

赛季	主题	规则
第十三季（2011年）	双重麻烦（Double Trouble），玩家将被迫选择一位伙伴共同比赛，一人当房主另一位就安全，待定的两个选手必须为一个组合的，并且其中未被淘汰的选手将会获得金钥匙（Golden Key），获得的选手在接下来的数周安全	规则基本固定
第十四季（2012年）	导师制度（Coaches），从往季选出四位让观众印象深刻的不同类型的强悍玩家作为选手的导师，每位导师选择三个选手，谁最后获得冠军，他的导师将获得10万美元	规则基本固定

以2012年第十四季第十三集为例，在这一集，最初被安排指导选手的曾经参加过以往几季比赛的四位导师被告知自己也将成为选手面临被淘汰的命运，于是"导师"和选手们展开了"厮杀"。第一位导师被暗算驱逐出《老大哥》之屋。

表4　剧集分析

板块	时长	内容	形式
开场	20秒	1. 主持人开场词，陈述本周比赛的变化 2. 全美票选出导师是否变身选手将在本周揭晓	主持人陈述、演播室镜头切换VCR
前情提要	2分30秒	《老大哥》前情提要，概述上周发生的关键事件，通过旁白方式理清人物关系和选手策略	旁白
片头	30秒	片头播放	
演播室开场	58秒	主持人在演播室现场对上周屋内的发展进行简单陈述，并引出本周内容	演播室、VCR
提名环节	20秒	1. 衔接上集，讲述选手使用否决权拯救一名被提名的选手 2. 提名另一名选手 3. 选手的现场反应	VCR（选手活动）
提名后的交涉	8分50秒	加奈尔（Janelle）被房主选入待定席后房间内所有人的活动和密室独白，突出表现选手们在人前行为和在密室中展现的真实想法的不同，其中以布兰妮（Britney）的动摇为一个亮点	VCR（选手活动与密室独白）
主持人串场	15秒	主持人引出下一部分内容	演播室

板块	时长	内容	形式
主持人访谈	2 分 47 秒	主持人通过摄像机与屋内的选手进行简单访谈。 主持人分别向三位选手问了三个问题	访谈
精彩花絮 回放	50 秒	主持人通过屏幕给屋内的选手回放之前的精彩 花絮，并对花絮的主角兰（Lan）进行简单访谈	访谈
场外采访	3 分 49 秒	场外采访选手兰和阿什丽（Ashley）的家人， 询问其家人对其荧幕恋情的看法	VCR
投票环节	7 分 36 秒	主持人继续通过大屏幕主持，选手在密室中进 行投票，最终选出本期被淘汰的选手	演播室、房内
演播室访谈	5 分 09 秒	主持人对被淘汰的走出房内进入演播室的选手 进行访谈	演播室
游戏环节	7 分 27 秒	直播房主争夺战	演播室、房内
结束语	1 分钟	1. 主持人对选手进行总结性访谈 2. 结束语	演播室

节目特色点评

　　真人秀给观众带来的最大快感就是窥视的快感，节目让竞争者在假定的情境和规则下真实地生活。而且，涉及的内容越隐私就越以夸大的视听语言更强烈地呈现在观众面前。美国版《老大哥》连唯一的一间厕所马桶正上方也装了一架摄像机。整个节目似乎自己就能运转，即使换不同的人放在"老大哥"的房子里，换不同的观众，可能会产生不同的情节与故事，但运作的过程和产生的快感是一样的。

节目制作

　　拍摄角度上，《老大哥》的制作方运用了类似纪录片的技巧和美学手法。为了捕捉选手生活的每一个细节，节目制作方在每个角落都安装了全天候的监控摄像机，选手身上的麦克风也处于 24 小时打开状态。虽然由电视播出的《老大哥》是经过剪辑的每日或每周精选镜头，但观众还可以实时在网上观看房间 24 小时的监控录像。因此可以看出，节目的拍摄方式与播映方式相配合，使得观众能够与节目中的情节同步，如同亲临现场一般。

在如此大量的镜头素材的基础上，节目组会将冲突尤为激烈的部分集中剪辑下来，很多叙事时用到了平行剪辑和人物在密室内自白与游戏过程，冲突场面的交叉剪辑，充分表现了参赛者当时的内心真实状态，强烈的反差尤其引人入胜。

在网站设计上，除了正常的视频、访谈之外，还有每周一篇的房主日记，由于房子内所有人都是与外界断绝联系的，所以房主可以在房主日记之中完全表达自己的想法，这一点增强了网站的观众黏度。

商业模式

《老大哥》的商业模式中对媒体的开发利用是至关重要的一环，节目通过提高收视率来激发其商业潜能，而收视率的提高则要靠新媒体传播和传统媒体炒作两种方式来得以实现。

《老大哥》鼓励观众参与节目形成，途径就是让观众通过短信和电话投票的方式决定参赛者的命运。例如，英国《老大哥》第三季的决赛阶段吸引了 1000 万收视人群，收到了 1000 万条来自观众的手机投票短信。这不仅创下英国电视史上最高收视，也带来了庞大的经济效益。据了解，《老大哥》第三季节目中的 30 秒时长的广告价位为 4 万英镑，这一价格达到同一频道任意其他电视节目广告价格的三倍之多。

与此同时，比赛过程中在网上有 24 小时实时在线视频，这一功能虽然需要点播，仍有很多观众愿意选择付费观看，这又为《老大哥》增添了一笔巨额收益。由此来看，《老大哥》凭借真人秀模式的新媒体平台获得广阔地覆盖收视人群，从而取得了巨大的商业经济成功。

《老大哥》（*Big Brother*）真人秀把传统媒体炒作利用得炉火纯青，丑闻和争议是该真人秀一帖必胜的炒作良方。在第五季中，节目中曾经爆出了严重的种族丑闻，因此吸引了多家媒体的负面报道和一致批评。但是，《老大哥》节目的收视率却直线上升，媒体的报道反而起到了宣传节目、吸引观众的作用。

同类对比

哥伦比亚广播公司在推出《老大哥》之前的两个月，率先推出了模式相仿的节目《幸存者》（*Survivor*）。由于市场成熟度，国民可接受度等原因，国内引进该种真人秀节目难度较大。

表5　同类型节目对比

节目名称	电视台	节目形态及内容	成功因素
老大哥	哥伦比亚广播公司	游戏类真人秀节目，选手通过游戏和社交策略的交锋，选出最终优胜	每季主题设置，游戏环节的特色道具，社交策略变化
幸存者	哥伦比亚广播公司	游戏类真人秀节目，选手们通过生存技能和社交策略的交锋，选出最终优胜	每季游戏环境的不同，生存技能较量，社交策略变化

The Moment of Truth

《真心话大冒险》
——金钱？隐私？伤害？

《真心话大冒险》(*The Moment of Truth*)是一档美国有奖竞猜类节目，属真人秀的一种。参赛选手必须在全国观众及自己的亲友团面前如实回答二十一个问题，这些问题虽然事先已经在测谎仪的监视下由选手回答，但是选手无法知晓测谎结果。假如该选手能够在现场诚实地回答这二十一个问题，就能赢得50万美元。问题分几个阶段，涉及

基本信息 >>

· 原　　名：The Moment of Truth
· 译　　名：真心话大冒险 / 无谎言时刻
· 标　　识：该节目播出的两集中标识始终
　　　　　如一，由节目标识加上灯光效
　　　　　果组成。标识简单而又契合节
　　　　　目定位。

图 1

· 播出国家：美国

· 播出频道：福克斯（FOX）
· 首播时间：2008 年 1 月 23 日
· 播出时间：4:00 AM ET（美国东部时间）
· 节目时长：60 分钟
· 节目类型：有奖竞猜类真人秀（Game
　　　　　show /Reality show）
· 播出形式：录播
· 制作公司：Lighthearted Entertainment,
　　　　　由霍华德·舒尔茨执行制作
· 官方网站：http://www.fox.com/
　　　　　momentoftruth/

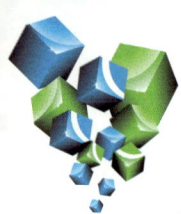

参与者最不希望为人所知的私生活的各个方面。选手诚实回答的题目越多，奖金就越高。无论节目存在多大争议，这无疑是一档成功的真人秀节目，它迅速在美国刮起一股窥私潮流，成为当时美国本土收视率最高的电视节目。

历史演变

该节目建立在哥伦比亚一个叫作《只要真相》（*Nothing but the Truth*）的节目模式基础上。哥伦比亚版节目与《真心话大冒险》同样是由霍华德·舒尔茨（Howard Schultz）的 Lighthearted Entertainment 公司制作，节目规则与环节也基本类似。

哥伦比亚版本的节目在 2007 年 10 月被停播，因为在节目中的女选手玛丽亚·索拉诺（Maria Solano）被问及"你有没有买通过职业杀手去杀害你的丈夫？"而她的答案是有过（实际上职业杀手向她的丈夫泄密并逃跑）。这名选手最终拿到了 50 万哥伦比亚比索，约合 2.5 万美金，但节目播出后引发极大争议。

美国版的第一、二季的规则稍有变化。第一季时选手在任何阶段的一个谎言都会使选手空手而归，但在第二季中如果选手在 2.5 万美元阶段之前给出的答案不是实话，那么他将失去前面所赢得的奖金；如果他在 2.5 万美金阶段之后说了谎，那么他仍可以赢得 2.5 万美金。第三季的 5 集由福克斯电视台在 2008 年 2 月 1 日预定，本来是放在秋季播出列表的，但是这 5 集的时间被迫让位给福克斯的新节目《墙上的洞》和当季的《舞魅天下》（*So You Think You Can Dance*）的最后一集，所以未能播出。在前两季的节目中，没有选手能够成功拿走最高奖金，但在未播出的第三季中有一位选手最终赢得了 50 万美元的最高奖金。

节目模式分析

作为一档有奖竞猜类真人秀节目，《真心话大冒险》的节目模式比较清晰。如果嘉宾回答的问题较少或者很早被淘汰，节目中就可能出现两个嘉宾，如果一个嘉宾的答题很精彩，也可以被剪辑成两集播出。节目按每个嘉宾来分节目板块，可分为六个板块：前 6 道题正确对应 1 万美元奖金；继续答对 5 道题获得 2.5 万美元奖金；继续答对 4 道题奖金升至 10 万美元；此后再答对 3 道题又可获得 20 万美元；继续对 2 道题再得 35 万美元；最终，回答对 1 道题目可再赢得 50 万美元奖金。

板块设置

《真心话大冒险》的板块设置主要包括6个部分：本集精彩荟萃、主持人开场介绍、参赛者与亲友团入场、答题环节、结束部分以及片尾。

表1 板块设置详情

一、本集精彩荟萃	二、主持人开场介绍
1. 上期精彩回顾	1. 主持人入场
2. 本集精彩介绍	2. 基本规则介绍
三、参赛者和亲友团入场	**四、答题环节**
1. 参赛者入场及自我介绍	1. 答题环节
2. 亲友团入场及自我介绍	2. 现场聊天
3. 主持人与参赛者和亲友团聊天	3. 下集提要
	4. 上期参赛者最新状况
	5. 参赛者阶段性答题结束及选手选择去留
	6. 主持人宣布结果
	（备注：答题分为六个阶段，选手可以在任一阶段离开）
五、结束部分	**六、片尾**
1. 公布最终结果	1. 节目宣传片
2. 提示收看下集	2. 演职人员表
3. 主持人致感谢词及退场	

赛程规则

每集比赛前，节目制作方将会安排参赛者回答至少50道题，并经过测谎仪测试，但参赛者并不知道测谎的结果。节目中，主持人会问参赛者21道问题。在节目中问的问题将从这50道题中抽取。参赛者在节目中的答案如果被测谎仪裁决为真实，就可继续答题并获得相应的奖金；如果被测谎仪判定为谎言就将淘汰出局，先前累积的奖金也会全部失去。从第二季开始，参赛者顺利通过前十一道题，即已获得2.5万美元后，后面的任何阶段给出不诚实的答案会被判出局但可以带走2.5万美元。参赛者可以在听到下一个问题前叫停并带走已经赢得的奖金，但一旦听到了问题，参赛者就只能选择回答问题或者输掉比赛。

人物角色

节目的主持人是马克·刘易斯·瓦尔贝格（Mark Lewis Walberg），出生于1962年8月31日，美国南加利福尼亚。他是一位演员，同时也是电视节目主持人，他主持的电视节目包括《鉴宝》（*Antiques Roadshow*）和GSN电视台的《俄罗斯轮盘》（*Russian Roulette*），以及FOX电视台的《真心话大冒险》，他因为《鉴宝》为人们所熟知。

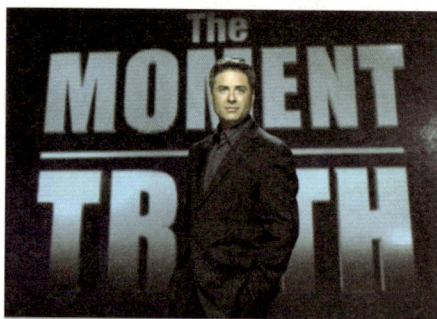

图2　主持人马克·刘易斯·瓦尔贝格

表2　主持人马克的主持经历

时间	节目	角色
1990—1992	《我画你猜》（*Teen Win，Lose or Draw*）	广播员
1991—1994	《购物到腿软》（*Shop'til You Drop*）	广播员
1994	《免费大餐》（*Free 4 All*）	主持人
1995—1996	《马克·瓦尔贝格秀》（*The Mark Walberg Show*）	主持人
1996—1998	《大日子》（*The Big Date*）	主持人
2001	《诱惑岛》（*Temptation Island*）	主持人
2002	《俄罗斯轮盘》（*Russian Roulette*）	主持人
2003	《是敌还是友》（*Friend or Foe*）	主持人、嘉宾
2004	《爱的真谛》（*I Want to Marry Ryan Banks*）	主持人
2006	《鉴宝》（*Antiques Road Show*）	主持人
2008	《真心话大冒险》（*The Moment of Truth*）	主持人、嘉宾
2009	《成为百万富翁》（*Make Me a Millionaire*）	主持人

曾经有观众质疑测谎仪的准确性，因为在播出的两季中没有人拿走大奖。因此，除了测谎仪，节目还拥有三位心理学家。他们是安格拉·多纳修（Angela Donahue）、克里斯·莫翰迪（Kris Mohandie）和凯瑟琳·塞尔登（Catherine R. Seldon）。

该节目的选手来自不同的职业，拥有不同的背景，例如市场经理、模特、操盘手等，

他们大多认为自己很诚实并敢于面对一些刁钻的问题。下面是 1—16 集（1—10 为第一季，11—16 为第二季）的分集选手介绍。

表 3　各集参赛选手

集数	参与者	职业	奖金	备注
1	廷克·凯克（Tinker Keck）	退役职业橄榄球选手	0	在"作为私人教练，从未过度身体接触女性客户"问题中说谎
1,2	乔治·奥杜萨（George Ortuzar）	市场经理	10 万美元	
2,3	克里斯蒂·约瑟夫（Christie Youssef）	前俄亥俄州、加州小姐决赛选手	10 万美元	
3	布兰登·科里亚（Brandon Corria）	内衣模特	0	在"作为内衣模特，是否曾在内裤里填充东西"问题中说谎
4	瑞·埃尔南德斯（Ray Hernandez）		10 万美元	
5	洛朗·克莱里（Lauren Cleri）		0	在"你认为你是个好人吗？"一问中说谎
6	艾伦·瓦林洛蒂（Ellen Valinotti）		10 万美元	
7	迈克·格林兰（Michael Greenland）	收账员	10 万美元	
8	利塞特·冈萨雷斯（Lissette Gonzalez）		0	在"你是否曾通过性关系提升自己的模特事业"问题中说谎
9	保罗·斯科尼（Paul Schoni）		10 万美元	
9,10	安格拉·切姆尼（Angela Ciemny）		0	在"为了十万美金，你是否会为成人杂志拍裸体照"问题中说谎
11	柯蒂斯·佛兰克（Curtis Frank）	黄金代理人	10 万美元	
12	克里斯蒂娜·保利（Christina Paolino）	前空姐，现经营票务	10 万美元	

集数	参与者	职业	奖金	备注
13	玛丽·贝思·克瑞斯（Mary Beth Kraese）	义务防火队员	0	在"是否已经对丈夫失去吸引力"问题中说谎
14	肯杰塔·劳艾琳（Conjetta Lawellin）	程序服务评估员	0	在"是否曾后悔与男友复合"问题中说谎
15	安妮特·内尔松（Annette Nelson）		20万美元	迄今为止最高奖金获得者（真实回答了18个问题）
16	丽娜·帕洛斯基（Leanne Petrosky）		10万美元	

　　节目的嘉宾可以分为两类，一类是参赛者的亲友们，他们在参赛者不远处的沙发上聆听参赛者的每个答案，会给参赛者一些建议或者鼓励，例如是否拿着已得奖金离开比赛或是继续答题。这些嘉宾有一次换题的权利，如果这个题他们不想听到参赛者的答案，他们可以按按钮选择换题，但这个权利只有一次。不得不说，面对一些涉及隐私的问题，亲友团的存在对参赛者来说是一种很大的压力。另一类嘉宾是节目有些时候会请到节目现场的"神秘嘉宾"——参赛者的前任男（女）朋友或者好朋友等，他们会问参赛者一些涉及个人隐私的很难回答的问题。

外部包装

　　《真心话大冒险》的整体包装风格以冷色调的蓝、紫、黑为主，兼有少部分的红色。舞台分为两条通道，参赛者及主持人所在的主舞台和亲友团所在的附属舞台三部分，现场音乐多为刺激、加重现场紧张感的音乐，整体包装风格突出刺激感和神秘感。

图3　演播室实景

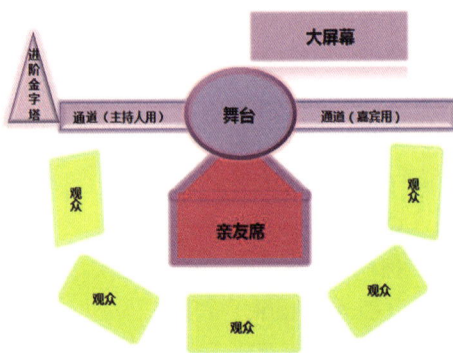

图4　舞台设计图

舞台设计方面包括主舞台、亲友席和通道三个主要部分。舞台后面是大屏幕，舞台左侧通道尽头是进阶金字塔。主舞台是参赛者和主持人所在区域，该区域仅有两把椅子分别供主持人和参赛者就座，给人简单直接的感觉；亲友席与主舞台相连，放置着一个长沙发供亲友团坐，亲友团面前还有一个按钮，亲友团如果不想听到选手对某个问题的回答，可以按下按钮选择跳过，主持人就会换一道问题，但该按钮仅可以使用一次。

视觉要素方面，节目的舞台形状和色彩都值得关注。形状方面，主舞台部分为圆形，体现选手的内心与自我保护；亲友席部分为方形，体现客观与旁观；主舞台与亲友席相连的部分为三角形，体现了一种对峙，即参赛者在回答问题过程中会不可避免地伤害到亲友团，亲友团对于选手答案的反应也同时会伤害到参赛者。色彩方面，整体色彩偏暗，主要运用蓝色、暗紫色和暗红色，凸显节目的神秘色彩，既体现了参赛者的凝重心情，也符合观众窥探参赛者隐私的心情。

该节目的舞台灯光也与节目定位十分契合。舞台灯光偏暗，多为深蓝色、紫色等冷色调。亲友团的位置有的时候是红色的，表示支持和温暖；当选手的答案伤害到亲友时亲友团的位置灯光变为蓝色。

节目案例详解

以下分析将以第二季第六集为例。本集的参赛者为丽娜·帕洛斯基。选手的母亲、妹妹和男友作为她的亲友团出现在舞台上。选手最终诚实回答了 15 个问题，赢得 10 万美元，并选择不再继续，带着已经赢得的奖金回家。

表 4　2009 年第二季第六集板块分析

板块	时长	内容	形式
往期精彩回顾	2 分 27 秒	1. 前几期节目选手的精彩回顾 2. 本期精彩荟萃	视频、旁白
主持人开场介绍	1 分 26 秒	1. 主持人开场并介绍规则 2. 放本期参赛者的视频介绍	现场同期声、VCR、主持人现场、音响
参赛者和亲友团入场	1 分 02 秒	1. 参赛者出场，和主持人聊天，从主持人那里了解简要规则 2. 参赛者亲友团出场并做自我介绍，主持人和其聊天	现场同期声、主持人现场、音响

板块	时长	内容	形式
答题阶段	10分30秒	第一阶段答题： 1. 问题：你是否在知道有陌生人正赶着上电梯时关掉电梯门？ 2. 插入下节提要，在下节中选手要面临的艰涩问题 3. 插入前几集参赛者的最新状况，虽然参赛者伤害了自己的家人，但家人已经原谅了他 4. 回到节目现场，参赛者回答第一个问题 5. 主持人在答题间隙与参赛者聊天，也是给参赛者一些下面题目的暗示 6. 在答题前和答题后插入亲友团反应，主持人有时会采访亲友团感受 7. 问题：你是否逃离过自己肇事的车祸现场？参赛者的答案是：有过。测谎结果为真话 8. 主持人宣布参赛者第一阶段胜利，可以获得10000美元 9. 主持人询问参赛者继续挑战还是带着奖金离开，参赛者选择继续挑战	现场同期声、旁白、插入视频、采访、音响
	14分29秒	第二阶段答题： 1. 问题：你有没有偷偷检查过你男朋友的电脑？ 2. 插入下节提要 3. 插入前几集参赛者的最新状况 4. 回到节目现场，参赛者回答第七个问题 5. 主持人在答题间隙与参赛者聊天，也是给参赛者一些下面题目的暗示 6. 在答题前和答题后插入亲友团反应，主持人有时会采访亲友团感受 7. 第十个问题：你是否在与你的男友交往过程中偷情过？参赛者的答案是：没有。测谎结果为真话 8. 主持人宣布参赛者第二阶段胜利，可以获得2.5万美元 9. 主持人问参赛者选择继续挑战还是带着奖金	现场同期声、旁白、插入视频、采访、音响

续表

板块	时长	内容	形式
		离开，劝说参赛者不要继续，参赛者选择继续挑战	
	12分16秒	第三阶段答题： 1. 问题：你若要结婚，是否希望你的生父出席婚礼？ 2. 插入下节提要 3. 插入节目宣传片 4. 回到节目现场，参赛者回答第十一个问题 5. 主持人在答题间隙与参赛者聊天，也是给参赛者一些下面题目的暗示 6. 在答题前和答题后插入亲友团反应，主持人有时会采访亲友团感受 7. 问题：是否会让你唯一的妹妹（同母异父）担任婚礼的伴娘？参赛者的答案是：不会。测谎结果为真话 8. 主持人宣布参赛者第三阶段胜利，可以获得10万美元 9. 主持人问参赛者选择继续挑战还是带着奖金离开。参赛者征求家人意见，最终选择带着奖金离开	现场同期声、旁白、插入视频、采访、音响
结束部分	28秒	1. 主持人恭喜参赛者获得奖金 2. 主持人感谢观众收看本期并欢迎关注下期节目，退场 3. 主持人致感谢词的同时参赛者与家人拥抱交谈	现场同期声、旁白、音响、音乐、主持人现场
片尾	52秒	1. 节目宣传片 2. 演职人员表	视频、旁白

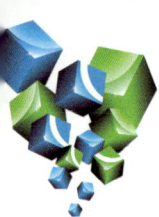

节目特色点评

《真心话大冒险》作为一档答题类真人秀节目，其主题是参赛者答题赢取奖金。由于题目涉及参赛者的隐私，尤其容易揭露出选手的阴暗面，而选手的回答在某种程度上满足了观众的窥私心理和娱乐心理。

节目形式

环节设置方面，比赛分为六个阶段，每个阶段的问题数量在递减，奖金在翻倍，看似越到后面越容易，选手面对类似"只需再回答三个问题，奖金就翻两倍"这样的诱惑往往会选择继续挑战。但实际上，后面的问题难度在不断提升，选手基于对自己的保护很可能放弃游戏或者选择说谎。参赛者的亲友团只有一次换题的权利，这在一定程度上保护了参赛者和参赛者的亲友，但只有一次的权利也提醒亲友要谨慎使用。另一方面，这个权利归亲友团而不归参赛者，有些问题参赛者不想回答但亲友想听到答案时参赛者也不能换题，这就为节目制造了爆点。有些集的节目中，节目组会请到"神秘嘉宾"，例如造成参赛者儿子去世的车祸引起者，让参赛者不得不面对她极其不想面对的人并回答问题，这也增加了节目的紧张感，加大了难度，也为节目制造了新的看点。

语言设计方面，本节目语言简练，主要围绕主持人的问题，并无过多与节目不相关话题设计。主持人在问参赛者问题前，一般会问嘉宾一个较简单的与后面问题有关联的泛泛性问题，嘉宾在回答这类非具体问题时轻松而快速，但听到接下来棘手问题时，内心通常纠结并不愿面对。

叙事的主线一直是参赛者为赢得更多奖金而回答越来越难的问题。节目叙事风格简洁，主持人和参赛者以及主持人和参赛者亲友团之间并没有什么与问题无关的话题，主持人与他们在问题间的闲聊通常是对下面问题的提示。

节目制作

节目画面色调偏暗，从侧面烘托节目困难的问题和参赛者忐忑的心情，也迎合了此时观众窥私的心理。

在主持人问问题时，画面的主要部分是主持人和主持人后面的进阶金字塔，观众可

以从参赛者的视角清楚了解参赛者的进阶状况；在参赛者回答问题时画面要么是参赛者及参赛者背后写着问题的大屏幕，让观众清楚了解问题，要么是参赛者的面部特写，表现参赛者的忐忑心情。画面还会有亲友在参赛者回答问题前后的面部特写，表现参赛者亲友对于参赛者回答的欣慰或是震惊。

在节目进行过程中，主要采用鼓点节奏的音效以烘托紧张气氛。另外，在嘉宾回答问题后，测谎仪公布测谎结果时，间隔时间也不相同，随着问题难度的增加，嘉宾紧张程度的增加，公布测谎结果的节奏就越慢，在一定程度上加剧了紧张气氛。随着答案的揭晓，音效配合着加入观众的叹息或者吃惊的声音。而在嘉宾胜利退出节目时，声效复杂并表现欢乐气氛，使之前的紧张气氛得到了充分的缓解。

一般情况下，在节目开始或一个段落开始，摇臂摄影机会由远及近，最终落在主持人身上。在回答问题过程中，摄影机特写关注嘉宾，或特写关注所涉及的嘉宾亲友，他们的面目表情清晰呈现在荧屏上，由此烘托节目发展的紧张情绪。

本节目后期剪辑多用插叙手法，在对接下来节目做精彩预告的同时，不断加剧现场紧张气氛，不断增加节目内容对观众的吸引力。同时还会插入前几集嘉宾的最新状况，例如某一集嘉宾在参加节目后虽然拿到了奖金但却因为他在节目中的答案失去了工作和女朋友等。经常运用交叉剪辑的手法，表现选手和亲友对于问题及选手答案的不同反应。

商业模式

《真心话大冒险》在节目播放间隙插播广告，节目中没有明显的广告植入。其主要的营销包括网络营销、互动营销和病毒营销三方面。

网络营销方面，《真心话大冒险》有自己的官方网站。通过网站推广自己的节目。互动营销方面，通过官方网站和社交网站 Facebook 实现与观众的互动，从而实现营销的目的。病毒营销方面，该营销是指通过公众将信息廉价复制，告诉其他公众。由于该节目的话题性很强，公众很容易地会跟自己身边的人提起该节目，从而达到病毒营销的效果。

在节目模式全球化发展及版权贸易方面，《真心话大冒险》国际版本已售卖至全世界超过 30 个国家和地区，正式引进该节目的国家和地区包括巴西、保加利亚、哥伦比亚、克罗地亚、捷克、丹麦、爱沙尼亚、芬兰、格鲁吉亚、德国、希腊、匈牙利、印度、以色列、意大利、马其顿、荷兰、挪威、波兰、秘鲁、葡萄牙、罗马尼亚、俄罗斯、塞尔维亚、斯洛文尼亚、韩国、西班牙、瑞典、中国等。

同类对比

在国外的游戏类答题类真人秀节目中，最经典、最具国际影响力的应属英国独立电视台（ITV）在 1998 年推出的《谁想成为百万富翁》（*Who Wants to Be a Millionaire*），

表5　同类型节目对比

节目名称	频道	参赛选手	节目内容及形态
真心话大冒险	福克斯（FOX）	一集里一般有一位，有的时候会有两位，来自各行各业	选手直面自己的隐私，能够敢于面对全国观众说出真心话的选手将获得奖金
谁想成为百万富翁	迪斯尼 ABC 家庭频道（Disney-ABC Domestic Television）	每集一般有十位，来自各行各业	在节目中，参赛者需要连续答对15 道益智类多项选择题，之后即可获得一笔巨额奖励，通常以100 万当地货币作为奖金
一掷千金	NBC	每集一般有一位或者两位，来自各行各业	选手通过相互挑战赢取奖金的益智类竞赛真人秀

表6　中国版与美国版对比状况

版本	节目名称	播出平台	季数	主持人	节目模式不同点	奖金最大金额	播出时间
美国版	真心话大冒险	FOX	3 季（其中1 季未播出）	马克·刘易斯·瓦尔贝格		50 万美元	2008 年1 月 23日开播
台湾版	真实谎言（*The Moment of Truth*）	壹电视综合台	1 季（目前）	利菁	节目的模式与美国版大体相同，不同点在于台湾版有亲友团提问环节，美国版并无此环节	200 万新台币	2011 年9 月 5 日开播
大陆版	别对我说谎（*The Moment of Truth*）	深圳卫视	周播	乐嘉	与美国版的不同之处是，节目中没有测谎仪。参赛者在面试时要接受心理专家团队的询问；节目中，参赛者给出答案后，节目会给他一个进行解释的时间	奖品多种多样，有旅游资助等，参赛者可以自由选择	2010 年12 月 9日开播

节目的整体设计最初来源于英国导演大卫·布里格斯（David Briggs）的创意，后又经多次讨论和反复修改，最终于1998年在英国独立电视台首次播出。节目播出后受到观众的广泛认可，各国电视台纷纷购买其国际版权，并开始制作当地版本。

而另一档答题类真人秀节目《一掷千金》（*Deal or No Deal*），同样以其高收视率和创新的节目形式与内容引起了人们的关注。表5是这三个同类型节目的对比状况。

中国版方面，深圳卫视和台湾壹电视综合台分别在2010年和2011年引进了该节目的版权，但在节目细节和部分规则设定上有了一些改变，表6是三个版本节目的对比状况。

挑战与困境

《真心话大冒险》的发展面临很多挑战与困境。该节目在法律与道德层面上都存在一定的缺陷，例如"你是否逃离过肇事的车祸现场？"参赛者的答案是有过。这就说明参赛者曾经犯法并拒绝接受惩罚。再如"你是否在和你男朋友交往期间偷情过？"这个问题几乎出现在每一集，而有不少选手的答案是有过，这无疑是有违道德底线的。

事实上，不少参赛者因为在节目中回答的问题而失去伴侣，失去工作。每集的最后，该节目的宣传片这样说：《真心话大冒险》证明了人们即使会伤害家人丢掉工作，还是会义无反顾地追求金钱。这样不正确的价值导向也许就是这个节目所面临的最大的困境。

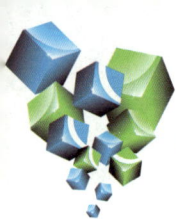

You're Cut Off

《你被隔绝了》

——富家女改造记

● 节目概况速览 ❤

《你被隔绝了》（*You're Cut Off*）是一档美国真人秀电视节目。节目中，九个备受

基本信息 》》

· 原　　名：You're Cut Off

· 译　　名：你被隔绝了 / 女子学院

· 标　　识：节目标识是在有黑色背景映衬
　　　　　的铁丝网下，"你被隔绝了！"
　　　　　几个字被一道紫色的光芒切开，
　　　　　切口干净利落，紫色又代表高贵
　　　　　和神秘，暗示富家女们在毫不知
　　　　　情的情况下被断绝了经济来源。

图 1

· 播出国家：美国、中国

· 播出频道：VH1 有线电视台、CCTV-2

· 首播时间：2012 年 5 月 24 日

· 集　　数：第一季共九期节目。

· 播出时间：美国版第一季 2010 年 6 月 9
　　　　　日首播 每周一晚 8：00；第
　　　　　二季 2011 年 1 月 10 日回归
　　　　　每周一晚 9：00；央视中文译
　　　　　制版 2012 年 3 月 31 日首播。

· 节目时长：60 分钟

· 节目类型：真人秀

· 播出形式：录播

· 制作公司：Fly on the Wall Productions
　　　　　公司
　　　　　IMOV studio（IMOV 工作室）

· 官方网站：http://www.vh1.com/shows/
　　　　　youre_cut_off/series.jhtml

娇宠的富家女子被剥夺了诸如购物、修剪指甲和逛酒吧等权利，被迫像普通百姓一样生活，自食其力。节目中的教练希望通过对这些女孩的磨炼，让她们意识到生活中有比物质享受更重要的东西，这也是节目向观众传递的价值观。

历史演变

《你被隔绝了》是一档 2010 年新近推出的真人秀节目。第一季，小公主们主要经历了被告知隔绝的震惊阶段，然后每一集都完成一个主要的任务，包括清洁房间、打工、面试找工作、学会欣赏内在美、做慈善义工等，这一切结束之后就是毕业的日子。在第一季里，女孩们是在购物时发现信用卡被拒绝了，询问之后被带到主持人的面前，获知自己被隔绝了。而节目发展到第二季，基本环节没有改变，但女孩们是参加节目组安排的"红毯假采访"之后被带到演播室获知真情的。比起之前的通知方法，新的设置让几位小公主在毫无察觉的情况下接收到被隔绝的晴天霹雳。

收视反响

比起四大电视网络或者哥伦比亚及华纳兄弟联合电视网（Columbia Broad-casting System and Warner Bros. Network，以下简称 CW）等较受欢迎的电视台，HV1 的覆盖范围仅限纽约城市，其频道定位又是以音乐类节目为主，所以《你被隔绝了》的收视率自然不能和《全美超模》这样的真人秀同台竞技。第一季上映时，其观众数量在 60 万到 140 万之间波动，到第一季大结局"毕业日"播出当天，观众数量直升至 145.1 万。固定了一部分受众群体，《你被隔绝了》第二季一开播收视就达到 86 万，虽然之后经历了收视低谷，最终也以 76 万收视结尾。

节目模式分析

《你被隔绝了》每一季包括八集，第一集主持人会通过放 VCR 告知富家女"你被隔绝了"。这些平日里集万千宠爱于一身的小公主，不会相信自己就要脱离优越的物质环境，过上普通人的生活。这些女孩一开始都是不肯接受的，也有直接提出退出节目的情况。之后的几集里，教练劳拉·拜伦（Laura Baron）会给她们制订一些计划，女孩们按照指示完成任务，会被评价为"通过""失败""优胜"。得到"优胜"资格的女孩在下一

集可以享受各种特权，包括豪华的独立卧室、独立卫生间以及支配屋子里其他女孩的工作和零用钱。

经过一系列训练，第八集她们将迎来"毕业日"，女孩们装饰自己的公寓等待家人的到访，期间还要为他们准备一顿丰盛的大餐。最终她们会通过写一封自我陈述信来通过毕业考核。

板块设置

除了第一集，节目一般分为三个部分：收到任务卡、完成任务 A、完成任务 B 和每周总结会议。节目一般会从小公主们接到任务卡开始，穿插一些生活细节，让观众看到她们生活的常态。收到卡片就要开始第一个任务，一般情况下这是一个相对简单的小任务，在公寓范围内就可以完成。之后她们还会面临更大的考验，一般是分小组完成一项真正的工作，经过了锻炼，主持人劳拉大多数时候都会为她们准备一些奖励。然而到了一周结束，大家会围坐在一起听教练劳拉为她们点评，每个人都会被评级：合格或是不合格，在通过的姑娘之中，表现最好的人会被评为小组长，享受下周的特权。

人物角色

节目的主持、生活导师由劳拉·拜伦担任，选手都是富家女孩。

表1 主持人 / 教练简介

简 介	照 片
劳拉·拜伦，是美国 VH1 有线电视台节目主持人，也是新开播的真人秀节目《你被隔绝了》的生活导师，她同样也是一名专业的人际生活策略师。劳拉被广泛认可为一场新时代生活革命的引领者。劳拉所培训的客户大都取得了惊人的进步，靠的是她为客户量身定制的传统治疗方法。劳拉所培训的对象包括首席执行官、企业家、社会名流以及处在转型阶段的女性。在各类节目中，劳拉有力且富有说服力话语通过媒体的转播而使她成为一个值得信赖的生活向导及专家，也让她频繁做客 The Today Show、CNN、NBC、Fine Living Network 等美国权威媒体。劳拉·拜伦在美国职场培训圈已颇具影响力，在过去的 10 年中，她通过提供帮助让自己的客户改造他们的生活，面对真实的生活，并最大限度地发挥潜力。	劳拉·拜伦 Laura Baron

表 2 选手简介

简 介	选手照片
艾梅：27 岁 来自得克萨斯州 艾梅的人生信条是："别人能为我做的事就不去做。"她至今和妈妈住在一起，妈妈为她牺牲了自己的假期时间，因为艾梅每隔几个月就需要一次旅行。在过去的九年中，妈妈为她买了 8 辆车，艾梅则撞坏了每一辆。但拒绝艾梅的要求是很困难的，因为她翻脸的速度像跑车的百米加速一样快。	
哈娜：28 岁 来自加利福尼亚州 哈娜是个过惯了贵族生活的洛杉矶名流。她的人生似乎只有两件事：坐着私人直升机去拉斯韦加斯参加聚会，或者用巴黎发布的最新的时装装满自己的衣柜。她不能拒绝跑车的诱惑，她车库里有多辆保时捷。哈娜拥有服务于她的私人团队，从造型师到助理甚至是保镖。她则只要考虑去哪儿刷她的运通金卡就好了。	
让：28 岁 来自加利福尼亚州 让一直过着被父母宠溺的生活，她不是坐着飞机往返于自己在佛罗里达州、拉斯韦加斯或者华盛顿的几套房子，就是在泳池边晒太阳，或者去看整形医生。她唯一的希望就是自己每周的零用钱可以准时到账，此外，让回到学校去上学的唯一理由是为了让父母不逼她去找一份工作。	
杰茜卡：23 岁 来自佛罗里达州 除了喜欢开着梅赛德斯四处闲逛，杰茜卡总在忙着为下次的社交活动买新裙子，价位大概在 2 万美元左右。她是有名的棕榈泉名流，卧室被她改造成了可以走进去的变形衣柜，因为她实在有太多衣服，衣柜根本放不下。她和妈妈加起来的话，可能已经买了佛罗里达州的每一双鞋。	
洛朗：25 岁 来自田纳西州 洛朗是 2006 年的田纳西小姐，同时参选了 2006 年的美国小姐。为了尽量拖延以躲避找工作，她用了七年才从大学毕业。她的父母为她偿还她所有的债务，并为她的生活方式埋单。洛朗梦想着成为总统的妻子，这样就可以拥有一座宫殿了。	
马西：26 岁 来自加利福尼亚州 自称是大码公主，马西是家里的独女，至今与父母生活在一起。她尝试过找工作，但是没有一次能长久地坚持下来。空闲时她会去购物，数数 LV 包包，对她的健身教练大吼。马西对每件事都有自己的观点，她觉得别人能说的关于她最难听的话也就是胖和霸道了。	

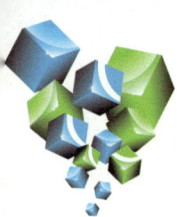
简介	选手照片
纳迪亚：21 岁　来自得克萨斯州 纳迪亚的父母拥有一家高档连锁 spa 馆，但不久之后就被她占为己有。因为有人在家照顾她的女儿，纳迪亚把自己的时间都花在做 spa 和深夜聚会上了。她父亲是个有美国梦的实业家，至今每周工作超过 60 个小时，期间她却在休闲娱乐。她觉得自己已经准备好长大并且学着去负责任了。	
夏奇拉：25 岁　来自纽约 夏奇拉的朋友们叫她"虚荣"，因为她每天早晨一睡醒就要对着镜子自言自语。她最近和男友同居了，她的物质生活全部来源于男朋友。夏奇拉每天都在尽力花掉自己男友的钱，他说如果要结婚的话她必须谦逊一些。但是如果什么事不能顺她的意，那么结果真的不堪设想。这位大小姐的名言是"如果我不开心的话，那谁也别想开心"。	

外部包装

演播室方面，8 个女孩住在一间十分简陋的小别墅里，每间卧室住四个人，睡的是上下铺。环境说不上是整洁，设计也完全称不上现代化，整体评价起来就像是宿舍一样，还算温馨但是绝对入不了各位千金的眼。除了完成任务以外，女孩们所有的故事都发生在这栋房子里，狭小的空间可以制造更多冲突。

这些富家女从来没有过与人合住的经历，现在连私人空间都要分享，骄纵的性格让她们之间冲突不断，谁都不是懂得退让的人，从一言不合到大打出手的情况时有发生。

视觉要素方面，首先应属美女。富家女们的外形条件虽然比不上《全美超模》的姑

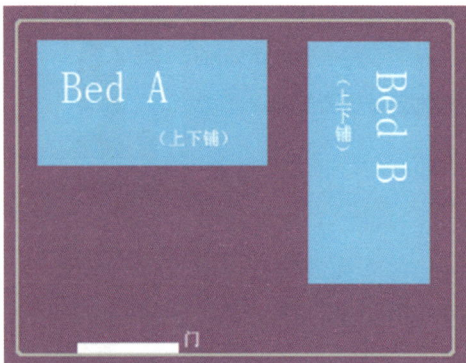

图 2　卧室布局

图 3　卧室实景

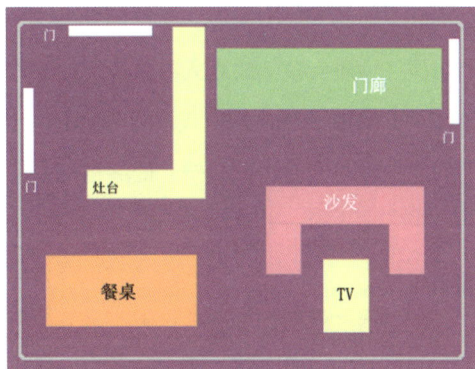

图4 客厅布局

图5 客厅实景

娘们，但经过整容手术和高档化妆品的装点，她们还是十分光鲜的。这些女孩子一般都穿着最新款的紧身短裙，大秀身材。节目中的主人公虽然从未受过表演方面的专业培训，但她们的出镜还是不由自主地带有表演的成分。真人秀节目在参赛者的选择上十分严格，或者拥有出众的外表，或者具有突出的能力，或者富有个性魅力，或者具有某项特长，这些富家女明显具备以上一些特质。

其次是奢侈品。节目刚开始的时候，主角们以为自己要参加物质女孩的选秀，在镜头面前大肆宣扬自己有多少奢侈品，其中一个女孩拉开一整面墙的推拉门，里面是一个巨大的鞋柜，她指着那些鞋说："这还只是我的黑鞋。"从奢侈品牌 LV 到 Prada，从跑车到私人飞机，这些女孩无所不有，闪闪发光的奢侈品在节目中非常抢眼。

视觉要素还包括环境塑造的视觉反差。《你被隔绝了》属于室内"真人秀"的一种，所谓室内"真人秀"并不是指所有剧情发生在"室内"，而是将嘉宾放在封闭的环境中，向观众暴露生活隐私。女孩们被隔绝起来，从先前奢靡的物质生活中突然被抽离出来，放到普通的家庭里。新生活的不适应、做着之前没有做过的家务活，甚至与他人分享，对于女孩们来说都是考验。

节目案例详解

以下分析将以 2011 年 1 月 10 日第二季第一集为主。

在这一集中，职业人生教练劳拉·拜伦会为生活奢侈的名流们带来一档公主病改造节目。8 个被宠坏了的小公主将被迫脱离她们奢侈享乐的生活方式，这些小公主多年来享

受着充裕的物质生活，她们的供给者终于下定决心，切断其经济来源。女孩们发现这一事实的方式近乎残酷：她们本以为是去为一档叫作《物质女孩》的真人秀试镜，结果取而代之的是失去一切原有的物质供给。八个女孩必须同住在一栋中产阶级住的两居室里，学会做饭、打扫以及没有助理帮助的生活。她们的苦难之旅就这样起航，最终目标是通向经济和人格的双重独立。

表3　剧集分析

板块	时长	内容	形式
片头	4分13秒	1. 节目梗概开始，旁白叙述这些女孩是世界上最富有、最娇纵的一群人，同时画面切换为经过剪辑的VCR，展示富家女的奢侈生活 2. 旁白继续说出这些女孩还不知道自己就要被切断经济来源了，画面是亲友录制的VCR和女孩们的反应 3. 接下来的八周她们要参加改造班，由人生教练劳拉·拜伦做指导 4. 经过训练的她们做出改变，但这能否改变家人的心意？画面里毕业日的那一天一个女孩的父母说，从今天起你要自己找份工作了 5. 旁白：唯一能确定的是这些女孩很难改变。此处放女孩们相处时争执扭打的视频剪辑 6. 片头放映，桌子上堆满各种公主系的小东西，一个女孩被摘下王冠，"你被隔绝了"字样出现，被一道紫色光芒切开	VCR、旁白、音响、音乐、采访、主持人现场、字幕
圈套	54秒	1. 故事开始于名媛们走下豪华轿车，接受记者采访，大肆炫富 2. 女孩们都以为来参选《物质女孩》	现场同期声、VCR、旁白、音响、音乐、采访、主持人现场
	56秒	1. 杰茜卡的自我介绍VCR 2. 她和父母住在一所有私人泳池和影院的豪宅里 3. 她有几十个上千美元的包包，衣服太多不得不把整间卧室改成衣柜 4. 父母提供她全部的经济来源	VCR、旁白、音响、音乐、采访、主持人现场、字幕
	18秒	1. 名媛们谈论自己对下一个"IT Girl"的理解 2. 画面切给让	音响、音乐、主持人现场

板块	时长	内容	形式
	38 秒	1. 让的自我介绍 2. 父母给她买了豪宅 3. 她热爱整容，有一面一按就会对她说"你好漂亮"的镜子	VCR、旁白、音响、音乐、采访、主持人现场、字幕
	1 分 04 秒	1. 其他名媛继续采访，镜头切给夏奇拉 2. 夏奇拉的自我介绍 3. 自称爱慕虚荣，有强烈的、被关注的需求 4. 一切经济来源来自难以对她说不的男友 5. 名言：如果我不开心的话，那谁也别想开心	VCR、旁白、音响、音乐、采访、主持人现场、字幕
	4 分 33 秒	1. 这些女孩还不知道自己的生活马上就要颠覆了 2. 金发"女主持"出场，宣布有一人不是来选物质女孩的，场上唯一的非富二代劳拉走上台 3. 劳拉表示其实所有人都不是来选物质女孩的，摘下假发，公布自己真实身份是生活教练 4. 屏幕开始放 VCR，内容是女孩们的家人对其表示不满，并宣布她们被切断了经济来源 5. 小公主们不能接受，各种抗议 6. 下节提要	现场同期声、VCR、旁白、音响、音乐、采访、主持人现场
揭秘	1 分 17 秒	1. 劳拉宣布小公主们被隔绝了，将要被迫参与一档改造节目，过普通人的生活 2. 采访里让对母亲很不满，夏奇拉表示不会做打扫做饭之类的事 3. 只有顺利毕业才能向家人证明自己改变了 4. 劳拉要求女孩们马上去新家 5. 采访中，劳拉表示女孩们都很震惊，但马上会意识到现实	现场同期声、音响、音乐、采访、主持人现场、字幕
接受改造	1 分 41 秒	1. 女孩们乘车去新家，一路嫌弃抱怨 2. 让自我介绍 VCR 3. 她有一张每月花销上万美元才能保留的运通金卡和两辆保时捷，自己从来不加油 4. 到达目的地，女孩们惊呼：不！	现场同期声、VCR、音响、音乐、采访、字幕
	2 分	1. 新家是一栋简易的小别墅 2. 劳拉已经在等待，宣布接下来八周她们会住在四人间里	现场同期声、主持人现场、音响、音乐、采访

板块	时长	内容	形式
		3. 女孩们要选好室友，把要带的行李装进半个行李箱才能带进屋，以此让女孩们学会妥协 4. 女孩们下有对策，除了运用行李箱还穿了尽量多的衣服进去	
	2分18秒	1. 马西自我介绍 VCR 2. 爱发号施令，父母非常溺爱 3. 女孩们整理好自己的东西打算进去 4. 夏奇拉表示不进去，要给男朋友好看 5. 下节提示	现场同期声、VCR、音响、音乐、采访、字幕、旁白
	1分47秒	1. 其他人劝说未果，全部进屋，夏奇拉自己坐在外面 2. 女孩们吐槽屋内装修风格 3. 劳拉 VCR：她们需要适应这样的环境 4. 女孩们对室内的一切都很绝望	现场同期声、VCR、音响、音乐、采访、字幕
	4分49秒	1. 艾梅的自我介绍 VCR 2. 与母亲同住，性格娇纵，撞坏许多车，但妈妈会买新的，别人能帮忙做的事自己从来不去做	现场同期声、VCR、音响、音乐、采访、字幕、旁白
		3. 女孩们对冰箱里的食物表示作呕 4. 夏奇拉想通了，自己收拾行李进屋，态度消极，说冰箱里有蛾子，引起骚乱 5. 夏奇拉不能忍受冰箱里的蛾子再次出走，艾梅劝说未果，退出节目 6. 下节提示	
	3分22秒	1. 大家对夏奇拉出走感到松了口气 2. 收到第一张任务卡，任务是修理工作 3. 洛朗自我介绍 VCR 4. 当选过选美小姐，想要嫁给总统 5. 马西组织分配工作，但没人愿意修厕所，开始工作后一片混乱 6. 纳迪亚自我介绍 VCR：自己有个女儿，但是什么都不用做，和自己父母住在一起 7. 没人会干活，草草收场	现场同期声、VCR、音响、音乐、采访、字幕

续表

板块	时长	内容	形式
体验生活	4分35秒	1. 让发现自己的土豆被扔了，引起骚乱 2. 让黑着脸重做土豆，激怒艾梅，二人发生口角 3. 下节提示 4. 吵架升级，肢体冲突 5. 大家都对让有意见	现场同期声、音响、音乐、采访、字幕
小组会议与总结	1分44秒	1. 劳拉VCR：女孩们要改掉娇纵的性格 2. 第一次小组会议，宣布夏奇拉退出，询问被隔绝是什么感觉 3. 哈娜表示有钱没有错，自己之前的行为没有问题 4. 纳迪亚觉得自己总在被别人占便宜，这时让又对她恶语相向，纳迪亚情绪失控，哭着说自己被抛弃后作为一个单身妈妈的内心空虚，被隔绝让她意识到自己被抛弃了 5. 让觉得自己没有被隔绝，其他人都反对 6. 劳拉试图劝阻未果，遭到让攻击	现场同期声、主持人现场、音响、音乐、VCR、字幕、采访
	3分09秒	1. 劳拉VCR：一些女孩没有意识到自己真的被隔绝了，如果意识到就会认真对待这个节目 2. 下节提示 3. 劳拉宣布有新室友要来，女孩们反应各异 4. 会议结束	现场同期声、主持人现场、音响、音乐、VCR、字幕、采访
篇尾	3分22秒	1. 本季导视 2. 镜头剪辑第二季精彩内容	现场同期声、主持人现场、音响、音乐、字幕、采访

节目特色点评

　　节目具有教育意义、发人深思，其核心思想是"不要把父母对你的爱当作理所应当的事"。许多观众都表示一开始是怀着"看看这群富二代们怎么出丑"的心态选择观看这个节目，但是随着改造过程一周周发展下去，渐渐被感动，很多人虽然不像她们那样被极其丰富的物质条件簇拥，依旧能够在她们身上找到自己的缩影。作为独生子女，虽然不比富家千金的钻石级待遇，在家里也是"家中一霸"，要什么父母都会尽力给予，

这档节目的代入感极强，所以引进国内的译制版非常成功。总体来看，《你被隔绝了》是一档让人怀着娱乐的心态接触，观看过程中又得以深思的好节目，传递的是正能量。

表4　2010年第一季各单期主题

期数	主题
1	惊喜：你被隔绝了（Surprise...You're Cut Off!）
2	公主清洁服务（Princess cleaning services）
3	穿出最佳性价比（Dress for less）
4	为赚钱而努力工作（She works hard for the money）
5	内在美（Inner beauty）
6	有节制地享乐（Fun on budget）
7	回馈（Giving back）
8	毕业日（Graduation day）

作为节目的主题，贫富差距是一个永恒的话题。当作为普通人的观众坐在电视机前，看那些比自己拥有更多机会和物质条件的人接受一个"治疗"的过程时，除了一般真人秀的窥私欲满足，他们还得到了心理平衡感。《你被隔绝了》以"调教富家女"为主题，成功契合了消费文化时代的大众，尤其是青少年的审美趣味。

从节目的价值导向来看，该节目的教育要点可以概括为如下方面。这样一群自以为是，毫无生活技能，只会享受，不知奉献的富家子女，让其脱离开其原有的家庭，失去她们原来拥有的一切，让她们过普通人的生活。富家女们在一个集体中生存，她们将不得不面对这样一个环境和场景，她们将怎样办。节目中反复重复的一句话"你被隔离了"，实质上是对于所有的人进行爱的教育。脱离爱的环境，失掉原来自己拥有的一切，你将会是什么？失去父母的爱、家庭的爱将是怎样？

女孩儿们被给予的钱往往是刚好够其艰难生活的数额，只配备基本的生活用品，住进普通人的房间，自己去打理生活，学会过集体生活，像普通人一样生活。她们在分组中体验团队合作，体验赚钱，体验为他人服务的乐趣。通过这些短暂的体验，她们感受到生活不易，工作不易，体验父母和家人的爱，最后让其给自己的亲人写一封感恩和表达自己今后要改变和好好表现的信件。最终，毕业的条件是生活导师和家人约定提出相关的条件，其核心内容是让受训女子放弃原来过度奢华的生活，去过独立的生活。准确地说，这是一个非常直观、非常形象的体验式教育真人秀，值得学习，值得探讨，值得借鉴。

节目语言设计特色鲜明。典型的"贱女孩"（Mean Girls）风格，语言犀利，且一般

多用复杂的从句。像所有好莱坞爱情片里描述的那样，富家女一般都有一张非常毒的嘴，她们喜用各种精心设计出来的词句挖苦和讽刺别人，类似的语言风格可以参考完结的热播美剧《绯闻女孩》（*Gossip Girl*）或者是电影《贱女孩》。

《你被隔绝了》的叙事风格非常戏剧化，导演通过剪辑、重复、特写等手法突出冲突情节，打破了原有的叙事时间，有的时候 A 说了 B 的坏话，他们会留下这段录像，在两个人发生冲突的时候再把 A 的这段录像通过剪辑和正在发生的故事编排在一起。同时它在镜头语言的运用上以还原实景为主要目的，对于主角的情绪捕捉十分敏感，但有时为了达到夸张的效果，会利用一些镜头角度结合特写和音效来夸大被拍摄者的情感。

节目制作

节目的画面整体色彩比较明亮，色调也具有一致性，镜头角度以远景为主，使用广角镜头使一切看起来都很宏伟。到了她们的公寓以后则用非常多的色彩表现居住空间的拥挤、杂乱，增加了女孩子们共处一室的紧张气氛。

摄影角度上，真人秀的拍摄手法一般偏向于现实主义，所以运用最多的还是最符合人们日常观察世界所用的水平视线镜头。

节目的后期剪辑非连续性剪辑，善用闪回的手法，打断原本的叙事时间塑造戏剧效果，详情参考在叙事语言中所举的例子。这种"重新编排"在本意上希望能做到神不知鬼不觉，最好观众完全没有察觉剪辑的痕迹。

节目的主题曲是金属乐队 Morningwood 的 *Sugar Baby*，很有英伦摇滚风格。节目组

图 6　居住环境对比

利用音乐来增加气氛，比如争吵时用紧张的音乐营造出剑拔弩张的氛围，谈心时则用平缓的音乐，当某个女孩做出了惊人之举或者发表了什么骇人言论，音效会在这时适时出现。整个节目的声音配置都是夸张的，营造出戏剧化的效果。

网站设计方面，和电视节目的主色调一样，网站整体色调是紫色。因为附属于 VH1 官网，所以版式上用的基本是 VH1 电视剧介绍的框架。

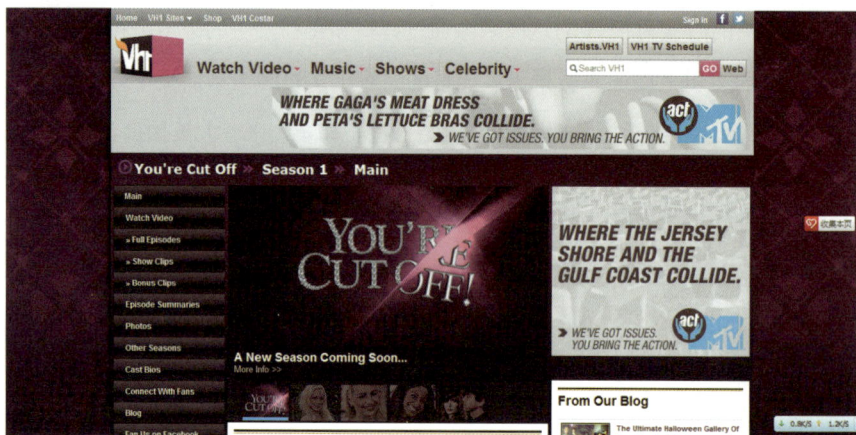

图 7　节目官网

商业模式

节目的收视人群定位在奢侈生活吸引年轻女性受众；产品策略为颠覆情节吸引人眼球；渠道策略为网络电视台转播与售卖版权。营销策略则有多种方面：

网络营销方面，《你被隔绝了》不仅在各大 TV 网站上都有自己的主页，还拥有独立的官方网站，网站与 Facebook，Twitter 等社交网站直连，让粉丝随时随地发表自己对节目的看法。同时设有官方博客，为观众提供一些周边信息，花絮片段等有趣的信息。

活动营销方面，富家女们参加各种活动都是以特定地点为背景的，会所、高尔夫球场、购物中心和超市，看似随机的地点，其实都是赞助的来源，植入广告是一种双向收益，广告主和节目各取所需、互惠互利。

娱乐营销方面，通过观众的感性共鸣引发客户的购买行为，观众希望看到富家女舍弃自己骄纵、奢侈的生活，承认正面的价值观，体验普通人的生活，这从侧面体现出她们追求平等的愿望，《你被隔绝了》正好提供了实现这一愿望的机会。

从商业模式角度来看，该节目是商业利益巧妙融合。《你被隔绝了》的收入来源主要来自参赛者家庭的资助，以及相关环节涉及的产品或服务提供商支付的广告费用。

Punk'd

《明星大整蛊》
——抱歉，你被整了！

基本信息 》》

- 原　　名：Punk'd
- 译　　名：明星大整蛊 / 明星整人秀
- 标　　识：该节目曾先后用过两个标志，
　　　　　主色调为黄黑的标志（如图 1）
　　　　　在第一至三季节目使用，主色
　　　　　调为蓝白的标志（如图 2）在
　　　　　第四至九季节目中使用。

图 1　　　图 2

- 播出国家：美国
- 播出频道：MTV 电视台
- 首播时间：2003 年 3 月 17 日
- 播出时间：2003 年 3 月 17 日—2007 年

　　　　　5 月 5 日
　　　　　2012 年 3 月 29 日至今
- 节目时长：每期约 22 分钟
- 节目类型：外景式隐藏摄像机恶搞明星类
　　　　　真人秀节目（Hidden Camera
　　　　　-practical Joke Reality
　　　　　Television Series）
- 播出形式：录播
- 制作公司：MTV
- 主题音乐演唱：伊丽莎白·米勒（Elizabeth
　　　　　Miller）
- 官方网站：http://www.mtv.com/shows/
　　　　　punkd/series.jhtml
- 播出季度：目前共播出 9 季
- 播出集数：67

279

《明星大整蛊》（*Punk'd*）是美国一档致力于恶搞明星的外景类隐藏式拍摄真人秀节目，于 2003 年在 MTV 电视台首播。这档节目的创意由阿什顿·库彻和杰森·高博两人共同完成，其中，阿什顿·库彻主要在幕前担任主持人与整蛊执行者，而杰森·高博负责幕后整蛊团队的管理与制片。每期节目一般会恶搞三位明星，这些明星来自各个领域：演艺圈、歌坛甚至是娱乐摔跤界，可谓满足了不同观众群体的爱好。节目中，阿什顿总能想出一系列出人意料的方法在不同的场景中去恶搞平日里光鲜亮丽的明星，而明星们被整蛊的过程和被告知整蛊后的反应都会由隐藏在各个方位的摄像机记录下来。被整蛊的明星在被告知"You've got Punk'd"（你被整了）后，都需要在摄像机面前承认自己被恶搞了。

历史演变

《明星大整蛊》这档节目于 2003 年开始播出，在 2007 年停止制作。后来制作公司 MTV 计划在 2010 年再度启动该节目的制作并于 2011 年开始播放第九季，且让当红明星贾斯汀·比伯代替阿什顿·库彻担任主持人。但由于明星档期以及制作单位 MTV 内部的一些原因，第九季的节目最终延至 2012 年播出，主持人的选用也出现了变化。在前八季的节目中，均由阿什顿·库彻担任主持并策划恶搞；而从新的一季即第九季开始，每一期都由一位不同明星担任嘉宾主持人，并由这位明星带领《明星大整蛊》的工作团队一起整蛊他的朋友。

图 3　阿什顿·库彻

图 4　杰森·高博

获奖情况

2004 年美国青少年观众票选大奖中，获得最佳真实一刻奖项；并在最佳真人类电视节目与最佳真人类电视剧集两个奖项中获得提名。

2005 年美国儿童选择奖中主持人阿什顿·库彻在最受欢迎男演员与最受欢迎电视男演员两个奖项中被提名。

2006 年美国青少年观众票选大奖中主持人阿什顿·库彻获得电视类最佳出镜男艺人、最佳真人类电视节目男明星、最佳真人类节目主持人三大奖项。

2012 年获得美国青少年选择奖中的电视类最佳真人秀节目。

节目模式分析

在《明星大整蛊》第九季的节目中，节目组将会先和本期节目的嘉宾主持人见面，然后询问嘉宾想要整蛊的对象，并与其讨论针对该名"受害者"的整蛊计划，而后由嘉宾（有时是节目组）与被整蛊对象进行联系。当"受害者"到达整蛊地点后，整蛊计划便会慢慢展开。节目最后会播放本期嘉宾主持人的主持感受。

每集节目基本上都是由三个整蛊事件组成，且各事件的时间长度不尽相同，往往其中一个时间较长，另两个的时间较短。

表 1 板块设置（以第九季第一集为例）

一、本集精彩荟萃	二、演播室嘉宾主持人与节目组会面
1. 本集参加明星介绍	1. 嘉宾主持人介绍
2. 本集精彩镜头	2. 节目组与嘉宾主持人进行交流
三、第一次整蛊事件	**四、第二次整蛊事件**
1. 嘉宾主持人介绍第一位整蛊对象	1. 嘉宾主持人介绍第二位整蛊对象
2. 嘉宾主持人介绍第一个整蛊事件	2. 嘉宾主持人介绍第二个整蛊事件
3. 对第一位明星进行整蛊	3. 对第二位明星进行整蛊
五、第三次整蛊事件	**六、片尾**
1. 嘉宾主持人介绍第三位整蛊对象	1. 嘉宾主持人说出主持本集节目的感想
2. 嘉宾主持人介绍第三个整蛊事件	2. 演职人员表
3. 对第三位明星进行整蛊	

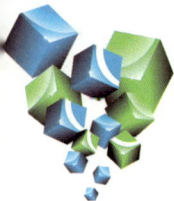

人物角色

在第九季中，《明星大整蛊》的节目组每一集都会请来一个嘉宾主持人，而嘉宾主持人一般会分别为节目请来三位明星朋友当"嘉宾"，即被整蛊的对象。

明星朋友人数可能会更多，因为当某个整蛊被请来的明星识破后，节目组往往会请嘉宾主持人再请来一位明星作为同一骗局的整蛊对象；有时也会因为整蛊时间过长而只请两位明星。

以下是第九季节目的主持人介绍表及被整蛊对象的详细介绍。

表 2 第九季节目嘉宾主持与被整蛊对象一览表

集数	嘉宾主持人	嘉宾主持人职业	恶搞对象	恶搞对象职业
1	贾斯汀·比伯（Justin Bieber）	歌手	泰勒·斯威夫特（Taylor Swift）	歌手
			罗伯·戴尔德克（Rob Dyrdek）	演员、滑板运动者
			肖恩·金斯顿（Sean Kingston）	饶舌歌手、作曲家
			麦莉·塞勒斯（Miley Cyrus）	歌手、演员
2	巴姆·玛吉瑞（Bam Margera）	滑板运动者、演员、电视明星	泰勒（Tyler） 造物主乐队（The Creator）	饶舌歌手
			龙尼（Ronnie）奥尔蒂斯·马格罗（Ortiz-Magro）	电视明星、演员
			泰勒·波西（Tyler Posey）	演员、音乐家
3	海登·潘妮蒂尔（Hayden Panettiere）	演员、歌手、模特	黛安娜·阿格龙（Dianna Agron）	演员、歌手、舞者
			扎克·叶夫龙（Zac Efron）	演员、歌手
			史诺基（Snooki）	电视明星
4	泰勒（Tyler），造物主乐队（The Creator）	饶舌歌手	夏内·格兰姆斯（Shenae Grimes）	演员
			斯科特·迪斯科（Scott Disick）	演员
			万人迷乐队（The Wanted）	男子乐队
5	露西·海尔（Lucy Hale）	歌手、女演员	伊恩·哈丁（Ian Harding）	演员
			瓦妮莎·哈金斯（Vanessa Hudgens）	演员、歌手
			乔西·哈切森（Josh Hutcherson）	电影明星、电视明星
6	尼克·坎农（Nick Cannon）	喜剧演员、饶舌歌手	阿什利·蒂斯代尔（Ashley Tisdale）	演员、歌手
			德米·洛瓦托（Demi Lovato）	歌手、作曲家、音乐家、演员
			嘻哈男孩（New Boyz）	饶舌乐队

续表

集数	嘉宾主持人	嘉宾主持人职业	恶搞对象	恶搞对象职业
7	达克斯·谢泼德（Dax Shepard）	喜剧演员	克洛伊·顾恩慈莫瑞兹（Chloë Grace Moretz）	演员、模特
			梅塔·沃尔德·皮斯（Metta World Peace）	NBA运动员
			洛朗·康拉德（Lauren Conrad）	电视明星、作家
8	麦莉·塞勒斯（Miley Cyrus）和利亚姆·海姆斯沃斯（Liam Hemsworth）（Liam被恶搞后加入本期节目）	演员	利亚姆·海姆斯沃斯（Liam Hemsworth）	演员
			克利·奥斯本（Kelly Osbourne）	时尚设计师、演员、歌手
			科勒·卡戴珊（Khloé Kardashian）	电视明星、时尚设计师、作家、演员
9	希瑟·莫里斯（Heather Morris）	演员、舞者、歌手、模特	乔·霍纳斯（Joe Jonas）	歌手
			科迪·辛普森（Cody Simpson）	歌手
			艾玛·罗伯茨（Emma Roberts）	女演员
10	凯兰·卢茨（Kellan Lutz）	模特、演员	朱莉安娜·霍夫（Julianne Hough）	舞者、歌手
			阿什利·里卡兹（Ashley Rickards）	演员
			艾梅·蒂加登（Aimee Teegarden）	演员、模特
11	阿什顿·库切尔（Ashton Kutcher）	演员、制片人	德雷克（Drake）	作曲人
			金·卡戴珊（Kim Kardashian）	电视明星、时尚设计师
12	麦克·米勒（Mac Miller）	饶舌歌手	维兹·哈利法（Wiz Khalifa）	饶舌歌手
			尼尔·帕特里克哈里斯（Neil Patrick Harris）	演员、歌手
			达雷尔·雷维斯（Darrelle Revis）	美式橄榄球运动员

外部包装

对于《明星大整蛊》来说，美国的每个地方都能是它的演播室：无论是海边别墅还是服装店，甚至是你身边的一家咖啡厅、一条马路，都有可能是它的录制现场。当节目组确定了整蛊事件发生的地点后，他们就会在场地周围布置数十台摄影机，以便能全方位地向观众呈现明星被整蛊的过程以及被整蛊对象的反应。而节目组的制作室大多会在整蛊地

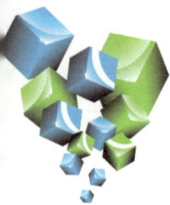
点附近的一辆车或是一个小房间里，以便节目组能根据实际情况迅速做出相应反馈。

图5 白天场景

图6 夜晚场景

　　《明星大整蛊》的核心自然是整蛊。节目中充斥着各类令人咋舌的整蛊方式，美国人自由开放的生活态度与多样化的文化氛围也使得其整蛊手段更具观赏性与娱乐性。此外，由于几乎是隐蔽拍摄，所以明星的着装造型都呈现为日常状态，这也在一定程度上缩短了节目中的明星与观众间的距离，也使得整个节目的氛围更加轻松休闲。

节目案例详解

　　以下将分析《明星大整蛊》第九季第一集的节目。在这集节目中，节目组请来了美国当红偶像贾斯汀·比伯作为明星主持。贾斯汀分别邀请了四名好友：泰勒·斯威夫特、罗伯·戴尔德克、肖恩·金斯顿和麦莉·塞勒斯作为被整蛊的对象。并分别策划了烟火婚礼（Firing wedding）、撞车冲击（Crash course）、反转者（Switcheroo）三个整蛊事件（其中，第二个事件撞车冲击中，贾斯汀·比伯整蛊罗伯·戴尔德克失败后转而整蛊肖恩·金斯顿）对他们进行整蛊。

图7 肖恩·金斯顿　图8 麦莉·塞勒斯　图9 贾斯汀·比伯　图10 泰勒·斯威夫特　图11 罗伯·戴尔德克

表3 2012年第九季第一集板块分析

板块	时长	内容	形式
开场	40秒	嘉宾主持人贾斯汀·比伯接受节目组访问，并谈了谈自己的感受	现场同期声、米访、背景音乐
	35秒	1.片头介绍本期嘉宾主持（贾斯汀·比伯），被整蛊对象（泰勒·斯威夫特、罗伯·戴尔德克、肖恩·金斯顿和麦莉·塞勒斯） 2.介绍整蛊事件	VCR、旁白、音响
第一次整蛊（烟火婚礼）	25秒	1.贾斯汀·比伯进入节目组工作室与工作人员见面 2.字幕介绍工作人员	现场同期声、字幕、音响
	18秒	1.确定首个恶搞对象泰勒·斯威夫特 2.简单介绍两人关系 3.字幕介绍工作人员	现场同期声、字幕、背景音乐
	50秒	确定整蛊事件"烟火婚礼"，简要介绍整蛊事件	现场同期声、背景音乐
	55秒	1.贾斯汀与泰勒进行电话联系，以一起在海边一个录音棚创作音乐为由邀请她，并确定了见面时间 2.泰勒接到贾斯汀邀请表示兴奋	现场同期声、背景音乐
	10秒	1.展现恶搞场景 2.准备道具	字幕、背景音乐
	6秒	贾斯汀介绍整蛊事件背景	后期配音、背景音乐
	10秒	贾斯汀了解整蛊工具使用	背景音乐、现场同期声
	15秒	1.介绍工作人员在整蛊事件中所扮演的角色 2.回顾整蛊事件名称	后期配音、背景音乐、字幕
	7秒	1.泰勒进入场景 2.工作人员做好准备	现场同期声、背景音乐
	44秒	贾斯汀带泰勒了解别墅环境	现场同期声、背景音乐
	35秒	贾斯汀和工作人员诱使泰勒放烟火	现场同期声、背景音乐

板块	时长	内容	形式
	20 秒	泰勒放烟火的同时，事先安排好的船只故意着火，贾斯汀等人故意表示惊慌，担心是烟火点燃了船只	现场同期声、背景音乐
	15 秒	工作人员扮演的邻居过来询问发生了什么	现场同期声、背景音乐
	27 秒	工作人员扮演的在船上结婚的新郎新娘乘坐快艇逃离上岸，表现得很狼狈	现场同期声、背景音乐、字幕
	15 秒	预告	VCR、背景音乐、字幕
	43 秒	1. 泰勒与工作人员扮演的上岸获救的新郎新娘见面 2. 新郎表现愤怒	现场同期声、背景音乐
	20 秒	1. 工作人员扮演的"伴郎"与"牧师"获救 2. 泰勒联系警察	现场同期声、背景音乐
	65 秒	1. 新郎表示愤怒，新娘表示无奈，其余人表示困惑和焦躁 2. 泰勒觉得是她毁了婚礼，表示很内疚	现场同期声、背景音乐
	50 秒	1. 手持摄像机出现，节目组告诉泰勒被整蛊了 2. 泰勒表达被整蛊后的感受	现场同期声、背景音乐
	7 秒	泰勒面对镜头说"我被整了"并表现出无奈	现场同期声
第二次整蛊（撞车冲击）	25 秒	1. 贾斯汀表示下一个希望整蛊罗伯·戴尔德克 2. 节目组表示罗伯与他们在一起工作可能会造成整蛊被提前揭穿。贾斯汀表示不用担心 3. 穿插了罗伯和贾斯汀的合影	VCR、字幕、现场同期声
	37 秒	1. 贾斯汀介绍整蛊事件"撞车冲击" 2. 确定整蛊地点、工作人员所扮演的角色	字幕、音乐、现场同期声
	25 秒	罗伯进入场景内，并与由工作人员扮演的客户交谈	现场同期声、背景音乐
	35 秒	罗伯旁由工作人员扮演的上司开始斥责下属来引起罗伯注意	现场同期声、背景音乐
	25 秒	1. 罗伯表现出怀疑，认为发生的一切都是一个整人节目	现场同期声、背景音乐

板块	时长	内容	形式
	10 秒	2. 后台反应惊慌 预告	VCR、字幕
	23 秒	贾斯汀决定将恶搞对象替换为肖恩·金斯顿	现场同期声、背景音乐、字幕
	10 秒	贾斯汀现身与罗伯交谈，告诉他确实是整人节目	现场同期声、音乐、VCR、旁白
	19 秒	贾斯汀打电话给肖恩·金斯顿并介绍肖恩	现场同期声、音乐、VCR、旁白
	8 秒	肖恩·金斯顿进入场景	现场同期声
	30 秒	肖恩和罗伯交谈时隔壁桌的"上司"开始斥责下属，并让下属去提车后离开场景	现场同期声、背景音乐
	10 秒	1. 罗伯等人安慰"下属" 2. "下属"表示要报复	现场同期声、背景音乐
	38 秒	1. "下属"将车径直开入场景中引起车祸 2. 金斯顿等人反应惊讶 3. 下属离开现场	现场同期声、背景音乐
	42 秒	"上司"与罗伯、金斯顿等人起争执	现场同期声、背景音乐
	20 秒	1. 节目组告诉金斯顿他被整蛊了 2. 金斯顿说出自己的感受	现场同期声、背景音乐
	7 秒	金斯顿对着镜头承认自己被整蛊了	现场同期声、背景音乐
广告	15 秒	1. 预告 2. 制作单位的介绍	VCR
第三次整蛊（反转者）	40 秒	1. 贾斯汀介绍第三个要被整蛊的对象麦莉·塞勒斯以及整蛊方法 2. 介绍整蛊方法"反转者"：让麦莉·塞勒斯自己去整贾斯汀，其实被整的是自己 3. 播放对麦莉·塞勒斯的采访VCR，麦莉·塞勒斯说出了她要如何整蛊贾斯汀：让工作人员去挑衅贾斯汀	现场同期声、字幕、音响、VCR

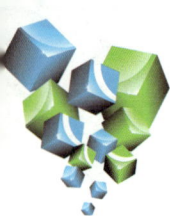

续表

板块	时长	内容	形式
	23 秒	1. 麦莉·塞勒斯进入场景 2. 介绍整蛊计划	现场同期声、背景音乐
	1 分 20 秒	1. 贾斯汀进入"整蛊场景"，并故意与工作人员争吵并上升至动手 2. 麦莉·塞勒斯因为这意外状况而很惊慌 3. 其周围的工作人员表示场面失控	现场同期声、背景音乐
	37 秒	1. 工作人员装作受伤很重，对此麦莉·塞勒斯表示很内疚 2. 贾斯汀回到真正的录影车内	现场同期声、背景音乐
	35 秒	1. 贾斯汀告诉麦莉·塞勒斯她被整了 2. 麦莉·塞勒斯表示诧异	现场同期声、背景音乐
	5 秒	麦莉·塞勒斯对着镜头承认自己被整蛊	现场同期声、背景音乐
结尾	20 秒	1. 贾斯汀说当嘉宾主持人的感受 2. 工作人员字幕	现场同期声、背景音乐、字幕

图 12　策划整蛊

图 13　整蛊过程展示

图 14　整蛊人员展示

图 15　嘉宾发现被整蛊

节目特色点评

作为一档旨在恶搞明星的真人秀节目,《明星大整蛊》的主题无疑便是"整蛊"二字了。节目中一个又一个创意独特新颖、视觉效果极佳的整蛊陷阱总能令观众们眼前一亮,而被整蛊的明星被蒙在鼓里时的窘迫反应,以及在被告知自己被整蛊后或惊讶或无奈的表情总能让观众们忍俊不禁。

价值导向

除了上述的"整蛊"主题外,观众还能透过《明星大整蛊》这一节目了解到许多美国的日常生活元素。节目组为了能制造更多的整蛊事件让被整蛊的明星防不胜防,并能始终带给观众们耳目一新的感觉,《明星大整蛊》所使用的场景可以说使用了美国人日常生活中能够见到的每一个角落:从海边别墅到街边饭馆,从热闹商场到僻静街区,整个节目在恶搞各明星的同时也为观众展现了美国的风土人情。

除此以外,《明星大整蛊》这一节目也包含了一定的人文因素,向观众传达出了一种积极向上的观念。节目主要向观众们宣扬了两个价值导向:趣而不俗以及人人平等。

首先,《明星大整蛊》这一节目所使用的整蛊手法,能让嘉宾在得知自己被整蛊后也不会恼羞成怒,甚至会惊叹于这颇具创意的整蛊点子。节目组的工作人员在进行整蛊计划前都会进行周密的准备,从而让策划人员所想出的好点子能被出色地实施且不被识破,以赢得最好的整蛊效果和乐趣。值得一提的是,作为一档主要面向青少年的节目,《明星大整蛊》中所使用的整人手法都着重突出"趣味性",避免"恶俗性"。节目几乎不会使用一些低俗的点子,也不会用一些有关于当事人的八卦或是缺陷去中伤他人,《明星大整蛊》的目的只是用有趣的点子去让包括被整蛊者在内的所有人感到快乐。它追求的是一种群体的快乐而非个体的满足。

其次,这档节目通过恶搞明星来展现出电视舞台上耀眼的明星与普罗大众一般的喜怒哀乐。由于所策划的整蛊事件大多发生在明星的日常生活中,因此观众能够看到明星私底下的样子,进而了解他们有着和观众一样的休闲爱好,他们的生活就和观众一样并没有什么特殊。《明星大整蛊》通过整蛊明星向观众展现出了舞台上光鲜亮丽的明星在现实生活中普通的一面,让观众了解到明星与自己之间并没有太多的差别,这一定程度

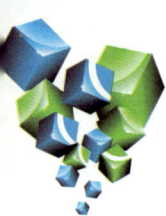

上为追星族们理性追星起到了正面引导作用。

节目形式

首先，在节目环节的设置上，《明星大整蛊》相对于《老大哥》（*Big Brother*）和《极速前进》（*The Amazing Race*）等真人秀节目而言较简单，没有什么复杂的规则，只求能达到成功整蛊明星的目的，方法手段不限。这也使得整个节目始终充满着轻松的氛围。而正如上文所提到的，每期节目一般整蛊三位明星，在嘉宾主持和节目组确定整蛊对象、整蛊的时间地点以及整蛊方法后，便开始实施他们的整蛊计划，然后在整蛊对象因眼前的事件惊慌失措的时候告诉他"你被整了"，而后被整蛊对象也需要对着摄像机承认"我被整了"。

其次，由于节目在录制的过程中大多是靠隐藏摄像机拍摄，因此整个节目的叙述风格都带有"生活化"的特色，节目中的人在行为上十分随性，语言也十分口语化（除非整蛊事件是以录制节目为背景）。

最后，《明星大整蛊》在叙事手法上有时会采取平行剪辑的手法，有时会通过一前一后播放整蛊者与被整蛊者的行为语言，使两者间能够产生较为鲜明的对比，从而增加戏剧性的效果。

节目制作

由于节目都是由事先固定好的隐藏摄像机拍摄，因此画面稳定性与清晰度大都很好，且为了能不漏掉被整蛊的明星的反应，让观众能更好地欣赏到整蛊的全过程，节目组在场景的周围安装的隐藏摄像机的数量极多，因此节目画面的拍摄角度十分多样。

由于这是一档轻松愉快的电视节目，因此除却一些较为特殊的整蛊场景外，节目的整体画面均以暖色调为主。另外，不可否认的是，由于节目采用的大都是现场同期声，故在录制过程中可能会出现一些语言的缺失或是音量过小的问题，节目组为了解决这些不足，就会在声音过小的片段中，通过在画面上添加字幕来让观众了解人物所说的话，从另一方面来说，这种方式真实重现了明星的反应，突出了其真实性和生活化的特点，更贴近观众。

值得一提的是，《明星大整蛊》这一节目的后期剪辑对节目的呈现有着至关重要的作用。具体体现在以下几个方面：

第一，由于节目录制过程中使用到的机位数量较多，因此如何在大量的影像资料

中挑取最合适的片段进行播出，是十分考验工作人员的构图能力、逻辑能力和剪辑能力的。在《明星大整蛊》中，工作人员往往会插入少量的全景来让观众了解整蛊场景；用较多的中景来表现人物对话和事件冲突，让观众能了解整蛊行动的意图：如节目组打算将被整蛊对象置于一个怎样的环境中，或是被整蛊对象在事件中所扮演的角色定位；并用近景与特写镜头来捕捉被整蛊对象的面部表情，向观众真实展现被整蛊的明星的心理变化。

第二，由于每期节目只有约22分钟的播放时长，但要播放的是三位明星的整蛊经历，因此，怎样将一个长时间的整蛊过程（包括前期准备、整蛊过程以及后期善后）进行浓缩是工作人员们需要考虑的一个问题。工作组往往会先对整蛊的前期准备进行简单地交代，用一些短镜头的剪接来让观众了解整蛊场景和整蛊道具等，并通过适当地对整蛊现场及后台画面的平行剪辑来向观众表现被整蛊对象以及工作人员心理状态上的反差，增加整蛊事件在观看时的戏剧性。

第三，怎样安排3位明星整蛊事件的时长来增加自己的收视率也需要工作人员的考量。大致上说，明星知名度越高、整蛊事件越有趣、越有创意其在节目中所占的播出时间比例也就越大。

另外，由于《明星大整蛊》的播出频道是MTV，因此节目的音乐处理和运用上要略强于其他节目。一期节目在播放过程中，除了预告片的VCR部分，几乎都有背景音乐的存在，且背景音乐并不单一，而是会根据整蛊事件的不同阶段更换不同的背景音乐：嘉宾主持人与节目组交谈时背景音乐轻松明快，整蛊事件中事先安排的矛盾开始爆发时，背景音乐大多会出现一些低音鼓的因素，沉闷而紧张。《明星大整蛊》的主题音乐，是一组简单明快的电子混合音乐，配合暖色调的画面，加倍给予了观众一种轻松欢快的感觉。

商业模式

市场定位上，《明星大整蛊》的节目组主要将受众定位于青少年群体。每集节目都会邀请多名明星的参与，拥有不同粉丝群体的各位明星，其中总有一位能对青少年产生吸引力。此外，处于青少年时期的人总喜欢与同伴玩闹，彼此整蛊。因此，"整蛊"的主题对青少年而言有着极大的吸引力。而节目中所宣扬的趣而不俗的生活品位以及人人平等的向上价值观念使得家长不会过多地干涉自己的孩子观看该档节目，甚至能带动青少年的父母一同观看，从而扩大节目的潜在受众人数，增加收视率。

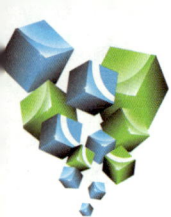

　　而且由于节目的嘉宾都是来自各个领域的当红明星（如贾斯汀·比伯来自歌坛，慈世平来自篮球界等），加上这些明星在节目中往往会表现出与平时电视屏幕上截然不同的生活化因素，在很大程度上保证了节目的收视率。

　　播出时段上，节目组考虑到《明星大整蛊》这档恶搞类节目的功能就是可以给疲惫的人们带来无限的欢乐，安排在周日播出，能有效地吸引周末在家休息的人观看节目，一定程度上增加了收视率。

　　此外，上节目的明星往往会配合《明星大整蛊》节目组，在自己的社交网站Twitter、Facebook 或博客等社交网站平台上推广其所参与的剧集，从而扩大该节目在这些明星的粉丝中的知名度以及增加其网络视频浏览次数。

　　最后值得一提的是，在其节目模式的全球化发展上，《明星大整蛊》节目组也做过许多尝试并取得了一定成绩。正如上文所说，《明星大整蛊》起源于美国，也在美国逐渐发展壮大起来。虽然每次整蛊都会让节目组花费大量的人力物力财力，但不可否认，

表 4　各版本的《明星大整蛊》

国家或地区	节目名称	主持人
冰岛	Tekinn	Auðunn Blöndal
挪威	Lurt av Karlsen	让·腓特烈·卡尔森（Jan Fredrik Karlsen）
香港	Whatever Things!	陈冠希
荷兰	Gotcha	乔治娅·弗班（Georgina Verbaan）（第一季度） 塔特姆·戴格雷特（Tatum Dagelet）（第二季度）
伊拉克	Put Him in Bucca	阿里·利迪（Ali al-Khalidi）
罗马尼亚	A trap for stars	丹·涅格鲁（Dan Negru）
菲律宾	Victim	卡洛斯·阿加西（Carlos Agassi）

这样的节目方式受到了人们的喜爱，也使得它能够在欧亚的一些国家中传播开来。一些国家与地区也因此向其购买了版权，并通过一些适应本土文化的改动来制作节目。下面列举了各个国家不同版本的《明星大整蛊》。

同类对比

　　除了《明星大整蛊》之外，《吉米·肯尼迪的恶搞实验》（*The Jamie Kennedy*

Experiment）在美国也是拥有较多人气的恶搞类真人秀节目。表5将同样是隐藏摄像机的整蛊类真人秀节目《吉米·肯尼迪的恶搞实验》与《明星大整蛊》进行了对比。

表5 《明星大整蛊》与《吉米·肯尼迪的恶搞实验》对比

	《明星大整蛊》	《吉米·肯尼迪的恶搞实验》
频道	MTV	The WBG4 Network(2006)
主持人	阿什顿·库彻（一至八季） 明星嘉宾（第九季）	吉米·肯尼迪
被整蛊对象	明星	普通人
标志性口号	你被整了（You've got Punk'd）	你被恶搞了（You've been X'ed!）
整蛊事件类型	突发事件	恶搞实验

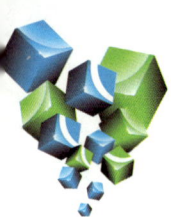

Man vs. Wild

《荒野求生》
——泥沙、汗水和眼泪

● 节目概况速览

　　《荒野求生》（*Man vs. Wild*）是一档美国探索频道制作的写实电视节目，由英国冒险家贝尔·格里尔斯主持，每集他都会走到沙漠、沼泽、森林、峡谷等游客容易迷路遇险并且不适合生存的地方。置身于这种真实环境，冒险家贝尔会利用其专业的求生技术逃离险境。节目中，贝尔在求生过程中向观众展示如何寻找水源、食物和庇护所，并指导观众如何在恶劣的环境中克服重重困难，寻找出路。

基本信息 >>

- 原　　名：Man vs.Wild
- 译　　名：荒野求生
- 标　　识：

图 1

- 播出国家：美国
- 播出频道：探索频道
- 首播时间：2006 年 3 月 10 日
- 播出时间：每周三晚 22:00 点
- 节目时长：45 分钟
- 节目类型：写实 / 探险类电视节目
- 播出形式：电视录播
- 制作公司：美国探索频道

历史演变

2006 年，贝尔应探索频道之邀，开始拍摄《荒野求生》电视探险节目。2007 年，英国第四频道和全球探索频道合作，让贝尔当主持人做了 8 个系列节目，节目名为"天生求生者：贝尔·格里尔斯"，是一档类似《荒野求生》的节目。

2012 年 3 月，贝尔因为与探索频道在某个节目的制作上没有达成一致意见而被解聘，这立刻引发了热议，网友纷纷表示惋惜和惊叹。其发言人海瑟·克鲁格透露："贝尔将尽快解决两者之间的矛盾，或寻找新东家制作《荒野求生》，贝尔非常热爱其节目并表示尽快制作更好的节目给他忠实的观众。"

收视反响

关于收视情况可以引用贝尔在其自传《泥沙、汗水和眼泪》中的一段话："《荒野求生》是世界上收视率最高的节目——拥有全球 180 个国家的近 12 亿名观众。《荒野求生》节目曾获得过艾美奖等奖项的提名。"

节目模式分析

《荒野求生》的核心人物只有一个就是贝尔·格里尔斯。节目本身的设置是让贝尔承担主持人、旁白等一切任务。节目录制地点的环境恶劣是没有其他主持人、嘉宾参与的一个客观原因，毕竟很少有人能像贝尔一样拥有超人的意志和高超的智慧。所以，贝尔成为《荒野求生》唯一的主角。

人物角色

人们曾试图找出《荒野求生》与其他求生类节目的不同，后来人们发现两者最大的不同就是其他节目的主角只是一个平凡人或者求生技巧稍比普通人强一些的人，而《荒野求生》的核心人物贝尔是一个偶像级的天才人物，他拥有超人的体魄，强大的意志，丰富的知识与深刻的智慧。

英国航空公司首席执行官罗德·艾廷顿曾说"只有极少数的人能对这个世界产生积极的影响……而贝尔就是其中的一个"。《泥沙、汗水和眼泪》一书曾对"贝尔大事记"进行了梳理，下面对贝尔的主要经历进行分析，共同见证一个"天才"的成长历程：

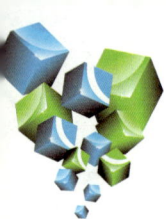

1974 年 6 月，贝尔出生于英国怀特岛。8 岁时，他参加了童子军的训练。

1987—1992 年，也就是在贝尔 13—18 岁时，他在伊顿公学学习。在校期间，他曾练习空手道和合气道，并在最后一个学期成为英国最年轻的黑带二段选手。可以看出，贝尔从小就对运动产生了浓烈的兴趣。学习空手道和合气道，这无疑让他渐渐锻炼了自己的体魄，拥有了比普通人更强健的体质和更强大的意志力，为他后来成功挑战每一个极限奠定了重要的生理和心理基础。

1992 年，贝尔用自己推销商品筹得的旅费开始了毕业旅行，他坐火车到了欧洲、罗马尼亚、还和同学一起横穿北印度，徒步穿越喜马拉雅山、绕过大吉岭，探看巴基斯坦边界、孟加拉地区西部和锡金北部，并由此萌生了攀登喜马拉雅山的愿望。显而易见，贝尔对旅游、探险有着深深的迷恋，并且他可以用自己独立的劳动赢得财力争取机会，并敢于付出实际的行动。可以说，贝尔天生拥有一种挑战自我的渴望和向往自由的气质。

1994 年，贝尔通过了英国特种部队选拔测试，成为了一名空降特勤团的特种兵。特种部队对他全面的训练，无疑让他可以综合地利用好自己的一切技能和知识。这样的经历，使贝尔在录制《荒野求生》节目时有能力解决不少困难。

1997 年，贝尔成功攀登了尼泊尔雪山马达布拉姆峰，成为英国历史上最年轻的攀登者。接下来的 1998 年，贝尔又成功攀登上世界第一高峰珠穆朗玛峰。连续的挑战极限，无疑表明贝尔是一个"天生求生者"，世上仿佛没有任何困难可以将他打败。

2006 年，贝尔应探索频道之邀，开始拍摄《荒野求生》这个电视探险类节目，节目后来获得了巨大成功。2009 年，贝尔当选为英国有史以来最年轻的童子军总会主席。

总之，"极限"一词仿佛就是贝尔遇到的日常人生状态，而"战胜极限"成就了贝尔，也成就了《荒野求生》。曾有一个年轻的小伙子问贝尔什么是《荒野求生》的要旨，贝尔沉思片刻后回答："笑对风雨，即使身陷地狱，也永不放弃。"于是，天才的贝尔用他的勇气和信念吸引了全球无数人的崇拜，并激励着更多的人努力"生存"下去。

在观众的眼中，贝尔好像是一个不会被击倒的超人。但是，贝尔也曾说过自己有害怕的东西，比如恐高、社交，但是他努力克制心中阵阵袭来的恐惧，一步步地完善自己。是什么支持着他战胜一个又一个困难呢？贝尔说在他求生时，有三样东西对他来说最为重要：自己的信仰、藏在鞋里的家人照片以及随身携带的打火石。他认为只有狂妄自大的人才会觉得自己什么都不需要。所以，贝尔最触动观众的其实不是他的博学多识，也不是他的超人体质，而是他对信仰纯粹的崇敬和对亲情朴实的眷恋。

另外值得一提的是，虽然《荒野求生》整个节目都围绕着贝尔一人来进行，但没有优秀的摄影团队，这个节目就无法进行下去，许多观众也都表示了对于摄影团队的好奇和赞佩。这个摄影团队主要由前特种部队的人和顶级探险摄影师组成，因此正是基于这样强大的团队，观众才能够清晰地看到一幕幕惊险的场面，一个个震撼的镜头。

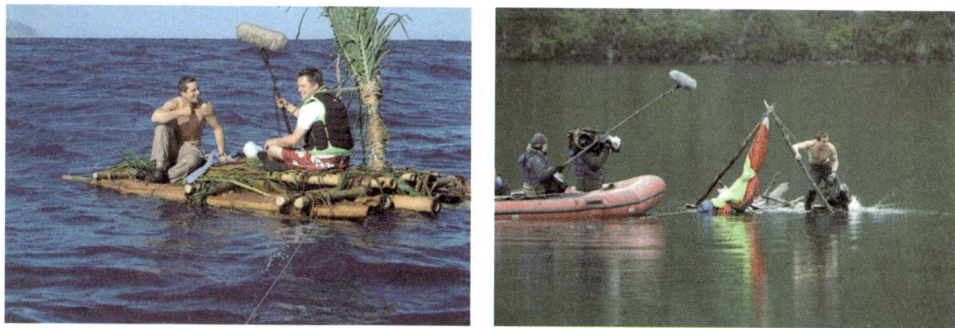

图2　现场拍摄画面

节目案例详解

以下分析将以 2011 年 7 月 25 日播出的第八季第三集《冰岛：冰与火》为例。

贝尔在这期节目踏上了冰岛荒凉的内陆，这里有对立的危险环境——酷热的火山与寒冷的天气。在凛烈的风暴中，贝尔告诉观众最好的办法是不要和自然对抗，因此他挖了个雪洞让自己保持体力，等风暴小了再前进。刚离开冰原，贝尔便来到了地热区，这里接近地面的温度极高，但是气候依然寒冷。后来贝尔在一条溪流边搭建了一个天然浴缸，热水令他恢复了体力，更使他头脑清醒了大半。接着贝尔在一个山上发现了桦树，然后他攀登上去砍下了树枝来取火，并且还煮了一些他发现的虫子来补充体力。幸运的是，山上的附近有个洞穴，贝尔就在这里过了一夜。第二天，贝尔来到海边，正好发现附近有一架飞机的残骸，于是贝尔把残骸当作了这一天的庇护所。夜幕逐渐降临，贝尔的火堆发出的光芒愈加明显。终于，贝尔被人们发现了，远处的灯塔来回向这边照耀，贝尔求生成功。

表1　第八季第三集板块分析

板块	时长	内容	形式
节目声明	9秒	声明：贝尔·格里尔斯与工作人员遭遇危难时，将依照"健康与安全条例"之规定予以救助，部分节目内容为情境设计，以便贝尔示范求生	字幕

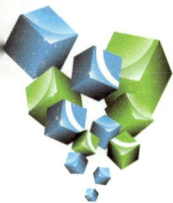

板块	时长	内容	形式
		技巧。前往危险地带前，请务必咨询专家意见	
精彩画面集锦	20秒	荒野求生者贝尔的一段独白，配合的画面是贝尔曾经历过的几个最危险时刻的瞬间，其中穿插着现场同期声	外景画面、旁白、同期声、音乐
求生地点的地理环境介绍	2分	1. 贝尔的旁白首先介绍了冰岛大概的地理状况，随后穿插着同期声、旁白配合着现场画面，对本期节目的内容进行了介绍。这段简介说明了冰岛的双重危险即严寒和酷热，以及贝尔寻找食物的艰难，自然将贝尔逼到了极限 2. 旁白介绍载贝尔到冰岛降落点的经过特殊改装的车辆 3. 随着现场车辆的运动，外景画面中开始展现冰岛的严寒环境。贝尔现场同期配合着旁白进一步解说冰岛的恶劣条件：冰岛真是枚定时炸弹。同时，贝尔介绍自己将要面临的困难以及应对方法：在求生时，你要"两面"作战，不只面对极端天气，还有大地震和火山活动 4. 车辆进入冰岛内陆，贝尔从车里跳到风暴中。荒野求生正式开始	外景画面、旁白、同期声、音乐、音响
求生第一阶段	13分10秒	1. 贝尔现场同期声简介了冰岛的盛行风来自海岸，因那里最有可能找到人迹，所以他决定向那里前进，不过这项任务艰巨异常 2. 贝尔旁白介绍自己在强风酷寒中体力在下降，并且自身并没有带任何可用得上的工具，此时节目画面为风雪中极力前行的贝尔 3. 贝尔现场同期声表示其不再前进，所以贝尔决定要在雪堤中挖个避风港。同时旁白对贝尔当时的想法做了补充：不要和这样恶劣的天气作对 4. 贝尔挖好雪坑躲进去，并现场对境外的观众说求生秘诀：求生最重要的就是机智和衡量情势	外景画面、旁白、同期声、音乐、音响

板块	时长	内容	形式
		5. 贝尔旁白进一步阐释冰岛的地理条件，配之贝尔从避风港中出来继续前进的画面	
		6. 贝尔现场将袜子脱掉套在鞋的外面以增加摩擦力，并用绳子将摄影师与自己绑在一起确保安全。此时贝尔的旁白对其所做的事情进行阐释	
		7. 贝尔现场回忆说记得有一次掉进裂缝时，是绳子另一端的好伙伴救了他的命，这件事教他敬畏冰河和幽深的裂缝	
		8. 贝尔碰到一个被雪覆盖的水洞，现场解说这很危险	
		9. 贝尔要到山的下面，现场示范怎样将绳子连接好冰丘，与自己怎样安全下山	
		10. 旁白介绍冰岛是世界上地质最不稳定的地区之一，而贝尔脚下就是冰岛 130 座火山中的一个	
		11. 画面为喷腾着热气的地面，贝尔现场介绍热气形成原因，并解说冰岛 90% 的家庭都靠地热来供能	
		12. 贝尔来到遍布沸水坑的地带，旁白说明此地不宜久留，最好办法是到较低之处——最终抵达海岸。贝尔发现山底有一条河，决定跟随河流走向海岸	
		13. 贝尔飞奔下山	
		14. 贝尔现场同期说：心思很容易混乱，你会想家，想家人和一切。这儿很荒凉，但你要保持专注。否则，自然就会反过来重击你	
		15. 旁白对积极心态的重要性做进一步补充	
		16. 贝尔的一只脚忽然陷入泥坑，他说有时你必须一笑置之。贝尔将脚拔出泥坑，继续说要微笑面对"雨天"	
		17. 贝尔继续前进，旁白介绍失温是真正的威胁	
		18. 贝尔发现了一侧是沸水，另一侧是冰水的	

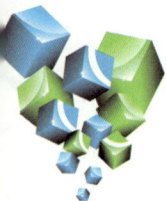

板块	时长	内容	形式
		河流水域。贝尔利用石头和苔藓引流，做了一个天然热水浴缸	
		19. 贝尔泡在天然热水浴缸中，其现场说热水让他身体回暖并恢复生气，大多数求生战役只要靠脑子就能成功	
贝尔旁白介绍求生进程	15秒	旁白向观众简介贝尔现在荒野求生的进程	外景画面、旁白、音乐
求生第二阶段	7分34秒	1. 贝尔来到布满雪的一片石头堆上，边走边讲述积雪的融化会使这里更寒冷	外景画面、旁白、同期声、音响、音乐
		2. 贝尔在河边停下喝水，同时现场说明虽然又湿又冷，但不代表你不会脱水	
		3. 旁白讲述长时间将脚浸在水里，脚会腐烂	
		4. 贝尔发现山上有几棵树，他决定爬上山利用树生火，在爬山过程中贝尔还发现了一个洞穴	
		5. 贝尔爬过一段连接两座山的"路"，这"路"由一些枯树枝组成。旁白警告观众不管有多累，千万别大意行事	
		6. 贝尔来到洞穴放下东西后，出去砍树。贝尔剥下桦树皮并现场解说桦树皮富含油脂，即使湿了，仍能生火	
		7. 贝尔开始生火，并详细解说具体的操作步骤。生火成功，贝尔说自己一看到火焰，感觉立刻好很多。然后开始烘干脚与袜子，并用火煮水	
		8. 贝尔在小便时发现了一些虫子，并解释在潮湿的天气中，尿液可将虫子引出地面。然后贝尔回到洞穴开始煮虫子，并解释这样做可以杀死其体内的细菌。贝尔开始吃煮熟的虫子，说其很有营养，但很难吃	
		9. 贝尔开始制作以前冰岛人常借助生活的东西——火绒布，并在现场边做边详细解说制作步骤	
		10. 贝尔开始休息，养精蓄锐	

续表

板块	时长	内容	形式
贝尔旁白介绍求生进程	12 秒	旁白向观众简介贝尔现在荒野求生的进程	外景画面、旁白、音乐
求生第三阶段	4 分 12 秒	1. 贝尔沿着河流继续迅速前进，现场同期配合着旁白解释这个狭窄的峡谷如果发生暴洪，在你到达安全之处前，河水就已经上涨了 2. 山区一直下着雨，旁白介绍这里的地理条件：山区的年度降雨和降雪可超过 5 米，这是前往海岸最省力的路线，但风险最大 3. 贝尔遇到了瀑布，他用绳子将自己与一块石头相连，然后边下山边解释怎样做才能安全 4. 贝尔开始蹚水前进，热量不断流失 5. 贝尔遇到一个大峡谷，现场解释说峡谷另一头能看到阳光那就继续走 6. 贝尔发现此路不通，改朝另一个方向前进。旁白说遇到这种情况，千万不能慌张	外景画面、旁白、同期声、音响、音乐
贝尔旁白介绍求生进程	15 秒	旁白向观众简介贝尔现在荒野求生的进程	外景画面、音乐、音响、旁白
求生第四阶段	15 分 30 秒	1. 贝尔找到了峡谷出口，然后说：我就爱荒野这一点，你永远不知道会遇到什么。你得秉持探索精神，准备冒险，万一行不通，也能欣然接受 2. 旁白解说河流是充满水和食物的资源。贝尔准备抓鳟鱼，边抓边向观众介绍具体方法 3. 贝尔抓到了一条鱼，然后将头和内脏去掉，生吃了鱼 4. 旁白配合贝尔的现场解说进一步介绍冰岛山区的地理情况 5. 河流流向一个陡峭的地方，贝尔决定选择另一条路——爬山 6. 山脉的表层很松，贝尔用苔藓制作了几个"小斧"用来抓牢土地，然后贝尔终于登上山顶 7. 贝尔来到一个地上满是小树枝杈的地域，他说：冰岛没有一个地方是好走的，全是冰河，	外景画面、音乐、音响、同期声、旁白

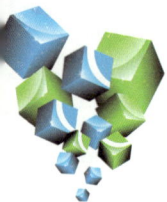

板块	时长	内容	形式
		火山地形	
		8. 贝尔发现了一具北极狐的尸体，并介绍北极狐其实在维京人来冰岛前就在此生存。贝尔发现这个尸体无法利用，于是弃之而去	
		9. 贝尔来到一片平坦开阔的地域，发现一条河流，于是找好位置准备渡河	
		10. 贝尔脱掉衣服，然后迅速过河。在过河时贝尔现场解说过河的注意事项：面向上游，这样你能看见漂流物。面对奔流而来的河水，拖着脚走，避免河水横穿双脚，否则会被水流冲击而跌倒	
		11. 贝尔过河后又遇到新挑战：遍布苔藓的地域，并且苔藓地下是熔岩流区。旁白解说渡河后人会觉得冷，这会导致人直觉迟钝并让事情变糟，所以必须取暖	
		12. 贝尔将干燥的苔藓放入自己的衣服内取暖，并说：我就爱求生这一点，你不需要拥有所有装备，只需要意志和即兴发挥的决心。发挥创造力，善用自然赋予你的一切	
		13. 贝尔走出熔岩流区，来到火山沙地域。冰岛又开始下雨，雨水抑制了火山灰和火山尘	
		14. 这里的景色荒凉阴暗，贝尔说自己像走在月球上，而美国国家航空航天局（NASA）确实就曾把太空人送来冰岛训练和测试装备	
		15. 贝尔来到了海边，其解释说冰岛大部分人口位于西南部，所以他决定向西南方向走	
		16. 贝尔看见一群海鸥在吃东西，然后发现岸边有一大只抹香鲸的尸体。旁白介绍抹香鲸不同部位的多种用途	
		17. 贝尔发现了飞机残骸	
		18. 贝尔进入残骸内部，开始用之前做的火绒布取火。旁白解说火的光芒可能会使人找到你，而你应该一直留意，看到人的踪迹	

续表

板块	时长	内容	形式
		时，发出信号 19. 贝尔看着窗外海上的夕阳说：那是冰岛的夕阳余晖，这至少证明我走对方向了	
求生成功	51秒	贝尔旁白介绍随着夕阳西沉，他的火堆愈来愈清楚易辨。贝尔随后发现远处有灯塔的光束，然后随着其欢快地向灯塔奔跑，贝尔的旁白说："文明世界就位于地平线上。冰岛的酷热火山和寒冷冰河让我吃尽苦头，它的地形无情，天气严峻，荒凉环境几乎找不到食物，但坚持是最基本的技巧。我已向你证明在这里生存是可能的。"	外景画面、音响、音乐、旁白

节目特色点评

生活在现代文明中的观众，对于如何利用大自然的资源去生存这个问题感到茫然，而《荒野求生》正是要帮助观众解决这个问题。正像贝尔在每期节目开头所说，节目要为观众示范如何活着离开世上最险恶的地方。如果没有适当的求生技能，你甚至连一天也坚持不了。因此，主持人贝尔在节目中，带领观众走进一个又一个极端恶劣的环境，用最原始、最简单也是最智慧的方法告诉观众如何"荒野求生"。（现实生活里，确实有一个9岁男童因用《荒野求生》所说的求生技巧从而成功自救的案例）"荒野"纵然令人畏惧，但如果在保证安全的情况下，人们也是很乐意去欣赏荒野壮丽的景色，去体会荒野所独有的原始魅力的。所以，可以说《荒野求生》是一个兼具科普教育和旅游冒险的写实类节目。

在每一集《荒野求生》中，主持人贝尔都要遇到一系列的困难，其中有些困难甚至危及他的生命，但贝尔凭借惊人的毅力和高超的智慧一次次获得了求生胜利。贝尔曾说：如果你仔细地思考，用心去体验，在生命和生存之间有一条如此强有力的联系纽带——我的意思是，其实每个人都投入了某种战斗，不是吗？艺术的终极目的，是让心灵观看心灵。因此，《荒野求生》或者贝尔想告诉观众的价值意义就是每个人一生中都要遇到很多个"荒野"，即一系列困难或挑战；但人们要勇于"求生"，即不畏艰险，永不

妥协并充满希望，最终人们都会为自己赢得一片新的天地。

节目形式

《荒野求生》是一个探险纪实类的节目，所以每期的具体流程要依据实际情况而定，但每集的内容也都遵循了一定的规则，下面做一个总结。

每集开头贝尔的旁白都会简介一下本期节目将要去的目的地的地理条件，以及在本集中所遇到的挑战和困难，创造一些悬念。这就像美国探索频道一贯的风格，开头常常是开门见山，直切主题，从微观到宏观，由具体的点切入，力争在第一时间内抓住观众。

贝尔每集的出场方式都经过了精心的设计，都很独特并且惊心动魄。贝尔曾从各种各样的直升飞机上跳下，并用不同的高空自由跳伞降落到目的地；贝尔还从水上飞机，船上跳入水中，也曾从疾驰的越野车中跃到沙地中。贝尔进入目的地后，无论所处条件如何，水、食物和遮蔽所这三样东西都是贝尔整个过程中的求生目标。因此每一集贝尔都会教观众如何在不同的环境中寻得这三样东西。

节目每一集的结束方式，都是贝尔再次发现了人迹或者现代文明的标志如海边的灯塔、海上的船只、荒野中的公路等；有时还以到达指定地点为结束。另外，在不少期节目中贝尔求生成功后，他都会攀登上一架飞机或者一辆车远去，最后进入文明世界。

每期节目开头都会有一段贝尔的叙述："I am Bear Grylls. I am gonna show you what it takes to get out alive from some of the most dangerous places on Earth. I am gonna make it through a week of challenges, in the sort of places you won't last for a day without the right survival skills."（我是贝尔·格里尔斯，我会示范如何活着离开世上最险恶的地方，我必须通过我面对的一系列挑战。如果没有适当的求生技能，你甚至连一天也坚持不了。）这样的语言设计概括了节目内容特点以及主题目的，并且每期节目开始都播放就形成了一种积累效应，这段话成为了《荒野求生》的一大语言标志，加深了观众对节目的印象。

《荒野求生》是一种纪实的叙事风格，贝尔担任了主持人、旁白等几乎所有任务，所以节目内容都以贝尔的第一人称自述。贝尔会在现场和旁白中讲述自己的感受和认知，因此给观众带来一种亲切感。并且，贝尔每次在做一件有助于自己求生的事情时，都会边示范边向镜头讲述自己做的是什么，让节目有着深刻的交流感和真实感。

节目制作

《荒野求生》是一个写实类节目，所以画面的亮度、色调等都比较接近实际情况；但基于节目的录制地点一般都很偏僻，都处于荒郊野外，深山密林之中，并且一些录制地点的天气状况不太好，多是阴雨天，所以一些剧集的画面偏暗淡，而这样的写实效果同时也为节目渲染了一种紧张的氛围。

《荒野求生》的摄制地点都在郊外，所以录制的自然同期声比较多，如海浪声、狂风声、暴雨声、各种动物的叫声。这样的同期声设置让节目的纪实效果增强很多，并且烘托了一种紧张的野外求生氛围，让观众如置身其中，产生一种紧张的心情。并且，由于贝尔在野外录制现场就会不时诉说自己的心理感受如紧张、失望、痛苦或者喜悦、期待等，再加上贝尔旁白对自己当时所面临的具体情况的补充叙述，这些处理都让观众深刻感受到了贝尔的内心，也更增强了节目的真实感。

由于这是一档写实类节目，所以节目多采用了跟拍的手法，多是从贝尔的身后或者身侧的平角度拍摄，并且距离比较近，多为中景、近景，有时会少量穿插几个大全景。另外，贝尔身上也会自带一个摄影头，自己拍摄摄制组无法拍到的画面。所以贝尔有时会用正面拍摄的平角度或俯角度的近景来拍自己，讲述自己的计划或感受等。

《荒野求生》多采用一种跟拍的摄影方式，所以镜头本身的内部就产生了一种运动感、节奏感，因此节目多数情况下并不利用剪辑创造节奏。但在一些惊险时刻，如贝尔要爬上一座险峻的山，或者蹚过一条遍布危险动物如鳄鱼、河马的河时，剪辑速度会加快，营造一种紧张而慌乱的气氛。

《荒野求生》的音乐并不是从头到尾铺满整个过程，而是在不同的情境中，起到了画龙点睛的作用。节目开头的画面经常是摄制地的地理风貌以及贝尔在各种不同的交通工具中的准备状态，此时会配上气势磅礴的音乐，以此塑造环境的壮观和惊险以及贝尔的无畏。节目过程中，会配以节奏比较快的音乐，营造一种求生紧迫性的氛围。当贝尔求生成功时，节目又会配上一段恢宏而略带抒情的音乐旋律，这样的旋律让观众更深刻地感受到了贝尔求生成功的喜悦，更从中体会到了一种对于生命本身的感动。

商业模式

《荒野求生》在美国的高收视率，促使其走向了世界。据统计，《荒野求生》已经拥有了 180 个国家的 12 亿观众。毋庸置疑，基于这样广泛而优秀的收视，单就播出授权

一项就让探索频道取得了丰厚的收益。

《荒野求生》曾被 Scientifically Proven 公司改编为一款冒险游戏，并在 2010 年 11 月 16 日发行，游戏平台是 PS3 X360 Wii NDS。在这款游戏中，玩家将亲自扮演《荒野求生》的主角探险者贝尔，在世界各地的恶劣环境中挑战生存极限，登冰山、入荒岛，露宿求生……这款游戏也曾大卖，给探索频道带来了不小的利润。

另外，主持人贝尔还出了一系列关于荒野求生的书，其中贝尔唯一授权的自传书籍《泥沙、汗水和眼泪》（中文译名为"荒野求生"）最有名，被翻译为多国文字售卖。

同类对比

除了《荒野求生》以外，Discovery 探索频道其实还制作了一系列求生类节目如《现代鲁滨逊》《求生一加一》《野外求生夫妻档》。因这几个节目如今只有《求生一加一》还在制作中，所以笔者下面对《荒野求生》和《求生一加一》做一个对比。

表 2 《荒野求生》与《求生一加一》对比

节目名称	荒野求生	求生一加一
播出频道	探索频道	探索频道
已播出季数	八季	两季
主题	荒野求生	荒野合作求生
主持人个数	一人（贝尔·格里尔斯）	两人（戴夫·坎特伯雷、科迪·伦丁）
主持人形象	偶像明星式	普通大众式
主要内容	简单，只是求生	较复杂，包括求生，两个主持人的关系情况
悬念设置	较少，因为贝尔一直在走动，无法预知未来状况，也就无法提前设置悬念	相对较多，两个主持人在一个地方的时间较长，所以悬念容易设置，比如节目画面和旁白不断告诉观众周围的危险动物可能在未来对主持人造成的各种威胁
求生办法的实施性	多数办法普通人实施起来会困难	较实用，但主持人并不刻意讲清实施办法的具体步骤
旁白	贝尔第一人称自述	旁观者第三人称解说
后期采访	无	有
摄影方式	较简单，多为跟拍	较复杂，有航拍
剪辑节奏	相对较慢	较快
音乐	运用次数较少，多为现场同期声	运用较多

XINWENJIEMU

新闻节目

"囧司徒"每日秀

60 分钟时事杂志

全　景

安德森·库珀 360°

The Daily Show with Jon Stewart

《"囧司徒"每日秀》
——"囧司徒"的说话之道

● 节目概况速览 ⊗

　　《每日秀》是一部美国的深夜新闻讽刺类电视节目。这部节目现在是喜剧中心最长寿的节目，已经播映了 17 年，是美国影响力最大的喜剧脱口秀之一。1999 年 1 月，乔恩·斯图尔特（Jon Stewart）作为主持人接手后，节目更加关注评论政治和讽刺主流媒体

基本信息 》》

· 原　　名：The Daily Show(The Daily Show with Jon Stewart)

· 译　　名：每日秀（又译"乔恩·斯图尔特每日秀"以及广为流传的网友译名"囧司徒"每日秀）

· 标　　识：

图 1

· 播出国家：美国

· 播出频道：美国喜剧中心频道（Comedy Central）

· 首播时间：1996 年 7 月 22 日

· 播出时间：周一至周四美国东海岸时间晚间 11 时

· 节目时长：30 分钟

· 节目类型：喜剧类脱口秀，深夜新闻讽刺节目

· 播出形式：2012 年以前一直采取直播形式，2012 年后，由于 Jon Stewart 的家庭原因，节目于当天下午 6 点录制，晚上 11 点播出。

· 制作公司：The Daily Show 团队独立制作

· 官方网站：http://www.thedailyshow.com

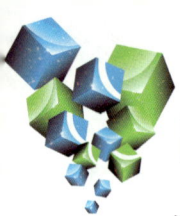

的不实报道上，因此又被网友称作《"囧司徒"每日秀》。《每日秀》形式上看起来像传统的新闻节目，但本质上是一档综艺娱乐类节目而不是新闻类节目。它把自己称为"伪新闻节目"，称自己的制作团队为"史上最棒新闻团队"，主持人解说的过程中穿插着"新闻记者"解说的电视画面。另外，《每日秀》节目还会对当前的热门事件进行评论或者恶搞现场的名流嘉宾，为观众带来一种富有内涵的幽默。

历史演变

《每日秀》于1996年7月22日首播，由吉尔·伯恩（Craig Kilborn）主持，直至1998年12月他离开这部节目为止。其后由乔恩·斯图尔特接手《每日秀》，并将它转型为一套有自己风格的更加关注政治和国家媒体的节目，而非吉尔·伯恩时代对流行文化的关注。

在2005年，喜剧中心推出《每日秀》的衍生节目《科尔伯特报告》（The Colbert Report），以《每日秀》记者史蒂芬·科尔伯特（Stephen Colbert）为主持人。这两套节目档期相连，东岸晚上11时播出《每日秀》，11时30分为《科尔伯特报告》播映时间，因此两部节目经常有许多互动环节。

同期，《每日秀》推出国际版本，称之为《每日秀：全球版本》（The Daily Show: Global Edition），每周一集，于海外电视频道和美国有线电视新闻网国际频道播映。

收视反响

乔恩·斯图尔特接手《每日秀》以来，它的观众已经足足增长了将近3倍，达到了每晚140万人。据皮尤研究中心（Pew Research Center）等机构做出的调查所得，《每日秀》观众中有75%都是在18—49岁之间，这正是整个电视业最渴望争取到的收视群体。此外，这些观众中有近一半都是为了节目中的娱乐性而收看，而并非为了获取最新头条新闻。

获奖情况

凭"选而未决2000"及"选而未决2004"两期节目而两次获得皮博迪奖（Peabody Awards）。

在2001—2012年间，《每日秀》共赢走19项黄金时段艾美奖，其中有十项是最佳综艺／音乐／喜剧节目奖（由2003年连续获奖至2012年），其余都是综艺／音乐／喜剧

节目最佳编剧奖，成功达成十一年卫冕。

获同性恋者反诋毁联盟（GLAAD）、电视评论家协会（Television Critics Association）、金卫星奖（Satellite Awards）颁奖表扬。

2010年9月，《时代》（*Time*）杂志封了《每日秀》为"有史以来100部最佳电视节目"（The 100 Best TV Shows of All–TIME）。

节目模式分析

作为一档新闻类节目，《每日秀》的模式可谓是花样百出，节目通常由乔恩·斯图尔特脱口秀、"御用记者团"的报道员部分以及名人访谈构成。实际上，除了幽默爆棚的稿子、令人喷饭的图像视频编辑以及"御用记者"之外，乔恩·斯图尔特还常常搞出各种各样的小环节出来以加强恶搞效果，比如常常见到的对于政府的恶搞环节和每逢总统大选季必出的特别环节等，通常随着时事变化调整节目内容。

板块设置

表1 板块设置详情

环节顺序	环节内容
一、开场环节	1. 标志性开场介绍 每集开始都由播音员德鲁·伯恩斯（Drew Birns）朗读出日期和一句介绍。这句介绍是"喜剧中心频道的纽约世界新闻总部为您呈献，乔恩·斯图尔特的每日秀"。 这句介绍曾经为"这是乔恩·斯图尔特的每日秀，有史以来最重要的电视节目"。 2. 乔恩·斯图尔特脱口秀 主持人乔恩·斯图尔特进行一段独白，谈论当时的新闻故事和政治大事，对于新闻或人物进行讽刺、揶揄、戏弄，甚至侮辱，以达到娱乐观众的效果。节目中也利用断章取义的图像和视频剪辑，以及各式道具来创造出幽默效果。
二、报道员环节	即与《每日秀》的记者交流的环节。 常常都会出现一些在某方面的"资深"专家，站在绿幕背景前扮成在某个地区报道，并与坐在主播席的乔恩·斯图尔特交流。有时他们会在演播室里跟乔恩·斯图尔特互动，这些报道人员经常会用幽默、荒谬和夸张的手

环节顺序	环节内容
	法谈论时事，而乔恩·斯图尔特就如一位认真且正常的主播。这种表演方式称为"喜剧二重奏"（comedy duo），里面一个角色是正常理性的，而另一个则表现得比较愚笨好笑。透过两人对话反证事情的荒谬性，带来喜剧效果。 而这些"御用记者"的名头也是一集一换，"专长"十分广泛，并且取决于他们将要报道的内容，既有再正常不过的"专家"，如"资深政治分析员"（Senior Political Analyst），或是荒谬至极，例如"资深儿童猥亵专家"（Senior Child Molestation Expert）等。如果今天要谈总统，那么名头就会变成"资深白宫记者"(Senior White House Correspondent)。如果今天要谈亚洲问题，那么名头可能就会变成"资深亚洲问题分析家"(Senior Asian Analyst)。无论如何，每次的"资深"这个定语是必不可少的。在节目的官网上可以查看到这个号称"史上最棒的新闻团队"的记者团名单。
三、循环环节	《每日秀》里面一些经典环节不时会在此时间段再次出现，例如"回到黑暗"（Back in Black）、"上帝一周"（This Week in God）与"天灾预备 !?!"（Are You Prepared?!?）、"潮流聚焦"（Trends Potting）、"金钱对话"（Money Talk）等。另外，每逢大选的时候节目就会有一个重要环节，称为"选而未决"（Indecision）。
四、名人访谈	主持人会与一位名人嘉宾进行访谈，嘉宾范围包括演员、音乐人、作家、运动员和政客等。在乔恩·斯图尔特成为主持人后，嘉宾的选择渐渐倾向了非文学作家、政治评论员以及重要政治人物。2006 年时杂志《滚石》（Rolling Stone）形容斯图尔特主持下的《每日秀》是"不论总统候选人还是军事独裁者，任何想推销书本或看起来紧贴潮流的人必去之处"；而《新闻周刊》（Newsweek）称之为"电视上最酷的中途站"（the coolest pit stop on television）。
五、结束环节	《每日秀》经常用两种方式结束： 一种是对本集中讽刺的重点内容进行视频补充，不添加任何评论，名为"禅定一刻"（Moment of Zen），这个环节是自 1996 年《每日秀》推出以来就一直存在。 另一种是跟《科尔伯特报告》的主持人进行现场连线简短交流，两人一起逗乐吐槽。2005 年 10 月，《科尔伯特报告》刚推出时，交流环节是每日都有，但两年后改为一星期两次，之后 2009 年更减少至一星期一次。现在这个交流环节几个礼拜才会出现一次。

人物角色

·主持人

乔恩·斯图尔特，美国电视主持人、演员、作家、脱口喜剧演员、媒体评论员及政治讽刺者。他极富政治敏感性、有同情心、崇尚自由平等、支持人权，反对一切歪曲事实有失公允报道。乔恩·斯图尔特是《时代》"全球百名最具影响力人物"之一，在美国有着相当大的影响力；曾经当选《人物》杂志 50 最具魅力人士和"2004 年大媒人"，并先后主持过 2001 年与 2002 年格莱美奖；先后 10 次获得艾美奖；曾两度主持奥斯卡金像奖（第 78 届及第 80 届）。同时他还是一位优秀的喜剧演员，先后出演过《冒牌老爸》《夺命高校》等影片。他在主持《每日秀》中，用搞笑的形式讽刺新闻事件和人物，在年轻人中广受欢迎。

图 2 乔恩·斯图尔特

·固定记者

《每日秀》里面的记者主要有两大角色，扮演与乔恩·斯图尔特就某些议题进行对话的所谓"资深"专家，以及主持实地新闻报道，同时与有关人物进行访谈和给予幽默的评论。现时这支"史上最棒的新闻团队"成员（图 3）包括萨曼莎·比（Samantha Bee）、杰森·琼斯（Jason Jones）、约翰·奥利弗（John Oliver）、阿塞夫·曼迪维（Aasif Mandvi）、韦恩·辛历克（Wyatt Cenac）、奥莉维亚·蒙恩（Olivia Munn）及艾尔·马迪加（Al Madrigal）。比较少出现在节目中的贡献者有刘易斯·布莱克（Lewis Black）、约翰·荷茨曼（John Hodgman）、克莉丝坦·夏尔（Kristen Schaal）、拉利·威尔摩（Larry Wilmore），他们出场时通常都有专属自己的循环环节。

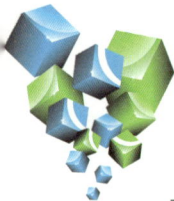

图 3 主持人乔恩·斯图尔特（右三）及《每日秀》记者团队

外部包装

作为脱口秀节目，《每日秀》的演播室与一般脱口秀的形式不同，其节目现场并不出现现场观众席以及观众表现，而是采取新闻播报的演播厅形式，仅有播音员席、虚拟屏幕和嘉宾席位出现，背景为比较正式的蓝色系和少许红色的小型演播厅。主持人和嘉宾坐席以黑色为主，背景色以蓝色和红色为主，包括彩灯、世界地图、屏幕背景墙和时钟（图4）。

图 4 演播室实景

舞台设计简洁明了（图5），"L"型的演播台，不但满足机位变换的需要，也给《每日秀》的不同环节进行了明显划分，使名人访谈环节突出出来。每次节目开场，乔恩·斯图尔特已经坐在台后用笔在他淡蓝色的稿纸上假装写字，需要播放VCR时，乔恩·斯图尔特右上方会出现一块屏幕进行配合（图6），演播台的前方有一些现场录制的观众配合节目，他们和乔恩·斯图尔特偶尔有互动。但不同于其他脱口秀节目，《每日秀》的镜头几乎从未拍摄到观众，所以观众座位的布局不得而知。

图5　舞台效果图

图6　配合演讲的屏幕

配合主持人乔恩·斯图尔特激情幽默而有智慧的演讲，除了他手中常年拿着的蓝色A4纸台本，在不同的节目中，为了节目效果，有时会有一些稀奇古怪的道具或者是后期加入虚拟电脑动画道具。

节目中的灯光通常是稳定的白色灯光，并不像真正的"正式新闻"美国有线电视新闻网的灯光特效一般令人眼花缭乱，只有为特别的效果，例如资深记者科尔伯特现身节目时等才会有所变化。

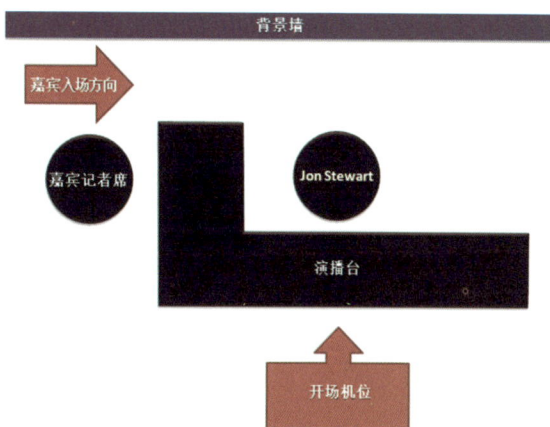

节目案例详解

以下分析将以2012年3月15日播出的一期节目为例，该集破天荒地没有嘉宾访谈环节，而是把时间都给了御用记者约翰·奥利弗报道，强力批评美国政府从联合国教科文组织撤资事件，内容颇为犀利精彩。（该集节目不含广告总时长为20分39秒）

表2 2012年3月15日节目板块分析

板块	时长	内容	形式
开场秀	7分47秒	1.出现节目标识和经典的播音员声音"喜剧中心的纽约世界新闻总部为您呈献，乔恩·斯图尔特的每日秀" 2.主持人热烈开场，调侃今晚嘉宾环节没有嘉宾，只需他盯着即可，实则预告接下来的嘉宾环节以精彩的约翰·奥利弗调查报告代替访谈 3.讽刺奥普拉在节目上送车事件 4.今晚独白主题不再是大选而是国际趣闻：叙利亚总统数千封个人电邮被英国《卫报》曝光，主持人调侃叙利亚总统的邮件内容，同时主持人右上方虚拟小画面播放实况新闻和恶搞图画视频 5.介绍一个池塘的名字"犹太池"（Jew Pond）的改名历程	字幕、现场同期声、VCR、主持人现场
报道员环节	12分27秒	1.主持人声明今天的嘉宾环节将不会有嘉宾出现，因为将有一个犀利的外景专题：特别记者约翰·奥利弗的专题报道占用了接下来的嘉宾环节 2.视频播放报道：奥巴马政府拒绝参与任何联合国教科文组织（UNESCO）的资助，原因是其接纳了巴勒斯坦为会员。首先由特别记者约翰·奥利弗表演美方记者和假扮的联合国工作人员进行荒唐的对话，展现了联合国和美国之间的关系错综复杂和美国欲掌控联合国的意图 3.约翰·奥利弗扮演的美国记者采访同样是假扮的美国议员，问其为何不对联合国教科文组织援助的原因，并转述给因此受害的非洲国家的孩子们，由于原因过于荒谬隐晦，二十年后他们才听懂，并把约翰·奥利弗打了出去。这个环节讽刺了奥巴马政府声明"问题不是我们造成的，但法案是我们制定的"	字幕、现场同期声、VCR、采访、主持人现场

续表

板块	时长	内容	形式
		这一荒谬说法 4.视频播放结束，约翰·奥利弗来到了现场，和主持人对话。二人表示美国这次停止援助使得美国、巴勒斯坦以及被联合国援助的其他国家都成为了输家和受害者。主持人讽刺奥巴马政府无论怎么做都能以"我们是好人"自居	
结束环节："禅定一刻"	25秒	主持人宣告节目结束，播放一小段没有任何评论的讽刺搞笑视频	VCR、字幕

节目特色点评

节目形式

在《每日秀》中，正式严肃的节目设置和内容轻松讽刺之间的"矛盾"是充斥全场最大的亮点。

在节目中，主持人独白式的新闻播报看似传统，但乔恩·斯图尔特不时地荒诞搞怪，使硬新闻话题应具有的严肃感一扫而光。

片头的日期是对传统电视新闻的模仿（图7），是用来强调报道的及时性。播报员所说的在"纽约世界新闻总部"的节目播报地，则是对大型的正统新闻媒体的模仿，以此来体现其权威性。这些对正统新闻"假正经"式的模仿，是为《每日秀》的讽刺与搞笑做铺垫。

图7 模仿传统电视新闻开场

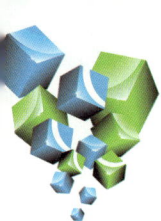

在与记者的互动环节中，《每日秀》的工作人员通常会扮演"资深记者"或"资深专家"在"外景地"为大家连线报道。事实上，根本不存在"外景地"，通常都在摄影棚内录制。当与记者交流时，主持人乔恩·斯图尔特转换为一位认真严肃的主播，反倒是记者们经常发出一些荒诞的言论，主持人常常需要对场面加以控制，更增添了节目的喜剧效果。

虽然《每日秀》的新闻画面多来自美国有线电视新闻网、哥伦比亚广播公司、福克斯等大型新闻媒体，但有了乔恩·斯图尔特对于这些原本乏味的政治新闻的生动解析和搞笑评论，再加上《每日秀》团队拼接加工的天衣无缝的制作，使得这些"冷饭"通过娱乐和搞笑的方式得以重新"回锅"。

节目制作

《每日秀》的画面一直保持着稳定的深蓝风格，在清晰度上进行了从 480i（SDTV，1996—2009 年）到 1080i（HDTV，2010 年至今）的转变。

值得注意的是，《每日秀》不同于许多美式脱口秀节目，不利用现场乐队等常见的声效手段。实际上，节目甚至不太常动用特效声音进行配音，主要以主持人、记者们和VCR 的声音为主。当然，和所有综艺类电视节目一样，节目切换环节时会有特定的音效配合镜头进行切换。

节目开场是远镜头逐渐拉近，定格在主持人乔恩·斯图尔特的正面，这时，他往往正在假装写字。然后在乔恩·斯图尔特的个人环节过程中，镜头除了切换成 VCR 或场外连线内容外几乎不移动。当乔恩·斯图尔特有特殊要求，例如放大某图片时，摄像师就会及时调整以配合节目效果。当有记者入场进行特殊的观点阐述或进入名人访谈环节时，镜头会根据对话内容在乔恩·斯图尔特、嘉宾以及两者共同出现在一个镜头里三种情况间进行切换。

《每日秀》一向以简洁锋利的制作面目示人，在后期制作上也是如此——在 2012 年之前节目是直播，不涉及太多后期剪辑的部分。现在节目是 6 点录制，11 点播出，除名人访谈部分以外几乎不进行后期剪辑。如果乔恩·斯图尔特对某一名人特别感兴趣，他会邀请对方再做一会儿访谈，然后剪辑成 5 分钟左右的内容发布至官网上。嘉宾们都把这一要求看作一种独特的荣誉。

《每日秀》的官方网站简洁方便、易于使用，和节目一样是以深蓝色的色调为主，在网站上不仅可以搜索并观看每日秀的每一期节目、额外的访谈内容、预告的节目嘉宾等，

还有十分贴心的设计——按内容对节目进行的分类整理。通过这些合辑，浏览者们可以根据自己感兴趣的话题热点等进行观看，不用通过大量寻找才能了解完整的事件过程。当然，网站还含有对节目创造者们的衍生产品，例如乔恩·斯图尔特及其团队所著的书，以及喜剧频道的其他节目的广告和宣传。

商业模式

一档节目的风行大多数情况下都会为其带来巨大的商业利益，因此节目本身的质量是否能够一直保持高水准是节目生存的至上法则。2009 年 7 月《时代》杂志在网上举行了 "现在沃尔特·克朗凯特已去世，谁是美国最值得信赖的新闻主播？" 的调查。结果显示，《每日秀》的主持人乔恩·斯图尔特赢得了 44％的选票，比排在第二位的瑞恩·威廉斯（Ryan Williams）（29％）领先 15％。另外，《每日秀》本身也成为音乐电视网（MTV）和哥伦比亚广播公司母公司的台柱型节目。其广告收入更是水涨船高，2006 年就已经达到 4200 万。《每日秀》定位在政治、新闻和娱乐之间模糊的界限上，如今看起来相当精准而符合市场行情，加之其独立制作的形式也保证了节目的尺度和质量，保证了节目不用向任何一方利益集团妥协，可以始终做出公正、客观、入木三分的报道。可见其已经成功形成了一个由节目—观众—商业盈利构成的良性循环。①

同时节目也推出了其副产品，即乔恩·斯图尔特和节目组工作人员合写的《美国：公民的民主消极行为指南》（ *America: A Citizen's Guide to Democracy Inaction* ）一书，又拿美国政治和政客们开涮，卖出了 250 万本的惊人成绩，亦被杂志《出版者周刊》（ *Publishers Weekly* ）封为它的 "年度风云书本"。本书的有声书删减版本亦于 2005 年获颁格莱美奖（Grammy Awards）的最佳喜剧专辑（Best Comedy Album）。

《每日秀》曾推出过其国际版本，称之为《每日秀：全球版本》（ *The Daily Show: Global Edition* ），每周一集，于海外电视频道和美国有线电视新闻网国际频道播映。

另外，在《每日秀》长期工作的记者科尔伯特也离开节目，成为其衍生作品《科尔伯特报告》的主持人，并迅速取得大量评论和人气支持。

荷兰版《每日秀》于 2011 年 1 月 31 日在喜剧中心频道首播。这部节目与原版十分相似，只是主题转为荷兰的新闻和以荷兰角度评论国际大事。荷兰版本是由喜剧演员

---

① 张艳秋、朱佳妮：《美国电视时评节目的 "观点传播" 策略与思考——以 "每日秀" 节目为例》，《中国记者》，2012 年 6 月。

Jan-Jaap van der Wal 主持，其首集由乔恩·斯图尔特客串。这部节目是迄今首部及唯一一部《每日秀》系列的模式节目。

同类对比

《科尔伯特报告》在 23：30 开播，即紧接着前面的《每日秀》。该节目为《每日秀》的衍生节目；至今出品和制作的相关工作人员中同样有乔恩·斯图尔特的名字。节目自 2005 年 10 月 17 日开播，主持人为前《每日秀》的资深记者与撰稿人科尔伯特。节目更多的是一个人的独白，没有《每日秀》那么多记者串场，更多短片是自己来参与演绎，内容也有更多小单元和各种道具出场，主持人会更多地显摆自己，介绍出场嘉宾时也极显个性，风格更犀利直接，有时则故作愚笨，表演荒唐（图 8、图 9）。

图 8 乔恩·斯图尔特在《科尔伯特报告》中的客串夸张表演

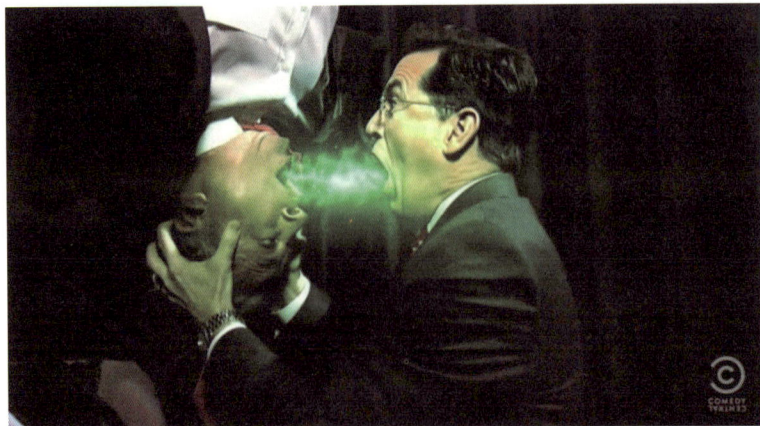

图 9 《科尔伯特报告》更为丰富的动画特效

《科尔伯特报告》是电视台喜剧中心在《每日秀》横扫艾美奖之后为了留住大红的科尔伯特和扩大影响力着手打造的一档配合性深夜脱口秀。然而这样一个从制作形式到收视人群都有着《每日秀》影子的节目，却在 2005 年 10 月首播即一炮打响，而且播出的第二年就大放异彩，不仅在各大奖项笑傲有线网，出自科尔伯特之口的热词更是成为韦伯词典的 2006 年度词汇（Word of the Year)，文化影响力不容小觑。

从节目组成来说，和《每日秀》类似，《科尔伯特报告》以科尔伯特说新闻段子开场。他用反讽的形式加工新闻，佐以出色的双关语和夸张的表演，旁征博引，犀利娴熟，将各类时事八卦经过"右派评论家"之嘴的加工，以最荒谬搞笑的形式呈现给观众，效果强大，早已超越最初模仿对象——福克斯的比尔·奥雷利（Bill O'Reilly），自成一派。但是《科尔伯特报告》更像是科尔伯特一个人的舞台，他的荒谬、自傲、粗暴无一不受到观众的喜爱。之后的嘉宾访谈环节，科尔伯特更是有自己的一套逻辑，胡搅蛮缠、咄咄逼人、无厘头的粗暴常常得到意想不到的节目效果，每一个来宾都既无奈又啼笑皆非，这也算是作为《每日秀》御用记者的一种风格延续。虽然同样是伪新闻节目，与乔恩·斯图尔特针锋相对驳斥右派的风格不同，科尔伯特采取了完全相反的角度，他是"扮演右派名嘴，用右派的嘴，说右派的话，打右派的脸"。

《科尔伯特报告》已在 2006 年、2007 年和 2008 年被提名艾美奖，获得两个电视评论家协会奖和两个卫星奖。科尔伯特本人也红遍全美，拿了艾美奖、格莱美奖以及皮博迪奖（Peabody Award），美国广播电视类奖项，还曾受邀在白宫晚宴演讲。

他们类似的刻薄犀利，表面上相左的政见，完全不能影响观众对他们的捧场和爱戴。相反地，两节目一正一反，相互配合，常常产生意想不到的效果。

表 3 同类型节目对比

节目名称	电视台	主持人	风格	节目形式
每日秀	喜剧中心	乔恩·斯图尔特	对新闻的犀利点评，把时事化为辛辣笑料	用反讽的形式加工新闻，佐以出色的双关语和夸张的表演进行评论
科尔伯特报告	喜剧中心	史蒂芬·科尔伯特	主持人个人的魅力成为了节目的特色与亮点，且较《每日秀》而言所占比重更大	

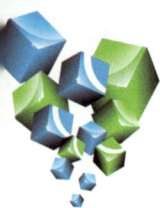

60 Minutes

《60 分钟时事杂志》

——每分钟读懂世界多一点

基本信息 》》

· 原　　名：60 Minutes
· 译　　名：60 分钟时事杂志 / 一小时访谈 / 新闻调查六十分
· 标　　识："杂志"和"秒表"是《60 分钟》最具辨识度的标志性元素，即使历经了岁月的更迭，这两大标识却始终未有太大的改变。

表 1 《60 分钟》节目标识

节目标识今昔对比

早期　　　　　　现在

· 播出国家和地区：美国、中国香港
· 播出频道：美国哥伦比亚广播公司（CBS）
　中国香港亚洲电视国际台
　（2011 年停播，2012 年 9 月 6 日由无线明珠台复播）
· 首播时间：1968 年 9 月 24 日
· 播出时间：（美国）周日晚 19:00—20:00；（中国香港）周四晚 22:00—23:00
· 节目时长：60 分钟
· 节目类型：新闻时事杂志
· 播出形式：录播、周播
· 制作公司：哥伦比亚广播公司新闻制作中心
· 官方网站：http://www.cbsnews.com/60-minutes/

●节目概况速览 ▼

　　《60 分钟时事杂志》，简称《60 分钟》，是美国 CBS 电视台的电视新闻杂志节目，由哥伦比亚广播公司制作并播出。其报道侧重于有争议的事件和人物，涉及从总统到平民百姓，从政治、经济到军事、外交，从国际问题到国内等各种话题，被社会学家们称为反映美国社会的一面镜子。1968 年，唐·休伊特 (Don Hewitt) 创办了这一节目，同年 9 月 24 日其在 CBS 首播。该节目开播的灵感来自加拿大国营频道同类节目《这个小时有七天》（*This Hour Has Seven Days*）。截至目前《60 分钟》，共播出 47 季。

历史演变

　　1968 年，已身为王牌电视节目制片人的唐·休伊特向哥伦比亚广播公司管理层递交了一份报告，设想创办一个新闻节目，在黄金时段播出，片长约一小时。用当年休伊特的话来说，就是一档"要让观众既看到玛丽莲·梦露的衣橱，又可以让观众一窥原子弹之父奥本海默的实验室的节目"。节目必须在保持一定严肃性的同时，具有娱乐性和观赏性。哥伦比亚广播公司管理层采纳了休伊特的设想，并从他提交的报告中摘取了"60 分钟"作为节目的名称。美国电视新闻的王牌栏目《60 分钟》由此诞生。[1]

收视反响

　　该节目曾经连续 5 次荣获电视排行榜第一名，并且在 1977 年至 2000 年期间创下了连续 23 季高居尼尔森电视节目排行榜前 10 的纪录。它还是美国转播率最高的黄金时段节目，1999 年曾创下 1423 家电视台同时在黄金时段转播一期节目的纪录。在第四十四季（2011—2012）的播出中，节目保持了其作为"头号新闻节目"的优势，平均每周收视人数逾 1300 万。[2]

---

① Alan：《美国王牌新闻栏目〈60 分钟时事〉简介》，http://ent.sina.com.cn/v/2008-07-03/07592085722.shtml. 2008 年。
② 数据来源于节目官网：About Us，http://www.cbsnews.com/60-minutes/about-us/.

获奖情况

截至 2011 年 9 月，该节目累计夺得 95 项艾美奖 (Emmy Awards)。2003 年 9 月艾美奖评委会授予休伊特及所有制片人"终身成就奖"。《60 分钟》基本上囊括了所有电视新闻节目类的奖项，包括 18 次在电视花生人 (Peabody Awards) 以及 14 次在杜邦－哥伦比亚大学奖（DuPont Columbia University Awards）上被授予"杰出电视节目"。此外，另外一些著名奖项如乔治·波尔卡新闻奖（the George Polk Awards）、爱德华·默罗奖（RTNDA Edward R. Murrow Award）等也对节目杰出的报道做出过嘉奖。[①]

表 2 《60 分钟》部分获奖情况

时间	奖项
2001 年	GLAAD 媒体奖 (GLAAD Media Award)： 优秀电视新闻（提名）
2002 年	电视花生人奖 (Peabody Award)： 哥伦比亚广播公司新闻 (CBS News)
2003 年	"形象奖章" (Image Awards)： 优秀新闻、谈话或信息类——系列或特别节目（提名）； 优秀新闻、谈话或信息类特别节目（提名）
2004 年	美国编剧工会 [WGA Award (Screen)]： 新闻类——最佳分析专题或评论（Morley Safer）
2005 年	美国编剧工会 [WGA Award (TV)]： 新闻类——最佳分析专题或评论（Barbara Dury）

节目模式分析

作为一款典型的电视新闻杂志类型节目，《60 分钟》在节目模式上借鉴了杂志的特点。从结构上来说，它借鉴了新闻周刊的编排方法，利用电视媒体的传播优势和报道手法，将不同样式和内容的节目板块串联起来，形成一个相互协调、风格统一的整体。[②]尽管报道风格多变，但近 30 年来，该节目已经形成了独特且基本固定的节目框架：节目介绍、具体报道、安迪·鲁尼（Andy Rooney）的评论，以及不定期播出的观众来信互动环节。

---

① About Us：http://www.cbsnews.com/60-minutes/about-us/.
② 赵玉明主编：《广播电视简明辞典》，北京：中国广播电视出版社，1989 年 8 月。

板块设置

节目以"故事书框架"为支撑，由一只嘀嗒走动的表来衔接各个段落。表的出现既可以随时提醒节目进行时间，又能够提醒观众广告结束，报道即将开始。①

表 3 板块设置（以常规节目为例）

一、本集精彩荟萃	预先展示当晚报道中的精彩段落。
二、主持人开场介绍	《60 分钟》并没有一个固定的主持人，节目中每位记者分别担任自己采访的专题的主持人。
三、第一则报道	节目最为重要的部分，占节目时间 20 分钟左右，带有很强的政治性以及时效性。
四、第二则报道	略短，也比较严肃。
五、第三则报道	节目的亮点所在，人情味较浓郁，风格也较为轻松。
六、评论及总结	1. 三则新闻报道结束后，会由安迪·鲁尼带来一段 5 分钟左右的评论（2011 年 10 月，安迪去世，该板块取消）。 2. 最后，主持人会出现在一张堆满信件的工作台前，介绍前几期节目播出后观众发来的不同的、有时甚至是完全对立的意见。

人物角色

《60 分钟》不设固定的栏目主持人，只让本期节目的出镜记者在演播室做简短述评。此外，节目创作班子中的领军人物都是在新闻界久经沙场、经验丰富的"老人"。1978 年《纽约时报》曾如此评价该节目组的记者们："他们有着已经是灰白的或正在变成灰白的头发，他们有因年龄而显得松弛的面部肌肉却充满对社会关注的神情，他们的特征是无数次地为采访而穿梭于世界各地、为迫在眉睫的截稿时间而忙碌……"②

表 4 《60 分钟》明星主持人一览

主持人	简介
迈克·华莱士（Mike Wallace）	在节目的工作时间：1968—2006 年，曾采访过多位政治人物，是美国电视界的"教父"级人物。2012 年 4 月 7 日去世，享年 93 岁。
丹·拉瑟（Dan Rather）	在节目的工作时间：1968—1975 年，兼职记者；1975—1981 年及 2005—2006 年，全职记者。

---

① 王纬主编：《镜头里的"第四势力"——美国电视新闻节目》，北京：北京广播学院出版社，1999 年 6 月。

② 吴春光：《从 CBS〈60 分钟〉看电视新闻深度报道》，新闻传播，2010 年 8 月。

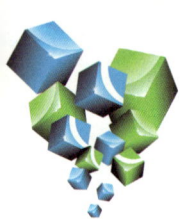

主持人	简介
	久经风霜，老而弥坚，见过很多大场面。其主要风格是严肃、权威、才华过人和胆识超群。
莫利·赛弗 （Morley Safer）	1970年12月加入节目，当过36年的兵，是经验丰富的战地记者，善于提问。
埃德·布莱德利 （Ed Bradley）	在节目的工作时间：1976—1981年，兼职记者；1981—2006年，全职记者，以人物专访见长，提问尖锐是他的最大特色。
史蒂夫·克劳福特 (Steve Kroft)	1989年5月加入节目，成熟稳健的政治记者，有出色的采访能力和卓越的政见。
莱丝莉·斯塔尔 （Lesley Stahl）	1991年3月加入节目，人称哥伦比亚广播公司的"倪萍姐姐"，是经验丰富的政治记者，并擅长名人专访。
安迪·鲁尼 （Andy Rooney）	在节目的工作时间：1978—2011年，被称为老顽童、智慧老人。见解独到，文笔出众，他的幽默段子已经成为节目的重要标志。
鲍勃·赛蒙 （Bob Simon）	1996年加入节目，哥伦比亚广播公司资深战地记者、经验丰富的政治记者以及国际新闻方面最负盛名的记者。
斯各特·佩利 (Scott Pelley)	2003年加入节目，经验丰富的战地记者。
劳拉·罗根 (Lara Logan)	2005年加入节目，来自哥伦比亚广播公司新闻部伦敦分站，富有经验的国际新闻记者。
凯蒂·柯丽克 (Katie Couric)	2006年加入节目，经验丰富，有极强的亲和力和强烈的个人风格。
拜伦·皮茨 （Byron Pitts）	2006年加入节目，在对伊拉克战争等一系列重大事件的报道中成绩斐然。
安德森·库珀 (Anderson Cooper)	2007年加入节目，以直言不讳的批判口气和一头独特的白发成为时事类新闻节目中的明星主持人。

外部包装

　　《60分钟》的演播室设计非常简洁，在全黑的环境中，画面上通常只有一本翻开的"杂志"和端坐于其前方向观众娓娓诉说的主持人。除了杂志上的内容会随不同的报道主题而更换，还有每则报道中的主持人不同外，演播室段落场景的布置，乃至镜头的运动和景别的切换顺序都是相对固定的。

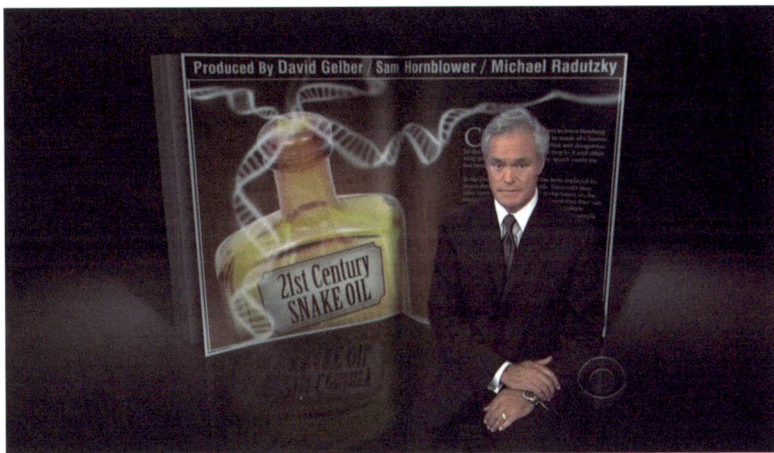

图1　演播室场景展示

　　节目整体偏暗的色调以及其模式化的演播室造型构成了节目一成不变的标志性外部特征，在某种程度上给受众造成了固有的视觉印象，久而久之使他们对节目产生习惯性的认同感。

　　节目在形象包装上极富创意，它将电视新闻杂志节目的性质定位和以时长命名的栏目名称浓缩于"杂志"和"秒表"两个形象元素中，用简洁而又独特的视觉化要素来向观众传达节目的最关键的基本信息。四十多年来，《60分钟》已经凭借其视觉要素的运用形成了一套长期统一而富有特色的形象识别系统，"杂志"和"秒表"不但是节目的标识，它们在一定层面上也构成了整个栏目的品牌形象。

节目案例详解

　　以下对第四十五季中2012年12月2日的节目进行具体分析。

　　本期节目系《60分钟》的常规节目，全集由三则专题报道组成，在此选择其中较有代表性的"医疗准入"和"环游世界20天"两则报道进行分析。

表5　2012年第四十五季12月2日节目板块分析

板块	时长	内容	形式
本集精彩荟萃	1分40秒	1.片头标识展示 2.本期三则新闻的内容概述及精彩瞬间集锦	音响、特效、解说词、采访、影像资料、同期声

板块	时长	内容	形式
主持人开场介绍	12秒	1.各主持人依次自我介绍 2.斯各特·佩利作节目开场白"这些就是今晚的《60分钟》要和您分享的故事"	音响、特效
"医疗准入"	1分01秒	1.杂志封面出现，秒表指针走动。黑场，切换至演播室。主持人史蒂夫·克劳福特端坐于演播室内，其背后是"打开的杂志" 2.参照杂志上的事件标题和折线图，主持人开始引出本节话题——卫生管理协会准入和计费方式的争议	音响、特效、主持人现场播报
	59秒	1.影像资料配合画外音介绍事件背景 2.采访曾在卫生管理协会（HMA）管理病例的南希·奥尔福德（Nancy Alford），询问医院向医生施压并强迫其降低医疗准入标准的情况 3.影像资料，配合画外音，介绍奥尔福德的身份 4.解说词转场	影像资料、解说词、采访、同期声
	3分13秒	1.采访四位前任员工，四人不约而同地提到医疗准入问题 2.引用图像资料以证明上述采访中所指出现象的普遍性	图像资料、解说词、采访、同期声
	2分41秒	1.回到采访，探讨医疗准入问题背后的商业驱动力 2.影像资料配合画外音，向观众介绍卫生管理协会以提高医务质量为名行监视医生之实的Pro-MED系统 3.回到采访：杰夫和斯科特分别谈了自己对这一系统的了解，及曾经应用的经历 4.影像资料配合画外音，揭示Pro-MED系统与"医疗准入问题"的关联 5.情景再现，具体演示Pro-MED系统的操作过程 6.回到采访，进一步谈论Pro-MED系统的不合理性	影像资料、解说词、采访、同期声、摆拍

续表

板块	时长	内容	形式
	3分27秒	1. 影像资料配合画外音，介绍一家连锁医院的前任执行总裁以及他对卫生管理协会的"医疗准入"制度的质疑 2. 采访医疗机构高管，其否认卫生管理协会中有"医疗准入"这一指标的存在 3. 影像资料，展示一份明确写有"医疗准入"指标的文件 4. 回到采访，主持人向高管展示该文件，其表示吃惊并开始辩解	影像资料、解说词、采访、同期声
	3分37秒	1. 影像资料配合画外音，介绍负责监督医疗保险欺诈行为的保罗·梅耶（Paul Meyer） 2. 采访保罗·梅耶，询问其对"医疗准入"制度的看法 3. 影像资料配合画外音，介绍保罗·梅耶的调查结果——卫生管理协会中存在着对医疗保险和医疗补助的欺诈行为 4. 回到采访：保罗进一步确认了其调查结果，认定卫生管理协会的一些行为违背了政府法规 5. 采访艾伦·莱文（Allen Levin），主持人向其询问对于保罗·梅耶的指控作何反应	影像资料、解说词、采访、同期声
	37秒	回到演播室，主持人对本节新闻进行总结，并介绍该事件的调查进展现状	特效、主持人现场播报
"环游世界20天"	1分05秒	1. 杂志封面再次出现，秒表指针走动 2. 黑场，切换至演播室。主持人鲍勃·赛蒙端坐于演播室内，其背后是"打开的杂志" 3. 参照杂志上的事件标题和图片，主持人开始引出本节话题——一种可以在夜间飞行的新型太阳能飞行器，以及其发明者20天环游世界的目标	音响、特效、主持人现场播报
	3分01秒	1. 影像资料配合画外音，介绍飞机的基本信息以及其发明者伯特兰·皮卡德（Bertrand Piccard）和他的生意伙伴，安德烈·博尔施伯格（Andre Borschberg）——一个从	影像资料、同期声、解说词、采访

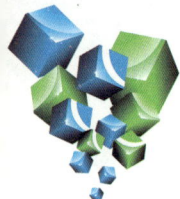

板块	时长	内容	形式
		未造过飞机的飞行员和一个擅长催眠的心理医生 2. 分别对两人进行采访 3. 影像资料配合画外音，展示两人的良好合作 4. 采访加影像资料，探讨太阳能电池的材料和功能，以及这项技术在实际应用中所能起到的作用	
	2分10秒	1. 影像资料，实录一次在阿尔卑斯山的成功夜间飞行 2. 采访安德烈·博尔施伯格，询问其那次飞行中的感受	影像资料、同期声、解说词、采访
	2分26秒	1. 影像资料及采访，了解到家庭环境对伯特兰·皮卡德如今的科学探索有着一定的影响 2. 影像资料及采访，介绍"科学探索"的一次具体实践	影像资料、同期声、解说词、采访
	2分05秒	1. 影像资料配合画外音，介绍了伯特兰和安德烈所完成的截至当时最长的一次飞行 2. 主持人坐在机舱里，向观众讲述其亲身体验的感受——"不能动，也不能站起来" 3. 影像资料配合画外音，介绍了太阳能飞行器目前所存在的一些缺陷以及飞行中的危险 4. 采访伯特兰·皮卡德，飞行中的危险并不能阻止他对梦想的执着追求	影像资料、同期声、解说词、摆拍、采访
	31秒	影像资料配合画外音，对本节的报道做一总结，并介绍伯特兰和安德烈对未来的规划——他们希望下一年能从加利福尼亚飞到弗吉尼亚，同计划在2015年飞遍世界各地	影像资料、同期声、解说词
总结	14秒	1. 杂志封面最后一次出现，秒表指针走动。画面上再次打出浮动框 2. 切回演播室，史蒂夫·克劳福特做节目最后总结："我是史蒂夫·克劳福特，让我们相约下一期"	影像资料、同期声、解说词

节目特色点评

　　《60 分钟》能够数十年如一日地在电视新闻领域屹立不倒，很大程度上要归功于其成功的主题选择。节目在题材的选择上力求另辟蹊径、深入挖掘，以创造"属于自己"的新闻，而不会盲目跟风，争抢热点的报道，这为其选题的品质提供了极大的保证。节目对待选题的态度也十分慎重，整个节目组中，从制片人到记者再到编导，在选题策划时都要考虑题目是否具有独家性、资料的来源通道是否畅通、收到的信息是否准确、方案的执行是否可行，等等。此外，节目定位于兼具娱乐性与严肃性，这决定了它在主题的处理上会采取将"硬新闻"进行"软包装"的独特的创作手段。四十多年来，即使每期节目的选题都千差万别，但《60 分钟》"新闻娱乐化"的宗旨却是始终不变的。

节目形式

　　《60 分钟》节目环节设置的特点可概括为"稳中有变"四个字。所谓"稳"，即采用杂志型电视新闻编辑方法，其常规节目的结构是相对固定的。一般来说常规的节目内容会包括开头的节目简介，中间三段从严肃到轻松的相互独立的报道以及最后结尾处的主持人总结，而在每个段落之间以主持人的演播室播报和节目标志性的"杂志"和"秒表"进行衔接转场。第一，每期的报道都从开始对凝重的政治或战争问题探讨过渡到最后包含人情味、相对轻松有趣的故事，使得节目在整体上形成了一个张弛有度的构成范式，在满足观众不同的观看需要的同时也能逐渐培养其收视习惯，提高节目的受众忠诚度。第二，每期固定出现的杂志封面和"嘀嗒"走动的秒表不但能将各部分内容巧妙地组合起来，加强节目的整体性，还能在潜移默化中提高观众对节目的辨识度，使之一看到"秒表"或者"杂志"的标识，就知道是《60 分钟》又开播了。

　　"变"则是指《60 分钟》在常规的三段式节目以外，还会不定期地推出"特别版"，为观众带来视觉上的新鲜感。这些特辑节目在选题的内容及每期的报道数量上都没有固定的限制。譬如在创始人休伊特去世之际，《60 分钟》打破每期制作三个故事的惯例推出的一期特别节目《纪念唐·休伊特》；再如《60 分钟》第四十五季的首期节目就是美国总统大选的特辑，整集报道全都围绕该次大选展开；还有 2012 年的《音乐之夜》特别节目，分别介绍了阿黛尔、泰勒·斯威夫特和罗德里格斯三位风格迥异的歌手，整期节

目始终沉浸在音乐的梦幻世界之中。可以说，正是这些与众不同的特辑节目成为了节目活力的源泉，体现出了该节目不同于其他新闻节目的个性所在。

节目制作

作为哥伦比亚广播公司的王牌节目之一，《60分钟》拥有着一支强大的制作团队。因而即使电视新闻节目的类型决定了其在图像的美观方面并无过多的追求，该节目仍旧在画面上有相对高质量的水平，并且在摄影方面有着许多的独到之处。

第一，节目在镜头景别的运用上形成了一定的范式。节目中一对一的访谈过程常常使用过肩镜头以交代主持人与被采访者间的关系。当采访中轮到主题人物开口，镜头一般会在同期声出现的同时给予其正面特写，以保证信息的有效传递，并且使得观众产生身临其境之感，仿佛正在与人物进行面对面的交流。节目在拍摄主题人物的特写时还常会大胆使用砍掉被采访对象额头以上部分的独特构图，现如今这种构图方式成为了它的标志之一，以至于观众只要一看到类似的构图，不用看节目名就知道是《60分钟》。

第二，节目注重拍摄和运用主人公的生活化镜头。现如今，许多新闻节目中普遍存在着的一个通病就是将被采访对象定型化，譬如采访教师就要必定表现其在讲台上诲人不倦的画面，采访科学家就一定要将场景设置在其进行研究的实验室中等。这样的手法容易使节目的主人公脱离现实生活，也即所谓的"不接地气"，会在一定程度上造成其与观众之间的疏离感，不利于信息的有效传播。为了避免这一问题，《60分钟》在节目制作过程中大量拍摄主体人物的生活化镜头，在体现了采访对象的个性化的同时也于无形中拉近了他与观众间的距离，使得观众有意愿去接受和感知他的"故事"。

第三，节目中引用静态资料时注意以运动镜头营造画面的流动感。节目中常会引用文史图片、数据报告等静态资料作为佐证，从而强化调查的真实性。考虑到电视媒体的特殊属性，为避免将这类资料直接置于屏幕上而造成过于呆板的效果，摄影师在拍摄时常采用运动摄影的手法，变静为动，把静物拍活，把冰冷的文字、纸张转变为"活的工具"，以取得更好的传播效果。通常来说，镜头会按照人的视觉规律和思维习惯，从静态资料的左侧水平摇摄到右侧，或从上方垂直摇摄到下方。此外，有时还会先对其中某个重要的局部进行特写，再用拉镜头逐渐回到资料的整体。

除画面外，《60分钟》还强调"用耳朵写作"，声音对节目的重要性在很多时候甚至是超过了画面内容。而在运用声音元素的过程中，整体的结构安排和叙事节奏的形成

是节目最为看重的。节目擅长运用同期声和音乐来结构全篇，注重画面与声音的默契配合，以突出事件的高潮与低谷，构成节目整体错落有致的韵律和节奏。

节目的后期剪辑看重通过声、画面的配合来完成叙事。譬如在采访时运用特写镜头抓住观众的注意力，更好地进行信息的传达。而在表现段落主题或是展开事实的讲述时，镜头和段落之间都会进行严格的蒙太奇结构，以保证论据的确凿、论证的严密和论点的有力。"醒目的开头"和"完美的落幕"是节目剪辑中的两项重点。《60 分钟》力求用一个惊艳的开头来吸引观众的眼球，催生其继续收看的欲望。而末尾部分，为了形成一个圆满的落幕效果，在后期编辑中有时甚至会特地做一个结尾来配合解说词。

《60 分钟》的网站设计延续了节目一贯的视觉风格，经典的黑白红色调以及"杂志""秒表"这些节目的标识性元素均在网站中有所体现。在其板块设计方面，网站也可说是电视节目内容的延伸和补充。官方网站不但提供往期节目的在线播放及下期节目的内容预告，还开辟了一个名为 60 Minutes Overtime 的网络节目板块，专用于播出当期节目的制作花絮或相关后续报道。此外，网站提供《60 分钟》的 DVD 订购，同时还包含社交网站 Facebook、RSS 的相关链接以及 Google chrome 应用程序的下载功能，有利于在观众与节目之间建立良好的互动关系。

商业模式

一般来说，电视新闻类节目在商业上的竞争力相较于娱乐节目会弱许多，然而这一困扰在《60 分钟》的身上却并不存在。在其创始人唐·休伊特新闻娱乐化理念的指导下，多年来该节目一直是新闻追求与商业利益兼顾融合的典范。

首先，就节目本身的内容而言，《60 分钟》向来注重"注意力经济"的开发。一方面，节目选择性地对美国时下最为引人注目的热点事件展开报道，以话题的时效性和报道的深度性吸引观众的注意；另一方面，对各界名人的专访也是节目抓取观众注意力的一大法宝。在第四十五季中，政治名人如奥巴马、罗姆尼（2012 年 9 月 27 日），娱乐明星如泰勒·斯威夫特（2012 年 12 月 23 日）、詹姆斯·邦德（2012 年 10 月 14 日）、斯皮尔伯格（2012 年 10 月 21 日）、阿黛尔（2012 年 12 月 23 日），体育明星如梅西（2013 年 1 月 6 日）等，都出现在了镜头前，成为带动节目收视率的关键力量。内容的开发在提高节目收视份额的同时，也为节目招揽来了更多的广告商投资，在经济上为其创造更大的收益。

另外，节目创造商业利益的手段还主要集中在其衍生产品的开发领域。概括起来可

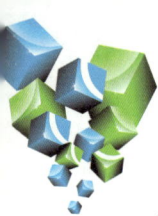

包括以下几种方式：

1. 节目相关 DVD、VCD 的发售：《60 分钟》会将每期节目刻成光盘，置于音像店等地供观众选购。

2. 明星主持人出书：《60 分钟》的主持人们本身就是久负盛名的新闻界泰斗，他们将自己的采访经历以自传的形式出版发行，在营利的同时，还变相地为节目进行了一次造势宣传。

3. 官方网站的收入：节目内容通过官网同步播出能为《60 分钟》带来可观的广告收入。而网站上关于节目制作的一些幕后花絮、相关信息也能作为商品出售给需要这类资料的图书馆、研究机构和高校等。此外，如右图所示，《60 分钟》的官方网站上也提供其 DVD 的销售。

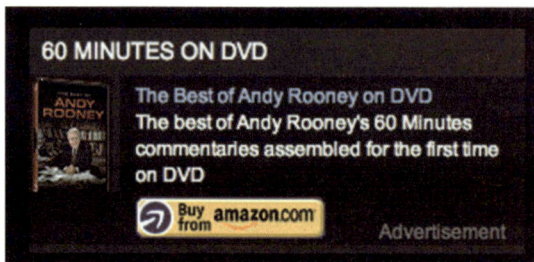

图 2　官方网站 DVD 销售广告

同类对比

新闻杂志节目《60 分钟》的大获成功引来了业界一众的模仿者，在全球各地，几乎每个电视台都在开发自身的"60 分钟"。美国广播公司（ABC）的《20/20》是其中影响较大的一档节目。

孙玉胜在《十年》一书中曾提到，中央电视台一套在 90 年代初期第一次尝试推出的深度报道节目的构想来源于《60 分钟》节目。由此可见，《60 分钟》与中国电视的渊源实属颇深。

央视的《新闻调查》在节目形态和表现形式等方面很大程度上借鉴了哥伦比亚广播公司的《60 分钟》。该节目在创办伊始便宣称要力图成为"中国的《60 分钟》"栏目。

表6 国外同类节目对比

节目名称	60 分钟	20/20
频道	哥伦比亚广播公司	美国广播公司
开播时间	1968 年 9 月 24 日	1978 年 6 月
节目标识	"杂志""秒表"	"两只眼睛"
主持人	无主持人，由麦克·华莱士、哈里·里森纳、莫利·塞弗等一众明星记者兼任主持。	早期由"美国新闻界第一夫人"芭芭拉·沃尔特斯和休·唐斯搭档主持，美籍华人宗毓华也曾主持过这档节目。
选题倾向	严肃性题材报道大约占整个节目时长的三分之二左右，以新闻报道的严谨与深度著称。	擅长挖掘新闻题材中的情感因素，题材内容以及报道方式更通俗、时尚。
创作理念	"讲故事"，"为耳朵写作"	更突出画面的视觉效果
环节设置	采用杂志型电视新闻编排方法，每期节目主题为 3—4 个。	一般由小专题报道组成，每段专题节目结束后都会有记者被请到演播室同两位主持人一起探讨关于事件的最新进展。

表7 中国同类节目对比

节目名称	60 分钟	新闻调查	"看见"周末版
频道	哥伦比亚广播公司（美）	中央电视台（中）	中央电视台（中）
开播时间	1968 年 9 月 24 日	1996 年 5 月 17 日	2011 年 8 月 7 日
节目时长	60 分钟	45 分钟	45 分钟
节目形态	调查性纪录片	调查性纪录片	新闻专题节目
内容选取	将揭露事实的真相作为要点，注重选择公共机构和政府官员、经济机构、犯罪集团这些领域的黑幕或内幕等负面性的报道。	注重对事实真相的探寻，包括对复杂问题的探究，同时注重负面性揭露与揭示事物复杂状态的中性甚至正面的调查性报道。	不按照纯新闻专题的选题标准，选题渠道也没有限制。主要关注时事热点人物，注重时效性和在深度上的挖掘。
环节设置	采用杂志型电视新闻编排方法。每期节目主题为 3—4 个。	一期节目只有一个故事。首先，演播室中主持人简短交代事件背景但不做评论；继而播出出镜记者的现场调查，通过设置悬念来吸引观众；结尾时主持人对事态的最新进展或媒体立场等做出总结，但不下结论。	一期节目只有一个故事，侧重访谈和点评。一般分成两个部分——专访和故事，视题材决定呈现方式，视内容决定两个板块的各自时长。

Panorama

《全景》
——全景一甲子

● 节目概况速览

　　《全景》是世界上连续播出时间最长的时事电视节目，也是世界上历时最长的调查类电视新闻节目，同时还是杂志类电视新闻节目的开山之作。《全景》诞生之初的片花中使用了地球的标志，寓意同节目名称一样，即以专业的眼光看待世界发生的新闻事件，获得对世界全景的认识。至今，虽然经历多次调整，但《全景》的节目理念从未发生变化。

基本信息 》》

· 原　　名：Panorama
· 译　　名：全景
· 标　　识：

图 1

· 播出国家：英国

· 播出频道：英国广播公司 1（BBC1）
· 首播时间：1953 年 11 月 11 日
· 播出时间：周一 20:30
· 节目时长：30 分钟
· 节目类型：调查类新闻报道节目（20 世纪 90 年代开始）
· 播出形式：录播
· 制作公司：英国广播公司
· 官方网站：http://news.bbc.co.uk/1/programmes/Panorama/default.stm

历史演变

《全景》节目名称来源于该节目的第一任编辑丹尼斯·巴登斯（Denis Badens），他站在自己位于亚历山德拉官第五层的办公室欣赏外面的全景时得到的灵感。

节目初期，《每日邮报》记者帕特·墨菲（Pat Murphy）是最早的主持人，当时这档节目被安排在 20 点 15 分播出，定位偏向于艺术，预定每两周播出一次，内容主要涉及艺术、名人和新闻。结果节目在首次亮相时就遭遇失败，差点成了它的最后一期。英国广播公司当时的电视节目总监当即取消了该节目。一个月后，改版的节目在新主持人马科斯·罗伯特逊（Max Robertson）的带领下，重返电视荧屏。

1955 年，《全景》由两周播出一次，调整为每周播出一次。理查·丁布尔比（Richard Dimbleby）成为该节目的主持人。在其掌控下，《全景》的基调更趋严肃，关注挖掘事件的意义，并添加了至今依然可见的著名标语"世界的窗口"，以及环球标志。他确立了代表公众利益、对重要政治和社会事务进行强有力调查的风格，也为《全景》赢得了声誉。

1956 年布达佩斯事变时，《全景》违抗政府命令，派出摄影队赴匈牙利进行深入报道，它在这次事变中表现出来的新闻专业主义精神和报道水平，为其在新闻报道节目中树立了权威地位。

1961 年，菲利普亲王同意接受主持人丁布尔比的采访，这是王室成员首次在电视上公开亮相。丁布尔比彬彬有礼，但巧妙地从来自王室的嘉宾那里，套出了观众最想知道的事实，为《全景》赢得了前所未有的声誉。

20 世纪 50 年代末和 60 年代初，即丁布尔比担任主持人期间，《全景》迎来了它的"黄金时代"，英国的政客们都非常重视这一节目，因为他们的民意支持率高低，很可能就取决于他们在《全景》节目中的表现。

1995 年，《全景》采访了王妃戴安娜，2280 万人收看了这期节目。节目的采访、摄制、编辑过程中的保密工作做到了极致。

20 世纪 90 年代之前定位为杂志型电视新闻栏目，90 年代之后致力于调查性新闻报道节目。淡化杂志节目板块的组织方式，每期 30 分钟只集中报道一个事件。

获奖情况

表1 《全景》部分获奖情况

时间	奖项	获奖新闻
1995年	英国皇家电视学会奖	《奇迹婴儿的成长》
2004年	英国皇家电视学会奖"国际时事奖"	《火线狙击》
	英国电影电视艺术学院"最佳时事奖"	《公平的警察？》
	班夫国际电视节"时事电影奖"提名	《新杀戮场》及其记者、摄影师
	英国皇家电视学会奖	
2005年	英国皇家电视学会"国内时事奖"	《与死亡搏斗》
	皇家电视学会奖	《暴露：保释所的丑闻》
2008年	英国电影电视艺术学院奖（苏格兰）	《英国黑帮》

节目模式分析

板块设置

　　每期节目选取一个主题，讲述一个故事。如同纪录片一样按采访过程展开，逻辑明晰、结构紧凑。节目可划分为三个部分，开始时以及过渡部分是用环球标志完成的，寓意节目以容纳世界的"全景"眼光与视角来看待本期事件，与节目整体定位相一致。

表2 《全景》板块设置

板块	主要内容
第一部分简介本期主题	简要介绍本期节目主题、概述背景
第二部分节目主体部分	展开详述本期主题以及调查采访过程
第三部分总结与思考	交代事情以及人物后来状况，并做简要总结

人物角色

表3 《全景》历届主持人

	马科斯·罗伯特逊 在该节目的工作时间为 1953—1954 年。
	理查·丁布尔比 在该节目的工作时间为 1955—1965 年。 是 BBC 可以考证的第一位 "电视名人"，他的声音被称为 "英格兰之声"，是世界上最早的 "出镜电视记者"。 他担任《全景》首席评论员和总主持人期间，该节目格调渐趋严肃，选题转向重大新闻，站在公众立场上调查重大政治和社会问题。他被认为塑造了《全景》，他任主持人期间，《全景》成为 BBC 的旗舰节目，被称为 "丁布尔比王朝"。
	罗宾·戴(Robin Day) 在该节目的工作时间为 1966—2000 年。 罗宾·戴使得《全景》在政治采访方面树立起了自己的地位。
	大卫·丁布尔比(David Dimbleby) 1974 年加入该节目。 英国电视评论员、主持人和记者，资深政治新闻评论员。
	罗伯特·凯(Robert Kee) 1982 年加入该节目。
	杰里米·文(Jeremy Vine) 2007 年加入该节目。 英国记者、广播、电视时事节目主持人，被称为 "BBC 的金童"。

节目案例详解

剧集介绍

以《全景》中名为 *Trouble on the Estate* 的一期节目为例，记者去英国最贫困的地区进行调查采访，并亲身体验生活了几个月。在这几个月中，他发现了这里存在的一系列问题——吸毒、贩毒，青少年犯罪，家庭破裂，失业等。记者将带观众切身体验这些问题和困境。

板块分析

表 4　节目板块分析

板块	时长	内容	形式
本期主题简介	6 分 25 秒	1. 本期节目主题引入、片段介绍 2. 介绍英国最贫困的地区之一 Shads worth 和这里艰难生活着的人们——失业单亲妈妈欧文·佩琪（Olwen Page）和她的孩子们；经济拮据的兰开斯特（Lancaster）一家；无奈无力改善孩子们的成长环境的苏（Sue）和爱德华（Edward）夫妇等 3. 即将展开对该地区一系列社会问题的深入调查和采访 4. 节目记者假扮毒品购买者，向当地贩毒团伙购买毒品，警察破门而入，搜缴当地毒贩毒品	现场同期声、旁白、监控录像、音响、音乐、采访、字幕
	2 分 08 秒	5. 记者采访过程片段，以日常生活片段和记者的采访来展示小区令人堪忧的现状	现场同期声、音乐、旁白、采访音响
节目主体部分	2 分 50 秒	拍摄、采访第一个家庭欧文·佩琪，她是四个孩子的单亲妈妈、失业 8 年的家庭主妇，每月只能领到 1100 镑失业救济金来养活家庭	现场同期声、旁白、钢琴伴奏音乐
	2 分 09 秒	拍摄、采访第二个家庭兰开斯特，拍摄夫妇俩正在超市购物的情景，两个人买东西精打细算，结账时也要讨论半天，极具代表性地体现出家庭经济的拮据状况。其中维姬（Vicky）曾是超市	现场画面、旁白、音乐

续表

板块	时长	内容	形式
		服务员，在 2009 年经济危机中失业后做家庭主妇、兼职清洁工，两人有一子一女	
	2 分 07 秒	拍摄、采访第三个家庭爱德华和苏，他们的孩子年龄都在 10—15 岁。他们认为越早离开该地区对孩子们越好，但只是目前没有能力做到这样。他们的长子乔丹（Jordan）已经为自己的未来而担心迫不及待想要逃离这个环境	现场同期声、旁白、音乐
	45 秒	1. 介绍第二个家庭兰开斯特的担忧 2. 展现他们的家庭日常生活片段	现场同期声、旁白、音乐采访
	1 分	拍摄采访第四个家庭，孤独老人史蒂文·迈卡蒂（Steven McCarty）。他的子女都在 40 岁左右，成家之后各自生活，很少来看他、照顾他	现场同期声、采访、音乐、旁白
	36 秒	拍摄、采访第五个家庭珍妮·泰勒（Janet Taylor）。她很不幸，由于房子地理位置的缘故，最易成为破坏者的攻击目标——院子、房屋经常被扔砖头、石块	采访、现场同期声、音乐、旁白
	1 分 21 秒	转入对该地区一系列社会问题来源的调查——追踪采访当地一个犯罪团伙头目	监控录像、旁白
	47 秒	采访该地区最频繁遭受犯罪团伙攻击的一家当地超市的老板塔西姆·辛（Tarsem Singh）	采访、现场同期声、音乐、旁白
	1 分 15 秒	1. 继续采访犯罪团伙头目以及他一系列破坏行为引发的问题 2. 采访该团伙另一成员杰克·沃尔什（Jake Walsh），了解他们的内心感受和真实想法	采访、现场同期声、音乐、旁白
	15 秒	年轻的犯罪团伙行动的监控录像	监控录像、旁白诡异的音乐
	1 分 42 秒	进一步了解第一个家庭单亲妈妈欧文·佩琪和她涉足反社会破坏行为的女儿	现场同期声、音乐、旁白、采访
	4 分 14 秒	1. 进一步了解第三个家庭苏为长子离家而生气，乔丹搬出该地区，住在她女朋友附近 2. 采访经常打人的乔丹的弟弟	现场同期声、音乐、旁白、采访
	53 秒	进一步了解欧文·佩琪，获知她对于子女受教育问题的真实看法	现场同期声、音乐、旁白、采访

板块	时长	内容	形式
	1分41秒	1.承接上一个采访，转而调查当地的学校芬赫斯特（Fernhurst School） 2.采访校长乔治·辛克莱（George Sinclair），了解课堂教学	现场同期声、音乐、旁白、采访
	8分33秒	1.调查了解当地毒品交易与警察缉毒的情况 2.分别采访警察、家长、学生，了解不同群体在这件事情上的不同观点 3.记者扮作购买毒品者，与贩毒分子交涉 4.采访吸毒青年 5.采访艾丽莎（Alisha）	现场同期声、音乐、旁白、采访、秘密录像
	1分50秒	采访、拍摄失业八年的欧文·佩琪，在同样也是单亲妈妈的长女蕾安娜（Riana）的陪同下，去就业中心找工作	现场同期声、音乐、旁白、采访
	1分09秒	继续采访无业青年们，了解他们的想法	现场同期声、音乐、旁白、采访
	1分51秒	采访失业后做清洁工的兰开斯特和他的家庭	现场同期声、音乐、旁白、采访
	1分	采访说是因为工资太低所以就干脆不工作的失业青年	现场同期声、音乐、旁白、采访
	40秒	采访从就业中心回来的欧文·佩琪，她说就业中心安排给她的工作时间太满，由于自己要同时照顾家人所以只能放弃这个工作机会	现场同期声、音乐、旁白、采访
	2分24秒	采访兰开斯特一家。维姬因为学历低，所以找不到高薪工作。一家人举债度日	现场同期声、音乐、旁白、采访
	6分14秒	1.欧文·佩琪一家依靠政府救济生活，但是政府救济越来越紧张 2.奥希（Oshi）最伤心的事情是爸爸抛弃了他，永远不会来见他	现场同期声、音乐、旁白、采访
	1分50秒	乔丹回家来取更多的衣服，然后没和母亲说几句话就又离去，母亲伤心落泪	现场同期声、音乐、旁白、采访
	1分35秒	采访乔丹和同学们一起跟随老师进行野外学习	现场同期声、音乐、旁白、采访
	42秒	再次采访和叙述"无处逃离"的欧文的生活	现场同期声、音乐、

续表

板块	时长	内容	形式
		故事	旁白、采访
	1分20秒	继续采访莫里森（Morrison）一家	现场同期声、音乐、旁白、采访
总结与思考	34秒	总结：这里的人们所面对生活的种种困境	旁白、录像、音乐
	50秒	1.交代人物后续情况 2.乔丹上大学了并搬回家住 3.杰西再次被拘留 4.奥希终于两年来第一次见到了父亲	音乐、照片

节目特色点评

节目形式

从选题上来看，《全景》话题结构完整，通过下表可以看出，其广泛关注调查民众最关心的问题——青少年犯罪、外来移民、恐怖主义等，但针对同一题材的每次报道都会以不同视角切入，深入解析，反映最新情况。

节目在话题选择上以受众需求为主导，话题重心始终放在民众最关心的社会话题上，例如普通公众关心的征税问题、英国年轻人的失业问题、网络安全问题、医疗卫生问题等。节目并非为吸引眼球而哗众取宠，每个选题背后都能折射出大的社会背景。例如《全景》记者假扮毒品购买者，深入了解犯罪团伙。从表中2007年的话题比例和2012年的话题比例对比还可以发现，社会话题的比例不断上升，话题结构不断随着受众需求而及时调整。硬新闻的选择造就了《全景》的影响力，一方面通过报道给相关机构造成舆论压力，迫使他们尽快采取改进措施；另一方面也对社会舆论形成了正确引导。

表5 《全景》话题结构[1]

	社会话题	犯罪反恐	医疗健康	国内外政治	军事话题	专题/其他
2007年百分比	30%	30%	10%	10%	10%	10%
2012年百分比	45%	13%	18%	9%	7%	7%

---

[1] 阚乃庆、谢来：《最新欧美电视节目模式》，北京：中国广播电视出版社，2008年，第42页。

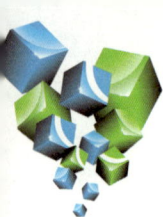

价值导向

从价值导向上看，《全景》始终坚持新闻专业主义精神。作为公共电视的典范英国广播公司的王牌新闻节目，《全景》始终坚持制作严肃、有权威有影响、经得起检验的节目，监督公共权力使用，追求超出普通新闻的深度。

首先，节目旨在解决问题而非制造矛盾。给予被调查对象以表达的机会，让他们可以为自己的行为辩护、在公众面前改正错误，并重新树立正面形象；引入司法力量，如警察、律师等，为节目的各个细节把关，表现节目的严谨、公正，避免不必要的官司；尊重受害者和观众的感受，并保护好"线人"。不在节目中过分渲染残酷、血腥画面，不可以制造恐怖、紧张气氛，在节目中绝不透露任何可以使被调查对象能够找到"线人"的蛛丝马迹。其次，公平对待新闻中涉及的人物，力图保持中立的立场，让与事件相关各方都有均等说话的机会，不在报道中偏重一方。再次，在选题、采访、报道完成、后期剪辑各个方面都坚持独立性，免受干扰，以保持调查性新闻的公信力。此外，展示完整的真实。新闻的真实不仅是事件的真实，更是一种整体、动态的真实。《全景》展示记者调查事件的完整过程，从记者通过观察发现线索，到一步一步深入探究印证线索，再到发现新的事实。调查的过程一方面是个论证的过程，既要有论据的展示，又要有论证过程的展示，两者具备才算完整；另一方面，它又不同于普通的证明过程，它事先没有结论，记者带领观众一路探访下去，一路寻找事情的真相到底是什么。也许事实并不是媒体最初认为的那样。但是无论怎样，调查性电视新闻节目之目的，就是把观众带到这个过程中来，结果反倒退而居其次了。[①]通过展示调查过程，拓展了真实的概念。

节目制作

《全景》的语言风格无刻意包装，保持真实性和客观性。一方面与纪录片式的叙事风格保持一致，另一方面也秉承了英国广播公司中立、冷静、客观的媒介形象。采访记者的语言深刻犀利，且提问的问题都能直指问题本质和当事人内心。例如，在"Princess

---

① 刘昶、甘露、黄慰汕：《欧洲优秀电视节目模式解析》，北京：中国广播电视出版社，2010 年第 204 页。

Diana: Panorama Interview 1995" 这一集里，记者采访戴安娜王妃，提出的问题都非常有技巧性，一方面代表广大英国国民甚至世界人民对英国王室内部问题发出犀利询问，满足公众的知情权和好奇心，另一方面又要顾及到被采访者戴安娜王妃本身的艰难处境，谨慎地抛出问题。再如，在 "Trouble on the Estate" 这一集，记者问当地一个破坏团伙的成员 "你为什么做这些事情？" 得到的回答是 "因为无聊"，记者接着问 "为什么无聊就去做这种事？我有时也会无聊，但我不会去做这种事情"。而答复则是 "因为你是大人，你有你的工作，你不是年轻人。你不知道年轻人怎么想、怎么感受"。通过两者激烈的语言交锋，我们可以感受到青少年破坏者的思想和心路历程，有助于我们更深入地了解社会问题的根源。

从叙事上看，虽然是纪录片，《全景》也很注重内容的故事感，在保持严肃、纪实风格的同时，通过剪辑节奏使节目情节化，富于悬念和变化，呈现出有血有肉的新闻事件。

较少无意义的空镜头或意义模糊的万能镜头，每个镜头都包含重要信息，转场镜头也会通过画面语言传递信息给观众。例如 "Trouble on the Estate" 这一集中，16 分 17 秒的一个仰拍镜头，画面左半部分有当地威吓团伙的一个成员拿着管制刀具在威胁一个 10 岁左右的儿童，右半部分另一个拿着 "武器" 的团伙成员和其他儿童或走过或围观，被威胁的儿童发出惨烈的叫声，没有任何人过来干涉，仰拍镜头使观众更加切身体会到镜头与被威胁小男孩儿的距离，伴随着尖叫声，切入下一个移动镜头——一辆警车在景深处从左到右驶过，但是却没有停下来制止这一切的发生。通过摄影角度的选择和蒙太奇的组接，蕴含了丰富的意义。

不同机位、不同景别的镜头结合，灵活多变、为叙事的有效性服务。例如，在拍摄离家出走的乔丹回家取衣服的过程时，很少正面拍乔丹，大部分镜头是侧面以及背影。这种拍摄角度是出于叙事需要，因为这些侧面和背影的镜头刚好和乔丹母亲伤心、无助、落泪的镜头相互配合，说明了母子间的距离已经拉得很远了，由此反映出该地区社会问题给普通家庭造成的负面影响。

通过快节奏、清晰流畅的剪辑，合理安排结构，加快叙事节奏，制造冲突，设置悬念，体现逻辑推理的过程。例如案例中的前一个画面是饱受犯罪团伙攻击的超市老板在辛勤工作，声音继续的同时画面却切入下一个拍摄团伙成员的镜头，紧接着声音也切换过来。两人就此一件事表达着不同的感受，对比强烈，给观众的视觉和思想以强烈冲击。

音乐细致而有效地传达信息。除了同期声和旁白，音乐的使用也颇为讲究，微妙地

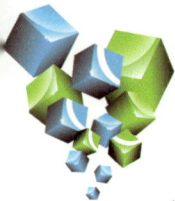

渲染情绪和气氛。例如"Trouble on the Estate"这一集中，8分7秒旁白声音叙述小区孩子们的健康成长受到这个小区不良风气的负面影响，最后一句话为"并非每一件事都落得如此简单"，此时画面恰好切入在小区游泳池的孩子们正一个接一个欢快地起跳、落入泳池。"孩子轻易地落入泳池"与"问题降临到孩子身上"形成对比，此时背景的小提琴配乐烘托出微妙紧张的气氛，使每个观众都能感受到一种为孩子们健康快乐成长的担心与焦虑。

商业模式

《全景》是英国广播公司的王牌新闻节目，而英国广播公司作为公共媒体，资金主要来自英国国民缴纳的电视牌照费，属于体现英国主流文化及维护大众利益的公益节目，拒绝广告赞助和商业性。在提高公众关注度和收视率方面，《全景》立足于提高节目本身的品质和信誉。首先，精心做好每一期节目，发挥节目本身的吸引力——戏剧性的故事情节、发人深省的犀利评论等，来赢得观众的欣赏。其次，打造信誉和影响力高的王牌明星主持人、记者、评论员等。为特别新闻制作加长版节目。例如2012年由伦敦奥运会引发的话题"Truth About Sport Products"，"Trouble on the Estate"时长均为1小时，都属于加长版特别节目。此外，《全景》还通过公开幕后故事的方式，满足受众对节目制作的好奇心，使其对节目的了解更加深入，从而提高节目的受众黏附度。

图2 德国同名电视杂志节目《全景》官方网站

随着媒介环境的不断变化，包括英国广播公司在内的公共媒体的生存空间不断受到商业媒体挤压。面对这样的挑战，《全景》通过打造衍生产品，制造范围经济，延伸产业链的方式，增加收入，从而平衡庞大的节目制作成本与公共资金之间的关系。概括起来，主要有以下方式：出品发行时效性强的节目音像制品，尤其是一些具有历史价值和意义的重大事件的调查报道、编辑手记等出版物。《全景》的记者、编辑、评论员在长期的电视实践中，逐渐积累出明星效应，其中大部分是英国久负盛名的无冕之王。利用其影响力，通过出版编辑手记，揭开幕后制作的神秘面纱，一方面将影响力延伸成了产业链，另一方面扩展了节目本身的关注度；注重版权保护，不断对节目模式做出改进和售卖。如：《全景》售卖到德国后，变成了德国同名电视杂志节目《全景》，内容较英国广播公司的《全景》更偏向政治性。

同类对比

英国广播公司的《全景》很容易让人联想到美国哥伦比亚广播公司（CBS）的王牌新闻节目《60 分钟》（*60 minutes*）。

表 6 《全景》与《60 分钟》对比

节目名称	全景	60 分钟
国家	英国	美国
频道	英国广播公司	哥伦比亚广播公司
开播时间	1953 年 11 月 11 日	1968 年 9 月 24 日
节目标识	环球	"秒表" "杂志"
模式	纪录片式新闻调查节目	杂志型电视新闻
板块划分	注重展现调查采访过程，无板块划分 一期一个故事	注重板块划分 一期 3—4 个故事
主持人	以前有固定的主持人，包括马科斯·罗伯特逊、理查·丁布尔比、罗宾·戴、大卫·丁布尔比等，今年来，逐渐无固定主持人，以记者的采访调查为中心	由迈克·华莱士、丹·拉瑟毛利·赛弗等一众明星记者兼任主持
创作理念	视听并重，注意画面的意义	"讲故事"，"为耳朵写作"

《全景》与《60 分钟》两者都是历史悠久的王牌节目，均有着超过半个世纪的历史，《全景》的创办早于《60 分钟》。两者的话题都十分广泛，以硬新闻为主，包括世界各

地重大政治、军事问题，也包括民众关注的一系列社会问题。20 世纪 90 年代，《全景》的定位从杂志型电视新闻栏目转变为纪录片式的调查性新闻报道节目，《全景》淡化杂志节目板块的组织方式，每期 30 分钟只集中报道一个事件。这使得节目更接近于一个内容丰富而形式松散灵活的纪录片。《60 分钟》则仍然坚持着杂志型电视新闻节目的定位，有着杂志类电视新闻节目的鲜明特色，如节目的三个板块清晰明确，观众一目了然；有着固定的主持人团队，固定的演播室播出形式；钟表的标志在每一板块结束时出现，增强节目的节奏性。

Anderson Cooper 360°

《安德森·库珀 360°》
——来自边缘的信使

● 节目概况速览

　　《安德森·库珀 360°》是一档于美国有线电视新闻网（CNN）及其相关平台播出的电视新闻资讯节目，由记者安德森·库珀主持，在位于纽约的时代华纳中心大楼的演播室里进行现场直播。节目以主播安德森·库珀强烈的个人魅力，尖锐而有人文关怀的新

基本信息 〉〉

· 原　　名：Anderson Cooper 360°（简写为 AC-360 或 360）

· 译　　名：安德森·库珀 360°/ CNN 焦点访谈之安德森·库珀 360 度观点

· 标　　识：节目的标识以库珀的姓名（或首字母缩写 AC），与"360°"字样组合而成，通常以红底白字或黑底白字出现。

AC|360°

图 1 节目的标识

· 播出国家：美国

· 播出频道：美国有线电视新闻网及其高清频道和国际频道

· 首播时间：2003 年 9 月 8 日

· 播出时间：美国东部时间每晚 8:00—9:00

· 节目时长：60 分钟

· 节目类型：新闻资讯 / 谈话节目

· 播出形式：现场直播

· 制作公司：特纳广播系统股份有限公司（Turner Broadcasting System, Inc.），隶属于时代华纳（Time Warner）

· 官方网站：http://www.ac360.com/

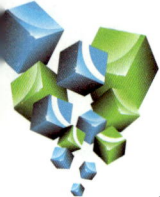

闻风格和创新的编排模式而著称。

历史演变

《安德森·库珀360°》于2003年9月8日在美国有线电视新闻网及其国际频道首播。卡特里娜飓风之后，美国有线电视新闻网的高管们注意到安德森·库珀为《新闻之夜》（*News Night*）所作的现场报道带来的收视率，决定取消2005年11月7日的《新闻之夜》，将当日的《安德森·库珀360°》节目时长延伸到2个小时。2007年9月26日，该节目的高清版本开始在美国有线电视新闻网高清频道播出。

2003年9月8日开播之时《安德森·库珀360°》的播出时间为美国东部时间每晚7:00—8:00。2011年8月，《安德森·库珀360°》的播出时间移至美国东部时间晚8:00—9:00，同时在美国东部时间晚10:00—11:00进行重播。

收视反响

主播安德森·库珀塑造了一个正义而富有悲悯的形象，他年轻而富有朝气的主持风格，对年轻观众极有吸引力。有网友在美国有线电视新闻网为安德森·库珀开设的博客上留言："我很高兴美国有线电视新闻网把年轻观众当回事。安德森·库珀是被造出来的，但他也值得像明星一样被推销：新闻播报风格既非死板的老派，也不像脱口秀节目那样胡说八道，更关键的是，他眼睛狭长，嘴唇性感，孩子气的脸上还嵌了道悲天悯人的眉宇[1]。"《安德森·库珀360°》2003年开播以后，美国有线电视新闻网新闻节目的收视人群从25岁至54岁变成了18岁至54岁，冲着安德森·库珀去的有10%是18岁至34岁的年轻观众，观看同时段节目的人比2002年多了51%。

与此同时，《安德森·库珀360°》包括了司法、政治、健康和流行文化的内容，其具有深度的新闻分析和述评也为其迅速赢得了全部年龄层观众的喜爱。2008年美国总统大选期间，美国有线电视新闻网在其他电视台都取消常规节目的情况下，仍旧保留了《安德森·库珀360°》。据尼尔森该年的数据显示，《安德森·库珀360°》共吸引了152万人观看，比2007年增长63%。晚7点后的一小时内，25—54岁年龄层收看者的人数达到平均47万4千人。

---

[1] 困困：《凹造型记者》，引自《上流女孩当如是》，安徽教育出版社，2008年。

获奖情况

2005 年的《毁灭浪潮》获得大西洋记者俱乐部年度头条奖；

2006 年获得同性恋者和女同性恋反诽谤联盟（GLAAD）的媒体奖提名；2010 年再度获得该项提名；

2007 年的《慈善医院》和《目所及处的饥饿》分别获得了艾美奖的杰出报道奖和杰出突发事件现场报道奖，2007 年和 2008 年两度获得共 5 项艾美奖提名；2011 年关于海地地震的《废墟中的海地》和《海地的危机》再次获得艾美奖的杰出突发事件现场报道奖和杰出实时现场报道奖。

节目模式分析

每日的节目会以直播或新闻录影带的方式来报道当天的新闻事件，节目内容还包含了现场连线和嘉宾讨论对于某些新闻事件的分析与点评。安德森·库珀通常会主持当天的主要新闻报道。

板块设置

每期节目以不同主题的板块组成，板块的出现情况以当日的新闻内容而定。常见的板块有：

360 公报：由 IshaSesay 主持，于节目的开始和结束时播放，提供当日其他新闻的速览。

"AC 365"：年初播出的特别节目。

"AC 366"：年初播出的特别节目。

"节奏 360"：当天的特色图片。观众们被邀请在网站 AC360.com 上给图片加上幽默的标题，有一位观众的标题将会在节目的最后被宣读。

"罪与罚"板块：报道当下最为公众关注的犯罪案件的背景及最新进展，本板块内容常由兰迪·凯伊（Randi Kaye）提供。

"股市崩盘的元凶们"板块：本板块在金融危机最严重的时候播出，指认那些该为危机负责的人，包括时任美国联邦储备委员会主席的阿兰·格林斯潘（Alan Greenspan）。

"让他们保持诚实"板块：主要曝光政府的腐败问题，失败的承诺，以及各行各业的异常情况。

"荒淫无度的生活"板块：这一块为 2009 年 3 月 23 日增加的新板块，揭露了涉嫌腐败的大公司高管们在金融危机期间奢侈的生活方式。

"最荒谬者"板块：集合轻松和幽默的报道，通常在节目即将结束时播出。

"战略会议"板块：集合安德森采访与当日头条政治新闻有关的分析人士和记者，常出现在这个板块中的时政记者包括坎迪·克劳利（Candy Crowley），前总统顾问大卫·格根（David Gergen），广播节目主持人罗兰·马丁（Roland Martin），以及美国有线电视新闻网的法律分析师杰弗里·图宾（Jeffrey Toobin）。

"瞬间"板块：主要为观众寄来的轻松图片和视频剪辑。

"他们在想什么"板块：对一些令人尴尬的新闻进行报道。

人物角色

安德森·库珀的白发一直是其睿智而富有阅历的个人视觉标志。在演播室中，安德森·库珀常以西装领带的形象出现。但在出外景进行现场采访报道时则穿与当地相适宜的便装，旨在打造专业而又亲民的形象。在节目的宣传海报中，重点突出了在不同场景

图 2 节目宣传海报

里不同衣着的库珀，不变的是标志性的白发。

作为《安德森·库珀360°》的新闻主播，安德森·库珀在节目中担任着非常重要的角色。他不仅出现在直播间里播报新闻，更作为现场记者出现在全球各个重大新闻事件的现场。当安德森·库珀身在外地时，节目团队的其他成员会暂时代替他的新闻主播位置。节目团队的成员还包括通讯记者加里·塔奇曼（Gary Tuchman）、兰迪·凯伊，以及汤姆·福尔曼（Tom Foreman）。

其他经常出现在节目中的人物有：

约翰·金（John King），首席国内记者。

坎迪·克劳利，首席政治通讯员。

大卫·格根，高级政治分析师。

戴纳·巴什（Dana Bash），国会通讯员。

阿里（Ali），高级商务通讯员。

乔·约翰斯（Joe Johns）、大卫·马廷林（David Mattingly），华盛顿特区通讯员。

兰迪·凯伊、加里·塔奇曼，调查记者。

德鲁·格里芬（Drew Griffin），特约调查记者。

杰弗里·图宾，法律分析师。

罗兰·马丁，电台脱口秀节目主持人。

丽莎·布鲁姆（Lisa Bloom），法律分析师。

皮特·卑尔根（Peter Bergen），恐怖主义研究专家。

尼可·罗伯特森（Nic Robertso），高级国际通讯员。

德鲁·平斯基（Drew Pinsky），成瘾药物研究专家。

节目案例详解

《安德森·库珀360°》由多个不同的板块组成，但不是每期节目都包含所有的板块。下文将以出现频率较高的两个板块"让他们保持诚实"和"最荒诞者"进行分析，2012年12月4日的"让他们保持诚实"板块中，《财政悬念》呈现了各方面的声音，并和相关专家进行了连线讨论。2012年12月5日的"最荒诞者"板块则播放了年老的前参议员大跳网络流行神曲《江南 Style》的视频。

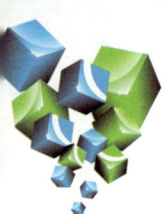

与此同时，《安德森·库珀360°》还会对当日的突发新闻进行特别报道，下文将以2012年12月14日《安德森·库珀360°》针对当日的突发新闻——小学校园枪击案进行的《二十名儿童在枪击中丧生》报道为例，现场连线和电话采访展现了《安德森·库珀360°》对突发事件进行报道的能力。

表1 2012年12月4日节目板块分析

板块	时长	内容	形式
		让他们保持诚实：财政危机（2012年12月4日）	
开场	1分17秒	1.安德森·库珀致开场白，表示"我们寻找事实，不提供意见或厚此薄彼。我们不支持民主党人或共和党人。我们的目标只是报道，真实的报道，试图找到事实和真相" 2.列举数周前的民意调查结果，引出影像资料	字幕、主持人现场
影像	1分09秒	（影像资料） 对于总统奥巴马，重要共和党议员以及民主党议员等人的采访	字幕、VCR
总结与归纳	22秒	安德森·库珀对影像资料做总结归纳："所以就我们所知，不仅没有进步的迹象，甚至也没有安排任何正式的谈判会议。"	字幕、主持人现场
点评	32秒	安德森·库珀点评，指出62%的民众希望政府首脑在这一财政危机前止步。引出对共和党议员的采访	字幕、主持人现场
记者采访	1分08秒	（影像资料） 对于阿拉巴马州共和党议员的采访	字幕、VCR
现场连线	1分07秒	（现场连线） 安德森·库珀连线前民主党议员，对新闻进行分析和点评	字幕、VCR、采访、主持人现场

表2 2012年12月5日节目板块分析

板块	时长	内容	形式
		最荒诞者（2012年12月5日）	
内容提要	16秒	1.安德森·库珀宣布现在是"最荒诞者"板块时段，介绍节目中的主要事件：前参议员在网络视频中大跳"韩国神曲"《江南Style》为非盈利社团筹款	主持人现场

续表

板块	时长	内容	形式
记者采访	14 秒	（影像资料） 对前参议员的采访	VCR、图片
点评	15 秒	安德森·库珀进行点评	VCR、旁白
记者采访	15 秒	（影像资料） 对前参议员关于应用社交媒体进行营销的采访	VCR、图片
主持人介绍	25 秒	安德森·库珀介绍这个视频的起因是为一个叫 The Can Kicks Back 的非盈利社团筹款	主持人现场
内容回顾	12 秒	（影像资料） 前参议员大跳《江南 Style》	VCR
点评	15 秒	安德森·库珀点评这一事件	主持人现场

表 3　2012 年 12 月 14 日节目板块分析

突发新闻：二十名儿童在枪击事件中丧生（2012 年 12 月 14 日）			
板块	时长	内容	形式
内容简介	50 秒	1. 安德森·库珀播报今晚的突发新闻："你知道我要说的是什么，我们有新的细节要告诉你，但我们不会假装已经比事件刚发生时对此理解更深刻。" 2. 安德森·库珀用简短的语句介绍了案情，伤亡情况和凶手情况 3. 安德森·库珀告诉观众："我们今晚将告诉你所有的最新信息……但我们不是要历史记住这个凶手，而是要历史记住受害者，老师和孩子们。" 4. 安德森·库珀告诉观众本节目有一个团队的记者在现场进行报道，介绍现场报道记者并与其进行现场连线	字幕、VCR、主持人现场、前方记者连线报道
记者报道	1 分 50 秒	（现场连线） 1. 特派记者报道今晚为遇难者守夜的活动，介绍关于凶手及其母亲的最新信息，学校中仍然有一些尸体 2. 安德森·库珀指出死者的父母会为尸体尚留在犯罪现场而感到伤心	字幕、前方记者连线报道

续表

板块	时长	内容	形式
		3. 特派记者同意安德森·库珀的观点，同时表示警方的现场调查活动会在第二天上午结束 4. 安德森·库珀向观众补充介绍关于凶案中凶器的情况，还有警方调查的最新信息："我们有很多事要告诉你，让我们重头开始。"	
影像回顾	1分12秒	（影像资料） 1. 身份未知的男性和女性受访者复述现场情况 2. 国内首席记者约翰·金介绍死亡人数及其中大部分都是儿童 3. 康乃狄克州警察介绍警方的活动 4. 安德森·库珀穿插点评 5. 美国总统奥巴马对此发表的声明	字幕、图片、VCR、旁白
采访	5分52秒	（电话采访） 安德森·库珀连线教师珍妮·沃尔默（Janet Vollmer），了解案发时的现场情况，对其行为表示感谢	字幕、VCR、电话采访

节目特色点评

　　主持人安德森·库珀强烈的个性特征是《安德森·库珀360°》最具特色一部分，库珀会在新闻突发事件发生时赶到现场进行采访直播，他睿智幽默，正义而富于悲悯，具有人文情怀的形象，加上他极具个人魅力的报道，使《安德森·库珀360°》深入人心，极大地提高了这档节目的收视率。

　　库珀的主持风格富有朝气，打破了以往新闻节目主播死板老成、正襟危坐的形象，安德森·库珀倾向于新闻主播在荧屏前不虚假、不造作，打造贴近民众的形象。2006年4月的节目中有一位歌手以夸张的方式演唱美国国歌，库珀的反应是皱眉头和捂耳朵。2012年，库珀在节目中抑制不住笑场的视频也在视频网站上广为流传。

节目形式

　　《安德森·库珀360°》的内容囊括了日常报道与突发事件报道，主要围绕司法、政治、

健康和流行文化等展开。节目还会围绕着当天的突发新闻事件，采用多种现场报道形式进行报道，并通过现场连线和嘉宾讨论等方式对新闻事件进行全方位地解析。

在节目内容的选择上，《安德森・库珀360°》不仅注重节目的时效性，也更注重新闻的中立性和信息的平衡，往往以视频连线形式来直击现场，并保持带领观众追踪事情的进展。针对有价值的新闻，节目还会邀请专家做视频采访，保证信息传播的时效性和必要的深度。在报道新闻时，《安德森・库珀360°》会以来自各种背景的当事人为基础开展节目。在报道有争议的事件或者邀请嘉宾解读时，通常会邀请两个以上的采访对象，尽可能做到客观地展示各方的不同观点，多方位地解读新闻。

在节目环节设置方面，《安德森・库珀360°》通过现场连线报道对新闻现场信息进行归纳和整理；辅以 VCR 短片为观众提供背景信息；演播室内的主播针对现场信息，和第三方的专家学者展开讨论，从而为观众提供丰富的信息。

节目制作

《安德森・库珀360°》的直播镜头强调内容与形式的统一，其播出多在演播室中进行，但偶有例外。在 2006 年 4 月 28 日报道墨西哥移民问题时，节目演播室被搬到了事件的第二现场圣地亚哥。第二现场的直播中，大量使用了摇臂拍摄，着力表现边界线上的铁栅栏和直播现场的关系。

《安德森・库珀360°》采用大量的现场视频和音频连线来弥补画面信息的缺失。在 2007 年 8 月 28 日的节目中，《安德森・库珀360°》报道了某议员的性丑闻。当时唯一的新闻线索是该议员被调查时的录音，没有电视画面。节目采用了大量现场视频和音频连线的方式，采访了州政府官员、国会新闻发言人、资深时政记者、律师、法律专家等。在实时视频连线中，各分屏的被访者之间都可以听到彼此的意见并直接进行观点交锋，主播只起到必要地控制场面作用。

《安德森・库珀360°》的摄影角度使新闻直播画面具有电影化的视觉冲击力。在 2006 年 4 月 28 日报道墨西哥移民问题时，节目组不仅在事发现场进行了现场直播，还将节目演播室搬到了事件的第二现场——圣地亚哥。这两个独立的现场画面进行相互穿插，既使得节目具有现场感，也增强了表现力。

《安德森・库珀360°》的后期剪辑会根据新闻内容对画面适当调整，在报道新闻的过程中背景资料会多以运动、多样变化的方式展现。在针对墨西哥湾石油泄漏进行的报

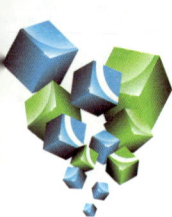

道中，库珀解说和采访的过程中节目不时地调整画面，把海底原油泄漏的画面放置在屏幕右上方，同时，节目缩小主播头像的画面比例以突出事故现场，这样的处理具有很强的视觉冲击力，主播的解说和评论与画面结合并成为很好的补充。

《安德森·库珀360°》的观众也可通过网络参与到节目的制作中来。在美国有线电视新闻网为其设立的官方网站上提供节目的预告。观众还可以向"让他们保持诚实""节奏360"等板块提出建议。安德森·库珀也设立了官方的社交网站账号，观众可以与他在网络上开展互动。

商业模式

《安德森·库珀360°》一方面强调节目定位的方式，为《安德森·库珀360°》打造充满高科技元素，流行却不失深度的形象来进行营销。另一方面通过塑造安德森·库珀出生入死、充满悲悯的明星主播形象来推动节目的收视率，开发节目的商业潜力。

图3 时代华纳公司的2009年年报

节目为安德森·库珀所打造的明星主播品牌形象本身就具有巨大的商业潜力。安德森·库珀出生名人家庭，其经历具有浓重的传奇色彩，他在2007年成为哥伦比亚广播公司新闻杂志节目《60分钟》的兼职出镜记者。美国有线电视新闻网在延续全方位报道新闻传统的同时更强调库珀的临场提问和现场连线的作用，库珀和他的节目已经成为了美国有线电视新闻网的标志和品牌形象，他在不同节目形态间的跨界发展进一步提升这一品牌的价值。近年来，安德森·库珀的品牌价值开始在节目之外的实体产品上得到了大量的回报：作为一名自由撰稿人，安德森·库珀出版了他的自传《边缘信使》，广受读

者的欢迎。除此之外，他还拍摄电影，主持大型活动，参加戏剧演出。安德森·库珀依托作为主持人取得的成功进行跨界发展，将自身的市场价值和社会价值最大化，反之亦推动了节目收视率的提高。

同类对比

作为新兴的电视新闻资讯节目，《安德森·库珀 360°》无疑难以绕过老牌新闻资讯节目《60 分钟》的影响，但是也在此基础上做出了个人语言风格和节目编排模式方面的创新。

表 4　同类型节目对比

节目名称	60 分钟	安德森·库珀 360°
频道	哥伦比亚广播公司	美国有线电视新闻网
开播时间	1968 年 9 月 24 日	2003 年 9 月 8 日
主持人	无固定主持人，由一众明星记者担任主持	安德森·库珀
选题倾向	严谨、严肃的深度报道	即时的现场报道 来自专业角度的解读
新闻编排模式	"杂志"式	"多层三明治"式
语言风格设计	注重解说词的讲述力量，注重语言的深度和内涵 提问一针见血	注重主持人个性化的交流风格 语言犀利但不失睿智幽默

TUOKOUXIU

脱 口 秀

艾伦秀

周六夜直播

柯南脱口秀

费尔医生秀

The Ellen DeGeneres Show

《艾伦秀》

——轻松诙谐的平民脱口秀

● 节目概况速览 ⚙

《艾伦秀》（*The Ellen DeGeneres Show*）是美国一档热门脱口秀，由名嘴艾伦·德

基本信息 ▶▶

· 原　　名：The Ellen DeGeneres Show
· 译　　名：艾伦秀
· 标　　识：

图 1 《艾伦秀》标识

· 播出国家：美国
· 播出频道：NBC 环球电视台（NBC Universal Television Stations）
· 首播时间：2003 年 9 月 8 日
· 播出时间：周一到周五 16:00
· 节目时长：60 分钟
· 节目类型：日间脱口秀，喜剧

· 播出形式：《艾伦秀》基本上采取录播的形式进行播放，但也会根据特殊情况进行直播。例如第八季第一集就是在 MTV 音乐录影带大奖 (MTV Video Music Awards VMA) 颁奖时进行直播。
· 制作公司：从 2003 年至今，由 Telepictures Productions 电影公司制作。2003 年之前的节目由 WAD Productions Inc 公司，Very Good Productions 公司，Time-Telepictures Television 公司制作。
· 官方网站：http://www.ellentv.com

杰尼勒斯（Ellen DeGeneres）主持，在周一至周五的日间播出。节目内容既包括了明星访谈、音乐表演，也有普通人的温情故事和各种小游戏。在每期节目的开场白之后，艾伦与现场观众共舞是该节目的一大特色。节目以平易近人、轻松休闲为特点，在世界享有一定的知名度。

从 2003 年 9 月 8 日开播至今，《艾伦秀》一直以其轻松诙谐的风格备受观众青睐。在开播首季，该档节目就获得了 12 项日间艾美奖提名，赢得了包括"最佳脱口秀"在内的四个奖项。截至目前，《艾伦秀》一共赢得了 32 个日间艾美奖。

收视情况反响

《艾伦秀》第十季于 2012 年 9 月开始播出，每集平均收视率达到 320 万观众，是日间节目类收视最高的节目。

在第十季第二集 (2012 年 9 月 11 日) 的《艾伦秀》中，美国全国广播公司（NBC）播放的《艾伦秀》创下了史上最高收视率。当天《艾伦秀》获得了 3% 的收视率和 8% 的观众占有率，这是自 2003 年开播以来的最高收视纪录。

获奖情况

《艾伦秀》共赢得 32 个艾美奖：

优秀脱口秀奖 (2004、2005、2006、2007、2010、2011)

优秀谈话节目——娱乐类 (2008、2009、2012)

杰出脱口秀主持人 (2005、2006、2007、2008)

创世纪奖：最佳脱口秀奖 (2009)

节目模式分析

作为一档脱口秀节目，《艾伦秀》已经形成了清晰的节目流程。节目以艾伦的舞蹈拉开帷幕，之后对政治家、电影明星、音乐明星、体育明星、慈善家甚至普通观众的采访，然后邀请明星现场表演，中间会穿插一些游戏环节。整个节目的安排显得非常紧凑。

板块设置

表 1《艾伦秀》板块设置

环节	内容
开场	以艾伦的独白与舞蹈拉开序幕。艾伦在节目中使用 DJ，用音乐让现场活跃起来。艾伦的独白（Ellen's Monologue）之后，艾伦告诉 DJ："让我跳舞。"接着艾伦会从台上舞到观众群中，观众跟着鼓掌、摇摆、跺脚。
游戏环节（非必要环节，可能出现在节目开场后的各个部分）	"Oh Hair No!" 放出观众预先传送给节目的有趣的发型照片。
	"Know or Go" 这个环节会邀请三名观众回答主题性的问题，如感恩节。如果回答错误，他们将会从陷阱门中掉下台。
	"Clumsy Thumbsy" 艾伦会展示由观众投送的有趣片段。
	"Oh Puh-lice" 这个环节会对奇怪有趣的警察报告进行展示。
	"Ellen's Dance Dare"观众在某人背后没有发现的情况下乱舞的视频。该环节很多名人也争相参与。
	"Bad Paid for Tattoos Odd" 该环节展示一些搞笑的身体行为艺术。
	"What's Wrong with these Photos?" 观众传送整蛊或者搞笑的照片。
	"What's Wrong with these Signs?" 观众传送关于错误的征兆和现象的照片或视频。
	"Tony Karaoke" 该环节是由 DJ 演唱的一些错误的但是十分幽默的歌词改编后的流行歌曲。
	"Tea Time with Sophia Grace and Rosie" 特约童星索菲娅·格雷斯和罗茜（Sophia Grace & Rosie）会一边和名人进行下午茶一边采访。
	"Apparently Confused" 该环节将展示一些不懂得如何发短信的父母给《艾伦秀》发的短信。
	"Ellen's on Your Facebook" 艾伦会在这个环节分享在社交网站 Facebook 上看到的由观众拍的有趣照片。
	"Weekly Tweetly Roundup" 该环节艾伦会分享一些有趣的微博。
	"Classic Joke Tuesday" 艾伦会与 DJ 托尼一边互动一边分享一些有趣的笑话。
采访（1-3 组）	对政治家、电影明星、音乐明星、体育明星、慈善家甚至普通观众进行采访。也可能是专题报道的形式。
现场表演（1-2 场）	音乐明星一般会进行现场表演或场外录播表演。
结尾	广告以及鸣谢

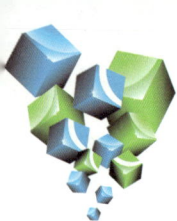

人物角色

·主持人

艾伦·德杰尼勒斯（Ellen DeGeneres），1958 年出生于新奥尔兰一个中产阶级家庭。

图2　艾伦·德杰尼勒斯

艾伦语出惊人，在《艾伦秀》中，很多明星都难逃她的利嘴。例如在第 79 届奥斯卡颁奖典礼中，她尽显幽默、搞笑、风趣的主持风格，甚至与斯皮尔伯格开玩笑。2010 年，艾伦还曾在《美国偶像》第九季中担任过评委。

艾伦通过独特的轻松、自然、坦诚、幽默的主持风格与滑稽有趣的节目环节继续证明着《艾伦秀》作为日间脱口秀的领导者地位。该节目因彰显人道主义精神而获得好评。该节目已筹得超过 1000 万美元帮助了地区重建、校园恐吓、乳腺癌等公益事业。

·DJ

托尼·奥康波瓦（Tony Okungbowa）是《艾伦秀》的 DJ。不同于其他节目习惯使用的室内乐队（House band），《艾伦秀》加入了一个固定的 DJ 进行音乐效果的塑造。

2003 年节目开播以来，《艾伦秀》一共有四位 DJ，托尼是其中之一，并且从第六季开始固定演出。

图3　托尼·奥康波瓦

托尼是尼日利亚人，在伦敦和拉各斯长大。他的家庭十分重视音乐，这为托尼的音乐天赋提供了成长的土壤。托尼拥有英国米德尔塞克斯大学的戏剧专业本科学位。随后，他曾在英国一些影院工作，不过不久就搬到纽约进行研究生学习，在曼哈顿，他的职业生涯开始起飞，他曾加入如《X-档案》《纽约重案组》和许多其他的角色。接着，他到洛杉矶，成为了一名演员和十分受欢迎的 DJ。

·嘉宾

《艾伦秀》融合了明星、戏剧、音乐等主题，针对热点事件的跟踪也大大扩大了受众范围。我们可以根据第八季邀请嘉宾名单来了解《艾伦秀》节目嘉宾的多样性。

表 2《艾伦秀》嘉宾

时间	电影明星	音乐人	政治名人	其他
2008.10.22			贝拉克·奥巴马	
2011.11.12	《暮光之城：破晓》剧组			
2011.12.01				黄西（博士）
2012.02.02	丹尼尔·雷德克里弗		米歇尔·奥巴马	莎拉·弗格森（志愿老师）
2012.08.27		蕾哈娜		德鲁·布里斯（体育明星）
2012.09.11		布兰妮·斯皮尔斯朴载相		索菲娅·格雷斯和罗茜·麦克莱兰（特约童星）
		西蒙·考威尔（音乐顾问）		杰西·谢弗和杰西·朱尼尔（救人的父子）
2012.09.27	珍妮弗·加纳	No Doubt 摇滚乐队		德怀特·霍华德（体育明星）

外部包装

·演播室

《艾伦秀》演播室主要由四个部分构成。

1. 采访区：艾伦和嘉宾进行聊天环节主要在这里进行。采访区主持人和嘉宾身后放置一部电视，身后有一块巨大的 LED 显示屏，进行画面片段、图片、标识的展示和切换。

2. 表演区：该区域主要用于进行主题小游戏、抽奖环节，如十二天赠送节目和嘉宾表演等需要较大空间以及舞台效果的环节。

3. 观众席：录播现场观众坐席。

4. 拍摄区：进行全景、中景、近景拍摄。表演区和观众席另设拍摄点。

·舞台设计

《艾伦秀》的舞台设计十分简洁。不同于其他的脱口秀节目，《艾伦秀》的舞台设计既不会简洁得"一无所有"，以至于让人觉得像是政治采访；也不会光彩夺目到让人有

图 4　舞台设计图

图 5　节目实景——采访区

图 6　节目实景——表演区

图 7　表演区与采访区的整体效果

图 8　一般采访区舞台设计

图 9　圣诞节舞台设计

图 10　万圣节舞台设计

图 11　电影《舞出我人生 4》专场舞台设计

图 12　电影《暮光之城：破晓》专场舞台设计

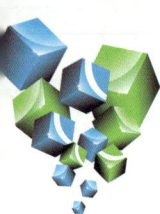

看时装秀的感觉。采访区主要是在主持人背后设有两面巨大的 LED 显示屏充盈观众视觉，播放标识、花絮、图片和录像等媒体资料。另外还在采访区相近的背后有一台液晶电视，为摇臂拍摄提供取景服务。

除了平时一般的节目外，《艾伦秀》也经常会在特殊节目周期如：节日、电影团队宣传等贯穿当期节目的元素进行舞台的视觉改造。

节目案例详解

作为一档脱口秀节目，《艾伦秀》的节目模块安排没有十分固定的模式，节目板块安排根据每一集邀请的相关嘉宾或者主题进行灵活的增删调整。

剧集介绍

这里对《艾伦秀》第十季第二集（2012.09.11）进行案例分析。本集节目邀请了真人选秀节目《X 元素》(The X–Factor) 其中两位评委著名歌星布兰妮·斯皮尔斯（Britney Spears）以及有"选秀之父"之称的西蒙·考威尔（Simon Cowell）进行采访，并且邀请了神秘嘉宾——《江南 Style》的演唱者朴载相教授布兰妮歌曲的舞蹈。

板块分析

表 3 节目板块分析

板块	时长	内容	形式
本集主要采访嘉宾引入	22 秒	1. 特别嘉宾布兰妮·斯皮尔斯和西蒙·考威尔的搞笑片花播放	VCR
演播室主持人开场介绍	1 分 22 秒	1. 片头播放 2. 艾伦兴奋出场，进行独白"这些都送回给你们，谢谢你们的到来"以及感谢和欢迎	旁白、字幕、现场同期声、音乐
特殊主题分享	5 分 17 秒	1. 艾伦与妻子波希娅（Portia）昨日庆祝了结婚四周年纪念日 2. 艾伦今年的结婚纪念日邀请了许多人。在派对中发生了一些有趣的事情，比如洗手间堵塞 3. 艾伦回顾前三年结婚周年纪念日的场景	现场同期声

板块	时长	内容	形式
艾伦的独白	1分	艾伦开场舞蹈——《江南 Style》，在观众席走动最后回到采访区	现场同期声、音乐、音响
	4分43秒	1. 艾伦入座。橄榄球赛季回归，其中乌鸦队橄榄球队员布伦登在视频网站 Youtube 上拍摄视频支持同性婚姻。以及维京队队员克里斯·克卢维对布伦登的支持 2. 对上一期流行歌手 Pink 采访中的"Shut the front door"的解释 3. 艾伦询问观众在节目之后的安排——《艾伦秀》将免费提供《海底总动员》3D 首映电影票给全部在场观众 4. 下一环节预告：布兰妮和西蒙采访索菲娅、罗茜采访	现场同期声、VCR、音乐、音响、采访、字幕
采访 1	6分25秒	1.《X 元素》布兰妮评判的片段播放 2. 艾伦问布兰妮："为什么你答应了做《X 元素》的评委以及如何答应的？" 3. 艾伦询问布兰妮："当你坐在评委席的时候会感到疑惑吗？有什么感觉？" 4. 艾伦问西蒙关于《美国好声音》的临时加场与《X 元素》的首映冲撞的观点 5. 艾伦询问："《X 元素》的主持人是谁？" 6. 下一环节预告：朴载相出场；索菲娅、罗茜采访	现场同期声、VCR、音响、音乐、采访、字幕
	4分54秒	1.《X 元素》西蒙评判参赛选手的片段 2. 艾伦问："那个参赛选手看上去很受挫。你经常这样吗？"对参赛选手卡莉·雷（Carly Rae）的讨论 3. 艾伦和西蒙对《X 元素》的主持人候选者讨论 4. 艾伦送西蒙印有"艾伦是我的救命恩人"（Ellen is my lifesaver）的救生衣 5. 艾伦询问布兰妮的孩子们的状况 6. 布兰妮的孩子们跳舞的视频播放	现场同期声、VCR、音响、音乐、采访、字幕

板块	时长	内容	形式
		7. 全场观众获得布兰妮品牌的香水以及西蒙推出的耳机 8. 下一环节预告: 朴载相教授如何跳骑马舞; 救灾父子连线采访	
	3分57秒	1. 布兰妮在《X元素》的歧义点评片段 2. 布兰妮在推特上说想学跳《江南Style》 3. 《江南Style》MV片段播放 4. 朴载相出场,教授布兰妮和艾伦如何跳《江南Style》 5. 下一环节预告: 索菲娅、罗茜采访; 米歇尔·奥巴马片段	现场同期声、VCR、音响、音乐、采访、字幕
采访2	5分09秒	1. 艾伦采访索菲娅、罗茜回来的感觉 2. 索菲娅在后台看到西蒙,觉得他的裤子要低一点 3. 播放索菲娅、罗茜赢得青少年选择网络明星奖片段 4. 艾伦问索菲娅、罗茜获奖感受以及小秘密 5. 下一环节预告: 索菲娅、罗茜在VMA红地毯采访	现场同期声、VCR、音响、音乐、采访、字幕
	3分40秒	1. 播放索菲娅、罗茜在VMA红地毯采访明星片段 2. 预告本周《艾伦秀》将会播放"与索菲娅、罗茜的喝茶时间"(Tea Time with Sophia Grace and Rosie)环节	现场同期声、VCR、旁白、音响、音乐、采访、字幕
采访3	3分27秒	1. 艾伦与在Isaac龙卷风中救助了约120人的父子杰西·谢弗和杰西·朱尼尔连线采访: 在自身一无所有的情况下两父子在新奥尔良龙卷风过后冒着生命危险帮助救灾 2. 艾伦表示Apartment租房网站将赞助父子2万美金来抵消一年的租金 3. 艾伦邀请杰西一家人到洛杉矶参加十二天赠送节目(12 Days of Giveaways) 4. 对本期所有嘉宾表示感谢	现场同期声、音响、音乐、采访

板块	时长	内容	形式
片尾	27 秒	1. 广告赞助商 2. 片尾 3. 制作信息	音乐

节目特色点评

《艾伦秀》有一种宽松、舒适的居家风格，它的快乐与笑声来自游戏、舞蹈以及艾伦温和、善意的幽默。它的主题范围广泛，嘉宾涉及各行各业，同时又巧妙地与营销策略相结合。

主题分析

《艾伦秀》的主题五花八门，它拥有一个独特的组合：名人访谈，音乐表演，互动游戏，节目以彰显现实生活中的故事以及嘉宾们的惊人天赋为主题，毫无年龄之分。

《艾伦秀》的价值导向和艾伦本人的经历以及态度是分不开的。艾伦鼓励将节目打造成一个自由区，让每个人都觉得即使他们身在录音棚也像是坐在家里一样。她鼓励人们在整个节目的特定时间段内发送视频、信件，甚至留下语音邮件消息。艾伦每一集开始都会有一段舞蹈，她并不是一个好的舞者，但是引用她采访的话——"观众喜欢我跳舞，并不是因为我跳得好看，而是因为他们平时不敢在人群中跳舞，《艾伦秀》给了这么一个平台让我们发自内心地律动起来。"

与其他以名人明星为主角的脱口秀节目相比，普通人也可以成为《艾伦秀》中的主角。例如，有一次，一名即将被送去伊拉克的士兵，写信给节目组表达了一个心愿：希望能够上《艾伦秀》。艾伦立刻把他的全家都请来节目现场，并且送给他和女友一次豪华旅游。节目甚至有一个板块"让休斯敦（Houston）为你做"，把一名休斯敦节目组的成员派到观众家中，帮他们布置圣诞节场地，或者重新装修洗手间。

20 年前，艾伦就是一名优秀的喜剧演员。她懂得如何使别人快乐，她也把这种待人方式带进了《艾伦秀》的摄影棚中。每个年龄段的现场观众，都会被艾伦朋友般的温暖所感染，似乎录完节目就可以和她一起去喝一杯。

因此，《艾伦秀》不但让忙碌家务的家庭主妇们找到一个轻松愉快的好地方，也让

许多错过节目播出的白领每天用数字录像设备 Tivo 把《艾伦秀》录下来，等到下班回家后观看。

节目形式

《艾伦秀》作为脱口秀，相对竞赛类、真人秀类节目并没有十分固定的环节设置。每一集的采访都根据主题或邀请嘉宾进行调整。相对于其他的脱口秀节目，《艾伦秀》当然也有让自己与众不同的环节，目的是让观众融入欢快的气氛，为接下来的 40 余分钟节目做铺垫。舞蹈是众多脱口秀中独特的环节设置，"艾伦的独白"，这也是节目固定的开场模式，是《艾伦秀》的标签之一。《艾伦秀》加入了综艺节目中的游戏环节，这些不固定的游戏环节深受观众喜爱。例如艾伦在采访贾斯汀·比伯（Justin Bieber）时和贾斯汀一同参与游戏竞技；在戴维·贝克汉姆（David Beckham）一期，艾伦促使贝克汉姆恶搞了一名工作人员。和观众、明星多样多姿的互动环节为节目增加了生活气息，也更贴近观众的内心。

在脱口秀最重要的采访环节，艾伦的采访对象不仅仅是明星，还包括体育名人、政治名人以及身边的值得称赞的人或是给大家带来欢笑的人。不仅把受众面积扩大，也有利于对最新最热的"热点事件"（Key Issues）进行加工整理。同时采访轻松愉快，并无很多挖苦讽刺，适宜家庭观看。明星的时常到来满足了许多影迷、歌迷的需求。明星们的表演加上绚丽的舞台布景，让脱口秀节目也拥有了惊人的舞台效果，营造出令人过目难忘的视觉印象。

语言设计

《艾伦秀》主持人艾伦幽默诙谐的主持风格，每一句话都让人会心一笑。美国的电视节目制作团队拥有强大的智囊团，脱口秀的巨大收益让他们绞尽脑汁想出点子。艾伦在观念上明确了自己的角色定位，对于采访话题有的放矢，平均每位嘉宾采访时间剪辑过后都不超过二十分钟。在短短的这段时间内，艾伦却使观众们了解到了他们最想知道的有关问题。这更突出了艾伦本人张弛有度的谈话本领。

节目制作

·画面

《艾伦秀》团队拥有强大的电视节目制作技术，除了片头片尾精简干练，更体现在后期的剪辑和效果中，脱口秀画面轻快明了。

·音乐

《艾伦秀》的声音比较单一，大部分音乐是靠歌曲进行支撑。但是经典的背景音乐清新明朗，让人印象深刻。《艾伦秀》设有固定的 DJ 而不是一般的室内乐队。这是其独特的地方，并且音乐的选择紧贴潮流，抓住最热点。另外《艾伦秀》的演播厅较小，背景音乐和舞台灯光比较容易配合，更容易对嘉宾的情感进行控制，从而得到更好的节目效果。

·摄影角度

脱口秀节目以采访为主，拍摄角度主要以平摄为主。但是《艾伦秀》丰富的环节设计也会涉及嘉宾的表演如歌曲演唱等，少量会涉及俯摄和仰摄便于选取角度进行拍摄。基本无顶摄、倒摄和侧反摄。

·后期剪辑

《艾伦秀》后期剪辑使每个环节的时间分配更为合理，衔接流畅自然，让观众赏心悦目。

网站设计

节目网站主页是：http://www.ellentv.com/，主页设计简洁明了，导航栏主题清晰，

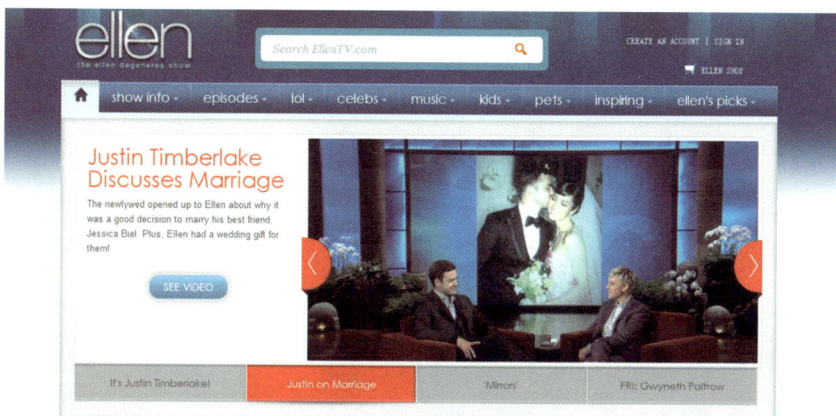

图 13　《艾伦秀》主页

划分了"节目信息""情节""放声大笑""明星""音乐""孩子们""宠物""心灵激励"以及"艾伦的精选"等选项，下面各有子选项，逻辑清晰，设计美观大方。

商业模式

《艾伦秀》在商业利益方面和节目进行了巧妙的融合。

1. 主持人口述感谢赞助商。艾伦经常直接在节目间隙感谢赞助商，如2012年10月30号万圣节特辑，艾伦直接在节目中感谢好利时巧克力对演播厅的装饰。

2. 片尾广告短片。在开头和结尾也会进行一般的广告插放。

3. 特殊环节"十二天赠送节目"的设置极大提高了赞助商的曝光率。在该环节内艾伦会对Promotion 12天内对全场观众不断送出礼品：电影票（《海底总动员》3D首映票）、化妆品（布兰妮·斯皮尔斯送出的香水）、电子产品（西蒙·考威尔送出和索尼合作推出的耳机）等。该环节无疑是"最讨观众喜欢"的植入广告了。

4. 艾伦品牌的产品推广。《艾伦秀》拥有自身的产品，如：衣服、生活用品、饰品等。这类产品都具有显著的"艾伦"特点。在《艾伦秀》中艾伦经常会送出"艾伦牌"内衣裤（2010年成龙采访中送出），这也为主持人和嘉宾间互换礼物增加了乐趣。

同类对比

以下将《艾伦秀》与同类脱口秀节目《奥普拉脱口秀》(The Oprah Winfrey Show)、《大卫·莱特曼的深夜秀》(Late Show with David Letterman)在播出频道、节目形式以及主要话题方面进行对比。

表4 《艾伦秀》与同类型节目对比

节目名称	频道	主要节目形式	主要话题
艾伦秀	NBC	在每期节目的开场白之后，艾伦与现场观众共舞是该节目的一大特色。节目以平易近人、轻松休闲为特点，在世界受到一定的欢迎。	节目内容既包括了明星访谈、音乐表演，也有普通人的温情故事和各种小游戏。
奥普拉脱口秀 (The Oprah Winfrey Show)	ABC/CBS	节目形式上十分灵活，有时前半部分探讨一个社会问题，后半部分则邀请一位明星作访谈。	该节目一般以话题型为主，主要关注虐待儿童、缺乏自信等与普通百姓生活息息相关的现实问题，通过对典型事例的探讨与分析，提供某

续表

节目名称	频道	主要节目形式	主要话题
			些指导性建议。节目话题性较强，通常包含有争议性或轰动性的事件。节目一般会邀请一位心理专家，帮助嘉宾解决自己的困惑，提供建设性意见。
大卫·莱特曼的深夜秀》(*Late Show with David Letterman*)	CBS	该节目最著名的环节是"十大排行榜"。每期选择一个话题，列出十个搞笑的语句，从第十名排到第一名。例如"我爱奥普拉的十大理由"。	美女 时事丑闻 新上映的电影（会邀请主演到节目中聊天） 最近热门的乐队（在节目最后五分钟现场表演一首歌） 笑星现场表演 大卫的自嘲

可以看出，《艾伦秀》已经形成了固定的节目流程，并在嘉宾的选取上更加注重多元化，形成了平易近人、轻松休闲的节目风格。

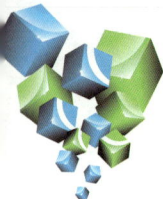

Saturday Night Live

《周六夜直播》

——美国综艺之黄金夜宴

● 节目概况速览 ◆

　　《周六夜直播》(*Saturday Night Live*，简称为 SNL) 是美国国家广播公司打造的一台深夜综艺娱乐节目，自 1975 年开播至今已经播出 40 季。每周的节目如一次精彩的夜宴，为众多美国观众所喜爱。节目中精彩的表演，出人意料的创新，总能给观众带来无限的惊喜，这里饱含着机智与幽默，传递着轻松愉悦的精神。节目以周末休闲娱乐、放松心情、释放压力为宗旨传达娱乐精神，内容包括喜剧小品、乐队表演、明星脱口秀、新闻恶搞等。在手法上，节目大量使用讽刺、幽默、夸张的表演、明星恶搞的形式，来迎合观众放松心情、

基本信息 》》

· 原名：Saturday Night Live
· 译名：周六夜直播
· 节目标识：

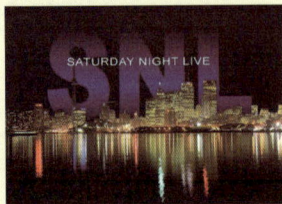

图 1

· 播出国家：美国

· 播出频道：美国国家广播公司电视网
· 首播时间：1975 年 10 月 11 日，改名后的第一集在 1977 年 3 月 26 日播出
· 播出时间：每周六晚 11 点 30 分至次日凌晨 1 点
· 节目时长：90 分钟
· 节目类型：综艺娱乐脱口秀节目
· 播出形式：直播

娱乐自我的心理需求，为现代社会中处于高度压力状态下的美国观众提供了一个释放压力、娱乐自我的良好选择。播出38年以来，《周六夜直播》凭借其璀璨的星光、当红的乐队与时尚先锋，已然成为美国流行文化的代言人。

历史演变

美国的电视娱乐节目在经历了1940年代末的繁荣、1960年代的衰退后，1970年代，一系列新的综艺娱乐节目再一次陆续出现。美国全国广播公司（NBC）电视台在1970年代初以其深夜访谈类节目《今夜》(*Tonight*)统治着每周一至周五的夜间节目时段，拥有庞大的观众群体。当时《今夜》在周六有一段重播时间，为了延续美国全国广播公司周末夜间节目的辉煌，获得高的收视率，《周六夜直播》于1975年应运而生。

由于《周六夜直播》这个名字与美国广播公司（ABC）电视台同时段的短寿节目名称撞名，节目最初名称为《NBC的周末夜》（*NBC's Saturday Night*），直到美国广播公司的这档节目停播，美国全国广播公司才于1976年将《NBC的周末夜》更名为《周六夜直播》。

《周六夜直播》刚开始播出时并不被看好，但是它却迅速走红，形成了自己独特的风格，成为美国综艺娱乐节目的典型代表，收视率极高。在1979年，为了更好地满足观众的需求，《周六夜直播》把一系列精彩节目进行整合编辑后播出。1980年代，《周六夜直播》进行改版，逐渐建立自己的新星队伍，对其进行专业训练，塑造出了一批令人难忘的角色，受到美国人的广泛喜爱，直到现在仍然是美国综艺娱乐节目的典型。

荣誉奖项

艾美奖是美国电视界的最高奖项，《周六夜直播》自开播以来已经获得了36次艾美奖以及156次艾美奖的提名，是美国电视节目中艾美奖提名次数最多的节目。

1990年和2009年，《周六夜直播》获得皮博迪奖（George Foster Peabody Award）。

在过去的50余年里，《周六夜直播》在娱乐周刊的名单（Entertainment Weekly's list）中前100名的娱乐节目中名列第七位。

观众的喜爱是一个电视节目最好的荣誉，《周六夜直播》在当代喜剧文化艺术中有广泛而深刻的影响，人们称之为"喜剧之金"，被誉为真正的美国社会的典型象征。

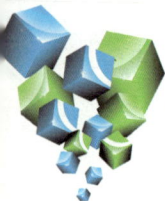

节目模式分析

《周六夜直播》经过几十年的探索，其节目板块已日趋成熟，并逐渐形成了自己的风格。这样的节目板块设置，张弛有度，能够做到整个节目起伏有序、错落有致，节目节奏的把握相当巧妙，能够保证在90分钟的时间里每一个环节都抓住观众的眼球。现根据每一期节目中各个环节的先后顺序基本归纳如下：

板块设置

表1 《周六夜直播》节目板块设置

序号	板块内容	板块简介与特点概要
1	以政治调侃为内容的序幕	该板块由时政讽刺性的调侃组成，给观众一个全新的视角来理解、解读最近美国发生的最突出的时事、趣闻。语言幽默机智，内容设置巧妙，主持人和相关嘉宾的表演夸张、逼真、幽默。
2	主持人幽默开场	主持人动感亮相，夸张极致的才艺表演，幽默华丽的语言艺术，将时事有机结合到开场内容中，对观众有极大的吸引力，很好地奠定了整个节目的基调。
3	喜剧小品	主持人、嘉宾以及 SNL 相对固定的演员班底同台献艺，其造型各异，表演夸张而有智慧；剧本处处洋溢着喜剧元素，语言巧妙、灵活，"一语多关"，表演场景设计巧妙、精致。 编剧与演员双方的有机结合，呈现给观众的是喜剧效果极佳的喜剧小品。
4	著名乐队、歌手演唱	当红乐队、歌手热烈的演唱，动感活力的表演，充分调动观众的兴奋度。如第三十七季第一集的乐队表演嘉宾为战前女神（Lady Antebellum）。
5	《周末快讯》	该环节由专门的播报主持人主持，该主持人一般是要主持一整季节目或者是更多季的节目，有时会有其他嘉宾参与表演。 以真实的政治事件、社会经济问题、娱乐八卦新闻、奇闻异事等为内容，以表演的形式播报新闻，增添了节目的趣味性。时政恶搞，笑点处处可见，其内容虽非严格保证了真实，但是查有据，比真正的新闻更好看、更耐看，恰恰适合了周末观众休闲娱乐、放松心情的需求。
6	"俱乐部快讯"（明星等参加的互动单元）	每期一个话题，由一些明星嘉宾等参与讨论与表演。与喜剧小品一样，该环节中嘉宾、主持人话语幽默，表演夸张、个性，往往出人意料，让观众看到了明星们的另一面。例如在第三十七季第十四集，以"乖乖萌生活"为话题，主持和嘉宾展开了一系列夸张、个性的表演和讨论。

续表

序号	板块内容	板块简介与特点概要
7	喜剧小品	内容特点基本一致，它的出现再度掀起节目中的一股高潮。
8	脱口秀	主持人和嘉宾就某一话题进行讲演与表演，其语言与整个节目的风格一致，幽默、机智、搞怪，其中有时会穿插一些主持人的演唱、舞蹈等，在娱乐中以轻松的方式对话题进行了相对深入的探讨。
9	著名乐队、歌手的演唱	乐队、歌手再度登台，为观众献上视听的盛宴，整个节目达到高昂热烈的氛围。
10	喜剧小品	内容特点基本一致，它的出现再度掀起一股高潮。
11	嘉宾结束表演	主持人热情的结束语，再次引起节目的热烈氛围，配以经典的萨克斯乐曲，节目在观众与嘉宾热烈的欢呼中结束。

人物角色

《周六夜直播》的主持人是节目的一大亮点。与一般的节目不同的是，该节目主持人并不固定，每一期都有不同的主持人。主持人往往由当红的明星大腕担任，他们往往有着一技之长，节目中主持人主持的功能被弱化，其表演性大大增强，通过表演来展现每一个主持人的风采与个性。

表2　嘉宾主持人信息

主持人姓名	主持节目时间	简介
亚历克·鲍德温 (Alec Baldwin)	第三十七季 第一集	美国著名演员，曾出演多部电影、电视剧，如《迈阿密特别行动》《拜金一族》《魅影魔星》等，塑造了大批经典的人物形象。
塞思·麦克法兰 (Seth MacFarlane)	第三十八季 第一集	美国编剧、制片人、导演、配音演员，曾两次获得艾美奖。其最有名的作品就是原创的美国动画系列《恶搞之家》（Family Guy）和美剧《美国老爸》。他于2012年担任第85届奥斯卡颁奖典礼的主持人。
约瑟夫·高登-莱维特 (Joseph Gordon-Levitt)	第三十八季 第二集	美国知名演员、配音员、编剧，曾出演《大河恋》《外星人报到》《神秘肌肤》等，在2010年参演了诺兰导演的《盗梦空间》后，被广大中国影迷昵称为"囧瑟夫"。
丹尼尔·克雷格 (Daniel Craig)	第三十八季 第三集	美国演员，出演过多部影视剧，如《古墓丽影》《毁灭之路》《大天使》《丁丁历险记》《撒旦外传》等，是第六任007的扮演者。

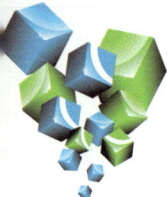

除主持节目、播报流程、采访嘉宾之外，这些客座主持人还要参与到整个节目的短剧中，扮演各种角色，制造节目的爆点，其造型、表演内容千变万化，极度出人意料，必然会引发观众的尖叫和狂笑声。这样的客座主持人形式保证了节目源源不断的新鲜感，吊足了观众的胃口，让观众充满期待，为高的收视率打下了基础。日久天长，好多主持人因为在《周六夜直播》中多次出现而成为著名演员，当然也有众多演员因为《周六夜直播》的影响力而愿意自愿到节目中担当客座主持人。

《周六夜直播》中，每一期都会有不同的嘉宾加入表演，以增加节目的可看性，其目的在于吸引观众注意，从而保证收视率。例如在第三十七季中的贾斯汀·比伯，嘎嘎小姐 (Lady Gaga) 等，都是当红的明星与话题人物，他们吸金力强，拥有庞大的粉丝群和关注人群，收视有了保障。

外部包装

·主视觉标识

《周六夜直播》自开播以来的 38 季节目中，节目标识基本保持统一的风格，由 Saturday Night Live 或其首字母缩写 "SNL" 组合而成，文字的颜色与背景颜色相互搭配，简洁大方而又充满夜的华丽，极具时尚感、现代感，恰到好处地彰显了节目的风格。SNL 的标识一般出现在主持人嘉宾的写真、开场的 VCR、串场 VCR 等处。

《周六夜直播》的演播室设计比较复杂，主要的演播厅用于乐队表演、主持人出场、主持人结束板块等。除主要演播厅外，在主演播厅的周围还需要根据每一期的喜剧小品的个性需要，分别搭建不同的演播场景、准备各不相同的道具。《周六夜直播》节目中

图 2　主视觉标识

的道具、场景十分精致、逼真，场地与节目内容高度匹配，能够很好地满足剧情的需要，营造出真实的环境氛围，最大限度地调动嘉宾以及观众的情绪。

　　舞台、舞美、灯光对综艺娱乐节目的质量与效果有着至关重要的作用，能否达到节目设计的氛围，舞美灯光的作用不容小视。《周六夜直播》的舞美灯光设计与节目的整体定位完美结合，蓝色、紫色、金色为主的灯光，幽暗而又不失华丽、热闹的感觉，符合深夜综艺娱乐节目的类型。

图 3　主演播厅

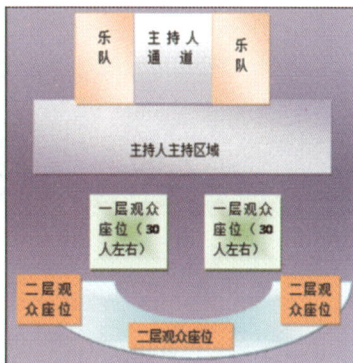

图 4　演播厅平面示意图

节目不同环节的演播场景如下：

图 5　情景短剧节目场景演播室

图 6　乐队表演板块场景

图 7　《周末快讯》演播室

·片花风格

　　《周六夜直播》的开场片花贯彻着节目的整体风格，保持着华丽、热烈、激情高涨的现代风格。画面精致、高水准，灯光炫彩，音乐动感时尚，活力十足。纽约的繁华作为背景，结合众多明星大腕，并配以极具感染力的解说，对整个节目的气氛烘托起到决定性的作用。除了在开场时播放之外，通常还在节目转场过程中播放，以适应直播的需要。

图8　节目片花

·主持人写真靓照

在节目中，最为抢眼的可谓是在节目中插入的主持人美丽、火爆的个人写真，鲜明的颜色和明星们的抢眼造型，很容易吸引观众眼球。这些写真由专门的摄影团队拍摄，并配以节目的标识，在节目直播过程中插入，以便现场直播过程中转换场景。这个方法简单而有效，在解决了转场问题的同时，用主持人的靓照再次形成了新的看点吸引观众的眼球，不至于在节目播出过程中失去部分观众。

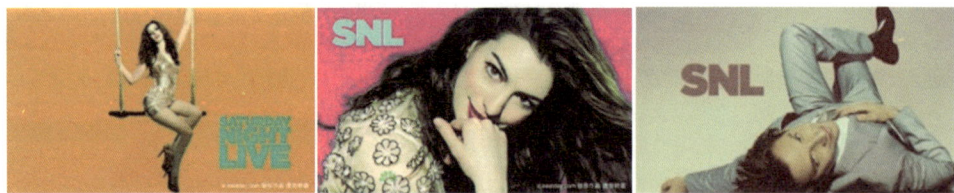

图9　主持人写真照片

节目案例详解

《周六夜直播》第三十八季第九集于 2012 年 12 月 9 日播出，本期节目的客座主持人是杰米·福克斯（Jamie Fox），乐队表演嘉宾是美国黑人乐手尼欧（Ne-Yo）。节目遵循

一贯的风格与板块设计，整体氛围热烈，现场欢呼、笑声不断。下面就对本期节目的内容进行具体的分析。

表3　第三十八季第九集节目板块分析

板块名称	时长	内容	形式
以政治调侃为内容的开场秀	4分36秒	1. 以奥巴马总统与众议院议长约翰·博纳(John Boehner)的联合新闻发布会为噱头，进行一系列的政治调侃，与美国当时的社会时事相结合，主题为财政悬崖协商的最新进展情况 2. 由扮演奥巴马的演员大喊出《周六夜直播》的名字，引出节目开场视频	现场画面、同期声
节目片头	1分31秒	1. 华丽的风格，激昂的音乐，在较短的片头中介绍节目中出现的明星、乐队等 2. 介绍本期音乐嘉宾尼欧，主持人杰米·福克斯	视频画面
主持人幽默开场	5分41秒	1. 本期节目的主持人是杰米·福克斯，在观众的欢呼声中，主持人闪亮登场 2. 主持人登场后进行有趣、搞笑的表演 ①本期主持人肤色比较黑，因此就以"黑"为爆点，进行了一系列的调侃 ②主持人还介绍了自己最近演的一部电影《被解放的姜戈》，并对电影的相关剧情进行了搞笑的评论 ③主持人进行了舞蹈、音乐表演，边弹钢琴，边唱歌，展示自己的才华。这个环节主持人与观众保持了很好的互动，回答现场观众提出的问题 ④本期音乐嘉宾出场，主持人向观众预告本期的音乐嘉宾，黑人乐手尼欧	现场画面、同期声
喜剧小品《*Bitch, what is the answer？*》	4分05秒	1. 问答游戏："Bitch, what is the answer？"的现场，由SNL的客座主持人担任游戏的主持向3名来参加游戏的选手提问，故意创造一些搞笑的问题或者尴尬的场景	现场画面、同期声

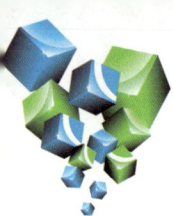

板块名称	时长	内容	形式
		第一个问题 "谁当过总统?" 第二个问题 "碳是个什么情况?" 第三个问题 "木星在哪里?" 2. 无论回答者怎样回答,只有一个结果那就是回答错误,而游戏的主持人给出的回答却都是出人意料,绝对能够让人大笑的。现场观众的笑声、欢呼声不断 3. 主持人宣布参赛选手都将获得一份本节目的家庭游戏 4. 引出下一环节教育频道	
节目转场片花	27秒	1. 介绍下期节目的音乐嘉宾保罗·麦卡特尼(Paul McCartney) 2. 插入本期主持人的个人写真,以满足直播的需要	视频画面、同期声
喜剧小品:《日系当下美国欢乐时光秀》	5分41秒	该板块由两位主持人扮演密歇根州立大学校园频道的主持人,主题是赞美日系文化时尚和音乐。两人的英语有日本口音,并且主持中时不时的穿插日语 1. 本期节目临近圣诞节,所以小品表演的主题是日本版圣诞——恶搞圣诞节,比如日扎树、忍者之星等 2. 邀请嘉宾 MSU 酒店管理系的毕业生丹蒂·史密斯(Dante Smith)(由本期嘉宾主持人扮演),围绕他的经历进行了一系列的表演与调侃,如文身、嘉宾身上的道服等;在适当的时候还不失调侃政治 3. 嘉宾和两位主持人一同演唱了一段歌曲,祝福大家日本圣诞节快乐	现场画面、同期声
视频:恶搞泰勒·派瑞	2分45秒	泰勒·派瑞(Tyler Perry)献上其首部警探拍档电影	视频画面
节目转场片花	11秒	1. 外景视频画面上印有 SNL 的标志 2. 音乐嘉宾出场镜头,进入演播厅	视频画面、同期声

板块名称	时长	内容	形式
		3. 音乐嘉宾个人写真	
著名歌手演唱	4分05秒	音乐嘉宾黑人乐手尼欧（Ne-Yo），进行了动感、精彩的演唱，现场有伴舞和乐队伴奏	现场画面、同期声
节目转场片花	23秒	1. 视频画面上印有SNL的标志，并插播了I-tunes的广告 2. 视频中介绍并引出下一板块（Weekend Update）	视频画面、同期声
《周末快讯》	10分04秒	该环节的主持人赛主播最近刚刚荣获*People*杂志颁发的"新罕布什尔男一号"，开场时主持人向大家问候时用了这个称号 1. 本期播报进行调侃的政治时事主要话题有：华盛顿州关于大麻和同性恋婚姻的合法化法案正式生效 2. 奥巴马利用社交网站Twitter敦促支持者向共和党施压，让他们支持其防止财政悬崖的政策 3. 纽约市公共议政员比尔（Bill）正在考虑明天竞选市长，他的妻子表示自己曾经是一名女同性恋 4. 奥巴马总统在本周点亮了国家圣诞树，而福克斯（Fox）新闻将此事报道为奥巴马侮辱以色列 5. 请出圣诞老婆婆进行一系列关于圣诞节、圣诞老人的调侃，比如北极的故事、平安夜、圣诞老人、圣诞音乐等 6. 纪念第一条手机短信诞生20周年 7. 纽约舞台熟食店在经营75年后倒闭 8. 光明节话题 9. 星巴克推出价值400美元的钢制礼品卡以及星巴克咖啡店的排队问题 10. YouTube视频网站上一阵的潮流是倒牛奶，很多人将牛奶倒在自己的头上	现场画面、同期声

板块名称	时长	内容	形式
		11. 女主人（Hostess）蛋糕公司倒闭背景下，一个扮演巧克力蛋糕的人从蛋糕的角度，以搞笑的方式分析这件事情 12. 中老年人的瑜伽 DVD 已经发行 13. 一名叫乔治亚的女性在女儿吃的麦当劳中发现了一个鼻环	
主持人写真	11 秒	主持人杰米·福克斯的个人写真	视频画面
情景喜剧：《美国最难的智力竞赛》	5 分 31 秒	本环节规则是给嘉宾看照片然后说出照片的人是谁 1. 第一环节，主持人将很长的名字说得很快，嘉宾无法听清而不能回答，造成笑点 2. 第二环节，要嘉宾把难写的名字写在答题板上，主持人进行评判，没有人写出正确答案 3. 第三环节，另一位嘉宾登场，嘉宾自我介绍，如演过《我最好朋友的婚礼》《房客小妹》等，考查答题嘉宾 整个环节都围绕着两个名字进行，主持人得意的表情与嘉宾的恼怒形成鲜明对比，十分搞笑，最终没有一个人答对胜出	现场画面、同期声
节目视频小品《树条客》	3 分 28 秒	嘉宾主持人以圣诞树为主题进行一系列演绎	视频画面、同期声
节目转场视频和主持人写真	24 秒	1. 画面内容为演播室内的实况录像 2. 嘉宾主持人的个人写真	视频画面
喜剧小品《缅因司法》	6 分 19 秒	主持人与嘉宾同台献艺，造型各异，在法庭场景中进行表演	视频画面、同期声
节目串场片花	3 秒	带有 SNL 的标识的视频画面	视频画面
著名乐队的演唱	3 分 36 秒	演唱的风格与第一次不同，整体氛围较为宁静。抒情；歌曲节奏缓慢、旋律优美与观众真情告别，现场有观众热烈的欢呼声	现场画面、同期声
音乐嘉宾写真	4 秒	音乐嘉宾尼欧的个人写真	视频画面

续表

板块名称	时长	内容	形式
喜剧小品	4分10秒	1. 两位性感、靓丽的女星进行以潮流为主题的表演，并重点提到施华洛世奇水晶，巧妙编剧，植入广告 2. 男主持在其中不断出现，加入了一些重口味的内容	现场画面、同期声
主持人写真	9秒	主持人杰米·福克斯的个人写真	视频画面
结束	1分23秒	嘉宾、主持、工作人员热烈拥抱，现场观众热烈欢呼，节目在萨克斯优雅的音乐陪伴中，节目结束	现场画面、同期声

节目特色点评

　　《周六夜直播》作为美国经典综艺娱乐节目的代表，其节目内容、节目形式、节目制作与商业模式探索方面都可谓经典之作。凭借其鲜明的特色，《周六夜直播》为一代代美国人奉上了一道道黄金夜宴。

节目形式

　　首先，该节目最大特点在于其直播的形式，这与一般的综艺娱乐节目录制播出的形式是不同的。一方面，直播的形式最大限度地彰显了电视媒体同步、现场、真实的优势，给观众呈现了一个真实、不可预见的黄金夜宴，节目中出现的摄像机、转场镜头以及演播室的设备与工作人员工作的场景，在进一步拉近节目与观众之间的距离的同时也满足了观众了解节目制作过程的好奇心理。另一方面，直播意味着充分的准备，需要有事先详尽的策划与排练，同时也意味着演出中难免爆出的笑话，潜藏着演员临时发挥的不确定性与更多的矛盾冲突，未经剪辑的节目形式在增强节目真实感的同时调动了观众观看节目的热情。

　　经过近30年的直播过程，《周六夜直播》形成了自己的直播经验，发挥直播优势的同时尽可能地规避直播的失误，可谓境界高深，如鱼得水。现在，节目会提前录制一些小片等插播在节目中，这样的做法并没有改变节目的直播形式，反而再次为节目增添了趣味，拓展了节目的展示空间。

　　其次，语言是电视节目赖以生存的根基，语言风格是电视节目的重要元素之一。在

叙事风格上，《周六夜直播》也形成了自己的风格。该节目立足于其深夜娱乐节目的定位，语言风格诙谐有趣又不失力度，节目中调侃性的轻松语言，一语双关等手法随处可见，在幽默中不失智慧的光芒，很好地满足了人们在周末放松休闲，高品质娱乐的需求，符合节目的整体定位。

节目内容

主题是任何一个节目的灵魂，作为一档深夜的综艺娱乐节目，在主题方面，《周六夜直播》以娱乐观众、放松心情为宗旨，通过形形色色的表演以及其鲜明的综艺特征，为处于简单、紧张、单调却需要面对生活中种种压力与问题的普通大众的生活提供了一剂有效的调和剂，让处于现代生活中压力很大的人们有了一个放声大笑、释放内心压力的渠道。

其次，《周六夜直播》可谓星光闪耀，节目拥有自己的专业表演团队，这个团队往往由一些具有表演天赋的新人组成，是节目相对的固定班底，对节目各个板块中表演效果的实现有很大作用。由于有些新演员在节目中的出色表演与自身的不断成熟，渐渐成为了知名的喜剧明星，在其他的节目中获得了成功。

再次，音乐在美国人的生活中是一项重要的娱乐因素，也是电视节目夺得观众眼球的重要因素之一。《周六夜直播》每一期都会邀请乐队明星进行表演。电台司令乐队（Radiohead）、战前女神乐队（Lady Antebellum）、Foster the People 乐队、酷玩乐队（Coldplay）、愤怒机械乐团、黑色琴键乐团（The Black Keys）、Bon Iver 乐团、杰克·怀特（Jack White）摇滚乐团、单向乐队（One Direction），歌手德雷克（Drake）、凯丽·克拉克森（Kelly Clarkson）等，这些当下走红、热门的乐队或者歌手的出现都为节目增添了不少亮丽的看点。在第三十七季第九集中，贾斯汀·比伯除了演唱之外，还参与到了情景喜剧表演中，引起观众的阵阵爆笑。除了用音乐满足观众放松心情、娱乐明星的需求的同时，《周六夜直播》将音乐元素与戏剧元素相结合，通过巧妙的设计将音乐嘉宾编入到短剧的表演中，再次带来新的笑点，刺激观众的视听神经。

此外，在《周六夜直播》中我们随处可见新闻恶搞与讽刺手段的运用。《新闻场景》是该节目中的固定板块，该板块有自己的编剧、导演，经过多年的发展已经形成自己的风格，每一期节目中的这一板块都会超乎观众的想象。无论是时下最火的政治事件，最尖锐的社会问题，还是最具争议性的人物都有可能在这里出现。新闻场景表演可以说是源于现实而又高于现实，其涉及的人物和时事都是有章可依，有据可循的，通过编剧们

巧妙的语言设计与情景安排，调侃热点话题、热点人物，形成了《周六夜直播》新闻恶搞的另类风格。这里的冷幽默极具爆发力，讽刺与挖苦无处不在，以娱乐大众为目的的新闻恶搞风格，让观众在捧腹大笑中有一种淋漓尽致的放松感和满足感。

最后，在《周六夜直播》中，不得不提的是节目一贯坚持的剧本为王策略。无论是搞笑幽默的喜剧表演还是新闻播报，都能准确地戳中观众的笑点，引发阵阵爆笑。在演员到位夸张而又逼真的表演背后，节目的幕后英雄——编剧们也付出了巨大的汗水。《周六夜直播》奉行剧本为王策略，无论是喜剧小品、新闻播报，还是主持人巧妙有趣的主持词，其根基都在于一个个高质量的剧本。这里有一个专业、庞大的编剧队伍，由众多的知名编剧组成，剧本的质量得以保证，实现了更为深层次的讽刺效果、娱乐效果，让观众在看过节目之后能够有所思考，用高品质的笑点满足了人们日益高级的娱乐需求。

节目制作

在拍摄方面，《周六夜直播》团队有着高水准的拍摄技术。该节目最大的特点在于其直播的形式，在节目直播过程中对拍摄以及转播团队提出了很高的要求，节目中各个板块自如转换，直播过程顺利、真实。例如转场视频与节目现场的对接过程中，运用了一个俯拍的全景镜头，将演播室和视频中的画面和谐地接到一起。

在音乐方面，《周六夜直播》中音乐的元素对整个节目的氛围起到了关键作用。无论是节目音乐还是乐队的表演，都能够很好地调动起观众的兴奋度。强烈的节奏、动感的鼓点等相辅相成，烘托出了节目的娱乐氛围。节目中的音乐制作精良，根据不同的环节设计不同风格的音乐，他们有自己的音乐团队，音乐风格充分体现了美国特色，爵士感、摇滚感贯穿节目音乐的始终。

《周六夜直播》的网站设计与其节目定位相契合，同样延续了其娱乐、时尚、华丽的路线。网站页面以深颜色为背景，配以鲜艳的颜色和灯影，营造出了城市深夜的灯火阑珊之感。在内容方面，SNL 的官方网站十分丰富，其主要板块包括：视频（Video）、商店（Shop）、游戏（Game）、音乐（Music）、事件导航（Episode Guide）等，此外还有相关社交网站的链接，如 Twitter、Facebook、Boards，节目的互动性得以延展。

商业模式

与所有产品一样，电视节目作为一种文化产品，同样离不开一系列的营销手段。《周

图 10　网站主页

六夜直播》作为美国当红的综艺娱乐节目，在营销形式方面有着自己的做法。

首先，节目在播出过程中会插入下一期或后几期节目的预告。一方面可以满足现场直播进行转场的需要，另一方面也让观众对未来的节目有了一个预期，吸引观众注意力。

其次，节目实行网上领票制度，领到票的观众可以到现场参加节目，而非仅仅坐在电视机前收看。由于到现场观看节目的票数有限，这样的饥饿营销手段可以很好地勾起观众的观看欲望，保证了节目的收视率，为节目培养一批忠实粉丝。

此外，节目在营销方面还充分利用名人嘉宾的作用，在营销过程中充分运用名人因素，迎合观众娱乐名人的心理需求。现在的《周六夜直播》已经凭借其收视率的王牌地位，成为明星大腕提高自身知名度、扩大影响力的一个有效平台，节目在利用名人方面可以说是与前来参加节目的明星嘉宾形成了一个互利共赢的局面。

电视节目的运作与经营离不开广告等商业合作项目的支撑，在《周六夜直播》中，我们可以看到其巧妙的商业运作手段。

首先，在短剧内容创作上与广告相结合，巧妙植入广告，内容有趣而不显突兀：如第三十七季第一集中短剧的创作与香奈儿品牌的结合，第三十七季第十四集中与汽车克莱斯勒的广告相结合等；其次，节目会与相关企业合作，如苹果公司在节目中间插入iTunes 的标志，观众可以用 iTunes 下载节目等；同时，节目在衍生品开发上做出了尝试，在节目的官网上有节目众多的衍生品在线销售，如印有节目标识的水杯、衬衫，印有嘉宾写真的文化衫，节目中的典型道具，DVD，玩偶等。

Conan

《柯南脱口秀》
——长腿大叔的魅力

● 节目概况速览 ⌄

    《柯南脱口秀》(*Conan*) 是美国 TBS 有线电视台于 2010 年推出的一档夜间脱口秀节目，它由著名脱口秀主持人柯南·欧布莱恩（Conan O'Brien）主持，编剧安迪·里查克（Andy Richter）担任搭档，节目由时事点评、恶搞、名人访谈等部分构成，以明星为招牌，以恶搞为卖点，以演出为点缀，将幽默、活泼、讽刺等因素融入节目中。其中最有特色的部分是柯南的单口秀，从美国总统到中国的《还珠格格》，话题层出不穷，令人捧腹。整体格调轻松幽默，题材广泛，关注当下热点，颇受美国年轻人的喜爱。

基本信息 ▶▶

- 原　　名：Conan
- 译　　名：柯南脱口秀
- 标　　识：《柯南脱口秀》的标识为主持人柯南的剪影和节目的英文名组合，主体以橘黄色为主。

图 1

- 播出国家：美国
- 播出频道：美国 TBS 有线电视台
- 首播时间：2010 年 11 月 8 日开播
- 播出时间：周一到周四晚 11 点
- 节目时长：42 分钟
- 节目类型：脱口秀类
- 播出形式：录播
- 制作公司：Conaco 公司
- 官方网站：http://teamcoco.com/

历史演变

《柯南脱口秀》是美国 TBS 有线电视台在 2010 年推出的一档以主持人柯南为核心的脱口秀节目，作为一档脱口秀节目，它的播出历史不算很长。但是作为核心的柯南曾主持《柯南深夜秀》（*Late Night with Conan O'Brien*）和《柯南今夜秀》（*The Tonight Show with Conan O'Brien*），是资深脱口秀主持人。本节目制作班底有为数不少来自原来的节目，环节设置也大体相同，可以说是柯南自身风格的延续。在首次节目中，他也曾调侃自己之前的主持经历。

获奖情况

提名第 63 届艾美奖最佳综艺类 / 音乐类 / 喜剧类节目奖（Outstanding Variety, Music or Comedy Series）

提名最佳编剧奖（Outstanding Writing for a Variety, Music or Comedy Series）

提名最佳灯光指导（Outstanding Lighting Design/Lighting Direction for a Variety, Music or Comedy Series）

提名最佳互动媒体创作成就奖（Outstanding Creative Achievement in Interactive Media）

获得第 64 届艾美奖最佳互动媒体创作成就奖（Outstanding Creative Achievement in Interactive Media）

节目模式分析

作为一档夜间脱口秀节目，《柯南脱口秀》的模式与其他同时段脱口秀节目环节大体相同，但也有自己的独特之处。主持人柯南基本延续了他在之前由自己主持的脱口秀节目《柯南今夜秀》的大概框架，具有鲜明的柯南式风格，吸引了很多老观众的注意。其次，柯南与其他主持人不同的单口秀，话题广泛，风趣幽默，多次成为人们谈论的焦点。同时与老搭档安迪的互动也是《柯南脱口秀》的鲜明特色。此外，《柯南脱口秀》开放的主题均由柯南的团队设计，颇有电视情景喜剧的风格，与一般夜间秀十分不同。

图2　《柯南脱口秀》不同的主题预告

板块设置

《柯南脱口秀》大致分为 5 个板块，具体板块如下：

表 1　板块设置详情

板块一	动画片头（介绍主题、主持人、嘉宾等）
板块二	主持人出场，一系列招牌动作，与观众互动
板块三	主持人单口秀，以调侃为主
板块四	嘉宾出场，主持人采访嘉宾
板块五	音乐嘉宾表演或现场滑稽剧

人物角色

主持人：柯南·克里斯托夫·欧布莱恩（Conan Christopher O'Brien），生于 1963 年 4 月 18 日，毕业于哈佛大学。美国脱口秀主持人、喜剧表演员、作家、制作人。他从 1993 年起开始主持脱口秀节目，曾 14 次提名艾美奖。不同于前辈主持人们的正统，柯南的风格更趋于无厘头：这位红发、小眼儿、雀斑、长腿大叔不停地上蹿下跳，常年以一副纽约雅痞的无厘头风格面对嘉宾观众，深得美国学生一代和青年才俊的青睐。

图 3　柯南

搭档（副主持）：安迪·里查克（Andy Richter），生于 1966 年 10 月 28 日，美国著名演员、编剧、制片，作品包括《周六夜直播》（*Saturday Night Live*），《柯南今夜秀》（*The Tonight Show with Conan O'Brien*），曾多次获艾美奖提名。

图 4　安迪·里查克

《柯南脱口秀》是幽默类脱口秀，以吸引眼球为目的，嘉宾大都为热门人物，包括好莱坞明星、歌手、运动员、作家等。同时受主持人个人风格和夜间秀影响，节目尺度较大，与嘉宾聊天更是几乎百无禁忌，时常出现令人哭笑不得的场面，这也是它的特色之一。

表 2 《柯南脱口秀》部分嘉宾

日期	主题	嘉宾	职业
2011 年 8 月 3 日	"The Gentile's Bar Mitzvah"	德约科维奇（Novak Djokovic）	职业网球运动员，现为 ATP 单打世界第一
2011 年 12 月 20 日	"Happy hanukah—I Mean, Hanukah—I Mean, Hanukkah"	李凯文（Kevin Lee）	世界级著名音乐教育家，大提琴家，著名好莱坞制片人，音乐经纪人
2012 年 5 月 9 日	"Table for Two, Said the Fatman"	妮娜·杜波夫（Nina Dobrev）	《吸血鬼日记》女主角
2012 年 9 月 11 日	"The Surprisingly Well-Adjusted Later Life of Honey Boo Boo"	伊娃·朗格利亚（Eva Longria）	《绝望主妇》主演
2012 年 12 月 20 日	"Whatever You Do, Do Not Do a Google Image Search for 'Geese-a-Laying'"	保罗·路德（Paul Rudd）	戏剧演员

外部包装

《柯南脱口秀》主要在演播室里进行，整体包装风格以深色为主，包括深蓝、深棕、深红和柔白色，背景为立体的夜晚海洋和一轮明月，大气、简约的风格给人一种夜间柔和、舒适的感觉，也符合本节目夜间秀的定位。

《柯南脱口秀》的舞台设置有着鲜明的层次感，从左至右依次为乐队表演区、采访区、主持人及嘉宾出场区加上观众区，共分为四个区域。各分区整体风格一致，又根据功能的不同略有差异，主次分明。条状的分布方式符合欧美国家演播室的布置习惯，合理利用了空间，使整个演播间更为开阔，便于主持人串场和摄像人员跟踪拍摄，也无形中拉近了与观众区的距离，为更好的互动打下了基础。

在道具方面，比较有特色的是舞台正中间的采访区，由一张办公桌和两张沙发组成，

图5 入场区

图6 观众席

图7 舞台全景

图8 采访区

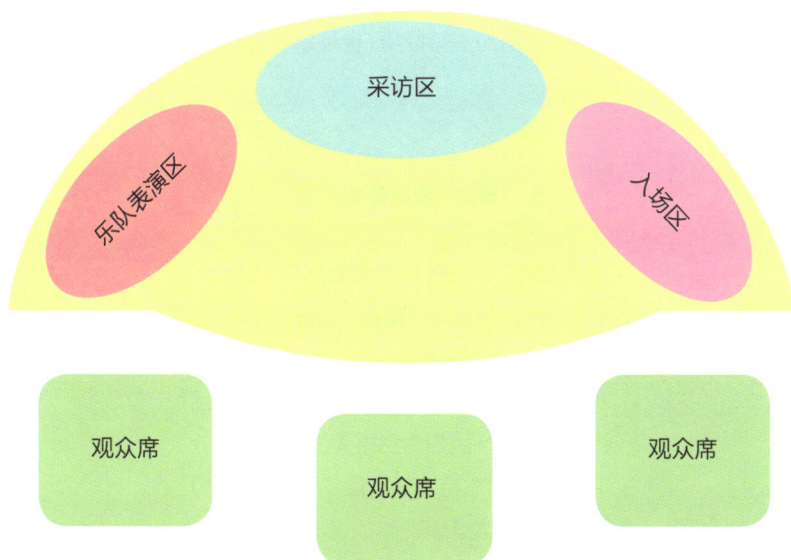

图9 设计图

前面设有小桌子一张。这样的设计便于嘉宾与主持人的近距离交流，给人一种在家中闲谈的错觉，无论是观众还是嘉宾都会在较短时间内放松下来。另一个亮点是舞台背景墙上的月亮，柯南曾在第一集节目中进行过展示，月亮是可以随着时间的变化改变不同的位置，与蔚蓝色的夜景很好地融为了一体。

在灯光使用上，除必要照明使用聚光灯外，更多地使用泛光灯、追光灯，舞台上方、两侧、背景墙和前方大量应用环状光源、柱状光源及散射光源等柔和型照明设备，使舞台画面层次丰富、交点灵动、构图多变。大量不同种类光源的运用，使舞台整体风格趋于统一。舞台上空的白色光圈是整个灯光设计的亮点，使舞台显得更为大气，与舞台顶部的吊灯合在一起宛如夜空，提高了整个舞台的立体感，模拟设置出一种夜晚的感觉，增加了节目的梦幻和时尚色彩。

节目案例详解

以下分析将以柯南加盟 TBS《柯南脱口秀》的第一集节目为例，主题为"敲敲敲诈"（"Baa Baa Blackmail"），嘉宾为艾琳娜·瓦格纳（Arlene Wagner）、赛斯·罗根（Seth Rogen）、丽亚·米雪儿（Lea Michele），音乐嘉宾是杰克·怀特（Jack White）。这是《柯南脱口秀》首次登录有线电视台，主持人柯南在节目开头调侃了自己在不主持节目时间的生活。通过本期节目可以了解柯南之前的主持经历，也可以更加直观地感受到柯南式的调侃。

板块分析

表3　板块分析

板块	时长	内容	形式
开场	2分53秒	1. 以调侃的方式说明柯南已离开 NBC 电视台 2. 在 VCR 中柯南经历枪击、面试失败、快餐店被辞、当小丑被辞	VCR
	1分07秒	1. 柯南企图跳河时遇到"天使"拉里·金(Larry king)（CNN 脱口秀主持人）邀请他加入 TBS 电视台主持全新节目《柯南脱口秀》 2. 柯南决定加入 TBS	VCR

续表

板块	时长	内容	形式
主持人及嘉宾介绍	45秒	1.介绍主持人柯南 2.介绍嘉宾，介绍伴奏和乐队 3.介绍安迪·里查克 4.介绍本集主题"敲敲敲诈"	VCR
主持人出场	1分30秒	1.柯南出场，手指指向安迪·里查克，再指向乐队 2.柯南做开场招牌动作纵身跳 3.与观众互动，拥抱一位观众	现场同期声、音响
主持人与观众互动	3分26秒	1.柯南介绍自己的新节目，调侃为什么叫柯南脱口秀 2.柯南表示一直想当有线电视主持人，调侃自己以前的公司 3.与观众互动，和一位观众握手	现场同期声、音响
	17秒	调侃美国全国广播公司某彩票开奖节目	现场同期声、音响
	19秒	美国全国广播公司彩票节目某期视频片段	VCR
介绍嘉宾	1分48秒	1.介绍嘉宾赛斯·罗根、美剧《欢乐合唱团》女主角丽亚·米雪儿、音乐嘉宾杰克·怀特，首次嘉宾竞赛获得者 2.乐队展示	现场同期声、音响、乐队
介绍明日嘉宾	3分20秒	1.欢迎安迪 2.介绍明日嘉宾 3.介绍演播室道具，展示道具 4.调侃一款"柯南"万圣节面具	现场同期声、音响、VCR
表达开心	1分16秒	1.表示有收到来自朋友的关心 2.展示朋友充满调侃的祝福视频片段	现场同期声、VCR
嘉宾颁奖	3分18秒	1.宣布投票产生的第一个嘉宾（搞笑情节） 2.嘉宾莱文奥斯镇博物馆馆长艾琳娜出场，与主持人握手送给柯南一个玩偶径直走出演播室 3.与安迪一起展示嘉宾赠送的玩偶	现场同期声、乐队
介绍第一个正式嘉宾	1分50秒	1.介绍第一个正式嘉宾赛斯·罗根为加拿大籍演员，在2011年1月出演了《青蜂侠》 2.嘉宾赛斯·罗根出场	主持人现场访问、乐队

板块	时长	内容	形式
采访 Seth Rogen（赛斯·罗根）	5分10秒	1. 采访赛斯·罗根关于他近期订婚的消息 2. 讨论关于大麻在医学上使用的看法 3. 谈论赛斯·罗根即将上映的电影《青蜂侠》	主持人现场访问、乐队
介绍第二个嘉宾	1分02秒	1. 介绍第二个嘉宾丽亚·米雪儿，美剧《欢乐合唱团》主演之一 2. 嘉宾丽亚·米雪儿出场 3. 丽亚·米雪儿赞美柯南发型，表示很开心柯南复出	主持人现场访问、乐队
与第二个嘉宾互动	4分27秒	1. 交流丽亚·米雪儿关于她唱歌的经历 2. 询问丽亚·米雪儿对自己性感杂志照看法，恶搞丽亚·米雪儿的杂志照 3. 讨论关于丽亚·米雪儿的有趣新闻	主持人现场访问、乐队
后台准备	5秒	柯南后台准备视频	VCR
现场歌曲	3分40秒	柯南与音乐嘉宾杰克·怀特现场歌曲展示	现场音乐展示、主持人现场访问
采访嘉宾	2分	1. 回到演播室，伴奏乐队展示 2. 采访音乐嘉宾杰克·怀特	现场同期声、乐队、音响
结束	15秒	1. 主持人柯南结束语 2. 介绍下期嘉宾 3. 视频短片	现场同期声、乐队、VCR

节目特色点评

电视节目的风格定位往往与所处的时间段密切相关，夜间节目《柯南脱口秀》旨在通过轻松诙谐的方式减轻观众的压力，同时节目也通过这种幽默的方式调侃政治，评论时事。

人物分析

主持人柯南是一位毕业于哈佛大学的高才生，他先后主持过多档脱口秀节目，并为很多知名节目担任过编剧，经验丰富，有大量粉丝。他善于运用各种搞笑元素、明星采访、

富于音乐性和长演不衰的喜剧表演，话题十分大胆；搭档安迪是一名演员、编剧，多次获艾美奖提名，与柯南有过多次合作，有着独特的冷幽默；嘉宾涵盖各个行业热门人士，通过《柯南脱口秀》向观众展示自己不为大众所熟知的一面；幽默引人发笑的语言与大量的自我调侃式语言相结合，与日间脱口秀的温情稳重不同，《柯南脱口秀》更像是朋友间随意的交谈。

主题分析

该档节目话题的选择非常广泛，如苹果与三星专利案、《还珠格格》等，总之什么热门聊什么，什么敏感聊什么。不是直接式的态度，而是在大事件中寻找小的落脚点，谈论的角度刁钻古怪，充满一种讽刺性的幽默，让人大呼过瘾的同时也深思其中深意。

节目制作

在节目制作方面，《柯南脱口秀》延续了节目整体的简约大气风。开头为精美的动画短片，色块的拼接产生视觉冲击，深深吸引了观众。以全景镜头开场，增强了整个空间的立体感，多角度切换及大量近景镜头和特写镜头的使用，使节目颇具时尚感又不显凌乱。

商业模式

电视节目主要是靠内容来吸引注意力的商品，内容的创新性、可看性是节目生存的关键性因素。主持人柯南有主持脱口秀的丰富经验，凭借《柯南深夜秀》吸引了大批忠实粉丝，观众对节目内容的认可度很高。当《柯南脱口秀》出现时，节目在观众心目中的地位自然不同，加之《柯南脱口秀》以出奇、出新为目标，与同类节目差异大。

在传播渠道上，除了有线电视播出，还有网络播出和观众互动等。因为话题的新奇性经常出现在各大社交网站上，达到了很好的传播效果。社会化媒体营销最重要的是利用用户的既有关系链传播信息，而一个话题想要用户去主动传播，必须要有传播性。传播性的打造有很多技巧，可以利用幽默恶搞、可以利用社会问题，也可以借势热点事件。比如"苹果与三星大战"这个话题，借助苹果与三星版权之争这个热点，是极具传播性的。最终的效果就是成千上万的观众会去谈论甚至争论这个话题，而承载这一话题的《柯南脱口秀》便作为附属品沿着用户关系链得到广泛传播。

此外，TBS 对该节目的大力支持和《柯南脱口秀》精良的制作团队等也都为该节目的推广做了一定程度的贡献。营销能做的是以更低的成本获得更高的信息到达率，而能不能得到观众的认可还是看节目内容本身，也就是业内常说的"内容为王"。

同类对比

脱口秀节目在美国电视节目中占有一定比重，以主持人出色的口才和对时事、政治或人物的点评而出名，是了解西方社会政治、经济、文化很好的途径。现将两档比较知名的脱口秀节目与《柯南脱口秀》进行对比：

表 4 同类节目对比

节目	频道	类型	特色	嘉宾
艾伦秀	CBS	日间脱口秀	轻松温情的风格及艾伦会到观众席中唱歌跳舞	既包括普通人也包括名人
柯南脱口秀	TBS	夜间脱口秀	趣味横生的时事点评和柯南式的雅痞风格	各界名人（好莱坞明星较多）
每日秀	Comedy Central	夜间脱口秀	出色的政治讽刺和对电视新闻的辛辣调侃	非文学作家、政治评论员以及重要政治人物

在脱口秀节目中，主持人往往是核心，是决定一个节目风格的重要因素。《艾伦秀》等日间节目主要走温情路线，善于挖掘人性，嘉宾也并非都是名人，受普通大众的欢迎，尤其是女性的欢迎。而同为脱口秀节目的《柯南脱口秀》和《每日秀》则主要走幽默路线。两者的主要收视群体都是年轻人，都有幽默讽刺的特质，却又十分不同。《每日秀》形式上更像是传统的新闻节目，以尖锐的新闻讽刺出名，主持人乔恩·斯图尔特（Jon Stewart）不但能在恶搞新闻中加入轻松笑料，更多时候体现的是一种发人深省的幽默，嘉宾也以政治方面的人物为主。而《柯南脱口秀》虽然也会对时政有点评和讽刺，但嘉宾主要以明星为主，调侃的味道更浓，话题更开放，相对也更生活化一些。

Dr. Phil Show

《费尔医生秀》
——拯救你的心灵鸡汤

基本信息 》》

· 原　　名：Dr. Phil Show
· 译　　名：费尔医生秀
· 标　　识：该节目的标识大方、简练，背景颜色代表了节目演播室现场的棕色的木质地板和蓝色的发光二极管（LED）灯光、屏幕等，彰显出节目独特的主题色。

图 1

· 播出国家：美国（为主）、葡萄牙、澳大利亚等

· 播出频道：OWN、KRON（网络电视）
· 首播时间：2002 年 9 月 16 日
· 播出时间：每周一至周五
· 节目时长：45—48 分钟
· 节目类型：建言类脱口秀
· 播出形式：录制播出、日播
· 制作公司：哈泼公司（Harpo Productions）、派拉蒙电视公司（Paramount Domestic Television）、哥伦比亚广播派拉蒙电视公司（CBS Paramount Domestic Television）、王者世界制作（King World Productions）、哥伦比亚电视制作公司（CBS Television Distribution）
· 官方网站：http://www.drphil.com/

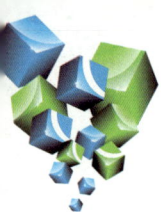

●**节目概况速览** ◉

　　《费尔医生秀》是一档真人脱口秀类节目，它以独特的出发点和实用性吸引了大批观众，并且随着节目的播出，费尔医生越来越受到观众的欢迎，节目不断打破收视纪录，目前已经预定到第十七季。在每一期节目中，费尔医生都会以他作为临床心理学家的经验，以建言的方式向节目中的嘉宾提供生活策略。节目的话题范围相当广泛，包括减肥、财政计划、如何对待犯错的小孩、送礼建议、糟糕的婚姻、穿着不符年龄的母亲等。节目播出季的每期都邀请了普通民众或者心理方面的专家参加节目，在主持人的引导下，致力于解决嘉宾生活中心理方面的问题。

历史演变

　　该节目原本是《奥普拉·温弗瑞秀》（*The Oprah Winfrey Show*）的一个板块，由于其极度成功，被独立包装为一档建议类脱口秀节目并于 2002 年 9 月 16 日首次播出，到目前为止已经播出到第十一季。该节目在全美和几个其他国家均有播出。节目在 2006 年之前，都在演播室进行录播。

　　从 2006 年开始，节目偶尔在演播室录制，转为在配备了很多摄像机和收音器的特殊房间内录制，称为"费尔医生之屋"，这样能够对嘉宾可能发生的身体冲突进行干预。此外，现场还邀请了一位提供咨询的节目之客——他的妻子。

　　2011 年，节目重新打造，更注重于解决家庭问题，主持人犀利地剖开家庭表面，赤裸裸地把人与人之间的问题和感情展露在观众面前，引起观众强烈的共鸣。节目舞台设计成中心有一张木质书桌、类似新闻节目中心演播室的场景，开场音乐也改编为突发性新闻的开场音乐。节目的口号变为：一旦发生，立马解决（If it's happening now, we're going to deal with it now）。

收视情况

　　在 2012 年 2 月的第 2 周，《费尔医生秀》（*Dr. Phil Show*）取得了其开播以来的最高收视率，当月哥伦比亚电视发行公司公布前 10 大辛迪加电视节目的数据显示，《费尔医生秀》收视率比去年同时段增长了 13%，收视率达到了 3.5%。根据 2013 年 4 月 12 日

公布的国家辛迪加排名，从 1 月 31 日到 4 月 3 日，《费尔医生秀》获取了 4.3% 的家庭收视率，即约等于 4.8 百万的收视人群，高出了上一季收视率的 17%。并且，在本季的 20 周内，《费尔医生秀》有 17 周名列最佳脱口秀类节目[①]。

获奖情况

自 2003 年至今，每年获日间节目艾美奖、最佳脱口秀奖提名。详情如下：

2003 年：日间节目艾美奖　最佳脱口秀主持人奖 提名

2004 年：日间节目艾美奖　最佳脱口秀主持人奖 提名

　　　　　日间节目艾美奖　单机编辑杰出成就奖 提名

2005 年：日间节目艾美奖　最佳脱口秀主持人奖 提名

　　　　　日间节目艾美奖　单机编辑杰出成就奖 提名

2006 年：日间节目艾美奖　多机编辑杰出成就奖 提名

　　　　　日间节目艾美奖　单机编辑杰出成就奖 提名

　　　　　日间节目艾美奖　最佳发型奖 提名

美国同性恋者反诋毁联盟（GLAAD）媒体奖 优秀脱口秀奖 提名

2007 年：日间节目艾美奖　多机编辑杰出成就奖 提名

　　　　　日间节目艾美奖　最佳脱口秀主持人奖 提名

　　　　　日间节目艾美奖　最佳发型奖 提名

2012 年：日间节目艾美奖　主标题和平面设计杰出成就奖 提名

　　　　　日间节目艾美奖　多机编辑杰出成就奖 提名

节目模式分析

作为一款建言类的脱口秀节目，《费尔医生秀》的节目模式比较清晰。每集节目都会邀请两批参与嘉宾来剖析自己的生活或心理问题。节目现场的演播室由费尔先生作为主持人，以理性严肃的语气来解析、劝说参与嘉宾。现场主持人也会提供额外的评论和

[①] 数据来源：THE Hollywod REPORT.,http://www.hollywoodreporter.com/news/tv-ratings-dr-phil-pulls-420868.

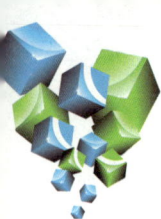

互动，并且还在嘉宾登场前进行采访。通常，在节目过程中，费尔医生将会实现从扮演一个聆听者，到一个引导者，继而成为建言者的角色转变。

《费尔医生秀》节目的板块设置主要包括以下 5 个部分：本集精彩荟萃、演播室主持人开场介绍、第一轮参与嘉宾上场寻求帮助、第二轮参与嘉宾上场寻求帮助、片尾。偶尔节目中会加入采访环节和实验环节。

首先，本期精彩荟萃：一期节目固定有一个主题，节目组会以此主题为该次节目拟标题概括。节目开始前，VCR 展示本期精彩片段，简述第一批嘉宾的问题所在。

其次，演播室主持人开场介绍：主持人费尔从台后走到舞台左侧，以蓝色发光二极管屏为背景，对本期节目主题进行简短的开题、引入。

第一批参与嘉宾：主持人走到房间右侧，与坐在沙发上的嘉宾进行对话，了解问题。嘉宾可能是生活上有问题的普通百姓，也可能还有与本期主题相关的专家。

第二批参与嘉宾：同上。

片尾：主持人对整期节目做总结、下期节目预告、工作人员表。

采访环节：每期的受访者大约有 2—4 批，在与主持人的交谈中，他们对自己的生活经验全盘托出，以得到准确的建议。

实验环节：针对主题，例如"当好人做坏事时"2011 年 1 月 28 日的这期节目，设计一至三项实验，在专家对实验揭露的现象进行解读后，主持人会邀请实验对象上台进行采访。

主持人

主持人费尔·麦格劳 (Phil McGraw) 生于 1950 年。他是在 1990 年代《奥普拉·温弗瑞秀》的节目上积聚了相当的人气后，开始创办自己的节目《费尔医生秀》。如今，他已成为全世界几乎最著名的心理健康专家和日间脱口秀的领军人物。

嘉宾：嘉宾都是普通公民，他们通过在节目网站上留言或者直接打电话给节目组来报名参加，节目组则需要根据与嘉宾的沟通程度、是否签订必要的协定（例如永不控告费尔医生在节目中精神虐待了他们）等来选择嘉宾。在节目录制后，嘉宾会收到节目组赠送的礼物表示感谢。

图 2　费尔医生

外部形态和包装风格

《费尔医生秀》的整体色调以大面积深棕色为主（不同浓度棕色的共同构成），木质地板、深棕色舞台等，配以蓝色、橘色的辅助光、LED屏等和灰色观众席为点缀。棕色易被联想到泥土、自然、简朴。它给人可靠、有益健康和保守的感觉。反面来说，它也被认为有些不鲜明，但是可以通过使用较亮的色彩，即节目中的亮蓝色，来弥补这种情况。因此，节目包装得低调而不失档次，稳重而理性，无形中在视觉上获得观众潜意识的信任，而蓝色不失活泼，也宣扬了节目积极的价值观导向。

该节目的舞台设计简洁，划分明确。舞台呈椭圆形，占据了整个演播室的四分之三，而嘉宾和主持人的座位处于整个演播室的中央。观众席则在舞台边呈弧形均匀分布。对称的舞台造型也营造了节目的权威感和庄严感。同时由于节目的性质，灯光朴实，主要用于打亮舞台，机位稳定而不刻意制造噱头，力求营造出严谨务实的效果。

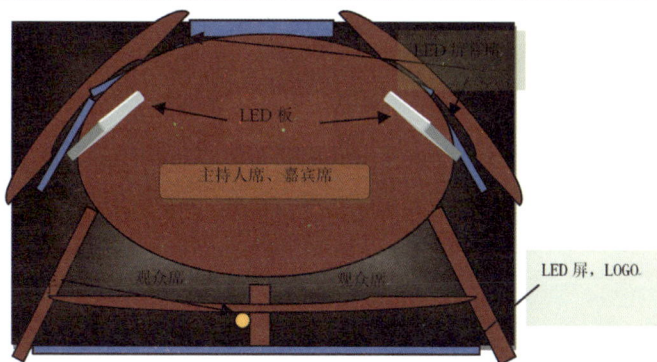

图3　演播室示意图

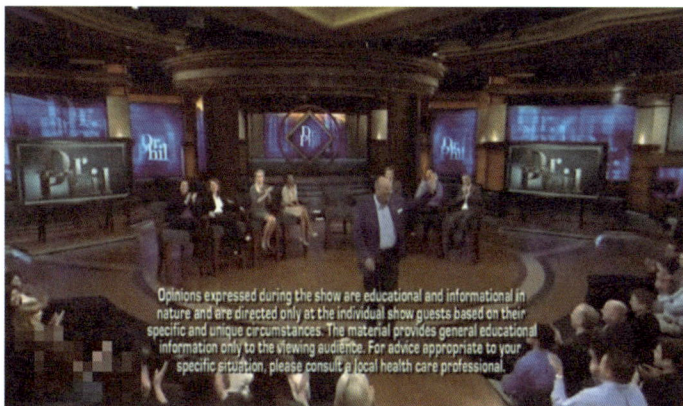

图4　舞台设置

截至目前，《费尔医生秀》已播出十一季。每期节目包括两类，一类邀请报名嘉宾，他们在生活中存在着无法解决的情感问题。另一类是专家、作家类的嘉宾。前类嘉宾占节目播出期的大多数，旨在解决平凡人生活中具有争议性和看似无法解决的问题；后者节目的氛围则相对较为轻松，主要是介绍性和解释性的内容。

剧集介绍

2011 年 3 月 9 日期：本期节目前段采访了一对夫妇。妻子发现丈夫爱着女装的怪癖，丈夫坦言对变性的渴求。费尔医生在经过了详细的情况了解后，向他们提出了中肯的建议（仅对本期第一批嘉宾做解析）。

表 1　板块分析

板块	时长	内容	形式
本期精彩荟萃	30 秒	1. 每期节目片头动画（根据主题作）：一个妇人拉扯一个逃走的男人，字幕打出本期主题：秘密谎言与遗憾（Secrets Lies and Regrets） 2. VCR：截取了节目精彩片段，女人哭诉对丈夫的爱、照片上着女装的丈夫亲密地搂着妻子、丈夫坐在床边抑郁难言等。但对嘉宾的问题道而不破	VCR
演播室主持人开场介绍	31 秒	1. 主持人站在大屏幕前，介绍嘉宾的身份和嘉宾此行需要解决的问题 2. 主持人讲述同时走向嘉宾，讲述结束时，嘉宾和主持人同时入画	主持人现场、LED 屏展示照片
第一批参与嘉宾——嘉宾	53 秒	妻子 1. 介绍他们婚姻美满的一面 2. 对妻子的采访：妻子对自己婚姻的满足；讲述如何发现丈夫的特殊癖好，表达自己最初以玩笑来看待	LED 大屏 VCR、画面重现、主题音乐转回现场
第一批参与嘉宾——主	54 秒	1. 主持人现场分别采访妻子、丈夫对此事的态度，提出疑问并与其探讨	字幕、主持人现场

续表

板块	时长	内容	形式
持人		2. 主持人点出现阶段的当务之急：首先让妻子认识到丈夫真正的想法	
第一批参与嘉宾——嘉宾	1分39秒	丈夫 1. 表达对妻子的爱 2. 讲述自己这样癖好的经历：少年萌芽→成年压抑→婚后爆发 3. 妻子得知后，更加压抑最深层次的欲望 4. 最后向观众和费尔医生提出疑惑：希望找到既能表现真实自我又能不伤害别人的方法	VCR、音乐
第一批参与嘉宾——主持人	4分59秒	1. 大全景拍摄舞台，主持人观察到妻子的反应，没有讲话，给予其足够的空间表达现场想法 2. 妻子情绪激动，最后表明自己不能忍受和女人结婚 3. 主持人再三落实了妻子在这个问题上的答案 4. 主持人转而对丈夫进行心理疏导，并对现在的状况进行分析，使情形变得开朗清楚起来 5. 主持人面向镜头，向观众提出一些讨论的问题，接着进入一段 VCR 回顾和广告休息	主持人现场、音响
第一批参与嘉宾——嘉宾	4分23秒	1. 广告回来，VCR：夫妻在没有解决问题前是如何相爱又痛苦地相处，使得问题日益严重 2. 主持人因此向夫妻提出问题，夫妻各自发表了看法，印证了费尔医生上段中所说的"若执意挽留更徒增痛苦" 3. 主持人询问丈夫如何看待自己的男性身体，丈夫表明自己希望能变美，他不喜欢现在的自己	VCR、字幕、主持人
第一批参与嘉宾——专家嘉宾	3分48秒	1. 主持人介绍邀请到场的性别鉴定专家克里斯蒂娜医生（Dr. Christina）并请她对现在的状况做出一个评价 2. 克里斯蒂娜医生以专业的视角进行解读 3. 丈夫受到专家解读的触动，现场落泪，主持人询问他此时的想法。丈夫表示曾经太害怕失去，因为自己的问题给家庭带来很大的困	字幕、VCR、主持人现场

板块	时长	内容	形式
		扰，但现在他宁愿自己痛苦也不希望让所有的家人难过 4. 主持人面向镜头，观众提出一些讨论的问题，接着进入一段 VCR 和广告休息	
第一批参与嘉宾——主持人	3分01秒	1. 广告回来，VCR 衔接：丈夫哭诉自己特别不想伤害孩子，而过着这样双重生活又给自己带来了很大压力 2. 主持人询问丈夫的想法以及妻子对丈夫如果真去做了变性手术的看法后，引导妻子对丈夫行为的理解，并帮助丈夫梳理他两种选择行为分别会带来的后果	VCR、字幕、采访
第一批参与嘉宾——主持人	3分27秒	1. 主持人请专家就"不能解决性向问题的人有很高的自杀可能性"进行进一步解释 2. 根据专家的解释，主持人向嘉宾做心理上的疏导：丈夫必须尊重自己内心的想法，对自己和别人坦诚，而妻子，作为最了解他的人，应该给予支持。只有在这样的基础上，才能够给予他们进一步的帮助。在随后的专家治疗下，他们再来决定是否坚持这段婚姻 3. 丈夫表示自己不能够想象自己会失去妻子 4. 主持人做了最后的总结，结束了这对嘉宾的咨询 5. 主持人一句话简介下一对嘉宾家庭问题 6. 进入广告	字幕、主持人现场、音响
片尾	55秒	1. 主持人对参与嘉宾表示感谢，对今天的情感问题进行总结，提出普适性的建议，鼓舞观众 2. 背景音乐重新变得轻松欢快 3. 主持人走下舞台，妻子从观众席起立，挎住丈夫，一起走出演播室	音响、现场同期声、字幕

节目特色点评

作为一档真人脱口秀节目，《费尔医生秀》的主题是解决问题。虽然节目风格始终坚持中庸路线，但 11 年来仍然蒸蒸日上，拥有越来越多忠实的节目受众。这说明其必然有独特之处，在满足观众娱乐心理需求的同时，也能满足了一定的社会需求。

内容分析

节目主题涉及广泛，改版后主要关注人与人之间的问题，而只要是有问题的人（不论普通人还是明星）都可以在这个节目平台得到咨询。在价值导向上，该节目属于主流价值观的导向，节目指导观众任何问题经过疏导都能够得到解决，而解决问题需要我们跟随本心。例如在 2013 年 5 月 2 日的节目中就邀请了一位被警方指控卖身、嗑药的舞女艾丽西亚·瓜斯塔费罗（Alicia Guastaferro），她在事件曝光后一度情绪失控消极。节目为她提供一个说话的公共平台，而费尔医生通过对她身世、经历和现状的了解，向她提供化解心理阴影的办法和技术支持。《费尔医生秀》的主题不只为吸引眼球（当然主题的选取在普适的基础上，也必须包含一定的兴趣点能激起观众共鸣或好奇），而是为了真正解决日常生活中观众普遍关心或正在经历的问题。

主持人是脱口秀谈话、建议类节目的灵魂人物，其可信度和人气直接决定了节目的火爆程度。《费尔医生秀》具有这些优势：

1. 科班出身：费尔先生曾获中西部州立大学艺术心理学学士学位和实验心理学方向的艺术硕士学位，北得州大学心理学博士学位，曾在私人心理咨询室和 CSI 咨询公司工作过，具有真才实学且临床经验丰富。

2. 基础人气的奠定：奥普拉与费尔先生相识后，深受其感染，于是邀请他在自己的节目《奥普拉·温弗瑞秀》上担任固定板块生活情感专家（Relationship and Life Strategy Expert）的嘉宾。积攒了相当高的人气，为节目的成功奠定了基础。

3. 主持人一方面主持语言严谨客观，又不乏幽默风趣；另一方面体型偏胖，长相正直，因此容易取得观众的信任。

4. 节目结束时，费尔医生会走下台紧握妻子的手，共同离开演播室，更是塑造了主持人家庭和睦的好丈夫形象，自然也会赢得观众的"芳心"。

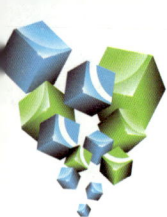

商业模式

随着经济的高速发展，人与人之间、与自己之间关系的异化日益加剧，一方面，心理医生已经成为一种时尚和必需品，另一方面，观众不仅需要从节目中寻求共鸣和帮助，还需要从嘉宾的经历中吸取生活的勇气。

节目的网站就是费尔医生自己的网站，在网站上观众也可以参与讨论，如上文案例分析所述，每环节广告，向费尔医生咨询等，加强了主持人、节目与观众的联系，形成固定的收视群，并吸引更多的人关注，不断提高节目收视率。收视率更高，就会吸引更多电视台以更高的价格买入节目，每集节目可以同时销售给多个电视台，赚足了播出权费。

形式分析

·环节设置

一期节目 45—48 分钟，通常设置两批嘉宾，每批嘉宾通常是有矛盾的双方。对每批嘉宾问题的解答不超过 25 分钟，不拖沓、不故意煽情，适合当下社会发展的快节奏。

首先，节目通常以本集精彩集锦 VCR 来吸引观众，随后主持人会以一小段话迅速引入话题，使观众初步了解嘉宾的问题。接下来，主持人对嘉宾的现场采访主要分为三段，每段有广告穿插，这三段也是事件的递进发展。每段 7—8 分钟，向观众提供恰到好处的信息量，当观众开始疑惑或大脑走神时，切入广告时间，给观众留白时间思考。

在过程之中，节目也会有许多环节设置。比如在播出广告之前，费尔医生就本小节进行总结，提出思考问题，邀请观众在官方网站或者自己的社交网站上进行讨论。在社交网络上每日都有新鲜话题进行讨论，从而使得整个节目与观众相互绑定。比如实验环节的设置。有一期节目名为"任何男人可以做的事，女人可以做得更好"（Anything Men Can Do Women Can Do Better），其间两位外景主持人就此话题分别在街头做实验测试和采访，节目甚至把实验中表现优异的人请到现场，参与节目的录制。

·语言设计

主持人用语严谨，以一种关心、认真聆听、解决问题的态度与嘉宾进行对话，充分获取嘉宾和观众的信任。费尔医生时刻观察嘉宾的神色变化，考虑要说什么，应该说什么，什么可以说，什么时候说。当嘉宾的情感得以释放时，更有利于进行理性的思考和接受意见。

·叙事风格

故事化的叙事风格，用 VCR 的方法，前期采访、场景再现等，把主题还原成一个小故事，展现给观众，简单易懂。

节目制作

·画面

《费尔医生秀》的画面色调相对沉稳，虽不鲜亮，不求噱头，但棕色可以有效地使嘉宾和观众平静下来，营造一个安全、舒适的氛围。画面主体多以嘉宾和主持人的中近景构成，适当配以舞台全景、观众席中景、嘉宾面部表情、肢体动作特写等来丰富画面构图。同时，正如同舞台的对称设计，镜头也多使用对称画面。

图 5　摄像画面

·声音

自第十季改版后，即开始采用突发性新闻型的开场音乐。节目进行中的背景音乐主调不变，但音乐的节奏会根据节目主题的变化而相应地趋于轻松或紧张。节目中的转场也都借助音乐完成。除此之外，节目制作了各种音效用以充分表达嘉宾的情绪、事态的发展等，用以渲染气氛。

·后期剪辑

VCR 的内容主要来源于前期对人物的采访和现场嘉宾表现。后期剪辑把较为吸引眼球的话提炼出来剪辑成预告和节目开始嘉宾的自我陈述。

在后期剪辑时，剪辑师会在事情有所发展后的每一段上加上字幕，介绍嘉宾。如案

例分析中"秘密谎言与遗憾"这一集，对丈夫的介绍字幕：刚告知妻子自己其实想成为一个女人→睡前总是希望一觉醒来能变成女人→感觉自己如同一个被困在男性躯体中的女人→当众说出想成为一名女性，一方面层层递进剖析了丈夫的心理，使节目的思路更加清晰；另一方面方便了刚打开电视机的观众，能够随时了解节目进程。

·音乐

节目主要应用的音乐有两类。一是固定的开场音乐，类似于突发新闻的开场音乐。二是 VCR 的背景音乐，其节奏紧张，仿佛把观众带入咨询嘉宾的严重的生活问题当中。

·网站设计

布局合理，健康、富有专业性。包括有每期专题，设置了专题讨论区域、观众咨询区域以及费尔医生的生活贴士如减肥方法等。节目网站可以帮助提升人气，在当日节目播出前，网站便会放上预告片进行预热；节目播出结束后，编辑将本期节目内容整理成文字稿，随时更新网站，既可以再次传播，也方便了部分观众。

图 6 节目网站主页图示

另外，主页内专设一个二级页面作为费尔医生商店 (Dr. Phil Store)，主要出售与节目内容相关的心理、身体健康方面的书籍，其中包括费尔医生自己所著的书、节目 VCD/DVD 等。

同类对比

在国外的脱口秀建议类节目中，最经典、国际影响力最大的应属《奥普拉秀》。主持人奥普拉是一名黑人妇女，她以该节目为平台，通过举办读书会板块、自我完善板块、

慈善活动板块等为观众提供精神上的支柱。

《奥普拉秀》以蓝紫色、皮质软沙发为节目主要视觉元素，制造优雅、温馨的氛围，《费尔医生秀》以棕色、木质地板为节目主要视觉元素，制造严谨、专业的氛围。两者的相同点在于都是脱口秀节目，主持人中心制，邀请专家、明星作为嘉宾出现。不同点在于奥普拉出身贫民窟，她的成名史就是一部奋斗史，作为一名黑人妇女，本身的故事就足以激励观众，费尔是科班出身的心理医生。《奥普拉秀》更注重公益和服务，《费尔医生秀》相对商业化，专注人的精神健康问题。

同类对比

中国著名的同类型节目有上海卫视陈蓉主持的《幸福魔方》。该节目由张怡筠，林贻真担任心理咨询师，每周一至周三21:20播出，时长65分钟。

与《费尔医生秀》不同的是，主持人和心理咨询家是分离的，现场没有观众，主持人和当事人坐在特定的玻璃房内进行交流，而事件相关人在提到他后，头顶的灯才会亮起，坐在玻璃房外谈及事件。主持人作为引导，负责让所有人的观点都呈现出来，引导各方，使事件得到和解。而咨询师只是作为旁观者的角度，提出专业看法和一定的解决出路，类似于《费尔医生秀》中邀请的专家嘉宾。

· 特色

（1）《幸福魔方》节目设计了"玻璃屋"的舞台，主持人和当事人（1—3人）坐

图7 《幸福魔方》舞台设置

在"玻璃屋"中，与当事人有关的二、三号相关人和心理疏导师围坐四周，组成一个360度的全景空间，没有现场观众。而《费尔医生秀》的舞台更加开放，倡导与观众的互动、共同探讨等。当《费尔医生秀》认为节目现场对嘉宾可能会带来某种影响时，也会偶尔选择在特殊的房间内进行拍摄。

（2）"网友九宫格"环节：精心挑选9位网友，代表了一种数理之间所呈现的理性判断。网友需要通过大屏幕提出自己最直接、最简单的个人判断，助其在决断上摆脱困局，做出最恰当的决定，是当事人最贴心的启发者。

（3）节目题材：题材大多关注一线城市年轻人的情感、家庭、工作话题，符合频道定位。

（4）主持人选择：与《费尔医生秀》不同的是，《幸福魔方》主持人定为感性、知性的女主播陈蓉，她几乎场场落泪，节目结束时常会以与嘉宾的拥抱结束。这是由节目的定位和视听环境的不同造成的。《费尔医生秀》为注重解决问题的脱口秀，医生即主持人的职责在于对嘉宾和受众的问题进行疏导，而淡化与嘉宾之间产生的某种情绪。

MINSHENGJIEMU

民生节目

超级减肥王

甜品大师

都市快闪族

厨房噩梦

地狱厨房

The Biggest Loser

《超级减肥王》

——不做健康减肥事业的 Loser

● 节目概况速览 ⊗

　　NBC 热播真人秀节目《超级减肥王》是一台没有蓝本却可以改变选手命运的真人秀节目。节目所招募选手将面对现实生活中的各种诱惑，并通过合理的减肥方式恢复健康、重塑体型甚至改变人生轨迹。在节目设立的比赛中，每一位选手都将在顶尖的职业训练师的监督下完成减肥任务。主持人、教练会在比赛期间鼓励超重选手勇敢面对挑战，通过健康的节食和体能训练，以安全合理的方法减肥。最后的比赛冠军将赢得 25 万美金的奖金，

基本信息 》》

· 原　　名：The Biggest Loser（简称 BL）
· 译　　名：超级减肥王 / 终极减肥王 / 减肥达人
· 标　　识：

图 1

· 播出国家：美国
· 播出频道：美国全国广播（NBC）
· 首播时间：2004 年 10 月 19 日
· 播出时间：每周一早上 8：00
· 节目时长：60 分钟，后改为 84 分钟
· 节目类型：民生类整容真人秀
· 播出形式：录播
· 官方网站：http://www.nbc.com/the-biggest-loser/

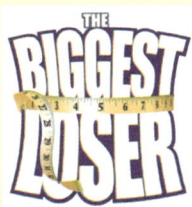

累计减重最多的选手也会获得 10 万美金。

历史演变

节目于 2004 年 10 月 19 号开播，迅速风靡全球，从播出至今拥有着超高的节目收视率。所以 NBC 将原先计划的 60 分钟节目延长至 84 分钟，从 8 集延长为 12 集，第四季至今改为一年两季。主持人也由卡洛琳·瑞亚（Caroline Rhea）（第一季至第三季）换为《我们的生活》的主演阿里森·施威尼（Alison Sweeney）（第四季至今）。

收视反响

《超级减肥王》于 2004 年 10 月首播，第一集的收视率达到 4.1%（18—49 岁人群），是美国电视网继奥运会节目后收视率第二的节目。在进行节目时间调整后，第四集与获得两届艾美奖的《极速前进》展开激烈的正面竞争，同样在相同的人群中获得收视率 4.5% 的好成绩。该节目在全球超过 90 个国家引起巨大效应，约有 25 个国家参与制作。同时，该节目也为家庭提供了最畅销的健康家庭 DVD 和一本健康减肥食谱。

节目模式分析

《超级减肥王》是由美国全国广播公司（NBC）于 2004 年推出的一档整容类真人秀，是一台改变了众多参赛者命运的神奇节目。同样是真人秀节目，《超级减肥王》中教练的作用甚至超越了主持人。如果说参赛者是千里马，那三位教练就是慧眼识人的伯乐。世界级的健身教练，优良精湛的设备，先进的医务水平，个性化的健身方案和营养食谱让那些梦想改变自己身型的肥胖人士有了实现梦想的可能。特别是在美国这个肥胖人口非常多的国家，节目收视的火爆也就不足为奇了。

板块设置

表 1　板块设置（以第十四季第一集为例）

一、直播阶段包含三个环节（第一集的前半部分）

1. 开场秀。每一季的开场都不尽相同，主持人开场并介绍三位教练，每一季的教练组合各有不同，本集创新性地引入了三位儿童参赛者。

2. 好莱坞现场。在好莱坞的录制现场，主持人，三位教练与儿童参赛者亮相之后有与观众的

互动和互相交流，主持人将三位儿童参赛者分组并分别交给三位教练。

3. 公布参赛选手环节。主持人逐一宣布参赛者名单，并将代表参赛资格的十五把钥匙逐一给予参赛者，过程中播放参赛者的 VCR 简单介绍参赛的背景，随后进入正式比赛阶段。

二、录播阶段包含四个环节（第一集的后半部分至第九集）

1. 训练环节。每一季选中 10—20 人的参赛者，随后住入制作方安排的私人别墅内，开始与外界隔绝的地狱式训练。世界顶尖的健身专家、应有尽有的高端运动设备与健身器材、专门制订的针对每个人的饮食计划和健身计划都会帮助参赛者迅速减去体重。

2. 挑战环节。每一集都会有新的挑战，赢得挑战的选手会有相应的奖励，每次的挑战都不尽相同。

3. 称重环节。比赛的晋级和淘汰的唯一标准，就是减肥的成果即体重计上的数字。

4. 淘汰环节。比赛中分小组进行，每段时期都会进行称重，红队、蓝队和白队分别称重，总计减重少的那一队，根据红线 (Red line) 来计算出这个队伍中减去的体重占身体体重的比例最低的队员。

三、半决赛阶段（第十集至第十一集）

1. 改头换面。制片方将会安排进入决赛的五名选手由顶级的造型师进行改造，从头到脚，改头换面，也是比赛最欢乐的一部分。

2. 亲人相聚。改头换面以后，参赛选手回到等候他们的亲朋好友的身边，见证他们的变化。

3. 自助训练。参赛选手回到家中没有了健身教练和专门的训练计划将独自面对减重的压力，在家中的两个礼拜的减重成果将会决定他们的命运。

4. 称重环节。参赛选手在两个礼拜的自助训练之后将会回到比赛的训练基地直接参加称重仪式，减肥系数是否达到 5% 决定了他们是否被淘汰。（减肥系数即减掉的体重 / 原本的体重 ×100%）

5. 红线和黄线 (Yellow line)。五人进入了半决赛，在接下来一周的训练之后，根据称重仪式上测出的减重系数，在黄线之上的两人直接进入决赛，在黄线之下红线之上的两人将由全国观众票选出一位进入决赛，在红线之下的直接淘汰。

四、总决赛（第十二集）

1. 整季赛情回顾。

2. 开场秀。三名教练上场与主持人共同见证冠军产生。

3. 根据全国观众票选结果淘汰一名选手，另一名选手进入决赛。

4. 按照淘汰的顺序参赛者出场，在淘汰的参赛者中累计减重系数最高的最后会获得家庭奖 10 万美金。

5. 决赛参赛者前情回顾，现场盛装亮相。

6. 现场称重产生冠军，冠军获得 25 万美金。

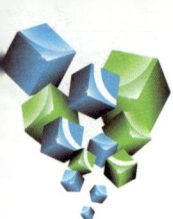

人物角色

表2 第十四季人物角色

角色	肖像	简介
主持人		阿里森·施威尼作为第十三季的主持人，也是《妈咪食谱》(The Mommy Diet) 的作者。尽管承担高负荷的工作，但她还是一个妻子和两个孩子的母亲。她从2007年开始担任《超级减肥王》的主持人至今。 前三季节目中，主持人是加拿大喜剧演员卡洛琳·瑞亚，她2007年离开，主持人换成了女演员阿里森·施威尼。
教练		鲍勃·哈珀（Bob Harper）作为知名健身专家，电视明星和《纽约时报》的畅销书作者，是世界知名的健身专家。《超级减肥王》是他成名发迹和表现自我的舞台，他是《超级减肥王》的资深教练，比赛中通常采用较温和的方式促进队员减重。
教练		朱利安·迈克（Jillian Michaels）作为知名的健身专家和教练，朱利安创建了自己的品牌。在第一季开始就加入《超级减肥王》作为教练，崇尚用军事化管理的方式对待队员，方法态度苛刻而直接。朱利安在第十四季回归后并没有因为母爱而改变军事训练般的方式，沿袭了她苛刻的方式和高要求对待队员。
教练		多维特·奎斯（Dolvett Quince）作为世界上最抢手的几个培训师之一，他渊博的知识和激情吸引了很多不同类型的明星客户诸如著名歌手贾斯汀·比伯 (Justin Bieber)，知名演员安杰拉·巴西特 (Angela Bassett)，歌手兼创作者约约 (JoJo)，超模奥里斯·科乔 (Oris Kodjoe)。他从第十二季开始担任《超级减肥王》教练至今。
营养专家		谢丽尔·福尔拜（Cheryl Forberg）在2004年开始为《超级减肥王》担任营养方面的专家，为这些肥胖的参赛者搭配健康与营养的膳食并且公开搭配方案。
医学专家		罗伯特·休伊曾戈 (Robert Huizenga)，更广为人知的名称是H博士（Dr. H），作为加州大学洛杉矶分校（UCLA）的一名临床医学副教授，从第一季开始至今一直担任《超级减肥王》的医学专家。

角色	肖像	简介
体能训练师		桑迪·克鲁姆 (Sandy Krum) 花了 25 年的时间与世界级的运动员待在一起，拥有超高的水平。作为世界级的体能训练师，他在加入《超级减肥王》后大受欢迎。
儿科专家		乔安娜·多尔戈夫医生 (Dr. Joanna Dolgoff) 作为儿童肥胖方面的专家和儿科医师，加入《超级减肥王》负责儿童肥胖方面的事宜，节目也是在第十四季开始才特别加入了儿童参与者。

图 2 第十四季所有参赛者

外部包装

《超级减肥王》作为整容类真人秀，主要的节目场景有两个：一是节目的私人豪华健身房；二是举行称重仪式的演播室。在节目中出现频率最高的莫过于健身房，因为在训练过程中参赛者的挣扎放弃和拼搏奋发交织，这里就是参赛者们化茧成蝶的蜕变之地。而演播室内整体简洁明了，主持人站在演播室的一侧，在正中间的是全场最吸人眼球的体重计，因为这台体重计上的数字将会诚实地决定谁去谁留。演播室中没有观众席，走道两边只有健身设备，参赛者将依次走到体重计上展现这一周的辛勤成果。

整个演播室给人一种异常真实甚至残酷的感觉，演播室的装饰十分现代，充斥着振

图3 《超级减肥王》健身房

图4 《超级减肥王》演播室

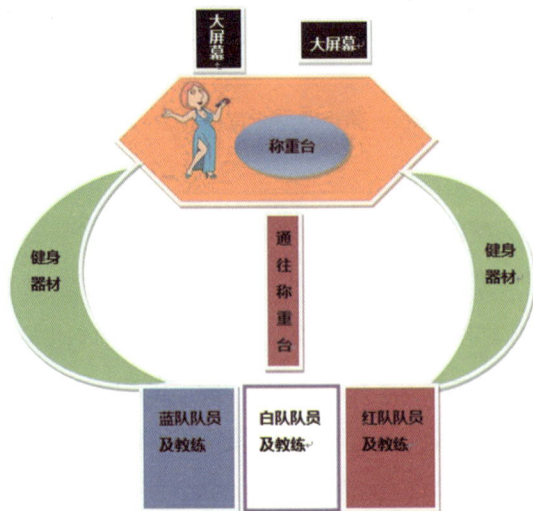

图5 演播室设计图

奋人心的音乐。舞台中主持人的作用更多的是控制节目节奏，推进情节发展。参赛者与教练一起站在主持人的对面，而主持人旁边就是称重的仪器，参赛者分队逐个进行称重。在舞台的两边都是健身器材，节目过程中，以真实记录选手表现为基础，背景音伴随着在场人员的内心独白，观众更容易感同身受。强调通过参与者的自然状态来表现人物个性，以差异性来塑造每个人物灵魂。

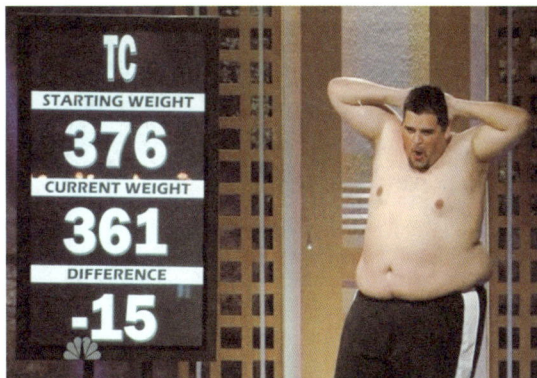

图 6　选手 TC 第一周称重结果　　　　图 7　选手雷吉娜第一周称重结果

　　图为参赛者在演播室称重的场景，最上面标志着参赛者姓名，第一排数字是原先的体重，第二个数字是当时的体重，最下面计算一共在这一周减去了多少磅体重。比赛不是以减去磅数的绝对值来决定胜负的，而是以相对数取胜负，使得整个比赛更加的公平和合理。体重系数 = 减去的体重绝对值 / 原先的体重 ×100%，例如选手 TC 的体重系数 =15/376×100%=3.99%，而团队成绩也是同样道理，用整个团队的减重磅数除以整个团队原先的体重再乘以 100%。节目有多种淘汰方式，有以团队为标准或者以个人为标准，在个人淘汰时，在垫底的两人中，其余的参赛者通过票选淘汰一人，在半决赛中则是部分直接淘汰，部分是由观众票选淘汰，万变不离其宗，最基础的都是个人减去磅数的重量系数。

　　节目每一集都有不同的室外挑战赛，或者分队、或者个人。每个挑战赛都有不同的

图 8　第十四季第一集团队称重结果

图 9 第十四季部分室外挑战场景

丰厚奖励，例如一周豁免权，x 磅的优先权，与家人通话，与家人见面，奖金等。新颖的挑战赛不仅在全国范围内产生了影响，还给节目增加了趣味性和可看性，节目内容大大地丰富，而不再只是压抑地待在健身房里，而且和众多真人秀节目一样，节目的奖励丰厚得令人侧目。

服装道具上面，参赛者和主持人的穿着衣饰全是由节目组提供的，参赛者的服装统一，是针对每个人量身定制。在室外环节中，主持人穿着轻便富有活力，参赛者有时需要特定的护具和服装，并且全程有医务人员跟随确保其安全。

节目案例详解

该节目从无数的报名者中选择体重和经历符合节目要求的参赛者进入比赛，一般参赛者为体重达 300 磅以上的肥胖人士，最终获胜的就是超级减肥王。节目将参赛者分为红蓝白三组，由领队带领，每一集教练对参赛者进行地狱式的训练，在一个礼拜的训练后进行称重仪式和红线环节，每集淘汰一位选手直至决赛。

截至目前，《超级减肥王》已经在美国全国广播公司播出了 16 季。以下分析将以第十四季第一集为例，因为这一集既包括了直播现场部分，又包括录播的第一周的比赛情况，几乎包罗了这一季的所有元素。

表3 第十四季第一集案例分析

板块	时长	内容	形式
开场秀	1 分钟	1. 介绍三位教练，着重介绍第十四季回归的朱利安 2. 三位教练亮相	教练现场、解说词、VCR、音响
	1 分 10 秒	1. 主持人亮相录制现场 2. 主持人介绍本赛季将挑战儿童肥胖问题 3. 三个肥胖儿童桑尼、宾戈和林赛亮相	主持人现场、儿童现场、灯光、现场解说、文字解说
	1 分 15 秒	1. 主持人引入 2. 小家伙们分别介绍肥胖给自己带来的困扰以及自己减肥的原委	主持人现场、家属现场、灯光、音响
	2 分 10 秒	1. 现场播放小家伙们的视频录像以及揭示帮助肥胖儿童问题的愿景 2. 主持人介绍小家伙们在比赛中首次以儿童参赛者进入，而且将不会被淘汰	主持人、小朋友和观众现场画面、VCR、音响、灯光
	2 分 47 秒	1. 主持人先介绍两位教练鲍勃、多维特 2. 着重介绍本季回归的朱利安 3. 主持人采访，朱利安公布自己生育了两个小孩的喜讯	VCR、采访、灯光、主持人、教练、观众现场、音响
	50 秒	1. 主持人将三位小家伙交给三位教练分别带领 2. 教练分别发表观点，表明本季儿童参赛者的意义重大	VCR、采访、现场画面、灯光、音响
参赛者引入	8 分	1. 主持人现场公布从迈克尔到选手 TC 等 15 位成年人参赛者名单并交给他们《超级减肥王》特设房间的钥匙 2. 比赛正式开始	主持人、参赛者现场、音响、灯光、VCR
比赛过程	21 秒	即将上演的比赛训练过程的预告，以及一些劲爆画面的提前曝光	音响、主持人解说
	51 秒	1. 参赛者穿着比赛服装从正门走入别墅，来到训练健身房门前 2. 在健身房间门前公布分组的情况和对应的教练	健身房现场画面、采访、音响

板块	时长	内容	形式
	56秒	1. 参赛者现场更换训练服饰 2. 教练介绍分组情况，分成了白队、蓝队、红队	健身房现场、采访、音响
	1分32秒	1. 参赛者进入健身房内 2. 教练分工，多维特训练儿童参赛者 3. 往期参赛者对比照片大大激励参赛者斗志	健身房器材画面、照片、比赛现场画面、音响、采访
	1分47秒	1. 健身房内开始热火朝天的训练 2. 多维特给儿童参赛者进行热身锻炼，在草地上打棒球	比赛现场、音响、采访、同期声
	1分32秒	1. 参赛者之一的杰克逊因不适应剧烈的运动昏倒在地 2. 医务人员救治	杰克逊现场画面、采访、音响
	6分19秒	1. 比赛第一周前半部分的地狱式训练 2. 插播雷吉娜的个人VCR 3. 内森情绪崩溃 4. 鲍勃接替多维特训练儿童参赛者	健身房现场、VCR、音响、同期声、采访
	37秒	主持人告知观众上官网有可能获得决赛现场座位的奖励	主持人解说、音响、文字解说
	4分26秒	1. 比赛第一周后半部分的魔鬼地狱的训练，参赛者体力不支，难以适应 2. 参赛者与教练的激烈交锋，矛盾与进步 3. 插播尼基的个人介绍VCR	健身房现场画面、音响、同期声、VCR、采访
节目预告	22秒	稍后的节目精彩预告	解说、VCR、音响
比赛过程	2分18秒	朱利安与小家伙们的知心聊天，交流自己年少时的肥胖经历	转场、采访、音响、VCR回放
	2分34秒	1. 在参赛者居住的别墅内，参赛者们展现内心世界 2. 内森和凯瑟琳互相安慰	转场、采访、别墅画面、音响
室外竞技	7分51秒	1. 主持人介绍室外挑战环节规则和奖励 2. 参赛者分队竞技，在小朋友的帮助下寻找字母 3. 白队获胜，获得了五斤的优先权 4. 每个儿童参赛者都获得一整套运动器材，DVD，一台山地车和一台ipad	转场、室外现场画面、采访、音响

续表

板块	时长	内容	形式
比赛过程	4分04秒	1.健身房内继续热火朝天的训练 2.杰克逊不适呕吐 3.雷吉娜情绪不稳定，从跑步机上摔下，鲍勃与其交谈安慰	转场、健身房现场、音响、采访
	4分38秒	1.朱利安欣喜于白队今日的全新表现，因为白队大部分人已经渐入佳境 2.白队的尼基内心挣扎，受不了高强度的训练以及苛刻的训练方式选择放弃	健身房现场、音响、采访
	3分22秒	1.教练交流意见，白队帕梅拉表示很惋惜尼基的离开 2.魔鬼地狱的训练，参赛者与教练的激烈交锋，矛盾与进步 3.别墅内参赛者交流关于尼基弃赛的看法	健身房现场、音响、采访、同期声
称重仪式	1分38秒	1.参赛者进行第一周的称重仪式，主持人介绍新规则红线环节，即输了的一队的减重系数最少的人将直接被淘汰 2.参赛选手因为新规则而紧张异常	主持人现场、音响、灯光、采访
白队称重	3分44秒	1.主持人介绍室外竞赛中白队赢得了5斤的奖励，所以白队最先开始称重，由选手TC开始 2.TC减掉了20磅，占总团队的1.63% 3.白队的帕梅拉、内森和达尼埃尔分别减掉了10磅、20磅和19磅，白队的减重系数上升到5.61%	主持人现场、选手采访、音响、灯光效果
红队称重	4分58秒	1.红队紧随其后，主持人采访红队教练，教练表示担忧 2.红队的莉萨、杰克逊、弗兰塞利娜、凯瑟琳和约瑟夫分别减掉了16磅、22磅、19磅、12磅和26磅，红队的减重系数共为6.59% 3.红队超越白队，表示暂时安全，而白队则仍然需要面对淘汰一人的危险	主持人现场、参赛者现场、音响、灯光效果
蓝队称重	5分18秒	1.主持人介绍蓝队需要减重超过91磅才能超过白队，暂时安全，教练表示焦虑 2.蓝队的杰夫、迈克尔、戴维、亚历克丝和雷	主持人现场、参赛者现场、音响、灯光效果

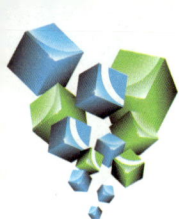

续表

板块	时长	内容	形式
		吉娜分别减掉了 29 磅、21 磅、20 磅、9 磅和 15 磅，减重系数达到 5.79%，蓝队脱离危险	
淘汰环节	1 分 38 秒	1. 在红线环节中白队的选手 TC 因减重系数 3.99% 最低在第一个礼拜惨遭淘汰 2. TC 遗憾流泪，参赛者不知所措，教练安慰 TC 回家继续减重	主持人现场、音响、灯光效果、同期声
	3 分 53 秒	1. TC 比赛场景与归家后继续锻炼的生活做对比，以及将 TC 参加这个节目前后的照片对比 2. 对 TC 妻子采访，改头换面令家人欣喜	采访、音响、同期声
精彩预告	2 分 48 秒	1. 第十四季第二集的前情提要以及精彩镜头的提前曝光 2. 参赛者的眼泪与欢笑交替出现，比赛如火如荼进行	音响、配音、同期声、VCR、解说词、主持人现场、选手采访、灯光效果

节目特色点评

《超级减肥王》帮助很多人实现了梦想，因为来参加比赛都是深受肥胖困扰的 300 磅以上的选手，在现实生活中备受世人冷眼，肥胖阻碍他们的婚姻、生子、工作，他们甚至不能作为一个正常人生活。虽然来自国家的不同地方，身份迥异，性格迥异，但是他们都有改变自己的人生的迫切渴望。在公布参赛者名单时，被选中的人听到自己的名字都像触电一般，简直比中了大奖还要开心，当场痛哭流涕的不在少数。

《超级减肥王》利用减肥这一在当今社会备受关注的热点话题作为节目的主题，把最后选手减肥的成果作为赢家的评判标准，同时也是最大的节目悬念；对于同样深受减肥困扰的一类观众来说，这档节目提供了科学合理的减肥方法，有一定的实践意义。对于非肥胖观众而言，该节目是一档很好的娱乐消遣节目，看着超重的肥胖患者用意志和力量去完成每一个减肥计划，也能激发观众的同情心，所以节目的收视率能够居高不下。

在新的一季中，节目开始关注儿童肥胖问题，把儿童肥胖也引入人们的关注范围，倡导大家追求更健康的生活方式，符合时代的普遍价值观。

　　该节目的选手经常提到一句话"《超级减肥王》这个节目改变了我的人生"，节目选取的选手都是生活中因肥胖遇到了很多难题，经受嘲笑，疾病（如高血压、高血糖）和饱受肥胖折磨后下定决心要改头换面，重新做人。在比赛中，如果他们坚持不下去，教练就会激励他们的斗志，鼓励他们或者刺激他们拼搏，改变人生。整个比赛看下来，选手一个一个都改头换面，重新燃起对生活的信心。节目不仅倡导了一种健康的生活方式和生活观念，而且更激发了一种积极向上、改变命运的决心。

　　通过这个节目，参赛者纷纷面貌一新，不再像从前那样颓废和自卑，焕发了新的活力和自信。从下面这个表格中，可以看出短短几个月的时间，参赛者一般能够减去自身体重的30%，而冠军则一般需要减去自身体重的一半。在称最后一次决定冠亚军的体重之前，冠军达尼埃尔曾说，无关奖金和荣誉，一个健康的身体就是这个比赛给她最大的奖励。

表4　第十四季部分参赛者的减重情况

选手	年龄	原体重（lbs）	决赛体重（lbs）	减去的体重（lbs）
帕梅拉·盖尔	43	237	166	71
托马斯·普尔	30	376	266	110
内森·蒙哥马利	25	359	260	99
达尼埃尔·艾伦	25	258	137	121
莉萨·兰博	36	246	138	108
约瑟夫·奥斯塔谢夫斯基	43	364	217	147
弗兰塞利娜·莫里洛	25	267	172	95
凯瑟琳·劳赫兰	28	237	173	64
杰克逊·卡特	21	328	190	138
亚历克丝·里德	24	240	156	84
雷吉娜·麦克唐纳	47	245	132	113
迈克尔·多尔西	34	444	308	136
戴维·琼斯	51	307	205	102
杰夫·尼科尔斯	24	388	207	181

　　此外，节目的语言秉承美国真人秀节目的一贯风格，犀利真实又不乏温情。整个节目的语言彰显了积极健康的人生观，强调自我改变。在每一个故事或者转折点发生的时候会配以教练或者当事参赛者和旁观参赛者的事后采访和内心独白，而观众不用通过主持人就会明白和体会节目的进程和内涵。

节目制作

央视的一位海外电视研究员曾评论说："这档节目有一个很有效的，我们很难觉察到的控制节奏的方式，好像一个人在讲故事，好像看着非常真实，实际上所有的情节都经过剪辑，全部都经过电视台精心的策划，给观众一种错觉，我们国内做的节目经常不太注意，常把电视台主持人的话直接剪辑进去，而不善于利用节目中的人物来表达节目要说的东西。"《超级减肥王》作为 NBC 精心制作的一档真人秀节目，在制作上，注重消除节目的制作痕迹，让观众参与参赛者的身心感受，利用节目本身参与者说出节目要表达的价值观。在画面和声音上，都是不重华丽而重朴实。

商业模式

节目以美国人关注的全民话题"减肥"为噱头，配之以精良的制作迅速在全球火爆，发展成澳大利亚版、亚洲版、中东版、英国版等多个版本。亚洲版的是由塞里玛·易卜拉欣（Sarimah Ibrahim）主持，吸引香港、新加坡、马来西亚、印度尼西亚、泰国、菲律宾、印度等地无数为肥胖所困扰的肥胖者参与比赛。

在 NBC 播出该节目的同时，同时制作发行 DVD 以及相关书籍，并建立大型健身俱乐部（www.thebiggestloserclub.com）来倡导人们以健康的生活方式生活。《超级减肥王》系列书籍已在全球超过 90 个国家和地区引起轰动效应，成为《纽约时报》畅销系列书。《超级减肥王》的健身房在全美范围内都有营业，已经做成一个巨大的产业，每个参赛者都会免费获得终身会员资格，参赛者在自己家门口就可以享受到顶尖的健身服务，可以将在比赛中所学会的健身和营养知识真正运用到生活当中去。

同类对比

《舞出曼妙臀》(Dance Your Ass Off) 是美国纽约 Oxygen 制作公司在 2009 年推出的一档只允许超级肥胖公民参加的舞蹈比赛，有一个有趣的译名叫作"甩肉舞林大会"。节目结合了减肥和舞蹈两种元素，让比赛充满趣味性和可看性。同样是每周一集的播放方式，选手有一周的时间来练习舞蹈和甩掉肥肉，这是一台才艺竞赛类的真人秀节目。以下是对两个节目的异同之处进行比较和分析的表格：

表5　同类节目对比

节目名称	频道	参赛选手	节目内容	奖项结果
超级减肥王	NBC	美国范围内，一般参赛者为体重达 300 磅以上的肥胖人士	1. 针对希望改变现状的肥胖人士进行减重的训练 2. 由专业教练指导，科学的饮食和健康的方式 3. 唯一的标准是减去的体重占总体重的百分比 4. 强调教练作为灵魂人物的作用和看法，教练在一个赛季中一般是不变的	节目冠军可获得25万美元；场外减重百分比最高的人，可获得 10 万美元
舞出曼妙臀	纽约 Oxygen 制作公司	美国范围内，各行各业对舞蹈热爱的肥胖人士	1. 针对"重量级"的热爱舞蹈的人士提供舞台，比拼舞技 2. 由专业的舞蹈人士进行赛前集训，掌握了舞蹈之后，在专业舞伴的陪同下一展舞姿 3. 由专业的评委打出舞蹈分数，每周舞蹈分数按比例计入减重分数，最低的两位选手遭到淘汰 4. 强调选手本身对舞蹈的热爱和自身的努力	节目中跳舞最好、减重最多的人，可获得 10 万美元

　　2012 年贵州卫视也推出了中国版《超级减肥王》节目——《瘦身男女》，这是一档以健康瘦身为主要内容的励志类真人秀节目。该节目倡导科学健身、正确瘦身，为深受肥胖痛苦的人群提供一个锻炼的平台。《瘦身男女》倡导积极生活、健康生活，以"真人秀"为表现形式。节目的参赛选手都十分肥胖，并且体重已经在一定程度上影响了他们的工作生活，因此他们迫切想要改变现状。参赛选手将在两名性格特点突出的健身教练带领下，实施健康有益的减肥计划。作为周末季播类节目，《瘦身男女》每周末播出一期，每期 60 分钟，计划于 5 月周末黄金档播出。第一季共 11 期节目，除了最后一期颁奖庆典在贵阳市录制外，其余 10 期节目的全程录制在海南制作完成。

Top Chef: Just Desserts

《甜品大师》

——双手创造的甜蜜世界

● 节目概况速览 ❤

　　《甜品大师》（*Top Chef: Just Desserts*）属于美国精彩电视台（Bravo TV）所推出节目《顶级厨师》（*Top Chef*）的分支节目。和以往的《顶级厨师》《厨艺大师》《地狱厨房》这样的厨师真人秀节目都不同，该节目的大厨们只专注于甜品的制作。他们需要按照节目限定的奇异的主题，在短时间内思考如何利用各种令人意想不到的食材，做出一道又一道令人垂涎的甜品。

基本信息 ▶▶

· 原　　名：Top Chef: Just Desserts
· 译　　名：甜品大师 / 顶级厨师：甜蜜世界
· 标　　识：

图 1

· 播出国家：美国
· 播出频道：美国 Bravo 电视台
· 首播时间：第一季 2010 年 9 月 15 日，第二季 2011 年 8 月 24 日

· 播出时间：每周三 / 东部时间 10:00，中心时区 9:00
· 节目时长：43 分钟（第一季第二、三、四集为 55 分钟）
· 节目类型：民生类竞赛真人秀 / 美食节目
· 播出形式：录播
· 制作公司：魔法精灵制作公司 (Magical Elves Productions) 制作，美国精彩电视台和 Tiger Aspect USA 公司出品
· 官方网站：http://www.bravotv.com/top-chef-just-desserts

历史演变

《甜品大师》是艾美奖制作人詹姆斯·比尔德 (James Beard) 制作的《顶级厨师》的衍生剧集，主持人也沿用了《顶级厨师》的评审之一盖尔·西蒙斯 (Gail Simmons)。节目于 2010 年 9 月 15 日至 2010 年 11 月 17 日播出第一季，并于次年 8 月 24 日至 11 月 26 日播出了第二季，每季都是 10 集。第二季的参赛人数由原先的 12 人增至 14 人，比赛场景和设定更加丰富，增加了更多的额外奖励。

节目模式分析

《甜品大师》是一档专门考验甜品师制作甜品技能的真人秀节目，选手们均为甜品行业的从业者。将烹饪这一领域细分，节目更具有针对性地面向观众。作为《顶级厨师》的衍生节目，它沿用其赛制，并使评委更加专业；主持人也同样担当着评委的职务。甜品师们将在每周接受两轮挑战，然后由评委们给予评判。选手们需要应对各种有趣而困难的主题，额外现金奖励的加入使比赛过程更加紧张刺激。

板块设置

表 1　板块设置

一、前情提要	二、幕后
上集精彩片段回顾	正式比赛开始前选手们在宿舍生活的片段
三、火速挑战 (Quickfire Challenge)	**四、淘汰挑战 (Elimination Challenge)**
1. 主持人介绍嘉宾评委、比赛内容及奖惩措施 2. 比赛环节 3. 评委点评并宣布比赛结果 注：第一季第十集和第二季的第九、十集不设火速挑战	1. 主持人介绍嘉宾评委及比赛内容 2. 比赛环节 3. 评审和群众品尝
五、幕后	**六、评委点评 (Judges' Table)**
选手们在后台等待即将开始的评委点评时的状态和对话	1. 选手们进入评委室接受评审 2. 评委选出本集的优胜者和被淘汰者 3. 被淘汰选手独白，与其他选手告别并离开
七、下集预告	
下集精彩预告	

赛程规则

比赛采取淘汰赛制。每集主要分为三个环节——火速挑战（Quickfire Challenge），淘汰挑战（Elimination Challenge）和评委点评（Judges' Table）。

在火速挑战中，选手要在一小时到一个半小时的短时间内准备一道符合特殊要求的甜品，例如使用特殊的原料或遵循特殊的味道等。火速挑战采取奖励机制，在每季的前六集中，火速挑战的获胜者将获得淘汰挑战的豁免权，其中第一季第六集、第七集、第八集和第二季的第三集、第六集、第七集、第八集还会获得现金奖励。第一季第六集获胜者扎克(Zac)将豁免权兑换成为现金，第一季的第九集火速挑战获胜者的获胜配方将会被某著名巧克力品牌采用并生产出售，第二季第三集获胜者的配方会被口香糖商作为新口味候选，第七集在没有豁免权的基础上淘汰一名选手。第一季第十集和第二季的第九、十集不设火速挑战，直接进入淘汰挑战环节。具体情况如下表所示。

表 2 火速挑战赛制概况

第一季				
1	2	3	4	5
豁免权	豁免权	豁免权	豁免权	豁免权
6	7	8	9	20
5000 美金（出售了豁免权）	获胜队每人 3000 美金奖金	5000 美金	获胜配方被巧克力品牌采用	无

第二季				
1	2	3	4	5
豁免权	豁免权	豁免权 +25000 美金 + 口香糖商新口味候选	无	豁免权
6	7	8	9	10
豁免权 + 5000 美金	胜者获 10000 美金，并淘汰一人	5000 美金	无	无

淘汰挑战中，第一季第五集选手们要为主题宴会准备上百份的甜品和由可食材料制作的展品。每次制作通常需要分为两天完成。制作结束后会有大批客人来试吃、评价，但结果只取决于评委的选择。两个环节中比赛形式个人和团队兼而有之。每一环节都有一定的时间限制，个别挑战赛中会有预算上的限制，同时在用料、形式、制作方法等方

面都会设置一定的规则。在第一季中，第七集和第九集分别设有现金奖励。

评委点评中，评委将选出最好的一到两组或几名选手，并在其中选出本集的优胜者。在其余的选手中选出在本集中表现不尽人意的几名选手，最终在其中淘汰一名。节目最终由评委决定产生冠军得主。

在第一季中，冠军获得了《美食与美酒》(*Food & Wine*) 杂志的专题报道、卵石滩"美食与美酒节"厨艺展示会、别克君威以及由歌帝梵巧克力提供的 10 万美金大奖，在第二季中，冠军获得了《美食与美酒》专题报道、《美食与美酒》主办的开曼群岛露天厨艺展示会以及由美国厨宝 (Kitchen Aid) 提供的 10 万美金大奖。

人物角色

图 2 左起依次为盖尔·西蒙斯、约翰尼·尤兹尼、达尼埃尔·基里洛斯和休伯特·凯勒

表 3 固定主持、常驻评委

固定主持、常驻评委	简介
盖尔·西蒙斯 (Gail Simmons)	《美食与美酒》杂志项目总策划、美食家、美食专栏作家
约翰尼·尤兹尼 (Johnny Iuzzini)	两届甜品大师的主评审，著名甜品大师
达尼埃尔·基里洛斯 (Dannielle Kyrillos)	《美食与生活》评论家、《糖果日报》编辑

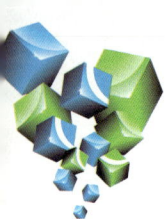

固定主持、常驻评委	简介
休伯特·凯勒 (Hubert Keller)	美国著名主厨，拥有《大厨的秘密》(Secrets of a Chef) 的美食节目

表 4　主要特别嘉宾、评委

特别嘉宾、评委	简介
雅克·托雷斯 (Jacques Torres)	拥有巧克力连锁店 "MR.CHOCOLATE"，人称巧克力先生
伊丽莎白·福克纳 (Elizabeth Falkner)	Citizen Cake 蛋糕店以及奥逊餐厅 (Orson) 拥有者
西尔维娅·温斯托克 (Sylvia Weinstock)	婚礼蛋糕设计师女王，婚礼蛋糕界的"达·芬奇"
谢里·亚德 (Sherry Yard)	沃尔夫冈·普克餐厅 (Wolfgang Puck) 的首席甜品师以及詹姆斯·比尔德奖得主
黎心敏 (Shinmin Li)	"梦想蛋糕店"老板，知名糕点装饰师
弗朗索瓦·帕亚德 (François Payard)	詹姆斯·比尔德基金会提名的年度最佳甜点师，帕亚德蛋糕酒馆 (Payard) 老板
玛格丽特·布朗 (Margaret Braun)	国际知名甜点艺术大师，《美食与美酒》杂志称她"超凡的甜点艺术大师"，《纽约》杂志称她为"婚礼蛋糕的领袖"，《Elle》杂志称她为甜点艺术造梦家。曾担任过多部电影的蛋糕顾问
皮谢·翁 (Pichet Ong)	出生在泰国，跟随父母到香港、新加坡，14 岁时来到了美国加州。在纽约拥有一间自己的餐厅 P-ONG
亚当·霍罗维茨 (Adam Horovitz)	美国知名音乐人、吉他手、打击乐器家、制片人、演员，著名团体野蛮男孩 (Beastie Boys) 成员之一
乔丹·卡恩 (Jordan Kahn)	奇妙糕点大王，洛杉矶红药餐厅 (Red Medicine) 创始人
怀利·迪弗雷纳 (Wylie Dufresne)	曼哈顿餐馆的厨师和老板，提倡分子料理
达娜·考因 (Dana Cowin)	《美食与美酒》杂志的主编
苏珊·戈因 (Suzanne Goin)	在洛杉矶同时经营着四家餐馆 The A.O.C，Lucques，Tavern 和 The Hungry Cat
斯特凡·特里安 （Stephane Treand)	St. Regis Resort 酒店的主厨，从事甜品工作 25 年之久，尤其擅长糖果和巧克力的展示品

图3　左起依次为西尔维娅·温斯托克、黎心敏和皮谢·翁

外部包装

《甜品大师》的叙事空间主要包括室内和外景两部分。其中室内部分是选手们的"主战场"，场地是一个大型的厨房，此厨房便是选手们展示自己的舞台，选手们的大部分制作和准备工作都是在这里完成。

厨房整体装潢的色调主要以红、白、绿为主，和甜品的颜色相近，有温馨、甜蜜之感。灯光则采用了柔和的白色，除了工作台上方的吊灯之外，围绕天花板设有一圈小射灯，为选手们制作甜品营造一个明亮整洁的环境，整体氛围更加洁净明快。在主持人固定位置一侧的背景墙和选手们出入的储藏室的背景墙上都印有节目标识。

在道具方面，节目为选手提供了专业化的工作台和设备，统一选择了沉稳大气的银

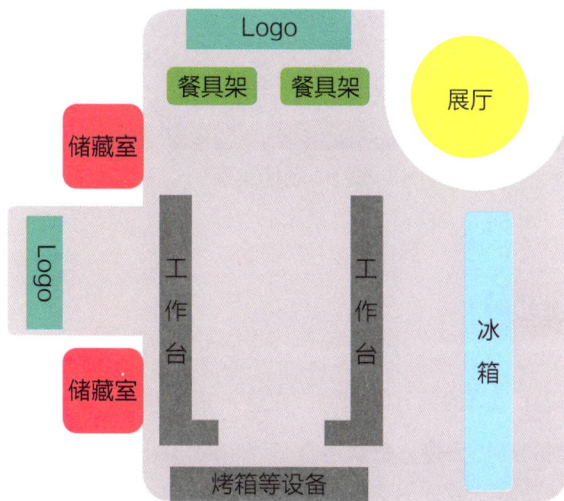

图4　场地设计图

灰色，各色厨具、餐具等应有尽有，同时，储藏室内还供应各种食材供选手制作使用。节目对场地的布局合理，空间的运用也恰到好处。作为选手们工作的主要地点，工作台被选在整个房间靠近中间的位置，两侧工作台之间为选手们活动留出了足够宽敞的空间，使选手们行动自如。烤箱、冰箱等大型设备放置在靠墙的位置，整齐而有序。值得一提的是，节目还设置了专门的展厅，在需要展示大型展品和招待特殊来宾时，比赛会在展厅内进行，充分满足比赛需要。此外，厨房内的墙上还安装了倒计时器，当镜头扫到时间一分一秒流逝时，给整个比赛带来紧张刺激之感。

在服装方面，选手们均身着印有"甜品大师"的厨师服，其中第一季为白色，第二季为黑色，评委和主持人多穿着得体大方的正装或休闲装，并根据比赛主题选择着装。

图 5　场地实景

节目案例详解

下文的分析将以第二季的第五集为例。在这一集火速挑战里，特邀评审皮谢·翁要求选手制作一款原创的巧克力棒，萨莉迎合了评审的口味赢得了火速挑战，获得了本集的豁免权。在淘汰挑战中，选手们被要求在加州最大的水上乐园为游客们供应甜品，最终阿曼达由于考虑不周，遗憾出局。（本集节目不含广告总时长为 43 分 59 秒）

表5　第二季第五集板块分析

板块	时长	内容	形式
前情提要	1分18秒	回顾上一集内容 1. 特邀电影嘉宾令大厨们喜出望外 2. 上次比赛中遇到重重困难，但选手们还是做出了大师之作 3. 卡茨获胜，克雷格、梅利莎被淘汰 4. 再次说明比赛的奖励：《美食与美酒》杂志的专题报道和开曼群岛露天厨艺展示会 5. 节目标识展示	VCR、旁白、音乐、声音特效
赛前幕后	46秒	比赛之前，在宿舍刚刚起床后的选手情况 1. 卡茨对自己上次比赛的获胜得意扬扬、并表示不在乎别人的看法 2. 奥兰多和萨莉表现出对卡茨的厌恶和不屑 3. 选手们整装待发准备比赛	现场同期声、采访、VCR、音乐
火速挑战	4分46秒	1. 著名糕点师皮谢·翁来到现场作为评审，选手们惊喜之情溢于言表 2. 要求选手用1小时创作一款巧克力棒，获胜者会获得淘汰挑战的豁免权 3. 手臂受伤的丽贝卡被卡洛斯无意间撞到，露出痛苦的表情 4. 马修不看好自己的作品；奥兰多表达了自信；萨莉特地使用了评委皮谢·翁喜欢的亚洲配料。丽贝卡由于手臂受伤造成失误，但意外地得到了提前完成自己作品的奥兰多的帮助	现场同期声、采访、音乐、声音特效、VCR、主持、字幕
评委点评	4分38秒	1. 选手陈述讲解自己的巧克力棒，评委逐一品尝选手的作品并做出评价 2. 评委认为马修的巧克力棒底部来不及做完，破坏了整体造型，而卡茨的巧克力棒过软，两人的作品被评委选为最不喜欢的作品 3. 萨莉的巧克力棒包含了评委期待的材料、丽贝卡的作品则被认为很有趣，两人得到好评 4. 丽贝卡向奥兰多表示了感谢 5. 最终萨莉迎合了评审的亚洲口味赢得了火速挑战，获得本集的豁免权	现场同期声、采访、字幕、主持、评委点评

续表

板块	时长	内容	形式
下节预告	14秒	预告淘汰挑战内容，下节精彩集锦	VCR、配音、字幕、
淘汰挑战上半部分	8分33秒	1. 每人拿一根冰棍向下传，抽签抽到同样颜色冰棍的选手成为一组，准备在加州最大的水上乐园里为游客供应的夏日特饮 2. 阿曼达、卡洛斯和萨莉成为一组，奥兰多、克里斯和马修成为一组，丽贝卡、梅甘和卡茨成为一组。卡洛斯和丽贝卡都分别满意自己的小组，而奥兰多也认为自己的小组是强强联合 3. 四个半小时制作时间 4. 萨莉表示会完全配合队友，因为自己有豁免权，不想因为错误决定导致队友被淘汰 5. 卡洛斯一组霸占了仅有的两台冰激凌机，同样需要使用冰激凌机的卡茨上前询问并表示马上要用，其他需要使用的人也排好了使用顺序。克里斯见状改变了使用冰激凌机的计划而改用雪泥机 6. 评委约翰尼巡场，询问了各组作品的制作情况 7. 卡茨使用冰激凌机没盖盖子，导致冰激凌漏了出来 8. 克里斯擅自使用了卡洛斯的液氮，卡洛斯认为这很不专业	现场同期声、采访、VCR、字幕、音乐
下节预告 赛前幕后	12秒 1分11秒	预告下节内容 赛前宿舍内选手情况： 1. 选手们为去水上乐园换上泳装 2. 卡茨不想让别人看见自己泳装出镜 3. 萨莉赞美阿曼达，认为她很有趣而且很漂亮 4. 克里斯取笑卡洛斯已经第三次用"脆船长"，卡洛斯表示不满	VCR、音乐 现场同期声、音乐
淘汰挑战下半部分	2分07秒	1. 选手们到达水上乐园，准备甜品、摆好摊位，总共一个半小时 2. 奥兰多表示自己的雪顶沙士与众不同	现场同期声、音乐、字幕、VCR

板块	时长	内容	形式
		3. 阿曼达决定先将漏斗炸糕做好	
淘汰挑战下半部分	7分40秒	1. 评委随人流一起入场品尝选手作品 2. 卡茨为品尝自己小组甜品的游客喷洒薰衣草喷雾 3. 奥兰多制作了打破传统的雪顶沙士，但评委认为传统的会更胜一筹 4. 马修现做现吃的冰激凌和草莓奶酥饼让评委等待太长时间 5. 卡茨小组的甜品普遍得到肯定 6. 卡洛斯的冰棒被评委认为不够清凉，而且过于甜腻 7. 因为评委与其他选手花费太长时间，阿曼达的漏斗炸糕变得又凉又硬	现场同期声、音乐、评委点评、采访、字幕、VCR
幕后采访	25秒	1. 比赛过程结束，在采访中，卡洛斯提到这是所有挑战赛中自己首次差评多过好评，因此很担心 2. 阿曼达心情不快，表示应该事先向评委提出先品尝自己的漏斗炸糕	现场同期声、音乐、评委点评、采访、字幕、VCR
下节预告	10秒	预告下一节内容，下节精彩内容集锦	VCR、字幕、音乐
赛前花絮	43秒	1. 比赛过程结束后，选手们换上泳装在水上乐园玩水 2. 在玩水时，卡茨的短裤被水冲掉 3. 克里斯调侃道：玩水时切忌穿短裤	现场同期声、音乐、采访
选手在后台等待点评	50秒	1. 选手们在后台讨论比赛的事情 2. 萨莉认为自己因为手握豁免权，不用担心被淘汰，因此为顾全大局做了较为保守的作品 3. 丽贝卡对萨莉的说法不以为然并予以反驳，卡茨脸上露出幸灾乐祸的笑容 4. 梅甘、卡茨和丽贝卡被评委盖尔叫出	现场同期声、音乐
评委点评	8分52秒	1. 卡茨、丽贝卡、梅甘小组的作品评委最为欣赏，成为获胜组 2. 卡茨脱颖而出成为本场的胜者，至此为止在淘汰挑战中达到两连胜	现场同期声、音乐、评委点评、采访

板块	时长	内容	形式
		3. 卡茨很高兴能够获得皮谢·翁的肯定	
		4. 评委要求把其余两组全部叫出	
		5. 回到后台,丽贝卡宣布卡茨获胜,镜头上奥兰多和萨莉露出不屑的神情	
		6. 评委认为萨莉因为有豁免权而有所松懈,萨莉否定了这一点,表示是因为还有其他小组作品要做	
		7. 卡洛斯的甜品的问题是太过甜腻	
		8. 阿曼达的漏斗炸糕被认为是一大败笔	
		9. 奥兰多小组的甜品因都是必须用勺子才能品尝,因而评委认为没有为顾客考虑	
		10. 选手回到后台,评委们单独讨论本场比赛如何裁决	
		11. 选手重新回到评委面前,萨莉、克里斯和马修首先被宣布安全	
		12. 评委宣布淘汰阿曼达	
淘汰选手独白	44 秒	1. 阿曼达与其他选手告别,流泪表达了参加比赛得到的感悟 2. 阿曼达收拾行李离开,走到转角处,镜头停留在节目标识上	采访、音乐、现场同期声
下集预告	50 秒	1. 节目标识出现 2. 下集精彩片段集锦 3. 标识再次出现,画外音提示登录节目官网查看比赛食谱	VCR、配音、音乐、特效

节目特色点评

节目形式

作为一档厨艺真人秀节目,《甜品大师》所呈现的不仅是美味的甜品,更有比赛给观众带来的感官刺激。节目通过描述选手们制作甜点的过程与激烈的比赛环境,来凸显

选手们的内心活动，表现他们如何克服困难，同时向观众呈现出各种颜色绚烂且令人垂涎的甜品。

选手们突破内心挣扎和克服重重困难的过程，能够向人们传达勇往直前的观念。选手们追寻自己的甜品梦想的付出，倡导人们为了实现自己的梦想要付出最大的努力，表现一种热爱生活、热爱自己的职业、追求梦想、积极向上的价值观。通过选手们描述自己的家人和与家人电话交流，还有比赛中与其他选手建立的深厚感情，表现亲情和友情的美好。

节目在流程上清晰明确。每集节目分为火速挑战、淘汰挑战和评委点评三个环节，并且在某些环节上增加了一些富有趣味性的看点，如淘汰挑战通常有不同的主题且有时需要选手进行分组对抗，在这个环节上力求主题和分组方式多样化（详情见表6、表7）。在淘汰挑战制作过程中，评委们会进行巡场，观察选手们的制作过程。选手们则时刻关注着倒计时器，调整自己的进度，常有选手主动为大家报时，提醒大家注意时间。品尝环节评委通常会随着人流一起进入场地，并根据活动的主题着装，达到与比赛主题的统一。在试吃的过程中，选手们不仅要招待好客人，还要给评委讲解甜品的制作。其他参与活动的群众虽然参与试吃，但并不对选手的成绩起作用，评委在点评环节做出淘汰结果。被淘汰的选手在工作桌上打包自己的工具，从《甜品大师》离开。

表6 第一季淘汰挑战主题和分组方式

集数	比赛主题	分组方式
第一集	创造最奢华的巧克力甜品。	个人赛
第二集	制作以鸡尾酒为灵感的甜品，只能从吧台选取食物。	个人赛
第三集	举办一场点心义卖，分别为啦啦队和合唱团筹集比赛经费。	抽到相同玩具饼干的选手为一组
第四集	以"光影新体验"马戏团的表演为灵感制作甜品，并在其粉丝见面会上供应。作品中要包括燃烧甜品和展品。	火速挑战的前三名作为组长挑选队员
第五集	以挑选的女鞋为风格基础，制作可食用的服装。	个人赛
第六集	为《洛杉矶时报》举办的创刊128周年黑白主题派对供应甜品。	个人赛
第七集	甜品大战——《顶级厨师》的餐厅大战模式。	使用火速挑战的分组：抽到相同颜色玩具饼干的选手为一组

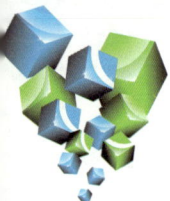

续表

集数	比赛主题	分组方式
第八集	以当代名人夫妇为主题制作甜品，为《美食与美酒》杂志的主编达娜·考因准备名人茶话会。	个人赛
第九集	为西尔维娅·温斯托克夫妇准备结婚 61 周年庆典蛋糕。	个人赛
第十集（总决赛）	每人为业界名人准备一场试吃会，包含四道循序渐进的甜品。	个人赛

表 7　第二季淘汰挑战主题和分组方式

集数	比赛主题	分组方式
第一集	以抽到的童话故事为灵感，制作一个展品和两份甜品。	抽到相同童话书的选手成为一组。火速挑战获胜的两人自行挑选加入。
第二集	为洛杉矶爱乐乐团在华特迪斯尼音乐大厅举办的派对制作蛋糕。	随机抽选选手负责挑选队员，火速挑战获胜者率先挑选队员。
第三集	为《比弗利山庄贵妇的真实生活》的主演的自家餐厅两周年店庆派对制作甜点系列。	火速挑战胜者挑选两组队长，再由队长挑选队员。
第四集	把《甜品大师》展厅改造成电影《威利旺卡与巧克力工厂》中的布局。	未分组
第五集	在加州最大的水上乐园为游客们供应甜品。	拿到相同口味雪糕的选手成为一组。
第六集	用著名组合野蛮男孩大卖单曲中提到的食材制作甜品。	个人赛
第七集	以巧克力为主题制作展品和甜点。	抽到相同玩具饼干的选手为一组。
第八集	为达娜·考因主办的嘉年华制作高雅的甜点。	个人赛
第九集	从供选择的国家中挑选一个，以其一款招牌菜为原型制作伪装甜品，外观与该招牌菜一致。	个人赛
第十集（总决赛）	展现全方位糕点技巧，并为生命中特别的人制作甜品。	三名选手分别从被淘汰的选手中通过抽签和自选，选出两名协助制作。

《甜品大师》注重选手在性别、年龄、种族上的多样性。选手们拥有着不同的肤色，不尽相同的文化背景，由此也碰撞出了火花。大部分选手年龄在 30 岁以上，但也有 24、25 岁的参赛者做平衡。

除此之外，评委的性格也非常丰满，在人物刻画上，节目力求人物性格的真实性和生活化，使之和观众零距离。评委随时可能会对一盘我们看来十分完美的美味说上一句："糟糕"（Terrible）。选手也偶尔会在独白中毫不客气地泄愤。他们不服输，并且热爱自己的职业，每个人都是艺术家。

节目采用连续性和系列式兼备的叙事手法。每一场比赛均根据上一场结果淘汰选手后继续，在每一集的开头，插入选手们比赛前早晨在公寓内交流的场景，他们谈论的话题通常与之前的比赛内容有关，这样形成了两场内容的衔接。而且，像连续剧一样，选手之间的关系也会随着比赛的进展有所变化。每一集的形式和结构都基本相同，形成系列剧式的叙事形式。同时，用戏剧化的冲突来增强节目的可看性，选手之间的矛盾关系成为节目一大看点，人与人之间的关系往往一目了然而又暗藏玄机，观众们在欣赏美味的甜品、观赏激烈的比赛的同时，也体味了一场钩心斗角的大戏。

节目制作

选手们均身着黑色或白色的厨师服，统一风格。色彩的还原度较高，呈现出良好的视觉效果。节目中充斥着各角度展示甜品的镜头，通过拍摄时光线和色彩的调配，甜品在镜头内更加令人垂涎欲滴，保持了甜品色彩的鲜活和质感的真实，让观众对食物有触手可及之感，甚至产生饥饿感，为观众制造一场视觉盛宴。

节目中镜头较多地采用动态画面来反映选手的制作过程，情节显得更加紧凑，避免枯燥，烘托出选手比赛的紧张感，让观众有真正融入到比赛当中的感受。虽然是注重纪实的真人秀节目，但是在拍摄上同样注重艺术感，拍摄和剪辑采用了一些电视剧的手段，进行艺术加工。比如第二季第四集中采用高速摄影，拍摄了繁华都市车来车往的镜头，画面从夜晚渐入黎明，增加了美感。

同时，采用纪录片式的跟踪拍摄，注重细节的刻画，对选手们在集体公寓内的活动进行跟拍，使得节目情节更加完整，通过选手们最真实的一面自然流露，使内容更具真实感，选手内心世界得以展露在观众面前。

利用变焦拍摄和镜头的推拉，在保持画面相对稳定的同时，使选手们忙碌的身影清

晰地表现出来，比赛最真实的状态也得以更精准地传达。拍摄选手比赛的过程经常使用"甩镜头"，即快速地摇镜头，将镜头的画面转向另一个内容，类似于人们将头转向另一个事物，以更贴近观众的视角来拍摄，以此来表现同一时间内不同选手的状态。

比赛过程采用多机拍摄，关注每个选手的制作过程。运用手持摄像机，对选手们的动态细节进行捕捉，通过晃动的镜头达到画面和情节的真实感。画面中常会出现选手在比赛中奔跑的镜头，摄像机的跟拍，营造了比赛紧张、激烈、忙碌的氛围。这些多样的拍摄手法使得制作甜品的单调、冗长的过程变得不再沉闷，而是充满了引人入胜的期待感。

此外，该节目中也有大量的现场追述，它是真人秀节目中一种特色叙事手段，即利用节目的参与者在事后追述节目中曾经发生的事件，并穿插在事件进行当中叙述故事。现场追述用选手们赛后对比赛时情形的回忆，增添了选手的内心活动，弥补了现场画面的不足，使节目更具有戏剧性，人物形象更加丰满。

节目中的音乐主要起烘托节目氛围的作用。在比赛紧张忙碌进行的时候，背景音乐通常为快节奏、鼓点密集的音乐，节目本身的气氛达到高潮。评委宣布"时间到"后，音乐节奏急转直下，进入平缓的鼓点，恢复到相对平静的状态。评委点评环节，音乐具有很强的神秘感，引发观众对比赛结果的猜想，节目氛围变得刺激而悬念十足，随着评委宣布最终淘汰人选，神秘的音乐立刻转换为舒缓的音乐，配合着被淘汰的选手抒发感言和与并肩作战的选手们一一道别的画面，令人为之动容。

《甜品大师》官网的页面上方使用淡雅的淡紫色背景，下方使用白色背景，简洁明快。以选手和评委的滚动图片开头，下方有以往剧集的索引，内容包括选手及评委简介、赛程介绍、每集简介、周边产品以及成品和比赛过程的照片等。幕后采访的花絮或许能让未过瘾的观众一饱眼福，同时也能增加对选手和评委的了解；根据节目制作的两款益智小游戏，增加了趣味性。值得一提的是，网站人性化地收录了各色餐品的制作食谱，这些食谱不只局限于甜品，而是涉及各种风格的餐点，并且可以根据季节、节日等索引寻找自己想要的食物，明确标明了配料所需的使用量，给跃跃欲试的观众很好的参考。

商业模式

《美食与美酒》杂志是本节目两季的赞助方，在两季中提供奖金的别克君威、哥帝梵巧克力、美国厨宝也是该节目的赞助方。第一季比赛中多维牌洗手液（Dawn）和第二季中益达口香糖也向选手们提供了奖金，节目中不乏通过镜头和主持人台词植入广告。

节目通过与这些企业的联系，不但完善了节目的基础设施和奖励机制，也为这些企业做足宣传。与其他节目相同，《甜品大师》同样运用网络营销，在 Twitter、Facebook 等社交网站宣传节目，提高节目知名度。

除邀请各路赞助商之外，节目在官方网站上的"Shop"分类信息中，将《顶级厨师》各种相关衍生产品汇集一处，这些产品包括节目 DVD、相关书籍等文化产品，还有印有节目标识的厨师服装、厨具等，这些物品从几美元到上百美元不等。通过这些衍生产品的发行、发售，让更多的人知道这个节目，同时从中获利。节目通过与《美食与美酒》杂志的合作，扩大节目的影响力。

同类对比

近年来，美食竞赛节目层出不穷。从节目内容上看，《甜品大师》与《地狱厨房》(*Hell's Kitchen*)有相似之处，二者同属于厨艺比拼的真人秀节目，但二者也存在许多不同。下面我们将从结构上对这两档节目进行对比。

表 8　同类型节目对比

节目名称	频道	参赛选手	节目内容及形态	奖项结果
甜品大师	美国精彩电视台	12—14 名甜品行业从业者，在甜品大师厨房内或规定的不同场合制作甜品。	1. 厨师们专攻于甜品的制作 2. 每一集都邀请业内不同的著名专家担当评委 3. 分组方式没有规律，多种多样 4. 比赛的主要内容主要包括火速挑战和淘汰挑战。火速挑战获胜者获得豁免权或奖金 5. 选手们制作甜点，给评委和参加活动的人员品尝，最终由几个评委共同商定淘汰人选	1. 获得 10 万美元的奖金 2.《美食与美酒》杂志的专题报道 3. 厨艺展示会
地狱厨房	美国福克斯电视台（Fox）	12—18 名来自各行各业的普通人在地狱厨房接受任务。	1. 厨师们烹饪各色的菜肴，不局限于某一类 2. 从主持人到评委只有戈登·拉姆齐 (Gordon Ramsay) 大厨一人 3. 主要按照性别进行分组，分	1. 价值 200 万美元"地狱厨房"餐厅的所有权 2. 有机会成为戈登·拉姆齐大厨的生意合作伙伴

节目名称	频道	参赛选手	节目内容及形态	奖项结果
			为红、蓝两队 4. 比赛主要分为技能测试挑战和晚宴服务。技能测试获胜的队伍或个人会获得休假奖励，落败者会得到如清扫厨房的惩罚 5. 在拉姆齐大厨的监督下为来到地狱厨房的顾客们提供餐点。由每队的队员选出淘汰候选人，最终由拉姆齐大厨决定淘汰人选	

《地狱厨房》是美国福克斯电视台引进英国的一档电视选秀节目，评委兼主持人是全球最富有的"顶级厨神"——来自英国的名厨戈登·拉姆齐。除《地狱厨房》之外，他还拥有其他两档节目——《顶级厨师》（*Master Chef*）和《厨房噩梦》（*Kitchen Nightmares*）。

同为厨艺类真人秀节目的两档节目在结构和主要内容上存在着差异，除此之外，节目风格也是大相径庭。在《地狱厨房》中，拉姆齐大厨充分展现了他的毒舌功力和火暴性格，他兼任主持人、教练和裁判三职，选手们进入厨房便要受到他的挑剔和责骂，他甚至会无视比赛规则，中途淘汰选手，给节目增添许多看点。相比较而言，《甜品大师》的评委表现得严谨且专业，进程中也会严格执行比赛规则。选手之间的矛盾关系是真人秀节目不可避免的话题，《地狱厨房》的矛盾冲突显然尖锐得多。因此，从节目风格上看，《地狱厨房》较《甜品大师》更为激烈、更为戏剧化，后者则稍显温和与传统。

从环节上看，两档节目第一部分挑战的胜方都会获得奖励，而在《地狱厨房》中，输方还会获得惩罚。在评判的环节，《甜品大师》的评委全权负责选手的去留，完全依靠甜品的质量决定胜负，《地狱厨房》则赋予选手们一定的权利，因此选手们的协作能力和人际关系同样成为考核的要素。两档节目各有千秋。《甜品大师》致力于呈现制作上乘精致的甜品，给观众美的享受，而《地狱厨房》主要描写选手们激烈的比赛过程和戏剧化的矛盾关系，刻画人物细致入微。

两档相同类型的节目有着不同的侧重点，如今的美食竞赛节目都具备自己的风格，

自成一派。观众们可以各取所需，在不同的节目中获得独特的体验。

　　《中国味道》是专门为全国草根厨艺精英打造的大型厨艺真人秀，它发掘的不仅是属于中国的味道，而且还是属于百姓的家的味道。从全国各地选拔出的 30 位选手均是来自民间，没有经过专业训练的普通人，由此，节目走出了与国外真人秀节目不同的温情路线，我们能看到他们对美食、对家庭、对生活的热爱。比赛共分为六个阶段，分别为小组赛、复活赛、晋级赛、踢馆赛、表演赛和三强争霸赛，比赛形式多样化。选手除了烹饪自己的拿手菜，还要模仿制作名家菜式，看点十足。节目邀请了专业职业技能裁判员协助主持，并由美食评论家、烹饪教育专家等担任评委。为保持公正客观，比赛过程中评委与选手们完全隔离，评委仅须对菜品投票即可。可以说，《中国味道》是一档具有中国特色的厨艺真人秀节目，与《甜品大师》相比它更能贴近我们的生活，因为它呈现的是最温暖人心的家常菜。两档节目都比较重视制作过程以及成品，有着较强的专业性，但《中国味道》更为大众化，在刻画人物上，《中国味道》注重的是选手们乐观、热情的共性，《甜品大师》注重刻画选手每个人的个性。

Mobbed

《都市快闪族》
——"快闪"出你的惊喜

● 节目概况速览 ⌄

    《*Mobbed*》，中文名是《都市快闪族》或《市井之喜》（最近也有翻译成《制造浪漫》等）。"mobbed"这个单词在英语中用于描述"快闪行动"时"被围攻"的场景。本节目是福克斯电视台（Fox）的一档与快闪行动有关的真人秀节目。节目的口号叫作："你是否有一个想要和你最亲密的人分享的秘密？你是否想给他或她一个大大的惊喜？一旦秘密被分享，人生将完全改变！"《都市快闪族》这档节目立志于运用群众快闪的力量，

基本信息 》》

· 原　　名：Mobbed
· 译　　名：《都市快闪族》，也有翻译作《市井之喜》或《制造浪漫》等
· 标　　识：

图 1

· 播出国家：美国
· 播出频道：福克斯电视台（Fox）

· 首播时间：2011 年 3 月 31 日
· 播出时间：美国时间每周三晚上 9 点（周播）
· 节目时长：42 分钟
· 节目类型：民生类真人秀节目
· 播出形式：录播
· 制作公司：艾薇公司（Alevy Productions）以及天使城市制造厂（Angel City Factory）
· 官方网站：http://www.fox.com/mobbed/

帮助那些寻求原谅、准备求婚、打算表白的人倾诉自己的情感。节目洋溢着感动和幸福。

节目历史演变

《都市快闪族》（*Mobbed*）于 2011 年 3 月 31 日首播，一开始只是在福克斯电视台试播，但第一集播出后，就吸引了超过 1080 万的观众收视以及同时段的 6.1% 的超高收视率。在首播获得如此巨大成功后，福克斯决定将《都市快闪族》编排成一季的节目。目前已经制作了 10 集，播出了 6 集。因此《都市快闪族》是一个非常新颖的节目模式形态。

收视反响

《都市快闪族》于 2011 年 3 月 31 日首播，获得 1080 万的观众与 6.1% 的高收视率，并在之后的几集中一直保持极高的关注度。有数据显示，该节目第一季第三集的收视人数为 276 万人，第四集的收视人数为 342 万人，第六集的收视人数为 847 万，可见这档节目在观众中的人气正在急剧上升。在社交网站 Facebook 上，网民们对于《都市快闪族》也是好评如潮。

节目模式分析

《都市快闪族》是一档立足打造温馨浪漫的快闪行动真人秀。该节目为希望制造惊喜的申请者运用快闪行动的力量达成目的。

节目一般流程是，首先申请者需向节目组提供一段个人录像，说明自己想向哪位亲朋好友分享秘密或者制造惊喜，并告知节目策划者事情的前因后果。节目组会选定某一位申请人，并讨论策划方案。比如：A 想要向 B 求婚，节目组就会策划好一套制造浪漫和惊喜的方案，让 B 在完全不知情的情况下，采用连环计给 B 层层下套。起初可能是设计好的小矛盾或小冲突，而后会在 B 不经意或完全意想不到的情况下，开始之前设计好的快闪行动。上千名陌生人起舞歌唱，将 B 引导到 A 面前，由 A 在众人面前向 B 求婚。整个过程音乐、灯光、舞美等都配合得天衣无缝，最后的结果通常就是当事人在镜头前流下幸福的眼泪。

节目共有五大环节即五个模块，分别是：

1. "方案环节"（The Setup）：在这个环节中，节目组的人将会一起观看申请者提交

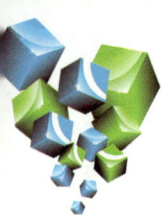

的录像材料，大致了解申请者想要制造浪漫的对象以及他们之间的故事和因果，然后节目组发表各自观点，经过讨论，最终决定是否要帮助这位申请者达成愿望。

2. "快闪同谋"（The Accomplice）：当节目组认为申请者提交的故事和材料足够感人或者有意义时，便会进入这一环节。在这一环节中，节目的主持人将会带着观众和节目组一起更深入地了解这一集申请者的经历以及他和想要制造惊喜的对象之间的故事，可能是一见钟情的浪漫表白也可能是充满温馨的诚意道歉。之所以叫"快闪同谋"，是因为申请者将和节目组一样成为本次非凡的快闪行动的参与者。唯一不知真相的只是那个将要接受惊喜的"目标对象"。

3. "结识目标"（Meeting the Mark）：在这一环节，节目组将要带我们去认识申请者想要制造惊喜的对象，即快闪行动的"目标"，对他／她的性格、喜好做一个深入的了解，可以帮助节目组策划之后的快闪惊喜达到最好的效果。而这一阶段，结识目标时需要隐瞒真实的意图。因此节目组往往会找到一个天衣无缝的借口来结识目标并且丝毫不让人怀疑。

4. "快闪大策划"（Building the Flash-mob）：在这个环节，节目组将一步步地张罗快闪行动的初期设计、中期准备和后期的排演，观众会看到在策划快闪行动时遇到的困难，也会感受到整个策划过程中蕴含的深情和巧思。在这一环节，节目将把观众的期待心情逐步引向高潮。

5. "快闪日"（Mob Day）：这一环节，将会为观众展现快闪日当天的进展和取得的效果。一切的前期努力是否白费都看快闪日这天的成败，因此观众和申请者一样怀着既激动又紧张的心情。随着"目标对象"一步步被下套，之后快闪行动开始，"目标"又惊又喜而不知所措，直到申请者出现说出自己的心声。此时节目里的"目标"人物可能已经泪流成河了，而观看节目的观众也在这种温馨浪漫的氛围中感动不已。

人物角色

主持人：

霍伊·曼德尔（Howie Mandel），美国著名主持人，犹太人，1955年9月29日出生于加拿大安大略省多伦多。

图2

2008 年因真人秀《成交不成交》（*Deal Or No Deal*）获得艾美奖最佳真人秀节目主持人提名。曾出演《笑料商店》《灵媒缉凶》《愚人善事》等。

曼德尔真正为大众所熟悉是他于 1982 年出演《波城杏话》(*St.Elsewhere*) 之后。此后，他也在《灵媒缉凶》(*Medium*)、《愚人善事》(*My Name Is Earl*) 等剧集中客串出演，为一些列的动画电影配音。但是这些都只是他的副业，他最主要的工作还是主持 NBC 收视率最高的游戏节目《成交不成交》。

节目参加者（即申请者）：

节目的参与者则是一些普通的美国百姓，他们怀着自己最朴素也最真实的愿望来到这个节目中，收获感动的同时去感动电视机前的每一个观众。

演播室：

《都市快闪族》的大部分拍摄是在室外进行，并且每一集的室外地点都不一样，这种变化的地点元素也是吸引观众保持期待的原因之一。但是在节目常规流程的第一个环节"方案"中，主持人和节目策划者坐在一个会议室内共同审核申请者递交的 VCR，大概构图如下：

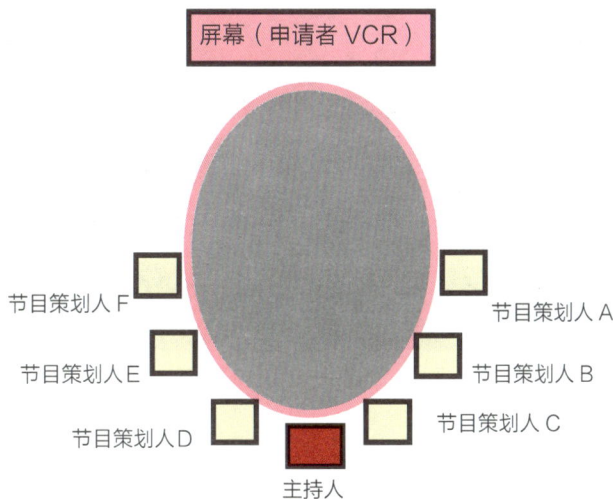

图 3 外部形态和包装风格

视觉要素

《都市快闪族》虽然没有室内的舞台或者固定的演播室，但每一次的快闪行动制造

浪漫的场景都非常的绚丽，色彩非常鲜明而浪漫，无论是从灯光还是快闪族的造型设计都和整个节目进行的节奏配合得天衣无缝，让人眼前一亮。节目创作人员非常注重对于不同色彩的运用，既有暖色调烘托温馨，也有冷色调渲染浪漫。如在下面的第一张节目截图中，上百只黄色的雨伞制造出一种徜徉在水仙花海中的清新格调，让人在感动的同时心旷神怡。而在第二张节目截图中，场景就变成了另外一种完全不同风格的紫色梦幻式场景。

图 4　外部形态和包装风格

图 5　外部形态和包装风格

节目案例详解

　　以《都市快闪族》第一季第三集为例，该集讲述了一位玩乐队的男生爱上了网聊五年却从未见过面的女生，他们两人身处异地，五年来他们每天都用电子邮件联系、打两个小时的电话，但似乎只是好朋友的关系。这位男生想让关系更进一步，于是他决定向

这位女生表白。于是，一场浪漫温馨的快闪行动一步步地策划并且顺利地进行，最终感动不已的女生接受了男生的表白。

板块分析

表 1 节目板块分析

板块	时长	内容	形式
演播室介绍故事始因	20 秒	1. 旁白简单交代故事始因 2. 演播室播放申请者的申请录像，申请者通过录像交代了自己想要制造惊喜的对象以及他们之间的故事和关系	现场同期声、VCR、旁白、音乐
设置悬念	40 秒	1. 通过主持人的讨论以及旁白设置悬念，让观众好奇这次的快闪行动能否帮助那个男生表白成功 2. 出现标识	旁白、现场同期声
方案环节	2 分 30 秒	进入方案环节 1. 节目的策划者在会议厅共同观看申请者的录像，更深入地了解申请者资料以及故事背景 2. 策划者和主持人一起进行讨论，探讨如何帮助男主角制造惊喜，向心仪的女孩表白	现场同期声
快闪同谋	1 分 45 秒	进入"快闪同谋"环节。在这一环节申请人更深入地介绍他自身的信息以及他和他心仪女生之间的故事	VCR、字幕、旁白、现场同期声
结识目标	2 分钟	进入结识目标环节。在这一环节中，快闪节目组将会对申请者口中的那个女孩进行更深一步的了解，为之后设计出最合适、惊喜的方案而收集目标信息 1. 主持人串场 2. 通过隐秘的摄像机记录节目制作人和目标（即那个女孩）之间的对话 3. 主持人在另一个房间观看整个交流过程，时不时地进行幽默点评，和观众互动交流	采访、旁白、现场同期声
快闪行动倒计时 5 天	2 分 45 秒	快闪倒计时 5 天。主持人和快闪节目制作组开始根据从双方得到的信息慢慢地一步步策划他	采访、旁白、现场同期声

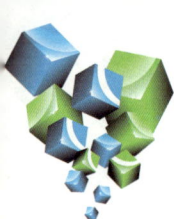

板块	时长	内容	形式
		们的快闪行动 1. 主持人和男主角本人进行沟通交流。探讨惊喜呈现的方式 2. 敲定主要形式，主持人完成任务	
快闪大策划	4分10秒	进入"快闪大策划"环节 1. 主持人将史蒂夫 (Steve) 和达娜 (Dana) 的信息整合给节目组，一同开始策划这次非常重大的快闪活动 2. 节目组的舞台美术策划、舞蹈编排策划、制片人之间进行交流，共同探讨如何将惊喜最完美地呈现 3. 主持人分析方案的可行性以及风险，充分调动悬念	采访、现场同期声、旁白
强化悬念	25秒	通过剪辑策划者的讨论对话等将悬念推向高潮，强化方案实施带来的风险和失败的可能性	现场同期声、音乐
进一步强化悬念	25秒	1. 插入《都市快闪族》本集下节精彩预告 2. 进一步调动悬念 3. 出现节目标识	主持人采访、现场同期声、音响
快闪日	7分30秒	进入"快闪日"环节 1. 将快闪日当天的准备情况以及遇到的困难一一呈现在观众面前，情绪一步步激昂，让观众对最后的快闪行动既期待又紧张 2. 快闪倒计时10小时。镜头跟进，快闪族在策划者的组织中进行紧张地排练。策划者对表演演员们进一步交代细节 3. 快闪倒计时8小时。男主角和快闪策划人员见面，让男主角了解整个快闪计划的细节 4. 快闪倒计时6小时。剪辑节奏进一步加快，播放彩排的一些情况以及节目策划者阐述这场快闪行动的策划思路和创意所在，将观众期待情绪调动到最高点 5. 快闪倒计时2小时。剪辑出彩排的镜头，并且对男主角现在的心情进行一个简短的采访	现场同期声

板块	时长	内容	形式
快闪行动实施	5分15秒	1. 出现节目标识 2. 主持人发号施令，让所有人员各就各位 3. 镜头跟进，快闪目标以完全不知情的身份进入节目视野 4. 女主角以为自己是在参加相亲节目但却与节目策划好的"男嘉宾"发生矛盾 5. 这个"矛盾"正是启动后续快闪浪漫行动的信号 6. 快闪行动流程顺利地进行，女主角完全搞不清楚状况，但非常惊喜 7. 男主角出现，继续带领目标感受接下来的惊喜	现场同期声
快闪高潮	2分50秒	1. 出现节目标识 2. 镜头推进，特写男主角向女主角表露心声，等待女主角的回答 3. 被感动得不行的女主角幸福地答应了男主角 4. 镜头拉远，大全景，快闪族一起欢呼，在众人的祝福中，快闪行动成功。众人尽情地舞蹈、狂欢，将节目气氛推向了热烈的最高潮	现场同期声
采访	1分40秒	演播室，采访男女嘉宾。进行一个简短的访问，了解他们的情绪和感受，同时给观众留下意犹未尽的感受	采访、字幕、音乐
片尾	5秒	1. 最后5秒钟展示节目制作的两个公司的图标（艾薇公司以及天使城市制造厂） 2. 节目的预告	旁白、音响

节目特色点评

内容分析

　　这是一档帮助普通人实现心愿和梦想的励志情感类真人秀节目，该节目主题立意温情、积极、阳光，给当今的社会传递一种正能量。当下快节奏的生活给人很大的压力，人们忙忙碌碌常常可能会忘记关心身边所在乎的人，或者忘记给朋友送去惊喜和温暖，

越来越多的人抱怨人情淡薄，而这个节目却为观众营造了充满浪漫和惊喜的温馨氛围，让观众在感动中感受世间的美好和温暖。

这档节目主要的人物构成为主持人和普通参与者。节目的主持人是美国著名的喜剧明星，给人轻松、诙谐幽默的喜感，而普通人带着平凡却美好的愿望来到节目当中和快闪策划者一起去构建最温馨的惊喜。这样的人物构成，让整档节目诙谐幽默却不低俗，煽情动人还带来了快乐。

另外，这档节目每一集制造惊喜的场地都不同，因此节目在一定程度上为使用的场地做了宣传，加大当地的知名度，也带动了当地的旅游和消费。

形式分析

环节设置清晰明确，《都市快闪族》节目总共设计有五个环节，即"方案环节""快闪同谋""结识目标""快闪大策划""快闪日"。这五个环节环环相扣并且层层递进，不断设置悬念并抛出悬念，调足观众的胃口，将情绪积蓄到临界点，最后的惊喜将显得格外的动人。节目的五个环节环环相扣，井井有条地展开故事，并且巧妙地设置悬念，有张有弛，有温情，有搞笑。

语言平实自然，无论是主持人还是节目的策划人员以及参加节目的普通人，都以最普通和平实的语言进行日常交流和沟通，没有过多的舞台戏剧类的语言修辞，让人感到轻松自然，充满生活气息。

节目制作

· 画面：因为节目是融合了快闪元素的，因此人数众多，在进行快闪行动时给人一

图6

种大气恢宏、震撼心灵的美感。同时节目设计师也非常重视舞美和灯光，使得节目画面和情绪相互适应配合。

图 7

图 8

·声音：节目为追求一种生活纪实感，除了必要的旁白解说外，大多是使用现场同期声，但在进行快闪活动时，有现场的音乐，快闪族们随着音乐起舞，实在是温馨浪漫至极。

·摄影角度：节目的拍摄角度丰富，有远景、中景、近景和特写，全方位多角度地

图9

展示了"快闪"活动的全过程。

　　·后期剪辑：节目的剪辑是十分值得称道的一个环节，《都市快闪族》的情绪是逐渐升温的，越接近快闪日、越接近惊喜呈现的时刻，观众的心情和情绪越是高涨，因此整个节目的剪辑速度也是由初始的较缓和逐渐加快剪辑节奏，让节目剪辑的节奏和观众心理节奏相一致。

　　·网站设计：网站的整体色调为蓝白色，给人一种炫丽而清新的感受，符合情感类真人秀的观感定位，设计简洁明快，集宣传和互动为一体。网站的左侧为剧集的视频链接，方便观众在浏览网站的同时观看视频。

Kitchen Nightmares

《厨房噩梦》

——帮你噩梦变美梦

基本信息 》》

· 原名：Kitchen Nightmares

· 译名：厨房噩梦

· 标识配图：

图1 节目标识　图2 节目宣传片最后一幕

图3 节目标识主厨形象

《厨房噩梦》的标题标识统一，清晰明了地展现出节目的风格。银白色的字体透露出节目冷酷、犀利的风格，而黑体字又能突显节目的稳重、踏实及切合实际，最特别的是"KITCHEN"中将字母"I"赋以"刀"的形象（如图1），深刻又富有新意，进一步揭示了节目与厨房的纷争有关，给人以震撼的效果，又能与节目的宣传片相互呼应（宣传片中的最后一幕是一把刀切向砧板之后出现节目标题标识）（如图2）。另外，每一季的节目整体标识图片都是主厨戈登站在节目标题标识之前，抱住双手，唯一不同的就是人物的拍摄角度、站位、姿势，但都能体现出他的权威性（如图3）。

· 播出国家：美国

· 播出频道：福克斯电视台(FOX)

· 首播时间：2007年9月19日

· 播出时间：当地每周五晚8点

· 节目时长：60分钟

· 节目类型：民生类真人秀节目

· 播出形式：录播

· 制作公司：Granada Media 传媒公司、Optomen Television 公司、A. Smith & Co. Productions 制作公司

· 官方网站：http://www.fox.com/kitchennightmares

●节目概况速览 ⊗

《厨房噩梦》（*Kitchen Nightmares*）是 2007 年美国福克斯公司（FOX）推出的一档民生类真人秀节目。该节目由顶级厨神戈登·拉姆齐 (Gordon Ramsay) 担任，他本人对于烹饪极其严格苛刻，性格火暴，追求完美。每周戈登都会寻找一家正处于困境的餐厅并为他们提供帮助。这些餐厅或许陷入到菜品质量下滑的困境、或许对未来的发展方向茫然不知所措、或许是由于管理失当而导致收入惨淡……作为主厨的戈登会对每家困境餐厅的厨师准备膳食及服务员的餐间服务提供切实有效的建议和帮助，包括通过自己的团队帮助餐厅重新装潢、制作新标识、新菜单、研发新菜品，在一周之内把这些经营困难的餐厅挽救过来，使其完成由惨淡经营到座无虚席的转变。这一切都会被摄像机忠实地全程记录下来，包括戈登与店主激烈的争吵、餐厅厨房的脏乱不堪、店铺店员们对餐厅服务的懈怠等。长期以来，戈登利用他丰富的知识、犀利的言辞、善意的游说，使全美各地的多家曾经深陷"厨房噩梦"的餐厅重回正轨，转危为安。

历史演变

《厨房噩梦》是一档以英国独立电视台（ITV Studios America）的《拉姆齐的厨房噩梦》（*Ramsay's Kitchen Nightmares*）为蓝本的真人秀节目。后被美国福克斯电视台买去，聘请戈登·拉姆齐进行重新制作，并最终定名为《厨房噩梦》。节目于每周五晚 8 点在福克斯电视台播出，同时英国观众也可在第四频道 (channel 4) 收看此节目。

节目第二季于 2008 年 9 月 4 日播出，节目所选餐厅则主要集中在美国中西部、纽约和加利福尼亚。节目第三季原本预定在 2010 年 1 月 27 日（星期三），后由于国情咨文将播出日期推至 2010 年 1 月 29 日（星期五）。2010 年 5 月福克斯公司声称将会推出第四季，播出时间从 2011 年 1 月 21 日持续至 2011 年 5 月 20 日。从 2011 年 9 月 23 日到 2012 年 3 月 30 日节目上演第五季。2012 年 10 月 26 日至 2013 年 4 月 5 日第六季节目跟进。

每一季开播时间如下：

第一季：2007 年 9 月 19 日于美国（2007）

第二季：2008 年 9 月 4 日于美国（2008—2009）

第三季：2010 年 1 月 29 日于美国（2010）

第四季：2011 年 1 月 21 日于美国（2011）

第五季：2011 年 9 月 23 日于美国（2011—2012）

第六季：2012 年 10 月 26 日于美国（2012—2013）

节目从开播以来板块的设置改动不大，都通过发现问题、解决问题、效果对比的流程对餐厅进行改造，并在一定时期之后进行回访，包括当期节目播出后一周的回访和在下一季节目中进行改造一年后的回访。唯一演变较大的则是每一季的导视片，一季比一季做得更加炫目与精巧。在第一季和第二季时，未加入上一季的回访，从第三季开始，每一季插入两期回访单元，对上一季的若干个餐厅进行改造时重新剪辑再加入之后的回访状况，增加节目的真实性、可观性。

收视反响

《厨房噩梦》开播以来一直备受大家关注，一度蝉联收视率第一的宝座。虽然，随着新节目的涌现，《厨房噩梦》受到了《最后的男人》(*Last Man Standing*) 等节目开播的冲击，新一季的播出效果不尽如人意，但节目收视率始终位列前三，这对于一档已持续 6 年的老牌节目实属不易。

节目模式分析

《厨房噩梦》是主厨戈登·拉姆齐帮助濒危餐厅找到症结所在，使餐厅得以重获新生、顺利经营的一档节目。看似经营餐厅，实则跟做菜、装修、经商都没有太多联系，更多的是挖掘人与人之间的关系以及个人实现梦想与价值的努力，确切地说它实则是一档情感秀，在镜头前，争吵甚至动手的场面时有发生。戈登的个性鲜明，说话爽快，所以也造成了很多紧张的局面，这也成为节目的一大看点。不过，这也让这个节目非常有看头，因为你不知道接下来又会发生哪些戏剧冲突。后期剪辑和记录设计、音乐插播，更容易让观众有一种收看电视剧的感觉。

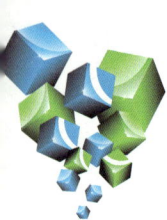

板块设置

表 1　板块设置详情

一、当期节目预告	二、引见人员
1. 介绍此期节目需要接受改造的餐厅，包括餐厅地理位置、餐厅曾经荣誉、餐厅当前经营状况。 2. 为节目开展制造悬念。	1. 向戈登引见餐厅主要人员。 2. 戈登品尝餐厅菜品、考察餐厅厨房，发现问题所在。 3. 穿插采访初见时餐厅人员的个人心理感想以及戈登对这些问题的看法。
三、晚宴服务 1	四、解决问题
1. 向顾客提供晚宴服务，进一步暴露问题。 2. 在过程中由戈登进行改正。 3. 穿插采访体现餐厅人员对于问题的态度。	1. 多方沟通、交流、解决问题。 2. 穿插采访。
五、团队改造	六、见证新餐厅
1. 戈登团队进行餐厅重新装潢。 2. 戈登制定新菜单及菜品。 3. 穿插采访体现餐厅人员对于全新餐厅的希冀。	1. 戈登带领餐厅人员进入新餐厅，介绍新餐厅布局缘由。 2. 品尝新菜品。
七、晚宴服务 2	八、回访
1. 向顾客提供餐厅改造过后的服务晚宴。 2. 若有新问题则及时解决。	1. 一周后回访餐厅。 2. 展现改造后的经营情况。

人物角色

图 4　主持人戈登·詹姆斯·拉姆齐

· 主持人

1966 年出生的《厨房噩梦》主持人戈登·詹姆斯·拉姆齐（Gordon James Ramsay）是英国著名商人、电视名人及餐厅经营者，更是拥有米其林 12 颗星头衔的厨师，堪称英国乃至世界的顶级厨神。他从 1998 年开始电视主持生涯，所主持的各种烹饪节目风靡欧美。戈登曾经主持多个电视烹饪节目，如早期在英国播出的《地狱厨房》《真人秀：食为天》(The F Word)《戈登·拉姆齐：寻找英国最好的饭店》（Ramsay's Best Restaurant）及《拉姆齐的厨房噩梦》，后期在美国播出的《地狱厨房》《我要做厨神》《地狱旅馆》（Hotel Hell）及《戈登·拉

姆齐背后的酒吧》（*Gordon Behind Bars*）。戈登以粗鲁犀利的言辞和追求完美的作风闻名，被媒体称为"地狱厨师"。

· 参加者

《厨房噩梦》的参加者是全美各地经营状况堪忧的餐厅，他们都渴望在节目中进行改造，但是节目组在甄选过程中还是有严格的标准，如：

第一，餐厅的风格要够明显，主要指餐厅的菜系。它们可以是意大利高端菜系、南美餐、美式本土快餐等，但是一定要有区别，以展现节目对于菜系涉及之广。第二，餐厅的状况要够落魄，包括目前的装修、菜品的质量等。这样就有利于节目中餐厅改造前与改造后的对比，以使人眼前一亮。第三，餐厅主人要够有故事，他们往往都有很多故事可以讲，例如母亲病倒、亲人反目、父子嫌隙等，以有利于节目情节的推进，使之有亮点及吸引力。第四，餐厅管理要够有症结，比如后厨管理不当、卫生状况堪忧、餐厅服务懈怠、员工内分裂不团结等，可以进一步激化矛盾冲突，增加节目可看性与对比性。

外部包装

《厨房噩梦》所有集均采用外景地拍摄，突破室内拍摄的局限，走进各大餐厅及厨房，具有明显的纪实风格（如图5）。而且，在当期节目一开始就展现餐厅外景（如图6）或当地风光（如图7），十分惹眼。

另外，《厨房噩梦》秉承真人秀的纪录风格，全程真实拍摄实体"问题"餐厅。封闭性的叙事空间更容易吸引观众注意力。通过真实餐厅、内部装潢、餐厅结构布局、"问题"菜品、仓储状况、"硝烟"厨房共同构成节目的视觉要素。另外，画面来回切换的速度和节奏、空间交替，营造节目所需要的紧张感。

同时，在拍摄餐厅经营过程中，内部工作人员争执、顾客反映、火暴厨师的连篇脏

图5　主厨在厨房工作

图6　被改造餐厅外景

图 7　被改造餐厅所在城市风光

话、员工"个性化"倾诉、店主真实流露等戏剧性因素，恰到好处地使用不同的拍摄角度，从特写、近景、中景及远景，便于让观众感受情节和氛围的跌宕起伏。有泪点，有炒点，有盲点，有冷点，推动情节发展，使节目更有看头。

图 8　餐厅外观（远景拍摄）

图 9　问题菜品（特写镜头）

图 10　个人访谈（近景拍摄）

图 11　餐厅改观后的装潢（中景拍摄）

节目案例详解

　　第五季第三集的被改造餐厅为"迈克 & 内利"（Mike & Nellie's），于 2011 年 10 月 7 日在美国播出。"迈克 & 内利"原本是附近远近驰名的牛排餐厅，由迈克和内利两父子为了梦想而打造。但是，迈克的父亲内利过世了，餐厅只剩下迈克一个人，他不敢面对现实因此消极待世。迈克常常酗酒，对于餐厅的菜品和管理方式总是自以为是，更听不进劝告。在戈登的批评指导和情感帮助下，迈克逐渐打开心房，接受改造，终于使得"迈克 & 内利"换了一个面目重获生机，成为了精品牛排餐厅，再次走上了良性的运营轨道。

板块分析

表 2　第五季第三集板块分析

板块	时长	内容	形式
第一日			
概况介绍	1 分 12 秒	1. 介绍本期餐厅为"迈克 & 内利" 2. 用内容剪切的手法做预告，使观众得知餐厅经营不善的原因 3. 预告奠定下紧张的气氛，并且为观众制造悬念	VCR、旁白、音乐
片头主视觉	8 秒	1. 当季节目导视片 2. 将各期节目精华剪辑而成，并辅以紧张动感的音乐，最后出现节目标识	音乐
当地风光	13 秒	1. 介绍餐厅地点在距离泽西海岸 10 分钟车程的郊区小镇奥克荷斯特处，展现了当地的美丽风光 2. 介绍"迈克 & 内利"是家庭餐馆，并且出现所有人员的合影	音乐、VCR、旁白
餐厅现状	3 分 12 秒	1. 介绍"迈克 & 内利"餐厅历史、概况、背景、原来的荣誉以及目前的惨状。餐厅 1996 年开张，是内利与其儿子迈克开设，融注了两个男人的梦想，随着内利的离世，餐厅只剩下迈克 2. 插入对迈克、迈克女儿、餐厅经理的采访，说明他们对餐厅的直观感受，包括对内利过世之后的感悟以及对餐厅目前状况的堪忧，迈克的两名女儿更直接表达了她们对父亲的心疼与期盼，希望戈登拯救他们的餐厅 3. 插入迈克工作现场情况、餐厅营业状况的细节拍摄，表现餐厅目前的不堪，如迈克不听劝告、成日酗酒、自以为是，如餐厅脏乱、天花板有破洞、桌椅有残缺、地毯不堪入目、菜品中有蟑螂，以及员工对迈克的无奈	VCR、旁白、采访、音乐、现场同期声
主持人出场	1 分 16 秒	1. 戈登出场，由迈克大女儿萨曼莎 (Samantha) 接至餐厅，两人在车上沟通了一下想法，指出餐厅存在的主要问题——迈克消极待世，	现场同期声、主持人现场、采访、音乐

板块	时长	内容	形式
		目前无力承担压力 2.插入萨曼莎的采访，进一步表达她希望戈登改变迈克以及餐厅的经营状况	
主厨寻访查看情况	8分45秒	1.戈登进入餐厅，直接提出餐厅的气味难闻，甚至形容像尸体的气味，气氛十分尴尬 2.戈登与迈克见面，进行交流。当戈登得知迈克为自己的食物打0—10分中的9分，戈登表示安慰与欣喜 3.插入对迈克二女儿莱克茜 (Lexi) 的采访，表现她作为脏乱餐厅主人见到戈登时的紧张不安和尴尬 4.插入对迈克的采访，表示他认为问题不是食物而是餐厅的气氛、环境和服务，更进一步确定自己做的食品无可挑剔 5.迈克为戈登提供点餐服务，却被戈登指出菜单不整洁，在点餐的同时戈登也发现餐厅的定位不明确。等餐时，戈登环顾四周，形容这个餐厅就是一个灾难 6.戈登自行修补餐厅墙上的灯罩却没能成功，戈登展示了滑稽可爱的一面 7.厨房中迈克等人在为戈登准备菜品，展现了迈克工作中的状态以及听到戈登评价之后众人特别是迈克的反应 8.戈登品尝菜品，并以犀利的语言评价，如"真恶心""淡而无味""虾子有如橡皮"等，同时，戈登还会与店员及迈克的女儿交流互动，询问他们对于菜品的评价 9.插入对店员的采访，表现了她在服务戈登之时的尴尬，也认为餐厅的菜品质量不好 10.插入对迈克两个女儿的采访，从亲情的角度说明问题。莱克茜认为戈登对菜肴挑剔会伤害迈克的自尊心，但是也只有中肯实际的评价才能切实有效地协助他改变。萨曼莎认	现场同期声、主持人现场、采访、音乐

板块	时长	内容	形式
		为迈克应该勇于面对戈登的指责，并虚心接受	
		11. 插入对迈克的采访，表达他对戈登的不服气，增添了浓重的火药味，矛盾展开	
		12. 在萨曼莎的劝说下，迈克与戈登坐下面谈，戈登指出餐厅问题太大，但是迈克一直在找借口不肯直面自己的失误。戈登只为食物打2分，直面指出问题归结于迈克的拒不认错和毫不上心，迈克尴尬离开	
下节提示	22秒	1. 广告前下节提示，展现更加混乱糟糕的情况，增添戏剧性的矛盾效果	VCR、旁白、音乐、音响
主厨观察晚宴服务	3分52秒	1. 体验午餐之后，戈登回餐厅观察晚宴服务 2. 客人们因为戈登的到来而纷至沓来，迈克开始紧张，用酒舒缓情绪 3. 戈登在后厨观察迈克的行为，询问例如后厨运作等问题，进一步暴露出迈克独揽大权，不懂得分配工作以及他注重上菜速度却忽略菜品质量，而厨房的管理更是杂乱无章，毫无标准可言 4. 前厅的顾客都在抱怨菜品的质量，纷纷要求退菜，可是迈克却不理会顾客需求，仍然固执地认定自己所做的菜没有问题，戈登对此表示无可救药 5. 插入对餐厅员工的采访，他们表示作为员工，深知迈克和餐厅的问题却无从解决，也能从眼神中看出迈克很伤心，这些都让人沮丧 6. 戈登与莱克茜交谈，询问迈克每晚的工作状态，莱克茜指出迈克没有负起领导职责，之后插入莱克茜采访，她认为迈克不信任其他人，一个人做所有的工作，缺少时间管理餐厅	现场同期声、主持人现场、采访、音响、字幕
主厨解决心结	2分54秒	1. 晚宴过后，戈登与迈克面谈指出问题所在，迈克坚持认为自己努力烹饪所以毫无过错，但戈登却指出努力工作也需要有明确方向，不可罔顾质量。戈登还直接指责迈克酗酒的	现场同期声、主持人现场、音乐

板块	时长	内容	形式
		习惯不是一个厨师长应有的，迈克终于坦白回答出自己的彷徨与生活的艰辛、压力，承认激情已消失，戈登开始苦心劝解，展现他理性的一面，两人的谈话达到了一个很好的效果 2. 插入对迈克的采访，表达出他内心的疲惫不堪	
第二日			
主厨用情感化解矛盾	3分47秒	1. 戈登到迈克家中做客，与父女三人交谈，表达了自己不希望迈克放弃的想法，重新点燃了他们的希望 2. 两个女儿向戈登表达出她们对父亲的担忧、关心 3. 戈登走后，父女三人第一次敞开心扉交流感情。迈克表示愿意尝试改变，聆听他人意见 4. 插入对萨曼莎的采访，表达他们这次的交谈是她渴望已久的，餐厅改变的不是装潢而是迈克的心，更从侧面展现出节目组在设置情节上的用心	现场同期声、主持人现场、采访、音乐、旁白
主厨帮助重燃热情	1分03秒	1. 戈登让迈克回到餐厅重新点燃他对食物的热情 2. 戈登发现厨房的脏乱比想象更糟，比如生熟食品混放、冰箱不及时清理等 3. 插入对迈克的采访，表现出他此时的慌乱、不安与尴尬 4. 插入对餐厅厨师的采访，他表示曾经劝说过迈克却不被认可	现场同期声、主持人现场、采访
改造脏乱和态度	3分49秒	1. 广告过后回顾 2. 插入对迈克的采访，透露出他开始认识到自己的散漫，心理过程有了转变，为节目之后的走向奠定了基础 3. 戈登在面对如此脏乱的厨房时最初也相当气愤，冷静后，吩咐餐厅厨师带领众人打扫厨房 4. 插入对餐厅厨师的采访，他认为餐厅开始得救了，当然这也是众多人的想法	现场同期声、主持人现场、采访、旁白

续表

板块	时长	内容	形式
		5. 迈克扔掉酒瓶，决心转变，清楚地认识到问题的重点在于厨房，但同时清晰地表示希望戈登的语气应缓和一些，使人更易于接受	
		6. 戈登开始教导餐厅人员做菜，展现出他精湛的厨艺，令人叹为观止，同时极大地鼓舞了迈克，让他彻底找到了激情	
		7. 众人品尝迈克做出的佳肴，纷纷表示赞赏	
		8. 插入对莱克茜的采访，表达一个女儿对父亲的崇敬与感恩之情，也间接表示迈克正在接受改变	
下节提示	18秒	1. 广告前下节提示，展现餐厅改造后的模样以及众人的喜悦之情，利用前后餐厅的对比，人物心情的对比吸引眼球	VCR、旁白、音乐、音响
		2. 埋下疑点，重新开张后的"迈克＆内利"是否能够获得成功？迈克是否能够顶住压力？	
主厨团队改造餐厅	46秒	1. 戈登在激励迈克后看到了餐厅的曙光，将重点放在了改造餐厅上	旁白、现场同期声、主持人现场、音乐、音响
		2. 运用闪回镜头揭示迈克心理变化的直接因素	
		3. 戈登帮助餐厅挑选地毯，这也是他在这家餐厅备受折磨的部分	
		4. 戈登团队对餐厅进行重新装潢	
第三日			
新餐厅揭幕	2分46秒	1. 改造完成后的第二天，戈登向餐厅所有成员揭幕新的餐厅标识标牌	现场同期声、主持人现场、采访、音乐、音响
		2. 插入对迈克的采访，显示他此时此刻的喜悦与感激之情	
		3. 众人进入新改造的餐厅，喜悦之情无以言表	
		4. 全景镜头展现餐厅新貌，特写镜头展现餐厅细节	
		5. 插入对餐厅员工的采访，表现作为餐厅一分子看见餐厅新貌的兴奋和幸福，他们重新燃起了经营餐厅的热情	
		6. 戈登与大家互动，解释如何改造及做法的原	

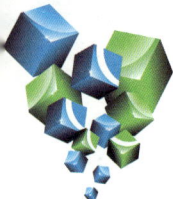

板块	时长	内容	形式
		因。伴随着讲解，画面均会切至相应镜头，如地毯 7. 用闪回镜头进行餐厅改造前后的对比	
品尝新菜品	1分32秒	1. 戈登团队准备新菜单，并烹饪出数十道新菜品 2. 戈登介绍新菜品的特点，每一样都给了特写，相当诱人 3. 众人品尝新菜品，他们一致表示美味，表情可以说明他们相当喜悦 4. 插入对迈克的采访，体现他真正地意识到什么是美味的佳肴，对自己的烹饪有了清楚客观的认识。戈登对迈克的心理改造完成	旁白、现场同期声、主持人现场、采访、音乐
重开后的晚宴服务	4分38秒	1. 餐厅重新开业，举行第二次服务晚宴，戈登继续在后厨监督并指导迈克的行为 2. 顾客均对餐厅新装潢、新菜品赞不绝口 3. 戈登激励餐厅厨师丹尼尔 (Daniel) 让他接过迈克手上重任，同时也让迈克相信丹尼尔，嘱咐他只关注烧烤区而将指挥工作交给丹尼尔 4. 插入丹尼尔的采访，表达他的信心 5. 插入迈克的采访，表达他对丹尼尔的期盼 6. 在开始的一段时间，戈登的计划收效不错，丹尼尔也表示团结一致、配合无间的工作氛围让人愉悦 7. 一小时过后，迈克开始不配合丹尼尔工作，拒绝丹尼尔的统筹，还开始搅乱厨房运作，被戈登制止，改造过程遇到挫折 8. 插入对迈克的采访，又透露出他对丹尼尔的不放心。迈克完全听不进劝告 9. 插入对丹尼尔的采访，他表示新的运作结构又破裂回归到过去 10. 戈登平心静气劝阻迈克，丹尼尔重新开始负责统筹工作 11. 插入对萨曼莎的采访，表示新菜品无投诉	字幕、旁白、现场同期声、主持人现场、音乐、音响

板块	时长	内容	形式
		抱怨，餐厅在向好的方向前行 12. 迈克到前厅巡视交谈，很有成就感，并感到欣慰。迈克从行为上彻底改变了自己	
改造完成后的感悟	58秒	1. 晚宴结束，迈克感谢戈登教会众人支持自己的工作，也教会自己如何放手 2. 戈登最后与父女三人交谈，回顾了初见迈克的印象及改造过后的感受 3. 插入对迈克的采访，由他个人叙述了改造过程中的艰难及获得成功后的心路历程，并表达了对餐厅的希冀	现场同期声、主持人现场、采访、音乐
主厨结束语	29秒	1. 戈登面向镜头阐述了自己对餐厅的第一印象及改造完成后自己的感悟，进一步强调了这期节目餐厅成功的因素——坚守管理条例 2. 戈登离开，但要伴随着一句幽默的话语调侃这家餐厅——"That carpet I've never smelled anything so disgusting in all my life. I'm sure there're bodies under there."（我这一生中都没闻到过这么臭的地毯，我甚至怀疑地毯下面埋了尸体。）	主持人现场、音乐
几周后			
回访	1分21秒	1. 几周后回访餐厅，展现餐厅盛行一时的情况，确保改造有效果 2. 插入对迈克的采访，表示改造后顾客的反馈，餐厅转危为安 3. 丹尼尔统筹后厨，风生水起，而迈克家族父女间关系也更加融洽 4. 片尾字幕	旁白、VCR、采访、音乐、字幕

节目特色点评

　　《厨房噩梦》的直观主题在于改善餐厅经营状况，但内在主题是为大众传输正确的经营理念及为人处世的原则，这是一档异常真实的情感真人秀。在价值导向上，节目中

戈登主厨改变餐厅的运作模式，已不仅仅限于改变一家餐厅的菜品及服务状况，更重要的是他能够传输正确的经营观念、教导妥善的经营策略，并能修补餐厅成员之间的关系，以人本主义出发，重建一个团队或者一个家庭的和谐、团结的氛围。参与改造的餐厅工作人员更向大众展示了梦想的力量，只要心中有希望就能够克服一切，达到成功。在许多期节目中，戈登总是教导餐厅领导倾听别人的意见，这是能获得成功的经营理念，更是一个人的品格，无形中也用实例教导着观众这样的道理。

人物分析

节目中的人物主要由主持人戈登及参与改造的餐厅工作人员构成，他们也是各有特色。戈登以脾气火暴著称，会在节目中大爆粗口，语言具有极大的攻击性，常使餐厅主人尴尬不已。但与此同时，他在发现问题劝解餐厅工作人员之时又带有极强的说服力，将众人所知的道理以极易被接受的方式娓娓道来，显示出自己的见地，并站在对方的角度思考问题，耐心教导。参加改造的餐厅工作人员有的脾气不佳，有的偷懒，有的颓废消极，但是心里其实都怀揣着自己对于餐厅的梦想，参加节目的初衷也都是想将自己的餐厅转危为安，也正是因为这样的梦想，他们会改正自己的错误，聆听戈登的教导，将餐厅上一个档次。

同时，戈登帮助餐厅、改善餐厅，节目的播出更为餐厅做了很大的广告，许多食客因为看了节目而对餐厅产生极大的兴趣，慕名而来。这样来说，餐厅在改造之余收获了额外的商业宣传价值，他们获得了经营理念的创新，获得了菜品佳肴的丰富，获得了餐厅装修的档次，更获得了广大的广告资源。以《厨房噩梦》的高收视率来看，这样的"植入式"广告的回报会是巨大的，节目也就巧妙地融合了商业利益，极大地吸引了餐厅的加入，达到良性循环。

节目形式

《厨房噩梦》的环节设置简单易懂，没有复杂的规则。作为一档纯情感的改造互动真人秀，它通过闪回镜头、采访，凸显的是前后对比，得到了很好的效果，观众能够直观地看见餐厅外在形态的变化，也能透过餐厅员工的采访看到他们的心理变化。每一期节目中餐厅的问题到最后都归为餐厅经营者的失误，对餐厅的改造实质上转变为对这些经营者心理上的塑造。

在语言设计方面，节目中由于激烈的冲突，引发强烈的骂战。戈登在评价一家餐厅时常常使用犀利的语言，如"废物"（Holy crap）、"真该死"（Bloody hell）等。但他在劝解时，又有极大的理性风范，如"那不是前行的路"（That is not the way forward.）、"你在自毁前程"（You are driving yourself into the ground.）、"我希望你能听进去"（I want you to listen.）等。戈登在节目中以脾气火暴著称，对餐厅又有一丝不苟的要求，面对混乱的餐厅经常爆粗口，乃至于节目中的对话常被"嘟嘟"音（"BEEP"）打断。而被改造的餐厅经营者们在最初同样也对戈登恶言相向，不肯正视自己的问题，常说"我无法再做下去了"（I couldn't do it anymore.）的丧气话。

而叙事风格上，《厨房噩梦》以真实的纪录式节目呈现，对于戈登与餐厅经营者、餐厅员工之间的所有交流、餐厅运作等都如实记录。节目中的餐厅中出现过蟑螂、死老鼠等卫生问题也都一一呈现在观众面前，虽然不排除有夸大的因素存在，还是让餐厅经营状况被完全暴露在大众的眼光之下。真实，是这档节目最大的风格特点。

节目制作

在画面上，由于《厨房噩梦》的取景均在演播厅外的各类餐厅中，餐厅的装潢就构成了画面的主要因素。餐厅的色调、布局会直接影响画面的质量。节目选取的餐厅具有极强的代表性。改造之前，色调、布局都给人以沉闷之感，整个画面在拍摄时体现出明显的封闭性、压抑感（如图12），而对餐厅进行改造之后，画面明显明快、活泼许多（如图13）。这样，利用画面就能从另一个角度对比出改造前后人心情的不同。

声音方面，节目中的声音收录得特别清晰，并且在后期运用"嘟嘟"的声效将节目中人物的粗口回避，使得这样一个真人秀在言语上更加真实可信。

《厨房噩梦》的摄影采用跟随拍摄，全程记录戈登的改造过程。在说明餐厅环境时，

图 12　第六季第七集餐厅改造前景

图 13　第六季第七集餐厅改造后景

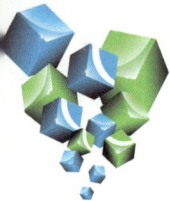

采用全景镜头展现全貌，同时运用特写镜头表现突出的破败之物。在说明厨房工作时，摄影机高举，以展现整个厨房运作时的景象。由于厨房橱架众多，又有火源、水源的危险，摄影机经常倚靠在橱架上进行拍摄，给人景深之感，画面具有层次。在表现人物时，多给予人物中景镜头，既能展现其肢体语言又可以清楚看到表情的变化。

在后期剪辑上，《厨房噩梦》的一大特点就是真实现场与采访穿插进行，这样使得在体现现场工作之时能得知当时人们的内心反应。而在餐厅重新装潢之时，利用延时十几秒的摄影淋漓尽致地还原了整个装潢过程，却不揭晓结果，给人以悬念。改造完成之后，餐厅人员进入重新装潢过的餐厅，戈登介绍改变的理由，此时运用大量的闪回镜头与节目开始时的餐厅做直接对比，突出改造的得当与完美，也与片头有了有效的呼应。

不得不提的是，《厨房噩梦》运用了大量的音乐元素，将整个真人秀丰富了起来，每一个板块都有不同风格的音乐。例如，节目刚刚开始时运用紧张、顿挫、压抑的音乐凸显整个餐厅的愁云惨雾；节目进入到情感交流阶段则运用抒情、缓慢的音乐衬托人物内心感受；节目到改造完成之后运用欢快、轻巧的音乐反映愉快、轻松的氛围。这些音乐都与画面剪辑做到了很好的结合，更像一种提示，伴随着音乐结束，画面就转场，说明进入另一个叙事章节。

网站设计

由于节目由福克斯公司出品，因此在福克斯官网上为其提供专区。在此专区中，整个网站以节目主题色深蓝色为基本色调，以节目主人公戈登的图片为背景（如图14），

图 14　网站设计网页顶端

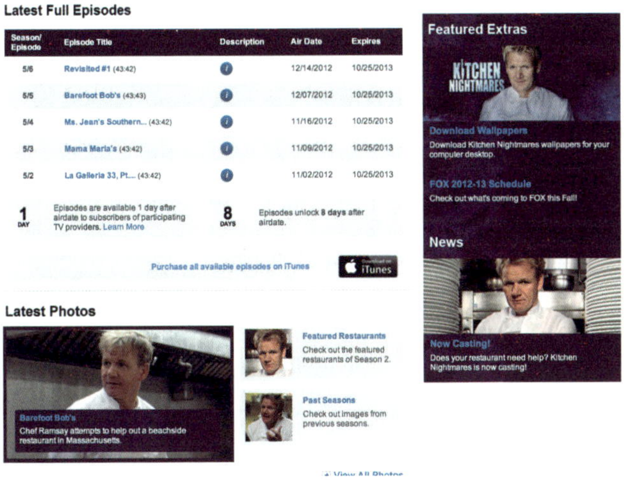

图 15　网站设计网页中部

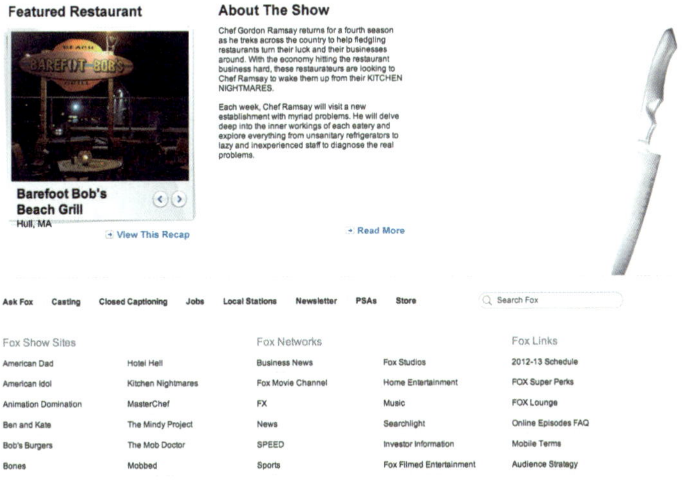

图 16　网站设计网页底端

为观众提供完整的节目信息、全集的收看与下载、节目图片墙纸下载以及对改造过的餐厅的介绍（如图 15）。而且，该网站上以节目标识中的那把"刀"作为主要元素（如图16），有着强烈的个性色彩，内容丰富，符合当今新媒体的发展趋势，对节目有益。

商业模式

《厨房噩梦》的商业营销主要有三个法宝。第一是戈登的名气与经验，戈登是世界名厨与名主持，这样专业化的主持人在节目圈中少见，成为节目的一大特色，能够吸引

众多他的支持者观看，同时也就带来了丰厚的节目利润回报，如广告等。第二是诱人的食品，民以食为天，美食能够吸引众多的食客注意，对于改造的餐厅来说更能利用美食吸引众多顾客，也就使餐厅对节目趋之若鹜。第三是与新媒体的结合，该节目除官网之外还与iTunes（苹果在线商店）合作，观众可在iTunes上购买全部剧集，这是其营销最关键的一点。节目将版权放在iTunes上进行售卖，符合美国人一贯的消费模式，既保护了节目版权也能获得收入，观众的下载也就更加便捷。

在版权交易方面，该节目的原型是英国《拉姆齐的厨房噩梦》，该节目曾获得第34届国际艾美奖无剧本式娱乐节目奖，之后就被美国福克斯公司看中，引进版权，打造成美国版的《厨房噩梦》，主持形式同《拉姆齐的厨房噩梦》如出一辙，完全复制该节目模式，只是将地点从英国移植进美国。由于戈登是英国人，在《厨房噩梦》中进行美国餐厅的改造，从而产生的文化矛盾也就更加激烈，节目也就更有冲突性和吸引力。

英国和美国是世界娱乐产业的支柱型国家，许多娱乐节目都从这两个国家中诞生。他们之间由于文化差异较小，语言又具有高度的一致性，因此节目版权交易很普遍，许多节目都分为英国版和美国版。除了《厨房噩梦》，另一档戈登主持的《地狱厨房》同样也是从英国买进版权制作成美国版本。

同类对比

《厨房噩梦》与《不可思议餐厅》（Restaurant: Impossible）有着极大的相似之处，均是改造餐厅，下面用表格整理了两个节目的异同点。

表3　同类型节目对比

对比内容	厨房噩梦	不可思议餐厅
节目主题	拯救一家濒临关闭的餐厅，改造餐厅走上正轨，突出对比性	
播出国家	美国	美国
播出频道	福克斯公司	美国美食网（FOOD NETWORK）
节目形式	情感类真人秀	竞赛类真人秀
节目主持	戈登·拉姆齐大厨	罗伯特·欧文大厨（Chef Robert Irvine）
改造时长	1周	2日
改造资金	不限	1万美元
首播时间	2007年9月19日	2011年1月19日

Hell's Kitchen

《地狱厨房》

——他的厨房，你的地狱

●节目概况速览

　　《地狱厨房》是一档厨房类民生节目。该节目在主厨戈登·拉姆齐（Gordon Ramsay）全权决定下，从 12—18 个参赛选手中逐渐淘汰直到最后一位赢家成为冠军，胜出者将会

基本信息 >>

- 原　　名：Hell's Kitchen
- 译　　名：地狱厨房
- 标　　识：地狱厨房所有的标识都是天王
　　　　　级主厨戈登·拉姆齐和"地狱
　　　　　厨房"的标志的组合，可以说，
　　　　　除了带着地狱尖叉的名字，戈
　　　　　登·拉姆齐本人也是节目的标
　　　　　识。具有非常强大的标识性。

图 1

- 播出国家：美国
- 播出频道：福克斯频道（FOX）
- 首播时间：2005 年 5 月 30 日美国版首播
- 播出时间：美国本土周一至周三
　　　　　19:05 分开始播放
- 节目时长：43 分钟
- 节目类型：民生类真人秀节目
- 播出形式：录播，分季度播出
- 官方网站：http://www.fox.com/
　　　　　hellskitchen/
- 制作公司：Granada Entertainment
　　　　　USA 公司、A. Smith & Co.
　　　　　Productions 制作公司、Upper
　　　　　Ground Enterprises 公司

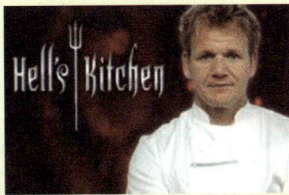

481

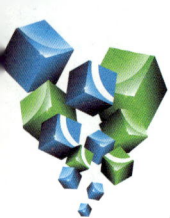

获得担任高级餐厅总厨的机会。选手分成红色和蓝色小组。餐厅内设有两个相同的厨房，每组各用一个，每个厨房都由戈登·拉姆齐的副厨师长来监督。

历史演变

《地狱厨房》最初是一档英国选秀节目，后被美国福克斯电视台购买进行重新制作。美国版节目于2005年正式开播，目前已经上映十一季，上海ICS电视台播出了前九季的节目。

收视反响

尼尔森调查公司的收视统计数据显示，《地狱厨房》每期有超过600万的观众收看，在18—49岁年龄段观众中，它成为最受欢迎的夜间节目。

获奖情况

·第64届黄金时段艾美奖(2012)：艾美奖其他和技术类奖项——多镜头剧集最佳艺术指导(提名)　海迪·米勒(Heidi Miller)

·第62届黄金时段艾美奖(2010)：艾美奖其他和技术类奖项——多镜头剧集最佳艺术指导(提名)　约翰·雅纳斯(John Janavs)

·第61届黄金时段艾美奖(2009)：艾美奖其他和技术类奖项——多镜头剧集最佳艺术指导(提名)　约翰·雅纳斯

·获得美国2011年度人民选择奖最受欢迎竞技类真人秀提名（Favorite Competition Show）

节目模式分析

《地狱厨房》每一季除了淘汰选手是必要的环节之外，还有很多突发的状况。所有的参赛选手被分为红、蓝两队，共同在地狱餐厅工作，在名厨戈登·拉姆齐的指引下开始进行工作。每一集的主要内容就是给来地狱餐厅的顾客提供食物，根据两队表现决定两队胜负，主厨决定哪一队是赢家，哪一队是输家，谁又是输了的队伍中表现最好的。这个输了的队伍中表现最好的将提名本队两个表现不好的人，主厨选择其中一个淘汰。

如此循环往复，直到决出最后的优胜者。

板块设置

表 1 板块设置

第一部分	两支队伍会有一次餐厅内部，仅限于比赛人员之间的小型竞赛，主要是进行材料准备和处理方面的比拼。戈登·拉姆齐大厨会给出胜负评断，赢的队伍可以享受一些奖励。例如和大厨共进晚餐，享受一次 SPA 等。输掉的队伍则面临惩罚，例如清洗餐具、整理餐厅等。
第二部分	第二部分是一段对比视频，主要将赢队的享受和输队的惩罚进行对比，从而让节目产生更多的戏剧效果。而赢了的人往往会遭到大家的嫉妒和刁难。这一部分主要是凸显人性，也是节目的大看点之一。
第三部分	地狱厨房营业，招待各个地方来到好莱坞地狱餐厅用餐的人。这时，红、蓝两队都会在主厨的指挥下给餐厅提供服务。这是节目的主要环节，也是看点丰富的环节。选手与选手之间的冲突以及选手和主厨之间的矛盾是最大看点，也是对每个选手的评价的重要参照。而地狱厨房经常以无法完成订单而结束营业作为最终结果。

结束环节

节目的结束环节是由大厨对两队的表现进行打分，赢的一队直接进入下一轮。大厨将会在输家里面选择一个表现最好的，要求他推荐两个人作为淘汰人选。然后所有队员回到寝室。此时每个人都要说服决策者不要淘汰自己。一段时间后，所有人回到餐厅，提名者站出来提名并说明原因，主厨最终决定淘汰一人，其他人回去休息，进入下一轮。

人物角色

图 2 戈登·拉姆齐

主持人戈登·拉姆齐出生于格拉斯哥，被称为英国乃至世界的顶级厨神。由于他在各种名人烹饪节目中表现得粗鲁而严格，加上追求完美的风格，被媒体称为"地狱厨师"。戈登·拉姆齐出身于一个工人家庭，以前是一名足球运动员，15 岁时因膝盖

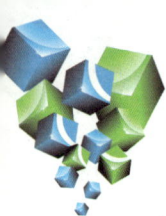

受伤被迫结束运动生涯,后成为当时英国3位获得"米其林三星"称号的主厨之一。戈登·拉姆齐在入厨的25年来,他旗下的产业共获得了12颗米其林星。他从1998年开始参与制作烹饪电视节目,他所主持的各种烹饪节目风靡欧美。现在,他拥有28间餐厅并且著有烹饪书籍数十部。

外部包装

《地狱厨房》的外部包装符合饮食类真人秀的一切要求,在细致的地方也做得非常出色,这样的环境和场地是提供戏剧化冲突看点的绝佳场地。

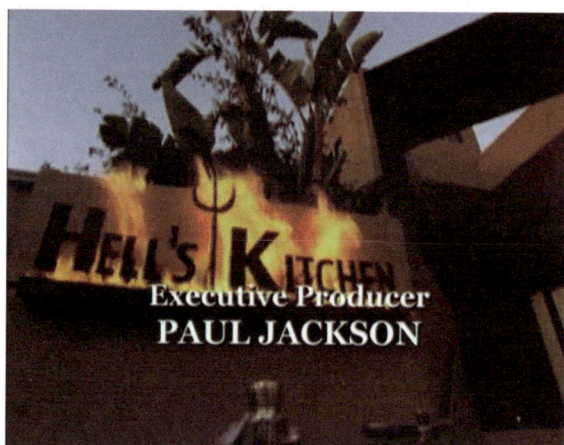

图3 演播室外景

演播室:坐落于纽约市一个近海的地方,整个地狱厨房餐厅就是表演的舞台,选手的衣食住行以及竞技都在里面完成。

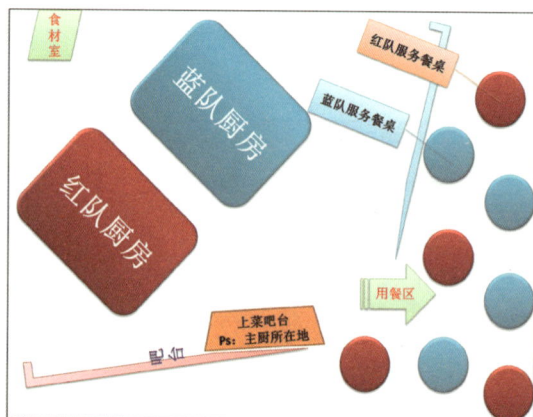

图4 舞台设计图

视觉要素：整个厨房就是人的舞台，而厨房外的餐厅就是舞台外延，整个地狱厨房餐厅，具有华丽的金属基调，带给观众视觉享受与紧张感并存的复杂心情。

舞台设计：厨房可以看得见餐厅，餐厅也可以看得见厨房。舞台设计非常开阔，而且连着餐厅的选手寝室也是一个表演的舞台。

舞美灯光：整个厨房以明亮的冷光为主，但是外面的餐厅却是黄色的暖光。灯光对比进一步加强了紧张感。

舞台道具：所有的道具就是厨房里的工具。为了节目需要，可能会出现作为奖励的直升机、电视台等大型非常用道具。

节目案例详解

以第十季第二十集为例进行剧集分析。这集要在贾斯廷 (Justin) 和克里斯蒂娜 (Christina) 中选出一位优秀的主厨，获胜者不仅将赢得《地狱厨房》的冠军，同时也将成为拉姆齐赌城新饭店的主厨。贾斯廷带领蓝队，克里斯蒂娜带领红队进行比赛。在激烈的比赛过程中，主厨对两支队伍提出了很多建议，顾客对两队的表现非常满意。最终克里斯蒂娜获胜。

板块分析

表 2　节目板块分析

板块	时长	内容	形式
节目回顾	5 分 15 秒	1. 之前激烈的比赛场景 2. 红队队员之间的冲突比蓝队多 3. 主厨重新调整了队伍成员 4. 主厨在三强贾斯廷、达娜 (Dana)、克里斯蒂娜中选了贾斯廷和克里斯蒂娜继续竞争拉姆齐牛排馆主厨之位	字幕、VCR、旁白、音响、音乐
片头	50 秒	播放片头	字幕、音乐
上集回顾	1 分 42 秒	1. 上集中克里斯蒂娜和贾斯廷分别带领两个队伍争分夺秒地熟悉菜单，希望队员全力以赴 2. 贾斯廷的队员克莱门扎 (Clemenza) 意志消沉，最终答应会尽全力	字幕、现场同期声、VCR、旁白、音响、音乐、

板块	时长	内容	形式
赛前准备环节	1分28秒	1. 队员起床 2. 贾斯廷和克里斯蒂娜讲话 3. 贾斯廷和克里斯蒂娜召集队员开会，鼓舞士气 4. 克莱门扎消失后出现	字幕、现场同期声、VCR、旁白、音响、音乐、
营业前准备	2分32秒	1. 贾斯廷和克里斯蒂娜带领各自队伍来到比赛现场 2. 贾斯廷要运行新菜单，整理整间厨房，维持秩序 3. 克里斯蒂娜表示她相信队友，希望他们能在厨房快乐地做菜，享受这个过程 4. 拉姆齐评估贾斯廷和克里斯蒂娜的菜单 5. 蓝队出现状况，克莱门扎将面包烤成渣了，需要重做	字幕、现场同期声、VCR、旁白、音响、音乐
大厨品尝食物并点评	2分53秒	1. 大厨品尝贾斯廷队伍制作的食物并给出建议，嘱咐贾斯廷再做精致点 2. 贾斯廷表示大厨提出的意见很好，他要对菜单做修改 3. 大厨品尝克里斯蒂娜队伍做的食物并给出建议	字幕、现场同期声、VCR、旁白、音响、音乐、
营业前会议	56秒	两队分别召集队员开会，鼓舞士气	字幕、现场同期声、音响、音乐、
餐厅营业	18分20秒	1. 地狱厨房大门打开，宾客进入并点餐，选手的家人也来到现场加油 2. 两支队伍在后厨紧张地忙碌着 3. 克里斯蒂娜担心罗伊本 (Roybn) 不认真，贾斯廷催促罗伊斯 (Royce) 行动迅速 4. 蓝队为客人送上开胃菜，客人评价口味好 5. 红队很久没有上菜了，在紧张地忙碌着 6. 穿插队员的个人感受以及主厨的建议 7. 紧张的工作后，两支队伍终于送出了最后一单，赢得顾客的好评	字幕、现场同期声、VCR、旁白、音响、音乐
队员放松	33秒	1. 后厨中两支队伍的成员放松，克里斯蒂娜和贾斯廷分别感谢队员的密切配合	字幕、现场同期声、音响、音乐
宣布冠军	5分54秒	1. 主厨点评，认可两支队伍的表现	字幕、现场同期声、

续表

板块	时长	内容	形式
		2. 克里斯蒂娜和贾斯廷回宿舍休息	VCR、旁白、音响、音乐
		3. 主厨在查阅了顾客的反馈卡片并回顾了两组的表现之后，陷入了两难的困境	
		4. 主厨打电话将克里斯蒂娜和贾斯廷叫到办公室	
		5. 克里斯蒂娜和贾斯廷站到门后，能够打开门的主厨将会成为地狱厨房的冠军，并且成为拉斯维加斯巴黎酒店拉姆齐牛排馆的主厨	
		6. 窗外的观众非常紧张	
		7. 克里斯蒂娜打开了门，获得了冠军	
获奖感言	1分45秒	1. 克里斯蒂娜发表获奖感言 2. 贾斯廷说自己已经尽力，没有留下遗憾	字幕、现场同期声、音响、音乐
片尾	1分04秒	播放音乐，结束本集	字幕、现场同期声、音响、音乐

节目特色点评

这档节目中戈登·拉姆齐是世界顶级厨师，具有高超的专业能力，大家都对他充满好奇；而选手都是来自各行各业的烹饪爱好者，比赛充满了戏剧性效果和矛盾冲突，很容易吸引观众。主厨的语言比较火暴，性格很急，经常与选手发生冲突或者爆粗口，这也是节目的一大特色和亮点。由于是真人秀节目，整个节目具有真实性，所以有很多意外和突发事件。选手之间的相互猜疑、钩心斗角也被淋漓尽致地展现出来，这点能够吸引人们始终保持对节目的热情。

节目形式

节目的主题围绕着"谁能成为大厨并赢得餐厅"展开，围绕这个主题引发的悬念重重的故事具有合理性和戏剧性，很有看点。而且整档节目崇尚团队价值，讲求不放弃的精神，对社会价值观有正确导向作用。

每集的比赛单元的特点总结如下：

表3　比赛单元特点

比赛单元	特点
开门前挑战	活跃比赛气氛，制造紧张氛围，使整集节目连贯紧凑，节奏鲜明不拖沓
胜利队（者）的奖品和落败队（者）的惩罚	增加趣味性，同时挑起选手的不平衡心态，为晚上的比赛增加冲突变量和看点
晚饭服务时间	比赛紧张而热烈，期间冲突不断，极其吸引眼球；矛盾点不确定地爆发为节目增添戏剧色彩，大师点评给节目的技术水准拉高档次，食客的反映更是充满趣味，让人欲罢不能
出局者提名	矛盾和人性的战场，悬念迭起，引人注目
戈登·拉姆齐选出一名队员出局	最后激动人心的时刻，精彩的大厨点评既能明白地表达比赛结果又能让人从中感悟到道理，将整档节目推向高潮

节目在语言的设计上独具匠心：真实、火暴，很有人物特点。戈登·拉姆齐作为世界级的主厨，他对选手大喊大叫已经是屡见不鲜的小事了，如果气氛紧张而选手又做错事，他甚至冲着前来询问的顾客恶语相向，台风之狠辣实属无人能及，堪称真人秀节目之最。选手也都延续所有真人秀的节目特色，不断爆发冲突，言语引发的小矛盾甚至会不经意间变得异常激烈。语言没有经过特殊设计却让节目因此而充满戏剧性。

整档节目叙事风格简单，属于纪录形式。环节非常顺畅，是沿着一天的时间顺序进行环节安排的，所以叙事风格显得简单易懂。

节目制作

画面非常简洁干净，不时使用交叉剪辑的方式在节目里插入演员的独白和事后采访的 VCR，音乐始终忠于主题音乐（流行、摇滚），加上原声录制。节目制作中注重对选手个人特质的表现：每个选手都有自己的特点，每个选手的长处和短处都不同，但是这些特质都会对他／她在未来的走向产生影响。最终成为冠军的人将会是性格品质与厨艺技术都达到极致的人。而且节目中各个环节都非常完美，场景非常大气，无论是食材、餐厅还是作为奖励的旅行都投入了大量的资金，让整个节目看起来既干净清爽又大气华丽。

商业模式

整档节目是商业利益与电视节目的巧妙融合。

首先，在节目营销方面，《地狱厨房》有效利用了三点优势：第一，利用厨师名气进行营销：米其林三星大厨在世界范围内享有很高的声誉，可以说"米其林三星"就是一个厨师资质的证明。地狱厨房的主厨戈登·拉姆齐就是一个从普通工人家庭成长起来的米其林三星大厨，而他的自学成才也使他比其他米其林三星大厨具有更多的传奇色彩。在此之前他就已经享有盛名，借助他的名气进行营销可以直接吸引部分粉丝。第二，由于比赛场地在好莱坞，利用连带关系进行营销：好莱坞本身具有神秘色彩，这是吸引观众的一个看点。同时，在好莱坞内的餐厅说明了就餐食客具有一定的身份和社会地位，他们的评价更具有权威性、更令人信服。这一点也从侧面证明了《地狱厨房》是个从细节入手，比较权威的饮食节目。第三，奖品设置豪华，利用观众心理进行营销。观众总是有猎奇心理，巨额的奖励会让观众持续关注节目直到最后揭晓结果，知道奖品落谁家总能让观众得到心灵上的满足感，同时，观众对于落败者的同情、对世事的唏嘘也能满足观众感情发泄的要求。

有效的节目营销为节目的后期商业收益铺平了道路。《地狱厨房》这个电视节目将戈登·拉姆齐主厨的名气炒作到很热，他旗下的一系列产业都会赢得巨大收益：书籍、节目、餐厅。与此同时他自己的名人效应也为米其林三星厨师这个头衔添加了荣誉和光彩，从而带动人们对整个餐饮行业的关注，带来巨大的收益。与此同时，《地狱厨房》作为一个招牌可以拉动旗下的餐厅收入，很多人慕名而来，甚至带来旅游收益。而作为电视节目，它的收视率火爆，相应的广告投放以及后期版权的售卖为创作团队和电视台带来了巨大收益。由此可见，《地狱厨房》是商业利益与影视艺术完美融合的艺术品，为后来者树立了典范。

同类对比

《地狱厨房》这档节目具有创新性，后期有很多同类模式的节目。例如中国的《顶级厨师》，这是上海东方卫视通过引进国外版权打造出的一档美食才艺秀节目。

表4 《顶级厨师》节目介绍

栏目亮点	三位美食观察员由国内明星、顶尖厨师及美食家担任，专业并且个性鲜明；烹饪美食与宏大场面相结合，才艺展示与感人故事相结合。
比赛模式	比赛主要有两种流程。第一种比赛流程是依次进行神秘盒挑战、创意菜比拼以及压力测试；第二种比赛流程则包括团队赛、技巧测试以及压力测试。

神秘盒挑战	在神秘盒挑战环节，选手必须使用神秘盒中的指定食材完成一道创意菜。选手可以自由搭配神秘盒中的食材，可以使用全部食材，也可以选择部分食材来完成烹饪。三位品委将选择最好的三道创意菜进行品尝，并在其中评选出一道最佳菜肴。这名优胜者可以在下一环节的创意菜比拼中获得特权，他／她可优先进入食材室，选择自己擅长的主食材，并为其他选手选择相对困难的主食材。
创意菜比拼	在创意菜比拼环节，选手必须使用指定的主食材，并自由搭配任意辅食材，完成一道创意菜。品委将逐一品尝所有选手的菜肴并做出评价。在本环节获得第一名的选手将成为下一集团队赛的队长，并可以优先选择菜谱和队友；本环节第二名的选手将成为下一集团队赛另一支队伍的队长。同时，在本环节表现最差的几名选手，将进入压力测试。
团队赛	在团队赛中，选手分为红、蓝两队进行竞争。两支队伍必须为食客们（通常为几十位）烹饪菜谱上指定的菜肴。例如，在上海太阳岛旅游度假区为小朋友烹饪菜肴，或者是在和平饭店（上海）为媒体记者烹饪菜肴。比赛的胜负将由食客们投票决定。获胜一方的队员将直接晋级，而失败一方的队员必须接受技巧测试。
技巧测试	技巧测试通常主要考查各位选手的基本功，比如刀工等。在剧集中出现过的题目包括切肉片、切三文鱼、打发蛋清等。本环节中表现最差的几名选手，将进入压力测试。
压力测试	三位品委将为进入压力测试的选手指定一道菜肴，选手们必须尽可能完美地烹饪这道菜。在压力测试中出现过的菜肴包括凤还巢、豆花、九转大肠等。

　　与《地狱厨房》不同的是，《顶级厨师》情节设计不如《地狱厨房》激烈，但在食材与烹饪方式的选取上，《顶级厨师》进行了本土化改造，融入了中国"徽、苏、闽、浙、川、湘、鲁、粤"的特色，这也是《顶级厨师》的一个亮点。

科教节目

流言终结者

最高挡位

BBC 私房药

MythBusters

《流言终结者》

——流言你 Hold 住了吗?

● 节目概况速览 ⊗

　　《流言终结者》是一档科普类电视节目，由探索频道播出。特效专家亚当·萨维奇（Adam Savage）和杰米·海纳曼（Jamie Hyneman）共同担任节目主持人。他们结合自身的专业技巧，针对各种广为流传的说法进行实验。节目录制地区主要设立于旧金山湾，

基本信息 ≫

· 原　　名：MythBusters
· 译　　名：流言终结者
· 标　　识：

图 1

· 首播频道：探索频道（Discovery Channel）
· 首播时间：2003 年 1 月 23 日
· 制 作 人：彼得·瑞斯（Peter Rees）
· 播出形式：录播
· 节目时长：43 分钟

· 播出时间：（见表 1）
· 节目类型：科学纪录片
· 原　　创：彼得·瑞斯
· 演　　出：杰米·海纳曼
　　　　　　亚当·萨维奇
　　　　　　凯莉·拜伦（Kari Byron）
　　　　　　托瑞·贝勒西（Tory Belleci）
　　　　　　格兰特·今原（Grant Imahara）
　　　　　　老兄（Buster，"假人"）
· 官方网站：http://dsc.discovery.com/fansites/mythbusters/mythbusters.html

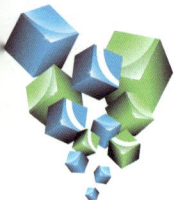

· 表1　全球播出时间

电视台	播出时间
美国发现频道（Discovery）	周六晚 20:00 播出
韩国	周日晚 19:00 播出
新加坡	周五晚 21:00 播出
印度尼西亚、泰国	周六晚 21:30 播出
河北影视频道	每周六晚 23:45 播出
安徽电视台科教频道	每周六晚 23:45 播出
CCTV-9（纪实）	每周六晚 23:00 播出
南方电视台 -TVS1（南方经视）	每周六下午 16:50 播出
北京电视台青年频道	每周五晚 22:44 播出，第二天 14:00、18:00 重播
重庆公共农村频道	每周日 0:15 播出，当日 20:00 重播
真实传媒纪实频道	每周日晚 18:00 播出
福建电视台都市频道	每周四晚 11:55 播出
上海全纪实频道	每周四下午 18:00 播出
江西电视指南频道	每周六中午 12:00 播出

每集时长约一小时。每期节目通常会关注两至三个都市传奇、大众信仰或者网络谣言，经过复杂的准备和戏剧化的实验过程，再根据可靠的实验结果来最终判定流言的真实性。

图2　主持人合影

历史演变

2002 年,《流言终结者》由电视节目制作人彼得·瑞斯引入探索频道。

自 2003 年播出以来,《流言终结者》中的流言或是得到证实或是被彻底揭穿,但也存在一些至今仍不能肯定的。

《流言终结者》在全球广受欢迎,世界各地每周约有 1000 万观众收看该节目,其迅速成为探索频道收视率最高的节目。《流言终结者》的一些主题节目,例如《加勒比海盗》秀、《大白鲨》秀,以及观众推荐的流言也很受欢迎。节目流行以后,两位主持人甚至在热播剧《犯罪现场调查》中客串演出。

表 2 《流言终结者》播放记录（至 2012 年 8 月）

首次播出日期	2003 年 1 月 23 日
总播出集数	187 集
总节目时间	218 小时（包括特辑）
总流言个数	833 个
证实	194 个
有此可能	178 个
破解	461 个
总试验次数	约 2510 次
总爆炸次数	约 792 次
总录制时数	大于 6255 小时
摧毁汽车数量	146 辆
使用胶带长度	30632.4 米
节目使用炸药重量	13.5 吨

奖励及评价

《流言终结者》获美国最高电视奖项——艾美奖第 61 届、第 62 届、第 63 届、第 64 届提名。

节目模式分析

作为一档科学纪录片,在每一集节目中,两位性格迥异的主持人亚当和杰米都会运用现代科技手段、科学实验、特效和"老兄"（它是常常被整得很惨的测试假人）对民

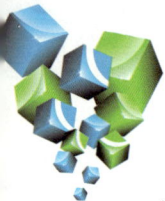

间传说中的事件和未经验证的通俗理论进行模拟实验，通过实验来验证传说和通俗理论的可能性，从而揭开其神秘的面纱，让观众看到有多少都市奇闻根本不堪一击。该栏目用科学实验的方法来检验这些传说的正确与否。

板块设置

节目板块编排灵活多样。主要包括本期精彩荟萃、演播室主持人开场介绍、实验器材和实验过程展示，实验原理，实验结果和流言是否终结。2012 年《流言终结者》第十季节目列表预览（表3）。

表3　2012 年《流言终结者》第十季节目列表

集数	英文标题	中文标题
189	Duct Tape Island	胶带大挑战
190	Fire Vs. Ice	火与冰
191	Square Wheels	方轮历险记
192	Pirates Swing	海盗秋千
193	Battle of the Sexes	性别大战
194	Driving In Heels	危险驾驶
195	Revenge of the Myth	流言的复仇
196	Bouncing Bullets	反弹子弹
197	Mailbag Special	观众来信特辑
198	Bubble Pack Plunge	气泡小子
199	Duel Dilemmas	生死决斗
200	Hollywood Gunslingers	好莱坞枪手
201	Jawsome Shark Special	鲨鱼特辑

人物角色

主持人：

亚当·萨维奇（图3），亚当的口头禅："我拒绝接受你所提供的事实，我要自己证明它的真伪。"

在决定成为一位专业的流言终结者之前，亚当曾经当过动画师、平面设计师、室内设计师、布景设计师以及电子动画或电脑化机器人专业人员。但是如果你问他从事过哪些工作，他会回答他一生都是一位工匠，而这正是他最热衷的角色。

在五岁时，亚当就已经开始制造属于自己的玩具。现在，他与杰米一起制造的那些玩意儿更精密了。在旧金山，至少有 40 间美术馆里陈列着他的雕塑品。亚当说当他在雕塑一件作品时，通常从我们常见的古老玩意儿中得到灵感。他说他会搭配运用很多不同的材料和学问：铝、发泡胶、树脂、塑胶、氖、水力学、玻璃以及机器人学。他将这些技巧带进节目中，并运用在他的特效处理过程中。

在最近十年间，亚当专注在科幻与特效的复杂世界里。他参与过超过 100 部的电视广告影片与 12 部电影的制作，包括《终结者 3》《惊爆银河系》《骇客任务》以及《星球大战》首部曲与二部曲。

在七个礼拜的时间内，亚当为第一国家银行（First National Bank）的广告片建造出一具由激光所切割而成的巧克力拖车，并在广受欢迎的超级杯美式足球决赛中播出这段广告。在为汉堡王制作的广告中，他用纸和铝，重新打造了一只自由女神像的脚。太空船则是他一直非常喜欢的题材，他只花了四天的时间，就为 IBM 的广告打造出一艘火星海盗号（Mars Viking Lander）的原尺寸缩小模型。

图 3　亚当·萨维奇

图 4　杰米·海纳曼

杰米·海纳曼（Jamie Hyneman）（图 4），他头戴贝雷帽，身穿白上衣，留着浓密的胡须，他同时还扮演着亚当身旁的"理性的声音"。

杰米出生在印第安纳州，在加勒比海担任过很长一段时间的潜水夫与船长。后来移居旧金山，就是为了在特效行业中竞逐一席之地。在这之前，他是一位俄文系毕业生，后来成为荒野生存专家、动物训练师以及厨师。杰米在开设自己的工作室 M5 实业公司（M5 Industries）之前，曾经在旧金山的一家公司工作，后来他的工作室仍旧是周旋在玩具原型与机器人专业之间，并让这些原型与系统成为节目中多数实验的布景。

杰米的太太是一位理科教师，她向我们保证节目中所看到的每项实验都具有教育上

的意义。亚当和杰米总是会在节目中运用非常精确、科学的标准来计算并测量速度与力量，并设计出测量项目。在节目中，虽然他们难免会有失手出糗的时候，但是他们总是有办法找到一种科学的方法来解决问题。

如同亚当一样，杰米也曾经为《骇客任务》以及《星球大战》首部曲与二部曲之类的传奇类影片贡献他的特效专长。在广告这一行里，我们可以在耐克及七喜之类的大众化品牌中看见他的特效原型的影子。

凯莉·拜伦（Kari Byron）（图5）出生在旧金山地区，毕业于旧金山州立大学，曾周游世界，后来成为雕塑家和画家，已婚并育有一子。她也有模型和玩具制作的经验，后来来到了M5实业公司工作。凯莉首次在《流言终结者》中露面的那集要破解的流言比较古怪：有人说飞机的气压突然下降会产生真空的效果，正在方便的乘客会被吸到抽水马桶里面。实验中，杰米和亚当需要根据模特制作一个人的臀部模型，这时凯莉开始一展身手。后来，她又在节目中露了几次面。到了第二季，凯莉经常作为幕后人员出现在镜头前。

图5　凯莉·拜伦　　　　　　　　图6　托瑞·贝勒西

托瑞·贝勒西（Tory Belleci）（图6）毕业于旧金山州立大学。毕业后托瑞和杰米一起共事过，那时他担任舞台监督。后来他在乔治·卢卡斯（George Lucas）的特效公司工业光魔公司（Industrial Light and Magic，简称为ILM）工作过一段时间。在ILM期间，托瑞参与了《星球大战》两部前传——《魅影危机》和《克隆人的进攻》的模型制作工作。在工业光魔公司工作了8年以后，托瑞来到了M5又见到了杰米，后来就受聘成为《流言终结者》的幕后工作人员。他和凯莉一起作为镜头前的幕后人员都出现在了第二季的节目中。

格兰特·今原（Grant Imahara）（图6）出生在洛杉矶，日裔美籍，毕业于南加州大

学。别人都说格兰特是电子和无线电控制专家，看看他的简历就知道的确如此，他是《魅影危机》中 R2-D2 机器人的操控人员之一。在工业光魔公司做模型制作和电子操纵工程师时，他还参与了《失落的世界：侏罗纪公园》《终结者 3》和《黑客帝国》两部续集的制作。在加入《流言终结者》前，他最喜欢的还有参加《机器人大战》。2005 年，应杰米的邀请格兰特加入了《流言终结者》剧组。

图 7　格兰特·今原

图 8　"终结者 / 老兄"

"终结者 / 老兄"（图 8）是一具专供碰撞测试的假人，由美国国家公路安全管理局借给节目使用。幸运的是，他们并未要求在返还时，必须毫发无伤。"Buster"的意思就是"终结者"，这个名字是亚当和杰米为它取的。它从不畏惧枪炮、烈火以及各种冲突场面，"老兄"是一个不知危险为何物的流言终结者。

杰米与亚当运用他们所具备的所有科学知识与经验来解决节目中所介绍的种种迷思，但需要面对子弹、烈火或是危险的碰撞场面的时候，就是他们的好朋友"终结者"上场的时候。"终结者"必须承受各种场面的考验，比如遭受含有五公斤炸药的加农炮重击，以及随被割断缆绳的电梯从八层楼高向下坠落等。不过，"终结者"显然乐在其中!

其他短期出镜的流言终结者:

杰西·康姆（Jessi Combs），客串主持。在凯莉休产假期间临时接替其工作，加入托瑞和格兰特的队伍中。海瑟·乔瑟夫·威森（Heather Joseph Witham），民俗学专家，第一季和第二季初期时受邀讲解都市传奇的起源。史嘉蒂·查普曼（Scottie Chapman），金属技工和焊接工，出现在第二季与第三季的节目中。

有许多的团队成员在节目中协助杰米和亚当，最值得一提的是来自杰米"M5 实业公司"工作室的成员。

特约嘉宾：美国总统奥巴马曾参与《阿基米德之死亡光线》的录制。在这一集中，

奥巴马与两位主持人一起挑战"阿基米德是否仅利用镜子和反射的太阳光引火点燃了入侵古希腊锡拉库萨城的罗马舰队"的流言。

外部包装

作为科学纪录片，《流言终结者》的录制室包括室内和外景地两部分。

最初《流言终结者》室内部分都是在杰米 M5 实业公司（图 9）里面录制，但由于测试流言造成的混乱，当第二季过了一半时，流言终结者搬到了 M6 工作室，但后来又因噪音、臭气扰民，他们失去了 M6 的租约。《流言终结者》的录制就被移到离 M5 店面500 码远的另一个区域 M7 来进行。（M5 实业公司是一家坐落在加利福尼亚州旧金山的一家公司，它曾经为许多商业广告和《飞天巨桃历险记》《圣诞夜惊魂》等电影制作特效工具、停格动画以及动画木偶。他们的事业还扩展到样板原型的研制和各种展览项目的开发。M5 实业公司为许多商业广告制造了特效，其中有向人群发射汽水罐的七喜机器和为耐克（Nike）制造的遥控鞋。公司最早的作品得追溯到 1983 年的电影《太空英雄》。后来 M5 的网站上的一则声明称，公司不再给影视制作特效了。他们的设备几乎都被用来制作《流言终结者》节目了。但公司仍然给其他公司进行研究开发工作。）

图 9　M5 实业公司

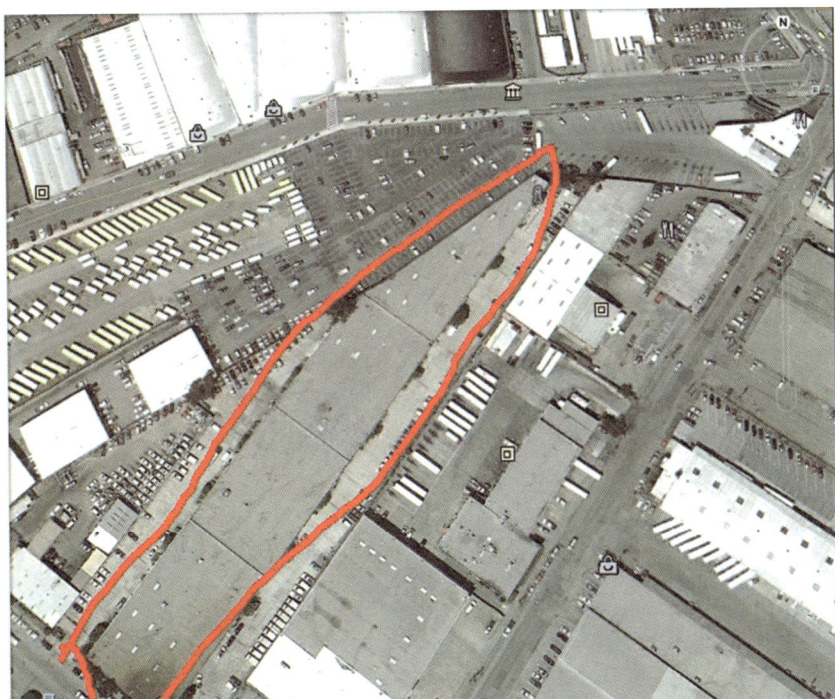

图 10 工作室俯瞰图

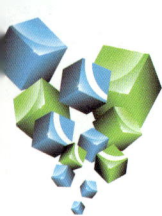

《流言终结者》的室内演播室秉承贯彻了其科学纪录片的特质，以实验室风格进行布置和装饰，体现了整档节目的科学感和严谨性。

图 11　演播室内图

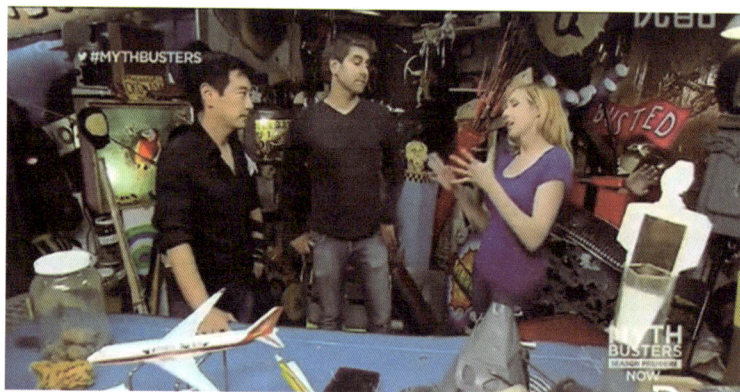

图 12　演播室内图

外景地

埃斯帕托采石场在拍摄一些爆炸内容时，《流言终结者》一般会查找采石场进行爆破（如引爆水泥搅拌车）。在埃斯帕托镇附近的采石场进行爆破时，冲击波大小超过他们的估计给附近的埃斯帕托镇造成损害。所以后来他们再也无法到埃斯帕托的采石场进行拍摄。南非福尔斯湾，拍摄大白鲨特辑时，《流言终结者》来到南非福尔斯湾。由于遭遇一场罕见的冬季风暴，他们无法出海，因此他们决定测试大象怕老鼠的流言。在流言测试中，大象小心翼翼地绕开了老鼠。阿拉米达跑道由于场地非常开阔，众多期《流言终结者》节目在此拍摄。甚至有观众认为《流言终结者》大本营就设置在此，但实际上他们在旧金山办公。

节目案例详解

以下分析将以《流言终结者》第十一季第一集为例，该集要对 2 个流言进行终结：《泰坦尼克号》流言和火箭冲浪流言。同时，《泰坦尼克号》导演卡梅隆也作为嘉宾出现在节目中，该集节目不含广告时间总时长为 42 分钟 30 秒。

表 4 《流言终结者》第十一季第一集板块分析

板块	时长	内容	形式
本期精彩荟萃	1 分 40 秒	1. 节目片头 2. 本期主题介绍和精彩画面瞬间 3. 主持人介绍和嘉宾介绍	标识、现场同期声、VCR、旁白、声音特效、音乐、开场和过场动画
演播室主持人开场介绍	37 秒	主持人亚当和杰米上场，亚当向杰米介绍嘉宾卡梅隆	字幕、现场同期声、演播室主持
嘉宾出场	1 分 03 秒	1. 镜头切换，卡梅隆客串清扫工出场 2. 卡梅隆向亚当、杰米诉述流言	采访、主持人现场、现场同期声、字幕
第一个流言解说	40 秒	镜头切换到《泰坦尼克号》电影片段，旁白解说网友的流言猜想和卡梅隆的苦恼	VCR、旁白、字幕
演播室	32 秒	镜头切换到演播室，亚当和杰米向卡梅隆说明用什么办法证实流言	主持人现场、同期声、字幕、声音特效
实验预告	32 秒	播放亚当和杰米分工后测试精彩瞬间 VCR	旁白、VCR
《泰坦尼克号》流言实验过程	3 分 50 秒	1. 亚当和卡梅隆讲解自己实验的步骤 2. 镜头切换，展示亚当浮力实验道具制作、实验过程 3. 亚当解释实验原理，实验室浮力实验见分晓，卡梅隆幸灾乐祸状窃窃私语 4. 镜头切换至节目制作实验机器人画面	现场同期声、旁白采访、电脑特效、声音特效、字幕、主持人和嘉宾现场
第二个流言火箭冲浪流言登场	58 秒	1.《流言终结者》标识展示 2. 火箭冲浪者流言 VCR 介绍 3. 演播室内凯莉、托瑞和格兰特聊天引出"火箭冲浪人流言" 4.VCR 简介火箭冲浪人流言	旁白、VCR、声音特效、主持人、现场同期声

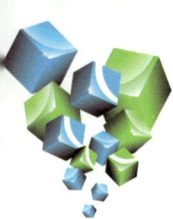

板块	时长	内容	形式
火箭冲浪流言测试过程	3分40秒	1. 镜头切换至外场地渔猎湖边 2. 凯莉介绍外景地概况，并简述流言产生原因 3. 假人老兄出场，凯莉、托瑞和格兰特安装老兄和冲浪板，格兰特讲解假人和冲浪板制作过程以及实验原理，过去实验画面 VCR 穿插播放 4. 实验开始，冲浪板侧翻，"火箭冲浪者流言"第一次验证失败	主持人现场同期声、VCR、旁白、声音特效、
《泰坦尼克号》流言	4分36秒	1. 回到《泰坦尼克号》流言 2.《流言终结者》标识广告 3. 镜头切换至演播室，亚当和杰米低温试验道具制作过程，并讲述实验原理，假人制作成功 4. 镜头再次切换至亚当和卡梅隆，两人对话谈论电影细节	VCR、旁白、主持人现场同期声、声音特效
火箭冲浪流言	5分	1. 上次实验 VCR 回放，凯莉、托瑞和格兰特重新讨论"火箭冲浪人"的新方案，并制作滑板工具 2. 滑板室内托瑞充当滑板人进行初步试验 3. 外景地初步试验	主持人现场同期、旁白、声音特效、VCR
《泰坦尼克号》流言低温实验	5分23秒	1. 亚当和杰米低温实验进行过程，实验节目出现 2. 镜头切换主持人与卡梅隆对话	主持人和嘉宾对话、现场同期声、旁白、字幕
火箭冲浪采石湖实验	2分52秒	凯莉、托瑞和格兰特在采石场湖泊公园实验前的准备和介绍	主持人现场同期声、旁白、字幕
泰坦尼克流言海面实验	3分20秒	1. 亚当和杰米进行第三种实验：真人实验 2. 前两次实验结果穿插 VCR 3. 镜头切换至节目组前往金银岛海面准备实验	主持人和嘉宾同期声、旁白、VCR、字幕
火箭流言采石湖实验	4分18秒	1. 托瑞本人进行火箭冲浪实验，实验原理，进行实验 2. 镜头切换回到工作间，火箭流言可信，流言终结 3.《流言终结者》标识播放	主持人、现场同期声、VCR、字幕

续表

板块	时长	内容	形式
《泰坦尼克号》流言海面实验	3分02秒	1.杰米和亚当在海面进行真人实验，讲述实验原理，进行实验 2.杰米和亚当能同时浮在海面，流言可信 3.镜头切换至室内演播室，亚当、杰米向卡梅隆诉述流言可信 4.《流言终结者》标识	主持人和嘉宾现场同期声、旁白、字幕、声音特效

节目特色点评

《流言终结者》受欢迎的主要原因是其一直坚持"用科学实证验证坊间传闻，为观众释疑解惑"的节目创作态度。节目向人们习以为常的言论发出有力质疑，让其从似是而非变为水落石出，以此满足观众趋新求异的收视心理。比如，"潜入水中是否能防止人不被枪射中？""手机真的会造成飞机失事吗？""身上如果有刺青，进入核磁共振仪（MRI）会造成刺青爆炸吗？"等。

节目形式

《流言终结者》的两位节目主持人有着多年制作各种模型的丰富经验，他们在节目中充分发挥自己的优势，利用比赛的方式对同一实验进行设计，扮演了不同性格和身份的实验操作者。因此，这些本质上枯燥、深奥的科学实验就变成了吸引观众的竞技游戏，极大地提升了节奏感，增强了节目的看点。

《流言终结者》节目语言"平民化"，主持人在解释科学原理时在坚持科学严谨的态度下做到通俗易懂，避免大量专业术语的堆砌，同时在必要时也插入配音进行解说。

节目制作

《流言终结者》的画面色彩高清鲜艳，科技感十足，画面主体运用多镜头，同时VCR不断进行前景回放，保持了足够的连贯性，大大吸引了观众的注意力。旁白的使用更加强了节目的趣味性和通俗性。

《流言终结者》是探索频道（Discovery）拍摄科教类节目的一种最新形态。节目把

多个实验用电影蒙太奇的叙事手法进行切割，最大化悬念的作用，大大提升了节奏感，使观众保持对实验结果的好奇感，营造出节目的紧张氛围，加强了节目的张力。

巧妙地运用声音特效也是《流言终结者》节目制作的亮点之一，有时添加紧张感十足的特效声，有时又发出幽默诙谐的声音，在调动观众视觉的同时也调动了观众的听觉。

商业模式

作为探索频道的一档节目，《流言终结者》的营销方式以网络营销为主，网络营销主要集中在各种社交平台，探索频道网络主页和各大视频网站等。在《流言终结者》的官方网站上，开设有网上商店供《流言终结者》的粉丝们进行购买和消费。同时《流言终结者》还设计出相应的游戏软件 MythBusters Trivia。

在节目模式和全球版权贸易方面，《流言终结者》已经被英国、新加坡、韩国、印度尼西亚、泰国以及中国等国家和地区引进。此外，很多节目制作公司和电视台也纷纷推出类似节目，比如湖南卫视的《新闻大求真》等。

同类对比

与《流言与终结者》定位相似的国内电视节目是湖南卫视的《新闻大求真》。针对社会上越来越多的流言，《新闻大求真》关注的往往都是与衣食住行有关的内容。节目在遵循科学传播的基础上，邀请不同身份的志愿者对存在疑问的问题进行体验和求证，拉近了观众与节目的距离，也增强了节目的说服力，容易让观众接受。

与《流言与终结者》相比，《新闻大求真》最大的特点就是贴切百姓生活。但是，若能在这一选题视角中针对科技流言和电影情节中的若干现象进行实验，相信节目会更具吸引力。

Top Gear

《最高挡位》
——车迷的欢乐大本营

● 节目概况速览 ⊗

    《最高挡位》是英国广播公司制作的著名汽车节目，开播于 1977 年，最初只是一档中规中矩的传统汽车节目。自 2002 年以后，该节目以精美的图像采编和幽默调侃式的主持风格而得到了许多观众的好评。

    现在，节目有 3 位主持人杰里米·克拉克森（Jeremy Clarkson）、詹姆斯·梅（James May）和理查德·哈蒙德（Richard Hammond），以及一位试车手斯蒂格（The Stig）。

基本信息 ≫≫

· 原　　名：Top Gear
· 译　　名：最高挡位
· 标　　识：

图 1

· 播出国家：英国
· 播出频道：BBC Two, BBC HD
· 首播时间：1977 年首播，2001 年关停，
　　　　　　2002 年改版后继续播出。

· 播出时间：BBC Two 21:00, BBC HD
　　　　　　21:00
· 节目时长：1 小时
· 节目类型：娱乐类纪实节目（entertainment
　　　　　　factual TV programme）
· 播出形式：录播，BBC 2 576i，BBC HD
　　　　　　1080i
· 制作公司：BBC
· 官方网站：bbc.co.uk/programmes/
　　　　　　b006mj59
节目独立官网：topgear.com/uk/

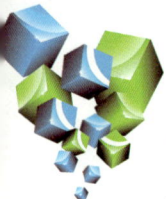

其中试车手曾由多人饰演，包括著名的赛车手米高·舒麦加。

《最高挡位》在英国电视频道 BBC Two 首播，同时英国广播公司美国台及澳大利亚特别广播公司亦有播出这一节目。因为其流行效应，还在美国、澳大利亚和俄罗斯等国推出了在当地制作、使用当地主持人的国际版。而中国版由湖南卫视买下，取名为《最高挡》。

节目历史及演变

节目历史可以追溯到 1977 年，由诺埃尔·埃德蒙兹（Noel Edmonds）和威廉·伍拉德（William Woollard）作为最早的制作人将其搬上银幕。节目名称源于 1960—1975 年期间在英国广播 1 台播出的同名节目。节目最初时长为 30 分钟，以介绍新车、讨论与车相关的话题为主。

1988 年，杰里米·克拉克森为节目加入了大量幽默搞笑的因素和讽刺尖酸的评论，也使节目迎来了收视率大爆发。在该节目的鼎盛时期曾有 600 万观众观看。

1999 年，该节目遇到了巨大的困难，杰里米·克拉克森离开节目，由詹姆斯·梅接替。但是詹姆斯古板的性格使得节目风格大变，引发大量观众流失。2001 年，英国广播公司因收视率过低而关闭了这档节目。

新版《最高挡位》于 2002 年推出，在主持人杰里米·克拉克森支持下，由制作人安迪·威廉（Andy Wilman）重新搬上了电视屏幕。当时播出的节目又被称为"最高挡位 X（Top Gear Xtra）"，以全新方式与观众见面，获得了巨大的成功。新版节目时长增长至 1 小时，同时新增两位主持人：理查德·哈蒙德和贾森·道（Jason Dawe）以及一位神秘的试车手 The Stig。第 8 季的《最高挡位》中又加入了一位可爱的新成员———一条叫"车迷狗（Top Gear Dog）"的拉布拉多德利犬。节目中包含很多吸引观众的新内容，例如"明星开廉价车""酷车墙""新闻""圈速排行榜"等。

奖励及评价

该节目曾获得过英国电影电视艺术学院奖（BAFTA）和多项英国国家电视奖（NTA），以及艾美奖。

2004 年获得国家电视奖最受欢迎节目类（Most popular factual programme category）提名，英国学术电视奖最具特色类奖（Best feature category）提名。

2005年获得国家电视奖最受欢迎节目类（Most popular factual programme category）提名，英国学术电视奖最具特色类奖（Best feature category）提名。获得艾美国际奖无剧本娱乐片类奖（Non-scripted entertainment category）。

2006年获得国家电视奖最受欢迎节目类奖（Most popular factual programme category），英国学术电视奖最具特色类奖（Best feature category）提名。

节目模式分析

板块设置

节目的每个环节都具有独特魅力，但最为重要的仍然是每期必备的试车环节。通常情况下，节目可以划分为以下环节。

表1 节目环节

一、评测	二、汽车新闻播报和点评
对第一部车（通常为新款车）进行试驾，偶尔与其他车辆进行象征性比赛。该评测板块的试驾部分相对严肃，为传统试车部分。而后半部分的比赛通常邀请各界名人开着自己的车进行比赛，气氛轻松活跃。	回到演播室，三位主持人以脱口秀的模式，对于近期的汽车新闻进行嬉笑怒骂式的点评。此类点评在保证汽车专业素养的同时，也对新闻进行幽默的点评。
三、对比评测	**四、明星开廉价车**
这部分评测通常采用高端车，到赛道上进行正规的评测。评测的试车手为斯蒂格，一位神秘的试车手。拍摄、剪辑和处理极为华丽。圈速测试会计入"最圈速"档案。 其对于车迷的另一个伟大意义在于它将几乎所有市场上能买到的量产车型都带到了他们的专用赛道：一个私人飞机场，他们将所有车辆的最快圈速制成榜单，榜中的车辆涵盖了几乎所有的超级跑车，其中还有柯尼塞格 CCX 这样的神秘传奇跑车。	节目邀请到一位明星，先进行十分钟左右的访谈。此访谈同样是脱口秀形式，谈话非常幽默，气氛轻松。之后，播放此明星开着廉价车进行单圈速度测试的情景。
五、游戏环节	
通常是三个主持人开着自制的"车"进行某些比赛，游戏环节充满欢笑。	

主持人

节目共有三位主持人：杰里米、詹姆斯、理查德和一位试车手斯蒂格。

杰里米是汽车节目的元老，混迹汽车节目多年，经验丰富，是独一无二的主角。基本上重量级的测试（如布加迪威龙）和嘉宾访谈等都是由他负责。杰里米的主持风格幽默轻松，最大的特点就是"敢说"，对于烂车敢于批评，对于好车则爱不释手，这种坦率的主持风格深受观众喜欢。

图2　杰里米

图3　理查德

理查德·哈蒙德，2002年加入《最高挡位》，成为三位主持人之一。因为他的五短身材，经常被搭档杰里米称为"鼹鼠"。不过理查德凭借他略显"忧郁"的眼神赢得了众多女性观众的芳心。他也是节目三人中唯一拥有直升机执照的人。2006年在为节目"试驾"由喷射引擎推动的跑车时，以超过四百八十公里的时速翻车，身受重伤。出事原因BBC及有关部门正调查，哈蒙德也在意外中创下英国陆上交通最快的车速纪录。康复之后理查德在2007年1月上映的第9季的节目中和观众见面。

詹姆斯·梅，2003年与杰里米、理查德一起主持《最高挡位》。与另外两位铁杆的速度迷不同，May的爱好是开着慢悠悠的英国豪华老爷车兜风。詹姆斯做什么事情都喜欢条条框框、按部就班、慢条斯理，被称为："龟速船长"。他曾经在赛道上得到过传奇F1赛车手Jackie Stewart的真传，还将一辆布加迪威航开到了417.3KM/H的极速。他还主持James May's Top Toys、James May's 20th Century、James May's Big Ideas等节目。

虽然英国广播公司总体的风格是中立和客观的，但是过于严谨的内容往往缺乏激情。一个汽车节目不应仅仅是汽车测试，更要加上人的感情，这样才能吸引观众收看。

理查德和詹姆斯是杰里米的搭档，三个人在节目中配合十分默契。

图4　詹姆斯

图5　斯蒂格

　　斯蒂格是节目御用试车手，当然，斯蒂格只是他的代号，他一直躲在头盔后面不言不语，个人身份也向外界保密，颇为神秘。人物被头盔全部覆盖扮演匿名车手，有笑话称没有人真正知道在这个赛车服背后到底是谁，或是什么东西。这个人物是由杰里米和节目制作人安迪·威廉共同创造的。斯蒂格是在学校时对新来的男孩的昵称。节目虽然只有一个"主要"的斯蒂格，但是还有几个"分拆"的斯蒂格们。斯蒂格负责为测试车型设定来回时间，同时也为节目《明星与豪车》中的明星客人提供指导。

　　很多人猜测前F1车手达蒙希尔是斯蒂格，但被节目组否认。直到第一任斯蒂格退役后才真相大白，原来他是前任F1车手佩里·麦卡锡（Perry McCarthy）。

　　而第二任斯蒂格则是本·科林斯，在第15季之后退出，被在中东特辑内新出现的斯蒂格所取代。斯蒂格的任务就是做节目的一把标尺，由他来驾驶各种超级跑车在赛道跑出成绩，按成绩排名对各个跑车做比较。

外部包装

· 演播室

演播室实景如下图。

图6　演播室

图 7 舞台效果图

· **舞台设计**

演播室如同汽车的改装车间，观众站在演播室。演播室主舞台很小，可供约五人坐在座位上。座椅为老式汽车座椅的样子。同时，演播室另有一个舞台。该舞台位于观众之间，没有基座垫高，旁边摆有本期测试车辆。主持人站在车前主持。

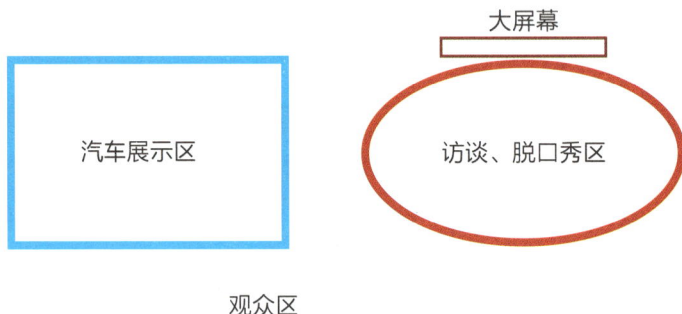

大屏幕

汽车展示区

访谈、脱口秀区

观众区

图 8 舞台设计图

· **舞美灯光**

演播室利用灯光划分了主要的区域。使用中的舞台用灯光照亮，其余部分较暗。灯光较为简单朴素，只有必要的三点照明、简单的电脑灯和一些辅助性装饰用灯。舞美灯光简单大方，体现了欧美谈话类节目的一贯风格。

节目模式全球化发展及版权贸易

《最高挡位》在 170 多个国家和地区播放，在澳大利亚、俄罗斯、美国、韩国和中国有本土版本的制作和播出。

以美国为例，2007 年，探索频道曾经制作过《最高挡位》的美国版本，但并未播出。而后，全国广播公司（NBC）于 2008 年 6 月重新拍摄后并播出。但并没有获得成功，随

后即被停播。直到 2010 年，历史频道重新开始制作该节目的美国版，《最高挡位》才终于在美国得到新生。

节目案例详解

剧集介绍

本次进行分析的节目为第十八季第四集。本次节目对雪铁龙、宾利、法拉利的三款车型进行了评测，对时下的汽车新闻进行了播报和点评。节目板块设置十分典型，具有代表性。

板块分析

表 2　板块分析

板块	时长	内容	形式
新车测试	10 分	1. 片头视频，内容提示 2. 杰里米以幽默戏谑的方式提示本期节目的笑点和看点 3. 雪铁龙电动跑车出场视频 4. 有汽车的外形引入，借此来吸引观众的兴趣继而由梅（May）对于这款跑车设计理念和最初驾驶感受作介绍 5. 梅试驾跑车，同时对于跑车的电动发动机进行原理讲解 6. 梅在公路上对这款跑车进行试驾。同时对于汽车的太阳能利用系统进行讲解 7. 梅将车停在路边讲解这款电动跑车在设计细节方面的环保元素之后继续试驾，并且讲解一些更加专业的比如加速至 60 迈的时间等 8. 邀请住在当地的摇滚乐队 AC/DC 主唱布莱恩·约翰逊（Brain Johnson）驾驶其 1928 年勒芒版宾利与菲斯克进行对比 9. 由约翰逊驾驶菲斯克，詹姆斯驾驶宾利进行试驾，同时对于试驾感受进行幽默诙谐的阐释 10. 主持人和嘉宾换回各自汽车，来到赛道上	VCR、同期声、音乐、配音

板块	时长	内容	形式
		进行四百米直线加速赛。赛后对于比赛进行心得交流	
汽车新闻播报	8分5秒	1. 场景自然切换回演播厅，三位主持人以轻松聊天似的方式向大家解释菲斯克电动跑车的动力原理，对于之前测试的电动跑车进行了脱口秀式的点评，对于测试过程相互调侃。 2. 轻松自然的谈话中引出接下来的新闻播报 3. 三位主持人对于政府的汽车政策进行了调侃，同时对法拉利、凯迪拉克、保时捷的新款车进行了玩笑式的批判点评 4. 杰里米介绍了法拉利的新跑车 FF，同时在演播室对于 FF 的实体车进行了展示。进而介绍接下来要对 FF 进行冰雪场地测试	主持人、照片、配乐
对比试车	13分10秒	1. 介绍阿尔耶普鲁格试车场，突出阿尔耶普鲁格试车场对于各个品牌试车的重要性和地位 2. 一边试驾一边以调侃的方式讲解着，对法拉利 FF 进行第一轮的单独测试，重点测试其四驱结构和其脱身于 F1 的序列变速箱。 3. 对法拉利 FF 标新立异的四驱结构和路虎揽胜传统的四驱结构进行对比讲解 4. 杰里米对于通常的四驱系统进行科普式讲解，同时指出了法拉利 FF 的四驱系统的特殊之处。讲解的过程中配以汽车透视动画来向观众普及晦涩的专业知识，并对这种特殊之处造成的影响进行了总结 5. 介绍宾利欧陆 GT，对宾利欧陆 GT 进行一轮单独测试，重点评测欧陆 GT 所采用的传统四驱结构和自动变速箱 6. 静止状态下在溜冰场中，对两款跑车进行了车辆外观内饰；在直线跑道上进行直线加速测试；同时为了更有说服力，在冰面上用雪堆砌出赛车级别的专业钻石级跑道进行赛道测试	VCR、同期声、音乐、主持人

续表

板块	时长	内容	形式
		7. 由试车手斯蒂格进行两辆车的单圈测试，用实际的单圈测试时间数据得出宾利比法拉利的四驱性能更加实用的结论	
明星访谈	11分30秒	1. 回到演播室，杰里米和梅对于测试结果和过程进行了点评和调侃，引出将要试驾廉价车的明星上台 2. 邀请影星法斯宾德上台 3. 杰里米与迈克尔脱口秀，从迈克尔的电影谈到了迈克尔的爱好F1，由从F1谈到了迈克尔曾经拥有的车标致306三角帆特别版继而引出迈克尔的廉价车单圈测试。	VCR、主持人、同期声
明星驾驶廉价车	1分10秒	演播室现场观看法斯宾德驾驶一款起亚小轿车进行圈速测试，同时进行相应的解说	VCR、主持人、同期声
介绍游戏	9分	1. 回到演播室，杰里米告诉了迈克尔的圈速，总结测试过程，对其圈速进行了排名。对法斯宾德的测试进行点评，感谢法斯宾德并欢送其离开。 2. 与其他主持人一起引出残疾人士越野代步的话题	VCR、主持人、同期声
游戏环节	20分10秒	1. 前往威尔士的乡间进行测试 2. 三位主持人对其自行设计的残疾人越野代步车进行逐一介绍，对车辆进行不同路况（城市道路）的测试，在城市道路上与偶遇的残疾人士进行简单的竞赛交流 3. 介绍比赛环境以及长度和终点，三位主持人驾驶自己的代步车与三位残疾军人驾驶市面上的代步车进行越野比赛，全程重点记录三位主持人所设计的代步车在越野过程中遇到的种种问题	VCR、主持人、同期声、配乐
收尾	2分	1. 回到演播室。三位主持人对于越野比赛进行了点评和相互的调侃。对残疾军人嘉宾进行了感谢，并且出于对消费者的考虑选出性能最好的代步车 2. 总结节目	主持人、字幕、配乐

515

节目特色点评

内容分析

·主题分析

《最高挡位》以幽默诙谐的方式进行汽车评测和汽车导购，但是在受到观众喜爱的同时，也不可避免地受到了一些批评。批评主要集中于其攻击性言论、不负责任的驾驶、环境问题和对于德国、墨西哥等一些国家的嘲笑等。但是，多次的获奖已经证明了业界对其的认可。

该节目的批评和赞誉是对等的。对于我们常常能看到充满赞誉缺乏批评的汽车节目而言，《最高挡位》对于其测试的车辆会进行相对中肯的点评，肯定其优点的同时也会对其缺点毫不留情地指出，并且大多数时候都会是在比较中抨击相应车型的缺点，比较有说服力。

比如在前文分析的节目中，节目对于法拉利FF的奇怪四驱结构进行了批评，认为其"对于真正有效的事物完全没用"，而另一方面，节目也肯定了这样的四驱结构对于增加FF的赛道体验有着非同一般的作用。测试环境的多样，对于观众的感知会更加的清晰，让观众明白对于车辆的选择首要考虑的是要适合自己的使用环境，满足自身的基本需求，而不要盲目地注重品牌或是价钱，不一定最贵的就是对自己最好的。

又如，节目对于宾利欧陆GT朴实、稳健的四驱结构和良好的冰雪场地表现大加赞扬。指出欧陆GT在仅为FF一半价格的情况下所表现出的高水平是非常难得的。但是，节目最终也对于冰雪场地这样的极端环境下驾驶做出了自己的判断，那就是选择越野性能、四驱性能更加优秀的路虎揽胜。

由此可见，该节目对于其测试的车辆有着自己真正的见解和立场。这对于消费者而言是非常难能可贵的。因为消费者在信息不完全的情况下很难对车辆做出客观的判断。而《最高挡位》则是站在了消费者的角度，阐释了自己的立场。

·价值导向

幽默只是该节目的一部分。在试车部分，通常情况下每分钟会出现一个笑话。也就是说，大部分时间里，节目还是在介绍相对专业的汽车知识，展示汽车行驶的形态等。每段测试的信息量非常之大。比如在介绍雪铁龙的新型电动跑车时，主持人从电动跑车

原理开始，对车辆的混合动力系统、行驶性能、驾驶体验乃至内饰的用材用料都进行了详细的介绍。

《最高挡位》虽然形式幽默，但对于汽车的专业知识探讨是一丝不苟的。以主持人詹姆斯的话说，该节目是以引导消费者正确购车为宗旨的。

而主持人会在每期节目中提及这句话。即使在最幽默的游戏环节，节目仍然会对涉及车辆方面的知识对消费者做出引导。可见，节目的中心在于汽车消费者。

· **商业模式**

《最高挡位》商业利益的巧妙融合与其他大部分汽车类节目不同，最突出的表现在于，节目未与汽车制造商进行宣传方面的合作，从而使节目能够在评论过程中保持中肯的立场。同时 60 分钟节目中没有插播任何广告。节目的经费和受益主要来自政府的资助、版权和全球范围播出所带来的收益。

节目以不接受汽车厂商广告赞助而著称，也就是节目中不允许插播广告，显然这一点也吸引了观众们的好奇：这究竟是一档怎样的节目，连中间黄金段的广告都不允许加入。所以该节目不像其他汽车节目那样，把节目单单做成了一个只为汽车打广告的平台，这种方式更能赢得观众的信赖。

形式分析

· **语言设计**

语言幽默诙谐，大量英式幽默贯穿于试车和演播室脱口秀中，其语言是除汽车外的重要卖点。

杰里米是《最高挡位》这档产于 20 世纪 90 年代的汽车节目的资深主持，他语言幽默风趣，当三个主持都在场时总能恰如其分地控场，不至于冷落任何一个主持。让人印象深刻的是他总能一脸怡然地坐在高速行驶的汽车里，一边高速驾驶着各款汽车，一边如数家珍般地介绍该车的特点性能，往往一语中的说到买车一族的心坎里。

该节目语言设计以幽默诙谐见长。通常为"介绍＋笑话"方式出现。也就是说，主持人通常会在一分钟的讲解之后插入一段笑话，继而进行下一段讲解或者试车，在这段内容结束之后再插入笑话。通过这种方式，节目把观众的注意力牢牢吸引在屏幕上。

主持人方面，由杰里米带领的 3 位家喻户晓的 BBC 名嘴主持人同台主持，通过三位主持人诙谐幽默的西式笑话，一改其他汽车类节目的枯燥风格，将汽车与娱乐结合得天

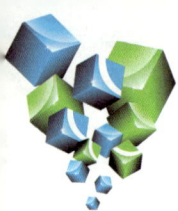

衣无缝，三位主持人之间的相互调侃也是《最高挡位》的看点之一。

· 叙事风格

除幽默诙谐外，该节目叙事十分朴实，所有的评测、比赛均为平铺直叙，并未加入悬念等因素。

试车阶段集中在前三十分钟。这段时间观众注意力相对集中，这个部分也是汽车节目的核心所在。在这三十分钟内，节目以绚丽的镜头、专业的讲解和不时出现的幽默语言取胜。而在节目的后半段，笑料比例明显增加。出现了明星试车和游戏环节。

该节目正是通过这种方式，让长达一小时的节目播出时间里，观众不至于失去兴趣。当观众注意力下降的时候，笑料增加了，观众依然会留在这里。

《最高挡位》之所以会长时间吸引观众的眼球，还有一个很重要的元素。即在节目中挑起纷争，节目中常出现易引起争议的、刺激性的话语，来引发受众和社会讨论和关注。

尤其是以杰里米最甚，例如在第 12 季第 1 集中，他取笑所有大型货车驾驶员只关心两件事：一是油价；二是如何杀戮妓女。事情发生在节目录制中，当时杰里米正试驾一辆雷诺重型卡车，边开边以调侃的语气描述说："开卡车可是个重活！我这么说可不是为了博取卡车司机的喜爱，因为事实如此，这确实不是轻松的工作，你得不断地变挡加变挡，检查后视镜，凶杀一个妓女，变挡，变挡，凶杀。这可是好多事情在一天里要做的啊。"

目前，这段不合时宜的玩笑评论已经收到 200 位英国观众的投诉，以及 17000 名卡车司机的抗议，英国的卡车司机联盟以及一些慈善机构强烈要求 BBC 以及杰里米道歉。BBC 辩解说杰里米并没有蓄意冒犯，他只是引用了一段"滑稽夸张"的、街头流行的对卡车司机的玩笑话而已。

2009 年杰里米在节目中公然批评英国首相戈登·布朗，差一点被"炒了鱿鱼"。不难看出，这是《最高挡位》为了吸引关注度而进行的一种经营手段。

有了矛盾就有了关注的焦点，而尖锐的矛盾会使观众们的兴趣得以最大化，激起观众们一探究竟的猎奇心理，从而舍不得离开电视、离开节目。

节目制作

· 画面

节目采用 1080i 或 1080p 全高清录制，SDTV 播出为 576i，HDTV 播出为 1080i。

图 9　节目画面

1920×1080 全高清录制和播出保证了极佳的画面质量。

对于评测和比赛环节的画面，《最高挡位》采取了与其他电视节目迥然不同的态度，对其进行了大量的调色处理。其调色水准堪比一般的电影。这使得 TG 的画面与其他纪实类节目相比显得更加绚丽。

· 声音

演播室声音相对常规，朴实无华。与之形成鲜明对比的是评测环节的声音。与评测环节的画面风格相同，评测环节的声音处理同样华丽。对于发动机声浪、汽车胎噪、制动声等的捕捉十分到位，编辑极为细腻。

· 摄影角度

《最高挡位》的董事总经理亚当·维德尔从美国好莱坞聘请了 12 名特技镜头摄影师、由知名导演 Brian Klein 组成的 6 名电影导演组以及 Andy Wilman 带领的 2 个电影监制团队，队伍实力之巨大、聘请资金之高远远超过了全球大部分综艺类节目，以上的这些数字和成绩应当让全球车迷感到骄傲，其拍摄手法采用好莱坞电影式的拍摄手法，给观众以电影般的享受。

演播室部分，为传统的四机位拍摄。其中 4 号机位约是十米摇臂。演播室内没有固

图 10　演播室画面截图

定的负责全景、安全镜头的 2 号机，取而代之的是手持和肩扛拍摄的 2 号机。

评测部分摄制组使用了大量高速摄影，运动镜头对于汽车的渲染浓墨重彩，其绚丽程度远远超过电视，直逼电影水准。需要重点提到的是，评测中有许多摄像机固定在车身上拍摄的镜头，比如车内主持人说话，摄像机固定在车顶或车门拍摄等。这体现了摄制组对于小、微、全高清摄像机的重视。共有四位摄像师和五位摄像助理出现在这一部分，足以体现评测部分摄像工作的重要性和复杂程度。

·后期剪辑

演播室剪辑因受制于脱口秀的节目特点，采用了导播切换的形式。因此，演播室部分节目朴实无华，中规中矩。

与之形成鲜明对比的是评测部分。评测部分的后期处理，参考前文对于电视画面的描述，其风格是始终贯穿的。大量的升降格、快切的运用，对于汽车的动感进行极力渲染。

《最高挡位》的编导突破传统的剪辑拍摄思路，力图在展现汽车性能的冲击力的时候，也能让观众欣赏到那些超级跑车考究的外部设计和内部人性化的装饰设计。于是好莱坞水准的拍摄和剪辑就将这二者完美地结合在一起。当进行单个车型的展示秀时，镜头平滑缓慢，就像在给每一辆车做一个免费的宣传广告；当进入这个节目的竞赛或测速环节时暴雨剪辑似的快速剪切和镜头的虚实不定又让观众体验到赛车的惊心动魄，就像是在看一场压缩版的《极限飞车》看得大呼过瘾。

节目营销

汽车杂志发行和海外推广是《最高挡位》独特的营销方式。

《最高挡位》于 1993 年在英国推出杂志月刊，至今已在全球 30 多个国家出版和发行。2003 年 10 月，BBC 授权万华媒体在中国大陆出版以及发行中文版《最高挡位——汽车测试报告》月刊。2008 年起，节目开始在中国大陆开展"评选年度最佳车型"主题活动。同年 10 月，中国大陆部分电视台开始播放《最高挡位》往期节目。

《最高挡位》其变相的广告盈利模式，堪称是一个典范。一来它本身对外宣传中就已经指出，其节目中不接受广告赞助。的确，在其节目中从未出现任何广告，免除了观众在节目享受中，被充斥的广告影响情绪。但其变相的广告形式，却在无形中让观众乐意接受。其表现就在于，节目中斯蒂格试驾的车以及嘉宾或主持人乘坐或驾驶的汽车，都是汽车企业赞助的。赛车竞技比赛在世界各地选取竞技场地时，其实也是在为该地点

打出广告，该地区愿意花大价钱聘请《最高挡位》的制作团队。

作为一个广受欢迎的汽车娱乐节目，《最高挡位》在周边产业上的发展也十分有作为。首先在其选定的演播室场地，通过一直以来的精心经营，发展了集节目制作和旅游观光为一体的产业化模式；《最高挡位》在游戏方面，已经开发了一款广受欢迎的汽车竞技游戏；《最高挡位》售卖光碟，以及印有其 logo 字样，采用其商标的其他物品。"Top Gear" 授权了 150 余种周边产品和销量超过 400 万份的 DVD 光盘。

另外，英国广播公司专门开辟了节目的网站，供车迷们浏览，同时登录用户也可在线观看节目。

同类节目对比

与传统汽车类节目最大的不同在于脱口秀元素的加入。传统汽车节目通常是一期对一款车进行评测。评测通常分为三到四轮，即静态评测、试驾、赛道测试和对比测试。《最高挡位》同样进行了大量这类的评测，只是在形式上进行了改造，使得评测显得更加轻松和有趣。节目的另外一个亮点在于它演播室的脱口秀。汽车新闻播报、名人访谈等脱口秀的加入，增添了这款节目的看点。

中国版对比

中国版本的《最高挡位》名为"Top Gear 最高挡"，于 2011 年 4 月 23 日开始在湖南卫视每周六播出。节目以全娱乐的方式手法来展现汽车、测试汽车的大型娱乐节目，试图透过趣味娱乐化的创意理念，将汽车测试平易近人的带给广大观众。

有了原版的备受瞩目和全民热捧，中国版在播出后引发了一些争议。中国版在形式上基本沿袭原版的风格与套路，同时也做出了一些本土化改造，希望能够在保留原版节目趣味性及刺激性的同时考虑到中国的车文化以及观众口味。例如，节目邀请大量明星助阵、增加任务挑战、突出风景名胜等。这些做法虽然没有都起到作用，但是作为一种本土化改造的尝试还是值得肯定的。

Grow Your Own Drugs

《BBC 私房药》
——后厨房里的良药

● 节目概况速览 ⌄

　　《BBC 私房药》节目打破了植物只能观赏用的看法，创新性地将植物变成不平凡的草药。这样做不但可以替代某些价格高昂的药品，帮助人们解决生活中多种常见疾病，甚至能够成为美容佳品。节目给爱美的人提供健康且私人的帮助，也让观众更好地了解植物如何令我们更健康。基于该节目内容的同名书籍在 2009 年度亚马逊英国网上书店销售排行榜中高居第三，可见其受欢迎程度。

基本信息 》》

- 原　　名：Grow Your Own Drugs
- 译　　名：BBC 私房药
- 标　　识：

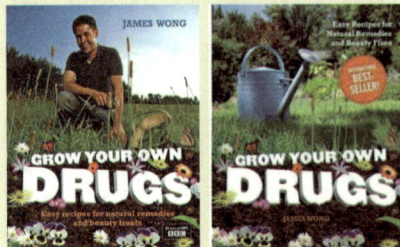

图 1　节目标识

- 播出国家：英国
- 播出频道：BBC 第二频道
- 首播时间：2009 年 3 月
- 节目时长：29 分钟
- 节目类型：纪录片
- 播出形式：录播
- 制作公司：Silver River Productions
- 官方网站：bbc.co.uk/growyourowndrugs

历史演变

节目共两季，包括十三集，分别在 2009 年度以及 2010 年度播放，新旧两季之间差别不大，表现形式相似，主要介绍植物不同寻常的药用效果，观众群为有花园庭院却可能不了解庭院中植物作用的英国人。

节目模式分析

两季《BBC 私房药》节目一共十三集，五十余个方子，针对症状从感冒咳嗽到皮疹鼻炎，原料全部来自英国本土。即便在你的后花园中无法找到，也一定能够从药房和网店购得，材料获取相对较容易。《BBC 私房药》节目中，主持人兼植物学家詹姆斯·王（James Wong）带领我们探索并认识身边的各种可用药材。

板块设置

以第二季为例，主要内容是板块的第二部分，大概占据 29 分钟节目里的 25 分钟。

表 1 板块设置

板块	主要内容
第一部分	詹姆斯阐述他自己的理念并且批驳普通大众错误的植物观
第二部分	詹姆斯利用各种植物来为日常病症进行相关的治疗并且有相关患者的效果测试
第三部分	药物谨用警诫和官方网站介绍

人物角色

本节目的主持人詹姆斯是英国民族植物学家、电视制片人和园艺设计师。他出生于

图 2 节目主持人 James Wong

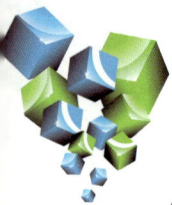

伦敦，父亲是马来西亚人，母亲是英国人。从小在新加坡和马来西亚长大，1999 年获得奖学金返回英国学习，获得民族植物学硕士学位。他性格开朗活泼，主持风格平民化，深受广大观众的喜爱。

节目所有嘉宾都是每集所要解决的病患的相关患者，他们会参与药剂的制作，试用成品然后阐述效果，让节目更具可信服力。

表 2 嘉宾表（以第二季第五集为例）

患者	病症
布莱恩（Brian）	鼻窦炎
佐耶（Zoe）	
纳伊姆（Naeem）	
黎安友（Nathan）	剃须皮疹
西蒙（Simon）	
梅雷迪恩（Meredian）	

外部包装

与其他节目璀璨的灯光和广阔的舞台不同，詹姆斯的舞台很特别，这是个三面围墙围住的露天花园，有着阳光灿烂的玻璃屋顶，花园里的植物都来自英国的田间地头。詹姆斯会告诉你植物的文化含义和栽培方法，并且亲自动手演示，满不在乎一手脏乎乎的污泥。虽然不列颠岛潮湿多雨，但是詹姆斯带给观众的永远是晴好的日子和温暖的笑容。

詹姆斯的主要工作场所是一个有玻璃天棚的大厨房，事实上这与他的小花园只有一门之隔。前面采摘的各种植物可以直接拿到这里加工处理。节目的整体风格是温暖与家

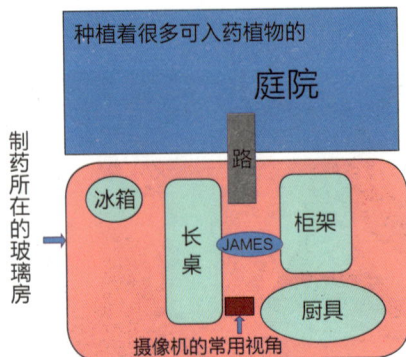

图 3 舞台设计图

常，让人觉得自己能够在自己家的后厨房重新复制节目中的药方，从而为自己解决某些病症，这也是节目希望大家做到的。

节目案例详解

以 2010 年第二季第五集为例。该集的主题为"灌木与树木"，即探究灌木以及树木的相关药用功能。本集节目所要帮助解决的问题是将金缕梅制成舒缓膏来治疗剃须皮疹，制作能够让人呼吸通畅的桉树膏，用金丝桃草来做抗菌软膏，把柳树皮制成可食用药物来缓解疼痛。

表 3　2010 年第二季第五集板块分析

板块	时长	内容	形式
主持人自我介绍	5 秒	主持人詹姆斯·王的自我介绍，他既是科学家又是园艺师	现场同期声、旁白、音乐
节目目的	5 秒	以主持人之口表达这档节目的目的就是想要扭转人们的植物观	现场同期声、旁白、音乐
民众不正确的植物观	10 秒	主持人：植物常常被认为是装饰物，只能用来扮靓窗栏花箱，或者当咖啡桌上好看的摆设，但是，与此同时它们还是行之有效的药品，能够缓解人们的病症	现场同期声、音乐、主持人现场
节目的内容	10 秒	旁白：本节目的内容及意义——指导大家装盆、修剪以及挑选最优质的植物来制成简单又有创意的药方	现场同期声、旁白、音乐
植物的妙处和制药的可能	20 秒	1.主持人做药场景 2.旁白：很多传统药物来源于构成植物的化合物，你可以直接选购成药。好消息是你在家就可以制作属于自己的私房药，并且把它做成治疗各种日常小病的特效药，甚至是一些让你不再"羞于见人"的美容品	现场同期声、音乐、主持人现场
节目标识特效	20 秒	"BBC 私房药"大标题 "灌木与树木"小标题	特效、音乐
植物制药的可能以及重点树木和灌	20 秒	植物中含有许多有效成分，早在十几年前就已经用于制药了，很多重要药物的成分都来自大自然中给人印象最深的植物——树木和灌木	现场同期声、旁白、音乐

板块	时长	内容	形式
木制药的可能			
树木和灌木制药的重要性和可制药的位置	20 秒	1. 树木对于制作天然药物至关重要，实际上，地球上超过百分之六十五的药用植物都是由树木构成的 2. 可用于制药的位置：树叶、树根、花、树皮、树干、树脂	现场同期声、音乐、主持人现场
把灌木等放在花坛种植的可能性	25 秒	在小花园里同样可以找到大把的制药材料，你可以把药用树木甚至灌木种在花坛里	现场同期声、旁白、音乐、主持人现场
植物隐藏的制药效果很出众但是影响疗效的因素也很多	25 秒	1. 确实，很多植物都没有进行临床测试，不过我们很清楚它们蕴含的化学成分以及其使用效果 2. 影响疗效的因素有很多。在你种植之前，要弄清楚栽种的是什么，怎样使用，是否过敏等问题	现场同期声、旁白、音乐、主持人现场
简短介绍本期节目制作的小药方及内容	30 秒	将金缕梅制成舒缓膏来治疗剃须皮疹 制作能够让你呼吸通畅的桉树膏 用金丝桃草来做抗菌软膏 把柳树皮制成可食用药物来缓解疼痛	现场同期声、旁白、音乐、主持人现场、采访
使用效果	15 秒	志愿者使用效果简介并表明非临床试验 例如：患者认为桉树膏"十分好用，与此同时也十分好闻"	现场同期声、旁白、音乐
目标	35 秒	1. 制作药方的目标是治疗鼻窦炎引起的呼吸不畅，三位鼻窦炎患者采访 2. 患者："我的眼睛下方还有鼻梁周围都疼痛不已。如果能有个好办法消除炎症保持鼻子畅通那我会非常高兴。"	现场同期声、旁白、音乐、主持人现场、采访
桉树的简短介绍	1 分钟	旁白：桉树是生长最快的树木之一，你可以把它栽种在世界上任何地方	现场同期声、旁白、音乐、主持人现场
桉树的药用价值及挑选	25 秒	主持人介绍：你唯一需要查看的就是其中是否含有桉油精，这是一种有治疗效果的化学成分，同样它也使桉树散发其特有味道，所以你只需	现场同期声、旁白、音乐、主持人现场

续表

板块	时长	内容	形式
		要尽可能地挑选气味浓重的叶子	
桉树叶蒸汽法	25 秒	主持人闻药：如果你有鼻塞症状，吸入桉树的精油也许会有效果，这是利用桉树的特性来治疗鼻塞的最简便方法	现场同期声、旁白、音乐、主持人现场
桉树膏的制作方法	1 分钟 30 秒	主持人边演示边讲解：将这些叶子切碎加入 10 克剁碎的生姜和少许黑胡椒，然后，加 200 克凡士林油，盖上盖子以防气态精油挥发掉，在盛满沸水的锅中煨一个小时。直到叶子中的精华全部浸入到液态油中，最后汁液变成了漂亮的鲜绿色，你只需要在叶子上方挤压尽量把汁液挤出来，冷却后加入一点更有效的减充血成分即二十滴薄荷精油，然后静置几分钟	现场同期声、旁白、音乐、主持人现场
桉树膏的使用方法及过敏提示	25 秒	主持人拿着制好的药介绍使用方法：你只需要取一点药膏在睡前涂在胸前或者太阳穴上，就能够帮你疏通阻塞的鼻腔。这种药膏的保质期为一年，和其他疗方一样，先取少量涂在一小片皮肤上试是否过敏，如果二十四小时后没有任何过敏反应，你就可以放心使用了	现场同期声、旁白、音乐、主持人现场
使用者对疗方的第一印象	30 秒	使用者对疗方的第一印象："我听说过桉树，我一直以为那是树袋熊的最爱。""我的第一印象是'灌木怎么能当药'？"	现场同期声、旁白、音乐、采访
患者的使用效果及药物禁用提示	50 秒	1. 患者："我的鼻腔不疼了，现在感觉很好，我终于可以呼吸通畅了。" 2. 提示：自然疗方并不是对所有人都有用	现场同期声、旁白、音乐、采访
白柳的识别和介绍	45 秒	主持人现场介绍：现在全世界有三百多种不同的柳树，可以入药的则是白柳，这样命名是因为这种树叶子表面有一层白色的霜状物像银色绒毛一样	现场同期声、旁白、音乐、主持人现场
柳树皮的药用价值介绍	40 秒	特效演示：基本上，用阿司匹林能够缓解的疼痛使用柳树皮也能达到相同的效果	现场同期声、旁白、音乐、主持人现场、字幕、特效
制造缓解疼痛的刨冰	30 秒	1. 目的：制造缓解疼痛的刨冰 2. 接下来我要用柳树皮缓解疼痛的特性将其转	现场同期声、旁白、音乐、主持人现场

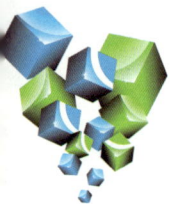

板块	时长	内容	形式
		化成美味的甜点	
具体做法、使用方法和功效	2分钟	40克的干柳树皮能做出约八次剂量的止痛药，它不仅与阿司匹林有相似的功效，事实上，它的药效维持时间更久，而且它比较不刺激胃。这道甜点的基础是柳树茶，用两升的沸水来煮这些破旧的老木屑，需要在沸水中煮的时间久一点，然后就可以得出其中精华，即汤剂。然后滤除老树皮扔掉，接着，不盖锅盖煨30分钟，直到水量剩下约600毫升为止。然后加入300克的糖，为了要掩盖那苦涩的味道我加入三个青柠的汁与皮，青柠里的柠檬酸会使这汤剂从鲜艳偏红的咖啡色转变成琥珀金色。而且苦中带甜，甜中带酸。我最后还要加入一种香料即令人陶醉其中的橘子花水，加入两汤匙后将其静置冷却，你只需把它倒进容器里，然后放进冰箱，每次使用剂量是为100毫升，一天可以享用三次	现场同期声、旁白、音乐、主持人现场
禁用人群和味道品尝	50秒	旁白：由于柳树皮与阿司匹林功效相近，如果你处于怀孕期间、哺乳期间或是对柳树皮过敏则不宜使用。柳树皮不适合气喘病或是胃溃疡患者以及十六岁以下的小孩，如果你同时在服用其他药物最好先向医生或药剂师咨询	现场同期声、旁白、音乐、主持人现场
缓解剃须皮疹	17秒	旁白阐述下一步任务是利用树木的特性来帮助缓解剃须皮疹	现场同期声、旁白、音乐
患者症状及采访	1分钟03秒	患者："每次剃须刀和皮肤接触过后，他们的皮肤就会产生疼痛以及刺激感，主要症状是脖子附近会发红。"	现场同期声、旁白、音乐、采访
金缕梅介绍及其药用疗效	50秒	1. 它原产于北美，那里冬季严寒气温可达零下二十摄氏度到零下二十五摄氏度，因此就算在最寒冷、最潮湿、最阴暗的环境下，它也茁壮生长 2. 它们叶子与树皮里所蕴含的成分是用于消炎的有效物质，可以帮助缓解剃须皮疹的发红	现场同期声、旁白、音乐、主持人现场、采访

板块	时长	内容	形式
		现象	
移栽金缕梅并植物照顾介绍	50 秒	主持人现场演示移栽过程及旁白：加入一些碎瓦片来帮助排水，然后用堆肥与土壤的混合物将其填满，再加入少量的肥料，就可以开始种植了	现场同期声、旁白、音乐、主持人现场、采访
金缕梅药用成分介绍	23 秒	特效演示：药膏中有蕴含着单宁酸的金缕梅，有消炎、止血以及抗微生物的作用，这些单宁酸能缓解发红以及发炎的皮肤，帮助止血，甚至能收缩毛孔	现场同期声、旁白、音乐、主持人现场、采访、字幕、特效
缓解剃须皮疹药膏的具体制作方法、保存期及试用提示	52 秒	1. 树皮、枝丫、树叶，每部分都很有用。加入四块青柠皮，以及十片月桂叶，可以使须后膏带有新鲜草药的芳香，倒入 450 毫升白朗姆酒，然后把它在避光处存放几周。酒精会萃取出其中的香味和一些有效成分将其转变成适合涂抹在皮肤上的状态。将液体变为膏状非常简单，你只需要四小袋琼脂粉，然后加点水进行搅拌。现在我要加 100 毫升自制金缕梅水，里面蕴含有效成分，然后再倒入 200 毫升制好的酊剂进行搅拌，这瓶凝胶可在冰箱里保存一个月 2. 跟其他疗方一样，须做 24 小时皮肤测试检测是否有过敏反应	现场同期声、旁白、音乐、主持人现场、采访
现场使用感受	25 秒	患者："什么事也没有，真的有感觉，有清爽的感觉，我很喜欢它的气味，我说不上来，闻起来就像烟草味，还有朗姆酒的味道。"	现场同期声、旁白、音乐、主持人现场、采访
患者试用后效果采访及谨用药物提示	1 分钟 05 秒	1. 患者："皮肤舒缓下来，也没有红印了，还能止血，效果神奇，味道也不错。" 2. 旁白：天然药物没有任何保证，并非人人都适合	现场同期声、旁白、音乐、采访
庭院用果树墙示范	1 分钟 15 秒	主持人现场介绍：不要因为花园小种不了树就迟迟不肯动手，只要选择适当的植物，掌握一些种植技巧，就可以在狭小的空间里种植丰富的品种	现场同期声、旁白、音乐、主持人现场
金丝桃的	55 秒	主持人通过采访介绍金丝桃的收割方法：捏住	现场同期声、旁白、

板块	时长	内容	形式
收割		枝头迅速割下	音乐、主持人现场、采访
金丝桃的药用价值	30 秒	主持人现场介绍：金丝桃以治疗抑郁症而出名，但它的传统用法是制成精油，用于伤口和刀口处	现场同期声、旁白、音乐、主持人现场、采访
金丝桃种植及正确挑选	32 秒	主持人现场采访及旁白：金丝桃太容易种了，仲夏开花时节一定非常漂亮。人们称其为阳光草本。金丝桃也有野生的，但千万不要把它跟形态相似的毒花混淆了，随身带上一本指南	现场同期声、旁白、音乐、主持人现场、采访
金丝桃软膏制作具体方法	1 分钟 58 秒	主持人采访专业人士，并示范过程：取一点在手里，然后用手捏碎将里面的成分融进到精油里，把罐子尽量装满，这样你就可以制成足够浓的精油。纯净、金色的油和黄色的小花像变魔术一样变成了深红色，你可以直接拿来用了，不过这样有一点油腻，你还可以再加一样东西，把它变得更实用一些。加点蜂蜡可将油变为膏状，加一茶匙到 50 毫升的金丝桃精油中就可以了。然后低温加热几十秒，所有程序就完成了，直接倒进小罐子里就可以了。几分钟后你的药膏就可以用了	现场同期声、旁白、音乐、主持人现场
金丝桃软膏使用方法、禁忌及保质期	35 秒	1. 放在阴凉处可保存至少一年。治愈刀口和擦伤，每天可使用三次 2. 金丝桃会使皮肤感光，所以保证使用过的地方远离紫外线	现场同期声、旁白、音乐、主持人现场
用药需谨慎提示	35 秒	主持人在森林中寻药的画面及旁白：制作草本疗方简单易行，成本低廉，还充满乐趣，但你要事先确定自己的症状征询医生的意见。如果你已有身孕或处于哺乳期，或者正在服用其他药物，切记咨询一下医生或药剂师，看是否适合新的治疗方法	现场同期声、旁白、音乐、主持人现场
下期节目介绍	35 秒	集锦短片：下期节目主持人会用野生植物制作一种果酱，用于治疗普通感冒；用海藻制作让你爱不释手的身体磨砂膏，用小米草舒缓眼睛	现场同期声、旁白、音乐、采访

续表

板块	时长	内容	形式
		疲劳，用去刺的荨麻茶治疗花粉热	
官方网站介绍	10 秒	主持人的疗方的制作方法以及使用说明都可以在以下地址找到：bbc.co.uk/growyourowndrugs	旁白、音乐
结束	20 秒	结束	

节目特色点评

在纪录片的片头，詹姆斯这样描述他制作节目的初衷："我希望改变人们的植物观。"对于以花园文化为傲的英国人来说，自家后院的花花草草更多是生活的装点，人们却几乎从未想过也能成为应对病痛的良方。"我并不否定传统药物，"詹姆斯这样说，"事实上，世界上超过半数的流行药物都由植物中提取的化学成分制成。药物就像是植物元素的重组。"通过这档节目，他希望大家能够巧妙利用身边的植物来对某些病症进行治疗，而不是仅仅作为装饰和累赘。

在这档节目中，詹姆斯提倡了一种阳光积极并且值得倡导的价值导向，把后院仅供点缀的花花草草，带进前厨房进行简单加工，你就能得到喷雾剂、乳霜、药膏、糖浆、凝胶等神奇的产品。詹姆斯在节目中提供的小药方给 DIY 爱好者带来了发挥创意的绝好途径。而与此同时，在这个被工业化、制式化制品湮没的机械时代里，自己动手制作也体现着生活达人们对流水线包围圈的勇猛突围。亲自动手并且享受制作的过程也能够让人得到更高的成就感。

热爱生活的人，可以把生活中所有的东西应用得得心应手，创造出新的色彩，活跃并且有创造力，这样生活就会变得精彩。学植物学的目的不在于认出所有的植物并且叫得出它们的名字，画得出样子，种得茁壮成长或者搭配成后花园的一景以供炫耀，而在于在生活中发挥它最原始的功能。今年 28 岁的詹姆斯长着一张娃娃脸，节目中大部分时间都在笑，基本上他只穿单色 T 恤加五分裤，看起来温暖舒适，像邻家的哥哥，让人轻松并且相信他制作的药品。

与此同时，这部纪录片的高人气也带动了花卉、植物种植业以及其相关产业（园艺

业等）的发展和繁荣，人们为了买到如詹姆斯节目中一样的花草而争相抢购，为自家后花园添加色彩，与此同时也给植物、花卉市场带来了很多的商机与活力。

节目形式

节目的环节设置很简单但是让人不觉得单调。詹姆斯总是对人们日常生活中常见的病症进行治疗，然后采用各种植物或者是花草像魔法一样调和成管用的草药，而制成之后患者的试用和采访也让人对私房药的效果有初步的了解，可能有用，也可能对某些人效用不大，药效因人而异但是制作的过程却轻松愉快，值得一试。环节简单明了，节奏很快，观众投入感和代入感强。

主持人詹姆斯是个笑起来露出两颗小虎牙的温暖男生，节目语言十分家常并且亲和，让人信服并且给人带来信心，让人认为他能做的你在家里也能够做到。生活化、平和而幽默的语言增加了节目的可看性。他总是不厌其烦地重复一些警告：效果因人而异，勿要盲信；使用之前首先咨询你的医生；如果正在用药，请先进行过敏测试；务必确认你没有选取错误的植物……就仿佛"私房药"是个布满漏洞的软件，处处缀着补丁。但也就是这些提示让人更有安全感，更能够相信这个节目推荐的相关植物的药效。

节目中，詹姆斯会清楚明白地告诉观众，配方中的植物含有哪些成分，又能够发挥什么作用。但是《BBC 私房药》这档节目并不只是詹姆斯的空口白话，几乎每一种配方都有两到三名患有相应症状的患者试药。在试用之前，大部分患者对纯天然药方的态度无非"不妨一试"，但试用之后，虽然有人不适用但是大多数人都交口称赞，认为效果不错。这种叙事风格让人有代入感，会让观众产生思考，我的小毛病是否也能够通过这些配方来进行改善？吸引了观众的注意力并且提高了人们动手的可能性。

节目制作

节目在没有很多阳光，阴雨绵绵的英国制作，但是这档节目的画面感却是温暖而充满阳光的，给人以积极的正能量。节目通篇有詹姆斯的阐述、旁白以及患者的采访。借用一句广告语，简约而不简单。

没有很多的技巧，更多的是家常化的表现，对植物的表现很优美。有人评价说詹姆斯在阐述的时候都没有在看镜头，但是这种青涩的表现也让人更加有家常感。配乐上普遍以欢快的、跳跃的旋律为主，让人不由自主地兴奋起来，跟随着詹姆斯的行动。

商业模式

该节目出版了基于电视纪录片的一套畅销书——《与詹姆斯·王的一年》，该书在 2009 年度亚马逊英国网上书店销售排行榜中高居第三。

与此同时，本节目也曾经在香港广播电视有限公司（TVB）明珠台进行过播放，受到观众好评。而在商业模式的完善和补充中，本节目做到了以下几点：

首先，官方网站的建设与完善。在英国广播公司官网上有相关的网页来专门介绍本档节目，并且节目中的相关的植物也能够在官方网站上找到详细介绍。

其次，网络以及地面新闻报道。在节目开播之前引发了相关的新闻报道，从线上到线下，网络到纸质平台，引发了人们对节目的兴趣，并且也为收视率做出了相当贡献。

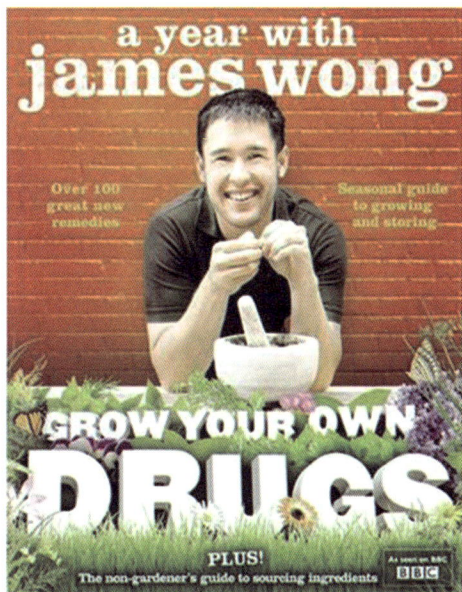

图 4　图书《与詹姆斯·王的一年》

最后，基于纪录片的书籍的发行。因为节目的热播，人们对于节目内容的需要，BBC 出版了基于纪录片的相关书籍，并且在亚马逊上热销。

同类对比

深圳卫视于 2012 年 7 月 9 日推出一档日播生活节目《天天养生》，出身中医世家的知名美女养生作家、被称为"国民媳妇"的陈允斌担纲主持。刚刚获得上海国际电影节传媒大奖最佳女主角的演员方青卓参加录制了第一期节目，并与大家分享了自己是如何用中医偏方战胜湿毒的经历。

养生医药类节目目前在国内处于一个相对稳定的收视状态。《BBC 私房药》的亚裔主持人詹姆斯在节目中亲身示范如何用身边常见的植物制作"药"，用以治疗一些生活中的常见病，如失眠、湿疹、烫伤等。但是在节目中，主持人詹姆斯会每隔几分钟提醒观众，配方中的植物含有哪些成分，观众应在使用之前确认对所有的成分不过敏或者

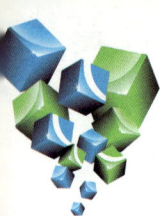

外敷之前先小面积试用。

在《天天养生》节目中也会有类似的安全性因素，节目制片人在接受记者采访的时候表示，为了安全起见，节目中所涉食材、药材等均在屏幕下方有醒目字样提示成分、剂量与作用，而前来录制节目的嘉宾也经过层层筛选和专家把关，务必保证嘉宾的质量。

ERTONGJIEMU

儿童节目

芝麻街

超级为什么

选美小天后

Sesame Street

《芝麻街》
——寓教于乐的先锋者

● 节目概况速览 ⚇

　　《芝麻街》是美国一套著名的幼儿教育电视节目，在美国公共电视台（PBS）播出。节目由儿童电视工作室（Children's Television Workshop）首次制作，1999 年由分离出来的芝麻街工作室（Sesame Workshop）制作播出。芝麻街最受欢迎的部分就是节目中大量的布偶角色，它们都是由著名木偶师吉姆·亨森制作的。

基本信息 》》

· 原　　名：Sesame Street
· 译　　名：《芝麻街》
· 标　　识：

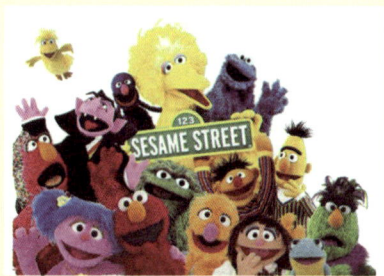

图 1

· 播出国家：美国

· 播出频道：美国公共电视台（PBS）
· 首播时间：1969 年 11 月 10 日
· 节目时长：60 分钟
· 节目类型：幼儿教育类电视节目
· 播出形式：录播
· 制作公司：芝麻街工作室（Sesame Workshop），Jim Henson Productions，Megnetic Dreams Animation
· 官方网站：http://www.sesamestreet.org/home

节目至今总共播出 44 季，4356 集，是美国电视史上最长寿的儿童电视节目。此外，该节目还在全球约 120 个国家播放，并推出 20 多个国际版本。《芝麻街》除了在电视播放，还有一系列的电影、玩具、书本等衍生产品。它是世界上最家喻户晓的幼儿教育类节目。

历史演变

20 世纪 60 年代正是美国社会动荡不安的时期，当时的社会情况下一些孩子都没有条件去上学，美国社会中逐渐暴露一个问题——儿童早期的教育。1969 年，一个义务教育团体制作播出了《芝麻街》，寓教于乐。节目一经推出就非常流行，播出当年就有 190 万户家庭固定收看。到 1979 年即播出十周年的时候，全美国每日收看《芝麻街》的 6 岁以下儿童已经达到了 900 万。1993 年美国教育部的一项调查显示，有 77% 的学龄前儿童会每周最少观看一次。

节目模式分析

《芝麻街》主要可以划分为字母、数字以及生活常识三大板块。每期节目的板块都会有所不同、有所调整，免去了节目长时间播出的单调守旧。然而很多期节目都是以教授字母、教授数字、中间穿插常识教育为主线。在字母板块，又可细分为很多小板块，如：字母歌、字母解剖、字母动画、相应字母的单词教育等；同样，数字板块也是类似的形式：数字歌、数字相关动画、音乐剧等。总之在教授基础知识的同时充分利用了音乐、动画、话剧、舞台剧等形式，热热闹闹地将孩子带入知识的世界，使枯燥无味的基础知识变得生动有趣，吸引孩子的注意力并引导其参与进来。

板块设置

表 1　板块设置（以第 40 季第 4137 集为例）

一、引出本集关于单词的故事	二、歌舞笑话深入单词学习
1. 主要人物出场自我简介	1. 在故事的发展中，由主角不断重复单词的拼写
2. 用亲近儿童、亲近生活的表达方式引出话题	2. 通过特殊的歌曲以及主角的搞笑行为，深入学习单词的拼写以及含义
3. 转场至芝麻街，开始由芝麻街中的人物展开故事	

续表

三、生活趣事延展单词	四、字母学习具象化
1. 本集中的"狗"一词，被放入生活，为观众展现了不同品种的狗	1. 在本集中，《芝麻街》中的主角们对字母 A 进行了解剖
2. 小短片介绍生活中狗与人类的和平共存，唤起孩子的爱心	2. 通过字母 A 的受伤、被甜饼怪吃掉的故事，加深字母 A 在孩子脑中的印象
五、数字学习同步进行	六、音乐和故事总结全集
1. 由伯爵采用弹钢琴的方式带着孩子们认识、熟悉数字 1—11	1. 在《芝麻街》的尾声部分，通常还会讲述未讲完的故事
2. 通过在街头寻找数字 11 的小短片，帮助孩子发现身边的数字	2. 期间穿插大量小歌曲、VCR 提供娱乐性，帮助孩子们快乐学习
	3. 总结今日学习所有内容

人物角色

在"芝麻街"里，由著名木偶师吉姆·亨森 (Jim Henson) 创造的生动可爱的艾摩 (Elmo)、小梅子 (Little Plum)、大鸟 (Big Bird)、奥斯卡 (Oscar)、厄尼 (Emie)、伯特 (Bert)、葛罗弗 (Grover)、甜怪饼 (Cookie Monster) 等布偶唱主角。它们性格各异，情趣爱好也各不相同，乍看一副"闹哄哄"模样的它们成了电视机前小朋友们的好伙伴，带领他们玩各种有趣的游戏，共同在玩耍中认识生活、了解常识。"芝麻街"变成了欢乐一条街、学习一条街。

表 2　主要出场人物

艾摩
爱玩的 3 岁男怪兽，喜欢用自己的名字，整天大叫"艾摩想去玩"。他总是很快乐地不停尝试做每一件事，就算不开心也会很快没事。

甜怪饼
甜怪饼嗜吃甜面包、甜品。口头禅是"我想要甜饼"，但他有营养意识，吃东西的口味也越来越多样。

大鸟

6 岁的他住在芝麻街上的一个鸟窝里，平时最爱吃鸟食香香饼干。

呼呼猪

一只以助人为乐的小猪，但因为过度热情，大大咧咧，得了个"呼呼猪"的大名。他特别爱美，深为自己的蓝色感到自豪，花费了许多功夫扫自己茸毛里的灰尘。热爱艺术的他还爱高歌一曲，虽然唱得不好。

伯特

伯特长期都在忍受着厄尼的取笑，他对所有人所有事情都十分投入、热情，他的业余爱好是收集瓶盖和碎片。

厄尼

厄尼不同于伯特是个乐观主义者，特别喜欢捉弄伯特，但他也十分善于言辞，经常搞得伯特毫无办法。

艾比

艾比 3 岁大，是一个正在接受训练，充满好奇心的小仙女。作为仙女教母的女儿，她在学习魔法，但不是很熟练。她常常喜欢用她的"训练魔法棒"把东西都变成南瓜。她来自一个童话世界，并且精通童话，因为那正是她的家庭历史。艾比喜欢练习她的魔法和押韵，但她发现最不可思议的事情正是她在芝麻街所发现的，如数数，用蜡笔学习写字母和画画。这些新的东西让她完全着迷，她常常会说："这是如此神奇！"

奥斯卡

奥斯卡有点古灵精怪，算得上是在芝麻街上脾气较坏的居民，喜欢在一个巨大的垃圾桶里孤独地生活，但心地很善良。

续表

	**伯爵** 滑稽，对计算机的兴趣没有边际的怪叔叔。喜欢数手指，由 1 数到 10，数到最后就会闪电。
	**佐伊** 佐伊对每一件事都非常热情和过度兴奋。她说话语速很慢，精力充沛，好奇心强，非常喜欢古怪的装饰品。
	**葛罗弗** 非常奇怪，乐于助人，有时是警察，有时是正义的朋友，但越帮越忙，忙中添乱，最后总是一事无成。
	**罗西** 来自墨西哥，是一种洞里面的温暖小怪物，他会墨西哥语和西班牙语，但当他说英语时也非常自然。
	**史纳菲** 十分害羞，拥有像河马一样的厚皮。4 岁的他总是不想讲话，面对困难第一个反应就是放弃，但只要给他一点点激励就行。

外部包装

《芝麻街》的制作场景主要是围绕着整条"芝麻街"展开。当然，这条欢乐的街道是室内摄影棚搭建以及动画制作而成。

除了街景之外，制作组还会拍摄其他一些外景，如公园、动物园等。当然，故事发生在芝麻街，芝麻街中的那些小场景同样是值得我们关注的。这些场景虽只是特定环境下的一种，但却被搭建得小而精致，仿真度极高，所谓麻雀虽小，五脏俱全。如在"分

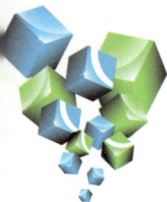

图2　芝麻街街景布置

图 3　艾摩的房间图

析解剖"环节，出现的医院布景，拥有着抢救担架、手术台、听诊器、输液用具等。此外，还有一些节目场景是通过动画的方式表现出来的。例如在《芝麻街》最著名的栏目——"艾摩的世界"（Elmo's World）当中，故事发生在一间小屋子里，屋中所有场景都来源于蜡笔画。节目通过涂鸦式的蜡笔色彩进行画面的渲染和切换，使节目在风格和氛围上都更加贴近于儿童。

节目案例详解

第 40 季第 4137 集的主题是教会小朋友们单词 "狗"以及数字 11。为了加深小观众对狗的印象，节目作者将单词狗放入了一本精灵魔法书中，由此引发的一系列"寻找丢失的狗"的故事。这样不仅教会了小观众们如何使用"狗"这个词，还教会了大家如何拼写并牢记。此外，数字 11 的教学不仅用到了"伯爵弹钢琴"，还让小观众们主动发现生活当中的数字 11。

表 3　节目单集具体分析（以第 40 季第 4137 集为例）

板块	时长	内容	形式
引入单词话题	29 秒	1. 莫里出现在镜头中央并自我介绍 2. 莫里引出第一个话题，"在大街上寻找这个单词" 3. 莫里询问街头不同的小狗是否知道"在大街上的这个单词" 4. 介绍不同的小狗 5. 得出结论"狗"就是"在大街上的单词"	配音、现场同期声
片头	50 秒	由美国街道变换到芝麻街，图像穿插过芝麻街的大街小巷，最终停在"123 芝麻街"的路牌下	合唱、音响
单词故事起始	1 分 22 秒	1. 镜头由在街道玩耍的孩子转到路旁聊天的熊宝宝和特利 2. 熊宝宝与特利兴奋地谈论着并且与屏幕前的小观众做着交流 3. 艾比化作精灵飞入 4. 艾比飞入丛林，传来动物的叫声 5. 艾比飞入熊宝宝与特利之间，互相打招呼	配音、画外音、音响

续表

板块	时长	内容	形式
		6. 话题引入艾比的魔法书	
		7. 从魔法书中传来狗吠	
		8. 三人决定去看看这本魔法书	
单词故事发展	2分54秒	1. 魔法书不停晃动以至于无法阅读 2. 艾比对魔法书施法后稳定了书本，三人开始正式阅读 3. 通过阅读他们了解到狗的喜好 4. 艾比的妈妈打来电话让她去抓住三只逃跑的猪 5. 熊宝宝与特利感到遗憾不能看完这本魔法书的时候，艾比表示可以借给他们 6. 艾比在警告"请记住这是一本魔法书"后离开 7. 熊宝宝与特利继续阅读书的时候遭到狂风与不明物体的袭击	配音、画外音、音响
单词故事发展	3分34秒	1. 在狂风与书本晃动中，熊宝宝与特利来到了路易斯先生的屋子内 2. 路易斯先生捡起书本，确保书本无事的同时，书本封面的单词狗跳了出来，熊宝宝与特利检查整本书发现所有狗都不见了 3. 在激动中，熊宝宝想出了解决问题的方法，就是做出一切狗爱做的事情 4. 两个人装扮成狗的模样，学狗叫，同时想更多方法模仿真正的狗，但不起作用 5. 熊宝宝发现问题所在，两人决定去打扮一番模仿狗单词而不是真正的狗	配音、现场同期声、音响
单词故事发展	1分39秒	1. 两人装扮成了 D 与 O，并极力邀请路易斯扮成 G 2. 三人组成狗，并不断重复单词拼写 3. 为了更确切地扮演单词狗，三人唱起了狗拼写之歌，教小朋友如何准确发音狗 4. 狗单词终于出现 5. 熊宝宝与特利追逐着狗要将它收回书中	配音、现场同期声、音响
单词故事短片插入	1分26秒	1. 短片：女孩儿与小狗在沙滩玩游戏 2. 小女孩儿因无法扔出飞碟而气恼	背景音乐

545

板块	时长	内容	形式
		3. 在小狗的帮助下女孩儿学会了如何扔出飞碟与小狗游戏 4. 小女孩儿与小狗亲热了起来	
单词延展	53 秒	1. 演播室内主持人告诉观众自己最喜欢的词就是狗 2. 向观众介绍不同种类的狗以及它们的特征、习性 3. 再次重复单词狗	现场同期声、画外音、音响
单词故事短片插入	1 分 51 秒	短片：各种狗洗澡的场景	背景音乐
生活常识短片	1 分 27 秒	短片：肥皂与毛巾小合唱，告诉观众们要保持清洁，勤清洗	背景音乐配音
短动画	1 分 11 秒	通过动画，讲述了一个歌唱家的故事：一个颇具实力的歌唱家，一个不断努力练习的歌唱家，却在一次歌剧演出中破嗓的有趣故事	画外音、配音、音响
单词故事延展	1 分 26 秒	1. 熊宝宝与特利追逐着狗来到了大鸟的房间，大鸟惊讶于他们居然在追一个单词 2. 通过歌唱与动画表现了通过读书能看到大千世界	配音、背景音乐、音响
字母故事	1 分 25 秒	1. 爱丽丝告诉大家今天要介绍字母 A 2. 甜饼怪差点将 A 当作饼干吃掉 3. 爱丽丝阻止了他并告诉他这是字母 A 4. 爱丽丝让甜饼怪想一些以 A 开头的单词 5. 甜饼怪最终还是吃掉了 A	配音、音响
字母学习延展	31 秒	关于 A 以及以 A 开头单词的歌曲	背景音乐
字母剖析	4 分 09 秒	1. 进入"剖析字母 A"环节 2. 三位医生正在聊天时，响起了救护车的声音，字母 A 被送进了医院 3. 通过描述自己的遭遇，以 A 为首的单词多次提及 4. 开始实施对 A 的治疗 5. 在医生以为治疗好 A 时，A 却没有恢复原样，	配音、音响

板块	时长	内容	形式
		对话中继续带入 A 为首的单词 6. 继续治疗 7. A 依然没有恢复原样 8. 通过对 A 构造的分析，教会小观众如何书写 A 9. A 被治好如初	
生活常识短片	1 分 18 秒	背景是电脑合成的城市街道，以小女孩为主，介绍了大脑的功能	画外音、音响
大自然动物短片	1 分	唱一首歌的同时用图画向小观众展现了大自然各种各样的动物	背景音乐、配音
单词故事延展	45 秒	1. 熊宝宝与特利仍在追逐着狗，这时候的狗中 D 紧追着 G 不放，两人想趁机抓住它 2. 他们再次失败，狗又飞走了，而熊宝宝又想出了一个点子 3. 两人一走，躲在邮箱后的狗偷偷出来了	配音、音响
其他单词教学	1 分 05 秒	通过一首歌，介绍了身体每个部位的英语单词，并强调了单词中值得注意的拼写	背景音乐
单词延展	2 分 05 秒	1. 艾摩介绍了今天的来宾罗伯特 2. 罗伯特介绍自己的职业是演员，在艾摩的提议下罗伯特演绎了狗吠，而这时罗伯特变成了小狗 3. 罗伯特介绍了自己能模仿的其他东西，艾摩提议让罗伯特模仿卷心菜，而此时罗伯特又变成了卷心菜 4. 罗伯特要演艾摩，并且立刻变成了艾摩 5. 艾摩很开心并让罗伯特模仿他的笑声，两人一起大笑起来	配音、现场同期声、音响
生活常识短片	1 分 27 秒	橡皮泥之歌，描述了橡皮泥的各种用途	背景音乐、音响
数字故事	1 分 37 秒	1. 伯爵出场，表示此刻是每天最开心的时刻，因为要开始了解今天的数字 2. 伯爵一边弹琴一边开心地数数，还伴随着不同的音调与歌声 3. 数到 11 的时候从天而降很多气球	配音、音响

板块	时长	内容	形式
数字故事延展	1分04秒	短片：在街头，小孩子寻找数字11的物体	背景音乐
数字故事延展	46秒	动画短片：数字1—11，每个数字出现的同时，在一旁出现各种形态与数字相似的人物动作	背景音乐
单词故事延展	5分13秒	1. 熊宝宝在纸板上写出"狗丢了"的字样准备寻找狗 2. 特利在纠结两个单词的读音时，终于慢速念出"狗丢了"的正确发音 3. 狗突然出现在两人眼前 4. D由于长时间追逐G而显得疲惫不堪，此时熊宝宝想出方法，即将水放在书中，那么狗为了喝水就会回去。 5. 克里斯为两人拿来水，在两人以为会成功的情况下，狗却离开了水盆 6. 这回换特利想点子，他认为狗需要喝水，那肯定是需要单词"水" 7. 克里斯为两人送来了单词"水"，并在途中拼写了一遍 8. 方法奏效，狗开始喝水；但是特利仍在捕获狗时让其逃走 9. 在特利快发疯的时候，艾比出现，特利激动地向她讲述了追逐狗的过程 10. 艾比建议翻开书找到第11页，出现了单词"棍子" 11. 众人还在疑惑有何用处时，狗终于回到了书中 12. 克里斯为三个人念起书中的句子，却因为魔法而置身于情景中 13. 三人吵吵闹闹地表示很喜欢这本魔法书	配音、音响
动画短片 生活中的单词	2分46秒 1分19秒	生动地讲述了鸡生蛋、蛋生鸡的故事 1. 小姑娘谈论了自己家养的狗，以及狗的习性、平时与狗玩的游戏	背景音乐 现场同期声、配音、音响

续表

板块	时长	内容	形式
		2. 小姑娘又谈论了家里养的喵咪，并区别了猫叫与狗吠	
生活中的单词	1分26秒	1. 进入旺德仙女的世界 2. 仙女被一只狗追逐着 3. 仙女介绍了自己，打招呼的同时顺带介绍了单词"你好"以及自己的狗朋友 4. 狗的名牌出现在狗的脖子上，仙女重复念了几遍单词，狗开始情绪激动 5. 仙女不得不把自己的魔杖扔出去让情绪激动的狗去捡 6. 仙女正要向大家告别的时候，狗捡回了魔杖，又一次开始进入情绪激动的状态	现场同期声、配音、音响
单词延展	32秒	动画短片： 1. 一只狗的形态被铅笔勾勒出来 2. 小狗开始遵循小男孩的指令执行坐下、站起的动作	配音、音响
生活常识短片	1分59秒	短片：告诉小观众不要总是待在家中吃零食、看电视、玩游戏，而需要多多进行户外活动	背景音乐
趣味性故事短片	1分08秒	动画短片：讲述了想参与到方块儿游戏中的三角尺，在多次改变自己的形象后，终于参与到游戏中，然而第一次玩就搞糟了游戏	画外音、音响
生活小故事短片	2分12秒	1. 老爷爷与老奶奶通过歌声，描绘了从自身角度出发看到的月亮以及月亮带给他们的感受 2. 小男孩用手语描述了他眼中的月亮（黑白）	背景音乐、配音
学习总结	1分32秒	1. 莱米挑选了压在底层的书来阅读 2. 插入动画短片：介绍月亮；总结了今天学到的字幕 A 以及数字 11 3. 莱米在小床上安然入睡	配音、背景音乐、音响
片尾	55秒	结尾	背景音乐

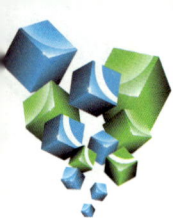

节目特色点评

　　《芝麻街》教授的课程内容由浅入深，层层递进，具有由易到难的过程，十分有助于小朋友们接受。节目中，现实与虚幻界限分明，但同时又将想象融入到现实生活中。这一特点极大地调动了孩子们的学习热情。寓教于乐，这不单单只是死板的成年人向孩子的说教，而是通过趣味激发孩子的学习积极性。

　　在各种知识的教学中（如字母、单词、数字、生活常理等），节目中的人物同时起到至关重要的作用。他们的出场伴随自身鲜明的个性，同时打破了"接受知识是一种严肃甚至枯燥的过程"的理念。颇具喜感的主角们伴随着歌声、舞蹈、情景剧、街头采访等多样形式，成功地将知识深深地烙在小观众的脑海里。而这种活泼且娱乐性的方式也培养了孩子对于世界的求知欲以及对生活的好奇心。

　　而且，《芝麻街》的创作人员发现儿童以看电视为乐，且对电视广告里的内容和主题曲接受极快，几乎能过目不忘。于是，他们与创作电视戏偶角色的同行，打造了以戏偶剧的方式进行幼儿教育的《芝麻街》。此外，节目还综合了动画片、真人秀、纪录片、歌舞、幽默短剧等多种艺术表现手法，以适应低龄受众独特的兴趣偏好。《芝麻街》的执行制作人罗曼表示："我们希望在每一集60分钟的节目里，孩子每一分钟都能学到东西。"

　　就制作形式而言，《芝麻街》最为突出的地方在于节目当中与小观众的互动环节。在观看电视的时候，孩子们总是会对一些节目做出无意识的语言回应。如此一来，《芝麻街》的制作者们刻意加强了这种自发互动性在节目中的运用，并从中总结出一种促使电视节目更加具有互动性的方式，即是在后期制作中添上相应问题的答案字幕，也就是说给观众做出一定程度的提示。而由观众根据字幕提示做出反应后，继而由剧中人物说出并强化正确答案。当然，这是一种非常有效且能够运用到其他电视节目中的方法。它的基本模式为：提出问题→给出思考时间→公布正确答案。"看电视是一种被动行为"在美国电视界早已不是陌生的说法，这种模式的接受度非常高，运用非常广。而在《芝麻街》中，有效的互动性却证明了节目能够鼓励了人们以更加积极的态度收看电视。这样的理念同时也削弱了"被动收视"，成为开拓更多更好教育类电视节目的钥匙。

节目制作

《芝麻街》从孩子的视角出发，为他们呈现了学习与娱乐完美结合的理想世界，从节目中的画外音运用便能集中体现出这样的视角。在《芝麻街》中，为避免节目走向枯燥说教的风格，很少能听到成年人的声音，取而代之的是孩子稚嫩的画外音，由此可见制作者用心良苦，设身处地用孩子的视角反映故事。从最终呈现的效果来看，制作组记录下了小观众们在收看节目时的谈话。于是，我们便看到了在节目当中，一些孩子对故事情节发展做出的评论与阐释。由于画外音中的小观众与真实的目标群体有着相仿的年龄，更加切实地让收看节目的孩子将自己代入剧情，如此一来，他们变得与节目中的孩子一样好学、一样充满了求知欲。他们不仅用自己的视角阐释身边的世界，同时通过语言互相交流学习。

《芝麻街》的布景十分贴近美国普通大众的生活，即使是在医院、咖啡厅等小场景的布置上也具有较高的仿真度。在外取景时，也注意与孩子贴近的理念，选择公园、动物园等孩子爱去的地方进行拍摄。

最后，在节目当中，我们常常能看到很多享受并努力学习着的孩子们的身影，这也让电视机前的孩子们找到学习的榜样。

商业模式

《芝麻街》成功地在美国以外的 120 个国家放映，如西班牙的 Barrio Sésamo、新西兰的 Open Sesame、日本的 Sesami sutorîto、波兰的 Ulica sezamkowa 等。而取得放映许可的国家都通过了正规的程序来购买《芝麻街》的版权。

在中国，最早代理《芝麻街》节目的是以上海文广（SMG）生产版权节目为发行基础的五岸。随着市场的不断变化，客户要求的日益细分，五岸传播进一步拓展节目资源和发行渠道。经过坚持不懈的市场拓展，五岸传播与业界多家媒体公司与电视台达成合作，成功代理国内外多档节目。其中就包括少儿类节目《芝麻街》。而在 2011 年的暑期，由炫动传播出品的 52 集"芝麻街"科普系列节目《大鸟看世界》在央视少儿频道播出，主要面向 3—7 岁儿童观众。

尽管《芝麻街》是一档非盈利性电视节目，宗旨是教育电视机前的小观众们，并非产品推销。不过节目中多个获得营销特许的角色深受小朋友们青睐，并得以进入儿童市场。《芝麻街》打造的人物角色贴近目标群体，亲切有趣，因而成功地抓住了小观众的视线，

并得到迅速认同。这些即为广告商提供了必要的基础与噱头。

虽然《芝麻街》是一档少儿类节目，然而其明确地遵守了电视节目三次售卖理论。第一次售卖，卖内容。这是最基础、最重要的一步。《芝麻街》的节目质量可以说是全世界人民有目共睹的。因此《芝麻街》的版权售卖成了节目盈利中的很大一部分。建立在此良好的基础上，便可得到之后的两次售卖机会。在其第二次售卖中，对象变为了受众的注意力，即观众注意力资源。这是现今社会不断缺失的资源之一。在此阶段中，营销的策略依托于观众，广告业务的拓展同时进行。定位清晰，内容优质，往往能使电视节目拥有稳定的受众群。这类群体反过来也成为广告商的受众，即是潜在的消费人群。因而，电视节目由这些受众主导，从广告商受众得到相应的经济利益。而《芝麻街》符合了第二次售卖的所有要求，当然，广告商品潜在消费者和购买者的身份转变为了孩子们的父母。面对《芝麻街》强大的衍生品产业链，从音像制品到图书，从公仔到服饰，父母不得不掏出钱包为孩子们付上一笔。第三次售卖目的分为两部分，第一部分便是手机短信参与的节目互动；第二部分则是在购买节目版权时，视频网站支付的费用，以及与网站分割广告费用。2008 年，在苹果的影音商店上，用户可以下载所有的《芝麻街》节目，每集价格为 1.99 美元。《芝麻街》工场将得到收入的 70%。很多视频网站也启动了《芝麻街》频道，提供一百多集《芝麻街》节目。

同类对比

《芝麻街之大鸟看世界》是 2010 年中美合作拍摄的系列中文儿童节目，共 52 集，每集 11 分钟。每集节目针对一个不同的问题，这些问题来自大鸟和艾摩的日常生活（如玩耍、看到一只虫子、读一本书等）。孩子们通过探索、调查和观察芝麻街的世界，逐渐找到问题的答案。每集节目中，在实地拍摄的短片可以为孩子们提供更加深入的信息，以及在芝麻街的故事中无法呈现的真实世界的场景。节目通过故事情境引入新的词汇，并通过多次重复为孩子们提供开发语言技能、参与科学过程讨论以及扩大词汇量的机会。《大鸟看世界》节目在三个不同的时段进行播放并以其稳定的高收视率，领先于其他面向 4—6 岁学龄前儿童的电视节目。

Super Why

《超级为什么》

——让孩子爱上阅读的神奇魔法

● 节目概况速览

　　《超级为什么》是美国公共电视网（PBS）电视台在 2007 年 9 月 3 日推出的一档针对 3—6 岁儿童设计的动画节目。节目以寓教于乐为宗旨，节目形式集阅读、游戏和探险活动于一体，以丰富鲜活的视觉形象为儿童提供了一个完美的视听盛宴。该节目以体验阅读的形式，不仅让孩子们学会运用语言，更让孩子从小喜爱阅读，进而将阅读作为终

基本信息 》》

- 原　　名：Super Why
- 译　　名：《超级为什么》
- 标　　识：

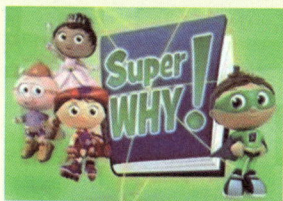

图 1

- 播出国家：美国、英国、加拿大
- 播出频道：美国公共电视网（PBS），加拿大广播公司（CBC）

- 首播时间：2007 年 9 月 3 日
- 集　　数：第一季共 65 集；第二季共 15 集
- 播出时间：周一至周五，上午 9：00 播出；周日，上午 9：00 播出
- 节目时长：24 分钟
- 节目类型：学龄前儿童动画节目
- 播出形式：录播
- 制作公司：New York City-based Out of the Blue Enterprises 和 Toronto-based DHX Media

生自我教育的丰富资源。另外，每一集节目都突出一个社会教育主题，在传授给儿童必要阅读知识的同时，更教会他们做人处世的方法和技巧。

历史演变

《超级为什么》第一季在 2007 年 9 月 3 号于 PBS 电视台首播，第一集时长 24 分钟；第二季于 2008 年 5 月 19 日首播；第一季、第二季播出时间均为上午 9:00。

节目模式分析

《超级为什么》节目定位准确，以孩子的眼光看世界，内容结合了教育与娱乐，运用卡通动画人物引领孩子们去体验阅读探险，以具有挑战性的游戏和冒险活动让儿童通过交互性练习掌握阅读技巧。互动阅读的形式和丰富多彩的童话故事以及充满探险性的游戏是吸引少儿观众的亮点。

板块设置

表 1　板块设置（以第一季为例）

一、第一环节以一个超级读者遇到的问题开始
1. 在这个环节里，开头超级读者队的其中一个队员（例如"字母猪"）会遇到一个超级大问题
2. 这个问题就是现实生活中，小朋友每天可能遇到的日常问题，而且这些问题均需要幼儿的社交技巧以解决
3. 然后超级读者队队长维特 (Whyatt) 用他的超神奇电脑召集所有超级读者队队员来到"读书俱乐部"，通过借助童话故事书解决他们的问题——超级大问题
二、超级读者队利用他们神奇的阅读能力解决障碍
1. 该环节，超级读者队飞进童话故事里。通过和童话故事里的人物沟通交流，超级读者队运用他们神奇的阅读能力，各显神通帮助童话故事里的人物解决遇到的问题
2. 每一集里通常会出现三个问题。而每出现一个问题，其中一个超级读者便会利用他的魔法（例如，字母猪运用他的字母魔法可以造出一个单词）来解决这个障碍
3. 每解决一个问题就会出现一部分超级读者们要寻找的超级字母，三次之后字母找齐，得到问题的答案
4. 这个环节中的最后一个障碍通常设置为改写童话故事结局。直到童话故事里的问题全部得到解决，超级读者队飞回超级读书会俱乐部

续表

三、万岁！超级读者的一天！

1. 超级读者队飞回超级读书会，在那里，他们用装有超级字母的超神奇电脑连接主机电脑，对超级问题的答案进行解码，主机屏幕上显示出如何解决他们自己问题的答案

2. 遇到问题的超级读者会站在讲台阐释这个答案，联系孩子们的现实生活，让孩子们理解答案，终于超级大问题得到解决

3. 最后，一首名为"*Hip Hip Hurray! The Super Readers save the day*"的主题歌曲伴着超级读者队欢快的舞动结束节目

赛程规则

每集节目都会引入一个有趣的、小观众耳熟能详的童话故事，在超级读者队带领小观众进入童话故事，进行体验阅读和学习的过程中都会遇到三个不同的问题。这三个问题分别是：超级读者队的队员在故事村的日常生活中遇到的问题；童话故事里的人物在故事里遇到的难题；超级读者队改编童话故事结局遇到的问题。为了解决第一个问题——超级读者队队员在故事村遇到的"超级大问题"，超级读者队飞进童话故事书中，运用他们神奇的超级阅读魔法各显神通，引导幼儿观众一起收集解决问题的超级字母，并帮助童话故事中的人物解决他们遇到的各种难题。每当超级读者队解决一个问题时，节目中就会出现几个超级字母。维特和观众一起收集所有的超级字母，直到三个问题解决，收集到全部的超级字母，得到解决超级大问题的答案。

人物角色

表 2　超级读者队队员简介

队员	简介
维特 (Wyatt)	1. 维特又叫"超级为什么"，拥有阅读魔法。他是来自《杰克和豆茎》这个童话故事书里的杰克的弟弟，是一个充满好奇心的、聪明的9岁小男孩，是节目里的核心人物 2. 他具备领导才能，拥有丰富的想象力，是超级读者队的队长，他拥有超神奇电脑和问号笔，具备阅读魔法 3. 作为超级读者队的领导者，他带领读者队飞入童话故事书里，找到问题的答案
字母猪 (Alpha Pig)	1. 字母猪拥有字母魔法，就像是一个甜蜜、害羞、胆小的学龄前儿童。他是童话故事《三只小猪》家庭里最小的成员。可爱的字母猪随时准备帮助别人，像许多害羞的孩子一样，他常常需要一点点鼓励

队员	简介
	2. 他穿着标志性的服装，带着字母工具箱，他会飞到童话故事里去救援。他会和观众玩字母游戏。他用神奇的字母工具箱，解决超级读者队遇到的问题
小红帽 (Wonder Red)	1. 小红帽来自童话故事《小红帽》，她拥有强大的单词魔法，戴着她的"神奇词篮"小红帽在故事里勇敢地克服障碍
	2. 她聪明，大胆，充满活力，非常勇敢和热爱冒险，是个能量充足，个性活泼的小女孩。变身时她穿上标志性的服装，穿着超音速溜冰鞋，手里拿着一个藏着单词的神奇词篮，由红色变身为神奇红，实施她的魔法解决超级读者队遇到的问题
	3. 当她遇到一个单词需要改变时，她会唱起她的押韵歌从她的篮子里找到对的单词。在观众的帮助下，她使用词组家庭来解决问题
豌豆公主 (Presto)	1. 豌豆公主拥有神奇的拼字魔法。她是一位看起来笨笨的，但却漂亮可爱，心地善良的豌豆公主。她是童话故事《豌豆公主》里豌豆公主和白马王子的女儿
	2. 变身时豌豆公主会穿上漂亮的公主裙，戴上闪闪发光的王冠，带着仙女棒，坐着南瓜车，挥舞着她神奇的仙女棒，她帮助小朋友写出字母及拼写想要的单词，变出想要的东西。在拼写单词之前，她会根据发音让观众猜出来组成这个单词的字母是什么
	3. 在小朋友观众的帮助下，豌豆公主能够运用她的拼写魔法，帮助超级读者队解决难关。豌豆公主的魔法咒语是：豌豆，胡萝卜！胡萝卜，豌豆！

图 2　从左到右分别是：豌豆公主、维特、字母猪、小红帽

外部包装

《超级为什么》读书俱乐部的整体设计以暖色调系的红色和绿色为主，蓝色、紫色相伴，整体色彩丰富，营造一种欢快愉悦的氛围。整个读书俱乐部的构成包括背景墙、神奇电脑主机、中央圆形舞台和舞台上面的圆形电脑桌以及围坐在电脑桌的四位超级读者队队员。

色彩不同的书本排成整齐的一排构成了读书俱乐部的背景墙，舞台以书架上的书本作为背景刚好突出了节目的主题。处于背景墙前面的超神奇电脑主机，舞台中央的绿色圆形毯子，蓝色的圆形电脑桌，围在桌子旁边、四位可爱的各自穿着标志性服装的卡通人物构成了舞台的中心元素。

图 3　超级读书俱乐部实景图

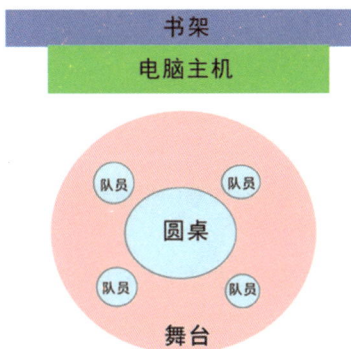

图 4　舞台设计图

围坐在圆形电脑桌前的超级读者队在节目中起到至关重要的作用，因而处于整个舞台的中央位置。总体来看，舞台整体布局简单有序，层次分明，缤纷的色彩设计和可爱时尚的卡通人物造型增加了舞台的动感元素，活跃了节目气氛，能够很好地吸引活泼好动的幼儿观众的注意力。

节目案例详解

以下分析将以《超级为什么》第一季第十二集为例。该集节目以童话故事《灰姑娘》为主题（该集节目不含广告总时长为24分钟）。

表3 《超级为什么》第一季第十二集 板块分析

板块	时长	内容	形式
开场秀	1分01秒	1.播放节目片头曲，歌曲名为"超级为什么" 2.节目开始，维特出场自我介绍并带领大家进入故事村 3.通过铃声，节目场景转换到故事村里小红帽的家	动画、字幕、配音、音乐
问题出现	1分25秒	1.小红帽遇到要去参加舞会却没有公主裙的超级大问题，维特赶来帮忙 2.维特呼叫超级读者队队员，播放队员出场秀 3.超级读者队集体赶去超级读书会想办法解决小红帽的问题 4.进入超级读书会	动画、字幕、配音、音乐
求救故事书	2分25秒	1.来到读书会，小红帽向队员阐述她遇到的问题 2.队员针对问题借助超神奇电脑找到要求救的故事书《灰姑娘》 3.超级读者队队员变身，乘着问号飞艇飞进童话故事《灰姑娘》 4.超级读者队在故事中带着超级大问题寻找超级字母	动画、字幕、配音、音乐
找寻超级字母（环节一）	5分43秒	1.维特带领观众阅读《灰姑娘》故事里的句子 2.超级读者队发现灰姑娘遇到了和小红帽一样的难题，超级读者队和仙女教母一起施魔法帮助灰姑娘去参加舞会 3.仙女教母施魔法帮灰姑娘变出漂亮的衣服时失败了。豌豆公主用她的拼字魔法棒拼出单词"裙子"变出了漂亮的公主裙送给灰姑娘 4.灰姑娘穿上漂亮的衣服和超级读者队一起去	动画、字幕、配音、音乐

续表

板块	时长	内容	形式
		参加城堡舞会。解决了灰姑娘的第一个问题，屏幕上出现了三个超级字母 E、O、L。维特和小朋友一起找到字母，并输进超神奇电脑	
找寻超级字母（环节二）	4 分 09 秒	1. 仙女教母送给灰姑娘的南瓜车轮子坏了，字母猪用他的神奇的字母工具箱开始修轮子 2. 字母猪和小朋友一起在屏幕上的 26 个字幕里，寻找拼写单词"轮子"的字母 3. 从 W 到 L 字母找齐，南瓜车的轮子复原，车子修好，灰姑娘乘着南瓜车去舞会 4. 超级读者队成功地解决了第二个问题，屏幕上出现四个超级字母 U、R、E、S，维特和小朋友一起找到它们，并输进超神奇电脑	动画、字幕、配音、音乐
找寻超级字母（环节三）	3 分 59 秒	1. 超级读者队陪灰姑娘一起来到城堡参加舞会，灰姑娘遇到王子，和王子一起跳舞 2. 时钟敲响十二下，灰姑娘变回原貌，没了漂亮的衣服，按照原来童话故事的结局，灰姑娘要离开舞会，但是王子不愿灰姑娘离开 3. 维特用他的超级阅读魔法来改变故事结局，故事结局改变，钟声敲响十二下，灰姑娘留在了王子身边 4. 灰姑娘的第三个问题解决，屏幕上又出现超级字母 B、Y、F，维特和小朋友一起找到字母输进超神奇电脑。终于，所有的超神奇字母都找到了	动画、字幕、配音、音乐
解决超级大问题	2 分 01 秒	1. 找齐十个超级字母，超级读者队乘着问号飞艇飞回超级读书会。得到超级大问题的答案："做自己！" 2. 小红帽站在演讲台前阐述问题的答案和她的感悟 3. 回到故事村，小红帽穿着自己的衣服来到舞会和大家一起快乐地跳舞。最后，维特高兴地喊出："超级读者队，任务成功。"节目剧情结束	动画、字幕、配音、音乐、VCR

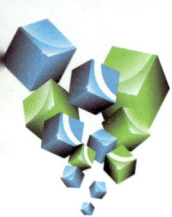

续表

板块	时长	内容	形式
		4. 播放片尾曲 *Hip Hip Hurray! The Super Readers save the day*，伴随着歌曲，超级读者队队员引领观众一起欢快地舞动，节目在快乐中结束	

节目特色点评

　　《超级为什么》是一宗定位在3—6岁学龄前儿童的集教育与娱乐于一体的动画节目。节目最大的特色就是借助小朋友熟知的童话故事，帮助孩子体验阅读，学习语言知识。节目围绕着儿童喜欢的童话故事和人物，展开剧情，改编故事，重写结局，引领小朋友们进入童话世界去探险，去游戏，以互动的形式让他们在潜移默化中学会识字、拼写和阅读。

　　节目中的四个主要角色都是改编自童话世界里的人物，他们形象鲜活，造型时尚可爱，极具个性与魅力。经过巧妙的年龄段定位和造型设计，让小朋友觉得超级读者队队员特别具有亲切感，就像是身边的玩伴。节目成功的人物塑造，使得超级读者队队员以可爱迷你的形象、超神奇的魔法和乐于助人的精神赢得了众多儿童的喜爱，并以积极、正面、阳光的形象在小朋友心里留下了深刻印象。与此同时，人物塑造和节目内容设计相互交融，以正面的能量指导小朋友们学习和玩乐。

　　从教育心理学的角度来看，《超级为什么》的教育理念：寓教于乐。重新定义了幼儿教育电视，主张阅读就是力量。为学龄前儿童提供了一种很好的日常学习资源。根据对学龄前儿童的智力发展水平状况的科学分析，结合专业的语言阅读教学技能以及丰富多彩的电视节目形态，《超级为什么》这档节目真正做到了以寓教于乐为理念的绿色健康少儿节目的典范。另外，该节目以互动的形式引领观众参与节目情节，以游戏加探险的方式形成了一个强大有效的教读新方法。

节目制作

　　该节目画面唯美精致，极富童话色彩。迷你可爱的卡通人物，五彩缤纷的花朵，郁郁葱葱的树木，多种形态造型的房屋建筑，弯弯曲曲的溪流，曲折迂回的林间小道等多

种多样的视觉元素糅合在一起构成了一幅色彩缤纷、鸟语花香、世外桃源般祥和美好的大自然景象，画面整体呈现一种轻松愉悦的氛围。另外，画面里出现最多的元素是书本，画面里的许多建筑都是由书本搭建的，很好地突出了节目的主题。

此外，该节目是一个由爱丽丝·威尔德博士（教育学博士）领导的研究团队，通过科学的研究和测试后精心制作的节目。在制作前期，以整个纽约三州地区的幼儿园、幼儿启蒙中心和日托中心以不同的少儿群体为范本，进行科学测试。根据测试成果，国家阅读委员会的建议以及专家点评精心制作节目，使得每一集节目在生产的各个阶段，包括脚本、故事和动画都十分具备科学性和专业性。

节目的后期剪辑也做得特别到位，每一集节目看起来都很紧凑，不拖沓。节目开头时伴着主题曲播放的节目片段，经过成功地剪辑，以压缩的形式呈现出来了整个节目流程。成功的剪辑为童话故事的讲述和节目的开展增色不少。

商业模式

节目的商业模式首先应属线上播放与推广。该节目不仅借助美国公共电视网进行重复连续播放，还通过其官方网站进行视频推广活动，并有效利用社交网络平台进行话题讨论，开设家长与老师讨论栏，设立游戏下载专区、产品专栏等多层次进行网站推广与营销。通过线上传播，制作方能够从节目的播放中获得版权收入、广告收入等。

其次，线下活动宣传。为了扩大节目影响力，除了在线上推广，节目组还定期在美国多个城市开展《超级为什么》阅读夏令营活动，通过周期性的真人教学活动的普及以吸引更多儿童参与节目。不仅如此，自 2013 年 1 月 22 日开始，节目还推出了"超级为

图 5　产品推广网页页面　　　　　图 6　家长及老师论坛网页页面

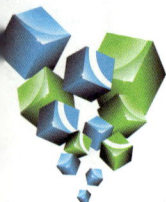

什么现场活动：你拥有超能量！"该活动在全美国 27 个城市举行，邀请家长和孩子一起参与现场阅读探险活动。这些丰富的线下传播推广活动，为《超级为什么》带来了很大的影响力和广告传播效果，线上播放节目的同时，线下举办各种活动，这样能够使得节目得到反复宣传推广，产生巨大的轰动效应。在线外的推广中，各种活动的报名费、培训费、教材费等也为节目带来了丰厚的利润回报。

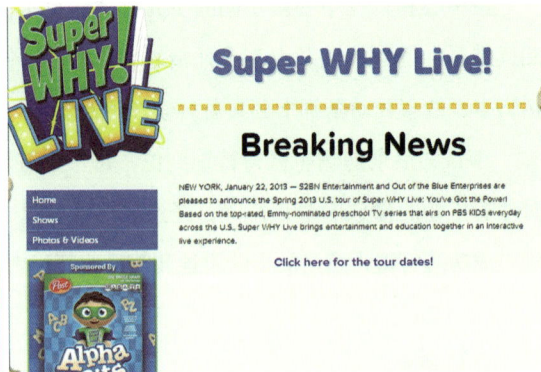

图 7 《超级为什么》阅读夏令营网页页面　　图 8 《超级为什么——实况直播》活动网页页面

第三，产业链延伸。《超级为什么》还拥有强大的后续产业链，涵盖少儿童装、文具、图书、影音游戏等产业，零售商从中获益的同时，节目制作商可以从产品的销售收入中获得相应比例的版权收益。后续产品的开发与营销，也在推动着《超级为什么》的传播，增加了其知名度，提高了节目收视份额，扩大了节目整体收益，吸引了更多的投资者。《超级为什么》的官方网站也开设了相关衍生品推广板块，很好地做到了节目的整合营销。总之，正是很好的线上线下延伸产业链的成功商业运营模式为节目带来了宏大且持续的经济效益。

同类对比

《超级为什么》以寓教于乐的理念和卡通动画的形式向儿童教授基础的阅读知识和技巧。另外，节目以童话故事为主线，改编童话故事的同时教会小朋友处理人际交往的知识。《超级为什么》节目故事性强，人物形象丰富，节目形态生动活泼，颇受小朋友喜爱。

同类节目《芝麻街》运用了木偶、动画和真人表演，融合了搞笑的小短剧、小栏目和纪录片形式等多种风格，也加入当下社会很多流行因素，角色形象也因国别、民族和

宗教信仰等区别，并且不断添入许多新的形象来满足孩子们的需求。节目中，通过轻松的方式教授儿童阅读、数学、颜色的名称、字母和数字等常识。另外，《芝麻街》在节目形式上为了吸引成年观众的眼球，在节目中设置了很多成年人才能看懂的微妙幽默。还为成年观众在节目中设定了几个特殊的角色，对节目进行如此复杂的幽默加工成功吸引了父母和孩子们一同观看。

中国同类少儿节目《智慧树》主要包括以下几个板块：开场歌舞，请你像我这样做，巧巧手，我爱变魔术，我创意我做主，科学泡泡，宝贝 2+1，咕咚信箱等。节目时长 30 分钟，每集节目采取现场串连，板块组合的形式。同样是针对 3—6 岁学龄前儿童设计的益智教育类节目，《智慧树》节目板块包括传统的美劳制作、动物世界、木偶剧场、魔术、亲子互动、体育活动等多种形式，内容丰富、形式多样。

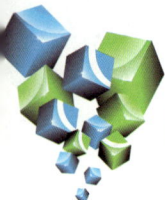

Toddlers & Tiaras

《选美小天后》

——孩子们的选美世界

　　《选美小天后》是美国一档真人秀节目，由美国探索旅游生活频道（TLC）播出，2009 年第一季首播。节目中，镜头带大家进入"最有争议性"的儿童选美世界，让观众看到参赛者和她们的家庭。每期节目会跟拍 3 个选手的家庭，记录她们参加选美比赛的过程。

基本信息 》》

· 原　　名：Toddlers & Tiaras
· 译　　名：《选美小天后》
· 标　　识：

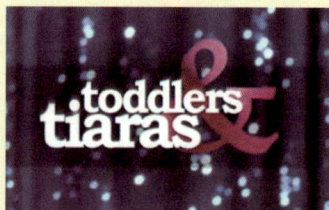

图 1

· 播出国家：美国、英国

· 播出频道：美国探索旅游生活频道
· 首播时间：2009 年 1 月 27 日
· 集　　数：共计五季九十集（截至 2013 年 1 月 9 日）
· 播出时间：每周三
· 节目时长：42 分钟（不含广告）
· 节目类型：儿童真人秀
· 播出形式：季播
· 制作公司：美国娱乐公司 Authentic

历史演变

《选美小天后》第一季第一集于 2009 年 1 月 27 日在探索旅游生活频道首播，2009年 4 月 20 日宣布继续制作第二季（因为收视率较好，想参加录像的家庭也增多），第二季于 2009 年 7 月 22 日首播，第三季于 2010 年 6 月 2 日首播，第四季于 2011 年 6 月 15日首播，第五季于 2012 年 1 月 4 日首播。

节目模式分析

该节目为大家介绍了富有争议的儿童选美世界，为了避免带有舆论导向或者倾向性，整个节目基本没有解说，完全采用现场的画面和采访的同期声。节目力争给观众呈现出一个完全真实的选美过程。每个参加比赛的选手都要化妆，粘假睫毛、戴假发和换装等，然后在比赛的时候展示自己的服装、美貌和个性，裁判就现场表现打分，经统计决出胜负。赢得比赛的孩子能够获得荣誉、一项桂冠和现金。

板块设置

《选美小天后》是一档儿童选美真人秀节目。它的规则很简单，一共进行两轮展示（带妆）。第一轮展示只是简单地亮相，介绍年龄和一些基本信息。裁判根据她们的妆容、

表 1　节目板块设置

一、本集精彩荟萃	二、演播室节目介绍
1. 精彩集锦	1. 导演介绍本集的比赛场地和舞台
2. 比赛场地展示	2. 阐述比赛的主题
三、赛前一周的准备	**四、比赛实况**
1. 跟拍的三个家庭的介绍	1. 主持人介绍节目开始
2. 选手介绍	2. 环节一：魅力大比拼
3. 在家为比赛做准备的情况	3. 环节二：着装大比拼
	4. 穿插评委打分和点评
五、比赛结束	**六、赛后采访**
1. 结果公布	1. 对跟拍的三个家庭的选手和父母的采访
2. 颁奖仪式	2. 散场
七、片尾	
演职人员表	

长相和台风进行打分；第二轮是专题展示，主要是服装秀和才艺表演，也是由裁判打分。在两轮展示之后综合两次得分，决出每一赛组的若干优胜奖和一个一等奖；然后再在全体参赛选手中决出最高荣誉。

节目的板块设置主要分为三部分：赛前一周在家的跟拍；比赛实况；赛后采访跟拍（不断穿插孩子、父母、评委、导演的访谈）。

赛程规则

《选美小天后》的赛程规则很简单，选手只需进行两轮简单的展示（带妆），再由评委打分公布比赛结果。

选手先按年龄分成 3 组进行展示和表演。第一轮开始主持人会介绍每位上台的选手的基本信息。选手各自编号，挨个上台，只要在台上走几步或者是围着舞台绕一圈，摆几个造型就结束。台下的评委主要根据她们的妆容、长相和台风进行打分；第二轮就是专题展示。每集的服装秀和才艺表演是根据本集的主题而定。选手们穿着特制的服装，带着父母自制的道具进行表演，形式可以是多样化的，舞蹈、模仿秀等都可以。

在两轮展示之后综合两次得分，决出每一赛组的若干优胜奖和一个一等奖；然后再在全体参赛选手中决出最高荣誉。凡是获奖的选手都会得到一份小礼物、一个皇冠和一条绶带，最高奖项获得者还会获得 5000 美元的奖金、公主床等一些丰厚的奖品。

人物角色

以第四季第十七集为例，主持人是伊西尔·艾伦（Icia Allen），评委由布拉里·德马尔（Brolley Demars）担任。选手年龄不等，大部分为 10 多个月至 12 岁的儿童。选手监护人是该节目很重要的组成部分。往往是选手的父母、祖父母充当引导、解释的角色。如何引导自己的孩子，如何看待输赢等问题都是节目的看点。

外部包装

该节目的选手都是儿童，不同于传统的针对青少年或者成人的节目，所以在视觉要素上也是偏向于吸引孩子的注意力为主。舞台上灯光的亮度，不同于一般照明，是根据演出风格来确定。演出风格又是根据每次选美的主题确定的。所以在一些比较可爱的主题下，舞台的灯光就会偏粉色和蓝色；若是在一些比较摩登的主题下，舞台的灯光就比

较偏向于暗色或者闪亮的颜色。舞台的色光也是五彩斑斓，搭配孩子本身的彩色系着装就会营造炫目的舞台效果，同时也创造了一个欢快、活泼的舞台氛围；此外，选手的服装也是这档节目的一大视觉要素。孩子的着装一般都是偏彩色和亮色，这样才更能衬托她们可爱天真的本性。在节目中我们看到所有的选手都穿着精心准备的裙子，有些甚至价格不菲。往往还会在裙子上镶一圈金色或者银色的花边，或者是在上面缀挂一些亮片和彩带，夺人眼球。

图 2　盛装的选手

　　该节目每集的比赛场地都是不一样的，但都是会以一个大舞台呈现。节目组会租借某个大会议室、大会客厅，或剧场作为比赛的场地。舞台的设计十分的简单，主要走可爱、明朗的风格，舞台周围会摆放一些可爱的玩具或者在幕布上挂一些亮闪闪的星星和卡通画，吸引孩子的注意力。所以整个舞台设计的成本较小，没有大的屏幕，也不需要像其他节目一样很华丽。主持人往往就站在舞台的左侧或者右侧进行节目流程的播报。

　　此外，该节目的舞台道具是一大视觉亮点。节目组准备的舞台道具就是一些简单的

图 3　比赛舞台

图 4　比赛现场平面图

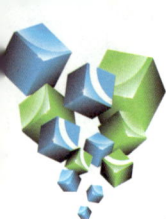

招贴画和小挂饰，构成整个舞台的布景。真正进行展示时候的道具都是由选手的父母自己准备的，比如玩具汽车，纸板做的小船和板材搭的盒子等，用来丰富选手的舞台表现。

图5 父母们准备的舞台道具

《选美小天后》的网站设计方面都带有浓烈的少儿的气息，五彩的颜色、大的字符和标语、夸张的表述等风格的画面或者语言。如图6，整个网站的风格就是玫红色的背景，外加一些选手在比赛时候的照片。整个画面很简单多彩，有很多儿童的元素融入在内。

可爱的风格贯穿于整个页面，高饱和度以及亮度的紫色、橙色搭配又给了页面清新的感受。圆形以及大圆角的边框设计样式也契合了整个页面的风格。白色边框起到了划分各个信息区域的功能性作用。最为重要的是，这个设计摆脱了主内容区大框架的限制，布局上更为自由，作为儿童网站来说，颇具创意。

另外，网站气氛的营造和红色以及紫色的大面积使用有着直接的关系。虽然主色调

图6 节目网站

是这两种颜色，但是却并不仅限于这两种色彩的使用，粉红色、紫色、蓝色、绿色也都出现在了这个设计中，但是从色彩比例上来说，它们要少得多，所以能做到在丰富色彩方案的同时又不喧宾夺主，冲淡或者相悖于整体的气氛。整个页面没有完全填充为黄色，底部页脚部分的白色有一种类似于打开了电视机的视觉错觉，也给整个设计增加了透气感。大面积的渐变紫色背景中叠加了选手图片，增添了设计层次，这些细节处是很值得称赞的。

节目案例详解

以下分析将以2011年12月第四季第十七集为例。该集的主题为"美国终极美丽"，选手们在比赛中就穿有带有美国特色的服装进行展示。本集跟拍了2岁的萨米·乔(Sami Jo)，3岁的阿列克谢·桑德(Alexe Sand)和7岁的安娜·贝拉(Anna Bella)以及赛前一周她们在家的准备和整个比赛中她们的表现及比赛结果。

表2　2011年第四季第十七集板块分析

板块	时长	内容	形式
开场	45秒	1. 本集精彩集锦 2. 跟拍的三个家庭的片花	音乐、采访、现场同期声
片头 本集主题 介绍	10秒 55秒	出现《选美小天后》的节目名称 1. 这一集的导演汤娅·贝利(Tonya Bailey)出现在演播室中，阐述这集主题为"美国终极美丽"，并做简单的说明 2. 穿插往期的片段集锦	音乐 现场同期声、音响、音乐、采访
选手简单 介绍	30秒	节目组跟拍的三位选手萨米·乔、阿列克谢·桑德、安娜·贝拉的比赛集锦，有她们在家和父母一起的片段（包括母亲对孩子的评价，对孩子的采访和孩子在比赛前一周的状态），还有在孩子比赛中出人意料的表现及父母的反应	现场同期声、旁白、音响、音乐、采访
比赛前一周 的准备	1分20秒	俄克拉何马州的布罗肯阿罗：简单介绍阿列克谢·桑德在家的情况。穿插母亲坎迪斯(Candice)，父亲利奥（Leo）的采访	现场同期声、音响、音乐、采访

板块	时长	内容	形式
比赛前一周的准备	1分40秒	俄克拉何马州的荷登维：萨米·乔在家的生活的小片段和母亲对她的训练，为比赛做的准备等（穿插母亲特利西娅的采访和之前选美的经历）	现场同期声、音响、音乐、采访
比赛前一周的准备	1分40秒	1. 密苏里州的堪萨斯城：安娜·贝拉在家的准备和采访以及她介绍之前的获奖经历（穿插她的母亲妮可，父亲克里斯的采访） 2. 比赛日到来前在家的最后准备（化妆、发型）	现场同期声、音响、音乐、采访
在选手家的日常跟拍	3分50秒	1. 跟拍萨米·乔、阿列克谢·桑德、安娜·贝拉在家的生活细节，对于展示她们的性格很有帮助 2. 母亲的访谈，关于孩子的个性和她们对比赛的期待和展望 3. 比赛日的预告	现场同期声、音响、音乐、采访
比赛的最后在家准备	5分55秒	1. 介绍萨米·乔、阿列克谢·桑德、安娜·贝拉在家的最后准备 2. 萨米·乔父母关于比赛的讨论 3. 阿列克谢·桑德吵闹着不肯配合化妆师 4. 预告比赛集锦	音响、音乐、对话
比赛场地和主题的公布	15秒	1. 主持人、比赛现场的出现，这集导演介绍比赛主题 2. 穿插往期的精彩片段	现场同期声、音响、音乐、采访、主持人现场
导演评价	49秒	1. 镜头切换至比赛地点——美国得克萨斯州纳卡多奇斯的一栋酒店里，选手将在这里入住和比赛 2. 导演对三人的评价和比赛预期	音响、音乐、采访
酒店准备情况	3分03秒	1. 跟拍在酒店房间里准备的三位选手 2. 对选手的母亲的采访 3. 化妆师、教母等人的采访	现场同期声、音响、采访
比赛第一轮开始	10秒	比赛现场，主持人宣布第一轮比赛开始	现场同期声、音响、音乐、主持人现场

续表

板块	时长	内容	形式
比赛实况	4 分 16 秒	第一环节：魅力大比拼 1. 比赛节目主持人托德·贝利出现，按年龄介绍选手登台亮相（年龄小的由家长带上台），包括选手的头发、眼睛颜色、爱好和最爱的食物还有梦想 2. 穿插选手的妆前妆后的照片对比 3. 评委出现在台下，父母在台下的指导和反应 4. 穿插孩子们台下的表现，三家父母的台下采访，还有评委在比赛场地外对这三人的点评	现场同期声、音响、音乐、采访、主持人现场
	6 分 04 秒	第二环节：着装大比拼 1. 导演出现在演播室并回顾精彩镜头。 2. 三位小选手回房间换装后再次在主持人的介绍下回台上参加服装秀 3. 穿插其他参赛家庭的父母在台下的反应和对父母的采访	现场同期声、音响、音乐、采访、主持人现场
萨米·乔展示环节	2 分 08 秒	1. 主持人介绍这一轮的选手上场展示 2. 萨米·乔在教母的陪同下换上主题服饰上台，却意外连连。由于裙子太长而一直摔跤 3. 展示完成后，萨米·乔下台	现场同期声、音响、音乐、采访、主持人现场
阿列克谢·桑德展示环节	2 分 09 秒	1. 阿列克谢·桑德借助道具小车、小船简单地展示，但在展示的过程中她的注意力被道具吸引而忘记了表演 2. 展示结束 3. 赛后对其父母的采访	现场同期声、音响、音乐、采访
安娜·贝拉展示环节	1 分 24 秒	1. 赛前的准备和采访 2. 安娜·贝拉利用父母自制的道具中秀了一段模仿秀舞蹈，赢得阵阵喝彩 3. 展示结束 4. 赛后对安娜·贝拉的采访	现场同期声、音响、音乐、采访
比赛第三环节	1 分 20 秒	第三环节：加冕 导演重述比赛的最高荣誉，主持人宣布开始加冕，公布比赛结果	现场同期声、音响、音乐、采访、主持人现场

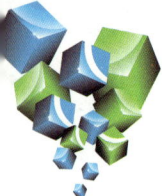

板块	时长	内容	形式
颁奖仪式	6分10秒	1. 小选手上台，主持人宣布"赛区公主"和"女王"的获得者 2. 阿列克谢·桑德获得"着装大比拼"环节的最佳奖；萨米·乔获得"最佳新人奖"和"最上镜奖"；安娜·贝拉获得2011年度的"终极美丽小公主"。	现场同期声、音响、音乐、采访、主持人现场
奖品发放	1分	每个获奖者都有一顶小皇冠、绶带和礼物，最高荣誉还有现金奖	现场同期声、音响、音乐、主持人现场
比赛结束	1分25秒	1. 主持人宣布比赛结束 2. 主持人下台，镜头切至孩子和家长离场	现场同期声、采访
赛后	2分05秒	1. 安娜·贝拉的父母非常高兴她拿到了最高荣誉，认为是安娜·贝拉的个性征服了评委 2. 萨米·乔的母亲觉得萨米·乔做得很棒，能得到这样的荣誉已经很满足了 3. 阿列克谢·桑德仍旧吵着要离开，但她的父母对她今天的表现很满意 4. 三位选手在演播室的话语的集锦穿插了评委的评价和看法	现场同期声、音响、音乐、采访、主持人现场
片尾	30秒	1. 安娜·贝拉的父母十分开心她赢得了比赛，母亲为她戴上皇冠，父亲和她击掌以示庆祝 2. 安娜·贝拉在演播室拿着奖金的画面 3. 片尾字幕出现	现场同期声、音响、音乐、采访

节目特色点评

　　《选美小天后》是一档针对儿童的选美比赛。每一集的主题都不相同，选手们会根据每集不同的主题选择相应的服装、妆容和表演节目。因为是儿童真人秀节目，节目组在决定选题的时候还是会以儿童的取向为主要参考，多为活泼、欢快的童真主题。

　　此外，《选美小天后》还向我们呈现了选美比赛台前幕后的真实情况。包括孩子们在家最后一周的准备和训练，父母对她们的装扮和参加选美的各项预备。在一定程度上，节目组传达了这样一个信息——"它体现了美国文化，有助于女孩从小培养自信心"。

表3　2012年第五季各集主题

集数	主题	播出时间
1	Precious Moments Pageant 2011	2012.1.4
2	Lollipops and Gumdrops Pageant	2012.1.11
3	Universal Royalty Hollywood	2012.1.18
4	Glitzy Diva's	2012.1.25
5	Darling Divas – New York	2012.4.4
6	Southern Celebrity: Fairytale Winter Pageant	2012.4.11
7	Beautiful Me Disco Pagaent	2012.4.18
8	Circle City Wild West Showdown	2012.4.25
9	Storybook Pagaent Diamonds	2012.5.2
10	Me and My Pet Pageant	2012.5.9

赢得选美比赛更能增强孩子的自信，孩子会因此有强大的内心，这对孩子今后的生活很重要。竞争的观念要从小就灌输给孩子，出名要趁早也是节目传达的一种观念。

《选美小天后》的另一大特色就是"童言无忌"。选手往往是年幼的儿童，作为参赛主体，她们的表现往往是直接而又感性的。像是"I was getting ready for crowning."（我已经为加冕做好准备了），"I'm the beauty queen."（我是选美女王），还有"I don't want to be a beauty queen."（我不想成为选美冠军）。这些从孩子嘴里说出来的话往往都是最真实的，没有过分做作和煽情的成分在里面，观众唯一感受到的是真实和童真。这也是这档节目在语言设计上的胜利。

节目制作

节目组每集都会挑选3个参赛家庭进行跟拍采访。节目采用写实的纪录风格，都是台前幕后的真实拍摄。拍摄的时候，节目组没有一句台词或旁白，目的就是使节目更具真实性、少一点导向性，节目组将这一切呈现在观众面前，不发一词，让观众自己去看，自己去思考和发现，没有任何作假的成分在里面。让孩子随心所欲地表达自己。

当然，节目比赛环节的形式也秉承了儿童节目的一贯特点——简单明了。小选手们只要在台上走上一圈，然后做几个展示的动作（伴随着音乐扭一扭或对着观众飞吻）就完成了比赛的要求。没有复杂的烦琐的层层环节，这样的形式降低了选手的参赛门槛，也节省了制作成本。节目偏纪录风格，采用了一系列的长镜头来表现叙事的连贯性。

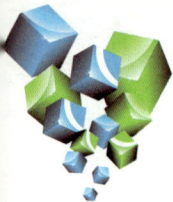

同类对比

儿童选秀的节目在欧美国家是比较普遍的。随着《选美小天后》的热播，英国的儿童选美也开始如火如荼。英国的《迷你英国小姐》也是类似的儿童选秀节目。不同于《选美小天后》，迷你英国小姐的参赛者只是英国 10 岁以下的小女孩，并没有男孩可以参加。比赛的内容大致一样，选手都会借助喷雾定型、头发延长术、绚丽的假指甲等化妆来赢得比赛。不同的是《迷你英国小姐》中选手的报名费就高达 300 英镑，且一件价值 1000 英镑的礼服是参加一次选美比赛的标准需要。

此外在英国，几乎每个周末都有类似《英格兰小美女（男）》的选秀节目。男童选秀节目也开始和女孩的选秀节目一样火起来。赛程规则上有细微的差别，比赛费用还有才艺展示等环节她根据本国实际情况做了调整。《选美小天后》和《英格兰小美女（男）》的评委组成有一定不同。《英格兰小美女（男）》的评委都是年轻的、有过选美获奖经历的女孩组成，《选美小天后》的评委都是不固定的，有男有女，他们也并非都是选美出身。

YOUXIJIEMU

游戏节目

勇敢向前冲

谁想成为百万富翁

101 种离开的方式

Wipeout

《勇敢向前冲》
——秀出你的糗

基本信息 >>

· 原　　名：Wipeout

· 译　　名：勇敢向前冲 / 大挑战 / 谁比我糗 / 百战铁人王

· 标　　识：《勇敢向前冲》在美国广播公司（ABC）播出至今，标识的主体形象保持不变，主要由模仿节目现场的 3D 场景加上中央醒目的节目名称构成（如图 1）。在保持主题形象的基础上，标识也会配合节目的创新而融入一些新元素。从第四季开始，节目改为以冬季、春季、夏季三个部分播出，每个部分的标识都添加了能够体现季节特征的元素。例如冬季版标识就加入了雪和冰冻的字体效果（如图 2）。其次，一些特辑节目的标识也根据特辑的主题融入相应元素（如图 3）。

图 3

· 播出国家：美国

· 播出频道：美国广播公司

· 首播时间：2008.6.28

· 播出时间：周三晚 20:00—21:00

· 节目时长：60 分钟（含广告）

· 节目类型：游戏类真人秀节目（game show）

· 播出形式：录制播出、周播

· 制作公司：Endemol USA 以及 Pulse Creative

· 官方网站：http://abc.go.com/shows/Wipeout

图 1

图 2

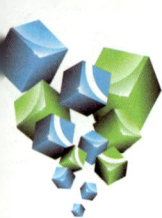

《勇敢向前冲》是一档游戏类真人秀节目，以独特的刺激性与娱乐性吸引了大批观众，为美国广播公司创造了多次收视高峰，被认为是近年来最具持久性的游戏类真人秀节目。节目播出季的每周都将有 24 名风格各异的选手参赛，参赛选手将在节目创作团队打造的全球最大的户外障碍赛道上冲破种种机关，躲避突然出现的各种障碍物，争取以最短的时间通过多重考验到达终点，以获取奖金。节目中除了两名演播室主持外还专门设置现场主持人进行实地报道，并通过多角度镜头为观众真实展现选手被障碍关卡折磨的滑稽场面。

历史演变

《勇敢向前冲》第一季于 2008 年 6 月 24 日在美国广播公司播出。由于第一季的成功，节目制作部立刻与美国全国广播公司的第四十三届超级杯合作，于同年 12 月 8 日推出了特辑 "Wipeout Bowl"。同时，第一季的成功还催生出了一个国际版本 "Total Wipeout"。国际版于 2009 年 1 月开始陆续在英国和阿根廷等地播放。

节目第二季于 2009 年 5 月 27 日推出，其中演播室主持人方面有所变动，由约翰·亨森（John Henson）接替第一季中的埃隆·格洛德（Elon Gold）成为新任主持人。

2009 年 7 月 22 日，节目制作部公布了第三季的制作计划，宣布第三季中将推出以女性以及家庭为主题的特辑。节目的第三季于同年 9 月投入拍摄，并于 2010 年 6 月 22 日迎来首映。第三季节目较以往增加了更多特辑，包括两个小时的相亲主题特辑 "Blind Date"，以及由警察和消防员客串参加的美国英雄特辑 "America's Finest"。

前三季的成功加速了第四季的推出。2010 年 8 月 15 日，美国广播公司宣布节目将延长至第四季，这也使《勇敢向前冲》成为近年来持续时间最久的游戏类真人秀节目。同年 10 月 13 日，美国广播公司宣布第四季将会拆分为三个部分播出：冬季、春季以及夏季，也即全部的 32 集将由 8 集冬季、7 集春季和 17 集夏季构成。这是《勇敢向前冲》节目历史上截至目前最为重大的变革。最终，第四季于 2011 年 1 月 6 日首映。

2011 年 6 月 16 日，美国广播公司宣布节目将扩张到第五季。新的一季将延续第四季的拆分模式，但是取消了春季《勇敢向前冲》的录制。第五季的现场主持人员有所变

动，之前一直担任此角色的吉尔·瓦格纳（Jill Wagner）将由瓦内萨·米尼洛（Vanessa Minnillo）代替。节目第五季的冬季版于 2011 年 12 月 8 日开始播出。

2012 年 8 月 29 日，美国广播公司将第六季《勇敢向前冲》的筹备工作提上议程，并且宣布缺席了一整季的现场主持人吉尔·瓦格纳将再度回归，在第六季中继续担任此角色。

收视反响

节目第一季的首播收视超过了福克斯广播公司（FOX）的《地狱厨房》，以 3.7% 的收视率创下了 2008 年美国夏季新上映电视节目的最高首播收视纪录。根据尼尔森研究调查报告，《勇敢向前冲》第一季在 18—49 岁核心观众中的平均收视率排名第二，仅次于《美国达人秀》。

节目第二季首播达到了 969 万的总收视，超过第一季的平均收视并且为美国广播公司创下了自 2007 年 11 月以来的周三晚 8 点档的最高收视。

《勇敢向前冲》第三季首播前夕，先行播出的特辑 "Blind Date" 吸引了惊人的 1280 万观众收视。随后播出的第三季取得了 1021 万的总收视这一骄人成绩。

改版后的第四季第一部分的冬季版创下了《勇敢向前冲》系列的最高收视纪录，以高于 3.7% 的 18—49 岁核心观众群收视率领跑晚 8 点档。不过，第四季的年平均收视并不理想，仅有 323.6 万总收视。

按照尼尔森公司提供的 2012 年夏季主要电视节目平均收视数据来看，夏季版的《勇敢向前冲》在 18—49 岁核心观众中的平均收视人数为 156 万，总收视人数为 488 万。

获奖情况

被电视周刊（TV Week）评为 2009 年度全世界最流行的游戏类真人秀节目第三名；

2010 年 1 月，在《娱乐周刊》发起的 "Guilty Pleasures Reality TV Showdown" 节目评选中以绝对领先票数夺得冠军；

2010 年 2 月，获得 2010 年度最受儿童欢迎的娱乐节目提名；

2011 年 2 月，再度被提名为最受儿童欢迎的娱乐节目；

2011 年 6 月，获得青少年最喜爱的节目提名；

2012 年 2 月，第三度被提名为最受儿童欢迎的娱乐节目；

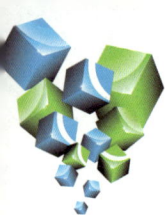

2012年3月，以2.2亿张选票击败《美国偶像》，首次获得最受儿童欢迎娱乐节目奖。

节目模式分析

作为一款游戏类真人秀节目，《勇敢向前冲》的节目模式比较清晰。每集节目中，选手都要通过4轮比赛来获取最后的胜利。每期节目首先会为观众介绍参赛选手，只有前三名（或前四名）选手才有资格抵达决赛终极挑战区，最终只有一人能够获得冠军，赢得5万美元的奖金。每期比赛中都会出现一些另类而又滑稽的障碍，比如"吸盘冲床"（Sucker Punch）、标志性障碍"大球"（Big Balls）、"扫地机"（Sweeper）或是"眩晕橡皮"（Dizzy Dummy）等。节目现场的演播室有两名主持人，以幽默的解说以及俏皮话来挑逗、嘲弄或是恶搞参赛选手。现场主持人也会提供额外的评论和互动，并且还在选手登场前提供采访。通常，只有通过预选赛的选手才会在节目有所介绍，并且被赋予一个昵称。最后，在决赛终极挑战区，紧张的背景音乐将替代之前轻快的主题音乐，主持人也一改之前轻松搞笑的风格，显示出严肃认真的态度，让观众以紧张激动的心情见证冠军的诞生。

板块设置

《勇敢向前冲》节目的板块设置主要包括以下7个部分：本集精彩荟萃、演播室主持人开场介绍、预选赛、第二轮比赛、第三轮比赛、决赛终极挑战区以及片尾。

表1 板块设置详情

一、本集精彩荟萃	二、演播室主持人开场介绍
1. 精彩集锦	1. 主持人介绍
2.《勇敢向前冲》基本规则介绍	2. 预选赛关卡介绍
3. 比赛场地展示	
三、预选赛	**四、第二轮比赛**
1. 选手介绍	1. 晋级选手回顾
2. 现场采访	2. 比赛关卡介绍
3. 比赛环节	3. 比赛环节
4. 结果公布	4. 结果公布

续表

五、第三轮比赛	六、决赛终极挑战区
1. 晋级选手回顾	1. 决赛关卡介绍
2. 比赛关卡介绍	2. 选手参赛历程展示
3. 比赛环节	3. 比赛环节
4. 结果公布	4. 冠军出炉
七、片尾	
1. 演职人员表	
2. 精彩花絮	

赛程规则

《勇敢向前冲》的每集节目均有 24 位选手参赛，参赛选手从赛道入口处逐个出发，依次通过赛道中的各种障碍，最后将以选手到达赛道终点所用时间来决定成绩排名，越快完成比赛的选手排名越靠前。比赛共分为 4 个阶段：预选赛、第二轮、第三轮以及决赛终极挑战区，各阶段比赛采用不同的赛道，难度递增。预选赛将筛选出排名前 12 位的选手进入接下来的两轮比赛。在第三轮比赛结束后，只有排名前三位的选手可以进入决赛终极挑战区。在决赛中，选手完成赛道的用时不能超过 20 分钟，用时最短的选手将获得冠军。

人物角色

图 4   图 5

《勇敢向前冲》的选手由网络报名、电话报名等方式产生，节目组会提前将报名者的健康程度等基本信息进行筛选，在为选手生命健康把关的同时也可以避免节目中出现

过多形象与风格类似的选手。因此，节目能够基本保证观众见到各行各业的不同形象、不同风格、不同年龄、不同体型的参赛选手（主题特辑例外）。

不同于其他真人秀节目，《勇敢向前冲》不设立嘉宾和裁判，在节目中出镜的除了选手之外就是两名演播室主持和一位现场主持人。前5季节目中演播室拍档主持没有更换过，均由约翰·亨森和约翰·安德森担任。现场主持方面，第五季开始由瓦内萨·米尼洛代替了前四季中的吉尔·瓦格纳。

约翰·亨森是美国喜剧演员，脱口秀节目主持人。除了《勇敢向前冲》，他还参与主持过2006年艾美奖颁奖典礼、游戏类真人秀《谁想成为百万富翁》等（图4，左）。约翰·安德森曾从事体育新闻工作，并曾获得俄克拉何马州体育节目年终奖（图4，右）。吉尔·瓦格纳，美国电视女演员、模特，出演过多部剧（图5，右）。瓦内萨·米尼洛是美国著名电视节目主持人、模特以及女演员，2007年环球小姐冠军，纽约娱乐节目《今晚娱乐》的记者（图5，左）。

游戏类真人秀节目不同于传统的真人秀节目，往往有很多主持人，多个主持人分工不同，相互搭档。《勇敢向前冲》选择了两名演播室男主持外加一名现场女主持的模式。作为一名职业喜剧演员，可以看出约翰·亨森在节目中利用各种小道具尽力展示自己的搞笑才能，但是效果一般。另一位主持人约翰·安德森的主持风格和约翰·亨森相反，作为一名体育记者，他保持了专业的态度和稳重的风格，与搭档一唱一和，配合默契。获得收视观众广泛好评的是前4季中的现场女主持吉尔·瓦格纳，她以巧妙的语言和美丽的姿态吸引了许多观众。不过吉尔·瓦格纳受到欢迎与她之前就出演过多部电视剧也有极大的关系，广泛的观众缘为其出色主持奠定了信心基础。第五季中代替她的瓦内萨·米尼洛反响平平，后来节目组宣布第六季将迎来吉尔·瓦格纳的回归。

外部包装

《勇敢向前冲》秉承了真人秀节目的一贯风格，其叙事空间主要有两个，即演播室与现场。两者构成相互呼应的关系，在节目中交替吸引观众的注意力。

演播室不在节目录制现场，但主持人背后屏幕背景为现场画面，这样的真实效果给观众造成演播室就在现场的错觉，仿佛可以直接看到赛道的场景。当比赛进入下一轮，演播室背景也会随之发生改变。当画面切到演播室时，观众仍能通过背景感受到现场的存在感，使得演播室与现场形成很好的串联。演播室内部整体风格简约明了，没有吸引

观众注意的摆设，重点突出两位主持人的表现以及背景的真实感（如图6）。

图6 演播室场景展示

当然，《勇敢向前冲》的核心创意集中体现在现场的设计。比赛现场主要由四个板块组成：出发点、赛道、终点、采访处。

出发点是指选手开始整个比赛的起跑处，即预选赛的起跑处。每期节目中出发点基本保持不变的造型，总体形象是节目组搭建的一个大型标识，给观众以醒目的表达，即欢迎来到《勇敢向前冲》的现场（如图7）。

图7 出发点场景展示

赛道设计是《勇敢向前冲》最核心的环节，除了基本关卡外，每一集的赛道都会有所不同。白天的赛道中各个机关都有自己的卡通形象，幽默搞怪，就像是要给选手捣乱的一群活生生的对手。为了安全考虑，所有机关都包有一层厚重的缓冲组织，显得造型圆滑。赛道涂有各种鲜艳颜色，与周边自然环境对比后会给观众产生一种强烈的视觉

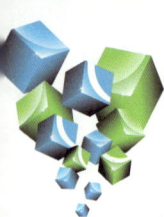

冲击，特别对儿童以及青少年起到吸引注意力的效果。

决赛在夜晚进行，相比白天进行的前三轮比赛的赛道，夜幕下的赛道给观众一种更加强烈的刺激感，这使得观众能够明显察觉赛程已进入关键阶段。夜晚的赛道增添了更多刺激的元素，渲染紧张的气氛。通常赛道中有烟火的燃放，加上现场各色的灯光，使环境显得诡异与刺激（如图8）。

图8 决赛场景展示

在《勇敢向前冲》中，每轮比赛的终点各异，但终点处都会有现场主持人的身影。现场主持人将在终点处观看比赛以及迎接通过障碍到达终点的选手。终点通常设在岸边，附近放置有旗帜等标志物、一个圆形坐垫或是长凳等，筋疲力尽的选手可以在此稍作休息，和现场主持人聊天并等待其他选手。

赛道外围带有标识旗帜的地点是赛前采访处。现场主持人先在该处对选手进行简短采访，采访过后选手再回到出发点开始比赛（如图9）。

总体上，《勇敢向前冲》的视觉要素包含简约明了的演播室，卡通另类、色彩鲜艳、造型巨大的日间赛道以及烟火灯光喷雾渲染出的夜间赛道，滑稽出丑的选手，以及美女现场主持人。舞台设计上，赛道的多变以及各种机关的创意是节目的优势。音响方面，日间比赛多配以幽默轻松的音乐，而夜间则加大音响效果并且配以快节奏重金属音效，渲染决赛氛围。

图 9 采访处场景展示

　　服装道具以及化装方面，参赛选手可以自行着装，也可以选择穿上节目组提供的恶搞服饰。为了安全，在某些关卡选手必须统一穿戴节目组提供的护具。现场女主持并不是盛装出场，而是采用便于活动的休闲装扮。演播室主持人一贯穿着正式，但却经常运用一些小道具进行恶搞（如图 10）。

图 10 服装、道具、化装展示

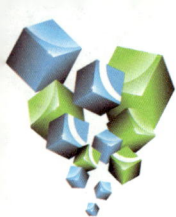

节目案例详解

《勇敢向前冲》已在美国广播公司播出五季，其中前两季节目的变化不大，从第三季开始加入更多的主题特辑，而第四季则开始改版。

第四季分割后的《勇敢向前冲》以冬季版、春季版和夏季版三部分播出。总集数仍保持不变，即全部的 32 集将由 8 集冬季、7 集春季和 17 集夏季构成。规则方面有所改变，前三季中最后由 4 位选手进入决赛，而第四季开始名额将缩减成 3 位，竞争更加激烈。

第五季在第四季基础上删去春季版并且更换了现场主持人，可以说是包罗整个系列所有新元素的一季。在此将以《勇敢向前冲》第五季第二十三集 "Showdown At The Wipeout Saloon"，即夏季版第十五集作为典型案例进行分析（该集节目不含广告总时长为 43 分 27 秒），以达到对《勇敢向前冲》节目具体内容的解析效果。

《勇敢向前冲》第五季第二十三集剧集名称为 "Showdown At The Wipeout Saloon"，意思是决战牛仔枪手关，旨在突出本集新加入的一个特色关卡，即本集预选赛中的第一个关卡 "Wipeout Saloon"。该关卡的标识是一个大型牛仔枪手，这个巨大的 "牛仔枪手" 机关会瞄准所有试图从这里通过的参赛者（如图 11）。

图 11 "牛仔枪手" 关卡展示

表2　第五季第二十三集板块分析

板块	时长	内容	形式
本集精彩荟萃	35秒	1. 片头标识展示 2. 本集精彩画面及选手淘汰瞬间集锦 3. 介绍《勇敢向前冲》基本规则 4. 简单展示本期比赛场地	标识、VCR、旁白、现场同期声、音乐、声音特效、开场及过场动画
演播室主持人开场介绍	1分10秒	1. 镜头从场地切回演播室，两位主持人利用轻松幽默的话题开场，字幕同时显示出两位主持的名字，屏幕背景为预选赛比赛场地 2. 简单逗乐后主持人开始简要介绍预选赛规则以及其中的关卡 3. 镜头切换至比赛场地，主持人以旁白的方式开始按照选手通关顺序逐一介绍各个关卡 4. 镜头回到演播室，主持人简单点评过后开始引出现场主持人的介绍	演播室主持、VCR、音乐、声音特效
预选赛	16分15秒	1. 镜头切换到现场主持人所在地点，现场主持人串场，字幕显示出现场主持人姓名，现场主持人引出参赛选手的介绍 2. 展示一号选手在出发地点的准备情况，配有恶搞性质的背景音乐 3. 现场主持人在现场采访站简单采访一号选手，主要询问其职业，字幕显示出选手姓名 4. 一号选手的比赛开始，屏幕左下角出现计时器显示选手用时，选手闯关过程中配有主持人俏皮恶搞的旁白，在选手与关卡设施发生碰撞等失误时配有各种恶搞音效 5. 一号选手被关卡阻击坠落下水的瞬间被回放多次，包含第三视角、第一视角以及俯拍的展示，屏幕左下方具有"回放"的标识 6. 给出将选手阻击坠落下水的关卡的特写，配有恶搞音效，屏幕出现恶搞的动画效果 7. 镜头给出选手从水中游到岸上的过程 8. 一号选手重新爬回赛道，继续闯关，之后又有几次被关卡击落下水，最终未完成关卡被	现场主持、VCR、采访、旁白、现场同期声、音乐、声音特效、动画特效、过场动画、演播室主持、字幕

板块	时长	内容	形式
		淘汰出局，其中拍摄与剪辑的手法不变	
		9. 给出一号选手到达岸上非赛区地点的镜头，以及其狼狈神情的特写	
		10. 二号选手没有在出发地点的介绍，直接出现在闯关过程中，主持人在旁边对其进行调侃，过程中透露该选手的信息	
		11. 二号选手闯关到被淘汰过程的拍摄与剪辑与一号相同，其中增添了与现场主持人的互动，在二号选手落水过程中多次切换到现场主持人惊叫或恶搞的表现	
		12. 场景回到出发地点，三号选手正在做出发准备，旁白对其进行介绍	
		13. 场景切换到现场采访站，现场主持人对三号选手进行采访	
		14. 三号选手的比赛过程与前两位类似，其淘汰之后开始播放后续多位参赛选手被淘汰的情景集锦，配有恶搞的背景音乐	
		15. 场景切回出发地点，新参赛选手正进行准备，并对观众秀出自己的参赛宣言	
		16. 镜头来到现场采访站，现场主持对该选手进行采访	
		17. 在该参赛选手遭到淘汰后，下一位参赛选手进入比赛，并最终到达终点，镜头给出其在终点的炫耀姿态特写以及现场主持人的喝彩，其整个参赛过程的拍摄和剪辑与之前的参赛选手相同	
		18. 切换至演播室，主持人对选手精彩表现进行点评	
		19. 标识出现	
		20. 回到演播室，主持人引出本环节比赛中极具特色的参赛选手	
		21. 给予极具特色的选手以绰号，并播放他们的参赛集锦	

续表

板块	时长	内容	形式
		22. 预选赛结果公布，由屏幕给出晋级选手信息	
		23. 下一轮比赛精彩镜头闪现，之后标识出现	
第二轮比赛	6分20秒	1. 演播室主持以轻松幽默的话题开场，字幕显示出主持人姓名，屏幕背景切换为第二轮比赛场地	演播室主持、VCR、现场主持、采访、旁白、现场同期声、音乐、声音特效、动画特效、过场动画、字幕
		2. 晋级选手回顾，由屏幕给出晋级选手信息	
		3. 镜头切换到现场，主持人以旁白形式简要介绍第二轮比赛及其中关卡，屏幕上按照选手通过顺序依次展示关卡，由动画人物演示通关过程	
		4. 切换回演播室，主持人引出参赛选手的准备情况	
		5. 切至现场赛道，选手们集结完毕，在出发地点相互聊天，准备出发	
		6. 现场主持人串场，简要介绍本轮淘汰规则，字幕显示出主持人姓名	
		7. 比赛开始，选手依次开始闯关，每个选手都有多个机位拍摄其比赛过程，主持人在旁白进行调侃和介绍，背景音乐比第一轮比赛稍加紧张	
		8. 其中一位参赛者完成关卡，镜头切到现场主持人与其进行互动，为其喝彩	
		9. 比赛中陆续出现其他过关选手，过关选手集合至现场主持人所在终点处共同等待其他过关选手的到来	
		10. 比赛进行过程中逐渐开始出现落水镜头的回放，以及对失败选手的恶搞动画特效，手法与第一轮比赛相同	
		11. 当所有晋级选手产生后，镜头切至现场主持人，其与晋级选手共同庆祝	
		12. 第二轮比赛结果公布，由屏幕给出晋级选手信息	
		13. 下一轮比赛精彩镜头闪现，之后标识出现	

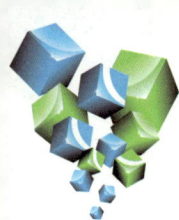

板块	时长	内容	形式
第三轮比赛	6分42秒	1. 演播室主持以轻松幽默的话题开场，字幕显示出主持人姓名，屏幕背景切换为第三轮比赛场地 2. 晋级选手回顾，由屏幕给出晋级选手信息 3. 镜头切换到现场，主持人以旁白形式简要介绍第三轮比赛规则及其中关卡，屏幕上按照选手通过顺序依次展示关卡，由动画人物演示通关过程 4. 切换回演播室，主持人引出参赛选手的准备情况 5. 切至现场赛道，选手们集结完毕，正在出发地点放松紧张情绪并进行准备活动，等待出发 6. 现场主持人宣布第三轮比赛开始，字幕显示出主持人姓名 7. 回到比赛场景，选手开始进行比赛 8. 镜头切到现场主持人的互动 9. 比赛中多配有背景音效，偶尔出现选手的真实声音 10. 出现第一个通关选手，给出其通关的最后瞬间以及通关后特写 11. 镜头切入现场，主持人为第一名通关选手的喝彩 12. 镜头对准最后一组开始闯关的选手，跟随其闯关过程 13. 又有一位通关者赶赴现场主持人所在地点，与之前的通关者和主持人共同庆祝 14. 剩余选手闯关过程中偶尔插入现场主持和通关者的助威特写 15. 随着比赛节奏更加激烈，剩余选手大量互相交流的现场原声穿插在背景音效中渲染气氛 16. 第三位通关者出现，屏幕给出了其通关精彩瞬间的"回放" 17. 三位通关者与现场主持人相互庆祝	演播室主持、VCR、现场主持、采访、旁白、现场同期声、音乐、声音特效、动画特效、过场动画、字幕

板块	时长	内容	形式
		18. 第二轮比赛结束，结果公布，由屏幕给出晋级选手信息	
		19. 决赛轮比赛精彩镜头闪现，之后标识出现，决赛轮有全新的夜晚效果标识	
决赛 Wipeout Zone	11分24秒	1. 演播室主持简要介绍第二轮比赛及其中关卡，字幕显示出主持人姓名，屏幕背景切换为第三轮比赛场地	演播室主持、VCR、现场主持、采访、旁白、现场同期声、音乐、声音特效、动画特效、过场动画、字幕
		2. 镜头切换到现场，主持人以旁白形式简要介绍决赛轮比赛规则及其中关卡，屏幕上按照选手通过顺序依次展示关卡	
		3. 晋级选手回顾，由屏幕给出晋级选手信息	
		4. 第一位选手在出发地点准备开始比赛	
		5. 屏幕出现第一位选手前三轮历程回顾，旁边对其本次参赛情况进行介绍	
		6. 镜头切回第一位选手的决赛现场，屏幕左下方计时器开始显示选手用时，背景音乐节奏加快，气氛变得紧张激烈	
		7. 第一位选手被关卡击倒坠入水中，屏幕出现"回放"	
		8. 经过多次尝试，第一位选手成功到达终点，镜头给出庆祝的特写，屏幕左下方计时器显示其用时，主持人一直以旁白形式对其参赛过程进行解说	
		9. 第二位选手亮相出发地点开始做准备活动	
		10. 屏幕出现第二位选手前三轮历程回顾，旁边对其本次参赛情况进行介绍	
		11. 镜头切回第一位选手的决赛现场，屏幕左下方计时器开始显示选手用时，在计时器下方出现了上一选手的比赛用时与之进行对比	
		12. 第二位选手刚出发就坠入水中，屏幕播放了其落水的多角度、慢镜头"回放"	
		13. 镜头多次切入第一位通过选手与现场主持	

板块	时长	内容	形式
		人一起观看比赛的特写	
		14. 在第二位选手用时已经超过了前一位选手时，其仍未能通关，屏幕计时器停止计时，主持人以旁白的形式宣布其被淘汰	
		15. 本轮暂时赛况公布，由屏幕给出三位选手信息，标明第二位选手被淘汰	
		16. 决赛轮标识出现	
		17. 场景回到演播室，两位主持人简要对暂时赛况进行总结，并引出最后一位决赛轮选手	
		18. 镜头回到现场，最后一位选手正进行准备活动，在出发地点等待比赛开始	
		19. 屏幕出现第一位选手前三轮历程回顾，旁边对其本次参赛情况进行介绍	
		20. 镜头切回第一位选手的决赛现场，屏幕左下方计时器开始显示选手用时，计时器下方仍给出首位选手的通关用时	
		21. 与上一位选手相同，最后一位选手刚出发就坠入水中，屏幕播放了其落水的多角度、慢镜头"回放"	
		22. 最后一位选手比赛进展顺利，比赛过程中多次切入第一位通关选手和现场主持人的表现	
		23. 最后一位选手比赛过程中多次出现其自言自语的现场声音，与紧张的背景音乐共同渲染气氛	
		24. 最后一位选手以更少用时顺利通关，主持人以旁白形式宣布其获得冠军	
		25. 镜头给出最后一名选手获胜后的庆祝场景	
		26. 镜头切入现场主持人为最后胜出选手喝彩，并与之互动的情景	
		27. 场景回到演播室，两位主持人首先恭喜获胜者，然后对本次决赛进行简要总结并提示下一集要点，最后提醒大家关注下期节目	

续表

板块	时长	内容	形式
片尾	41秒	1. 屏幕中间出现演职人员表，背景为本集节目中一些参赛选手的精彩花絮 2. 背景音乐重新变得轻松欢快 3. 花絮最后一个镜头出现现场主持人对参赛选手的恶搞 4. 制作公司标识展示	标识、VCR、现场同期声、音乐、声音特效

节目特色点评

《勇敢向前冲》作为一款游戏类真人秀节目，其主题是参赛选手闯关赢大奖。由于节目中风格多样的选手在闯关时会为观众带来各种笑料，对于观众来说，节目的主题其实已经转变成了一场令人捧腹的选手出糗盛宴，这也满足了观众对电视节目的娱乐心理需求。

节目形式

节目通常以本集精彩集锦开篇来吸引观众，紧随其后的介绍规则环节可以让观众快速了解《勇敢向前冲》。在比赛过程中，节目也有许多环节设置。比如选手介绍环节可以使观众对选手形成大致印象，这是真人秀节目的基础环节。淘汰瞬间回放环节可以让观众多角度看到选手的出糗，使娱乐效果最大化。现场主持互动环节在选手出糗后出现，通常都是讽刺和恶搞选手，以此娱乐观众。演播室主持点评环节通过每一轮结束后的短暂间隙由两位主持的幽默点评再次起到娱乐效果。新一轮比赛开始前是回顾环节，将为观众提示已晋级选手或展示晋级选手的比赛历程，帮助观众加深印象。总之，作为一款游戏类真人秀，《勇敢向前冲》的环节设置比多数同类型节目更加完善。

《勇敢向前冲》在语言设计方面秉承游戏类真人秀的一贯风格。选手的自我介绍以及比赛中的现场情绪表达体现出节目的多样性和真实性。两位演播室主持人的语言风格幽默风趣，惯用调侃性质的非正式用语。现场主持人的表达方式简洁有力，在与选手互动时较多使用叹气、无奈、惊讶、嘲笑、讽刺等表达情绪的词语。

不像其他类型的真人秀节目那样追求复杂的剧情，《勇敢向前冲》作为一款游戏类真人秀，所要呈现的事件非常简单：24 个选手依次冲进赛道，随后被各式各样新奇古怪的机关淘汰，最终只有一名选手获胜。因此，《勇敢向前冲》的叙事风格属于线性叙事，比赛作为主线贯穿节目始终。在呈现赛况的基础上，节目也会关注选手形象的塑造，比如给予某些选手昵称或是绰号，以此放大选手的特色，丰满其形象。

节目制作

《勇敢向前冲》的画面色彩十分鲜艳，给人以强烈的视觉刺激，可以有效地吸引儿童或青少年的注意力。画面主体多以参赛选手的远景构成，适当配以近景来展示选手的表情反应。节目大量运用运动镜头，镜头紧随选手移动。为了保证镜头的丰富，比赛采用多机位多角度拍摄。同时，为了使观众充分地了解场景，比赛现场更多采用俯拍。节目摄影角度的亮点主要在于引入了参赛选手的主观镜头，即选手均佩戴小型录像机，淘汰回放的第二遍会将录像机拍摄到的画面展示给观众，以第一视角体现真实性，给予观众身临其境的感受。后期剪辑方面，节目主要采用交叉剪辑，使演播室、节目现场以及现场主持三个空间形成联系，体现选手、演播室主持人以及现场主持人的互动。

《勇敢向前冲》的音乐风格分为截然不同的两种。日间进行的预选赛和第二、三轮比赛的背景音乐节奏轻快，轻松诙谐。夜间比赛的背景音乐则转变成紧张刺激的风格，节奏明显加快，旨在体现时间的紧迫和竞争的激烈。除背景音乐外，节目还拥有种类繁多的音效，能够充分表达选手以及主持人的各种情绪，渲染气氛。

《勇敢向前冲》的官方网站设于美国广播公司官方网站旗下，网站主体风格同节目现场，色彩鲜艳。网站以节目的巨大标识为背景，主页挂设精彩视频，并在醒目位置体现节目参与方式与互动沟通平台。网站板块可以划分为介绍区、视频区、照片区、讨论区、主持人介绍区以及相关信息区。

商业模式

《勇敢向前冲》在节目播放间隙插播广告，节目中没有明显的植入式广告。总体上，《勇敢向前冲》最杰出的商业运作是在第三季首映当天推出了其电子游戏版本。这款 2010 年发布的以《勇敢向前冲》为原型的主题游戏推出后受到了儿童玩家的强烈欢迎。

在《勇敢向前冲》的官方网站设有游戏专栏，为电子游戏版本进行宣传。游戏最初的平台为"任天堂"和"任天堂 DS"，后被引入 360 游戏体感器（Xbox 360 Kinect）。如今，《勇敢向前冲》游戏版已成功登录各大社交网站，同时还开发出了手机应用市场，苹果、安卓系统手机均可下载这款游戏。将游戏类真人秀电视节目做成游戏，在电视节目市场和游戏市场上同时赚取利益形成产业链，《勇敢向前冲》节目团队所打造的产业链模式无疑是游戏类真人秀中最为成功的案例。

作为美国广播公司推出的一档节目，《勇敢向前冲》的营销模式与其他真人秀节目并无太大差别，以网络营销和口碑营销为主。网络营销主要集中在各种社交平台、美国广播公司主页以及各大视频网站等。口碑营销的成效尤为突出，节目被观众冠以许多头衔，诸如"最恐怖的闯关游戏""最变态的闯关节目"等。

在节目模式全球化发展及版权贸易方面，《勇敢向前冲》国际版本已售卖至全世界超过 30 个国家和地区，正式引进该节目的国家包括阿根廷、澳大利亚、白俄罗斯、比利时、巴西、加拿大、智利、哥伦比亚、克罗地亚、捷克、丹麦、芬兰、法国、德国、希腊、冰岛、印度、意大利、以色列、立陶宛、墨西哥、荷兰、挪威、巴基斯坦、波兰、俄罗斯、塞尔维亚、新加坡、西班牙、斯洛伐克、瑞典、土耳其、乌克兰、英国等。其中加拿大同时引入了英文版本和法文版本，阿根廷版本中还另外增设了两个全新的赛道。除了正式引入这一渠道，很多节目制作公司或电视台纷纷推出与其相类似的电视节目，比如我国湖南卫视推出的自制节目《智勇大冲关》。

同类对比

在国外的游戏类真人秀节目中，最经典、国际影响力最大的应属英国独立电视台（ITV）在 1998 年推出的《谁想成为百万富翁》（*Who Wants to Be a Millionaire*）。这款节目由英国导演戴维·布里格斯于 1995 年提出，后经多次讨论和修改，最终于 1998 年在英国独立电视台首播。在《谁想成为百万富翁》中，参赛者需要回答正确连续 15 道多项选择题。若全部答对，即可获得一笔巨额奖金，通常是数额为 100 万的当地货币。节目播出后广受欢迎，各国电视台纷纷购买其国际版权，并开始制作当地版本。

作为游戏类真人秀节目的后起之秀，《勇敢向前冲》借鉴了《谁想成为百万富翁》的很多经验，同时也在前辈的基础上有了自己的创新与发展。以下是这两个同类型节目的对比情况。

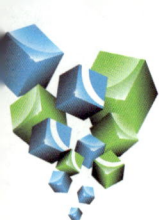

表 3　同类型节目对比

节目名称	电视台	节目形态及内容	成功因素	产业链
《勇敢向前冲》	美国广播公司	游戏类真人秀节目，选手们通过挑战户外赛道，连续闯关赢大奖	刺激，恶搞，视觉盛宴，爆笑娱乐	衍生电子游戏
《谁想成为百万富翁》	英国独立电视台	游戏类真人秀节目，选手们通过室内答题，连续答对赢大奖	刺激，有意义，励志，休闲娱乐	衍生电子游戏

我国湖南卫视于 2008 年 9 月推出了与《勇敢向前冲》类似的一档全民体验竞技节目《智勇大冲关》。节目播出后收视火爆，稳居全国前三甲，并掀起了北京奥运后的全民健身热潮。

与《勇敢向前冲》的制播分离相比，《智勇大冲关》完全是湖南卫视一手打造的节目。二者在拍摄和制作方面有所不同，《勇敢向前冲》采用周播模式，《智勇大冲关》则是周一至周三每晚持续播放。《勇敢向前冲》设有演播室主持人，而《智勇大冲关》只使用现场主持。

《智勇大冲关》的资金投入远不如《勇敢向前冲》，但它的优势体现在全民参与方面。观众现场报名即可直接立刻参与，使其拥有巨大的参与度和号召力。而且，《智勇大冲关》中引入了到场嘉宾以及明星主持团，同时还请来不同明星参与闯关，为其积攒了巨大人气。因此，在影响力方面《智勇大冲关》要强于《勇敢向前冲》。

总体上，《勇敢向前冲》有很多值得国内类似电视节目借鉴的地方，总结如下：

在节目制作上追求高水准，舍得投入才可能创造出更好的效果；《勇敢向前冲》的每位参赛选手在某些关卡必须按照要求穿戴节目组提供的护具，国内节目应重视对选手的保护；《勇敢向前冲》会为观众提供选手第一视角捕捉到的画面，国内同类节目也可适当采用这一手法，给予观众更大视觉刺激；针对收视火爆的节目可以尝试打造节目的产业链条，开发游戏或手机应用等衍生品。

Who Wants to Be a Millionaire?

《谁想成为百万富翁》

——成为百万富翁的秘密

● 节目概况速览 ⌄

　　《谁想成为百万富翁》是英国独立电视台出品的游戏类真人秀节目，风靡世界各地。在节目中，参赛者需要连续答对 15 道多项选择题，之后即可获得一笔巨额奖励，通常以 100 万当地货币作为奖金。节目播出后立刻受到观众的广泛欢迎，其他电视台也纷纷购买节目版权。

基本信息 》》

· 原　　名：Who Wants to Be a Millionaire?
· 译　　名：谁想成为百万富翁（以下简称为《百万富翁》）
· 标　　识：

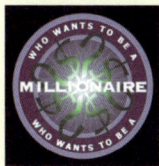

图 1

· 播出国家：英国
· 播出频道：英国独立电视台（ITV）
· 播出形式：直播、周播
· 首播时间：1998.09.04

· 播出时间：由于节目覆盖多个国家和地区，因此节目的播出时间因时区差异而不同。在英国独立电视台，该节目每周六晚上黄金时段播出，偶尔也会在周二晚上播出。
· 节目时长：30—75 分钟
· 节目类型：游戏类真人秀节目
· 制作公司：Calador（1998—2007）
　　　　　　2waytraffic（2007 年至今）
　　　　　　Song Pictures Television
　　　　　　（2008 年至今）
· 官方网站：http://millionaire.itv.com/home/

历史演变

节目的整体设计最初来源于英国导演戴维·布里格斯的创意，后又经多次讨论和反复修改，最终于1998年在英国独立电视台首次播出。2008年开始，加入了"钟表"元素，使得答题时间有了限制。

收视反响

《百万富翁》这一节目的成功事先并没有预兆，唯一让人看到希望的是英国独立电视台愿意在原定播热门连续剧的时间段来试播这档新型节目，并连续播出了12天。结果令人惊喜，节目好评如潮，获得了1900万收视人群这一惊人数据，是当时英国总人口的三分之一。随后，节目开始在美国、西班牙、德国、瑞士、比利时、丹麦、波兰、俄罗斯、澳大利亚等10个国家进行展播。美国版《百万富翁》掀起了此节目的收视狂潮，收视人数高达7700万。2002年英国电影学院公布的"英国最伟大的100个电视节目"中，《百万富翁》排名第23位。迄今为止，已有50多个国家和地区购买了《百万富翁》的版本，在世界各地创下了收视奇迹。

节目模式分析

作为一款游戏类真人秀节目，《百万富翁》的节目模式十分简单。每集节目中，节目现场的演播室有一名主持人，时而幽默搞笑，时而严肃认真，有时候还会调侃下参赛选手。随着参赛者奖金累计得越来越高，节目气氛愈发紧张，让电视机前的观众屏息等待着下一个百万富翁的诞生。

赛程规则

每期节目有10名观众参与，他们先要进行"快而准"的环节。该环节的通过者将开始回答12道多项选择题。题目难度设置由浅入深，答对问题所获得的奖金采取累加的形式。

在12道问题中，有些属于"保险线"问题，选手答对这类问题就能够确保获得一定的奖金，即使其他问题出错也不会一无所获。

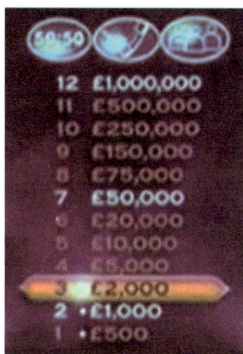

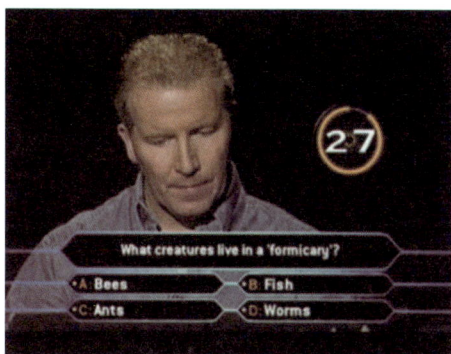

图 2　摇钱树　　　　　　　　　　图 3　电话求助

参赛者在遇到难题时可以利用 3 个锦囊道具来辅助解题。"50∶50"锦囊的功能是排除 2 个错误选项；"打电话问老友"锦囊可以让参赛者打一个 30 秒以内的电话求助场外亲朋好友；"问现场观众"锦囊的功能是可以获得现场观众对正确答案的投票结果以供参考。

节目的比赛没有时间限制，录制时间超过 60 分钟而仍未分出胜负，则该名参赛者将继续出现在下一集节目中并继续游戏，直至其答错出局。相反，如果参赛者被淘汰，则视节目剩余时间由未出场选手进行填补，继续比赛。2010 年以后，节目开始设有时间限制，前两道题每题不能超过 15 秒，最后的五道题没有时间限制。

人物角色

英国版的《百万富翁》由克里斯·塔兰特 (Chris Tarrant) 主持，他出生于 1946 年10 月 10 日，早期从事电台主播的工作。在节目中，他给人的感觉就是"又爱又恨"。恨的是他常常在揭晓最终答案前，在观众屏息而待的时候，在答题者紧张不已时，说

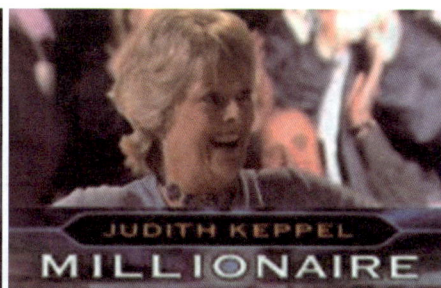

图 4　主持人克里斯·塔兰特（Chris Tarrant）　　图 5　节目第一个答对 15 题拿走一百万英镑的朱迪思·凯佩尔（Judith Keppel）

出些让人恨不能把他拉下台去的话。例如去关注答题者的细节然后调侃，有意加大观众对正确答案的期待值。用英国观众的话来说"他就是那个在节目中不只是调动你的鼻子，还让你的鼻孔痒痒的，甚至还玩你的鼻毛的人"。因此，他是节目中很好的悬疑制造者，控制整个节目的节奏，充满了调动你情绪的能力。不可否认的是，克里斯·塔兰特具有非常渊博的知识，这对于《百万富翁》这样一个知识问答类的节目而言显得格外的重要。无论是在他读题的时候，还是做出一些说明的时候，渊博的学识见解使得他可以游刃有余地控制整个节目。这些使得他不仅仅起到了节目中娱乐搞怪的作用，还是整个节目节奏的掌控者，悬念的制造者，更是符合节目特色的、足以担得起"考官"这个身份的人。

《百万富翁》的选手除了一些特别节目以外都是英国平民百姓，其中有一个人不得不提，那就是在节目开始了 122 期后，诞生的第一个全部答对 15 道题拿走了一百万英镑奖金的朱迪思·凯佩尔（Judith Keppel）。这是全世界所有答题类节目中奖金最高的，也让《百万富翁》真正成为了创造英国百万富翁的节目。

《百万富翁》节目给人印象最深的一期是在 1999 年 1 月份，两个参赛者在同一个节目中赢得了 12.5 万英镑。来自布兰卡斯特的一名测量员马丁·斯基林斯成为第一个突破 10 万英镑大关的选手。接踵而来的一个选手伊安·豪斯维尔在 40 分钟后又重演了这一幕。

外部包装

《百万富翁》的录制现场使用了先进的技术，音乐和灯光会根据现场气氛进行改变。现场的聚光灯会在选手答题时直射选手，令紧张的参赛者显得更加焦虑。

布局上，舞台中央是比赛区，比赛区四周分布观众席，观众座位呈现阶梯型结构。

图 6　舞台全景

图 7　节目中蓝色为主的灯光效果

图 8　答题前舞台特效

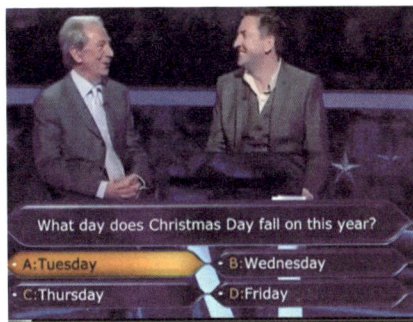

图 9　字幕展示：橘红色表示所选答案

选手席设在两个观众席的前排，每个选手座位前面各有一个显示器。

《百万富翁》的舞台设计不同于一般的舞美设计，毕竟它并非一个需要呈现唱歌跳舞等表演的节目。舞台采用透明的有机玻璃作为地板的主材料，然后用具有镜像效果的特殊材质的纸进行覆盖，营造华丽现代感，同时也使得灯光打上去后，会产生奇特的光线发射效果，圆形平台四周设三组共六根发光光柱。

舞台整体呈现圆盘的形状，主持人和参赛者在舞台的最中间高出的圆形部分。两个人座位间角度也是精心设计的：中景下会觉得两个人似乎是 180 度面对面坐着的，但是事实上在全景中可以发现，两人之间的连线并不是圆形舞台的直径。

这也是圆形舞台设计的一个好处，可以让摄影角度更加自由，而被射对象始终会在舞台的中央。

在《百万富翁》这样一个可以说算是"静态"的节目中，灯光的使用是讲究细致入微的。演播室采取区域照明，决赛区位于最突出的中心位置，灯光最强。决赛台上方设一圈彩色光来点染气氛，产生特殊效果。

演播室主色调节器呈冷色调——蓝色，演播室灯光较暗淡，好像被一种神秘色彩所

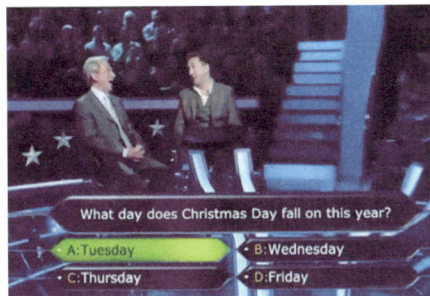

图 10　字幕展示：绿色表示正确答案

图 11　节目页面右上方时钟

笼罩，这样可以充分烘托气氛，给观众造成悬念，增强节目的可视性。

在问题出现之前，全场就开始变暗，此时舞台周围会出现两条红色的光条。当选手开始回答问题后，会有一束光线强烈的聚光灯急速地从他头顶上打下来，使得参赛者的每一个表情都十分清晰。此时的镜头也多会给出一个大特写，来突出表现参赛者看似镇定的表情下的细微变化，这种不是故意表现甚至想要努力不出现的紧张，反而有力地营造了让人连呼吸都不敢的紧张氛围，让节目富有悬念。

同时，节目中的一些其他元素，也会在答题后出现灯光的变化效果，比如"金钱树"上相应等级的英镑数额、所回答的问题，都会发生错综的闪烁和色调上的变化。而在节目进行中，会在演播室周围一圈的顶上打下光束。

在智力游戏节目、特别是问答形式为主的益智节目中，节目制作者无疑希望观众关注选手和竞赛，特别是对节目所涉及的问题的关注。节目最大卖点除了百万之巨的奖金外，就是难度呈逐渐累加的问题。场内的选手比赛，场外的观众大部分其实也在参加一个更广义的比赛。他们会与现场选手进行一场无形的竞赛，对问题进行各种猜测。如果答对了，就会得到相当的满足感。因此，在屏幕上提供题目内容成为此类节目的必要特色。

该节目的字幕特色是：与主持人提问相配合的是以叠印在电视画面下方的字幕形式显现给电视机前的观众，被选中以后用橘红色的底色突出，同时字从白色变为黑色。如果答案正确，底色又会从橘红色变成绿色，然后在两种颜色之间不停闪烁转换，表示参赛者所选答案与正确答案一致。如果最后不进行颜色切换闪烁，只是显示绿色，表示这是正确答案的揭晓，但是参赛者并没有选择对。可见，字幕形式和色调与节目内容、色调和谐、统一地结合在一起，又使电视机前的观众更直观、更清楚地了解题目内容。

强化气氛的以图表形式出现的时钟，伴随着场内的时钟的"嘀嗒嘀嗒"的音效处理，

图12　节目中所用电脑

成为节目一个细节特色点。时钟不仅提示着参赛选手，也给予观众一种提示，烘托场上的比赛气氛。

这两种字幕形式共同起到改变单调的比赛画面构图、丰富荧屏色彩的作用，产生互补、统一的视觉效果。

《百万富翁》中最重要的道具就是特制的电脑了。在"快而准"环节，10位答

题者的答题时间会被精准地记录下来，而且这个特制电脑的反应速度很快，不会出现操作与反应之间延迟情况，键盘也是特制的，主要是四个代表了 ABCD 四个选项的按钮。

节目案例详解

以下针对所选的节目是《百万富翁》2012 年圣诞版（该集节目不含广告总时长为 44 分 16 秒），播出日期是 2012 年 12 月 20 日。共有六位名人，两人一组进行答题，所得款项将用来进行慈善。

因为是圣诞特别节目，因此演播室现场布景充满圣诞气息，还请了童声合唱团来唱圣诞颂歌，使得圣诞颂歌成为本集节目重要的现场同期声之一。

表 1 剧集分析

板块	时长	内容	形式
开场秀	14 秒	1. 头戴圣诞帽的童声合唱团在唱圣诞颂歌 2. 通过摇镜头全方位拍摄在演播室周围的合唱团	现场同期声（圣诞颂歌清唱）
人员介绍	10 秒	1. 镜头回到舞台，主持人出现，介绍今天是直播的《百万富翁》圣诞特别节目 2. 随着主持人的移动镜头，出现今天参与节目的名人参赛者 3. 主持人依次介绍参赛者	现场同期声
	20 秒	1. 主持人说：让我们看看谁将成为今天的百万富翁。正式开始节目，掌声响起，拉镜头 2.《百万富翁》惯用主题片花：为了表现圣诞特别节目，在整个主题片花中加入了雪花背景元素	现场同期声 +VCR
	36 秒	1. 全景俯拍角度开始拉近，主持人在中央。通过大屏幕再次展示等在后台的三组共六位嘉宾 2. 告诉电视机前观众如何参与节目活动 3. 请出今天第一组参赛者	现场同期
	26 秒	1. 第一组参赛者入场，坐下与主持人互动：热场（调侃节目和主持人）、今晚想要赢多少的目标询问和玩笑 2. 主持人介绍他们为哪些组织和人群而进行今	现场同期声

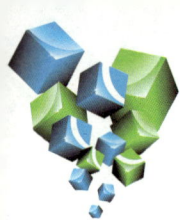

板块	时长	内容	形式
		天的慈善 3. 大屏幕闪现后台另外两组队员	
规则介绍	21 秒	1. 主持人游戏规则介绍 2. 屏幕倒数五秒计时	现场同期声 + 音响
比赛环节	6 分 12 秒	第一组开始答题 1—6 题	音响 + 现场同期声
	1 分 16 秒	1. 决定使用"现场观众" 2. 现场观众投票 3. 参赛者听从观众投票结果，答对第六题 4. 现场观众欢呼，大屏幕闪现另两组参赛者在后台的欢呼	音响 + 现场同期声
	1 分 44 秒	1. 开始回答第七题 2. 决定使用"50：50" 3. 在剩下的选项 A 与 C 之间选中正确答案 4. 现场观众欢呼，VCR 画面出现另两组在后台的反应	音响 + 现场同期声
	1 分 24 秒	1. 主持人告诉观众参与互动答对问题，将可以获得去纽约的免费旅行机会 2. 播放录像，介绍所含住宿门票等情况、提出竞答问题、告诉参与方式	现场同期声 +VCR
	8 分 16 秒	1. 继续第一组答题：第八题 2. 决定使用"电话求助" 3. 现场电话连线，答对此题 4. 回答第九题的时候使用"刷新"（换一题）后答对 5. 在看到第十题后决定放弃答题选择"将钱带走" 6. 结束答题	现场同期声 + 音响 + 电话连线
	11 分 01 秒	1. 第二组参赛者上场 2. 开始答题 3. 第五题使用"现场观众"后还是无法决定，使用"50：50"去掉答案 B、C 后答对 4. 第七题使用"电话求助"后无法决定，最终选择"将钱带走"结束答题，获得 2 万英镑	现场同期声 + 音响 + 电话连线

续表

板块	时长	内容	形式
		慈善金	
	1分36秒	1. 第三组参赛者上场 2. 开始答题，答对第一题	现场同期声＋音响
	1分06秒	1. 主持人告诉观众参与互动答对问题，将可以获得去纽约的免费旅行机会 2. 美国游 VCR：所含住宿门票等情况、提出竞答问题、告诉参与方式	现场同期声＋VCR
	7分08秒	1. 回到节目，第三组继续答题 2. 第五题使用"电话求助"后答对 3. 第七题使用"50∶50"后答对 4. 时间用完，结束答题，获得5万英镑慈善款	现场同期声＋音响＋电话连线
本期谢幕	1分05秒	1. 主持人告诉观众参与互动答对问题，将可以获得去纽约的免费旅行机会 2. 美国游 VCR：所含住宿门票等情况、提出竞答问题、告诉参与方式	现场同期声＋VCR
	34秒	1. 所有三组六位参赛者回到台上，主持人祝贺圣诞快乐约定下期再见，结束节目 2. 现场人造雪	现场同期声
片尾	1分30秒	1. 职务表 2. 制作公司	现场同期声

节目特色点评

　　良好的收视效果离不开合理的节目结构编排，节目的编排要保证环节流畅，不能给人拖拉、烦乱的感觉。《百万富翁》在编排上注重自然合理，保证观众始终沉浸在紧张的环境氛围中。

　　节目中最常出现的一句话就是主持人的"这是你的最终答案吗"，这无疑是对答题者心理素质的一次测试。后来，因为这句话出现的频率太高，渐渐地，去参加节目的人都会自发地在选择完选项后加上一句"这是我的最终答案"。

节目制作

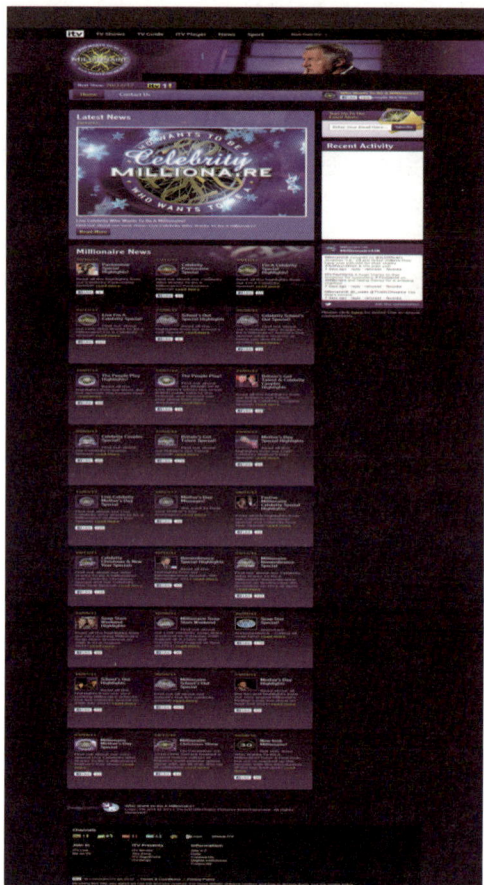

图 13　2012 年 12 月 28 日网站

　　《百万富翁》的音乐设计是用足了心思的。虽然看起来这是采用了经典必要元素的一个测试游戏，但是事实上在呈现这么一个看似简单的测试游戏的时候，加入了许多现代化的隐喻进去，完美地结合了声音和画面。在节目中，主持人的提问伴随着音乐开始，在答题过程中，随着难度的递增，音乐也愈发加快节奏。节目为所有需要渲染的特定环境画面都配上了与之相符的音乐，使得画面表现的紧张气氛能够被强调，增强了节目的感染力，使节目视觉形象更加逼真，更具吸引力。

　　《百万富翁》的主题音乐是由基思（Keith）和马修·斯特罗恩（Matthew Strachan）所作。之所以如此让人激动，过"耳"不忘，正因为它特殊的处理。如果仔细听会发现是由不同音轨同时播放来自一部电影的著名歌曲《谁想成为百万富翁》。节目中重复率非常多的"时间到了（Time is up.）"的提醒音乐是由三个法国圆号所演奏而成。

　　在参赛者的考虑时间内播放的音乐也大有讲究。为了营造紧张的、思考的氛围，同时保持住观众的兴趣，甚至将观众潜移默化成为参赛者，一同思考，此时的背景音乐是一种混杂着高声调的电子和弦声的哥特式唱诗班音乐。

　　《百万富翁》的官方网站十分简洁，以纯黑色作为底色，以蓝紫色为主要色调，这和节目演播室的主色调一致。导航处的图片是节目标识和主持人正在沉思的侧脸照片。

　　在网站主题部分是最近节目的相关信息介绍，可以直接看到在社交网站 Facebook 上大家对节目的喜爱程度，浏览者也可以在这里直接对喜欢的节目点赞。

网站右侧是近期活动，近期活动下方是推特上一些有关《百万富翁》节目的内容。网站的最下方是一些基本信息，包括播出频道、联系方式、版权信息等。总体而言，网站的设计简约而不简单，能让浏览者一目了然，最快了解节目的最新动态。

商业模式

《百万富翁》这一节目虽然使得很多选手成为百万富翁，但从该节目获益最大的还是电视台。英国独立电视台通过向世界各地出售版权就获得了不可估量的巨大收益。例如向香港亚洲电视台出售了 100 集版权，赚得 6000 多万港币。

不仅如此，它还有许多周边衍生产品。例如：桌游产品《百万富翁》，有两个不同难度的版本；电脑游戏单机《百万富翁》，可以下载后在电脑 PC 端上使用，所有设置包括音乐、舞台灯都是按照电视节目而来，让玩家身临其境；互联网在线游戏《百万富翁》，让你无须下载直接在线玩，甚至还可以和其他在线玩家进行抢答；《百万富翁题选》，罗列了节目中出现的题目并配上了正确答案；手机游戏《百万富翁》让你随时随地答题，在放松休闲的时候还能增加知识；节目还出了光盘，在美国，仅光盘一项产品便以每张 19.99 美元的单价卖出了 400 万张。

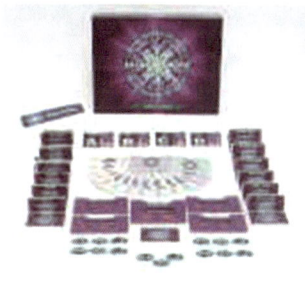

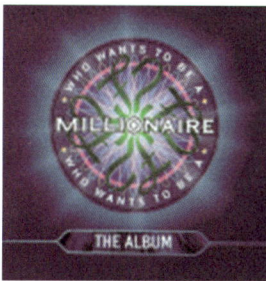

图 14　桌游　　　　图 15　光盘封面　　　图 16　题选封面　　　图 17　图书

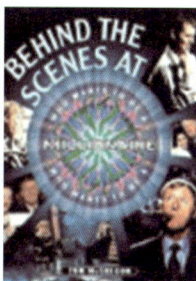

《百万富翁》在英国播出后的成功引起了全世界的关注，在第二年开始就迅速席卷全球，被世界各地购买版权或是模仿。美国于 1999 年 8 月一推出《谁能成为百万富翁》，收视率便连续几个星期位居美国广播公司（ABC）第二、三、四名的高位，从而最终实现了与哥伦比亚广播公司（CBS）晚间电视长青树——《60 分钟》节目的抗衡。到 2012 年 12 月为止，拥有 84 个版本，在 117 个国家播放，而类似"向观众寻求帮助"的环节更是可以找到 40 个左右的同类节目。毫无疑问，《百万富翁》已经成为电视史上传播速度最快、影响范围最广的高收视节目之一。

表 2 版权输出情况

国家	译名	电视台	开播年份
美国	《谁能成为百万富翁》	美国广播公司	1999 年
中国香港	《百万富翁》	亚洲电视台	2001 年
中国台湾	《超级大富翁》	台湾电视台	2000 年
中国大陆	《百万智多星》	贵州卫视	2007 年
	《谁会成为百万富翁》	广东卫视	2001 年
日本	《抢答，百万富翁》	富士电视台	2000 年
新加坡	《百万大赢家》	新加坡第五频道	2001 年

同类对比

我国江苏卫视于 2012 年 3 月 2 日推出了一档与《百万富翁》有些相似的全新益智答题类节目《一站到底》，由李好和他的新婚妻子郭晓敏担任主持，这种夫妻档的搭配，也成为了该节目的看点之一。

《一站到底》由美国全国广播公司（NBC）的节目《Who's Still Standing?》改编而来，形式新颖，趣味十足，在挑战中挖掘个性，又充满悬念。在节目中，不同年龄、不同身份以及不同性格的 10 位守擂者和 1 位攻擂者进行答题竞赛，用一对一比拼的方式赢取对手的奖品。选手一旦失败，就会遭遇掉下擂台的窘境。因此，能否"一站到底"成为了该节目最大的悬念。

与《百万富翁》不同，《一站到底》打破了选手与主持人对抗的答题模式，而是让选手与选手之间进行激烈对抗。从题目的选择上而言，《一站到底》比《百万富翁》更具娱乐性。因此，不管选手的学历是高是低，都有可能击败对手，这也增加了节目的刺激性。

作为江苏卫视幸福节目带中周末档的后起之秀，《一站到底》从 2012 年 3 月 2 日起，每周四、周五晚 22 点在江苏卫视播出，收视情况十分可观。从首播至 2013 年 1 月 25 日，《一站到底》共播出了 80 余期，共诞生了八位"站神"人物，鉴于收视率一路走高，加上网友们的建议，江苏卫视《一站到底》节目组才筹备了"诸神之战"，2 月 21 日"诸神之战"首播当天，北大研究生檀越最终夺得桂冠，他与选手周涛的终极对抗让电视机前的观众赞叹不已。当晚《一站到底》更是以 1.38% 的高收视成为当晚节目收视冠军，同时登顶微博热搜榜。

与《百万富翁》一样，《一站到底》也有游戏版，画面设置尊重原节目，还可以通过联网，与世界各地的人一同对战，让玩家身临其境。同时，它结合了当前热门和经典游戏的文化背景、特色，受到了热烈追捧，在应用商店和谷歌搜索中，《一站到底》的下载量都名列前茅，成为时下打发碎片时间的最佳选择。

101 Ways to Leave a Game Show

《101 种离开的方式》

——被淘汰者的舞台

● 节目概况速览 ⌄

　　《101 种离开的方式》是一档美国广播公司（ABC）播出的答题闯关类真人秀节目，以创新的节目模式和板块设置为主要特色。节目中的选手来自不同行业，他们在每轮比赛中必须回答一道选择题，遭遇淘汰的选手将惨遭"非人待遇"，比如被绑在飞机的机翼上；从大炮中射出；从卡车上被扔下去；绑在锚上沉入海底；拖在快艇尾部漂流等。最终，获胜者将赢得 5 万美金作为奖励。该节目第一季共六集，每集冠军奖金 5 万美元。

基本信息 》》

· 原　　名：101 Ways to Leave a Game Show

· 译　　名：《101 种离开的方式》，也译作《101 种悲剧淘汰法》

· 标　　识：

图 1 《101 种离开的方式》美国版标识

· 播出国家：美国
· 播出频道：美国广播公司
· 首播时间：2011 年 6 月 27 日
· 播出时间：2011 年 6 月 21 日至 7 月 26 日，每周三晚上 9 点
· 节目时长：44 分钟
· 节目类型：游戏竞赛类节目
· 制作公司：Lock and Key Productions

历史演变

该节目由英国引进，在美国广播公司电视台播出。2011 年 6 月 21 日播出第一季第一集，7 月 21 日播出第一季最后一集，之后美国广播公司没有再播出该节目，因此美国版本的《101 种离开的方式》只有 2011 年一季。

节目模式分析

该节目与一般答题闯关类真人秀节目有很大不同，其最大亮点在于节目模式的创新。《101 种离开的方式》把节目的重点放在淘汰的方式上，让观众有耳目一新的感觉，另外在板块设置方面也独具匠心，以此来吸引观众。

板块设置

节目分为三个板块（选手一共八个人，分为两个小组）。

第一个板块是第一小组展开角逐。首先，通过一个问题确定答题顺序，这种问题一般是可以用数字表达的。答案最接近真实答案的选手先回答问题，依次类推。接着，进行四人角逐，主持人会问一个问题，答案有三个正确，一个错误。回答错误的选手将接受恐怖淘汰模式。接下来，依然采用先确定答题顺序，按照答题淘汰的方式淘汰一名选手。至此，第一板块结束，有两名选手留下继续比赛。

第二板块，第二小组的四名选手接受挑战，模式与第一板块完全相同，第二小组也角逐出两名选手继续比赛。

第三板块，决赛阶段。第一小组和第二小组角逐出来的四强，站在十层楼高的板上接受考验，按照惯例，主持人会问一个问题确定答题顺序，然后再答题，与之前不同的是，这次的答案中只有一个正确答案，其余都是错误的答案，主持人会慢慢地宣布，直到三个人全掉下高台，最后一个人即是胜利者，获得奖金。

人物角色

节目的主持人杰夫·萨特芬（Jeff Stuphen）是美国著名主持人和制作人。他毕业于纽约波基普西玛丽斯特学院（圣母学院），在传播学领域获得了文学学士学位。杰夫·萨

特芬在电视音乐台（MTV）展开了他的职业生涯，后来到了有线电视频道 Nickelodeon，他成为了电视节目《U-Pick Live》的制作人，这个节目从 2002 年持续到 2005 年。在当了游戏竞赛节目《My Family's Got Guts》的制作人持续到 2008 年之后，萨特芬成为了 2009 年儿童游戏竞赛节目《Brain Surge》的主持人。2011 年 6 月，他成为了《101 种离开的方式》的主持人。

图 2　主持人照片

外部包装

舞台方面，《101 种离开的方式》把室外这个更大型的舞台驾驭得很好。不同于演播室节目，舞台在室外是由该节目自身的特点决定的，因为许多十分惊险的惩罚方式也只有在室外才能实现。没有灯光舞台以及观众烘托气氛。节目的舞台气氛全靠镜头语言，众多不同景别的对切，向观众展示了自然这个大型的舞台，可以说这样的"舞台"是更加豪华的。从以下的图片就可以看出。

图 3　直升机（航拍工具）

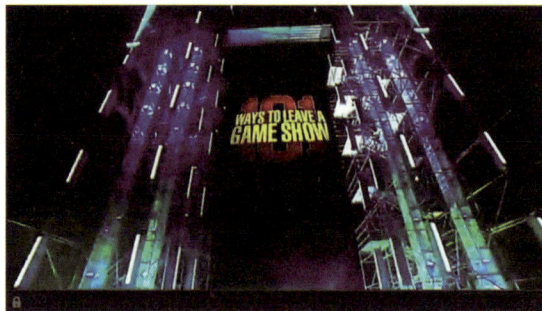

图 4　惩罚方法

节目案例详解

以下分析的案例为 2011 年《101 种离开的方式》唯一一季的第一集，也是该节目收视率最高的一集。相对来说，本集内容比较详细，质量较高，分析价值比较大。下面将通过内容介绍和板块分析加以详解。

表 1　剧集分析

板块	时长	内容	形式
本集精彩荟萃	38 秒	1. 片头，本期的精彩镜头，尤其是被淘汰选手离开的镜头剪辑，配合紧张的音乐和音响 2. 选手以及主持人的精彩台词 3. 节目标识	字幕、现场同期声、旁白、音响、音乐、主持人现场
主持人开场介绍	54 秒	1. 选手进入比赛场地（空旷的室外），介绍环境的一组镜头，配合烘托紧张气氛的音乐。全部是大景别的各个角度的拍摄 2. 主持人与选手见面，主持人简单调侃"你们都挺严肃的嘛" 3. 进行规则的简单介绍，因为参赛选手在比赛之前对规则有所了解，因此，主持人的介绍只包括了重要信息，语言简练，烘托出了紧张的气氛。"欢迎来到史上最疯狂的游戏节目之一，你们将成为胜者，获得 5 万美金，规则很简单，给出正确的答案即可留在比赛中，如果一题答错你就不仅是被淘汰这么简单了，我们会将你们逐出比赛，并且会用 101 种不同的淘汰方法。" 4. 主持人宣布比赛开始并分组。一场节目一共有八个人，前面四个人一组，后面的四个人一组，一共两组	字幕、现场同期声、音响、音乐、主持人现场
淘汰方法解释	39 秒	1. 主持人介绍本轮被淘汰的方法，失败者将被绑在飞机的上翼上飞离现场，称之为"机翼上的祈祷者" 2. 插入飞机飞翔镜头，展示被淘汰方法，展示	字幕、现场同期声、音响、音乐、主持人现场

板块	时长	内容	形式
		同时配以烘托紧张气氛的音乐和选手的尖叫声	
游戏排位赛	1分03秒	1. 主持人介绍先做个小游戏，来确定回答问题的顺序 2. 通过一个问题规定第一轮回答的顺序。问题是，"2006年，威廉·夏特纳（William Shatner）拍卖了他的肾结石，请写出买家最后的成交金额"，越接近正确答案就越能优先回答问题 3. 选手答题写在题板上，主持人进行简单采访，了解选手之所以这样写的原因。采访的内容涉及很多方面，包括选手们自身的情况 4. 答题结果是，查克（Chuck）给出的金额最接近，所以第一个作答，阿特（Art）第二，凯莉（Kelly）第三，而贾丝明（Jasmine）第四个作答。这将直接影响最终的结果 5. 插入另外一组在旁边等待的选手的调侃，意在不要让观众忽视了他们，也体现了他们在观察别的小组作战时的心情，增强了节目的参与感。调侃是"7.5万美金买一颗肾结石我才不买呢"	字幕、现场同期声、主持人现场、音响
游戏第一轮	2分34秒	1. 出题目，选项分别是前任男友追踪器，宝宝哭闹翻译器，驱蚊器，手指跑步机。问题是：2011年4月起哪三样应用可以从iTunes买到？ 2. 从查克开始回答，中间主持人会增加简单采访环节，基本与选手从哪里来和选手的职业有关。按照之前的顺序依次回答，结果是：查克的答案是手指跑步机，阿特选择了宝宝哭闹翻译器，凯莉选择了前任男友追踪器，贾丝明仅剩驱蚊器可选。他们也说出了自己之所以这样选择的原因，在问完之后，主持人再一次重复了结果，加深悬念	字幕、现场同期声、主持人现场、音响

续表

板块	时长	内容	形式
游戏第一轮结果	28 秒	1. 揭晓答案，利用主持技巧和选手表情剪辑增强悬念，结果两位男士安全 2. 两位男士表达了自己的激动兴奋之情，两位女士很紧张	字幕、现场同期声、主持人现场、音响
游戏第一轮惩罚	1 分 34 秒	1. 中间片花转折 2. 两位女士已经被绑在了飞机上，主持人揭晓错误答案 3. 凯莉错误，将用可怕的淘汰方式离开，没有被淘汰的选手很激动。飞机滑行起飞伴随着选手的尖叫声 4. 特写镜头：凯莉在被带走时可怕的面部表情	字幕、现场同期声、主持人现场、音响、音乐
另一组游戏第一轮	7 分 24 秒	1. 另一组成员将用同样方式淘汰一名成员 2. 介绍被淘汰方式，将在高速运动的卡车下被扔下，成为"马路之怒" 3. 接节目标识片花 4. 选手们表达了对奖金的渴望，通过题目确定答题顺序 5. 莎伦（Sharon）第一个回答，阿拉第二个回答，翠西（Trish）第三个回答，马特（Matt）第四个回答 6. 四位选手爬上卡车，主持人操控机器，问出问题 7. 插入第一组选手欢呼声的镜头 8. 四位选手按顺序选出了自己的答案，在选择的过程中，也说出了自己之所以这样选择的原因，也说了自己的一些情况还跟主持人有一定的互动，这些对话都在剧烈的风声中进行，烘托了比赛的紧张气氛，结果马特被淘汰，方法是从卡车上跌下 9. 马特被淘汰时表情的特写，没有被淘汰的选手很高兴，在卡车上欢呼	字幕、现场同期声、主持人现场、音响、音乐
游戏第二轮介绍	1 分 22 秒	1. 回答第一组，主持人与选手调侃，"贾丝明你差一点就被淘汰"，还跟阿特谈了一下他	字幕、现场同期声、主持人现场、音响、

615

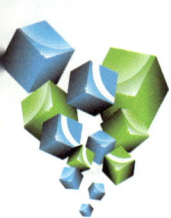

板块	时长	内容	形式
		的文身，随着节目的推进，聊天可以更深层次一些，选手也变得放松一些 2. 介绍下一轮离开的方式，每人都要进入车中，如果回答正确，你们就安全了，如果回答错误，你们其中的一位，会一路尖叫，撞上斜坡上那边的一片废墟，经受炼狱般的翻车	音乐
游戏第二轮	3分05秒	1. 出一道题目，根据距离正确答案接近程度决定答题顺序。题目是写下世界最大邮轮"海洋魅力"号的最大载客量，在题板上写下结果之后，选手按照阿特、查克、贾丝明的顺序答题 2. 然后大家上车，表情凝重	字幕、现场同期声、主持人现场、音响、音乐
游戏第二轮结果	2分49秒	1. 主持人重复答题结果，阿特说乔治·迈克尔（George Michael），查克答案是梅尔·吉布森（Mel Gibson），贾丝明的回答是马丁·希恩（Martin Sheen） 2. 揭晓答案第一步，贾丝明安全，离开车。主持人与她简短互动，跳了支"接近5万美金之舞" 3. 两位男士准备接受考验，结果查克被淘汰 4. 插入查克被淘汰时的特写镜头，以及选手和主持人们的惊讶表情的交叉剪辑	字幕、现场同期声、主持人现场、音响、音乐
第二组游戏第二轮	7分40秒	1. 第二组采取跟第一组同样的方式，淘汰一人，被淘汰的方法是，"你们将分别坐上一把特技飞行椅，底下是一箱炸药，要引爆炸药，我也不知道你会飞多高，但你有可能就下不来了" 2. 仍然是先问一个问题，"写出一只成年非洲狮的牙齿数"确定回答的顺序 3. 翠西第一个回答，阿拉第二个回答，莎伦第三个回答 4. 决定谁被淘汰的问题是"其中哪两道菜是美国麦当劳菜单上销售过的"。三位选手分别	字幕、现场同期声、主持人现场、音响、音乐

续表

板块	时长	内容	形式
		回答，并提出了自己之所以这样选择的原因，和主持人有一定的互动	
		5. 翠西通过残忍的方式被淘汰，插入她在空中惊恐的特写镜头，以及没有被淘汰的选手的欢呼声	
决赛介绍	1分39秒	1. 到达新的比赛地点，高楼。时间是在晚上，夜幕渐渐降临，经过了一天的比赛，大家都显得很疲劳，介绍最后四个人进入决赛（分别是第一组和第二组经过两轮比赛之后决出的四个人进入决赛） 2. 四位选手都很紧张，俯视向下看 3. 插入节目标识片花 4. 主持人介绍最后的规则，"比赛规则会有点小小的变化，我还是会给出四个答案选项，只有一个是正确答案，其中有三个是错误的"，同样的，回答错误的人将从板子上掉到十层楼高的下面。这种淘汰的方式被称为"恐怖降落"	字幕、现场同期声、主持人现场、音响、音乐
决赛预选赛	3分23秒	1. 按照常规，先由一道问题决定四个人的答题顺序，问题是"假设一个普通成人从这个站台掉下去，只是假设，摔断了一根骨头，请写下他还剩下多少根骨头"。这个问题与实际很接近，当下问这个问题很能造成选手的紧张感，选手们分别在题板上写出自己的答案，并说出了自己之所以这样选择的理由 2. 结果根据答题的结果，在确定谁被淘汰的题目中回答的顺序依次是阿拉、莎伦、阿特、贾丝明 3. 让选手向前走，走到板子的最前端，造成选手的恐惧。插入选手的特写，配合他们很紧张的声音，将观众的紧张情绪也推到了最高潮 4. 问出最后一个问题，2010年美国访问量最大的网站是哪一个，选项依次是亚马逊	字幕、现场同期声、主持人现场、音响、音乐

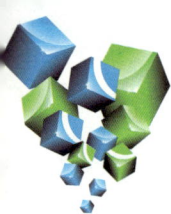

续表

板块	时长	内容	形式
		（Amazon.com），谷歌（Google.com），雅虎（Yahoo.com），脸书网（Facebook.com），因为实在很高，选手们在听问题描述的时候表情都很凝重、很害怕，有选手说"我感觉我的心都要跳出来了"，切换选手的紧张镜头和主持人的淡定，形成强烈的对比效果	
决赛结果预先介绍	5分19秒	1.选手依次选择，结果阿拉选择了脸书网，莎伦选择了谷歌，阿特选了亚马逊，贾丝明只能选雅虎 2.揭晓答案，贾丝明和阿特先后分别掉下，给剩下的两个选手造成了很大的恐慌。他们在掉下时，有表情的特写，也有恐惧的尖叫	字幕、现场同期声、主持人现场、音响、音乐
决赛解决	1分54秒	1.主持人宣布结果，脸书网为正确答案，阿拉赢得比赛 2.主持人宣布成功者获得奖金，并强调这才是离开游戏的方式，比赛结束得很干脆，不拖泥带水	字幕、现场同期声、主持人现场、音响、音乐

节目特色点评

作为一档有创造性的节目，很多国家都有与《101种离开的方式》相似的节目类型，但本节目创新的模式与板块设置使其在激烈的竞争中仍然特色鲜明。

节目形式

在主题方面，该节目为游戏竞技类节目，主题感并不突出；在人物方面，主持人语言犀利，在渲染竞争感和惩罚紧张感的时候，语气拿捏得当，气氛把握完整，节目节奏很快，总体来说可以始终保持对观众注意力的吸引。选手大多都具有丰富的表现力和一定的新闻点，比如特殊职业的从业者等。

在环节设置上，该节目比较直接，因为节目的重点放在离开的方式上，所以是一档为被淘汰者制作的节目。在语言设计上，节目语言比较简练，在揭晓答案的时候，节奏

陡然变慢，这样的节奏变化，可以创造紧张的气氛，吸引观众的注意力。在叙事风格上，节目叙事简练，节奏明快，叙事风格简单明确。

节目制作

在画面呈现方面，该节目画面精致，景别丰富，一些大景别的镜头使用了航拍。在交代离开方式这个重头戏时，节目采取了全景和被惩罚选手特写交替剪辑的方式，画面大气，很有吸引力，把"离开方式"这个看点表现得淋漓尽致；在声音处理上，该节目在揭晓答案时音效使用恰当；在摄影角度方面，景别较大，尤其是大景别的运用十分出彩，充分展现了"室外舞台"的魅力；在后期剪辑方面，尤其是在节目中揭晓答案正确与否的关键时刻，使用了交叉剪辑的手法，剪辑节奏较快。

商业模式

此节目原版源于 2010 年英国广播公司播出的一档节目，该节目只持续了一年的时间，但在很多国家都有版本。包括美国、阿根廷、中国、德国、以色列、意大利、土耳其等，播出时间都在 2010 年到 2011 年之间，奖金也各有不同。

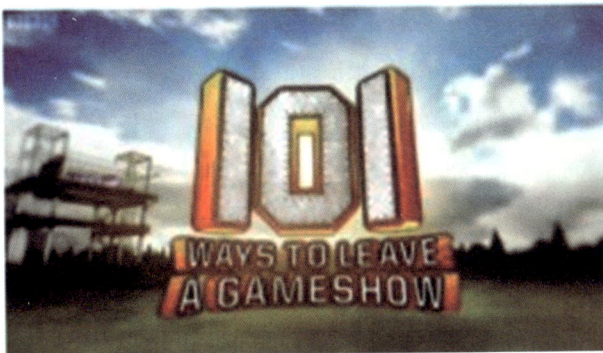

图 5 《101 种离开的方式》原版标识

同类对比

《101 种离开的方式》的同类对比的节目是《一站到底》（*Who's Still Standing？*）。美国版本的《一站到底》由全国广播公司（NBC）电视台出品。

《一站到底》的原版来源于以色列，各国的版本中在节目形式上都有一定的微调，和中国版比较相似的是美国的版本。在节目中，不同年龄、不同身份以及不同性格的 10

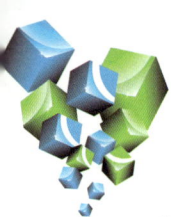

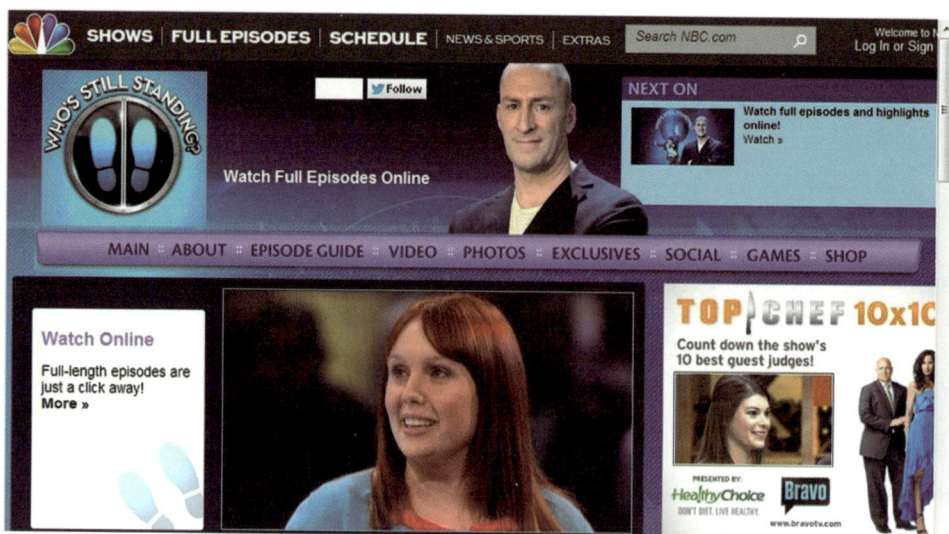

图 6 《一站到底》（*Who's Still Standing？*）官方网站

位守擂者和 1 位攻擂者进行答题竞赛，用一对一比拼的方式赢取对手的奖品。选手一旦失败，就会遭遇掉下擂台的窘境。因此，能否"一站到底"成为了该节目最大的悬念。

　　《一站到底》与《101 种离开的方式》的相同点在于，这两个节目都是游戏竞技类节目，节目的看点都在于离开的方式，也就是选手被淘汰的方法，《101 种离开的方式》中，选手采用了如上文所介绍的一些不同的、很惊险的离开方式，而《一站到底》的离开方式相同，都是从舞台掉落下去。不同点在于，《一站到底》的看点不仅仅在于离开的方式，更多的看点在于选手之间对抗的程度和紧张感，节目也设置了是否会有"站神"出现的悬念，这样一来，节目的看点很多，又有悬念贯穿始终。正是因为这样的节目设置，才让《一站到底》更加活跃。值得一提的是，《一站到底》的影响还是比较大的，除了江苏卫视推出的《一站到底》之外，香港电视广播有限公司（TVB）也有同样的节目叫作《战神之王》。

图 7 《心跳阿根廷》标识

　　中国版本的《101 种

离开的方式》是浙江卫视的《心跳阿根廷》节目。浙江卫视是第一个购买该节目版权的亚洲电视台，经过本土化改造后，节目更加迎合中国观众的口味。改造后的《心跳阿根廷》不再是简单的游戏项目展现，而是体现了更高的体能、勇气与智慧，极具观赏性。

《心跳阿根廷》总体来说还是比较成功的，其看点主要有以下三个方面：首先，融入了奥运相关元素。具体体现在参赛选手为奥运呐喊、给祖国的体育健儿们加油，其奖金也被设置为了奥运机票。其次，节目的拍摄与制作都在阿根廷完成，极具异国风情，且很好地体现了阿根廷当地华人和谐的氛围。最后，拍摄场地所在的三层塔楼是全球唯一一座可以从 30 米高度逐层下降的演播厅，使节目更加惊险刺激。

总体来说，这档节目与《101 种离开的方式》在环节设置上差别不大，也是通过答题或者猜数字的方式决定选手是否留在游戏中。正如前文所分析的一样，《101 种离开的方式》最吸引人之处就在被淘汰者离开方式的惊险刺激，因此才说它是一档被淘汰者的节目。

后　记

当下，随着传播技术的发展和国际交流领域的拓宽，电视节目作为文化产品在国际间流动速度日益加快，节目模式的国际贸易呈爆炸式增长。在这样的背景下，国内部分高校开设了相关课程，对国际上种类繁多的优秀电视节目案例进行解析和研究。与此同时，电视业内的从业人员也急切需要学习欧美先进的节目制作经验和优秀的创意。然而，针对国际优秀电视节目进行汇总分类分析的书目和教材较为缺乏。撰写《英美好节目》一书的主要目的，正是希望能够为广大师生以及从业人员的研究与学习提供便利。

《英美好节目》这本书能够成功出版，首先感谢那些富有创意、辛勤工作的杰出电视节目制作者，书中众多优秀电视节目的诞生正是源自他们的专业素养和创新精神；其次，感谢中国传媒大学这一充满活力的开放性平台。学校领导和同事的支持给予了我开设"外国电视节目模式研究"这门课以及撰写此书的信心和保障。此外，真诚感谢我的同学和学生李栋、张琳、曹镤、王康、潘仕洁、韩笑、叶诗容等人帮助我完成了前期繁杂的资料搜集和视频分析等工作。还要感谢新华出版社的黄春峰副总编和沈文娟责编，他们对本书的设计和排版都提出了宝贵意见，这本书的出版离不开他们的大力支持。

为增强《英美好节目》一书的阅读效果，便于学生更好地学习，我们在撰写过程中需要大量的图文资料。虽然已逐一尝试与40家电视节目制作方建立联系，但仍然难以确保所有版权问题都兼顾到位。在此，我恳请获得他们的谅解和支持，并且诚挚希望本书将有助于这些电视节目模式在中国的传播，让中国电视观众进一步了解西方电视文化，促进中西文化交流和节目模式的跨国交易。

王大为

2014 年 12 月